ऋतुचक्र

इलाचन्द्र जोशी

लोकभारती प्रकाशन

लोकभारती प्रकाशन
पहली मंजिल, दरबारी बिल्डिंग, महात्मा गांधी मार्ग
प्रयागराज-211 001

वेबसाइट : www.lokbhartiprakashan.com
ईमेल : info@lokbhartiprakashan.com

शाखाएँ : 1-बी, नेताजी सुभाष मार्ग, दरियागंज
नई दिल्ली-110 002
अशोक राजपथ, साइंस कॉलेज के सामने
पटना-800 006
1, अनमोल सोराबजी संतुक लेन, धोबी तलाव,
मरीन लाइंस, मुम्बई-400 002

पहला लोकभारती संस्करण : 2019
दूसरा संस्करण : 2024

बी.के. ऑफसेट
नवीन शाहदरा, दिल्ली–110 032
द्वारा मुद्रित

RITUCHAKRA
Novel by Ilachandra Joshi

ISBN : 978-81-8031-480-3

मूल्य : ₹995

चित्रा को

तुमने मुझे बुलाया है मैं आऊँगा
बंद न करना द्वार देर हो जाये तो

या रब, वो न समझे हैं न समझेंगे मेरी बात
दे और दिल उनको, जो न दे मुझको जबाँ और

अन्तर आज देख्बो
बाइरे आलोक नाइरे!

है आदमी बजाए-खुद इक महशरे-ख्याल
हम अन्जुमन समझते हैं खिलवत ही क्यों न हो

प्रस्तावित सूत्र

आज का प्रबुद्ध-चेतनाशील व्यक्ति विश्वव्यापी विकृत मानसिकता के सामूहिक विस्फोटों की जो प्रेत-लीला बाहर के प्रत्यक्ष जीवन में देख रहा है, उसमें जीने के लिए कहीं कण-मात्र भी उचित आधार नहीं दिखायी देता। दिखायी देती है पागलों की इस दुनिया में केवल जीने की विवशता। और केवल जीने के लिए जीने की विवशता का कोई अर्थ उसके लिए नहीं रह गया।

आज न तो व्यक्ति के आगे जीवन का कोई महान् कर्त्तव्य शेष रहा गया है, न समूह के आगे ही कोई सार्थक लक्ष्य। आज किसी एक व्यक्ति या किसी एक समूह का 'कर्त्तव्य' दूसरे व्यक्ति या दूसरे समूह के 'कर्त्तव्य' से टकरा रहा है। फलस्वरूप निरर्थक हिंसा- प्रतिहिंसा, अकारण पारस्परिक विरोध, निरुद्देश्य टकराव और बेमानी संघर्ष ही आज के जीवन के मुख्य शगल शेष रह गये हैं।

इन सभी विकृत प्रवृत्तियों और विसंगतियों की जननी है, आज की अत्यन्त संकुचित, कुटिल, विवेकहीन और अपने-आप में बुरी तरह उलझी हुई राजनीति, जो प्लेग की महामारी की तरह, रेडियमधर्मी राख की तरह, राष्ट्र-राष्ट्र में, सम्प्रदाय-सम्प्रदाय में, संस्था-संस्था में, घर-घर में, सामूहिक और वैयक्तिक अवचेतना में घुसकर, जीवन के मूल बीजों को ही जलाती और गलाती हुई, उन्हें पूर्णतः नष्ट करने की योजनाओं में भरपूर पागलपन के साथ जुटी हुई है।

इस राजनीतिक कोढ़ ने व्यक्ति के विवेक को भ्रष्ट कर दिया है, उसकी बौद्धिक चेतन को कुण्ठित कर दिया है। उसने मानवता को भेड़ों और गधों की दुनिया में शामिल करके, उसे सहस्रों उलझनों और चक्करों में भटकाकर, उसने जीवन को निरानन्द बनाने और उसे विनाश के अन्तिम गह्वर तक ढकेलने की कसम खा ली है।

जिस प्रतिश्रुत 'मिलेनियम' या तथाकथित राम-राज्य की आशा में साधारण जनता इतने वर्षों तक आँखें बिछाये बैठी थी, उसका दूराभास भी आज कहीं नहीं दिखता। अनन्तकाल के किस अनिश्चित भविष्य में वह

'मिलेनियम' आयेगा, कभी आयेगा भी या नहीं, इसका उत्तर आज किसी के पास नहीं रह गया है।

पिछले कुछ वर्षों की अन्तरराष्ट्रीय घटनाओं से राजनीति की विकराल और विध्वसंक प्रवृत्ति अन्तिम रूप से परीक्षित हो चुकी है और उसकी निपट व्यर्थता पूरी तरह से प्रमाणित हो गयी है।

इसलिए आज की इस अत्यन्त घिनौनी, सर्वघाती और विश्वव्यापी महामारी के विषैले चेप से मुक्ति की छटपटाहट प्रत्येक प्रबुद्ध आत्मा को चिन्तन की नयी दिशा की ओर प्रेरित कर रही है। आज के प्रत्यक्ष जीवन की अर्थहीन धुन्ध के भीतर प्रत्येक जागरूक चिन्तक को मूल जीवन के सूक्ष्म और केन्द्रगत प्रयोजन-बिन्दु की खोज है। बाहर के सामूहिक पागलपन के नक्कारखाने से ऊबकर, वह भीतरी जीवन की शान्ति और मुक्त आनन्दमय अवकाश की टोह में बेचैन है।

वह जान गया है कि जब तक राजनीतिक प्लेग के मूल कीटाणु का रहस्योद्घाटन नहीं कर लिया जाता, जब तक उसके मूल विष-तत्त्व या 'वाइरस' का अलगाव करके, उसके उन्मूलन के लिए वह उपयुक्त प्रतिषेधक का आविष्कार नहीं कर लेता, तब तक अपने उद्देश्य में वह सफल नहीं हो सकता।

और यह सफलता उसे प्राप्त हो सकती है केवल महा-प्रकृति के मुक्त अन्तरप्रांगण में और अन्तर्जीवन की अथाह गहराइयों में।

अतः छिन्न करो बाहर के सभी कृत्रिम और झूठे बन्धन! उन्मुक्त करो अन्तर के रुद्ध द्वार।

मानवता को यदि मानवीय तत्त्वों के परिपूर्ण और समूल उच्छेदन की नियति से बचाना है, तो इसके अतिरिक्त दूसरा उपाय नहीं है। नास्त्येव गतिरन्यथा!

ऋतुचक्र

"क-कु-कु-क्रू-कुर-कुर-कुर!" यह चिड़िया बोल रही थी।

"हे-हे-हे-ए-ए! हँ-हँ-हँ-हँ! हा-ा-ा-ा-ा!" यह आदमी बोल रहा था।

चारों ओर ऊँचे पहाड़ी पर कतारों में खड़े देवदारु के लम्बे-लम्बे और नुकीले पेड़ों की छाया सघन-से-सघनतर होती चली आ रही थी। उन पेड़ों की चोटियाँ पहाड़ों के उस पार डूबते हुए सूरज की अन्तिम पीली धूप से, जो हरीतिमा में घुली हुई थी, एक नये ही रंग से झिलमिला रही थी।

पिछले दो दिन काफी अच्छा पानी बरस गया था। भरपूर जेठ के महीने में इस प्रकार की वर्षा कभी-कभी भाग्य से ही हो जाती है। पानी बरसने के कारण उत्तर क्षितिज में जमी हुई धूल गलकर धुल गयी थी। उस क्षितिज के ऊपर पहाड़ों की दो नीली कतारों के पीछे तीन-चार ऊँचे और बड़े-बड़े चाँदी के-से गुम्बद उठे हुए थे, जिनकी चोटियों पर सुनहरा रंग गाढ़ा होता चला जा रहा था। वे चिर-परिचित से हिम-शिखर आज काफ़ी दिनों बाद अचानक दिखायी दिये थे। दादा को लगा, जैसे आज पहली बार उन्हें देख रहे हों। वह उस टीले पर खड़े होकर, छड़ी की नोक एक उभरते हुए पत्थर से टिकाये, एकटक, निःस्पन्द आँखों से काफी देर से उसी ओर दृष्टि गड़ाये हुए थे। लगता था, जैसे पृथ्वी और आकाश के बीच में स्थित सोने के तीन विशाल मन्दिर, युग-युग से कर्मक्लान्त मानव को किसी जादू की-सी माया से भुलावा देकर निरन्तर अपनी ओर खींचते चले जा रहे हैं।

दूर सामने, बहुत नीचे, एक छोटी-सी नदी बही चली जा रही थी। वह इतनी दूरी पर थी कि लगता था, जैसे वह सचमुच की नहीं, वरन् किसी चित्र में उतारी गयी नदी हो। उसकी केवल एक टुकड़ी ही देखने में आती थी–तलवार की तरह बाँकी। उस तलवार पर भी डूबते हुए सूरज के सोने का पानी चढ़ता, हिलता-डुलता और उछलता चला जा रहा था।

दादा टीले पर एकमात्र देवदारु की छत्रच्छाया में खड़े थे। वह स्थान एक ऐसे कोण पर स्थित था कि सुदूर सामने की उस बाँकी तलवार पर चढ़ा वह सुनहला पानी–उतनी दूरी के बावजूद–उनकी आँखों से टकराकर उन्हें चौंधिया रहा था। जैसे कोई नटखट बच्चा, उन्हें खिझाने के लिए, एक शीशे पर पड़ी परछाईं उनकी आँखों में फेंक रहा हो।

दादा छड़ी को पत्थर पर टिकाये ही रहे। अपने चारों ओर के दृश्यों को वह आँखों और कानों से पीते हुए, एकान्त ध्यान में मग्न, मन्त्रमुग्ध से खड़े थे। जैसे समाधि लग गयी हो। वह ऊपर बन्द गले का लम्बा-सा, अचकननुमा गरम काला कोट पहने थे। और नीचे झलझलाती हुई धोती, जो चुस्त पाजामे की तरह दिखायी देती थी। काले रंग के पम्प शू के ऊपर हलके आसमानी रंग के मोजे कुछ अजब ही रंग दे रहे थे। गोरे रंग पर उभरी हुई नुकीली नाक, काली और धनुषाकार तीखी भवें उनकी बुद्धि और अनुभूति की प्रखरता का परिचय दे रही थीं। सुन्दर, लम्बी और खिंची-सी, बादाम के आकारवाली आँखों पर एक मुग्ध, मोहक विस्मय का-सा भाव चश्में की तरह चमक रहा था।

नीचे, दायें और बायें दोनों ओर फैली हुई, बाँज और देवदारु के सघन पुंजों से हरी-भरी दो घाटियाँ, जैसे एक नीरव निराली और कटीली पुलक से सिहरती हुई-सी, अलग-अलग दिशाओं से आकर, एक-दूसरे से प्रायः मिलती हुई, एक चौड़ा त्रिकोण बना रही थीं। बीच में, ऊपर से आता हुआ एक नाला, ज्यामिति के लम्ब की तरह उस त्रिकोण को बीचोबीच विभक्त कर रहा था। नाले की दोनों ओर दो छोटे-छोटे पटों पर अंकित वनों में देवदारु के ऊँचे, घने, नुकीले और कँटीले पेड़ों की कतारें फौजी सिपाहियों की तरह कायदे से खड़ी थीं।

दोनों तस्वीरनुमा घाटियाँ न जाने कितने युगों से एक-दूसरे से मिलने, एक-दूसरे का स्पर्श करने के लिए विकल पड़ी हुई थीं! पर हाय रे एक नाले का व्यवधान! छोटा किन्तु क्रूर और दुर्लंघ्य! उस एकान्त सन्नाटे में, जाने कैसे, दादा के मन में यह विचित्र कल्पना घर कर गयी और घर करते ही ऐसी सजीव बन गयी कि उनके अन्तर को कचोटने लगी। जैसे वे दो हरी घाटियाँ सचमुच में रक्त-मांस की बनी हों। दोनों जैसे सप्राण रूप से एक-दूसरे से मिलने–एक-दूसरे को छूने के लिए तड़प रही हों; और निकट की वह दूरी दोनों को जैसे और अधिक प्रेम-विह्वल करके, युग-युग से दोनों में कभी पुलक और कभी उच्छ्वास भरती चली आती हों। दोनों के पुलकित रोयें जैसे देवदारु की ऊर्ध्वमुखी कँटीली चोटियों के रूप में सीधे खड़े हो गये हों।

तभी सहसा कोई अकेली चिड़िया सामने बुरूँस के बड़े-से पेड़ पर लगे अंगारे से फूलों के भीतर छिपकर "कु-क्रू-कुर-कुर-कुर' की आवाज में बोल उठी। दादा चौंक पड़े और उनका ध्यान उचटा।

किसी विचित्र काकताली से, सामने उस पारवाले पहाड़ की पगडण्डी से 'हे-हे-हे-! हँ-हँ-हँ–गुलि-गुलि-गुलि ! हा-ा-ा-ा-ा-ा' की-सी एक अनोखी बोली किसी मानव-कण्ठ से निकलती हुई सुनायी दी। दादा ने फिर एक बार चौंकते हुए उस ओर नजर डाली। किसी चरवाहे का एक नौजवान छोकरा, मटमैले रंग का कॉलरदार कोट और उसी रंग का चुस्त

पाजामा पहने, एक पतली-सी बेंतनुमा छड़ी हाथ में लिये, गायों और भैसों को दिन-भर चराने के बाद धीमी चाल में वापस चला जा रहा था। सबसे आगेवाली जो गाय रास्ते से भटककर, पगडण्डी के नीचे, घाटीवाले खड्ड की ओर पाँव बढ़ाने लगी थी, उसे वापस बुलाने के लिए वह छोकरा उस निराली और अमानवीय भाषा में उससे कुछ कह रहा था। आश्चर्य से दादा ने देखा कि उस विचित्र बोली को सुनते ही भटकी हुई गाय जैसे उसका अर्थ समझ गयी। वह सहसा ऊपर की ओर इस तरह लौट पड़ी जैसे अपराध करती हुई पकड़ ली गयी हो।

और तभी छोकरे ने छड़ीनुमा लकड़ी को बगल में दबाकर अपने मैले-कुचैले कोट की बायीं पॉकिट से एक बाँसुरी निकाली। उसे ओठों से लगाकर, उसके छेदों पर दोनों हाथों की उँगलियाँ बड़ी तेजी से फेरते हुए, उसने अचानक एक अपूर्व मोहक धुन निकाली और फिर एक लम्बा, विलम्बित पहाड़ी राग बजाया। वह धुन अगल-बगल की पहाड़ियों को पुलकित करती और नीचे की घाटियों को गुँजाती हुई, लौटकर ऊपर को आयी और देवदारु और बाँज की चोटियों से टकराकर, उत्तरी क्षितिज पर खड़े सोने और चाँदी के पिरामिडों की ओर बढ़ती हुई, उनमें सिहरन पैदा करने लगी।

दादा के कान जैसे उसी धुन की तरंग का ग्राफ बना रहे थे। उसी ग्राफ का अनुसरण करते हुए उन्होंने आँखें घुमायीं। वे उन्हीं नुकीले और बड़े-बड़े प्रिज़्मों पर जा टिकीं। जिन पर डूबते सूरज की किरणें उसी राग से सिहरती हुई झिलमिला रही थीं। किरणों के काँपते हुए सुनहरे तार उसी धुन के ताल और लय के साथ झंकृत होने लगे थे।

और तभी दादा ने देखा, बड़ी तेजी से पश्चिमी क्षितिज को भेदकर ढलता हुआ सुनहला सूरज, एक बड़े से पहाड़ी पिरामिड की नुकीली चोटी के नीचे, तीन-चौथाई से अधिक डूब चुका था। अब केवल उसके ऊपर चमकते हुए ताजवाला अंश ही शेष रह गया था। पर कैसा मनोरम मुकुट था वह! नीली झाँइयोंवाली चोटियों के क्षितिज पर, हल्के मटमैले-से मोटे बादल की सपाट रेखा पर, चिर-प्रसन्न, चिर-आनन्दमय, चिर-मुक्त और चिर-निष्कलंक माया से दीप्त, चिर-परिचित सूर्यराज का चिर-मंगलमय मुकुट! लम्बे-से बादल की मोटी-गाढ़ी परतों को पूरे अधिकार से चीरती हुई उसकी किरणें दलदल में फँसने लगी थीं। फँसने पर भी अपने हजारों गुना अधिक लम्बे आकार और बड़े-बड़े समान कोणवाले पंखों को नाचनेवाले मोर की तरह, उस मुकुट के नीचे, ऊपर, दायें, बायें--चारों ओर फैलाये हुए थीं।

इस तरह की अनेक साँझें दादा उसी टीले पर से देख चुके थे। पर इस तरह का मुकुट रोज-रोज नहीं दिखायी देता।

झिलमिलाती हुई और बारीक बुने हुए सुनहले झालर के भीतर से बिखरती हुई, किरणें उनकी चमकती हुई आँखों पर बुरी तरह हमला कर रही थीं। पर दादा तन से, मन से और आत्मा से उस हमले का स्वागत कर रहे थे। उनकी आँखें एक अभौतिक अनुभूति की मोहक माया से चमकने लगी थीं। वह तब तक उस ओर एकटक देखते रहे जब तक वह अभिनव मुकुट, अपनी विपुल महिमा के साथ, देखते-देखते आँखों

से ओझल न हो गया।

एक पतली सुनहरी रेखा अब भी पश्चिम क्षितिज के नुकीले पेड़ों की कतार के ऊपर से गुजरती हुई, अन्तिम उजले सन्नाटे का आलिम्पन लिख रही थी। उत्तरी क्षितिज पर, आकाश की ओर भागने का प्रयास करनेवाली चाँदी के बड़े-बड़े गुम्बदों के कलशों के नीचे तक सुनहला पानी चढ़ा हुआ था, जो कुछ नीचे से धीरे-धीरे तमैला होने के लक्षण प्रकट कर रहा था।

पलक मारते-मारते पश्चिमी क्षितिज की स्वर्णिम रेखा ताँबे में पिघलकर नीचे गिर गयी। उत्तर के सफेद पिरामिड पर अब सोने के बदले ताँबा जमने लगा था। दादा उस ओर एकटक देख रहे थे–चारों ओर एक एकान्त और आश्चर्यजनक सन्नाटे के बीच उनका देखना और अनुभव करना एक हो गया था। वह सब-कुछ देख रहे थे, सब-कुछ अनुभव कर रहे थे, पर कुछ भी देख नहीं रहे थे और कुछ भी अनुभव नहीं कर रहे थे--केवल एक अनुभूति को छोड़कर। कमर तक आधा पिरामिड ताँबे का, कमर के नीचे सफेद लहँगा, और सिर की चोटी पर सोने की ओढ़नी का आभास। वह सारा पिरामिड जैसे महानारी बन गया था। ऊपर की अथाह नीलाई में उड़कर मग्न हो जाने का प्रयास करती हुई महांगना। उस महा-सौन्दर्य का अस्तित्व पृथ्वी की मिट्टी में सम्भव नहीं था।

जब तक सारा ताँबा फुँककर एकदम सफेद राख न बन गया तब तक दादा उसी समाधि की-सी अवस्था में खड़े रहे। जब समाधि भंग हुई तब सोचने लगे कि किस विचित्र रहस्यानुभूति में खोये रहे इतनी देर तक! आधे क्षण के लिए भूल गये कि वह अनुभूति क्या थी, जो अभी तक मन और प्राण को गुदगुदा रही थी। तुरन्त ही याद आ गया। एक अपूर्व सुन्दरी महानील की गोद पकड़कर उड़ने और उसी में विलीन होने को आतुर है। मन-ही-मन कहने लगे : "कैसा अद्भुत, अपूर्व दृश्य था वह! और कितना प्यारा, कितना सुखकर, घरेलू–" और 'घरेलू' कहते-कहते रुक–गये हैं! यह सब क्या! 'घरेलू!' और यह सारा रूपक! कैसा अद्भुत और अर्थहीन था वह! पिरामिड एक महानारी! ऐसे विराट् का परिकल्प पुरुष न होकर नारी के रूप में उनके सामने आया! और वह मूक अट्टहास कर उठे। फिर गम्भीर वैज्ञानिक विवेक से सोचने लगे : "पर वह प्यारी, परिपूर्ण रूप से मग्न कर देनेवाली, सहज-सुखद अनुभूति आयी क्यों, कैसे और कहाँ से? और फिर ऐसा विराट् दृश्य 'घरेलू' क्यों, लगा? ठीक है, आ रही है बात कुछ पकड़ में–पिरामिड की वह अपूर्व रंगमयी विराट् नारी पृथ्वी के मध्याकर्षण के बन्धन से मुक्त होकर, प्रतिपल फिसलते हुए अनन्त को पकड़कर, उसे शान्त और अनन्त की सन्ध्या-रेखा में चिरकाल के लिए बाँधने के लिए विकल है। सम्पूर्ण शान्त एक विराट् नारी है और महानील निवासी अनन्त एकमात्र विश्व-पुरुष। छायी हुई यह नारी समय विश्व-जीवन की परिधि के चारों ओर–और केन्द्र के भी केन्द्र में। प्रतिक्षण और प्रतिकण को बाँधती हुई, वह महानील और महानारी की गोद में लेटी हुई है–अनादि युग से लेकर अनन्त के अछोर तक वह वैसी ही थी और वैसी ही रहेगी। जो युग-युग में परिवर्तनशील चक्र नये-नये रूपों में चलता चला आ रहा है वह है उस महापरिधि के भीतर स्थित उन अनन्त क्षणों और असंख्य कणों का खेल।

"पर इस सारे चक्कर का अर्थ क्या हो सकता है?" दादा के भीतर फिर प्रश्न उठा। और फिर बिजली की तरह उत्तर भी दिमाग में कौंध गया; "अर्थ कुछ नहीं, केवल खेल और केवल नयी-नयी रहस्यात्मक अनुभूतियाँ। खेल का क्या अर्थ हो सकता था? केवल रस-मग्नता! केवल नित नयी रागानुभूति! सुख-दुःख, संघर्ष-विघर्ष, राग-रंग, स्वार्थ की छीना-झपटी, शक्ति-मद का नंगापन–सब इसी खेल के अंग हैं।"

दादा ने फिर एक बार हिम-शिखरों की ओर दृष्टि गड़ायी। विराट् नारी की वेश-भूषा का रंग धीरे-धीरे उड़ता जा रहा था। पर क्षितिज के ऊपर सारा आकाश एक निराली गुलाबी ज्वाला में बदल गया था। बीच में, छिट-पुट रूप से तैरनेवाले बादलों की छोटी-छोटी टुकड़ियाँ गुलेनारी आग से दहकने लगी थीं। दृश्य की इन्द्रियातीत मोहकता गहरी से और गहरी होती जा रही थी।

दादा को लगा कि उनकी आँखें और पाँव अपने बस के नहीं रहे। ये दोनों जैसे पंख बनकर उन्हें सामनेवाले ऊर्ध्व-क्षितिज के मायालोक की ओर बरबस उड़ाये लिये जा रहे हों। सारे जग की चंचल व्याकुलता, सारे जीवन की कुटिल काँटेदार अशान्ति, समस्त युग का सब-कुछ लील लेनेवाला अन्धकार एक अस्पष्ट, धुँधले, काले स्वप्न की तरह पल में काफूर हो गया। सब-कुछ ऐसी मोहक रंगीनी में बदल गया, जिसे छाती से चिपकाने के लिए दादा जैसे युग-युग से, जन्म-जन्म से व्याकुल थे।

"यदि ईथर में तरंगित होनेवाली यह अभौतिक सुन्दरता असत्य है, युग के निरर्थक जीवन में पग-पग पर छाये हुए काले भयावने पर्दों से फूटती हुई पूर्ण मुक्ति की यह क्षणिक चेतना झूठा सपना है, तो सत्य क्या है, यह मैं नहीं जानता, और न कभी जान पाऊँगा!" दादा बड़े आवेग के साथ अपने-आपसे बात कर रहे थे। पर दूसरे ही क्षण भाव-प्रवाह सहसा रुक गया।

"तनिक ठहरो, मिलन बाबू", मन-ही-मन अपने-आप को सम्बोधित करते हुए कहने लगे। "फिर उसी भ्रामरी माया के फेर में तुम पड़ गये जो सुबह से ही तुम पर बुरी तरह हावी है! इस अनुभूति को मूल पूँजी की तरह अपने भीतर छिपाकर, अपने चारों ओर के जीवन को–उस जीवन-सागर में उठने-गिरनेवाली तरंगों को–देखो, परखो और समझो!"

इस प्रकार चेतना लौटने पर दादा छड़ी की इस्पाती नोक को दोनों हाथों से दो पत्थरों के बीच के खाली स्थान पर फैलाये हुए मन्द-मन्द मुस्कराने लगे। और तब उन्होंने सामनेवाली पगडण्डी की भूरी जमीन पर नजर गड़ायी।

चरवाहे का छोकरा, जिसने बीच में कुछ क्षणों के लिए बाँसुरी बजाना बन्द कर दिया था, फिर उसे जेब से निकालकर ओठों से लगाने की तैयारी कर रहा था। पर शायद किसी गाय को फिर गलत रास्ते पर जाते देखकर वह बोल उठा : "हे-हें-हें-एँ! गुलि-गुलि-गुलि!" वह निकट-से-निकटतर आता हुआ, दादावाले टीले की ठीक सीध में, उस पारवाले टीले के नीचे आकर ठहर गया। बाँसुरी को फिर जेब में रखकर, लकड़ी को टीले की दीवार

के सहारे टिकाकर, बीड़ी जलाकर पीने लगा।

दादा छड़ी को दायें हाथ में पकड़कर, पाँव जमाकर, छड़ी की नोक के सहारे नीचेवाले सूखे नाले की ओर जैसे लुढ़कते हुए जाने लगे। सूखा नाला बिलकुल पास ही था।

नाले के ऊपर एक छोटी-सी पुलिया बनी थी। इसी से होकर दादा जल्दी से उस पार पहुँच गये। उसके बाद एक कच्ची सड़क से होकर ऊपर की ओर चलने लगे, जो पगडण्डी से कुछ चौड़ी थी। जब दायीं ओर मुड़े तो लाल टीन से छायी हुई एक रसद की दुकान दिखायी दी। दुकानदार दो-एक ग्राहकों के लिए छिटपुट सामान तौल रहा था। वह जवान था। मैली-सी काले रंग की गरम जॉकेट, कुर्ता और पाजामा पहने था। गोरे चेहरे के ऊपर काले, घुँघराले बाल, आवश्यकता से अधिक तेल पड़ने के कारण, चमक रहे थे।

दादा पर नजर पड़ते ही दुकानदार बोल उठा : "राम-राम, दादा!"

राम-राम ! कहो शिवलाल, अच्छे तो हो?" दादा ने अपनी चाल को धीमा करते हुए कहा।

"सब आपकी किरपा है, दादा", अपनी सुन्दर-सी आँखों में और ओठों पर शीरे की तरह मीठी मुस्कान ढुलकाते और पास ही खड़े ग्राहक को दाल तौलते हुए दुकानदार बोला।

"चावल आया है?"

"हाँ दादा, दो-तीन किस्म का चावल आया है। दिखाऊँ?"

"दिखाओ।"

शिवलाल दाल तौलने के बाद तराजू नीचे रखकर उठा। भीतर से दो-तीन किस्म के चावल हाथ में लेकर हाथों को आगे बढ़ाते हुए बोला : "यह देखिये, यह सोनखर्ची चावल है–एकदम पुराना और मीठा। आजकल कहीं मिलता नहीं; मैंने बड़ी तिकड़म से एक जगह से मँगाया है। और यह है लाल रंग का बढ़िया किस्म का उसगल चावल–इसका भात भी बहुत मीठा होता है। और जो यह एकदम सफेद चालव आप देख रहे हैं, यह कुछ मोटा और नया जरूर है, पर खाने में यह भी बढ़िया है।" और फिर उसने तीनों के भाव बता दिये।

दादा लाल चावल गौर से देखते हुए परख रहे थे। बोले : "पहले इसे कोई पूछता नहीं था, पर अब इसकी बड़ी कदर होनी चाहिए–दाम और रंग दोनों चोखे हैं। इसका रंग मुझे पसन्द आया। होटल में एक अच्छी वेराइटी रहेगी। मैं राम बाबू से कहूँगा मँगाने को।"

"और घी? बहुत बढ़िया पहाड़ी घी आया है देहात से।" और शिवलाल ने एक कनिस्टर से एक उँगली से थोड़ा-सा घी निकालकर कहा : "जरा सूँघिये तो सही, क्या खुशबू है!"

दादा ने उसकी उँगली की ओर दो-तीन बार कुछ लम्बी-सी साँसें खींचकर सूँघा।

"खुशबू तो अच्छी है, पर सेण्ट भी मिला हुआ हो सकता है।"

"नहीं दादा," अपने शब्दों पर जोर देता हुआ शिवलाल बोला। "भला पहाड़ के देहाती लोग–खासकर किसान–सेण्ट-वेण्ट की बात क्या जानें! यह असली घी है–इसमें रत्ती-भर भी शक आप न करें।"

दादा हँसे। बड़ी ही मीठी मुस्कान मुख पर झलकाते हुए धीमे से बोले : "आज सारी दुनिया बहुत चतुर हो उठी है, शिवलाल। देहाती-तो-देहाती, जंगली लोग भी आज चतुराई

में बड़े-बड़े सयानों के कान काटने लगे हैं। तुम यह बात मुझसे अधिक जानते हो।"

"नहीं दादा, ऐसी बात नहीं है!" हलकी-सी झेंप से उसका चेहरा कुछ तमतमा उठा था।

"अच्छा, मैं तुम्हारे घी की भी तारीफ कर दूँगा, राम बाबू से। तुम्हारी बिटिया की तबीयत अब कैसी है? कुछ फायदा हुआ या नहीं उस दवा से?"

"बहुत फायदा हुआ है दादा, आपकी किरपा से। पर अभी कमजोरी बाकी है। भूख भी अभी ठीक से नहीं खुली।"

"अच्छा, एक और दवा दूँगा। कल किसी को भेज देना।"

दादा धीरे-धीरे, छड़ी से कंकड़ों और पत्थर के छोटे-छोटे टुकड़ों को हटाते हुए, चढ़ाई पर चले जा रहे थे। अगल-बगल में, सड़क के ऊपर दोनों ओर, सेब, आलूबुखारा 'प्लम' और खूबानी के पेड़ों में फल लदे हुए दिख रहे थे। कुछ आगे बढ़ने पर बायीं ओर, उनके हाथ के पास छोटे-छोटे, लाल-लाल सेबों से भरी टहनियों ने जमीन पर जाल-सा बिछा रखा था। यह एक विचित्र किस्म के सेब का पेड़ दादा ने आज पहली बार देखा। एक सेब तोड़कर मुँह में ठूँसकर चखने की इच्छा हुई। पर तोड़ा नहीं। बाग किसी दूसरे का था और मालिक का कोई आदमी नहीं दिखायी दे रहा था।

उत्तर की ओर एक नया मोड़ आते ही उनकी दृष्टि फिर एक बार सामनेवाले क्षितिज पर पड़ी, जहाँ बर्फीले पिरामिडों की चोटियों पर अभी तक ताँबे के छत्र पड़े हुए थे। नोन-तेल-लकड़ी से सम्बन्धित जिस घोर पार्थिव कल्पना ने कुछ क्षणों के लिए उनके मन को सँकरी, अँधेरी और अन्धी गलियों के बीच भटका दिया था, वह पल में इस तरह काफूर हो गयीं जैसे उनका अस्तित्व कभी रहा ही न हो। जैसे बनियों से, होटल से, होटल के सिन्धी मालिक धरमदास से उनका कोई सम्बन्ध न इस जीवन में कभी था न कभी रहेगा। महाकाल और महाजीवन की यात्रा से सम्बन्धित जो चोटीवाले मील के पत्थर लाल-लाल आग की तरह दहक रहे थे, केवल वही जैसे उनके चिर-जीवन के संगी थे और सदा रहेंगे।

सन्नाटे का पर्दा चारों ओर से धीमे-धीमे खिंचता चला आ रहा था। दूर किसी अनजानी गुफा से या किसी छोटे से पहाड़ी गाँव से किसी को टेरती हुई-सी अन्धी, भटकती हुई आवाज पहाड़ी टीलों और कन्दराओं से टकराकर आती हुई सुनायी दे रही थी : "ओ-ो-ो-ो-ो !" दादा के कानों तक पहुँचते-पहुँचते उस आवाज का तीखापन बहुत क्षीण पड़ जाती की बार-बार वही विलम्बित टेर एक निश्चित ताल और लय में बँधी हुई-सी लगती थी। जैसे कोई चिर-प्यासी, युगों से खोयी हुई और भटकी आत्मा एक विचित्र 'कोड' की-सी भाषा में निरन्तर पुकारती जाती हो।

नीचे–बहुत नीचे–तंग घाटी के ऊपर, छह-सात चीलें, धीमी किन्तु सन्तुलित गति से मँडरा रही थीं।

"छक्की–चड़ी–घी-खिचड़ी!" यह अपने जोड़े से छूटकर भटकता हुआ कोई पंछी चहक रहा था। और आश्चर्य ! कोई अकेला पपीहा "पिऊ-पिऊ! की रट लगाता हुआ, गरमी

के मौसम में भी, न जाने किस पिया (या प्रिया) को पुकार रहा था।

दादा ने फिर मोड़ बदला। अब वह उस स्थान के निकट पहुँच गये थे जहाँ चरवाहे का छोकरा, शायद एक बीड़ी खतम करके दूसरी बीड़ी पी रहा था, वह भी आधी से अधिक जल चुकी थी। दो-चार जोर की कशें खींचकर उसने बीड़ी फेंक दी। टीले के सहारे पीठ अड़ाकर उसने जेब से बाँसुरी निकाली। एक युग-युग से परिचित पुरानी धुन बाँस के छेदों से बाहर निकलकर उत्तर की हिमानी चोटियाँ से लेकर ऊपर स्तब्ध आकाश तक टकराती हुई गूँज उठी।

दादा फिर अपने-आपको भूल गये। उसी मस्तानी धुन के ताल-से-ताल मिलाते हुए उसी ओर बढ़ते चले गये। जब छोकरे के पास तक पहुँचे तब वह धीरे-धीरे उसी तरह बाँसुरी बजा रहा था। दादा के पहुँचते ही एक गाय भड़की और साथ बाँसुरी की तान भी टूट गयी–जैसे किसी लक्ष्य-भेदी तीर से सधे हुए किसी धनुष की डोरी ही झनाक् से टूट गयी हो।

"हँ-हँ-हँ ! गुलि-गुलि-गुलि ! हे-ए-ए-ए !" यह विचित्र शब्दावली निकालते हुए छोकरे ने उस भड़की और भटकती हुई गाय की बायीं ओर अपनी चाबुकनुमा पतली-सी छड़ी घुमायी। गाय फिर दल के साथ मिल गयी।

चरवाहे के छोकरे का 'मूड' फिर लौट आया। इस बार उसने बाँसुरी नहीं बजायी। जिस मोहक धुन में कुछ ही समय पहले उसने बाँसुरी बजायी थी वही मर्म मधुर विलम्बित लय उसने शब्दों में अपने जादू-भरे गले से निकाली :

प-अ-रा-ा-ण- की टेर मे-ए-ए-री-ी-ी-ी
को भा-आ-गी-ी-ी-ी सु-ण-अ-लो-ो-ो !

"पराण की टेर मेरी को भागी सुणलो' – शब्दों के अक्षर-अक्षर को पकड़ने में दादा को प्रयास नहीं करना पड़ा और उसी क्षण उस कड़ी का अर्थ भी उन्होंने लगा लिया : "मेरे व्याकुल प्राणों की पुकार कौन स्नेहशीला सुन्दरी सुनेगी?"

और दूसरे ही क्षण दादा ने चौंकते हुए सुना–टीले के उस पार से, उसी धुन, उसी ताल और उसी लय में किसी वनदेवी की-सी आवाज, उसी कड़ी की पूर्ति में, सहसा गूँज उठी :

जैका जीया लागी होली सुणनै हुनलो!

"जिसके जी में लग रही होगी वह सुन ही रहा होगा।"

दादा वर्षों से इस पहाड़ी क्षेत्र से परिचित थे। और उनका जन्म एक छोटे पहाड़ी शहर ही में हुआ था, जहाँ उनके पिता हेडमास्टर थे और बाद में वहीं बस गये थे। हाईस्कूल भी उन्होंने वहीं से पास किया था। बचपन से ही उन्होंने कई वर्षों तक वहीं जीवन बिताया। वह वहाँ के रहन-सहन, रीति-रिवाज और भाव-भाषा से अच्छी तरह परिचित हो चुके थे। वन में और विजन में एकाकी स्वर में पहाड़ी राग उठानेवाले और मेलों-ठेलों में सम्मिलित रूप से गानेवाले किसान युवकों और युवतियों के मधुर कण्ठ से निकली हुई

मस्त स्वर-लहरियाँ उन्होंने सैकड़ों बार सुनी थीं। पर इस तरह अचानक, अप्रत्याशित रूप से, साँझ के झुट-पुटे के उस विशेष एकान्त मुहूर्त्त में, पहाड़ी टीले की दोनों ओर से, परस्पर ओट में छिपे एक नवयुवक और (शायद) नवयुवती के जादू-भरे कण्ठों से अनायोजित उत्तर-प्रत्युत्तर के रूप में निकला दो-गाना आज पहली बार सुना। जैसे किसी फिल्मी चित्र संयोजक ने पहले ही वह योजना बना रखी हो। जीवन में कभी-कभी आकस्मिक संयोग भी अनायास आ जाता है–वह सोच रहे थे।

दादा के मन के तार आज किसी विशेष भाव की संवेदना को पूरी तन्मयता से ग्रहण करने के लिए पहले से ही कसे हुए थे। उन्हें लग रहा था जैसे सामने की रक्तिम चोटियों के उस पार से आता हुआ एक अपूर्व मादक रस, उनके चारों ओर के वातावरण में झरर-झुरर-झुमुरझुमुर बरसता हुआ, उनके शरीर और मन की सारी स्थूलता को गला रहा है और जीवन की सारी छोटी-मोटी ग्लानियों को गलाकर, सारे अस्तित्व को ही वायु से भी हलका करके, किसी अज्ञात पुलकानुभूति के लोक की ओर उड़ाये लिये जा रहा है। दोनों ओर से बारी-बारी से बदलती हुई गीत की कड़ियों में उत्तर-प्रत्युत्तर का क्रम जारी था। दोनों में से किसी को भी जैसे एक-दूसरे को आँखों से देखने की उतावली नहीं थी। जैसे दोनों की आँखों की उत्सुकता बातों की तन्मयता में विलीन हो गयी थी। दादा अपना कुतूहल न रोक सकने के कारण टीले के उस पार से आती हुई स्वर-लहरी की अधिष्ठात्री की खोज में उसी ओर धीरे-धीरे बढ़े। सँकरी-सी पगडण्डी के नीचे अतलव्यापी खड्ड मुँह बाये खड़ा था। पर दादा छड़ी का सहारा पकड़े हुए निश्चिन्त थे।

कुछ ही दूर आगे बढ़ने पर जब वह टीले के उस पार पहुँचे तब वहाँ जैसे सचमुच की वनदेवी को देखकर, ठिठककर खड़े रह गये। उनकी आँखें उसी ओर टिकी रह गयीं। प्रायः अट्ठारह-बीस साल की एक गोरी-उजली नवयुवती, काले लहँगे के ऊपर चादर की तरह सफेद रंग की पिछौरी का आधा भाग कमर में लपेटे और आधे को सिर पर बाँधे हुए टीले की उस ओर मुँह किये थी। अपनी दो बड़ी-सी, भाव-विभोर और मदभरी आँखों को शून्य आकाश की ओर नचाती और दो पतले से नीले ओठों को हिलाती हुई, मस्त होकर गा रही थी। गाती हुई, प्रत्येक कड़ी का दो टूक, स्पष्ट और आशु उत्तर दे रही थी!

दादा काफी दूर खड़े थे और लड़की के चेहरे से टेन्जेण्ट बनाये हुए थे। वह नीले मखमली कपड़े की एक अँगिया कसकर पहने थी और अपने नवयौवन के पूरे उभार से तनिक बोझिल-सी दिखायी देती थी। उसके गले के नीचे चाँदी की-सी एक अर्द्ध-गोलाकार पतली-सी हँसुली लटक रही थी। पाँवों के नीचे छोटी-छोटी, टेढ़ी-मेढ़ी, कँटीली-सी लकड़ियों का एक गट्ठर पड़ा हुआ था। पास ही एक रस्सी पड़ी-पड़ी साँप की तरह लहरा रही थी। सिर पर रखने की एक गुड़री भी नीचे पड़ी हुई थी। उसके मुख पर उल्लास-भरी चमक से एक ऐसी ललाई छायी हुई थी जैसे उस पर हिमालय की रक्तिम चोटियों की झाँई पड़ गयी हो। उसने दादा की ओर एक बार भी नही झाँका। कभी मग्न होकर उसी मार्मिक मूर्च्छना से भरे विलम्बित राग में गाती थी और कभी उस पार से उत्तर पाने की प्रतीक्षा में अधीर-सी खड़ी रहती थी।

दादा उसे कुछ निकट से देखने की इच्छा से धीरे-धीरे, दबे-पाँव आगे बढ़े। वह डर रहे थे कि कहीं उनके जूतों की खटर-पटर से लड़की का ध्यान न टूट जाये। केवल दो कदम ऊपर बढ़कर वह ऊपर दो-चार छोटे-छोटे देवदारुओं के झुरमुट के नीचे एक बड़े से पत्थर पर बैठने का विचार कर ही रहे थे कि पास ही बाँज के दो-चार बड़े पेड़ों के पीछे कुछ पत्तों के खड़कने और किसी के पाँव के बिछलने की आवाज सुनायी दी। कुछ क्षणों तक वह इधर-उधर देखते रहे। सहसा देवदारु और बाँज के झुरमुटों की ओट में किसी छायामूर्ति को छिपता हुआ-सा उन्होंने देखा। उस छिपनेवाले व्यक्ति के सम्बन्ध में उनका कुतूहल जगा और वह उसी ओर बढ़े जिधर से आवाज आयी थी। नीचे गिरे हुए देवदारु के सूखे सुईनुमा लम्बे नुकीले काँटों और बाँज के कँटीले पत्तों पर जूतों की फिसलन की आवाज फिर सुनायी दी। दादा को लगा कि वह छिपा हुआ व्यक्ति जैसे उनसे कतराकर, उनकी दृष्टि बचाकर भाग निकलना चाहता है।

और तभी वह व्यक्ति ज्यों ही, क्षण-भर की असावधानी के कारण, ओट से हटा, दादा ने तत्काल उसे पहचान लिया। और उनका मन गुदगुदा उठा। उन्होंने खुले गले से कहा: "अरे राम बाबू! कहाँ भागे जा रहे हो? और छिप क्यों रहे हो? इधर आओ!" दादा की सहज भाव-भीनी आँखों से स्नेह-सना विनोद छलक रहा था और स्वर से परम आत्मीयता।

और तब वह व्यक्ति, जो ऊपर खुले कॉलर का एक पुराना मटमैला गरम कोट, सिर पर उसी रंग की किश्तीनुमा टोपी और नीचे सफेद कपड़े का चूड़ीदार पाजामा पहने था, झेंपता हुआ-सा दादा की ओर बढ़ा।

"झेंप क्यों रहे हो?" मन्द-मन्द मुस्कराते हुए दादा ने कहा। और फिर गले के स्वर को एकदम दबाकर, उस व्यक्ति के कान में बोले : "लड़की बहुत सुन्दर है न? और गाती भी खूब है! क्यों?" और दादा ने एक बार घूमकर फिर लड़की की ओर देखा।

वह व्यक्ति, जिसकी उम्र अड़तीस और चालीस के बीच होगी, दादा की बातें सुनकर लाज से इस तरह गड़ा जा रहा था, जैसे चौदह साल का लजीला लड़का हो।

"अरे भाई, इस तरह लजाते क्यों हो," आश्वासन-भरे सहज स्वर में दादा बोले। "लजाना तो चाहिए मुझे, क्योंकि मैं उस उम्र में तुमसे कम-से-कम पन्द्रह साल बड़ा हूँ। पर मैं नहीं लजा रहा हूँ। और लजाऊँ भी क्यों? मनुष्य को दो आँखें क्या चौबीसों घण्टे होटल का हंगामा देखते रहने के लिए ही मिली हैं? नहीं राम बाबू, नहीं!"

और दादा ने राम बाबू के कन्धे पर अपना बायाँ हाथ डाल दिया। कान में बोले : "सबकी आँखों को केवल सुन्दर की खोज है–प्रतिपल–तुमको भी, मुझको भी और-और–उसको भी!" कहते हुए दादा ने उधर नीचे खड़ी लड़की की ओर दायीं आँख से 'टेन्जेण्ट' बनाते हुए अपनी छड़ी की नोक उसी ओर घुमायी।

राम बाबू एक बार फिर तिरछी नजरों से लड़की की ओर देखने लगे। देखते हुए वह बुरी तरह झेंप रहे थे।

दादा बोले : "आओ, चुपचाप मेरे साथ इस पत्थर पर बैठ जाओ और देखते रहो। मैं भी उसे अच्छी तरह देख पाने के लिए ही इधर आया था।"

और राम बाबू एक अनुशासित व्यक्ति की तरह चुपचाप, धीरे से दादा के पास ही उस पत्थर पर बैठ गये।

दोनों दूर झाड़ी में बैठे हुए, मौन भाव से देखते और सुनते रहे। कुछ देर तक वह दो गाना चलता रहा। और फिर सहसा चरवाहे के छोकरे के मुँह से निकली हुई 'ओ-ो-ो-ो-ो-ो !' की तान के साथ बन्द हो गया। गायें चक्कर काटती हुईं उसी ओर आ पहुँचीं जहाँ लड़की खड़ी थी। उनके पीछे-पीछे चरवाहे का छोकरा भी धीरे-धीरे चलता हुआ और बाँसुरी से सरगम के-से स्वर निकालता हुआ आता दिखायी दिया।

"लड़की ने स्पष्ट ही पहली बार उसका चेहरा देखा। वह मोह-मुग्ध दृष्टि से उसकी ओर देखती रह गयी। लड़के की आकृति बुरी नहीं थी, पर कुछ विशेष सुन्दर भी नहीं थी। पर जो सुन्दर कण्ठ लड़की ने उसका सुना था वह शायद उसकी साधारण आकृति को भी लड़की की नजरों में सुन्दरता बना रहा था। दादा गौर से उस ओर देखते हुए, मन-ही-मन यह अनुमान लगाकर मग्न हो रहे थे।

चरवाहे का छोकरा जब लड़की के कुछ निकट पहुँचा, तब सहसा लड़की ने, बिना तनिक भी झिझक के, सहज आत्मीय भाव से पूछाः "तेरा नाम क्या है रे?"

"रतन सिंह," बाँसुरी को पॉकिट में रखते हुए लड़के ने उत्तर दिया।

"अरे रतनुवा, तनिक यह गट्ठर बाँधकर मेरे सिर पर रख देगा?" बड़े ही स्नेह-सने, आग्रह-भरे स्वर में लड़की बोली। और अपने पास ही पड़ी गुड़री को पगड़ी की तरह सिर पर रख लिया।

और रतन सिंह कुछ लजाता हुआ-सा गट्ठर बाँधने लगा। जब वह बाँध चुका, तब गट्ठर को एक ओर उसने पकड़ा और दूसरी ओर से लड़की ने।

जब गट्ठर को ठीक सन्तुलन के साथ सिर पर रख दिया गया, तब लड़की ने अपनी कटीली आँखों को नचाते हुए पूछा : "तुम किस गाँव की ओर जा रहो हो? कहाँ रहते हो?"

"मटियाणी।"

"मुझे भी उसी ओर जाना है," अत्यन्त प्रसन्न होकर लड़की ने कहा। "चलो, साथ ही चलते हैं।"

और वह रतन सिंह से काफी अलग होकर, किन्तु समान रेखा में और समान गति से चलने लगी। चलते हुए उसकी कमर नियमित और सन्तुलित गति से, एक सधे ताल और लय में, लचकती जाती थी।

कुछ आगे बढ़ने पर दोनों ने दादा और राम बाबू को उधर बैठे देखा। पर देखकर भी उन्हें न तनिक कुतूहल हुआ, न संकोच। दोनों सहज भाव से परस्पर बतियाते हुए चले जा रहे थे। और कुछ ही देर बाद दोनों दायीं ओर मुड़कर दादा और राम बाबू के आँखों से ओझल हो गये।

"उठो राम बाबू, अब चला जाय; काफी देर हो गयी है," एक दबी हुई-सी लम्बी साँस खींचते हुए दादा ने कहा।

दोनों धीरे-धीरे नीचे कच्ची सड़क पर उतरे। दादा ने रुककर उत्तर-पश्चिम के ऊँचे

क्षितिज की ओर फिर एक नजर डाली। पालिश किया हुआ ताँबा एकदम मिटकर धुँधली-सी सफेदी में बदल रहा था। धीरे-धीरे सारा आकाश, सारी वन-भूमि–सभी कुछ धूमिल से धूमिलतर होता जा रहा था। दादा कुछ देर तक एकटक, अनमनी आँखों से उसी ओर देख रहे थे। देखते-देखते केवल पाँच-सात मिनटों के अन्दर, सारे हिमालय को जलानेवाली अग्निमा राख के महाढेर में परिणत हो गयी।

"चलो, देर हो गयी," बिना मुँह फिराये ही दादा ने पीछे कठपुतले की तरह निश्चल और मौन खड़े राम बाबू से कहा। और फिर एक लम्बी-सी साँस–जो न जाने कितने युगों से आज तक अन्तर के किस अज्ञात कोने में दबी पड़ी थी !

कुछ ही दूर आगे बढ़ने पर, मोड़ से नीचे पूरब की ओर जानेवाली रास्ते की उतराई से, बाँसुरी की वही झनझनाती हुई, तान, उसी मादक-मोहक हिलोर के साथ, रोम-रोम में पुलक सिहरन भर गयी। इस बार वह जादुई स्वर-लहरी नीचे काफी दूर से आ रही थी। चरवाहे का छोकरा और वह लड़की दोनों उसी ओर जाते हुए ओझल हुए थे।

"लगता है, बड़ी तेज चाल में चले जा रहे हैं दोनों," दादा ने मन-ही-मन कहा। एक बार सोचा, नीचे जाकर किसी नुक्कड़ पर से उस प्यारी जोड़ी को एक झलक अन्तिम बार के लिए देख लें। पर फिर रुक गये और राम बाबू से बोले : "सचमुच देर हो गयी है। चलो, लौट चलें।"

राम बाबू का उलझा हुआ मन कहाँ और किस काँटे पर लटका हुआ है और किसके साथ भागा चला जा रहा है, इस ओर तन्मयता के उस क्षण में दादा ध्यान देना भूल गये।

दोनों दक्खिन-पश्चिम की ओर मुड़े। दादा एक हाथ लम्बे कोट की बायीं जेब के भीतर डाले हुए थे और दूसरे हाथ से छड़ी को ऊपर-ही-ऊपर हवा में झुलाते हुए चले जा रहे थे। राम बाबू उनके पीछे-पीछे चल रहे थे। हवा के हल्के झकोरों से दादा के काले और कुछ-कुछ घुँघराले बाल आपस में खेल रहे थे। एक सँकरी-सी पगडण्डी ऊपर की ओर चली गयी थी। उसी से होकर दोनों मन्द-मन्द गति से चलने लगे।

कुछ ही दूर आगे बढ़ने पर पगडण्डी ने एक नया मोड़ लिया। दोनों एक समतल और सपाट किन्तु सँकरे रास्ते पर पहुँच गये, जिसकी दोनों ओर दो नुकीले चट्टानी पहाड़ एक-दूसरे को छू पाने की लालसा से परस्पर झुके हुए थे, पर छू नहीं पा रहे थे। समाप्त-प्राय साँझ के इस धुँधलके में दादा ने उस सुरंगनुमा रास्ते के ऊपर, फटे से आकाश की सीध की ओर देखा तो त्रयोदशी का तनिक कटा-सा चन्द्रमा रंग पकड़ने लगा था। दादा का जो मन किसी कारण से कुछ उदास-सा होने लगा था, फिर खिल उठा। अपने मन और मस्तिष्क के साझे के कैमरे की फिल्मों को वह आज प्रारम्भ ही से इतने विचित्र प्रकार से सुन्दर और रंगीन चित्रों से भर चुके थे कि सन्ध्या के इस प्रायान्धकार में उस कैमरे द्वारा और कोई नया चित्र पकड़ सकने की सम्भावना शेष नहीं लगती थी। वह भूले हुए थे कि उजला पखवारा चल रहा है और वह भी काफी आगे बढ़ चुका है।

दादा एकटक चाँद की ओर नजर गड़ाये हुए थे। उसकी चमक धीमे-धीमे गाढ़-से-गाढ़तर होती जाती थी। पृष्ठभूमि में एक झीनी चादर-सा कुहरानुमा बादल छाया हुआ था, जिसकी मलमली परत पर धीमे-धीमे सीपिया बूटे उभरते चले जा रहे थे।

चारों ओर के पहाड़ों और नीचे की घाटियों पर एक अस्पष्ट-सी स्वप्न-छाया बिछती और फैलती चली जा रही थी। दायीं ओर, नीचे, किसी पाताल-गर्भ से, बहुत ही धीमी आवाज में एक सीटी-सी बज उठी। फिर तत्काल ही बन्द हो गयी। प्रायः दो मिनट बाद फिर बजी और फिर तुरन्त ही बन्द हो गयी। और दो मिनट बाद फिर–! पागल हो जाना पड़ेगा क्या ?–दादा ने अपने ही आपसे प्रश्न किया। रुक-रुककर क्षीण स्वर में बजनेवाली उस सीटी को सुनकर लगता था जैसे झींगुरों की सम्मिलित झनकार से बुने हुए जाल में फँसा हुआ सन्नाटा धीरे-धीरे दम तोड़ रहा है। वास्तव में वह एक छोटी-सी चिड़िया की आवाज थी, यह बात दादा की समझ में बाद में आयी।

बादलों की झीनी परतों से घिरे चाँद की चाँदनी पीली से धुमैली होने लगी थी। दादा तेज कदमों से चलने लगे। राम बाबू की चाल भी अपने आप वैसी ही द्रुत हो गयी।

काफी दूर आगे बढ़ने पर, बायीं ओर डाकखाने और तार घर को जानेवाली सड़क मिल गयी। दादा छड़ी टेकते हुए उसी ओर लपके। कंकड़ों और रोड़ों पर बजनेवाले अपने ही जूतों का शब्द और अपनी ही छड़ी की टेक, चारों ओर के सन्नाटे के बीच, उन्हें बार-बार चौंका देती थी और उनके स्वप्नाच्छन्न मोह को पग-पग पर खण्डित करती जाती थी।

डाक और तार-घर से नीचे उतरकर दादा सीधे बाजार में पहुँचे। कुछ समय पहले उस अर्द्ध-विकसित, एकान्त पहाड़ी-क्षेत्र में बिजली रानी का आगमन हो चुका था। उस छोटे से बाजार की कुछ दुकानें ट्यूब की तेज और सफेद रोशनी से झलमला रही थीं, कुछ लाल और नीली रोशनी के साइनबोर्डों से जगर-मगर कर रही थीं, कुछ पन्द्रह कैण्डल पावरवाली धुँधली रोशनी से टिमटिमा रही थीं। और कुछ ऐसी भी थीं जहाँ केरोसीन की ढिबरियाँ धुआँ उगल रही थीं। बाजार बहुत छोटा होने पर भी अपने में पूरा था। आज के लम्बे चक्करों और चित्त को सनसनानेवाले अनुभवों के बाद दादा को वह चिरपरिचित स्थान आरामगाह-सा लगा।

बाजार में प्रवेश करते ही अगल-बगल आगे-पीछे से "दादा, नमस्कार !", "दादा राम-राम !" की आवाजें आने लगीं। दादा ने किसी को देखा और किसी को नहीं, पर उत्तर वह प्रत्येक अभिवादन का समान प्रेम से देते चले गये। बीच-बीच में दो-एक व्यक्तियों से कुशल भी पूछते जाते थे।

बायीं ओर सब्जी की एक छोटी-सी दुकान में एक बहुत पुरानी और कुछ टूटी हुई-सी लालटेन जल रही थी, जिसकी धुआँती हुई लौ धप्-धप् कर रही थी। दुकान में बैठे हुए दो-तीन व्यक्तियों ने प्रायः एक साथ पुकारा : "दादा, जै राम जी की !" और फिर एक तीसरा व्यक्ति बोला : "दादा, चिलम तैयार है। एक दम मारकर तब जाइये !"

दादा रुक गये। राम बाबू से बोले : "तुम चलो होटल, मैं अभी आता हूँ।" राम बाबू बिना कुछ बोले चले गये।

"कहो भाई कुन्दन, क्या हाल है ? अच्छे तो हो ?" कहते हुए दादा नाली के ऊपर रखे हुए एक चौड़े-से पत्थर पर पाँव रखकर, दो सीढ़ियाँ पार करके, ऊपर दुकान पर चढ़ गये। एक कोने में बाँह-टूटी और ढीले पाँवोंवाली एक कुर्सी रखी थी। दादा उसी पर बैठ गये। उनके बैठते ही कुर्सी बायीं ओर को लचकती हुई झुकी। दादा यदि उस बहुत दिनों से परिचित कुर्सी से पहले ही सावधान न होते तो सीधे नीचे नाली पर ही गिरकर दम लेते। पर उन्होंने तुरन्त सन्तुलन ठीक कर लिया और मन्द-मन्द मुस्कराते हुए बोले :

"अब यह कुर्सी बहुत जर्जर हो गयी है, कुन्दन। अब यह खड़ी नहीं रह सकती। अब इसे लिटाना होगा।"

सामने बैठा एक आदमी, जो एक मटमैला-सा गरम कोट और उसी रंग का चुस्त पाजामा पहने था, नारियल गुड़गुड़ाता हुआ खाँसने लगा। वही कुन्दन था। खाँसी का दौर समाप्त होते ही बोला : "क्या करें दादा, लकड़ी बहुत महँगी हो गयी है और बेंत का तो कहना ही क्या ! टूटी कुर्सी की मरम्मत–"

"मालूम होता है सब्जी आजकल सस्ती हो गयी है ?" कुन्दन की बात बीच ही में काटते हुए दादा ने अपने सहज गम्भीर स्वर में कहा : "क्या भाव बेच रहे हो ये गले टमाटर ?"

"दो रुपया किलो।" कहते हुए कुन्दन ने अपने बाहर को उभरे दाँतों को पूरा खोल दिया।

"और भिण्डी ?"

"डेढ़ रुपया किलो ।"

"और आलू–जो तुम्हारे ही पहाड़ की खास चीज है ?"

"सवा रुपया।"

"अच्छा, तो यह कहो कि सब्जी भी महँगी है !" उसी गम्भीर मुद्रा में दादा बोले। "तो शायद गल्ला सस्ता है। क्या भाव खरीद रहे हो चावल ?"

सहसा कुन्दन की भावुकता जग गयी। नारियल बगलवाले साथी की ओर बढ़ाता हुआ उकड़ूँ होकर बैठ गया। फिर बोला : "क्या बतावें दादा, जब असली देहरादूनी और खुशबूदार बासमती चार सेर की बिकती थी, तब मैं अभागा उसे बहुत महँगा समझकर चख तक न सका, और आज दो रुपया किलो जो चावल खाना पड़ रहा है उसे मैंने पहले कभी गाय के लायक भी नहीं समझा था।"

"यही तो मैं कहा रहा था कि कौन चीज आज सस्ती है ? पर जीना तो है ही–तुमको भी और हमको भी। इसलिए कर्ज करके भी यदि एक नयी कुर्सी या तिपाई खरीदनी पड़े तो भी अवश्य खरीद लो। क्योंकि नाली में गिरकर हाथ-पाँव तुड़वाने से तो वह बेहतर ही होगा–या नहीं ?"

"वाह दादा, वाह, क्या बात कही आपने ! जीना तो किसी तरह है ही !" दो-तीन आवाजें प्रायः एक साथ बोल उठीं।

एक चीकट लगी हुई काली टोपीवाला आदमी सामने एक कोने में बैठा हुआ दादा

के लिए मोटे कागज का एक पाइप बना रहा था। पाइप तैयार होते ही उसने नारियल के ऊपर से गरम चिलम उठाकर उसे पाइप में फिट कर दिया। नारियलवाला चिलम उठ जाने के बाद भी अनमने भाव से नारियल गुड़गुड़ाता रहा–कुछ क्षणों तक वह देख ही न पाया कि चिलम कब खिसककर कहाँ चली गयी। जब पाइप सहित वह दादा के हाथ में पहुँची तब दूसरों के साथ वह भी हँसने लगा।

दादा ने उठकर बीमार कुर्सी को दीवार से सटाकर जमाया और फिर धीरे से बैठकर, पाइप से हलके-हलके कश खींचते हुए, बड़े प्रेम से ऊपर को धुआँ उड़ाने लगे।

एक बुड्ढा जो एकदम पीछे, दीवार से सटकर, अधलेटी हालत में टाँग फैलाये हुए था, सहसा इस तरह उठ बैठा जैसे पानी में देर से डूबी हुई कोई बड़ी सील मछली पानी के ऊपर तनकर खड़ी हो गयी हो। उसके तीन-चौथाई पके बाल, एक मैली, धुमैली-सी टोपी से बाहर निकलकर, चारों ओर एक सीमा-रेखा-सी बनाये हुए थे। टोपी कुछ ऊँची थी, पर इतनी छोटी कि बीचवाले घेरे को ही ढँक पाती थी। गेहुँआ रंग। मुँह पर असंख्य छोटी-छोटी झुर्रियाँ, दोनों ओर आड़ी-तिरछी रेखाओं से एक-दूसरे को काट रही थीं। रेखाएँ इतनी गहरी थीं कि लालटेन के धुआँते प्रकाश में भी साफ दिखायी देती थीं।

उन झुर्रियों को और अधिक सिकोड़ता हुआ वह बुड्ढा कुछ देर तक दादा की ओर एकटक देखता रहा। फिर एक अजीब से रूखे स्वर में बोला : "क्या हर हालत में जीना ही होगा ?"

दादा कुछ चौंक-से उठे। वह इस आकस्मिक प्रश्न के लिए शायद तैयार न थे। पाइप से मुँह हटाकर, गम्भीर मुद्रा में उस वृद्ध की ओर गौर से देखने लगे–जैसे अपनी आँखों से दो राडार-संकेत उसके अन्तर में फेंककर परख रहे हों।

दूसरे ही क्षण दादा की मुद्रा सहज हो आयी। पाइप से मुँह लगाकर बड़े आराम से फिर उसी तरह धुआँ फेंकने लगे। और तब बड़े ही धैर्य के साथ, धीमे स्वर में बोले :

"हाँ दलीपसिंह जी, जीना ही होगा, हर हालत में। आप अभी बहुत बुड्ढे नहीं हुए–"

कई व्यक्ति प्रेमपूर्वक हँस पड़े। दादा अपनी बात को आगे बढ़ाते हुए बोले : "अभी आपको बहुत-कुछ देखना बाकी है। अभी जिन्दगी के कई नये पन्ने एक-एक करके आपके आगे खुलेंगे। भूलकर भी यह न समझिये कि अपनी लम्बी उम्र में आप जीवन के सभी अनुभवों से होकर गुजर चुके हैं और अब कुछ देखना शेष न रहा। अभी धीरज रखिये !

और फिर पाइप से कश खींचते हुए दादा बड़े प्रेम से मुस्कराये। फिर बोले :

"मैं मानता हूँ, दलीपसिंह जी, कि अपने जीवन के कई युग और कई रूप देखे हैं। हर युग का हर रूप एक-दूसरे से भिन्न भी आपको लगा होगा। पर आज जीवन का जो रूप आप देख रहे हैं वह अचानक ही उन सभी रूपों से एकदम बदला हुआ है और बिलकुल ही नया लिबास पहनकर आया है। इसलिए इस अजनबी से बहुतों की तरह आप भी कतरा रहे हैं। पर क्यों ? क्यों कतरा रहे हैं आप उससे ? यह अजनबी अब ठाट से जमकर बैठ गया है और अभी बहुत दिनों तक डटा रहेगा। बहुतों ने उससे दोस्ती कर ली है, आप भी क्यों नहीं कर लेते ? लोग तो अजनबी विदेशियों से भी हेलमेल बढ़ा लेते

हैं, फिर यह अजनबी तो अब आपके–हम सभी के–घर का सगा बन चुका है! अब वह पाहुन नहीं रहा।"

दिन-भर के काम से उकताने के बाद शाम को सुस्ताने के लिए बैठी हुई मण्डली में फिर एक बार हँसी की लहर दौड़ गयी।

दुकान के ऊपर काले रंग से पुती पुरानी लकड़ी की उलटी छत सहसा कुछ चरमरायी और उसके ऊपर एक ढोलकी पर चूड़ीवाले हाथों की फड़कती हुई थाप बज उठी । साथ ही मजीरे भी झनक उठे। दूसरे ही क्षण वृद्धाओं, युवतियों और छोटी लड़कियों का सम्मिलित स्वर ढोलकी, मजीरे और तालियों के ताल से मेल बिठाता हुआ गूँज उठा :

सैंया गये रे बड़ी लम्बी सफर को !
सैंया गये रे ... ...

दादा तत्काल ऊपर की ओर उँगली उठाते हुए बोल उठे : "देखा दलीपसिंह जी, लोग जी रहे हैं !"

सामनेवाली दुकान में जलती हुई ट्यूब-बत्ती की तेज रोशनी कुन्दन की दुकान की मैली दीवार पर पड़ रही थी। इसी प्रकाश में दलीपसिंह जी की टोपी की ऊँची और लम्बी परछाईं दीवाल पर हिल-डुल रही थी उस परछाईं में वह एक जोकर की तरह लग रहे थे।

"हाँ, जी तो रहे हैं" अपने दोनों घुटनों को दोनों हाथों से पकड़े हुए दलीपसिंह जी मरे मन से बोलेः "पर कब तक चलेगा यह सब?"

ऊपर स्त्रियों के उल्लास और हास-मिश्रित स्वर में गाना आगे बढ़ता जा रहा था :

जेठ लाये बुढ़िया, देवर लाये जवनियाँ।
सैंया लाये रे साढ़े बारह बरस की!
सैंया गये रे बड़ी लम्बी सफर को–

"अब आप भी ले आइये, दलीप जी, एक अधेड़ और खुशदिल औरत। अकेले कब तक रहियेगा–अभी आपको बहुत जीना है!"

"अब अगले जनम में लायेंगे, दादा; यह जनम तो ऐसे ही बीत गया !" दलीप जी बोले।

बाजार के किसी दूरवाले छोर से किसी लड़के के गले की तीखी आवाज सुनायी दे रही थी :

जोत से जो-ो-त जगाते चलो,
प्रे-ए-म की गंगा बहाते चलो!

आवाज धीरे-धीरे निकट-से-निकटतर आती जा रही थी। बाहर चारों ओर लोगों के आपस में बोलने और बड़बड़ाने की गुनगुनाहट की जो एक चादर-सी उस बाजारू-वातावरण में तन गयी थी, उसे लड़के की तीखी आवाज चर्र से चीरती हुई निकल रही थी।

"जी रहे हैं, लोग जी रहे," दादा ने कहा। "अगले जनम में नहीं, इसी जनम में। देखो,

यह लड़का कैसी मस्ती से प्रेम की गंगा बहाता चला जा रहा है–कल्पना में ही सही! क्षण के इस सुख का तिरस्कार मत करो दलीप जी !"

और फिर एक जोर का कश खींचकर दादा ने चिलम को पाइप से निकाला और उसे नारियलवाले की ओर बढ़ा दिया।

सामने दीवार पर पीछे से बाजार में आने-जानेवाले लोगों की परछाइयाँ पड़ रही थीं। वे निरन्तर आगे-पीछे, ऊपर-नीचे चल-फिर रही थीं–ठीक उमर खैयाम द्वारा वर्णित, वृत्ताकार में चक्कर लगाते रहनेवाले छाया-चित्रों की तरह। प्रत्येक छायामूर्ति का आकार क्षण में टेढ़ा या सीधा, छोटा या बड़ा होता रहता था। दादा कुछ क्षणों के लिए परछाइयों की उस विचित्र और भ्रामक दुनिया की माया में खो गये।

सहसा उस 'माया' के भीतर से जैसे एक सजीव छाया उभर आयी। एक नारी-मूर्ति के सुडौल शरीर और सुव्यवस्थित 'पोज' की लम्बी परछाईं, छोटी-बड़ी सभी परछाइयों के ऊपर हावी होकर छा गयी। उसके सिर के पीछे की ओर मूठ के आकार में बँधी हुई लटें वाणी की तूँबी के बराबर बड़े आकार की दिखायी दे रही थीं। छाया के छोटा-बड़ा होने पर भी उस नारी-मूर्ति के सुनियोजित गठन और सुडौलपन में तनिक भी कमी नहीं आ रही थी। अब वह काउण्टर पर स्थिर खड़ी हो गयी थी और दीवार पर केवल उसके सिर का हिलना दिखता था। उसके हाथ में एक पैकेट था।

दादा की उत्सुकता जागी। उनका छाया-मोह भंग हुआ और वे यथार्थ की ओर मुड़े। एक तनिक लम्बे कद की महिला, एक हलके नीले रंग की रेशमी साड़ी पहने, काउण्टर की ओर मुँह किये खड़ी थी। अर्थात् जिस दुकान में दादा बैठे थे वहाँ से उसकी पीठ दिखती थी। साड़ी का पल्ला बड़ी नफासत के साथ बायीं ओर को लटक रहा था। पल्ले की किनारी झालरदार थी। उसके ऊपर हलके गुलाबी रंग की तीन धारियाँ पड़ी हुई थीं। उसके बायें हाथ में एक पैकेट था और दायें हाथ की लम्बी और पतली-सी उँगलियाँ काउण्टर पर मन्द-मन्द थिरक-सी रही थीं।

दादा कुछ देर तक उसी ओर नजर गड़ाये रहे । उस लड़के के गाने की आवाज दुकान के एकदम निकट पहुँच गयी थी, जो प्रेम की गंगा बहाता और जोत-से-जोत जलाता चला जा रहा था। दादा ने बायीं ओर मुड़कर देखा, प्रायः बारह वर्ष का एक छोटा-सा छोकरा, एक मैली, चीकट लगी टोपी पहने, काले रंग की एक अध-फटी ऊनी बनियाइन से ढके दोनों हाथों को क्रास की तरह बाँधे, मस्ती से गाता हुआ तेज चाल में चला आ रहा था। गला उसका सचमुच सुरीला था। पर इसमें आश्चर्य की कोई विशेष बात नहीं थी। आश्चर्य तो दादा को हुआ उस छोटे-से छोकरे की अधमुँदी आँखों की भाव-विभोरता से। वह ऐसे मग्न भाव से गा रहा था कि लगता था जैसे 'प्रेम' और 'जोत' नाम के दो महतत्त्वों की अन्तरात्मा का मूल रस वह पा चुका है, और अनन्तकाल तक उसी में बूड़े रहना चाहता है।

दादा मन्द-मन्द मुस्कराये। फिर कुछ गम्भीर होकर मन-ही-मन कहने लगे : "प्रेम और जोत ! दो महानतम शब्द, जिनका अर्थ खोजते-खोजते युग-युग में कवि थक गये, ज्ञानी हार गये–उसका अर्थ यह अदना-सा बच्चा सचमुच समझ गया क्या ? कौन जाने !"

छोकरा बाजार के चढ़ाईवाले भाग पर पहुँच गया था और उसी मस्ती से गाता हुआ उसी चाल से चला जा रहा था। छोकरे की आवाज जब काफी दूर पहुँचकर प्रायः विलीन हो गयी तब दादा ने फिर सामनेवाली दुकान की ओर ध्यान दिया। उसी क्षण महिला ने दुकानदार से बाकी पैसे लेकर पर्स में डाले और एक हाथ में पैकेटें और दूसरे में पर्स पकड़े वह सामने की ओर पलटी। देखते ही दादा के भीतर एक झटका लगा। उन्हें लगा जैसे उन्होंने उस प्रौढ़ा नारी की सुन्दर, शान्त, स्निग्ध और संयत मूर्ति को कभी पहले, शायद किसी पिछले जन्म में, कहीं देखा है। अन्यथा यह हो ही नहीं सकता कि एक पूर्णतः अपरिचित लगनेवाली महिला का चेहरा सहज ही इस हद तक परिचित और आत्मीय लगे। दूसरे ही क्षण उन्हें यह भी लगा कि महिला की दो बड़ी-बड़ी आँखों की भाव-भरी, अन्तर्भेदी और सीधे मर्म पर सर्चलाइट फेंकनेवाली विस्मित-सी दृष्टि उन्हें गौर से घूर रही है। दादा की आँखें भी कुछ क्षणों के लिए उसी ओर चिपकी रह गयीं।

उस महिला की उम्र एक क्षण पैंतीस के करीब लगती थी और दूसरे ही क्षण वह पैंतालीस से कम की नहीं मालूम होती थी। दादा ने संकोच के कारण अपनी आँखें, अनिच्छा से, महिला की ओर से हटा लीं। कनखियों से उन्होंने देखा कि महिला पूरब की ओर–अर्थात् बाजार के चढ़ाईवाले भाग की ओर--जमे हुए पगों से, सहज गति से चली जा रही थी। सम्भवतः वह होटल की ओर जा रही थी।

दादा, अकारण ही तनिक खिसियाये-से, दुकान में बैठी हुई मण्डली की ओर फिर मुखातिब हुए। ऊपर ढोलकी और मजीरे बड़े जोरों से, बड़े ही उल्लासपूर्ण ताल में बज रहे थे। घुँघरू भी बजने लगे थे और किसी के नाचने से उलटी छत पर से धमाके की आवाज आ रही थी। कोई लड़की नाचती हुई गा रही थी।

सावन की घटाओं में घनश्याम तुमका दे-ए-खूँ!

दादा चलने की तैयारी करते हुए दलीपसिंह जी की ओर देखकर बोले : "हाँ तो, ठाकुर साहब, देख रहे हैं? जीनेवाले अब भी पूरे चाव से जी रहे हैं!"

और फिर, जाने क्यों, वह अपनी बात पर स्वयं ही ठठाकर हँस पड़े।

"अच्छा भाई, राम-राम!" कहकर, सबकी ओर प्रेम से हाथ जोड़ते हुए दादा दुकान से बाहर निकल पड़े।

दादा छड़ी टेकते हुए धीरे-धीरे, इतमीनान से, उसी ओर चले जा रहे थे जिस ओर कुछ ही देर पहले वह महिला गयी थी। होटल की ओर वही रास्ता जाता था।

"राम-राम, दादा, राम-राम!" अगल-बगल की दुकानों से अभिवादन के स्वर गूँजने लगे।

"कहिये, देवीलाल जी, क्या हाल हैं। राम-राम! घुटनों का वात तो आपका ठीक हो गया न।"

"हँ-हँ! आपकी दया से अब पहले से कुछ कम ही है। हँ-हँ, आप तो मजे में हैं?"

दोनों हाथ प्रेम से जोड़ते हुए देवीलाल जी ने कहा। उनकी खीसें परम प्रसन्नता के कारण पूरी खुली हुई थीं। बुड्ढे के चीमड़ मुख की बड़ी-बड़ी झुर्रियोंवाले गड्ढे गहरे और गहरे हो गये थे।

"राम-राम, दादा!" यह एक दवाखाने के हेड-कम्पाउण्डर साहब थे, जो तनिक अवकाश के क्षण में दुकान के दरवाजे पर खड़े-खड़े बाजार की ओर देख रहे थे।

"राम-राम, पाण्डे जी, सीजन कुछ मन्दा चल रहा है क्या?" कहते हुए दादा कुछ दुष्टता के साथ मुस्कराये।

"राम-राम दादा! गरमागरम इमिरती तैयार हैं। दो-तीन किलो भेजवा दूँ, होटल में?" दायें हाथ एक हलवाई के यहाँ से आवाज आयी।

"राम-राम! अभी नहीं, भाई। अभी इसके लिए ठीक समय नहीं है। शिब्बन की चिट्ठी आयी?" तनिक ठहरकर दादा ने पूछा।

"हाँ, कल ही आयी है", हलवाई पीठी के खमीरे से भरा लोटा घी की जलती हुई कढ़ाई पर घुमाता और सफेद चक्र बनाता हुआ बोला, "मकान मिल गया है, और लिखा है कि वह अब अपने काम पर जुट रहा है।"

"बड़ी खुशी की बात है। लड़का होनहार है, सब अच्छा होगा।"

कहकर दादा आगे बढ़े। जब नुक्कड़ तक पहुँचने के लिए दो-ही-तीन दुकानें शेष रह गयीं तब उन्होंने चाल बढ़ा दी।

ठीक नुक्कड़ पर जब पहुँचे, तब दादा बायीं ओर होटल को जानेवाली छोटी-सी सड़क के संगम-स्थल पर तनिक रुके। अब वह दुकानों में जलनेवाली बत्तियों के कृत्रिम प्रकाश के घेरे से मुक्त थे। और उस खुले वातावरण के अजनबीपन ने सहसा जैसे दादा को अभिभूत कर दिया।

सामने, दक्षिण-पूरब की ओर, घाटी के उस पार, एक पूरा पहाड़ी अंचल लहरा रहा था। चाँद दादा के सिर के ऊपर मुस्करा रहा था। बादल साफ हो गये थे। आकाश में तनिक भी शब्द शेष नहीं रह गया था। सारा आकाश, चारों ओर की पहाड़ी चोटियाँ, नीचे की घाटियाँ, देवदारु की लम्बी और घनी कतारें–सब-कुछ पिघलती हुई ठण्डी चाँदी से घुलकर, एक रहस्य-भरे प्रकाश से चमक रहा था। बीच-बीच में चट्टानों के भीतर धँसे हुए और घाटी के छिपे हुए भागों में काली छायाएँ मूक, भुतहा अट्टहास कर रही थीं।

बाजार छूट जाने से अब चारों ओर सन्नाटा था। मौन अपने ही राज्य में अपने अदृश्य पलँग पर निश्चिन्त होकर सो रहा था। उस सन्नाटे के भीतर से, एक अस्फुट स्वर–साँस से बजनेवाले तार की तरह बहुत ही धीमा, बहुत ही कोमल, किन्तु सुस्पष्ट–बीच-बीच में रुक-रुक कर कानों से आकर टकरा रहा था। वह वही आवाज थी जिसे दादा कुछ समय पूर्व सुन चुके थे। लगता था जैसे सन्नाटे की साँस की सन्तुलित धड़कन हो। दादा जानते थे कि वह एक फुलसुंघी से भी छोटी चिरैया की प्रणय-पुकार है, जो केवल चाँदनी के एकान्त में, बड़े ही संकोच के साथ अपनी प्रिया को बुलाता है। उस अज्ञात चिरैया को दादा लाख प्रयत्न करने पर भी देख न पाये।

“अद्भुत मायावी होगा यह पंछी, जो चाँदनी रातवाले इस एकान्त पहाड़ी वातावरण की असीम शान्ति का मूल स्वर बना हुआ है!” दादा ने मन-ही-मन कहा।

दादा अपने कानों की सारी शक्ति उसी तितली के पंखों-सी काँपती और छुईमुई-सी बिलखती आवाज की ओर केन्द्रित किये हुए थे। केवल एक बार धीमे–बहुत ही धीमे–स्वर में “सुँ-उ-क्' शब्द बाहर निकलता फिर बन्द हो जाता। हरसिंगार के फूल के झरने की आवाज से भी मृदुतर था उस विरही पंछी का वह करुण कूजन! पर उसे पूरा विश्वास था कि उसका वह प्रायः श्रवणातीत निवेदन उसकी प्रिया के जागरूक कानों के सूक्ष्म तारों को कभी-न-कभी, किसी-न-किसी क्षण पकड़ ही लेगा। प्रिया से कोई उत्तर नहीं मिल रहा था, पर उसे जैसे कोई जल्दी नहीं थी। जैसे वह अनन्तकाल तक की प्रतीक्षा का निश्चल धैर्य के साथ लिये हो!

चाँदनी का प्रकाश धीरे-धीरे इतना उज्ज्वल हो उठा था कि इक्का-दुक्का कौवा अपने बसेरे में चौंक-चौंक उठता था। कौवे की ‘अ-आ!’ ‘अ-आ!’ की पुकार सुनकर दादा का रहस्याच्छन्न भाव टूट गया।

वह ऊपर को जानेवाले, पगडण्डी की तरह के छोटे-से रास्ते को पकड़कर आगे बढ़े। कुछ दूर आगे चलते ही एक छोटा-सा मेहराबदार फाटक मिला, जिसके ऊपर लाल जंगली गुलाब की लतरें सघन गुच्छों के साथ दोनों ओर से झूल रही थीं। बीच में नीली बिजली के अक्षरों में लिखा हुआ था : ‘देवदारु बिहार।’

फाटक से होकर ऊपर पाँव रखते ही दादा एक समतल-से लगनेवाले अहाते में आ पहुँचे। आमने-सामने दोनों ओर बँगले की तरह के तीन-तीन दोमंजिले मकान खड़े थे। उनकी खिड़कियों से होकर रोशनी के खण्ड-खण्ड टुकड़े बाहर को झाँक रहे थे। अहाता चारों ओर से देवदारु के ऊँचे-ऊँचे पेड़ों से घिरा था।

सहसा हवा, जो अब तक बन्द थी, जोश में आ गयी। देवदारु के पेड़ जैसे प्रेतलोक के पहरुओं की तरह नाच उठे और अपने लम्बे और चौड़ी पंखों को पसारकर और फड़फड़ाकर जैसे उड़ जाने की तैयारी करने लगे। चारों ओर से सायँ-सायँ और हाय-हाय की-सी आवाजें सुनायी देने लगीं। जैसे दादा को अजनबी समझकर, उन्हें होटल में प्रवेश करने से मना किया जा रहा हो।

बायीं ओरवाले पहले ही मकान के नीचे बरामदे के पास पहुँचते ही दादा तनिक ठहर गये। ट्यूब की काफी तेज रोशनी से हरी दीवारें मुस्करा रही थीं। सामनेवाला बड़ा-सा कमरा, जो ड्राइंग-रूम था, उल्लास से जगर-मगर कर रहा था। दादा उसी के भीतर चले गये। चारों ओर कई प्रकार के सोफा-सेट और बेंत की और लोहे की गद्देदार कुर्सियों, आनेवालों के लिए आँखें बिछाये हुए थीं। सामने एक सोफा पर एक सज्जन ऊन की मटमैली और फुन्दनदार गोल टोपी, कत्थई रंग के स्वेटर के ऊपर पुराने जमाने का शिकारी कोट और पुराने ही ढंग के ब्रीचिज और मिलिटरी जूता-मोजा पहने आराम से बैठे हुए

थे। एक साँपनुमा छड़ी को दोनों हाथों से पकड़े हुए, उस पर झुककर अपनी झूलती हुई-सी ठुड्डी रखे हुए थे। प्रकाश के प्रतिबिम्ब से चमकते हुए मोटे चश्मे से बाहर की ओर इस तरह झाँक रहे थे जैसे कोई प्रेतात्मा किसी जीवित आत्मा पर हावी होने के लिए छटपटा रही हो। वह दाँतों से (अर्थात्, दन्तहीन जबड़ों से) कोई चीज चबा रहे थे और चबाते हुए अपने चिपके हुए गालों से जैसे मुँह बिचका रहे थे।

दादा ने बड़े प्रेम और उल्लास-भरी आवाज में कहा : "जै राम जी की, कप्तान साहब!"

कप्तान साहब ने उसी तरह चर्वण-क्रिया करते हुए झूलती हुई ठुड्डी और पिचके हुए चीमड़ गालों को चलाते हुए चश्मे के ऊपर हाथ से छाया तान दी और कुछ प्रयास के बाद दादा को पहचान लिया। उनके उदासीन मुख पर क्षण-भर में मुस्कान खिल आयी। स्वागत के स्वर में बोलेः "आइये, आइये चटर्जी शाब।"

"चटर्जी नहीं, कप्तान साहब, चैटर्जी कहिये," धीरे से उनके पास बैठते-ही-बैठते हुए दादा बोले।

"क्यों शाब, ऐसा क्यों?" खीसें निपोड़ते हुए कप्तान साहब ने कहा : "चटर्जी कहने में क्या बुराई है?"

"बात यह है, कप्तान साहब, मैं बहुत 'चैटर' करनेवाला आदमी हूँ, जिसका मतलब है बकबक करना। इसलिए चैटर्जी ही मेरे लिये उपयुक्त नाम है।" कहकर दादा खुलकर हँसे। और साथ ही कप्तान साहब भी 'खिः खिः' करके खिसिया उठे।

"क्या बात कही आपने, शाब, तबीयत खुश हो गयी!" कप्तान साहब बोले।

"और कहिये कप्तान साहब, क्या खबर है? आज कहाँ-कहाँ घूम आये?"

"शाब, आज नीचे धौलदार की तरफ गया था। वहाँ एक यक्षिणी का मन्दिर है। बड़ी जाग्रत देवी है, शाब! सबकी मनोकामना पूरन करती है।"

"आप भी कोई मनोकामना लेकर गये थे?"

"हँ–हँ–हँ!" कप्तान साहब की खीसें खुल आयीं। "बात यह है, शाब, कि मैं क्यों न जाता कोई मनोकामना लेकर? हँ–हँ–हँ!"

"कोई गुप्त मनोकामना है क्या?"

"अब आपसे क्या छिपाऊँ, मिश्टर चटर–चैटर्जी, मेरे मरने के बाद मुझे पिण्ड देनेवाला कोई नहीं है। जमीन-जायदाद बहुत है, पर भगवान ने एक भी बेटा नहीं दिया--और न बेटी ही दी। एक-एक करके तीन शादियाँ कर चुका, पर एक भी औरत न बची। एकदम अकेला हूँ, मिश्टर चटर–चैटर्जी–शाब! सचमुच, बिन घरनी घर भूत का डेरा हो गया है। रात में मेरे घर में उल्लू बोलने लगे हैं। मैं बहुत घबरा गया हूँ, शाब!"

"तब क्या है आपकी मनोकामना?"

"मेरी मनोकामना यही है, शाब, कि–क्या बताऊँ। सुनकर आप हँसेंगे।

"कहिये, कहिये, मैं क्यों हँसूँगा।"

"बात यह है, शाब, कि अब भी मेरी आसा-तिस्ना नहीं मरी है, मुझे लगता है कि यक्षिणी देवी के प्रताप से मेरा उजड़ा घर अब भी बस सकता है।"

अट्टहास करने की प्रबल इच्छा होने पर भी दादा हँसे नहीं, बल्कि और अधिक गम्भीर हो गये। बोले : "क्या उम्र होगी आपकी?"

"बहुत उम्र मेरी नहीं हुई, शाब, मुश्किल से पैंसठ साल हुए होंगे। पुराने जमाने में लोग पछहत्तर साल की उम्र में शादी किया करते थे–जितनी लड़कियाँ चाहो मिल जाती थीं। अब जमाना बदल गया है, लड़कियाँ नहीं मिलती। पर मैं लड़की चाहता भी नहीं। तीस-चालीस साल की कोई बेवा मिल जाये, तो भी मेरा काम चल जायेगा–"

"हुँह!" उसी गम्भीर मुद्र में दादा बोले। वह अब 'बोर' होने लगे थे। सहसा आसन बदलते हुए तनिक ऊँची आवाज में बोल उठे : "सुरक्षा-कोष में अपनी सारी सम्पत्ति जमा कर दीजिये, कप्तान साहब। इसी में हर तरह से कल्याण है। शादी-वादी के फेर में न पड़ें। बच्चा होगा भी तो–वह आपका नहीं होगा–आइये कवि जी!"

प्रायः तीस साल के एक गेहुँआ रंग के दुबले और लम्बे कदवाले युवक ने भीतर प्रवेश किया। दोनों गालों पर कैंची से कटी-छटी दाढ़ी जमी हुई, ऊपर पूरे आस्तीन का, भूरे रंग का जरकिन्स, नीचे मटमैले रंग का चुस्त पैण्टनुमा पाजामा, जिसकी दोनों बाँहों में दो-तीन जगह नये कपड़े के पैबन्द अनावश्यक दर्जी से सिलवाये गये थे और पाँचों में पेशावरी सैण्डल।

"नमस्कार, दादा," बिना हाथ जोड़े, उदासीन स्वर में युवक ने दादा के स्वागत का उत्तर दिया। फिर "क्या खबर है?" कहकर धम्म से कौच पर अधलेटा-सा बैठ गया। एक कुशन पर उसने अपना सिर अड़ा लिया था और पाँव तनिक दादा की ओर लटकाकर फैला दिये थे।

"सब ठीक है," दादा ने कहा : "आप बताइये, आज कहाँ गये थे?"

"आज टहलते-टलते नीचे धौलदार तक चला गया था। बड़ी रोमाण्टिक जगह है, दादा, जिसे पुराने लोग कहा करते थे 'रमणीक'। ऊपर झरना है, नीचे नदी है; एक ओर मन्दिर है दूसरी ओर एक सन्त बाबा की कुटिया। उन्हीं बाबा से बहस करते-करते देर हो गयी।"

"हाँ-हाँ, स्वामी चेतनानन्द जी आये हुए हैं आजकल," कप्तान साहब बोल उठे। "बड़े सिद्ध महात्मा हैं।"

"बहस किस बात पर हुई?" दादा ने युवक से पूछा।

"यों ही। प्रवचन चल रहा था। स्वामी जी कह रहे थे कि हिमालय में दिव्यात्माएँ बसती हैं–वे संसार के कल्याण की योजनाएँ बना रही हैं। सुनकर मैं रह न सका। तुरन्त बोल उठा : 'दिव्यात्माएँ नहीं, स्वामी जी महाराज, आपके हिमालय में अब भूतात्माएँ बसने लगी हैं। आपके देवतात्मा हिमालय से–शिव जी के हेडक्वार्टर कैलाश से–उनके नये गणों ने अब स्वयं उन्हीं को–बाबा भोलानाथ को–हटाकर स्वयं अपना राज्य स्थापित कर लिया है। वहाँ अब शिव-भक्त भारतीयों को प्रवेश निषेध है। कैलाश का मन्दिर अब अणु अस्त्रों का अड्डा बनने जा रहा है। अब आपकी दुनिया में एकान्त शान्ति की खोज के लिए कोई स्थान नहीं रह गया है।' मेरा तीखा व्यंग्य सुनकर भी स्वामी जी विशेष रुष्ट नहीं हुए। यथासम्भव शान्त भाव से बोले : 'दिव्यात्माएँ भूतात्माओं का विनाश कर देंगी। कोई भी ताकत हिमालय को अधिक समय तक कलंकित नहीं कर सकती।' वह इस तरह बोल

रहे थे जैसे आकाश से कोई भविष्यवाणी कर रहे हों। मैं ठठाकर हँस पड़ा। अबकी स्वामी जी सचमुच में नाराज हो गये। तनिक कड़ककर बोले : 'अधर्मियों, नास्तिकों और अविश्वासियों के लिए मेरे प्रवचन नहीं हैं।'

दादा को एक धक्का-सा लगा। आज सन्ध्या को सूर्यास्त के समय हिमशिखरों की अपूर्व मोहक छटा देखकर वह जिस रहस्यानुभूति के आनन्दमय सागर में गोते लगा आये थे, उस अनुभूति के ऊपर सहसा जैसे एक वज्र यथार्थ की काली छाया तैरने लगी। पर दूसरे ही क्षण वह सँभल गये। इस तरह की न जाने जितनी भयावह छायाओं को वह जीवन में कितनी बार पार कर चुके थे।

सहज भाव से बोले : "कुछ इस बात पर निर्भर करता है, नकुलेश जी, कि मन के कैमरे को आप किस कोण पर जमाते हैं।"

"पर इतने प्रचण्ड और प्रत्यक्ष सत्य को आप मन की किस माया से विलुप्त कर सकेंगे?" कवि की उन्मत्त और चंचल आँखों में और पतले किन्तु तनिक विषम ओठों में तीखे व्यंग्य की एक लहर सान पर चढ़ी कटार की तरह चमक रही थी।

"मन भी सत्य है, नकुलेश जी, और माया भी," दादा ने कहा। "इसलिए जिस युग में सर्वत्र गन्दगी बिखरी हुई हो, चारों ओर धरती घुटनों तक घिनौने कीचड़ से भर गयी हो, और उस विश्वव्यापी गन्दगी को दूर करने के सभी मानवीय उपाय असफल सिद्ध हो चुके हों, उस युग में उस सामूहिक कटु यथार्थ के ऊपर यदि माया अपना कोई उजला रंग चढ़ाती है, तो उसे झूठी मरीचिका मानकर चुटकी से उड़ा देने का प्रयास करके घाटे में रह जाओगे।"

"दादा, माफ कीजियेगा, आप एक ऐसे घोंसले में रहते हैं जहाँ आज की दुनिया की परेशानियाँ सफेद भाप पर चमकनेवाली धूप से ढक जाती है। जरा आँखें खोलिये, घोंसले से बाहर निकलिये, भाप के भीतर पैठिये और तब बताइये कि क्या आज की दुनिया में जीने का कोई अर्थ रह गया है?"

दादा ने सुना और समझ गये कि यह कोई काकताली नहीं थी कि एक अधपढ़े आदमी ने भी आज कुँजड़े की दुकान में यही बात कही थी।

"बड़ी अच्छी बात कही, नकुलेश बाबू, आपने," जेब में से चमड़े का एक 'केस' निकालकर, उसमें से एक सिगार लेकर उसे जलाते हुए दादा बोले। 'आपके प्रश्न में युग का ज्वलन्त सत्य छिपा है। और मेरे बारे में आपने जो-कुछ कहा वह तो बहुत ही 'पोएटिक' है। वह देखिये, चित्रा जी भी आ गयीं। आइये, आइये, रानी साहिबा ऑफ सिंगापोर!" कहते हुए दादा सचमुच में उठ खड़े हुए और आगन्तुक महिला की ओर तनिक झुककर उन्होंने दायें हाथ से अभिवादन किया। बायें हाथ की दो उँगलियों के बीच अधजला सिगार झूल रहा था।

दादा की मुद्रा देखकर महिला हँसते-हँसते लोट-पोट हो गयी। महिला के चेहरे से यह अनुमान लगता था कि उसकी युवावस्था जैसे प्रौढ़ता के प्रथम बिन्दु को छूने जा रही है। गोरे चेहरे पर पाउडर और क्रीम की पुतायी बड़े ही अन्दाज से हुई थी। ओंठ हलके

गुलाबी रंग से रँगे थे, और अस्वाभाविक नहीं लगते थे। भौंहें कुछ मोटी किन्तु सममात्रिक और धनुषाकार थीं। हल्के धानी रंग की रेशमी साड़ी के ऊपर आबनूसी रंग का पतला-सा गरम कोट चिपका हुआ था, जिसके आस्तीन के सिरों पर सुनहरी गोट जड़ी हुई थी पैरों पर सफेद और कुछ ऊँची एड़ीवाले सैण्डल।

काफी देर तक मुँह पर रूमाल रखकर हँस लेने के बाद चित्रा बोली : "दादा, आप बड़े वैसे हैं। मुझे लोगों के आगे इस तरह शर्मिन्दा करने से आपको क्या मिलता है।"

तब तक दादा सीधे खड़े हो चुके थे। कुछ बनते हुए-से बोले : "शर्मिन्दा? और तुम? मैं कैसे विश्वास कर लूँ?"

"जाइये दादा, अब आप ज्यादती करने लगे हैं", नाराज होने का स्वाँग रचते हुए चित्रा ने कहा, और फिर वह अनमने क्षण में, शायद संयोग से ही, कप्तान साहब की बगल में बैठ गयी।

दादा भी कप्तान साहब की दूसरी ओर बैठ गये। सिगार के धुएँ के भीतर से दुष्टता के साथ मन्द-मन्द मुस्कराते हुए कप्तान साहब की ओर देखकर संकेत-भरे स्वर में बोले : "कहिये कप्तान साहब, क्या हाल है?"

दादा की दृष्टि का अनुसरण करते हुए चित्रा ने एक झलक कप्तान साहब की ओर देखा और देखते ही वह जैसे सहम गयी। इसके पहले उसका ध्यान उनकी ओर गया ही नहीं था। चित्रा उनकी ओर से मुँह फेरकर सामने हरी दीवार पर टँगे हिमालय के एक बड़े कद के चित्र की ओर देखने लगी।

"हँ हँ–अच्छे हाल हैं चटर्जी शाब, सब आपकी दया है जी", गालों की मोटी-मोटी चीमड़ रेखाओं को गति देते हुए, ठुड्डी से नीचे लटकते हुए झूलन को नचाते, और रस-विह्वल आँखों को पुलक से तनिक मीचते हुए कप्तान साहब बोले।

दादा की दृष्टि भी अब हिमालय के चित्र की ओर चली गयी थी। चित्र अच्छा बना था, दादा को वह प्रिय भी था। पर इस समय वह देखने–वाली की नजर पर अधिक गौर कर रहे थे।

कुछ देर के लिए सारे कमरे में सन्नाटा छा गया। मौन भंग किया नकुलेश ने, जो अभी तक उसी जगह आलस्य और उदासीनता की मुद्रा में कोच पर अधलेटा-सा बैठा था। पीठ को तनिक ऊपर की ओर और टाँगों को तनिक सीधा करते हुए वह सहसा बोल उठा : "तुम तो चित्र पर इस कदर लट्टू हो गयी हो चित्रा, कि--माना कि चित्र बहुत आकर्षक है, पर–"

"हम लोग भी तो कुछ बुरे और उपेक्षणीय नहीं हैं।!" दादा ने नकुलेश की अधूरी बात की पूर्ति करते हुए कहा।

"जाइये दादा," कृत्रिम क्रोध की मुद्रा में चित्रा बोली : "आप तो लोगों को बेमतलब तंग करने पर तुले रहते हैं।"

और फिर दूसरे ही क्षण उसने गम्भीर प्रश्न-भरी दृष्टि से नकुलेश की ओर देखा। वास्तव में उसने ड्राइंग-रूम में प्रवेश करते समय ही नकुलेश को देख लिया था, पर स्पष्ट

ही किसी कारण से उसने जान-बूझकर अब तक उपेक्षा की थी।

नकुलेश एक विचित्र दृष्टि से चित्रा की ओर देख रहा था, जिसे न सहज कहा जा सकता था न कृत्रिम। घृणा और मोह, उत्सुकता और उपेक्षा, क्रोध सद्भाव, व्यंग्य और गम्भीरता–सबका एक अजीब-सा मिश्रण उसकी दृष्टि में पाया जाता था।

"आज सबेरे मैं तुम्हारी तरफ गया था" उसी अलसायी मुद्रा में नकुलेश बोला, "पर तुम किसी सज्जन के साथ बातों में इस कदर उलझी हुई थीं कि मैं बरामदे से हो चुपचाप लौट गया।"

"हाँ, मेरे मामा का लड़का श्याम आया हुआ था मुझसे मिलने। दो-तीन घण्टे यहाँ रहा, फिर वापस चला गया।" चित्रा का स्वर बहुत सहज था।

"कल जिन सज्जन से तुम्हारी बातें बाहर बरामदे में हो रही थीं वह शायद कोई दूसरे ही थे?" नकुलेश की नाक की डण्डी में इस बार घृणा और व्यंग्य-भरी मुस्कान की रेखा समा नहीं पा रही थी।

"कल कब?"

"शाम को–मैं नीचे से देख रहा था।"

"ओह, हाँ, हाँ, याद आया। वह एक सिन्धी थे–जौहरी। एक बहुत बढ़िया किस्म का नीलम दिखा रहे थे। एक ज्योतिषी ने बताया है कि एक बढ़िया किस्म की नीलम-जड़ी अँगूठी पहनने से मेरे सारे संकट कट जायेंगे!" कहकर अपनी बात पर वह स्वयं ही हँस पड़ी। दादा की अन्तर्भेदिनी दृष्टि को लगा कि उस हँसी के साथ आत्म-करुणा की एक अदृश्य धारा जैसे अलग बह रही है।

"पर उस समय तो वह महाशय कोई चीज दिखा नहीं रहे थे", जिरह करनेवाले वकील की तरह नकुलेश ने कहा। "और काफी देर तक तुम लोगों के बीच बातें होती रहीं!"

"उसी नीलम की विशेषता बता रहे थे।"

"तुम्हारे 'हसबैण्ड' कब आ रहे हैं?"

"वह कसौली चले गये हैं।"

"कसौली? क्यों किसी कुत्ते ने काटा है क्या?" उसी निरपेक्ष से लगनेवाले तीखे व्यंग्य के साथ नकुलेश ने पूछा।

"नहीं," उस तीखी चोट को भी सहज रूप में लेने का-सा भाव जताती हुई चित्रा बोली : "यों ही गये हैं। वह जगह उन्हें अच्छी लगती है।"

"तुम क्यों नहीं गयीं कसौली?"

"मुझे वह स्थान पसन्द नहीं।"

"काफ्का की जो चीज मैं दे गया था, उसे पढ़ा?"

"आधा पढ़ा था, बाद में चला नहीं। जितना पढ़ा उतने से केवल मेरे भय, उबास और उदासी में ही वृद्धि हुई।"

सहसा दादा बोल उठे : "अच्छा, यह बताओ, नकुलेश की कविताएँ तुमने अभी तक पढ़ी हैं या नहीं?"

बातचीत का विषय बदलने से जैसे चित्रा को राहत मिली। तनिक उत्साह से बोली : "हाँ, अभी एक पत्रिका में इनकी तीन रचनाएँ छपी थीं। मैंने पढ़ा था।"

"उनके बारे में तुम्हारी क्या राय है?" दादा ने पूछा।

नकुलेश भी उत्सुक दृष्टि से चित्रा की ओर देखने लगा, यद्यपि उसका ऊपरी निरपेक्ष भाव अब भी कायम था।

"ठीक से समझ पायी, ऐसा तो नहीं कह सकती, पर जितना-कुछ समझ में आया उतने से केवल यही अनुमान लगा पायी कि किसी कारण नकुलेश नारी-मात्र से रुष्ट हैं।"

"केवल नारी से ही नहीं, जीवन की प्रक्रिया-मात्र से–जीवन के मूलगत तत्त्व ही से यह असन्तुष्ट हैं," दादा ने कहा। दुष्टता की हलकी-सी मुस्कान उनकी आँखों के कोनों से झाँक रही थी और लगता था कि वह मजा लेने के लिए बात को बढ़ा रहे हैं।

पर चित्रा अब कुछ गम्भीर हो चली थी। एक सधे हुए आलोचक की तरह बोली: "जीवन के प्रति असन्तोष की बात तो कुछ समझ में भी आती है, पर यह "फिक्सेशन', यह संस्कारबद्ध धारणा कि नारी-मात्र का व्यक्तित्व–उसका सारा शारीरिक और मानसिक गठन, उसका सेक्स जीवन, उसका सारा अस्तित्व ही–गलित, भ्रष्ट और नारकीय है, यह कुछ विचित्र-सा लगा मुझे।"

"मुझे इस बात की खुशी है कि तुमने अब मेरी कविताओं का एक महत्त्वपूर्ण स्वर पकड़ लिया है," कुछ कटे हुए से स्वर में नकुलेश ने कहा।

"तो क्या तुम सचमुच में नारी-मात्र को उस हद तक जलील मानते हो, जिस हद तक–" दबे हुए आक्रोश के कारण चित्रा अपनी ही बात पूरा नहीं कर पायी।

"यह कैसे हो सकता है कि मैं कविता में एक बात कहूँ और जीवन में दूसरा दृष्टिकोण अपनाऊँ?" तनिक भी झेंप, ग्लानि या शिष्टाचारपूर्ण क्षमायाचना का भाव नकुलेश की आँखों में यह मुख की किसी मुद्रा में नहीं दिखायी दिया।

चित्रा सहसा जैसे तमक उठी। उसकी आँखों में एक अस्पष्ट हिंसा का-सा भाव उभर आया। तीखे स्वर में बोल उठी:

"लगता है किसी नारी से तुम्हें बड़े ही कड़वे अनुभव हुए हैं।"

"इसमें कम-से-कम तुमको तो कोई सन्देह नहीं होना चाहिए," कुटिल व्यंग्य की मार्मिक मुद्रा से चित्रा की ओर देखता हुआ नकुलेश बोला।

अचानक चित्रा के चेहरे का सारा प्रकाश ही जैसे बुझ गया। क्षण-भर के लिए वह मौन रही, जैसे नकुलेश की चुटकी का मर्म समझने का प्रयत्न कर रही हो। फिर कुछ दबी हुई-सी आवाज में बोली : "मैं समझी नहीं तुम्हारी बात?"

"समझेंगी कैसे चित्रा जी, आप न समझना चाहती हैं, न कभी समझ पायेंगी।" स्पष्ट ही वह व्यंग्य में 'आप' कह रहा था। "और फिर समझने की आवश्यकता भी अब क्या रह गयी है! बिना समझे भी जिया जा सकता है आज की दुनिया में! इसलिए हटाओ। यह बताओ कि यह जो नीलम की अँगूठी तुम्हारी उँगली में चमक रही है, क्या यह वही अँगूठी है, जो उस सिन्धी जौहरी ने तुम्हें प्रेज़ेण्ट की है?"

"प्रेज़ेण्ट की है?" चित्रा का चेहरा तमतमा उठा था। "तुम सब लोग–आजकल के कवि–बड़े ही अशिष्ट, असभ्य और उजड्ड हो। तुम 'बुली' हो–कायर हो! और अपने इसी उजड्डपन और कायरता के बूते पर यह चाहते हो कि जिस नारी को भी तुम चाहो वह तुम्हें आत्म-समर्पण कर दे और हर हालत में एकमात्र तुम्हारी ही बनकर रहे! नारी की आत्मा को तुम लोगों ने कभी पहचाना ही नहीं–पहचानना ही नहीं चाहते। उसे पहचाना था पिछले कवियों ने, जो उसे साकार कविता मानते थे।"

सुनते ही जैसे नकुलेश के तन-बदन में आग लग गयी। वह सँभलकर बैठ गया। जेब से सिगरेट का एक पैकेट निकालकर, एक सिगरेट जलाकर पीने लगा। उसकी हास्य और व्यंग्य-भरी मुद्रा एकदम विलीन हो गयी। क्रूर प्रतिहिंसा-भरी खूँखार दृष्टि से चित्रा को देखता हुआ वह जैसे उसे भस्म कर डालना चाहता हो। दाँतों को प्रायः किटकिटाता हुआ बोला :

"सच्चाई सुनना चाहती हो? तो सुनो। नारी-मात्र–सृष्टि की एक विसंगति हो! तुम में कोई तथाकथित कविता नहीं है। तुम हाड़मांस, मल, दुर्गन्ध और विकृतियों की पुंज हो। रवीन्द्र और प्रसाद की नारी इन्द्रजाल लोक की हवाई आकृति-मात्र है–शासक के सींगों की तरह। वास्तव में तुम सब प्रेत हो। सृष्टि के आदि-काल से ही भोगी हुई निष्प्राण किन्तु हिंसक जीवजाति। युग-युग से तुमने पुरुष के साथ विश्वासघात किया है और उसको अपने हजारों किलनियोंवाले पंजे से जकड़कर, उसकी आत्मा का (यदि कोई आत्मा है तो) सारा रस चूस-चूसकर, उसे नपुंसक बना रखा है। और तुम तुम्हारी तो नस-नस से मैं परिचित हूँ। पिछले दस बरसों से मैं तुमको जानता हूँ–मेरा-तुम्हारा आज कोई नया परिचय नहीं है, पर दादा के आगे तुम यह जताना चाहती हो, जैसे हम दोनों यहीं पहली बार मिले हों। झूठ का तत्त्व इस कदर तुम्हारे व्यक्तित्व के कण-कण में कूट-कूटकर ठुँसा हुआ है। जौहरी की प्रेम-भेंट को खरीद की चीज बताती हो और अपने पुराने सेक्स-साथी को मामा का लड़का बताती हो–"

"तुम एक अत्यन्त तुच्छ प्राणी हो!" उफनते हुए क्रोध के कारण काँपते हुए ओठों से चित्रा बोली। "तुमको मैंने 'रिकग्नाइज़' करना कभी छोड़ दिया, फिर भी तुम खीसें निपोरते और दुम हिलाते हुए मेरा पीछा करते रहे। इस एकान्त पहाड़ी प्रदेश में भी तुमने मुझे नहीं छोड़ा। सार्त्र और कामू ने अस्तित्ववाद को सड़ाकर जो शराब तैयार की है, उससे अपनी आत्मा को गलाकर तुम केवल एक बनावटी बीटनिक बनकर रह गये। अब 'सब-कुछ परिमिसिबल है' का नारा लगाकर समाज के हयादार सदस्यों को बेइज्जत करने की धमकी देकर ब्लैक-मेल करना चाहते हो! इतने बड़े 'बुली' हो। तुम! तुम्हारा मुँह देखना भी अपराध है–" कहकर चित्रा उठ खड़ी हुई और फनफनाती हुई पिछवाड़े के रास्ते से निकल गयी।

उसके चले जाने के बाद ही कई सज्जन, महिलाएँ और बच्चे ड्राइंग-रूम में इकट्ठा हो गये। रात्रि-भोजन का समय हो चुका था–बल्कि आज देर हो गयी थी। दादा को आश्चर्य हो रहा था कि अभी तक होटल का कोई आदमी खाने को बुलाने के लिए

क्यों नहीं आया। तभी एक बैरा सब को डाइनिंग-रूम में बुलाने आ पहुँचा। पूछने पर उसने बताया कि आज शाम से ही अतिथियों की संख्या काफी बढ़ गयी थी, इसलिए देर हो गयी।

दादा उठ खड़े हुए। दायें हाथ में छड़ी लिये और बायें हाथ से नकुलेश की बाँह पकड़े वह उसे धीरे से बाहर की ओर ले गये।

बाहर चाँदनी पूरे मौज में थी। हलकी-हलकी हवा चल रही थी। चारों ओर खड़े लम्बे-नुकीले देवदारु, चाँदनी और हवा की मौज से ताल मिलाते हुए सिर हिलाते जा रहे थे।

दादा नकुलेश को एक एकान्त नुक्कड़ तक ले गये और तब रुक गये।

"तुमने अच्छा नहीं किया, दोस्त," नकुलेश के कान में दादा ने कहा।

"मैंने बिलकुल ठीक किया है, दादा," धीमे किन्तु दृढ़ स्वर में नकुलेश बोला। "आप अभी ठीक से जानते नहीं इस 'पुंश्चली' को। अपने पति की सुख-चैन की कुटिया को तो वह आग लगाकर राख कर ही चुकी है, अब और भी कई भले आदमियों के शान्त जीवन की खिड़कियों के भीतर चुपके-चुपके अंगारे फेंकती चली जा रही है–"

जब नकुलेश के मुँह से 'पुंश्चली' शब्द निकला, तब दादा समझ गये कि कितनी खोज के बाद उसने यह गाली सीखी है।

"पुराने लोग भी कुछ कम गालीबाज नहीं रहे होंगे–इस शब्द की ध्वनि से ही यह स्पष्ट है," नकुलेश की बात सुनते ही दादा मन-ही-मन मुस्कराते हुए कह रहे थे।

प्रकट में बड़ी गम्भीरता से बोले : "तनिक धीरे-धीरे, नकुलेश, इतनी जल्दी नहीं। अकेले तुम्हीं ने उस नारी को समझ लिया है और दूसरे उसके भीतरी और बाहरी रहस्यों का आभास भी नहीं पा सके हैं, ऐसा समझने के भ्रम में मत पड़ो। पर प्रश्न यह नहीं है कि कौन नारी पुंश्चली है कौन नहीं। प्रश्न है सहज मानवीय शिष्टाचार का। तुम्हारा व्यवहार–माफ करना–बहुत अशिष्ट था।"

"सामाजिक शिष्टाचार कहिये, दादा, मानवीय नहीं। मनुष्य को–व्यक्ति को–तो आपके समाज ने सिरके में डालकर उसका अचार बना डाला है। तब ऐसे समाज में शिष्टाचार का औचित्य कहाँ पर रह जाता है? तुम्हारा समाज गल गया है, सड़ गया है, उसे कोढ़ हो गया है। ऐसे समाज के पीव से भरे शिष्टाचार के नियमों और नैतिक आदर्शों को मानना उसी पीब-कुण्ड में जीने के प्रयास के सिवा और क्या है?"

"हाः हाः हाः ! होः होः होः !" दादा बरबस अट्टहास कर उठे। नकुलेश को बायें हाथ से कसकर गले लगाते और उसकी पीठ थपथपाते हुए बोले : "खूब नकुलेश, खूब! कमाल कर दिया तुमने! सचमुच तुम बहुत दूर की कौड़ी लाये हो!"

"क्या मतलब ?" अपनी गम्भीर बात की इस अट्टहासपूर्ण प्रतिक्रिया से खीझकर नकुलेश ने तीखे स्वर में कहा।

"कुछ नहीं," दादा का स्वर सहसा गम्भीर हो आया। "पर एक बात मैं अवश्य समझना चाहता हूँ। एक ओर तो तुम समाज के नैतिक आदर्शों को गलनशील बताकर

उन पर थूकते हो। शौक से थूको–हर व्यक्ति को अपनी स्वतन्त्र प्रतिक्रिया की पूरी छूट है। पर जब तुम चित्रा पर लांछन लगा रहे थे तब क्या वह इस आधार पर नहीं लगा रहे थे कि वह (तुम्हारी दृष्टि में) इस 'सड़े-गले' समाज के नैतिक नियमों को ठुकरा रही है? यदि इस ईश्वरविहीन निरर्थक समाज में सभी कुछ औचित्यपूर्ण है, तब तुम चित्रा को, उसके किसी भी व्यवहार के लिए, किस दृष्टि से दोषी ठहराते हो?"

"मैं आपको अपनी बात समझा नहीं पाऊँगा, दादा," नकुलेश बोला। "प्रयत्न व्यर्थ होगा। और फिर आपको समझाने की आवश्यकता ही क्या है? माफ कीजियेगा, सदियों से जंग खाये हुए पिछले सामाजिक-नैतिक आदर्शों की काई से आपका मस्तिष्क मुक्त नहीं है। इसलिए इस सम्बन्ध में आपसे कोई चर्चा चलाना मैं नहीं चाहता। आप–"

"सच बताऊँ, नकुलेश? बुरा न मानना। चाहे कैसा ही विकट अस्तित्ववादी या बीटनिक ही क्यों न हो, नारी के सम्बन्ध में कोई तटस्थ नहीं हो पाता–विशेष करके उस नारी के सम्बन्ध में जो एक बार अपने घनिष्ठ सम्पर्क में आ चुकी हो! चलो डाइनिंग-हॉल में। सब लोग पहुँच गये।" कहकर दादा पीठ पर हाथ रखे ही नकुलेश को फिर ड्राइंग-रूम की ओर ले गये। सभी लोग चले गये थे, केवल कप्तान साहब अभी तक आसन मारे बैठे थे।

"चलिये कप्तान साहब, खाना खा लिया जाये," दादा ने कहा।

"चलिये शाब," कहकर कप्तान साहब धीरे से उठे। तीनों पूरबवाले दरवाजे से बगलवाले डाइनिंग-हॉल में घुसे।

हॉल में प्रवेश करते ही सारा दृश्य बदल गया। उत्तर-दक्षिण दोनों ओर, आमने-सामने, शीशे से जड़ी हरी-हरी मेजों और उसी रंग के रेक्सीनमढ़े गद्दोंवाली कुर्सियों की दो कतारें लगी हुई थीं। एक ओर केवल महिलाएँ और बच्चे बैठे थे और दूसरी ओर पुरुष। ऊपर एक झाड़ में बिजली की चार बड़ी-बड़ी नकली मोमबत्तियाँ चारों ओर तीव्र प्रकाश बिखेरती हुई लटक रही थीं। बीच में एक गोल मेज पर सफेद और लाल फूलों का एक बड़ा-सा गुलदस्ता हरी पत्तियों के बीच में एक फूलदान पर सजा हुआ रखा था।

महिलाएँ (जिनमें किशोर-वयस्क लड़कियाँ भी थीं) आठ-दस से अधिक नहीं थीं। पुरुष भी प्रायः उतने ही थे। एक कोने में तीन जगहें खाली पड़ी थीं। दादा अपने दो साथियों को लेकर उसी ओर गये। तीनों एक-एक करके बैठ गये।

दादा की आँखें सामने जैसे किसी को खोज रही थीं, पर पा नहीं रही थीं। चित्रा सामने ही बैठी हुई थी और बड़ी ही मीठी मुस्कान के साथ, दायीं ओर बैठी एक बीस-बाईस वर्षीया लड़की से घुल-घुलकर बातें कर रही थी। एक झलक वह दादा और उनके साथियों को पहले ही देख चुकी थी। अब वह सीधी नजर से सामने की ओर न देखकर, बीच-बीच में आधी और तिरछी नजर से देख लेती थी। बड़ी ही चालाकी से वह देख रही थी। पता नहीं लग पाता था कि वह किस ओर देख रही है।

एक प्रायः अट्ठारह साल की लड़की बैंगनी रंग की शलवार, बसन्ती रंग का कुर्ता और हरे रंग का स्वेटर पहने और दूधिया चादर ओढ़े, अपनी पतली उँगलियों से मेज पर तबला बजाने का-सा नाटक कर रही थी। अगल-बगल में अपनी साथिनों से बातें करती हुई, चंचल आँखों की गहरी काली पुतलियों और घनी-बरौनियों को दायें-बायें नचाती हुई, सामने बैठे पुरुषों की कतार की ओर क्षण-क्षण में नजरों की फुलझड़ियाँ फेंकती चली जाती थी।

जहाँ पर दादा बैठे थे उसी के एकदम दूसरे छोर पर एक हिप्पी जोड़ा भी बैठा था। हिप्पी लड़की भी पुरुषों के बीच ही में बैठी हुई थी।

नकुलेश खिसियाया हुआ-सा, बैठा-बैठा 'बोर' हो रहा था। बीच-बीच में वह लम्बी जम्हाइयाँ ले रहा था। जम्हाई लेते हुए अन्त में "आ-ा-ा-ा' की आवाज वह पूरा मुँह खोलकर निकाल रहा था, जैसे सभी उपस्थित व्यक्तियों का ध्यान अपनी ओर आकर्षित करना चाहता हो।

साहसा सामने उत्तरवाले दरवाजे से एक तनिक लम्बे कदवाली महिला ने प्रवेश किया। दादा ने देखा, वह वही महिला थी, जिसे शाम को उन्होंने सब्जी की दुकान के सामनेवाले स्टोर में देखा था। उसके सुगठित, सुन्दर मुख पर एक मोहक सादगी छायी हुई थी–एक स्निग्ध शालीनता, मन्द-मन्द, पी हुई-सी मुस्कान। न कहीं तनिक उद्वेग का चिह्न, न कुतूहल का। कुछ तनी हुई-सी आँखों में चिर-विस्मय का सहज आभास। सिर नंगा। काले, लहराते बाल पीछे एक गुच्छे के रूप में बँधे हुए। कन्धों के ऊपर पड़ा हुआ एक स्लेटी रंग का शाल साड़ी की दोनों ओर लहराता हुआ। बायें हाथवाले छोर पर दो महिलाओं की दो जगहें खाली पड़ी हुई थीं। महिला बड़े ही शालीन पगों से सहज गति से आगे बढ़ती हुई उधर ही चली गयी और एक सीट पर बड़े अन्दाज से बैठ गयी।

उस महिला को देखते ही नकुलेश की उबास समाप्त हो गयी थी। वह आँखें फाड़-फाड़कर, एकान्त ध्यान से उसी ओर टकटकी बाँधे हुए था। प्रारम्भ में दादा भी महिला की ओर कुतूहल से देख रहे थे। पर जब उन्होंने नकुलेश की लुब्ध और मुग्ध आँखें उसकी ओर निश्चल रूप से गड़ी देखी तब उन्हें एक दूसरा ही रस मिलने लगा। महिला की भी आँखें सहज भाव से इधर-उधर देखते हुए एक बार दादा से और फिर नकुलेश से टकरा गयीं। उसी पी-हुई-सी मुस्कान से उसने फिर एक झलक दादा की ओर गौर से देखा। दादा को वह दृष्टि प्रारम्भ ही से परिचित-सी लग रही थी। पर याद नहीं आ रहा था कि उसे कब और कहाँ देखा है?

होगा!–दादा सोचने लगे। इस जीवन में न जाने कितनी और कैसी-कैसी चित्र-विचित्र आँखें और अजीब और गरीब नजरें उन्होंने देखी हैं। सबका लेखा-जोखा कहाँ तक रखा जा सकता है!

और उनकी दृष्टि फिर नकुलेश की ओर लौट आयी।

"इस महिला को जानते हो, कवि! बड़े गौर से देख रहे हो!" प्रायः फुसफुसाते हुए दादा बोले।

नकुलेश जैसे स्वप्न से उचका।

"नहीं, मैंने पहले कभी नहीं देखा है इसे," उसी तरह फुसफुसाते हुए उसने उत्तर दिया। "कौन है यह? आप जानते हैं क्या उसे?" उसकी जिज्ञासा में एक अदम्य उत्सुकता छिपी हुई थी।

मेजों पर गिलासों में पानी, नेपकिन, छुरी-काँटे, विलायती चटनी की शीशी, नमक-मिर्च के गुड़ियानुमा लचीले ट्यूब–आदि चीजें पहले ही से रखी हुई थीं। अब राम बाबू की देख-रेख में वर्दीधारी नौकर खाना लगाने लगे थे। जब दूसरी चीजों के अतिरिक्त पापड़ों की प्लेट आयी, तब नकुलेश बेतकल्लुफी से एक टुकड़ा कुतरने लगा और कुतरता हुआ नवागन्तुक महिला की ओर आँखें गड़ाये रहा।

दस मिनट के अन्दर पूरा खाना लग गया। प्लेटों पर छुरी-काँटे बजने लगे थे। चारों ओर पारस्परिक आलाप से सम्मिलित गुंजन से हॉल की छत और दीवारों के आसपास ध्वनि की एक अदृश्य चादर-सी तन गयी थी।

"जीवन क्या इस समय भी तुम्हें निरर्थक और विसंगत लग रहा है, नकुलेश? या कोई सार्थक तत्त्व तुमने पा लिये हैं? क्यों?" धीरे-धीरे एक छोटा-सा कौर चबाते हुए दादा बोले।

"आप विकट व्यंग्यबाज हैं, दादा," तनिक सिकुड़ी हुई मुस्कान मुख पर झलकाते हुए नकुलेश ने कहा : "पर कुछ भी हो, खाना बढ़िया बनता है आपके होटल में, इतना मानना ही पड़ेगा।"

"यह सब राम बाबू की करामात है। उन्हीं की देख-रेख में रसोई का सब काम होता है।"

शायद अपने नाम की झनक पास ही खड़े राम बाबू के कान में पड़ी। पास आकर बोले : "कोई चीज चाहिए? खाना ठीक बना है या नहीं?"

"एकदम ठीक। जब कुछ भी पसन्द न करनेवाले नकुलेश जी को यह पसन्द आ गया है, तब फिर दूसरों का क्या कहना!"

"आलू-भिण्डी की सब्जी तनिक और भेजिये," एक झलक नवागन्तुका की ओर देखते हुए नकुलेश बोला। वह बड़ी तेजी से विविध व्यंजनों को साफ करता जाता था। राम बाबू जाकर स्वयं सब्जी ले आये और नकुलेश की प्लेट में डाल दिया।

कुछ ही मिनटों के भीतर छककर भोजन कर चुकने के बाद नकुलेश ने एक गिलास पानी पिया। उसके बाद पेट पर धीरे से हाथ फेरता हुआ बोला :"अब चाहिए खाना हजम करने के लिए फ्रेंच वाइन। पर इस समय मिलेगी कहाँ?"

"बहुत मुश्किल है," एक चम्मच रायता मुँह में डालते हुए दादा ने तनिक उदासीनता के साथ कहा।

खाना खा चुकने के बाद लोग एक-एक करके उठने लगे। दादा भी उठ खड़े हुए। रास्ता साफ होने पर कुर्सियों और मेजों के घेरे से होकर बाहर निकले। नकुलेश उनके पीछे-पीछे

चल रहा था। एक स्थान पर बाधा पाकर दोनों खड़े हो गये। पास ही नवागन्तुका भी खड़ी थी और प्रेमपूर्वक मुस्कराती हुई एक दूसरी महिला से बातें कर रही थी। दादा, जैसे बिना कुछ सोचे ही, धीरे-धीरे उसी की ओर आगे बढ़े। नकुलेश भी कुछ दुबकता हुआ-सा उनके पीछे हो लिया।

महिला के पास पहुँचने पर दादा ने तनिक झुककर, छड़ी पकड़े ही, दोनों हाथ जोड़े और कहा : "नमस्कार ! बहुत देर से लग रहा है जैसे आपको इसी जीवन में पहले कभी कहीं देखा है!"

महिला क्षण-भर के लिए विस्मय और पुलक-भरी दृष्टि से दादा की ओर देखती रही। और फिर दूसरे ही क्षण प्रायः फुसफुसाती हुई-सी बोली : "दादा–मिलन बाबू! आप! मैं भी आपको बहुत देर से देख रही थी, पर पहचान नहीं पा रही थी। आपके प्रश्न और आवाज से अब पहचान पायी हूँ। पर आपने अब भी मुझे नहीं पहचाना लगता है। मैं हूँ प्रतिमा।"

दादा ने भी उसके कण्ठस्वर सुनकर, उसे निकट से देखने पर, उसकी आँखों के भीतर एक परिचित और सहज कटाक्ष का आभास पाकर और अन्त में उसका नाम सुनकर, जैसे किसी जादू से एक पल में पहचान लिया। एक प्रौढ़ा नारी का जो रूप, जो आकृति एक क्षण पहले तक उनके आगे थी, वह बिजली की तेजी से दूसरे ही क्षण बदलकर, एक बीस-बाईस वर्षीया गोरी चंचल, नटखट, किन्तु अद्भुत बुद्धिमती लड़की के आकार में बदल गयी।

"तुम हो प्रतिमा!" अकृत्रिम आश्चर्य से उचककर दादा ने कहा : "यूनिवर्सिटी में जब तुम शेली पर अँग्रेज़ी में 'थीसिस' लिखने के विचार से एक दिन मेरे पास आयीं, तब से फिर तुम्हें देखा नहीं। सन् बयालीस के आन्दोलन के बाद से गायब ही हो गयीं। कहाँ रहीं, क्या-क्या किया इतने दिनों तक?"

"बड़ा लम्बा किस्सा है, दादा," एक हलकी-सी पीड़ा-भरी मुस्कान प्रतिमा के मुँह पर खिल गयी। "फिर बताऊँगी। आप यहाँ कब से हैं?"

"पिछले दस वर्षों से प्रायः यहीं हूँ। तुमको तो पता है, मुझे पहाड़ी वातावरण कितना पसन्द है। मेरा जन्म इसी पहाड़ी अंचल में हुआ था और अब उस पार जाने का घाट भी यहीं किसी घाटी में तलाश रहा हूँ।" कहते हुए दादा का गोरा चेहरा जैसे भविष्य की किसी आनन्दमयी कल्पना से चमक उठा।

"नहीं दादा, अभी आप जवान हैं, अभी मौत आपसे कोसों दूर भागती फिरेगी," प्रतिमा की बगल में खड़ी एक महिला बोल उठी।

"बड़ा अच्छा लगता है ऐसा सुनना–विशेष करके जवान महिलाओं की मुँह से!" कहकर दादा प्रेमपूर्वक मुस्कराये। महिला कुछ झेंपने का-सा नाटक करने लगी।

प्रतिमा की ओर देखकर दादा कहने लगे : "इतने स्थानों में से चुनकर तुम इस छोटे-से पहाड़ी कस्बे में कैसे पहुँच गयीं? बड़ा ही विचित्र संयोग है–तुमसे इतने वर्षों बाद मिलना और वह भी यहाँ। कुछ साल पहले तक इस जगह का नाम भी कोई नहीं जानता था। और कहो, सब कुशल तो है?"

"सब आपकी दया है, दादा," प्रतिमा ने कहा। वह सहज भाव से देखती हुई भी दादा की एक-एक मुद्रा, हलके-से-हलके भाव के चढ़ाव-उतार पर बड़ी बारीकी से ध्यान दे रही थी।

"अच्छा आपसे कल मिलूँगी--निश्चय ही," कहकर वह हाथ जोड़कर चलने को तैयार हुई। इस बीच नकुलेश दादा की बाँह थामे खड़ा था। इतनी देर तक वह एकटक प्रतिमा की ओर देख रहा था। जब वह चलने लगी तब नकुलेश ने दादा की बाँह को एक हलका झटका देते हुए धीरे से कहा : "मुझे इण्ट्रोड्यूस कीजिये!"

"प्रतिमा, तनिक एक सेकण्ड ठहरो," तनिक आगे बढ़कर दादा ने कहा : "एक कवि जी से तुम्हारा परिचय करा दूँ। यह हैं नकुलेश जी, नये युग के नव-विख्यात कवि। इनकी तीव्र इच्छा है कि इनका परिचय तुमसे–" नकुलेश ने बीच ही में एक हलकी-सी चिकोटी काटी। दादा चुप हो गये।

प्रतिमा ने सहज मुस्कान के साथ नकुलेश की ओर हाथ जोड़े और पूछा : "आप यहाँ कब आये?"

"करीब एक महीने से यहाँ हूँ। 20 अप्रैल को यहाँ आ गया था।"

"अच्छा, बड़ी खुशी हुई आपसे मिलकर," कहकर प्रतिमा दोनों की ओर हाथ जोड़कर चली गयी। दादा और नकुलेश भी पीछे-पीछे चले। बाहर बायीं ओर तीसरे मकान के दरवाजे पर प्रतिमा अपनी साथिन के साथ रुकी और फिर एक बार दादा की ओर सहज मुस्कान से हाथ जोड़कर भीतर चली गयी।

नकुलेश बोला : "दादा, चलिये मेरे कमरे में। वहाँ आपसे कुछ जरूरी बातें करनी हैं।"

"अब कल बात करूँगा, भाई, इस समय मूड कुछ बदला हुआ है, और थका भी हूँ, आराम करूँगा।" कहकर दादा हाथ जोड़कर दायीं ओर मुड़ गये।

जिस समय नकुलेश ने चित्रा को अपमानित किया था उस समय से दादा के चित्त में चैन नहीं था। रह-रहकर उन्हें यह बात कचोट रही थी कि उनके सामने एक महिला के साथ अत्यन्त अशिष्ट व्यवहार किया गया और वह चुपचाप देखते रह गये। अपने कमरे की ओर जाते हुए वह सोच रहे थे। पर उस समय वह कर भी क्या सकते थे? क्या नकुलेश को पीटते? पर किसलिये? अपनी 'शिवेलरी' दिखाने के लिए? स्त्री-पुरुष के समान अधिकारों के इस युग में नागिन-सी फुफकार सकनेवाली एक मर्दानी महिला का पक्ष लेकर उसके एक पुराने परिचित युवक कवि को वह किस अधिकार से डाँट या पीट सकते थे?

पर इस तरह सोचने पर भी उनका मन नहीं मान रहा था। वह एक विचित्र ग्लानि का अनुभव कर रहे थे, जैसे वही मूल अपराधी हों। उन्होंने निश्चय किया कि कल ही वह एक बार चित्रा से उसके कमरे में मिलेंगे। दिन-भर के थके थे, अपने कमरे में जाकर सो गये।

दूसरे दिन सबेरे नौ बजे दादा नहा-धोकर तैयार हो गये और हाथ में छड़ी लेकर दो

नम्बरवाले मकान की ओर चल दिये। चित्रा उसी मकान के दोमंजिले में एक कमरा लेकर रहती थी। वह होटल की ही सम्पत्ति थी।

धीरे-धीरे बड़े इतमीनान से कदम उठाते और छड़ी ठकठकाते हुए दादा सीढ़ी-दर-सीढ़ी बड़े आराम से ऊपर पहुँच गये। बरामदे पर पहुँचते ही देखा कि बायीं ओर एक बड़े-से गमले की एकदम सूखी मिट्‌टी पर एक उपेक्षित बौना कैक्टस, अपने काँटेदार हाथ-पाँव फैलाये, पूरी अकड़ से और पूरे उल्लास के साथ तनकर खड़ा था। उससे कुछ ही दूर आगे जंगली गुलाब की पतली-सी बेल की कँटीली ठठरी बिना पानी के मर रही थी। उधर दूसरे कोने पर एक टूटे हुए गमले में एक अधमरी लतर पर एक छोटा-सा पीला फूल खिलने का क्षीण प्रयास कर रहा था।

दादा इसके पहले भी उस बरामदे में दो-एक बार आये थे। पर आज सूखे गमलों के कारण हो या और किसी अनजाने कारण से, वातावरण उन्हें उदासी से घुटता हुआ-सा लगा। चित्रा के कमरे के किवाड़ तो खुले थे, पर एक मोटा हरा पर्दा आर-पार तना हुआ था। दादा इस तरह के मामलों में संकोच के लिए बदनाम नहीं थे। पर आज उन्हें कुछ झिझक हो रही थी।

साहस करके उन्होंने दरवाजे के ऊपर का शीशा बीच की उँगली की बीच ही वाली हड्‌डी से, धीरे से, किन्तु स्पष्ट स्वर में खटखटाया।

"कौन?" भीतर से नारी-कण्ठ की रूखी-सी आवाज आयी।

"मैं हूँ मिलन।"

"कौन?" शायद ठीक से न सुन पाने के कारण फिर प्रश्न करती हुई और तेज कदम रखती हुए चित्रा आयी और उसने तेजी के साथ पर्दे को बायीं ओर खींचकर समेटा। दादा ने देखा, नंगे सिर पर मटमैले-से बाल अस्त-व्यस्त पड़े हुए थे। रूज और पाउडर से रहित चेहरा–तनिक मुरझाया हुआ-सा। चिकने, चौड़े और कुछ उजले माथे पर कुछ हलकी और बेमालूम-सी विषम रेखायें। कुछ-कुछ, सूखे, पपड़ी लगे-से ओंठ। आँखों के नीचे बहुत ही हलके काले से धब्बे। एक अधमैले से लगनेवाले, पीले रंग के स्वेटर के ऊपर, बायें कन्धे के पीछे झूलता हुआ, एक स्लेटी रंग की साड़ी का पल्ला। देखकर दादा क्षण-भर के लिए सकपका-से गये। चित्रा की रात की सजधज देखकर उन्होंने उसे स्नेहपूर्ण व्यंग्य से 'रानी ऑफ सिंगापोर' कहा था। पर आज सुबह उसका एक बिलकुल दूसरा ही रूप उन्होंने देखा। जैसे कोई शापभ्रष्टा नारी विश्वद्रोही–और आत्मद्रोही–भी बन गयी हो। कल रात से आज वह कई गुना अधिक सुन्दर और सहज लग रही थी।

"ओह, दादा, आप हैं! नमस्कार! आइये," झेंप-भरी मुस्कान के साथ, बड़े ही धीमे और लजीले स्वर में चित्रा बोली।

"यों ही आया हूँ। इस समय तुम्हें कोई असुविधा हो तो बाद में आऊँगा!"

"कोई असुविधा नहीं, दादा, आप तो बड़े तकल्लुफबाज होते जा रहे हैं।" इस बार चित्रा का स्वर जमा हुआ था और दृष्टि में आत्मविश्वास था।

दादा ने धीरे से चौखट के भीतर पाँव रखा। दक्षिणवाले छोर में पलँग बिछा था और

उसी के आसपास बेंत की दो-तीन डण्डेदार कुर्सियाँ पड़ी हुई थीं। दायीं ओर कपड़ों से भरा हुआ एक बक्स खुला हुआ पड़ा था।

"बैठिये!" स्वयं पलँग पर बैठते हुए चित्रा ने दादा के सामने एक कुर्सी दिखाते हुए कहा।

दादा धीरे से बैठ गये।

"लगता है, तुम किसी काम में व्यस्त थीं, मैंने विघ्न डाल दिया।"

"नहीं दादा, कोई खास काम नहीं कर रही थी। कपड़ों का बक्स खोलकर देख रही थी कि धोबी को दिये हुए कपड़ों के अलावा और कितने काम के कपड़े बाकी बचे हैं।"

और फिर सहसा उठ खड़ी हुई।

"दो प्याला चाय के लिए पानी चढ़ा दूँ, तब फिर इतमीनान से बैठूँगी", कहती हुई वह गयी और एक कोने में एक छोटी-सी मेज पर रखे हुए स्टोव को जलाने लगी। स्टोव को जलाने और पम्प करने में कुछ समय लग गया। दादा अनुभव कर रहे थे कि वह ठीक साइत में नहीं आये। चाय पीने की तनिक भी इच्छा उनकी नहीं थी और वह ऊब रहे थे। अपना सहज 'मूड' नहीं जगा पा रहे थे।

स्टोव जल जाने पर चित्रा एक केतली में पानी लायी और उसे स्टोव पर रख दिया।

"चाय तो होटल से भी आ सकती थी, इतना झंझट मोल लेने की क्या आवश्यकता थी?" जम्हाई को बरबस रोकते हुए दादा बोले।

"एक तो होटल जाकर लानेवाला कोई आदमी यहाँ इस समय नहीं है, दूसरे, मैं आपको बढ़िया काफी पिलाने जा रही हूँ, जो होटल में सुलभ नहीं हो सकती। पहले मैं चाय ही बनाने जा रही थी। फिर याद आया कि आपको कॉफी बहुत पसन्द है।" उसके स्वर की सहजता ने दादा को खोये हुए-से 'मूड' को फिर वापस बुला लिया।

"बैठो!" सहज धीर और गम्भीर स्वर में दादा ने कहा। "तुमसे बातें करने आया हूँ। कॉफी तो पीते ही रहेंगे।"

चित्रा बैठ गयी–पलँग पर ही।

"कहिये?" वह दादा की ओर प्रश्न-भरी दृष्टि से देख रही थी।

"कल अपने और नकुलेश के व्यवहार की याद करके मैं ग्लानि से सिमटा जा रहा हूँ।"

"नकुलेश के साथ आप अपना भी नाम जोड़कर मुझे शर्मिन्दा कर रहे हैं–पर नहीं, मैं और शर्मिन्दा? आप कल ठीक ही कह रहे थे!" उसके कथन में एक तीखे व्यंग्य की चुभन थी।

"अब उस बात की याद दिलाकर मुझे और अधिक शर्मिन्दा न करो, चित्रा!"

अरे, आप और शर्मिन्दा! यह कैसी असंगत बात आप कह रहे हैं?" और वह मुक्त भाव से खिलखिला उठी।

दादा भी बरबस अट्टहास कर उठे, फिर दूसरे ही क्षण गम्भीर हो गये। बोले : "मैं जानता हूँ, तुम सारी बात को हँसी में टाल सकने की क्षमता रखती हो। तुम्हारे स्वभाव की इस स्वस्थ प्रवृत्ति से मैं बहुत प्रभावित हूँ। पर नकुलेश ने कल जो कुछ तुमसे कहा

उसके लिए मैं उसकी ओर से क्षमा माँगने आया हूँ। मैं मानता हूँ कि जो कुछ उसने कहा वह अक्षम्य है। पर इधर कई कारणों से उनका मन बहुत खिन्न है। और–तुम यदि जानतीं कि वह तुम्हें कितना चा--मानता है, तो–"

"वाह दादा, आप तो बड़े हँसोड़ भी हैं", बीच ही में टोकती हुई चित्रा बोल उठी। व्यंग्य की एक तीखी रेखा उसकी आँखों के आर-पार कौंध गयी।

"क्यों? क्या कोई गलत बात मैंने कही?" कुछ सहमी हुई-सी आवाज में दादा ने कहा।

"आप अपनी बात कहिये, दादा। किसी दूसरे की तरफ से आप क्यों–मेरे कहने का मतलब है कि आप क्यों किसी दूसरे का सर दर्द अपने माथे पर लेना पसन्द करते हैं?"

"मैं ठीक से समझा नहीं तुम्हारी बात", कुछ अचकचाने पर भी दादा शान्त भाव से बोले।

"बात यह है, दादा," अपने दायें हाथ के बीच की दो तनिक लम्बी-सी उँगलियों को बायें हाथ से पकड़ती हुई चित्रा बोली। उसका स्वर संयत और स्पष्ट था। "किसी की ओर से क्षमा माँगना, यह बात हृदय की उदारता का परिचायक हो सकती है, पर–क्षमा कीजियेगा–है यह अत्यन्त अव्यावहारिक और अमनोवैज्ञानिक।"

अपने भीतर की खीझ को दबाने की बहुत कोशिश करने पर भी चित्रा के मुख पर हलका गुलाबी रंग खिल ही आया और आँखों के ऊपरी क्षितिज पर दो बहुत ही पतली लाल डोरियाँ उभर आयीं। जबकि नीचेवाले क्षितिज में हलकी मुस्कान की बिजलियाँ खेल रही थीं।

दादा क्षण-भर के लिए कुछ सकपकाये अवश्य, पर तुरन्त ही सँभल गये। अनेक कड़ी और पेचीदा भावनात्मक परिस्थितियों को जीवन में कई बार पार कर चुके थे, इसलिए उनके मन की स्थिरता को डिगा सकना आसान नहीं था।

बड़े ही इतमीनान के साथ बोले : "मैं जानता हूँ, चित्रा, कि तुम एक साधारण बौद्धिक नारी होने के साथ ही सहज सूझ-बूझ भी रखती हो। तुम्हारी अन्तर्दृष्टि भी पैनी है। किसी के बाहरी और भीतरी व्यक्तित्व की सही परख में तुम्हें कमाल हासिल है। इसलिए मेरे सम्बन्ध में तुमने अभी जो कुछ कहा मैं उसकी सच्चाई स्वीकार करता हूँ। यह सब होते हुए भी मैं इतना कहने की धृष्टता करना चाहता हूँ कि नकुलेश को पूरी तरह पहचानने में तुम्हें और उसके सभी परिचित व्यक्तियों को अभी समय लगेगा। उसके व्यक्तित्व के जितने भी असली या नकली मुखौटे हैं उन्हें अभी ठीक से उतारकर किसी ने देखा नहीं है।"

"वह तो किसी भी आदमी के लिए कहा जा सकता है, दादा। इसलिए प्रश्न यह नहीं है कि किसके व्यक्तित्व के कितने रूप हम अभी नहीं देख पाये, बल्कि यह कि जो रूप अभी तक देखे हैं क्या उनके साथ चल पाना किसी भले आदमी के लिए सम्भव है? आप जानते नहीं दादा, अभी ठीक से इस व्यक्ति की–या जानते भी होंगे, मुझे पता नहीं। पर मैंने इसके जो रूप देखे हैं और देख रही हूँ उनसे मैं तिलमिला उठी हूँ। यह मेरे जीवन का कोढ़ बनकर चिपटे रहना चाहता है। जब हम दोनों बहुत निकट थे तब भी इसने

अपनी कल्पनातीत ईर्ष्या से मेरा जीना दूभर कर दिया था, और जब मैं इससे कतराकर दूर भागना चाहती हूँ, तब यह खुले-आम मुझे बेइज्जत करना चाहता है।"

दादा एकान्त ध्यान से उसकी बातें सुन रहे थे।

तुम कब से जानती हो इसे?" उन्होंने पूछा।

"जब मैं युनिवर्सिटी में थी तभी से। यह तब एम.ए. में पहुँचा ही था और मैं एम.ए. की पढ़ायी समाप्त करके रिसर्च कर रही थी। मेरे 'रिसर्च' का विषय अस्तित्ववाद से सम्बन्ध रखता था। इसकी रुचि प्रारम्भ से ही अस्तित्ववाद की ओर थी–यह बात मुझे बाद में मालूम हुई। जब इसे पता लगा कि मैं अस्तित्ववाद पर 'रिसर्च' कर रही हूँ, तब इसने अपने-आप मुझसे हेल-मेल बढ़ाया–मुझसे कुछ सीखने के उद्देश्य से नहीं, स्वयं मुझे कुछ सिखाने के उद्देश्य से! पहले ही दिन मुझे इस बात का पता लग गया कि यह बहुत पढ़नेवाला लड़का है। अस्तित्ववाद से सम्बन्धित ढेरों किताबें यह पढ़ चुका था और इस अस्पष्टवाद को गहराई से समझने की कोशिश इसकी बराबर रही है। मुझे ऐसा लगा कि उसकी कल्पनाप्रिय और संवेदनशील प्रकृति जैसे अस्तित्ववाद दर्शन में डूबने, उतराने और तैरने के लिए ही बनी है। यह मैं जान गयी कि उसका ज्ञान कोरा किताबी नहीं है, बल्कि उसने अपने चिन्तन और अनुभूति का तादात्म्य भी किसी हद तक उस दर्शन से कर लिया है। देखकर, सुनकर मैं मुग्ध हो गयी और बरबस उसके व्यक्तित्व में अपने व्यक्तित्व को डुबा देने के लिए उत्सुक–बल्कि तत्पर–हो गयी–"

दादा देख रहे थे कि चित्रा बातों के बहाव के साथ ही पुरानी यादों में बहने लगी थी। रूज और पाउडर से रहित उसके मुरझाये हुए रसहीन चेहरे पर एक नयी चमक, एक नया रंग आने लगा था। उसकी बड़ी-बड़ी अस्थिर आँखें न जाने किस रहस्य की दुनिया में खो जाना चाहती थीं।

दादा मौन थे। केवल उनकी दो मर्म को छूनेवाली आँखें में एक असल कुतूहल और जिज्ञासा का-सा भाव मन्द-मन्द खेल रहा था।

जब चित्रा कुछ रुकी तब उन्होंने शान्त स्वर में पूछा : "अपने व्यक्तिगत जीवन-दर्शन के बारे में उसने तुम्हें क्या बताया?"

उसने बताया कि अस्तित्व का जो बोझ व्यक्ति पर बरबस लादा गया है वह तभी सहनीय हो सकता है जब व्यक्ति अपनी परिपूर्ण स्वतन्त्रता का अनुभव अपने व्यक्तित्व के अणु-परमाणु से करे। व्यक्ति पर किसी का कोई दायित्व नहीं न समाज का न संसार का। प्रत्येक व्यक्ति अपने-आप में पूर्ण है। वह शैतान की तरह उच्छृङ्खल और तथाकथित ईश्वर की तरह सभी बन्धनों से मुक्त है। आदि-आदि। मैंने पुस्तकों से अस्तित्ववाद के सम्बन्ध में काफी ज्ञान प्राप्त कर लिया था, पर नकुलेश उस छोटी उम्र में अपने स्वतन्त्र चिन्तन और अनुभूति के आधार पर, पूर्ण आत्म-विश्वास के साथ जो बातें बताता था वे सीधे मेरे अन्तर को छूती थीं। तब तक मेरे अपने विचार और विश्वास धूमिल और जीवन और जगत् के सम्बन्ध में

मैं भी स्वतन्त्र रूप से चिन्तन करने लगी।"

पर तुम दोनों में वैमनस्य कैसे हो गया, यह तो तुमने बताया ही नहीं" दादा ने पूछा।

"प्रायः एक वर्ष तक हम दोनों एक-दूसरे के निकट सम्पर्क में रहे। मैं उसकी बातों से, विचारों से और कविताओं से प्रभावित होती रही और वह भी किसी-न-किसी कारण मुझसे प्रभावित होता चला गया। उसके बाद सहसा उसके व्यक्तित्व का एक दूसरा ही रूप देखने को मिला। एक दिन यूनिवर्सिटी में ही छुट्टी के समय, मैं एक लड़के से किसी विषय पर कुछ बातें कर रही थी। हम दोनों–जाने या अनजाने–धीरे-धीरे यूनिवर्सिटी के अहाते से बाहर निकलकर कुछ दूर तक टहलते हुए बातें करते रहे। प्रायः आधे घण्टे बाद मैं लौटी हूँगी। लौटकर देखती क्या हूँ कि नकुलेश के तेवर ही बदले हुए हैं। जब मैं सहज भाव से उसके निकट पहुँची तब उसने कई प्रश्न लगातार किये। वह लड़का कौन है, उससे मेरी क्या-क्या बातें हुईं, हम दोनों कहाँ तक टहलने गये, कौन-सी गुप्त बात ऐसी थी जिसके लिए हमें बाहर जाना पड़ा, आदि-आदि। मैंने उसे सहज भाव से सही बात बता दी कि दर्शन सम्बन्धी किसी विशेष विषय पर बहस छिड़ गयी थी। वह कहने लगा, वह लड़का अच्छा नहीं, उसका चरित्र भ्रष्ट है, उसके साथ हेल-मेल नहीं बढ़ाना चाहिए, आदि-आदि। मैंने समझा कि वह गलतफहमी में होने पर भी मेरे हित की ही बात कर रहा है, इसलिए मैंने उस बात को कोई विशेष महत्त्व नहीं दिया। पर उस लड़के से मेरा फिर मिलना हुआ और हम दोनों के बीच फिर कुछ देर बातें हुईं। उस दिन नकुलेश बाद में मुझसे बहुत बुरी तरह बिगड़ा, और एक बार उसने मुझसे कुछ कड़ी बात कह दी। मुझे बहुत बुरा लगा। मैं सोचने लगी कि व्यक्ति को पूर्ण स्वतन्त्रता और दायित्वहीनता का पाठ पढ़ानेवाला यह अस्तित्ववादी मेरी तनिक भी स्वतन्त्रता सहन नहीं कर पाता, यह तो कुछ विचित्र-सी बात है। मेरी जिद बढ़ गयी और मैं प्रतिदिन अवसर मिलते ही उस विशेष लड़के से घुल-घुलकर बातें करने लगी। इसके अतिरिक्त दूसरे लड़कों से भी मैंने हेल-मेल बढ़ाना और ढिठाई के साथ बातें करना आरम्भ कर दिया। नकुलेश बुरी तरह बौखला उठा। फिर भी साल-भर तक और उसके साथ बीच-बीच में मिलना-जुलना होता रहा। पर अब मैं उससे बुरी तरह उकताने लगी थी और जब कभी उससे मिलना होता मैं उससे जल्दी-से-जल्दी मुक्त होने का प्रयत्न करती रहती–"

और तभी सहसा वह उठ खड़ी हुई। "मैं अभी आती हूँ, पानी खौलने लगा है," कहती हुई वह स्टोव के पास चली गयी।

प्यालों के खौलते हुए पानी में एक-एक चम्मच काफी डालती हुई बोली : "चीनी कितनी मिलाऊँ, दादा?"

"दो चम्मच कम-से-कम, उसके बाद तुम्हारी जितनी श्रद्धा हो!"

चित्रा मुस्करायी। चीनी और दूध मिलाकर, प्यालों को तश्तरियों के सहारे दोनों में लेती हुई दादा के पास वापस चली आयी। एक छोटी-सी तिपाई पर प्यालों को धीरे से रखती हुई बैठ गयी।

"तुमने चीनी स्वयं कितनी ली?" दादा ने जम्हाई रोकते हुए पूछा।

"आधा चम्मच।"

"कॉफी का कड़वापन तुम्हें इतना अधिक पसन्द है!"

"जीवन की कड़ुवाहट को सहन करने का पहला अभ्यास यहीं से आरम्भ कर रही हूँ, दादा।" चित्रा के सहज भोलेपन से भरे कथन में कहीं एक अव्यक्त तीखापन छिपा था, दादा को ऐसा लगा।

"हाँ, तो फिर क्या हुआ तुम्हारे रिसर्च का?" दादा ने पूछा।

"हुआ और क्या, मैं नकुलेश के व्यवहार से उकताने के कारण जल्दी ही "रिसर्च' से भी उकता गयी। जितने नोट्स मैंने इकट्ठा किये थे वे सब नकुलेश को दे दिये। साल-भर बाद मुझे पता चला कि उसे उसी विषय पर 'रिसर्च' करने की अनुमति मिल गयी है। पर जहाँ तक मैं जानती हूँ, वह भी मेरी ही तरह थीसिस नहीं लिख पाया है।"

कुछ देर तक दोनों मौन भाव से घूँट-घूँट करके कॉफी पीते रहे। अचानक चित्रा तनिक खीझ के-से स्वर में बोल उठी : "पर क्या फर्क पड़ता है, दादा, थीसिस लिख पाने या न लिख पाने से? जीवन में सूनापन, अकेलापन हर परिस्थिति में रहेगा ही--विश्व-जीवन के बीच में और एकाकी मन में अतल तक जमा हुआ सूनापन।"

और यह कहते हुए उसकी आँखें जैसे सचमुच किसी आदि-अन्तहीन सूनेपन में खो गयी थीं।

"दादा, विश्वास मानिये, जीवन का कोई भी अर्थ अब मेरे लिये नहीं रह गया है," अनमने भाव से चित्रा कहती चली गयी। "अनचाहे अस्तित्व का जी निरर्थक भार पल-पल ढोना पड़ रहा है, वह एक विकट 'टार्चर'–भयंकर साँसत है। पर लगता है, अब अधिक दिन तक सहन करना नहीं पड़ेगा। एक कालिख से भी काली और विकराल छाया, तूफानी घटा की तरह, धीरे-धीरे मेरे चारों ओर घुमड़ रही है–मेरे इस नितान्त भोले अकेलेपन को भी निगल जाने के लिए! फिर भी धीरे-धीरे एक अस्पष्ट प्रकाश जैसे अपने अन्तर के भी अन्तर से निकलता हुआ पा रही हूँ।

वह कुछ और भी कहने जा रही थी, पर सहसा दादा ने रोका। अपनी स्वाभाविक धीरता के साथ, सहज कोमल स्वर में बोले :

"पर क्षमा करना, इसके अकेलेपन के प्रति तुम्हारा यह मोह कैसा, जब कि दुकेली बनने के लिए तुम पूर्ण स्वतन्त्र हो? क्यों हठपूर्वक अकेलेपन की इस मोल ली हुई विपत्ति को अपने ऊपर ओढ़े हुए हो?"

चित्रा कुछ क्षण उनकी ओर देखती रही, जैसे कुछ और स्पष्टीकरण चाहती हो। फिर सहसा बोल उठी : "खूब चीनी में लपेटकर, कसकर व्यंग्य कसते हैं आप, दादा!"

"तनिक भी नहीं, चित्रा," कुछ उचककर, कॉफी का घूँट लेना छोड़, प्याली-तश्तरी मेज पर रखते हुए दादा बोले। "सच मानो, मैं व्यंग्य तनिक भी नहीं कस रहा हूँ–मैं तो एक सीधी-सी बात केवल बात के लिए कह गया।"

"तब कृपा करके यह बताइये कि दुकेली से आपका क्या मतलब है?" एक रहस्य-भरी मुस्कान चित्रा के चेहरे पर खेल रही थी।

"ओ-ने-ने-हो-ने-ने चित्रा!", कुछ शिकायत-भरे विलम्बित स्वर में दादा बोले। "तुम तो तनिक-तनिक-सी बात पर नाराज हो उठती हो! मैं इस समय सच्चे हृदय से, गम्भीर भाव से तुमसे कह रहा हूँ, चित्रा रानी, कि मुझ जैसे अव्यावहारिक आदमी की मनचली जबान से यदि कभी अनजाने ही कोई गलत बात निकल बैठे, तो तत्काल सीधे ढंग से बता दिया करो–व्यंग्य से नहीं।"

"नहीं दादा, मैं नाराज तनिक भी नहीं हूँ। मैं नाराज? और फिर आप से?" कहते हुए चित्रा अपना सारा 'अकेलापन' भूलकर, एक अल्हड़ लड़की की तरह सहज ही खिलखिला उठी।

"तो देखो, 'अकेली' शब्द से तुम चिढ़ गयीं। इसका क्या कारण मैं समझूँ?"

"यह कि मुझे लगा जैसे आपने सब-कुछ जानते हुए भी जान-बूझकर मुझसे इस तरह का प्रश्न किया।" चित्रा फिर गम्भीर हो गयी थी।

इस बार दादा को सचमुच में आश्चर्य हुआ। कॉफी के प्याले को फिर से हाथ में लेना चाहते थे पर हाथ रुक गया।

बोले : "क्या कहा तुमने? मैं सच कहता हूँ, मैं कुछ भी नहीं जानता तुम्हारे बारे में!"

"उस दिन मेरे 'हसबैण्ड' के बारे में नकुलेश के व्यंग्य-वचन सुनने के बाद भी?"

दादा क्षण-भर के लिए ठहर गये और सोचने लगे। दूसरे ही क्षण अत्यन्त अनुप्त होकर बोले : "क्षमा करना, चित्रा, मुझे याद आ गया। मैं अपनी गलती मानता हूँ। उम्र हो गयी है, कम बातें याद रहती हैं अब। हाँ, नकुलेश ने तुम्हारे पति के बारे में पूछा था। मुझे तुम्हारा उत्तर कुछ रहस्यात्मक लगा। तब मैं केवल इतना अनुमान लगा पाया था कि अपने पति से तुम्हारे सम्बन्ध बहुत सहज नहीं हैं। (नाराज न होना यदि मेरा अनुमान गलत हो तो!) आज तुम्हारी बातों ने इस सम्बन्ध में मेरे कुतूहल को और अधिक उभाड़ दिया है।"

"कुतूहल बना रहने दीजिये, दादा, तभी तक अनुमान के आनन्द की छूट है।"

"मुझसे बताने में संकोच क्यों करती हो, चित्रा?" अनुनय के-से स्वर में दादा ने कहा। "जीवन में पहली बार एक अस्तित्ववादिनी नारी से आमने-सामने बातें करने का सुयोग मिला है। यदि वह स्वतन्त्र नारी भी छोटी-छोटी बातों में संकोच करने लग जाये तो व्यक्ति की जिज्ञासा किस हद तक कुण्ठित हो जायेगी, तनिक इस बात पर तो गौर करो!"

"ओह दादा, आप बड़े घुटे हुए आदमी हैं! बाप-रे-बाप! आपसे पार पाना असम्भव है। अपने चारों ओर के जीवन के साथ इस कदर गहरा नाटक खेलते हैं आप!" कहते हुए चित्रा फर्श पर लोटती अपनी साड़ी के पल्ले को ऊपर उठाने लगी।

दादा एक बार ठहाका मारकर हँस पड़े। फिर कुछ ही क्षणों बाद सँभल भी गये। अपना सहज गम्भीर भाव कायम रखते हुए धीरे से बोले : "मुझे बड़ी खुशी हुई यह जानकर कि आखिर तुमने मेरा लोहा मान ही लिया। पर इस तरह की बातों से तुम मेरे प्रश्न को टाल नहीं सकोगी!"

"किस प्रश्न की बात आप कह रहे हैं?"

"यही कि तुम विवाह के चक्कर में कैसे फँस गयीं?"

"हाँ, फँस ही गयी। इस बार ठीक ही शब्द का प्रयोग किया है आपने–इसलिए मैं नाराज नहीं हूँगी–" और वह 'खिल्ल' करके हँस पड़ी। अपना खाली प्याला उसने नीचे रख दिया। दादा पहले ही रख चुके थे।

"नाराज तुम नहीं, अब मैं हूँगा, यदि तुम इसी तरह बात टालती चली जाओगी तो!"

"किस्सा बहुत साधारण है, दादा। बस यही समझिये कि मैं फँस ही गयी। यह सब माँ की योजना थी। वह इस विवाह के लिए जैसे प्राण ही देने पर तुल गयी। पिता जी ने मुझसे कहा था, तुम आज के जमाने की सयानी लड़की हो, इसलिए वर तुम्हारे ही पसन्द का होना चाहिए। पर मुझे लगा कि वह भी इस विवाह के पक्ष में बहुत हैं, मुझसे चाहे जो भी कहें। मैं यह हठ किये बैठी थी कि मैं विवाह ही नहीं करूँगी। माँ दुःखी हो गयी, बीमार पड़ गयी और मुझे लगा कि आत्महत्या कर रही हैं। मेरे मन में प्रश्न उठा–विवाह हो या न हो, इन दो स्थितियों में क्या अन्तर है? क्या फर्क पड़ता है? उत्तर मिला, कुछ भी नहीं; सब समान है! तब क्यों आँखों के आगे एक व्यक्ति की आत्महत्या का दृश्य देखूँ? मैं ढीली पड़ गयी और बातचीत आगे बढ़ी। अपने इस होनेवाले जीवन-साथी को मैं यूनिवर्सिटी से ही जानती थी। औसत दर्जे की बुद्धिवाला भला, सीधा, गुमसुम-सा लड़का। मैंने यूनिवर्सिटी में कभी उसमें कोई दिलचस्पी नहीं ली थी। इस बार फिर देखा–एक चाय-पार्टी में। कुछ बुरा नहीं लगा मुझे वह। अच्छा लगा हो, ऐसी बात भी नहीं थी। पर क्या फर्क पड़ता है? मैंने सोचा। वर के पिता व्यवसायी थे। कई तरह की फैक्टरियों के मालिक थे। एक ही लड़का। मेरे घरवालों की दृष्टि से सौदा बुरा नहीं था। और एक दिन धूमधाम से शादी हो गयी!"

"और असन्तोष कहाँ से शुरू हुआ?" दादा ने पूछा। प्रश्न सुनते ही जैसे चित्रा के चेहरे पर एक हलकी–बहुत हलकी, नीली-सी झाँई पुत गयी। तनिक मुँह बिचकाकर और आँखें कुछ नीचें की ओर करके धीमे स्वर में बोली : "देखिये दादा, आपके आगे स्पष्ट कारण बता सकना इस समय मेरे लिये सम्भव नहीं। पर एक दिन बताऊँगी। फिर भी इतना जाने रहिये कि मिलन की पहली रात–सुहाग रात–से ही एक अप्रत्याशित अनुभव मुझे हुआ, जिसने मेरी दृष्टि ही मूलतः बदल दी। फिर भी मैं सब-कुछ चुपचाप सहन कर गयी। पर जो नया वातावरण मुझे मिला था वह मेरे लिये और भी अधिक दम घोटनेवाला सिद्ध हुआ। प्रतिदिन, नीरस, निर्जीव और वैचित्र्यहीन बातें। मध्यम श्रेणी के जिन व्यावसायियों से मेरे ससुरालवालों का हेलमेल था, सारी कालोनी उन्हीं लोगों से भरी थी। उनकी स्त्रियाँ या तो अनपढ़ थीं या अर्द्धशिक्षित। उनकी सामाजिकता अत्यन्त पुराने ढंग की थी–जी उबानेवाली। जैसे इसी तरह की एकरस और अर्थहीन लौकिकता का निर्वाह वे युगों से करती चली आ रही हों और युगों तक इसी तरह चलते रहने पर भी उन्हें उकताना नहीं है। वहाँ की कुछ लड़कियाँ, आज के वातावरण के अनुसार, कालेजों या यूनिवर्सिटी में अच्छी शिक्षा अवश्य पा रही थीं। पर उनकी भी दिलचस्पी अधिक पैसेवाले घरों के युवकों को झूठे सामाजिक बन्धनों में बाँधने के सिवा और किस बात पर

थी, यह मैं जान न पायी। पुरुष या तो नीरस व्यावसायिक बातों में रस लेते थे या छिछले स्तर के भोंड़े हास-परिहास में। सारे वातावरण में एक अजीब और सब-कुछ सोखनेवाली घुटन। मुझे लगा कि मैं एक ऐसे अनजाने, अनचीन्हे देश के विजातीय समाज के बीच आ गयी हूँ, जो मेरी आत्मा के अणु-अणु को चाट जायेगा। पति महोदय पर पहले मुझे दया आती थी। मुझे लगता था कि पत्थरछेदी कीड़ों के बीच एक निर्जीव, निरीह व्यक्ति बुरी तरह पिसा जा रहा है। पर वह निर्जीव निरीहता मुझे धीरे-धीरे दबाने लगी। बाद में मुझे लगा कि और सब बातों में निर्जीव लगने पर भी व्यवसाय के कामों में वह बड़े पक्के हैं। इसके अलावा मैं अपने-आपसे तर्क करने लगी कि दया नाम की कोई चीज बौद्धिक प्राणी में होनी ही नहीं चाहिए। यह मनुष्य की दुर्बलता को प्रश्रय देती है और एक ऐसी भावुकता बनकर रह जाती है जो थोथी होने के साथ ही दोनों पक्षों के लिए हानिकर है। इसलिए एक दिन मैंने उनसे साफ कह दिया कि मैं उस वातावरण में एक क्षण भी नहीं जी सकती, इसलिए मैं चली जाऊँगी।"

"बड़ी पुरानी धमकी है यह स्त्री-जाति की चित्रा," बीच ही में टोकते हुए, बड़े ही इतमीनान के साथ दादा बोले : "इसमें तुम्हारी नवीनता क्या रही?"

चित्रा अपनी ही बातों के बहाव में बहती हुई बोलती जा रही थी। बड़ी ही सहज मनःस्थिति चल रही थी उस समय उसकी। पर दादा के अचानक बीच ही में टोकने से उसका 'मूड' खराब हो गया।

"आप समझे नहीं, दादा", उसने कुछ तीखे स्वर में कहा। "मैंने जो कुछ कहा उसमें तनिक भी धमकी नहीं थी। आपने पूरी बात बिना सुने ही टोकना शुरू कर दिया। यह सीधी-सादी सूचना थी। धमकी तब होती जब मैं यह समझती कि मेरे ऐसा कहने से वातावरण बदल जायेगा। मैं अच्छी तरह जान गयी थी कि लाख चाहने पर भी पति महोदय उस वातावरण से अपने को छिन्न नहीं कर सकते–न उनके ऐसे संस्कार हैं, न परिस्थितियाँ। इसलिए वह धमकी नहीं, मेरे मन का अतलगत निश्चय था। मेरे सामने अब दो ही रास्ते थे–या तो आत्महत्या या उस निर्जीव समाज के बन्धन से पूर्ण मुक्ति। मेरे लिये दोनों ही समान थे, फिर भी फिलहाल मैंने दूसरा रास्ता अपनाने का निश्चय किया–"

"क्या अपने पति महोदय से कह दिया है कि तुमने कि अब तुम लौटकर उनके पास नहीं जाओगी?"

"नहीं दादा, अभी तक तो नहीं कहा," कहकर चित्रा कुछ खिसियायी हुई-सी मुस्करायी, जैसे अपना कोई अपराध स्वीकार कर रही हो। "असल बात यह है कि उस निरीह आदमी को देखकर दया आ ही जाती है, चाहे कोई कैसा ही कड़ा रुख क्यों न अपनाना चाहे। इसलिए अभी तो मैं केवल इतना कह आयी हूँ कि मैं पहाड़ जा रही हूँ। उन्होंने विरोध किया, पर अन्त में मेरा हठ उन्हें मानना ही पड़ा। यह भी वह समझ गये हैं कि अब उनसे मेरा सम्बन्ध अधिक दिनों तक नहीं चल सकता।"

"माफ करना," दादा ने कहा, "मैं तुम्हारे निजी मामलों के प्रति बहुत कुतूहली नहीं बनना चाहता, पर जब इतनी बातें तुम बता चुकी हो, तब एक प्रश्न और पूछना चाहता

हूँ कि तुम्हारा खर्चा कैसे चल रहा है? क्या पिता जी कुछ भेज रहे हैं?"

"पिता जी को तो अभी पता भी नहीं है कि मैं यहाँ आयी हुई हूँ। अभी तो मैं अपने ही बल पर खड़ी हूँ। वैसे, जब मैं यहाँ के लिए रवाना हुई थी तब निरीह महोदय ने कहा था कि जितने रुपयों की आवश्यकता हो लिख भेजना। पर मैंने न लिखा न लिखूँगी।"

सहसा दादा उठ खड़े हुए। बोले : "अच्छा चित्रा, काफी देर हो गयी, अब चलता हूँ। बातें बड़ी-बड़ी उठीं, पर एक भी बात पूरी नहीं हो पायी। अब मैं जल्दी ही फिर आऊँगा सुनने।"

"वाह दादा, आप बड़े होशियार हैं!" स्वयं भी उठती हुई तपाक से चित्रा बोल उठी। हास और उल्लास की एक अपूर्व चमक से उसका गोरा चेहरा तमतमा उठा था। "एक प्याला चाय पिलाने के डर से आपने मुझे यहाँ आने का निमन्त्रण नहीं दिया। यह नहीं कहा कि तुम मेरे यहाँ आना। कहते हैं कि, "मैं जल्दी ही फिर आऊँगा।!" यह कैसा शिष्टाचार है आपका?"

"ओह चित्रा रानी, तुम मेरी बड़ी रक्षाकर्त्री हो–गार्जियन एनूजल! मेरे दिमाग में यह सीधी-सी बात आयी ही नहीं। तुम्हें मेरा हार्दिक निमन्त्रण है!"

"यह लीजिये, दादा, अब आप हार्दिकता पर आ गये! आपको लाज नहीं आती मुझसे ऐसा कहते?"

दादा ने देखा कि एक अजीब-सी दुष्टता उसकी तिरछी आँखों में खेल रही थी।

इस बार दादा वास्तव में विस्मित-से देखते रह गये। और फिर बोले : "लगता है, तुम मुझे बिना फाँसी की सजा दिये नहीं मानोगी।"

"तब प्रतीक्षा कीजिये उस घड़ी की!" उसकी दृष्टि में एक मार्मिक रहस्य-भरी चुभन थी।

शायद और कोई क्षण होता तो दादा अट्टहास करते । पर इस समय वह तनिक लजा-से गये, यद्यपि लजाने का कोई कारण स्वयं उनकी समझ में नहीं आ रहा था। बातचीत का रुख बदलते हुए अचानक बोल उठे : "आज मौसम बहुत गरम लगता है। यह हलका-सा कोट भी भारी मालूम हो रहा है। तनिक खिड़की तो खोलो, सामनेवाली!"

चित्रा ने सामनेवाली बड़ी-सी खिड़की के दोनों पल्ले खोल दिये। उस ओर बरामदा नहीं था। बाहर दृष्टि डालते ही सामने एक बड़ा-सा पहाड़ दिखा, जो बहुत पास था और उस पारवाले क्षितिज की ओट बना खड़ा था। चारों ओर दृष्टि दौड़ाने पर दूर-दूर के फासले में दो-चार छिट-पुट मकान दिखायी देते थे। बहुत ऊपर, चोटी से कुछ ही नीचे, कुछ भेड़ें और दो-तीन गायें चर रही थीं, जो दूर से खिलौनों की तरह लगती थीं। उनके बीच एक आदमी हाथ में लाठी लिये खड़ा था। लगता था, जैसे वे सब एक चट्टान से चिपके हुए हैं और नीचे पाँव जमाने की तनिक भी जगह वहाँ नहीं है। सारा दृश्य एक सजीव चित्र की तरह लग रहा था। दादा कुछ देर उसी ओर देखते रहे। उनकी आँखों का अनुसरण करते हुए चित्रा ने भी उस ओर देखा, पर उसे कहीं कोई विशेषता

नहीं दिखायी देती थी।

अचानक दादा ने मुँह फेरा। छड़ी को पैंतालीस डिग्री के कोण में फर्श पर जमाते हुए बोले : "चित्रा चल तो रहा हूँ, पर चलने के पहले एक बात तुम्हें बता जाना चाहता हूँ। तुम्हें मालूम होना चाहिए, मैं "परोपदेशे पांडित्यम्' दिखाने की कला में बड़ा कुशल हूँ, और लोगों को मनचाहे उपदेश देने का पेशा मैंने अपना लिये है। यह मेरा पुराना रोग है। इसलिए सोचता हूँ, चलते-चलते एक उपदेश तुम्हें भी क्यों न देता जाऊँ?

"भूमिका अधिक न बाँधिये, दादा, उपदेश अब दे ही डालिये," चित्रा ने अधीर होकर कहा।

"तो सुनो। सुनो क्या, वह देखो!" और दादा ने अपनी छड़ी की नोक को खुली खिड़की की ओर करके, चित्रा को वही दृश्य दिखाया, जिसे वह उदासीनता के साथ कुछ पहले ही देख चुकी थी।

"वह देख रही हो? उस चोटी के पास कैसे लग रहे हैं वे सब?–एकदम बौने प्राणियों, बल्कि सजीव खिलौनों की तरह। और किस धरातल पर खड़े हैं, इसका पता ही नहीं चल पाता। जैसे चट्टान की दीवार से चिपके हुए हों। पाँव रखने के लिए चार अँगुल की जमीन तक का सहारा नहीं। सारे संसार से कटे, निराधार प्राणियों जैसे। और फिर कैसी बेबसी का जीना है यह इनका! जीवन-भर केवल चिपके रहो चट्टानी दीवार से–पल-पल नीचे अतल गह्वर में गिरने के भय की धड़कन सहते हुए। और मरी-डरी, कुतूहली आँखों से सब समय देखते रहो अपने नीचे, ऊपर दायें-बायें, आमने-सामने का सारा दृश्य–एक अर्थहीन, कुछ भी समझ में न आनेवाला संसार! क्योंकि इन प्राणियों के लिए, जिनके पास पाँव टेकने तक का सहारा नहीं है, जो अपने को बचाने के लिए दीवार से चिपके हुए हैं जिनके लिए प्रतिपल अनन्त विनाश का खतरा है, उनके लिए अपने नीचे और चारों ओर के संसार के प्रतिदिन के जीवन-चक्र की क्या उपयोगिता हो सकती है? देख वे सब रहे हैं, पर हर क्षण अपने को मौत के चंगुल से बचाये रखने की चिन्ता में। नीचे किसी भी क्षण फिसलकर अपना अस्तित्व ही खो बैठने के सन्त्रास से वे उस सारे जीवन-चक्र का रस ले नहीं पा रहे हैं--'

"यह सब आप क्या कह रहे हैं, दादा?" बनावटी आश्चर्य का भाव जताते हुए चित्रा ने अचानक बीच ही में दादा को टोका, "क्या उन चोटी पर खड़े प्राणियों से कभी आपकी बातचीत हुई है?"

दादा कुछ ठिठके, फिर सँभल गये। "तुमने एकदम सटीक प्रश्न पूछा, चित्रा," वह कहने लगे। "मैं कुछ बहकने लगा था पर तुमने सँभाल लिया। पर यह तो बताओ कि जो दृश्य मैंने तुम्हें दिखाया उसका यथार्थ वर्णन मैंने किया या नहीं? वह एक नन्हें गुड्डे-सा लगनेवाला मनुष्य और और उसके पास खड़े वे खिलौने-से पशु दीवार से चिपके हुए-से लग रहे हैं या नहीं? फिर एक बार ठीक से देखो! कितनी खतरनाक और भयानवी लग रही है उनकी स्थिति?"

"हाँ, लगता तो कुछ ऐसा ही है," एक बार फिर उसी दृश्य की ओर नजर डालते हुए चित्रा ने सहज भाव से कहा : "फिर भी मैं आपकी बात का लक्ष्य ठीक से समझी नहीं।"

दादा की मुरझायी-सी मुस्कान फिर जैसे किसी के फूँक मारने से दमक उठी। बोलेः "अच्छा अपना वह दुअँखिया तो तनिक उठाओ।"

"दुअँखिया क्या? किस भाषा में बात कर रहे हैं आज आप, दादा? अनामी में या बुरुण्डी में?"

"अरे भाई, वह जो खिड़की पर 'बाइनॉक्यूलर' रखा है, उसी से मेरा मतलब है। क्या मुश्किल है! बड़ा ही सीधा और सरल शब्द है दुअँखिया, पर सीधी-सी बात को आज कोई समझना ही नहीं चाहता–उफ!" और दादा ने एक कृत्रिम आह-सी भरी।

हँसी के मारे चित्रा का पेट फूलने लगा। वह धम्म से सोफा पर बैठ गयी और सचमुच लोट-पोट होने लगी। उसे जैसे हँसी का दौरा आ गया हो।

"देखो, इसमें हँसने की तनिक भी बात नहीं है," दादा तनिक गम्भीर होकर बोलेः "यह सरासर तुम्हारी ज़्यादती है, चित्रा! मैं एक बहुत गम्भीर बात कहने के लिए यह नाटक रच रहा हूँ, और तुम्हें हँसने से ही फुर्सत नहीं है। खैर, अब सँभलकर बैठो। मैं तुम्हें एक चीज दिखाता हूँ।"

और दादा स्वयं दायें हाथवाली खिड़की पर चले गये और वहाँ पड़े दूरबीन को उठा लाये। 'केस' से दूरबीन को बाहर निकालकर वह उसे अपनी आँखों के एकदम पास ले आये और फिर उसे उन्होंने आँखों से एकदम सटा लिया। जिधर वे बौने जीव खड़े थे, दादा स्वभावतः उसी ओर देख रहे थे। दूरबीन की दो आँखों के बीच की डण्डी पर एक गोल और घूमनेवाला छोटा-सा पुर्जा लगा था। उसे दादा दायें हाथ की बीचवाली उँगली से कभी इधर और कभी उधर घुमा रहे थे।

कुछ समय बाद उन्होंने पुर्जा घुमाना छोड़ दिया और स्थिर दृष्टि से देखते रहे। इस बीच चित्रा चुपचाप उनकी बगल में खड़ी हो गयी थी।

"वह देखो!" दूरबीन की आँखों से हटाते हुए दादा ने कहा और कहते ही उनकी कोहनी अनजाने ही चित्रा का बायाँ कन्धा छू गयी। दादा अचकचाये से, सँभलकर, तनिक हटकर खड़े हो गये। उसके बाद दूरबीन चित्रा की ओर बढ़ाते हुए बोले : "लो, अब तुम देखो। सादी आँख से जो प्राणी छोटी-छोटी कठपुतलियों की तरह दीवार से चिपके-से लगते थे, वे अब किस जादू की माया से क्या लगते हैं।"

चित्रा ने धीरे से दूरबीन पकड़ लिये। उसके मुख पर एक निराली-सी मुस्कान निरन्तर खेल रही थी। दादा उस मुस्कान को देखकर भी अनदेखा कर रहे थे और साथ ही मन के भीतर उस प्रकट में अकारण मुस्कान का अर्थ भी खोजते जाते थे। वह मुस्कान उन्हें कृत्रिम नाटकीयता नहीं लग रही थी, वरन् सहज-स्वाभाविक ही मालूम होती थी, पर कोई कारण न खोज सकने पर उसकी रहस्यमयता से उनकी परेशानी बढ़ती जाती थी।

"देख रही हो?" दादा ने पूछा। "वे गुड्डे या खिलौने नहीं हैं, जीवित प्राणी हैं और दीवार से चिपके भी नहीं हैं। उनके पाँवों के नीचे चलने-फिरने और खड़े रहने को पर्याप्त

स्थान हैं–यद्यपि अधिक नहीं हैं। पर वे प्राणी उतने ही से सन्तुष्ट हैं और बड़े मजे में जी रहे हैं–केवल जीने के लिए नहीं, बल्कि जीने के सुख का अनुभव प्राप्त करने के लिए; अपने अकेलेपन के भय से सिकुड़-सिमटकर नहीं, बल्कि उत्सुकता-भरे उल्लास के साथ जीवन के सहज आनन्द की अनुभूति को पकड़ने के लिए। वह देखो, जिसे हम गुड्डा समझे बैठे थे उस सजीव मनुष्य-देहधारी प्राणी ने जेब से बाँसुरी निकाल ली है, और वह उसे बजाने जा रहा है। यह मैं अपनी सादी आँखों से देख रहा हूँ। अपने एकाकीपन से सन्त्रस्त मनुष्य बाँसुरी नहीं बजा सकता!"

"आपकी नजर बहुत तेज़ है। बिना दूरबीन के आप छोटे-से-छोटा दृश्य भी साफ देख लेते हैं, जबकि मुझे दूरबीन से देखने में भी कठिनाई का अनुभव हो रहा है।"

कुछ देर तक चित्रा दूरबीन से देखती रही। उसके बाद उसने दूरबीन नीचे कर लिया।

"अब बताइये, इतनी देर तक आप क्या समझाने की कोशिश कर रहे थे?" चित्रा ने पूछा।

"मैं यह बताना चाहता था कि जीवन में उतना सन्त्रास नहीं है जितना कि तुम और तुम्हारे साथी बताते हैं।"

"मेरे साथी? कौन हैं मेरे साथी?"

"अरे भाई, वे लोग अस्तित्व-बोध से सन्त्रस हैं। जो सन्त्रास उन्हें दिखायी देता है वह उनकी मन्द दृष्टि और जीवन को एक विशेष कोण से देखने के कारण उपजा हुआ भ्रम है। यदि दृष्टि मन्द है तो एक अच्छे दूरबीन का सहारा लो और गलत कोण से देखना छोड़ दो–तभी जीवन की वास्तविकता एक नये और यथार्थ परिप्रेक्ष्य में सामने आयेगी, वर्ना निराशा और अन्धकार का अतल गर्त तुम्हें लील जायेगा। अच्छा, अब चलता हूँ, सचमुच बहुत देर हो गयी। मैंने अभी तक नहाया भी नहीं। बड़ी खुशी हुई तुमसे मिलकर। तुम्हारे व्यक्तित्व से बहुत निकट से परिचित होने पर जीवन का एक नया अनुभव हुआ। अच्छा नमस्कार!" कहकर दादा ने छड़ी सहित दोनों हाथ गद्‌गद भाव से जोड़े।

"और मुझे चाय पिलाने की बात आप फिर भूले जा रहे हैं।" कहकर चित्रा फिर एक बार खिलखिला उठी।

"ओह माइ...! माफ करना, चित्रा, इस 'ओल्ड फूल' को!"

"ओल्ड नहीं! आपकी यह चालाकी नहीं चलेगी। 'यंग' कहिये।"

"और 'फूल' शब्द तुम रहने ही देना चाहती हो? उसे तुमने नहीं काटा! ठीक है, 'यंग फूल' ही सही। आखिर इतना तो तुमने स्वीकार किया कि मैं 'फूल' हर हालत में हूँ। अच्छा तो कल सवेरे नौ बजे अवश्य आना मेरे यहाँ चाय पीने। अच्छा नमस्कार!" कहकर दादा बाहर, बरामदे में चले आये।

"मिसेज कटारा हैं ऊपर?" नीचे से एक हैटधारी आदमी ने पूछा। उसकी बगल में एक मजदूर खड़ा था, जिसके सिर पर एक बक्सा रखा था।

दादा उत्तर देने ही जा रहे थे कि पीछे से चित्रा बोल उठी : "आइये, चले आइये, गिडवानी जी।"

"नमस्ते जी!" कहकर श्री गिडवानी ऊपर को जाना ही चाहते थे कि दादा को उतरते देखकर रुक गये।

नीचे उतरकर दादा ने मजदूर के सिर की ओर छड़ी की नोक घुमाते हुए पूछा : "माफ कीजियेगा, इस बक्स में क्या चीज है?"

"जवाहरात हैं जी! हमारे पास और हो ही क्या सकता है! दिखाऊँ? आप कुछ पसन्द करना चाहेंगे?" कहते हुए गिडवानी मजदूर के सिर पर से मोट उतरवाने लगा।

"नहीं, नहीं!" दादा ने रोका : "अभी नहीं देखूँगा। फिर कभी फुर्सत से।"

"जनाब कहाँ तशरीफ रखते हैं?"

दादा ने देखा कि फँस गये। पर झूठ भी नहीं बोल पाते थे। उन्होंने अपने कमरे का नम्बर बता दिया और चल दिये।

दूसरे दिन शाम को प्रायः पाँच बजे राम बाबू रात के भोजन की सारी व्यवस्था प्रधान रसोइये को समझाकर, चमड़े के केस का एक दूरबीन कन्धे पर लटकाकार उधर ही चल पड़े जिधर दादा ने पिछले दिन उन्हें देखा था। पिछले कुछ दिनों से उनका यह नियमित कार्यक्रम-सा हो गया था।

होटल से नीचे उतरकर राम बाबू बाजार के नुक्कड़ पर पहुँचे और वहाँ से ऊपर उत्तर की ओरवाला रास्ता उन्होंने पकड़ लिया। फिर बड़ा रास्ता छोड़कर पूरब की ओर जानेवाली एक पगडण्डी उन्होंने पकड़ी। दोनों ओर देवदारु के बच्चे पेड़ों से घिरी हुई वह पगडण्डी उन्हें किसी मायालोक के छायापथ की तरह लग रही थी। कुछ दूर आगे चलकर उन्होंने फिर पश्चिम की ओर एक मोड़ लिया। रास्ता तंग और खतरनाक था। तनिक पाँव फिसला नहीं कि सीधे पाताललोक पहुँचे। पर राम बाबू तो पूरे पहाड़ी थे। उन्हें खतरेवाले रास्ते बहुत पसन्द थे।

कुछ ही दूर आगे चलने पर पगडण्डी धुर उत्तर की ओर मुड़ गयी। राम बाबू भी उसी ओर मुड़े गये रास्ता चाहे उत्तर की ओर मुड़ता हो, चाहे पूरब की ओर, वह चला जा रहा था ऊपर की ही ओर।

सहसा उनके कानों में चिर-परिचित-से कण्ठ से निकली हुई मीठी और सुरीली पहाड़ी तान पहुँची। वह आवाज पूरब-पश्चिम, उत्तर-दक्खिन–ठीक किस दिशा से आ रही थी, इसका पता अभी राम बाबू को नहीं लग पा रहा था। चढ़ाई का रूप कठिन-से-कठिनतर होता चला जा रहा था। पर राम बाबू के चेहरे पर थकान का लेशमात्र चिह्न भी नहीं दिखता था और वह मगन-मन चले जा रहे थे।

गाने की आवाज उत्तरोत्तर स्पष्ट-से-स्पष्टतर होती चली जा रही थी। बड़ी ही दर्द-भरी आवाज थी वह, और आसपास की स्तब्ध पहाड़ी कन्दराओं को झकझोर कर गुँजा रही थी। राम बाबू को लग रहा था कि जिस रहस्य-भरी, अनजानी सुरीली पुकार की प्रतीक्षा वह युग-युग से करते चले आ रहे थे वह उन्हें बड़ी अधीरता से बुला रही है। बाँज के पेड़ों

के झुरमुट सघन-से-सघनतर होते चले जा रहे थे। झिल्लियों की झनकार अविराम स्वर में कोई महामन्त्र पढ़ रही थी। दूर कहीं से एक प्यासे पपीहे की रटन सुनायी दे रही थी। एक अकेला कुत्ता किसी अदृश्य गुफा से भूँक रहा था पर उन सब आवाजों के ऊपर छायी हुई थी तार स्वर में गायी गयी वह गीत-लहरी।

राम बाबू बायीं ओर मुड़े और ऊपर को चलते हुए उसी स्थान के पास पहुँचे जहाँ दादा ने कल उन्हें देखा था। वहाँ तीन-चार पेड़ों की झाड़ी में वह एक बड़े से पत्थर पर बैठ गये। और बैठते ही उनकी आँखें चमक उठीं। नीचे, दक्षिण-पश्चिम की ओर ठीक कलवाले स्थल पर वही लड़की खड़ी थी। उसके आगे ठीक कल की ही तरह पतली टहनियों का एक गट्ठर रखा था, जिसके नीचे साँप की तरह एक रस्सी बल खायी हुई पड़ी थी।

लड़की पूरबवाले टीले की ओर मुँह करके मस्त होकर गा रही थी। झूठे मूँगों की माला उसकी नीली मखमली अँगिया पर, तान की उठान और गिरावट के ताल पर झूल रही थी। झूठे मूँगों का रंग कुछ अधिक लाल था। जैसे भीतर पिये हुए अनुराग की शेष बची हुई ज्वाला बाहर निकल आयी हो। लड़की के गोल मुख के गोरे रंग पर स्वस्थ रक्त का सिन्दूरिया रंग घुलकर एक निराली ही गुलाबी छटा दिखा रहा था। लगता था जैसे तनिक आवेश से सारा रक्त चू पड़ेगा। कमान-सी तनी हुई मोटी भौंहों के नीचे बादाम के साँचे में ढली हुई चंचल और गहरी काली पुतलियोंवाली दो नटखट आँखों में चपलता थी और था सहज उल्लास। और इन सबके ऊपर थी एक अकल्पित रहस्य-भरी चितवन।

लड़की की दृष्टि अभी पेड़ों की ओट में छिपे राम बाबू की ओर नहीं गयी थी। राम बाबू अपने जालीदार झरोखे से, बड़े ही इतमीनान के साथ सारे दृश्य का नज़ारा ले रहे थे।

लड़की ने जैसे ही गीत का एक पद पूरा किया, त्यों ही कहीं दूर से, पिछले दिन की तरह, एक युवक-कण्ठ ने उसी लम्बे राग में उसका उत्तर देना आरम्भ कर दिया। केवल गीत की दर्द-भरी धुन और मर्मस्पर्शी स्वर लहरी ही उन्हें मुग्ध और विस्मित नहीं कर रही थी, बल्कि उसकी शब्दावली भी उनके प्राणों को गुदगुदा रही थी।

जो युवक गा रहा था उसका चेहरा अभी राम बाबू नहीं देख पा रहे थे। वह कहीं दूर, शायद किसी झुरमुट के भीतर छिपा था। सम्भवतः वह लड़की भी अभी तक उसे नहीं देख पायी थी। पर वह उसी ओर मुँह किये हुए थी, जहाँ से वह आवाज आ रही थी। युवक जब एक लम्बे अलाप के बाद पद-पूर्ति कर चुका तब उसी के उत्तर में लड़की ने फिर गाना शुरू किया। लड़की सरल पहाड़ी शब्दों में जो-कुछ कह रही थी उसका भाव कुछ इस प्रकार था : “तूने अपने मधुर कण्ठ से मेरे प्राणों में अमृत की तरह जो स्निग्ध-शीतल रस बरसाया है, उसके लिए भगवान् से मेरी यह विनती है कि तेरे जीवन-पथ पर कभी एक भी काँटा शेष न रहें–फूल-ही-फूल बिछे रहें।”

सुनकर राम बाबू को रोमांच हो आया। उन्होंने अपने पिछले आवारा जीवन में प्यार के बहुत से गीत सुने, गाये और लिखे थे, पर प्राणों से झरने की तरह बह निकलनेवाला ऐसा अकृत्रिम हार्दिक गीत इसके पहले उन्होंने कभी नहीं सुना था।

लड़की के बाद अदृश्य युवक ने फिर दूर ही से गाना आरम्भ कर दिया : "तेरी भोली और प्यारी छवि मेरे प्राणों में बस गयी है; अब उस चित्र को कोई मिटा नहीं सकता।"

इस तरह काफी देर तक दोनों में गीत के माध्यम से उत्तर-प्रत्युत्तर चलता रहा। राम बाबू दूसरी ही दुनिया में पहुँच चुके थे। जीवन की प्रतिदिन की विफलता की जो अनुभूति उनके प्राणों को कसकर दबोचे हुए थी, वह माया की छाया की तरह पल में न जाने कहाँ विलीन हो गयी।

पिछले कुछ दिनों से राम बाबू के भीतर यह परिवर्तन चल रहा था। होटल की जिन्दगी उन्हें भार मालूम होने लगी थी। प्रतिदिन सबेरे से ही अतिथियों के चाय पानी और भोजन के प्रबन्ध में उन्हें जो सिर खपाना पड़ता और हाथ-पैर मारने पड़ते थे वह सब उन्हें व्यर्थ और तुच्छ लगने लगा था। जीवन-भर अकेले रहे, पर पेट-पूजा के लिए उन्होंने क्या-क्या कष्ट नहीं उठाये! पर इधर उन्हें लगने लगा था जैसे जीवन की फुलझड़ियाँ उन्हें चारों ओर से ललचा रही हैं। अनन्त अवकाश के बीच में जीने के लिए वह व्याकुल हो रहे थे।

राम बाबू मग्न भाव से लड़की की ओर देख रहे थे और उसका रूप, यौवन, अल्हड़पन और उल्लास-भरी प्यारी छवि निहार-निहारकर फूले नहीं समा रहे थे। बाँज के झुरमुटों के पीछे छिपकर सुरक्षित बैठे हुए, उस छवि का रस लेने में एक विशेष ही प्रकार के सुख-संवेदन का अनुभव उन्हें हो रहा था। उस संवेदन में उबास नहीं थी, जीवन की एकरसता नहीं थी, व्यर्थता की पीड़ा नहीं थी। थी केवल अछूते रूप के दर्शन की अतृप्त पुलक और अनसुनी रागिनी के श्रवण की अनबुझी प्यास।

सूरज पश्चिम की ओर धीरे-धीरे ढल रहा था। पेड़ों की ओट से केवल उसकी सुनहरी किरणें ही दिखायी दे रही थीं। बीच-बीच में किसी पेड़ पर बैठी हुई किसी जंगली चिड़िया के पंख फड़फड़ाने या किसी टहनी के खड़कने की आवाज आती थी। काफी पीछे छोटे-छोटे लाल फलोंवाले एक पेड़ से लंगूर के बच्चों की 'कूँ-कूँ' आवाज सुनायी देती थी। बहुत नीचे, अदृश्य स्थान से एक बहुत ही धीमी, बहुत ही हलकी, पर लम्बी आवाज आ रही थी। जैसे नीचे–बहुत नीचे–नदी के उस पार से कोई इस पारवाले को टेर रहा हो। आवाज फूल की धीमी गन्ध से भी बारीक थी। लगता था जैसे वह आवाज पत्थरों पर टकरानेवाली नदी के जलकणों से उठनेवाली भाप पर भार रखे, उड़ती हुई-सी चली आ रही हो। झिल्लियों ने अगवानी में जैसे उसके लिए रास्ता छोड़ दिया हो।

पर सब आवाजों के ऊपर उठ रही थी उस पहाड़ी राग के अलाप की गूँज, जो टीले की ओट में एक-दूसरे से छिपे दो अल्हड़ युवा-प्राणों के भाव-विभोर अन्तर की गहन गुफा से निकलकर, चारों ओर के पहाड़ी वातावरण को मर्म-मधुर मोह में डुबा रही थी।

राम बाबू एक दूसरी ही चेतना से सब-कुछ देख और सुन रहे थे और अनुभव कर रहे थे। सहसा एक क्षण ऐसा आया जब उनकी जाग्रत चेतना पलटी। इस बार लड़की द्वारा गाये गये पद के उत्तर की गूँज उस पार से लौटकर नहीं आयी। लड़की उसी ओर प्रतीक्षा में टकटकी बाँधे देखती रही। जब कुछ देर ठहरने के बाद भी उस पार से कोई

उत्तर नहीं मिला और न युवक के अस्तित्व का ही कोई संकेत मिला, तब लड़की ने एक किलकती हुई आवाज के साथ जोर से हाँक लगायी :

"ओ-ऊ-ऊ-ऊ-ऊ-हो-े-े-े!"

उस पार से भी युवक की हाँक सुनायी दी : "हो-हो-े-े-े-े!" आवाज से मालूम होता था कि युवक अपने पहलेवाले स्थान से काफी आगे हटकर हाँक लगा रहा है।

दोनों की इस किलकारी-भरी हाँक के कई अर्थ लगाये जा सकते थे, पर राम बाबू कुछ भी अर्थ न लगाकर, केवल पुलक-विकल भाव से चुपचाप छिपे-छिपे सुनते रहे।

लड़की ने इस बार सुस्पष्ट शब्दों में, ऊँची आवाज में, पुकारते हुए कहा : "मेरे सिर पर गट्ठर रख जाओ-े-े-े!"

उस पार युवक के कानों में शायद उसके शब्द स्पष्ट रूप में नहीं पहुँचे। उसने शायद उसे गीत की उच्छिष्ट कड़ी की गूँज समझा, या फिर आज वह कुछ दूसरी ही मनःस्थिति में था। उत्तर में एक बार अभ्यासवश 'ओ-ओ-े-े-े-े-' की लम्बी तान छेड़ता हुआ वह स्पष्ट ही किसी दूसरी पगडण्डी की ओर बढ़ता चला गया। उसकी आवाज की गूँज क्रम से मन्द पड़ती जा रही थी। स्पष्ट था कि वह पहलेवाले स्थान से काफी दूर हट चुका है। बीच-बीच में वह गायों को हाँकने की आवाज निकाल रहा था : 'गुलि-गुलि-गुलि-गुलि! हे-ए-ए-ए-ए!'

और कुछ ही देर बाद उतनी-सी आवाज भी नहीं सुनायी दी। राम बाबू देख रहे थे कि लड़की के गोरे मुँह पर निराशा की सुस्पष्ट लहर घिर आयी। वह कुछ घबरायी हुई-सी इधर-उधर देखने लगी। स्पष्ट ही वह किसी ऐसे आदमी की तलाश में थी जो टहनियों का गट्ठर उसके सिर पर रखने में सहायक हो सके।

राम बाबू कुछ क्षणों तक उसके चिन्तित मुख की रेखाओं का चढ़ाव और उतार देखते रहे। उसके बाद सहसा उन्होंने देवदारु और बाँज के झुरमुट से बाहर निकलकर अपने को प्रकट किया। उन्हें अचानक देखकर पहले तो लड़की की विस्मित आँखें क्षण-भर के लिए स्तब्ध-सी रह गयीं, पर दूसरे ही क्षण वह सँभल गयी और एक शरारत-भरी चंचल मुस्कान उसकी दो सुन्दर आँखों में खेल गयी।

राम बाबू तब तक पूरे 'मूड' में आ चुके थे। लड़की की चंचल मुस्कान का उत्तर अपनी स्निग्ध, गम्भीर और सकुचायी हुई-सी मुस्कान से देते हुए वह धीरे-धीरे उसकी ओर आगे बढ़े। लड़की ने तब तक अपने सिर का कपड़ा उतारकर उसे पगड़ी की तरह लपेटा और उसे सिर पर जमाकर रख लिया। साथ ही अपने चौड़े घेरवाले लहँगे को लपेटकर उसके एक पल्ले का छोर कमर में खोंस लिया। यह इस बात का संकेत था कि वह अब सूखी टहनियों का गट्ठर सिर पर रखकर जाने के लिए तैयार है; और उसके इस सहज विश्वास का भी प्रतीक था कि राम बाबू उसे गट्ठर उठाने में अवश्य सहायता देंगे।

राम बाबू ने लड़की के पास पहुँचते ही धीरे से, सकुचायी और कुछ-कुछ काँपती हुई-सी आवाज में कहा : "बहुत अच्छा गाती हो। किस गाँव में रहती हो?"

"मटियापाणी में," कुछ ढिठाई-भरे स्वर में राम बाबू को उत्तर मिला।

"मटियापाणी!" तनिक याद करते हुए राम बाबू ने कहा। "ओह वह जो बहुत नीचे नदी के किनारे है?"

"जी हाँ, वहीं।" उसी चपल मुस्कान से आँखें नचाती हुई लड़की बोली।

"बड़ी दूर से,–इतनी चढ़ाई पार करके आती हो टहनियाँ तोड़ने?"

"जी हाँ, यहाँ अच्छी जलनेवाली, बाँज की सूखी टहनियाँ मिल जाती हैं।"

"हुम्! लो उठाओ, देर हो रही है; तुम्हें दूर जाना है," कहकर राम बाबू ने दो हाथों से गट्ठर का एक सिरा पकड़ा।

"तनिक ठहरिये!" बड़ी दुष्टता-भरी मुद्रा में लड़की बोली। "मैं एक घूँट पानी पी लेती हूँ। बड़ी प्यास लगी है!" कहकर वह फिर एक बार गोमुखी धारा के पास गयी।

"हाँ, आज गरमी कुछ अधिक है," राम बाबू बोले। दोनों हाथ लकड़ी के गट्ठर से हटाकर वह फिर उठ खड़े हुए।

लड़की ने सोते के पास जाकर थोड़ा पानी पिया और फिर दोनों हाथों से रगड़-रगड़कर मुँह धोना शुरू कर दिया। जब अच्छी तरह धो चुकी तब सिर पर से कपड़ा हटाकर उसके पल्ले से मुँह पोंछने लगी। पोंछती हुई विस्मय, कुतूहल और आकर्षण-भरी दृष्टि से राम बाबू की ओर देखती रही। जैसे अपनी सारी समझ को केन्द्रित करके उस अजनबी को–उसके अन्तर को–परखने का प्रयास कर रही हो।

उसे जान-बूझकर (या सहज ही) देर करते देखकर राम बाबू अन्तर से पुलकित होते हुए भी; बाहर से सहमे और सकुचाये खड़े थे। बार-बार उसकी ओर देखते थे और बार-बार आँखें फेर लेते थे।

कपड़े को फिर से पगड़ी की तरह लपेटकर लड़की ने फिर से जमाकर सिर पर रखा और तब गट्ठर के पास आकर सहज भाव से बोली : "अब आइये, इसे उठा दीजिये!"

राम बाबू ने फिर दो हाथों से गट्ठर का एक छोर पकड़ा। लड़की ने भी दूसरे सिरे पर एक हाथ ऊपर और दूसरा हाथ नीचे रखा। जब दोनों के प्रयत्नों से गट्ठर सिर पर रखा जा चुका तब लड़की ने सिर के झटके से गट्ठर के भार और सिर के भार-केन्द्र को सन्तुलित किया। उसके बाद फिर एक बार आँखें नचाकर और तीखी चुभन-भरी मुस्कान मुख पर झलकाकर, एक बार मार्मिक दृष्टि से राम बाबू की ओर देखा। देखकर राम बाबू के प्राणों की एक-एक लहर हाय-हाय कर उठी।

जब वह चलने लगी तब राम बाबू ने काँपती-सी आवाज में पूछा : "तुम्हारा नाम क्या है?"

"सोनी," सहज ढिठाई-से लड़की बोली।

"बड़ा प्यारा नाम है," राम बाबू ने अपनी आँखों में प्राणों की पूरी प्यास छलकाते हुए कहा।

लड़की धीर मन्थर गति से, सारे शरीर को मटकाती हुई-सी चलने लगी। राम बाबू अपने स्थान पर खड़े रहे और पीछे से उसका चलना देखते रहे। लड़की कवायद की-सी नियमित

चाल से चली जा रही थी। कुछ देर ओझल हो जाने के बाद लड़की ने काफी नीचे जाकर फिर एक नया मोड़ लिया। राम बाबू ने ऊपर से बच्चों की-सी किलकारी भरी। लड़की ने स्पष्ट ही सुना लिया और एक बार राम बाबू की ओर मुड़कर मुस्कराने लगी।

इस तरह उस तंग और सर्पिल सड़क पर लड़की सर्पिल ही गति से चली जा रही थी। कभी आँखों से एकदम ओझल हो जाती और कभी नये मोड़ पर फिर दूर से दिखायी देने लगती थी।

अन्त में लड़की नीचे काफी दूर पहुँच गयी और एक कुछ बड़ी-सी गुड़िया के आकार की दिखायी देने लगी। और जल्दी ही वह समय आया जब वह एकदम अन्तर्धान हो गयी। राम बाबू एकटक उसी ओर देखते रहे। अन्त में जब लड़की का कोई चिह्न नहीं मिला तब वह उदास मन से धीरे-धीरे लौटने लगे। रास्ते-भर उनका मन गुनगुनाता रहा : *"त्यारा खुटा कभैं भागी काना जन बुड़ौ!'*–"तुम्हारे पाँव कभी काँटों में न उलझें!"

होटल में पहुँचने पर राम बाबू को अपने मोह पर स्वयं हँसी आने लगी और शर्म भी मालूम होने लगी।

घर पहुँचकर दादा ने पहला काम वह किया जो वह साधारणतः नहीं किया करते थे। अर्थात् असमय में शीशे में अपना मुँह देखना। पश्चिमी दीवार को काटकर बनायी गयी एक छोटी-सी अलमारी के ऊपरवाले ताख पर एक गोल आकार का छोटा-सा शीशा रखा हुआ था। उसे उठाकर उस पर लगी धूल और धुन्ध साफ करके, उसमें दूसरों की दृष्टि से अपना चेहरा देखने लगे। बुढ़ापे के प्रारम्भिक लक्षणों का लेखा-जोखा करने के बाद, कुल मिलाकर उन्हें लगा कि उनका चेहरा-मोहरा अभी तक–पचास पार चुकने के बाद भी–बहुत बिगड़ा नहीं है। गोरे चमड़े पर अभी तक पहले की-सी ही चिकनाई, कोमलता और कमनीयता वर्तमान थी। सिर के केवल दो-ही-चार बाल अभी तक सफेद हुए थे। शेष बालों के भौंरों से काले, कुछ-कुछ घुँघराले और सघन गुच्छे अभी तक वैसी ही बहार दिखा रहे थे जैसी जवानी के दिनों में।

"अभी खूबसूरत लगते हो, मिलन बाबू! अभी तुममें बहुत दम है?" अपनी परछाई से व्यंग्य करते हुए दादा मौन वार्त्तालाप करने लगे। "कहो, क्या इरादे हैं? कुछ रोमांस-वोमांस का खेल खेलना चाहते हो तो अभी खेल सकते हो–अन्तिम खेल! बोलो, क्या कहते हो?"और फिर दादा खुलकर, ठठाकर हँस पड़े। और फिर तुरन्त यह सोचकर कि कहीं नौकर देख लेगा तो पागलपन का दौरा आया समझेगा, वह चुप हो गये। पर भीतर-ही-भीतर, चित्रा की बात याद करते हुए, मूक अट्टाहास करते रहे। "ओल्ड नहीं यंग (फूल) कहिये, अपने को।" चित्रा ने कहा था!

शीशे को रखकर उन्होंने कपड़े उतारे और स्नान करने चले गये। स्नान करके जब लौटे तब नौकर ने एक कोने में लगी हुई मेज पर खाना लगा दिया। सुबह का खाना दादा होटल में नहीं खाते थे नौकर ही बनाकर लाता था।

खाना खाकर दादा पश्चिम की ओर एक कैबिननुमा कमरें में जाकर लेट गये और आराम करने लगे। प्रायः एक घण्टे बाद आँखें खुलीं तब लेटे ही लेटे खिड़की से बाहर की ओर देखने लगे। सामनेवाली चोटी को एकदम गाढ़े और सफेद कुहरे ने बादलों की तरह ढक दिया था। कुहरा कभी ऊपर आकाश की ओर उठ रहा था, कभी दायें-बायें फैलता था और कभी एक किनारे से साफ होना शुरू कर देता। बाँज और देवदारु के हरे-हरे ऊँचे पेड़ कभी ढक जाते थे, कभी धीरे-धीरे खुलने लगते। बीच-बीच में तेज धूप कुहरे के आधे भाग पर पड़कर उसे चमका देती थी। लगता था जैसे पारा पिघलकर बह रहा हो। एक पपीहे की 'पिऊ पिऊ' को तीखी रटन पहाड़ों से लेकर आकाश तक को गुँजा रही थी। वह निरन्तर ऊँची-से-ऊँची आवाज में रटता ही जाता था–थकता ही नहीं था।

सहसा कहीं से किसी ने बाँसुरी बजायी। सारे पहाड़ी अंचल को अज्ञात अन्तर्वेदना को समेटकर उसे किसी जादू की माया से विशुद्ध आनन्द की पुकार में परिवर्तित कर देनेवाला आदि-राग! दादा एकान्त मन से उसे सुनते हुए, कुछ देर तक आँखें मूँदे रहे। तभी किसी ने दरवाजा खटखटाया। दादा उठ खड़े हुए और दरवाजा खोला। नौकर ने उनके हाथ में एक भेंट का कार्ड थमा दिया। कार्ड के बीच में हिन्दी में छपा था–डॉ. प्रतिमा खन्ना। शेष सारी जगह खाली पड़ी थी।

दादा ने कहा : "बुलाकर बिठाओ, मैं अभी आता हूँ।" और वह फिर अपने 'केबिन' में चले गये। कपड़े बदलकर जब बाहर निकले तब प्रतिमा एक सोफा पर बैठकर, एक संवादपत्र उठाकर पढ़ रही थी। हलके बादामी रंग की साड़ी के ऊपर वह स्लेटी रंग का एक शाल ओढ़े थी।

"हल्लो प्रतिमा, नमस्कार!" दादा ने बिना हाथ जोड़े ही कहा। "कहो क्या हाल है, ठीक से जम तो गयी हो? किसी बात का कष्ट तो नहीं इस होटल में?"

"कोई कष्ट नहीं, दादा, आपकी कृपा से सब ठीक है।"

"तो चलो मेरे केबिन में। वहीं बैठें।"

और दोनों कैबिन में चले आये। प्रतिमा भीतर पाँव रखते ही सीधे खिड़की के पास जाकर खड़ी हो गयी। सूर्य का अधिकांश भाग बादलों से ढक गया था। सामनेवाले पहाड़ के केवल एक छोटे-से ही टुकड़े पर धूप खिली हुई थी। शेष सभी स्थानों पर बादलों की छाया घिरी हुई थी। धूप से उज्ज्वल वह छोटा-सा खण्ड ऐसा लग रहा था जैसे किसी रंगमंच में किसी विशेष दृश्य पर दर्शकों का ध्यान केन्द्रित करने के लिए हरी रोशनी फेंकी गयी हो।

काफी देर तक प्रतिमा कुछ अनमने भाव से उसी दृश्य की ओर एकटक देखती रही। दादा भी चुपचाप पीछे खड़े हो गये थे। जब दादा के अस्तित्व का आभास पाकर प्रतिमा पीछे को मुड़ी तब दादा ने पूछा : "कैसा लग रहा है तुम्हें यहाँ का पहाड़ी वातावरण?"

"बहुत अच्छा लग रहा है। यहाँ की सारी दृश्यावली बहुत ही आकर्षक और मनोहर है। बहुत ही अच्छा स्थान चुना है आपने, दादा। इच्छा होती है, मैं भी यहीं आकर बस जाऊँ!"

"बैठ जाओ, तुमसे बहुत बातें करनी हैं। इस तरह के दृश्य तो रोज ही देखने को

मिलते रहेंगे। आओ बैठो!" कहकर दादा स्वयं एक कुर्सी पर बैठ गये और प्रतिमा से सामनेवाली कुर्सी पर बैठने को संकेत किया।

जब दोनों इतमीनान से बैठ गये तब दादा ने कहा : "अब बताओ, इतने वर्षों तक तुम कहाँ रहीं और क्या-क्या करती रहीं?"

प्रतिमा क्षण-भर के लिए पुरानी यादों में खोयी हुई-सी मौन ही रही, उसके बाद धीरे से बोली : "जब मैं नवयुवकों के क्रान्तिकारी दल का नेतृत्व कर रही थी उसका पता तो आपको होगा ही। उसके दो-तीन ही साल बाद से देश का सारा वातावरण ही ऐसी तेजी से बदलने लगा कि क्या हो रहा है, क्या होने जा रहा है, यह सब-कुछ समझ ही में नहीं आता था। स्वतन्त्रता प्राप्त हुई, नयी परिस्थितियाँ आयीं, और एक अजीब-सी चंचलता देश के कोने-कोने में छा गयी। मेरे क्रान्तिकारी दल का कोई महत्त्व शेष नहीं रहा और मैं सोचने लगी कि इन बदलती हुई परिस्थितियों के बीच मैं कहाँ खड़ी हो सकती हूँ। पर कहीं कोई आधार नहीं दिखायी देता था। इसी बीच माँ की मृत्यु हो गयी और मैं चारों ओर से चहकते हुए जीवन के बीच में अपने को निपट अकेली महसूस करने लगी। मैंने 'रिसर्च' का अपना पुराना विषय फिर ले लिया और दो साल के भीतर 'रिसर्च' समाप्त करके डॉक्टरेट भी प्राप्त कर लिया। उसके बाद किसी चक्कर से मेरठ में लड़कियों के एक कॉलेज में मुझे अध्यापन का काम मिल गया। जीने का एक सहारा और एक अस्पष्ट-सा लक्ष्य मुझे प्राप्त हो गया। तरुण छात्राओं को साहित्य और साहित्य के माध्यम से जीवन सम्बन्धी शिक्षा देने के काम को ही मैंने अपने जीवन का लक्ष्य बनाने का निश्चय कर लिया। यह काम मेरी रुचि और प्रकृति के बहुत अनुकूल पड़ता था। राजनीतिक उथल-पुथल के खोखलेपन को मैं भीतर से और बाहर से अच्छी तरह देख चुकी थी। इसलिए एकमात्र अध्ययन और अध्यापन के काम में ही मैं पूरी लगन से व्यस्त रहने लगी। कॉलेज के सभी अधिकारी मेरे काम से प्रसन्न थे और छात्राएँ तो मुझे इस कदर चाहने लगीं कि वे केवल मेरी पट्टशिष्याएँ ही नहीं बनीं, मेरी आन्तरिक संगिनियाँ और सहचरियाँ भी बन गयीं। अधिकारी वर्ग भी अज्ञात कारण से मुझ पर बहुत प्रसन्न था। धीरे-धीरे मेरी तरक्की होती गयी और पिछले पाँच वर्षों से मैं इसी कॉलेज में प्रिन्सिपल के पद पर काम कर रही हूँ। यह है संक्षेप में मेरे पिछले बाईस बरसों के जीवन का इतिहास।"

"सुनकर बड़ी खुशी हुई," दादा ने कहा। वास्तव में उनके मुख पर अकृत्रिम प्रसन्नता जैसे दमक उठी थी। "तुम्हारे स्वभाव का जो थोड़ा-बहुत परिचय मुझे है, उसे देखते हुए मैं कह सकता हूँ कि तुम्हारे लिये इससे अधिक उपयुक्त काम दूसरा हो ही नहीं सकता था। नियति ने तुम्हें ठीक-ठिकाने लगा दिया, नहीं तो आज के जीवन के हुल्लड़ के बीच तुम खो सकती थीं, भटक सकती थीं।" कहते हुए दादा इस बात पर गौर कर रहे थे कि प्रतिमा की भावव्यंजक आँखों का पहलेवाला तेज अब एक शान्त और शीतल छाया में बदल गया था और अपने चारों ओर मांगलिक अभिषेक की स्निग्ध, सरस और तरल किरणें बिखेर रहा था। उसके प्रत्येक हाव-भाव और प्रत्येक मुद्रा से सहज आत्मविश्वास और आत्म-निर्भरता का परिचय मिल रहा था। पर कहीं, मन के किसी अज्ञात और सूक्ष्म छिद्र

से, उस स्थिर विश्वास में छीजन तो आरम्भ नहीं हो गया है? पता नहीं, यह शंका दादा के मन में कैसे उत्पन्न हुई।

"आप ठीक कह रहे हैं, दादा" प्रतिमा ने कहा। आज तक तो मैं भटकने से बच गयी। अपने निजी विश्वासों के अनुसार जीने के लिए आज तक मुझे कोई-न-कोई उपयुक्त लक्ष्य या ध्येय मिलता रहा। पर अब भविष्य के लिए मेरे मन में बड़ी शंकाएँ उठने लगी हैं।"

"किस बात की शंकाएँ?"

"जीवन किस तेज रफ्तार से बदल रहा है, यह तो आप देख ही रहे हैं। पिछले सभी आदर्श, मूल्य और मान्यताएँ या तो ढह चुकी हैं या तेजी से ढह रही हैं। बदले में एक भी नये मूल्य या नये आदर्श का निर्माण नहीं हो पाया है। इस शून्य की स्थिति में किस उद्देश्य को लेकर हम लोग जीयें? सोच-सोचकर कभी मन के बहुत भीतर घोर निराशा छाने लगती है और सब-कुछ निरर्थक लगने लगता है। आज तक तो स्थिति यही थी कि जीवन के जिन मूल्यों और आदर्शों पर अपना विश्वास था, उनके अनुसार छात्राओं को शिक्षा देने और उनके अनुरूप उनके जीवन को ढालने में एक सुख और सार्थकता की अनुभूति होती थी। मेरी पिछली शिष्याएँ इसके लिए आज भी मेरे प्रति कृतज्ञ हैं। और उनके स्नेह-भरे पत्र आज भी बीच-बीच में मेरे पास आते रहते हैं। पर जो नयी छात्राएँ आ रही हैं उनकी सारी गतिविधि ही मुझे एकदम अनजानी, अपरिचित और विजातीय लगती है–"

"उनसे तुम्हें क्या शिकायत है?" दादा ने बीच ही में पूछा। "क्या वे अनुशासन नहीं मानतीं? उच्छृङ्खल हो गयी हैं? या उनकी बौद्धिक शक्ति में ही कोई कमी आ गयी है?"

अनुशासनहीनता का डर मुझे तनिक भी नहीं है, दादा। आप जानते हैं कि मैं उद्दण्ड और उच्छृङ्खल नवयुवकों का सफल नेतृत्व कर चुकी हूँ। नयी लड़कियाँ भी मेरे कड़े शासन की उपेक्षा नहीं कर पातीं, क्योंकि वे जानती हैं कि मेरा स्नेह भी उनके प्रति वैसा ही प्रबल है। फिर भी वे मुझे विजातीय लगती हैं। न मैं उनमें तनिक भी आत्मीयता पाती हूँ और न स्वतन्त्र बौद्धिक चिन्तन के क्षेत्र में ही उनकी कोई विशेषता का परिचय मुझे मिलता है। वे स्वयं जैसे किसी अन्धी भूल-भुलैया में भटकती हुई, आज के जीवन की खण्डित मान्यताओं के बीच खोयी-खोयी-सी रहती हैं। न जीवन का कोई लक्ष्य उनके आगे स्पष्ट है, न दूसरों के सुझाव पर ही उन्हें विश्वास है। ऐसी स्थिति में मेरी क्या आवश्यकता या उपयोगिता उनके लिए है, मैं नहीं समझ पाती। मैं ही नहीं, मेरे अधिकारी भी अब मेरे सम्बन्ध में यही सोचने लगे हैं। वे अब उकता रहे हैं मुझसे। मैं भी सोचती हूँ, व्यर्थ का यह भार अब अधिक क्यों ढोया जाये?" प्रतिमा के स्वर में तनिक भी दीनता नहीं थी, और न शिकायत की ही कोई छाया। उसकी मुख-मुद्रा भी अत्यन्त सहज लगती थी। वह जैसे केवल कोई तथ्यमूलक बात बता रही थी।

"तो क्या करने की बात तुम सोच रही हो।"

"मैं सोच रही हूँ कि अपने पद से जल्दी ही त्याग-पत्र देकर मेरठ छोड़कर, सदा के लिए यहीं आकर बस जाऊँ।

"दुनिया आज सामूहिक पागलपन के जिस दौर से होकर गुजर रही उससे तुम भी मुक्त नहीं रहना चाहती हो? तनिक अच्छी तरह सोच, समझकर ही कोई नया कदम उठाना। फूँक-फूँककर चलने का जमाना आज पहली बार आया है।" दादा अत्यन्त शान्त, धीरे और गम्भीर वाणी में बोल रहे थे।

"मैंने अच्छी तरह सोच लिया है दादा," उसी सहज आत्मविश्वास के स्वर में प्रतिमा ने कहा : "मैं आज के जीवन की घुटन, सामूहिक भ्रष्टाचार और थोथी राजनीति की गन्दगी के बीच अब अधिक नहीं जी सकती। चारों ओर निरर्थक कोलाहल और भाग-दौड़ के बीच निपट एकाकीपन का बोझ अब अधिक सह सकना न सम्भव है, न आवश्यक ही। किस मृगतृष्णा के प्रलोभन से यह सब सहा जाये? एकाकीपन का बोझ यदि सहना ही है तो एकान्त वातावरण में ही उसे सहना होगा।"

दादा उसके विश्वास की दृढ़ता देखकर चकित हो रहे थे। उसके मुँह पर एक नये तेज की दीप्ति और आँखों में एक नयी अनुभूति की चमक आ गयी थी। अत्यन्त आकर्षक लग रहा था दादा को उसका उस समय का वह रूप। कुछ क्षणों के लिए उसकी ओर एकटक देखते हुए दादा ने एक लम्बी साँस ली।

"इस समय तुम्हें देखकर मुझे अचानक उस दिन की याद आ रही है जब तुम यूनिवर्सिटी में पढ़ती थीं और शेली के बारे में कुछ पूछने मेरे घर आयी थीं। चर्चा चल पड़ी थी शेली के "स्काइलार्क' की इन पंक्तियों पर–

Our sweetest songs are those
That tell of saddest thought.

"तुमने इसे शेली का भ्रम बताया था। तुमने कहा था कि, 'ऐसा कभी सम्भव नहीं है–हमारे मधुरतम गीत दुःख की नहीं, वरन् उल्लास की अनुभूति जगाते हैं।' मैंने तुम्हें बहुत समझाने की कोशिश की कि एक ऐसी एकान्त उदास भावना भी होती है जो जीवन के निकट एकाकीपन के बोध को चरम सुख की अनुभूति में बदल देती है; पर तुमने स्वीकार नहीं किया और आज जीवन के अनेक उलटे-सीधे चक्करों के बाद, इस उदास, शान्त और एकान्त पहाड़ी वातावरण में जीवन के मधुरतम संगीत की खोज में तुम आयी हो! जीवन के अनुभव मनुष्य को कहाँ से धक्का देकर कहाँ ले जाते हैं, यह ठीक से बता सकना सम्भव नहीं है।" और दादा बड़े प्रेम से, किन्तु दुष्टतापूर्वक, मन्द-मन्द मुस्कराने लगे।

फिर बोले : "मैं तुमसे कह तो रहा हूँ कि जल्दी कोई नया कदम मत उठाओ और फूँक-फूँक कर चलो, पर स्वयं मेरा पागलपन तुम प्रत्यक्ष देख ही रही हो। मैंने दस वर्ष पहले ही यूनिवर्सिटी से त्याग-पत्र दे दिया था–कुछ उसी तरह के कारण से जिससे तंग आकर तुम त्याग-पत्र देने की बात सोचने लगी हो। किसलिये? उसी मधुरतम संगीत को सुनने के लिए, जो एक निराली उदास भावना जगाकर मन को गुदगुदा देता है!" कहते हुए दादा क्षण-भर के लिए जैसे आत्म-विभोर हो गये। उनकी पलकें जैसे मुँद आयीं।

"अच्छा दादा, एक बात बताइये," प्रतिमा ने कहा : "दस बरसों से आप यहाँ हैं और अभी तक होटल का ही जीवन बिताते हैं, इसमें क्या रहस्य है? और इस तरह, बिना किसी काम-धन्धे के, आपका निर्वाह कैसे हो रहा है?"

"मधुरतम संगीत" सुनने की जहाँ सच्ची धुन होती है, प्रतिमा, वहाँ सारी व्यवस्था अपने-आप बन जाती है। जो थोड़ी-सी पूँजी मैंने बचा रखी थी उससे यहाँ एक ऑर्चर्ड मैंने खरीद लिया है। उसे हर साल ठीके पर उठा देता हूँ। जो रकम मिलती है उसमें साल-भर मजे में गुजर हो जाती है।

"पर क्या होटल के बाहर कहीं अलग अपने रहने का प्रबन्ध आप नहीं कर सकते? एक स्वतन्त्र बँगला अपने लिये नहीं बनवा सकते?"

"अकेला आदमी क्यों यह झंझट अपने ऊपर ले? जब सभी चिन्ताओं और परेशानियों से मुक्त रहने के लिए यह सब चक्कर चलाया गया है, तब अलग मकान बनाकर, रहने-खाने की अलग व्यवस्था करके, बिना गिरस्ती के क्यों मुफ्त में गिरस्ती का पूरा बोझ सिर पर लादूँ?"

"पर एक नौकर तो आपने अलग रखा ही है?"

"वह केवल मौज के लिए। बेकार था, कोई काम चाहता था। मैं कहाँ, किसके यहाँ काम दिलाता? इसलिए मैंने ही उसे रख लिया। साल-भर से वह मेरे साथ है। जब तक रहना चाहेगा रहेगा, और जब चला जायेगा तब धरमदास का यह होटल तो है ही!"

"पर आपका यह नौकर आपके लिए नाश्ता तो बनाता ही होगा और किसी मेहमान के आ जाने पर उसे चाय तो पिलाता ही होगा?" कहते हुए प्रतिमा अपनी हँसी नहीं रोक सकी।

"जरूर, जरूर! अरे भाई देवसिंह, चाय पिलाओ बीबी जी को!"

"जी अच्छा!" कहकर नौकर शायद चाय बनाने चला गया।

"बीबी जी! क्या मतलब?" प्रतिमा ने कुछ आश्चर्य से पूछा।

"अरे भाई, नाराज क्यों होती हो, यहाँ के नौकर किसी भी बाहर की महिला को 'बीबी जी' ही कहते हैं।"

बादलों के हलके से गरजने की आवाज सुनायी दे रही थी और ऊपर टिन की छत पर टप-टप करके बूँदें टिपटिपाने लगी थी!

"अभी-अभी तो खासी अच्छी धूप निकली हुई थी, अभी पानी भी बरसने लगा!" प्रतिमा ने कहा।

"अभी देखती चली जाओ। इस पहाड़ी प्रकृति में चोंचले अभी तुमने देखे कहाँ हैं!"

"कहाँ से चुन-चुनकर आप शब्दों को पकड़ लाते हैं, दादा! 'चोंचले!' 'क्या खूब!' और प्रतिमा ओठों को थोड़ा दबाती हुई मन्द-मन्द मुस्कराने लगी। फिर बोली : "अच्छा दादा, बंगाली होते हुए भी आप हिन्दी-भाषियों से भी अधिक मुहावरेदार हिन्दी बोलते हैं। आपसे बतियाने पर कोई यह नहीं जान सकता कि आप बंगाली हैं। यदि कोई अनुभवी आपकी असलियत ताड़ सकता है तो वह केवल आपके चोंचलों से!"

सुनते ही दादा 'हो : हो :!' करके अट्टहास कर उठे और प्रतिमा भी अपने निर्दोष परिहास पर स्वयं भी खिलखिला उठी।

"मैंने ठीक कहा कि नहीं, पहले यह बताइये!" प्रतिमा बोली।

"तुम बड़ी चतुर लड़की हो, प्रतिमा, भला तुम कोई गलत बात कैसे कह सकती हो।"

"वाह दादा, मुझ अध्यापिका को आप लड़की बनाये दे रहे हैं!"

"गलती हो गयी, माफ करना। पर एक बात जान लो। तुम्हें देखकर आज भी तुम्हारा वही शरारती लड़कियोंवाला रूप मेरे आगे खड़ा हो जाता है। जो यूनिवर्सिटी में मैं देखता था। सब-कुछ जानने-सुनने और समझने पर भी मैं अभी तक तुम्हें प्रत्यक्ष लड़की के ही रूप में देख रहा हूँ। अपनी इस दृष्टि को मैं क्या कहूँ?"

"और अपने को किस रूप में देखते हैं, आप?" उसी यूनिवर्सिटी वाली शरारत-भरी दृष्टि से दादा की ओर घूरती हुई प्रतिमा बोली।

"एक ऐसा आदमी जो न बुड्ढा है, न जवान है, न लड़का है, पर जो किसी भी क्षण सहज ही किसी भी उम्र में अपने को ढाल सकता है–" और फिर दादा सहसा गम्भीर हो गये, और तनिक भावुकता के-से 'मूड' में जैसे आ गये। कुर्सी पर तनिक आराम के साथ पीठ टिकाते हुए, सहज-शान्त और धीर स्वर में बोले : "इधर कुछ समय से मैं कुछ दूसरे ही ढंग से सोचने लगा हूँ प्रतिमा। मेरे मन में यह विश्वास जमने लगा है (और उस विश्वास की प्रामाणिकता भी मेरे आगे सिद्ध होती चली जा रही है) कि मनुष्य जन्म से आगे बढ़ता हुआ हर उम्र में जिन अनुभूतियों से होकर गुजरता है और फिर उन्हें भी पार करता चला जाता है, वे बाद में–दूसरी उम्र की दूसरी अनुभूतियों और परिस्थितियों के बीच–कहीं खो नहीं जाती। वे हमारे भीतर के किसी अनजाने कोष में उसी रूप में सुरक्षित रहती हैं, उनमें तनिक भी विकार नहीं आता। उदाहरण के लिए, मैं अपने बचपन की और जवानी की अनुभूतियों को अभी तक अपने भीतर उन्हीं रूपों में सुरक्षित पाता हूँ, जिन रूपों में वे अपनी आदिम अवस्था में थीं। अपनी जवानी की अनुभूतियों के सम्बन्ध में भी मैं वही बात कह सकता हूँ। वे सुरक्षित अनुभूतियाँ मेरे लिये स्मृतियाँ मात्र नहीं हैं। वे मेरी प्रतिक्षण की नयी-नयी अनुभूतियों के साथ समानान्तर रूप से, पूरी यथार्थता के साथ विचरती रहती हैं। उम्र बीत जाने से अनुभूतियाँ नहीं बीततीं। उनका उपभोग तुम जब, जिस उम्र में, जिस क्षण करना चाहो कर सकती हो। केवल उस सुरक्षित कोष को खोलने की कुँजी तुम्हारे पास होनी चाहिए।"

प्रतिमा एकान्त मन से, पूरे ध्यान से दादा की एक-एक बात, एक-एक शब्द सुन रही थी। क्षण-भर के लिए दोनों मौन रहे। दूसरे ही क्षण प्रतिमा एक हलकी-सी आह भरती हुई बोल उठी : "मैंने कभी इस दृष्टि से सोचा ही नहीं, दादा। मैं तो एक सीधी रेखा जानती हूँ। छोटी बच्ची थी, अज्ञान थी। फिर आगे बढ़ी तो किशोरी हुई। जीवन की रहस्यमयता के भीतर प्रवेश करने का कुतूहल बढ़ा। फिर जवान हुई। नये खून ने जोश मारा। जीवन की अनन्त रहस्यमयता के बीच भँवर में कूद पड़ी। प्रवाह में बहती हुई कभी स्वयं अपने से और कभी दूसरों से उलझती रही। जवानी के केन्द्रगत रहस्य का छोर तक न छू पायी।

लहरों के थपेड़ों की दिशा में बहती हुई, डूबती-उतराती जब पार आयी तब जीवन का एक ही निश्चित लक्ष्य दिखायी दिया–सामाजिक और राजनीतिक अत्याचारों के विरुद्ध विद्रोह का अडिग झण्डा खड़ा करना। सोचा कि जवानी और जीवन की पूर्ण सार्थकता उसी में है। नयी राजनीतिक उथल-पुथल हुई। देश स्वतन्त्र हुआ। नयी परिस्थितियों में विद्रोह के लिए कहीं कोई स्थान नहीं रहा। नया निर्माण ही अब लक्ष्य हो सकता था। इसलिए अध्यापन को अपना पुनीत कर्त्तव्य मानकर चली। पर अब उस क्षेत्र में भी राजनीति और भ्रष्टाचार के कीड़े बुरी तरह प्रवेश पा गये हैं। इन सारे चक्करों के बाद आज जब तटस्थ दृष्टि से अपने को समझने की कोशिश करती हूँ, तब पाती हूँ कि छियालीस वर्ष की एक जीवन-जर्जर, असफल, लक्ष्यभ्रष्ट और अनावश्यक नारी के अतिरिक्त मैं और कुछ नहीं हूँ।"

"आश्चर्य है!" दादा ने एक लम्बी साँस भरते हुए कहा। "इतने सारे अनुभवों के बाद आज तुम अपने और जीवन के सम्बन्ध में इस तरह की भयावनी धारणा बनाये बैठी हो! पर कुछ भी कहो, तुम्हारे व्यक्तित्व से नहीं लगता कि तुम निराशावादिनी हो। और सच पूछो तो छियालीस वर्ष की उम्र भी तुम्हारी नहीं लगती। अधिक-से-अधिक तुम अड़तीस और चालीस के बीच की दिखती हो। यह मैं दूसरों की दृष्टि से कह रहा हूँ। मेरी दृष्टि में तुम क्या लगती हो, यह मैं पहले ही बता चुका हूँ–यूनिवर्सिटी की वही तेजस्विनी शरारती लड़की।"

"अच्छा है, दादा। अपनी-अपनी दृष्टि ही तो है! अब मैं भी आपके भीतर से वही जवान अध्यापकवाला रूप खोज निकालूँगी।"

"जो प्रत्यक्ष है, उसे भी खोजने की आवश्यकता है?"

नौकर एक ट्रे में चाय, कुछ बिस्कुट और टोस्ट ले आया।

प्रतिमा चाय बनाने लगी।

"जो भी हो, तुमसे यहाँ खूब मिलना हुआ। तुम्हारे यहाँ आने की कल्पना भी मैं नहीं कर सकता था," एक छोटा-सा बिस्कुट लेकर उसे मुँह से कुतरते हुए दादा ने कहा।

"मैं किस प्रेरणा से यहाँ आयी, इसकी भी कल्पना आप नहीं कर सकते," दादा की ओर चाय का प्याला बढ़ाते हुए प्रतिमा ने कहा।

"कौन-सी प्रेरणा थी वह, तनिक सुनूँ तो!"

"एप्रिल के अन्त में हमारे यहाँ की कुछ अध्यापिकाओं के बीच इस प्रकार की चर्चा चल पड़ी कि इस बार की गर्मियों में कौन किस पहाड़ में जाना पसन्द करेगी। एक अध्यापिका ने यहाँ का नाम लिया और कहा कि बड़ा ही एकान्त और सुन्दर स्थान है यह। उसने यह भी बताया कि यहाँ एक बंगाली मोशाय बारहों महीने रहते हैं, जो बड़े ही सज्जन, विद्वान्, परोपकारी और लोकप्रिय हैं और बाबा लोगों का-सा जीवन बिताते हैं–"

दादा ने चाय का प्याला मुँह से हटाकर मेज पर रख दिया और हँसते-हँसते लोट-पोट हो गये।

"परोपकारी हैं और बाबा लोगों का-सा जीवन बिताते हैं! हाः हाः हाः! कमाल कर

दिया, भाई! होः होः होः! बड़ी मजेदार सूचना तुम्हें मिली, सन्देह नहीं!" रूमाल से अपनी आँखों से उमड़ते हुए आँसू पोंछते हुए दादा बोले।

प्रतिमा को भी आनन्द आ रहा था। धीरे-धीरे चाय को घूँटती हुई, और अधिक उत्साहित होकर उसने कहा : "इधर कुछ समय से, न जाने क्यों, मेरे मन में एकान्त स्थान में वास करनेवाले बाबा लोगों के प्रति एक अस्पष्ट-सा आकर्षण अकारण ही पैदा होता जा रहा था। जब मैंने उससे बाबा का नाम पूछा तब वह न बता सकी। बोली : 'मिलनानन्द या क्या–कुछ इसी तरह का नाम है उनका। उन्हें लोग बहुत मानते हैं और उनका प्रवचन सुनने के लिए नित्य सन्ध्या को बड़ी भीड़ इकठ्ठा हो जाती है।' बाद में उन्होंने बताया कि वह नहीं, उनके भाई वहाँ गये थे। उन्हीं से उन्हें ये सब बातें मालूम हुई हैं। 'मिलनानन्द' नाम सुनकर मेरा माथा कुछ ठनकने लगा था। मैंने उन महिला से अनुरोध किया वे अपने भाई से 'बाबा जी' के नाम-धाम का ठीक-ठीक पता पत्र लिखकर पूछे। तब असली नाम का पता चला–मिलनानन्द नहीं मिलनकुमार चटर्जी। इस नाम का जादू मेरे सिर पर चढ़कर बोल गया। यह जानते हुए भी कि मिलनकुमार चटर्जी नाम के कई व्यक्ति हो सकते हैं, मेरे मन में रह-रहकर आपकी ही मूर्ति नाचने लगी, और मैं बिना अधिक कुछ सोचे इस बार यहीं चली आयी।"

"तुम पक्की जासूस लगती हो," हँसी के दौरे से कुछ सँभलकर दादा ने कहा। "दस बरसों से इस एकान्त पहाड़ों जंगल में अज्ञातवास करनेवाले मिलनानन्द बाबा का आविष्कार अन्त में तुमने कर ही लिया!"

और फिर दोनों मुक्त भाव में हँसने लगे।

पानी बन्द हो गया था, और फिर चारों ओर अस्थिर-सी धूप निकल आयी।

"आपकी ऑर्चर्ड देखने की बड़ी इच्छा है, दादा," चाय समाप्त करके प्रतिमा ने कहा : "अपने ऑर्चर्ड का कोई फल भी आपने नहीं खिलाया!"

"मैंने तो अपना ऑर्चर्ड ठीके पर दे दिया है, पर एक मित्र के ऑर्चर्ड से तुम्हें फल खिला सकता हूँ। चलो, कुछ टहलना भी हो जायेगा।"

दादा उठे। जो कुर्ता और धोती पहने थे उसी के ऊपर उन्होंने एक कोट डाल लिया। उसके बाद मोजा और पम्प शू पहनकर और छड़ी हाथ में लेकर वह तैयार हो गये।

दोनों बाहर निकल आये। पश्चिम की ओर एक पगडण्डी की तरह की सड़क नीचे को जाती थी। दोनों उसी रास्ते से होकर चल पड़े। ढलान काफी नीची थी। कुछ दूर नीचे चलने पर एक चौराहा-सा मिला। वहाँ से दादा ने ऊपर को जानेवाला एक रास्ता पकड़ा। प्रतिमा भी उनके पीछे-पीछे चलती रही। दायीं ओर के पहाड़ पर दूर तक बादलों की छाया घिरी हुई थी। बायीं ओर की पहाड़ी पर सेब, खूबानी, 'प्लम' और आड़ू के हरे-हरे छतरीनुमा पेड़ों पर पीली धूप खिल रही थी। रास्ते में अगल-बगल तरह-तरह की जंगली झाड़ियाँ, लतरें, जंगली बेरियों के कँटीले पौधे, अलग-अलग, स्वतन्त्र रूप

से उगनेवाली पर्णजातीय वनस्पतियों पर पड़ी हुई वर्षा की ताजा बूँदें उस पीली धूप में मोतियों की तरह चमक रही थीं।

चढ़ाई पर चलने का पूर्व अभ्यास होने पर भी प्रतिमा ऊपर चढ़ते हुए कुछ-कुछ हाँफ-सी रही थी।

"अब तुम्हें भी पहाड़ पर चढ़ने के लिए एक छड़ी रख लेनी चाहिए, उससे बड़ा सहारा मिलता है," अपनी छड़ी टेकते हुए दादा बोले।

प्रतिमा केवल 'हाँ' कहकर रह गयी। चढ़ाई में अधिक बोलने का 'मूड' उसका नहीं था। वह थोड़ा-थोड़ा हाँफने लगी थी।

चढ़ाई के बाद एक छोटी-सी उतराई आयी। अब रास्ते की दोनों ओर फलों से लदे हुए पेड़ सीढ़ीनुमा छोटे-छोटे खेतों पर कतार बाँधे खड़े थे। प्लम के बैंजनी रंग की सघन पत्तियों से छाये हुए पेड़ों पर कुछ ललाई लिए हुए रसीले फल लदे हुए थे। हरी-हरी टहनियों पर लटकी हुई एकदम सुनहले रंग की खूबानियों पर कहीं-कहीं लाल रंग-सा पुत गया था। जैसे किसी गोरी के पाउडर-मले चिकने और रस-भरे गालों पर कहीं-कहीं 'रूज' का पुट शेष रह गया हो। आड़ू अभी एकदम कच्चे थे। कुछ सेबों के सिरों पर तनिक ललाई-सी आने लगी थी। कुछ पेड़ बड़े-बड़े हरे-हरे सेबों से लदे हुए थे।

देख-देखकर प्रतिमा मन-ही-मन प्रसन्नता से बाग-बाग हो रही थी। पहाड़ी फल उसने खूब खाये थे, पर कभी उन्हें बागों के पेड़ों पर लटकते हुए नहीं देखा था।

"क्या यही आपका ऑर्चर्ड है, दादा?" बच्चों की-सी पुलक-भरी आवाज में उसने पूछा।

"नहीं, यह किसी दूसरे का है। अभी देखती जाओ। यहाँ तो ऑर्चर्ड-ही-ऑर्चर्ड तुम्हें मिलेंगे।"

कुछ दूर आगे चलने पर उन्हें फिर थोड़ी-सी चढ़ाई मिली। रास्ते में सेब का एक विचित्र पेड़ प्रतिमा के पाँवों से टकराया। पूरे का पूरा पेड़ जमीन पर लेटा हुआ-सा था और उसकी दर्जनों टहनियाँ लाल-लाल सेबों से लदी हुई, चारों ओर एक चक्र के रूप में फैली हुई थीं। वे टहनियाँ जमीन से केवल एक या दो अंगुल ऊपर थीं और कुछ तो जैसे जमीन पर ही लेटी हुई थीं।

"यह पेड़ क्या टूटकर गिर गया है?" प्रतिमा ने पूछा।

"नहीं, यह उगा ही इसी तरह से है, और सभी पेड़ों की अपेक्षा यह सबसे अधिक फल देता है।"

उस अद्भुत पेड़ पर लदे हुए लाल-लाल फलों को देखकर प्रतिमा का मन बच्चों की तरह मचलने लगा।

"एक सेब तोड़ लूँ?" उसने दादा से पूछा।

"प्रलोभन तो स्वाभाविक है," दादा ने धीरे से कहा : "पर अभी इसे दबाओ। आगे इससे भी बढ़िया सेब मिलेंगे, जो तुम्हें खिलाये जायेंगे।"

"सारा रास्ता फलों से लदा है, कोई देखनेवाला नहीं है जिसका जी चाहे तोड़ सकता है। और आप मना कर रहे हैं!"

"यह जादू का देश है, प्रतिमा" दादा बोले : "यहाँ अदृश्य पहरेदार रहते हैं। तुम देख नहीं रही हो, पर वे तुम्हें देख रहे हैं। परीक्षा लेना चाहो तो ले सकती हो।"

"सच? लूँ परीक्षा?" प्रतिमा ने बच्चों की-सी उत्सुकता से पूछा।

"ले लो यदि तुम इस कदर कुतूहली हो उठी हो तो!"

और प्रतिमा ने सचमुच एक सेब तोड़ने के लिए हाथ बढ़ाया। उसी क्षण नीचे कहीं से आवाज आयी : "कौन तोड़ रहा है सेब?"

प्रतिमा सहसा इस तरह उचक उठी जैसे कोई भूत कहीं से बोल रहा हो।

"कोई नहीं है," दादा ने तनिक ऊँची आवाज में कहा। "मैं हूँ मिलन। तनिक परीक्षा ले रहा था।" कहते हुए वह प्रतिमा की ओर देखकर मन्द-मन्द मुस्कराये।

"राम-राम दादा! कहिये, सब कुशल तो है?" उसी अदृश्य आवाज ने नीचे से कहा।

"सब ठीक है लछमसिंह जी, राम-राम!" कहते हुए दादा उसी सीध पर आगे बढ़े, जहाँ से आवाज़ आयी थी। प्रतिमा भी उनके पीछे-पीछे आगे बढ़ी।

केवल चार ही कदम आगे बढ़ने पर खेत की सीमा समाप्त हो गयी। प्रतिमा ने देखा, नीचे ढलान पर दूर-दूर तक सीढ़ीनुमा खेतों की कतार चली गयी थी, जिन पर फलों के पेड़ छतनार की तरह छाये हुए थे। बीच में से एक नाला नीचे को चला गया था, जिसकी अगल-बगल में देवदारु, बाँज और चीड़ के लम्बे-लम्बे पेड़ कहीं पंख फैलाये और कहीं हाथ उठाये खड़े थे। मानो ऑर्चर्ड की रक्षा कर रहे हों। एक कोने में दो-तीन आदमी खड़े थे, जो शायद आधे तैयार फलों की उपज का हिसाब लगा रहे थे।

"कहिये लछमसिंह जी, क्या हाल हैं?" एक विशेष व्यक्ति को लक्ष्य करके दादा ने पूछा।

"सब हाल ठीक ही हैं। आप आज इस समय कैसे निकल पड़े?" लछमसिंह जी ने कहा।

"यों ही। प्रतिमा नीचे से यहाँ आयी है–पहाड़ की हवा खाने। उसे ऑर्चर्ड दिखाने ले आया था।"

प्रतिमा को देखकर लछमसिंह जी ने हाथ जोड़े। प्रतिमा ने भी पलटे में 'नमस्ते' कहा।

"यों ही ऑर्चर्ड देखकर यह क्या करेंगी। इन्हें कुछ फल चखाइये।"

"हाँ, यही सोच रहा था। कुछ अच्छे पके प्लम हों तो इसे चखाया जाये।"

"बहुत हैं", लछमसिंह जी ने बड़े उत्साह से कहा। "आप लोग वहीं रहिये, नीचे आने की जरूरत नहीं है। मैं ऊपर ही भेजे देता हूँ।

और लछमसिंह जी ने कुछ फलों को एक मजदूर से तुड़वाकर; एक रूमाल में बँधवाकर उसी मजदूर के हाथ ऊपर भेज दिया।

दादा ने उन्हें अपने रूमाल में बाँधकर लछमसिंह जी का रूमाल वापस करते हुए कहा : "धन्यवाद, लछमसिंह जी!"

"राम-राम!"

"राम-राम!" कहकर दादा प्रतिमा को लेकर धीरे-धीरे वहाँ से लौटने लगे। प्रतिमा कुछ

देर तक एकान्त भाव से नीचे की घाटी की ओर देख रही थी।

जब दादा चलने लगे तब वह भी धीरे-धीरे चलती हुई बोली : "अद्भुत सुन्दर स्थान है यह। आपका ऑर्चर्ड भी क्या नीचे ही है?"

"हाँ। लछमसिंह जी मेरे ठीकेदार हैं।"

दो-चार कदम आगे चलने पर चीड़ के एक पेड़ की बगल में एक बड़ा-सा चिकना पत्थर मिट्टी में जमा हुआ मिला। उस पर लाल और भूरे रंग के सूखे तिनके बिछे थे, जो चीड़ के पेड़ पर से गिरे थे। दादा ने प्रस्ताव किया कि तनिक वहीं बैठकर विश्राम किया जाये और फल खाये जायें। तिनके वर्षा से कुछ गीले हो गये थे और प्रतिमा कपड़े खराब होने के डर से बैठने में कुछ सकुचा रही थी। दादा ने कहा : "प्रकृति ने तुम्हारे लिये कालीन बिछा दी है और तुम उसका निरादर कर रही हो? बैठो, कपड़ों का मोह यहाँ मत करो।"

प्रतिमा ने अपना शाल उतारकर नीचे बिछा दिया और दोनों बैठ गये। दादा ने अपना रूमाल खोला। लाल पीले और कहीं-कहीं तनिक काले रंगों का अद्भुत मिश्रण था उस पोटली के फलों में।

"खाओ!" दादा ने कहा और स्वयं एक रसीला प्लम उन्होंने मुँह में डाल लिया। प्रतिमा ने चुनकर एक खूबानी उठायी और गप्प से मुँह में डालकर खाने लगी।

"वाह!" दोनों के मुँह से एक साथ ही निकल पड़ा।

"प्लम खाओ यह कालावाला। खाकर देखो कितना रसीला है," दादा ने कहा।

प्रतिमा ने वैसा ही किया। चूसती हुई बोली : "इसकी मिठास और सोंधी गन्ध तो अद्भुत है!"

"बस, खाती चली जाओ।"

और दोनों गपागप खाते और चूसकर गुठलियाँ फेंकते चले गये। जब सारे-के-सारे फल साफ हो गये तब दोनों लौट चले। प्रतिमा देख रही थी सामनेवाले ऊँचे पहाड़ों की चोटियों पर फैले हुए सफेद कुहरे का धूप-छाँही खेल। कभी सारा दृश्य ढक जाता था, कभी एक अंश खुलकर धानी रंग की धूप की बहार कुछ क्षणों के लिए दिखा जाता था, और कभी कुहरा बड़ी तेजी से एक-दम साफ हो जाता था। "चीची-कूचू-कुच!" एक चिड़िया कहीं से मुँह चिढ़ाती हुई-सी बोल रही थी। "पीऊ ! पीऊ ! पीऊ!" दूर आकाश में कोई पपीहा बोल रहा था।

"दादा, तुम सचमुच स्वर्ग में रहते हो!" गद्गद भाव के प्रतिमा ने कहा।

"जहाँ स्वर्ग है वहाँ नरक भी कहीं-न-कहीं अवश्य होगा!" दादा ने शान्त भाव से कहा।

"आपको दूसरों की बात काटने में मजा आता है, दादा। मैं स्वर्ग की बात कह रही हूँ, इसलिए आपको नरक की याद आ गयी। नरक तो सर्वत्र ही है–विशेष करके आज की दुनिया में। पर यदि किसी को कहीं किसी क्षण स्वर्ग की झलक देखने को मिल जाये, तो भी क्या नरक की याद दिलानी होगी?"

"तुम ठीक कहती हो, प्रतिमा, मैं अपनी गलती मानता हूँ," प्रतिमा की खीझ का पूरा

उपभोग करते हुए दादा ने कहा, "पर क्योंकि जीवन की यथार्थता की जमीन पर अपनी छड़ी को बराबर टिकाये रहता हूँ, इसलिए–"

"इसलिए स्वर्गिक अनुभूति के क्षण में भी नरक की अनुभूति को बनाये रखना होगा?"

"ओह, तुम बहुत जल्दी नाराज हो जाती हो, प्रतिमा! अच्छा हटाओ। मारो गोली नरक को। वह देखो, तुम्हारा नव-परिचित प्रशंसक नकुलेश शायद तुम्हारी ही तलाश में चला आ रहा है।"

"उसे कैसे मालूम हुआ कि हम लोग इधर गये हैं।"

"हल्लो नकुलेश, इधर कैसे?"

"नमस्कार दादा, नमस्कार जीजी!" परम प्रसन्न भाव से दोनों का अभिवादन करता हुआ नकुलेश एकदम निकट पहुँच गया।

"जीजी, तुम्हारा सामान खरीदकर मैं तुम्हारे कमरे में गया। वहाँ ताला बन्द मिला। उसके बाद दादा के यहाँ गया। वहाँ पता चला कि तुम लोग 'ऑर्चर्ड्स' की तरफ गये हो। सामान अपने कमरे में रखकर मैं तुम लोगों की खोज में इधर ही चला आ रहा हूँ!"

"बड़ी जल्दी घनिष्ठता हो गयी तुम दोनों में देखता हूँ!" दादा ने धीरे से कहा!

"घनिष्ठता होने में क्या देर लगती है, दादा, केवल मन का व्यक्ति चाहिए।" अपनी सहज व्यंग्य-भरी मुस्कान मुख पर झलकाता हुआ नकुलेश बोला।

"आज सबेरे ही नकुल मेरे यहाँ पहुँच गया था," प्रतिमा ने कहा : "आते ही बोला : 'जीजी आज सबेरे की चाय तुम्हारे ही यहाँ पीऊँगा।' ऐसे सहज भाव से इसने यह बात कही कि मैं भी उसे सहज ही रूप में लेने को बाध्य हो गयी", परिस्थिति को स्पष्ट करते हुए प्रतिमा ने कहा।

"बहुत ठीक किया तुमने," दादा ने सहज शान्त स्वर में कहा। कुछ क्षण रुककर फिर बोले : "हम लोग व्यर्थ ही नकुलेश कहकर इसके नाम के आगे डेढ़ अक्षर बढ़ा दिया करते हैं। तुमने सहज अधिकार से इसे नकुल कहना आरम्भ कर दिया है, यह अच्छा ही हुआ। क्यों भाई नकुल?"

"आपको पूरा अधिकार है यह कहने का, दादा," तनिक कृत्रिम विनम्रता का-सा भाव जताता हुआ नकुलेश बोला। "बल्कि आप चाहें तो मेरे नाम से एक अक्षर और निकाल सकते हैं, जिससे मैं केवल नक्कू ही बनकर रहा जाऊँ।"

दादा खुलकर अट्टहास कर उठे। प्रतिमा उत्साहित होकर बोल उठी। "बस, बस, यही नाम तुम्हारे लिये उपयुक्त है। मैं भी आज से इसी नाम से तुम्हें पुकारा करूँगी।"

"नहीं जीजी, कम-से-कम तुम मुझे इस नाम से न पुकारना!" दोनों हाथ जोड़कर, प्रतिमा के पाँवों की ओर झुककर, प्रणाम और प्रार्थना करने का नाटक रचता हुआ नकुलेश बोला।

"क्यों, मुझे इस नाम से पुकारने से क्यों मना कर रहे हो, जब दादा को तुम उसकी छूट दे रहे हो?"

"तुम्हारे कोमल ओठों को इस कर्कश नाम के उच्चारण से कष्ट होगा," उसी विनम्रता का रूपक रचते हुए नकुलेश ने कहा।

दादा फिर ठठाकर हँस पड़े। फिर बोले : "वाह भाई नकुलेश, वाह! आज तो बहुत ही अच्छे 'मूड' में दिखते हो!"

"बड़ा ही पाजी लड़का है," सहज अधिकार भरे स्वर में प्रतिमा ने कहा।

"लड़का? यह लड़का नहीं लड़ाका है!" दादा बोले। और फिर तुरन्त ही उन्हें जैसे कोई बात याद आ गयी : "मैं एक जरूरी बात भूल ही रहा था," प्रतिमा और नकुलेश की ओर बारी-बारी से देखते हुए उन्होंने कहा। "कल मैं अपने यहाँ एक छोटी-सी चाय दे रहा हूँ। चित्रा आयेगी और तुम दोनों को भी आना है। सबेरे नौ बजे। भूलना मत!"

"चित्रा आयेगी तो क्या मेरा आना उचित होगा?" नकुलेश ने कहा : "आप सब-कुछ जानने पर भी ऐसी योजना क्यों बना रहे हैं!"

"सब-कुछ जानने पर ही ऐसी योजना बना रहा हूँ, नहीं तो न बनाता।"

"यह चित्रा कौन है?" सहज उत्सुकता से प्रतिमा ने दादा से पूछा।

"एक भली लड़की है, जिसे नियति ने बड़ी अजीब परिस्थिति में डाल दिया है।"

"क्या उम्र है उसकी?"

"यही बत्तीस-तैंतीस के आसपास होगी।"

"वाह दादा, आपके लिए बत्तीस वर्ष की युवती भी लड़की है और तीस वर्ष का युवक भी लड़का है! पर उसकी 'अजीब परिस्थिति' है क्या? अपनी बात जरा स्पष्ट कीजिये।"

"उसके माँ-बाप की सांसारिक स्थिति अच्छी है और पति की माली हालत तो और अच्छी है। पर दुर्भाग्य से उसकी न तो पति से बनती है न माँ-बाप से।"

"बड़ी विचित्र बात है। कारण क्या है?" प्रतिमा की उत्सुकता बढ़ने लगी थी।

वे लोग धीरे-धीरे चले जा रहे थे। नकुलेश बीच ही में बोल उठा, "वह एक मनचली नारी है, जीजी। उसकी किसी से कभी नहीं पट सकती।"

"मनचली अर्थात् स्वतन्त्र स्वभाव की और अस्तित्ववाद की पहली स्वयं-सिद्धि है कि प्रत्येक व्यक्ति अपने-आप में पूर्णतः स्वतन्त्र है। क्यों नकुलेश?" एक हलका-सा व्यंग्य दादा के ओठों में खेल रहा था।

नकुलेश अब गम्भीर हो गया था और दादा की उक्ति से कुछ तिलमिला भी उठा था। तनिक खीझ-भरे स्वर में बोला : "यह ठीक है कि प्रत्येक व्यक्ति अपने-आप में पूर्ण और स्वतन्त्र है। पर इसका यह अर्थ नहीं है कि वह हर बात में अपनी हठ पर अड़ा रहे, नासमझी को ही स्वतन्त्रता का मूल मन्त्र मानकर चले और सभी मानवीय सम्बन्धों को ठुकराकर मनमानी करने लगे!"

"पर-उपदेशवाली बात तो तुम नहीं कह रहे हो, नकुलेश? माफ करना, पर मैं तो यही कहूँगा कि आत्म-विश्लेषण तुम्हारे लिये भी उतना ही आवश्यक है जितना दूसरों के लिए।"

"यह सन्देह आपको क्यों हुआ कि मैं आत्म-विश्लेषण से कतराता हूँ?" तीखे स्वर में नकुलेश ने पूछा।

"इसलिए कि कल जिस तरह की बातें तुमने चित्रा से कहीं, कोई भी आत्म-विश्लेषण

करनेवाला व्यक्ति दूसरों से वैसी बातें नही कह सकता।" दादा अब काफी गम्भीर हो उठे थे।

"क्या कहा मैंने उससे?" कुछ सहमे हुए-से स्वर में नकुलेश ने पूछा।

"तुमने उससे ऐसे-ऐसे प्रश्न किये, इस तरह चारों ओर से उसे घेरा, ऐसे कूट इंगितों से उसे 'इम्बैरेस' किया, ऐसी बातें उससे कहीं जैसी कोई भी सभ्य मनुष्य किसी नारी से किसी ड्राइंग-रूम में नहीं कह सकता।"

"पर मैंने कोई भी गलत बात नहीं कही। जो-कुछ भी मैंने कहा वह प्रमाणित तथ्य था।"

"क्या तथ्य था और क्या अतथ्य इसका लेखा-जोखा मुझे इस समय नहीं करना है। जितने भी आरोप तुमने चित्रा पर लगाये, यदि वे सब राई-रत्ती सही भी हैं, तो भी तुम्हें उसे दोषी ठहराने का कोई अधिकार नहीं हो सकता, और चाहे किसी को हो। एक बात आज मैं तुमसे हार्दिक आग्रह के साथ कहना चाहता हूँ नकुलेश। तुम अस्तित्ववादी हो, ठीक है। बने रहो। इससे मेरा कोई विरोध नहीं है। पर अपनी व्यक्तिगत प्रतिक्रियाओं और उलझनों को अस्तित्ववादी सिद्धान्तों में मत घोलो। आत्म-विश्लेषण तुम्हारे लिये बहुत आवश्यक है, इस बात पर मैं फिर जोर देना चाहूँगा। क्योंकि कल जो बातें तुमने कहीं, उनसे केवल चित्रा के ही विरूद्ध तुम्हारा तीखा आक्रोश व्यक्ति नहीं होता था, बल्कि समस्त नारी-जाति के विरुद्ध तुम्हारी आत्मा के विकट विद्रोह का स्वर उसमें उभर उठा था। इससे मुझे लगा कि नारी के विरूद्ध कोई विकट और कुटिल गाँठ तुम्हारे अन्तर में पड़ी हुई है। 'नारी एक विसंगति है', तुमने कहा था। तब क्या सारी संगति का ठीका केवल पुरुषों को ही प्राप्त है?"

दादा का मुख तमक उठा था और उनकी आँखों में एक ऐसा तीखापन चमक रहा था, जिसका आभास इसके पहले नकुलेश को कभी नहीं मिला था। उसके स्वभाव की सारी उद्दण्डता उसके भीतर की किसी गहराई में दब गयी थी और वह पूरी तरह से सहम गया था। शायद वह नहीं चाहता था कि प्रतिमा के आगे उसकी सारी पोल इस तरह स्तर-प्रति-स्तर उघड़े। अपनी खीझ और आक्रोश का भाव त्यागकर उसने सहसा किसी पालतू पशु का-सा रूप अपना लिया। बड़ी विनम्रता के साथ, गिड़गिड़ाने का-सा भाव जताता हुआ, हाथ जोड़कर बोला : "बस दादा, अधिक न डाँटिये। जीजी के आगे अब मुझे अधिक जलील न करें। जब आप कहते हैं तब मैं अपनी गलती मान लेता हूँ और जैसा आप कहें वैसा करने को तैयार हूँ।"

दादा तैश में आकर जितना कुछ कह गये थे उसके लिए स्वयं संकुचित हो रहे थे। नकुलेश का गिड़गिड़ाना देखकर वह पानी-पानी हो गये। सारी बात को परिहास का रूप देने के उद्देश्य से बोले : "उद्दण्ड लड़कों को डाँट पिलाने में मुझे मजा आता है। अब जब तुम मेरा लोहा मान गये हो तब जैसे मैं कहूँ, वैसा तुम्हें करना होगा।"

"आपका आदेश शिरोधार्य है," अपने दबे हुए व्यंग्य को थोड़ा-सा फिर उभारता हुआ नकुलेश बोला।

"तो सुनो। कल जब तुम मेरे यहाँ चाय पीने आओ तब विनम्रता की साक्षात् मूर्ति

बन जाना। चित्रा के मन में तुम्हारी किसी भी बात, संकेत या व्यंग्य से तनिक-सी भी खरोंच नहीं लगनी चाहिए। चित्रा का मूड चाहे कैसा ही क्यों न रहे, तुम्हारे ऊपर भी वह चाहे कैसे ही छींटे क्यों न उड़ाये, तुम बराबर एक भले लड़के की तरह शान्त बने रहना उत्तेजित न होना। ठीक?"

"बिलकुल ठीक है, दादा, आपकी बात भला गलत कैसे हो सकती है," चीनी और खटास मिली मुस्कान के साथ नकुलेश ने कहा।

"इस पाजी के लिए इससे उपयुक्त और साथ ही बड़ा दण्ड दूसरा नहीं हो सकता," प्रतिमा बोली। स्थिति को स्पष्ट न समझते हुए भी उसे बड़ा रस मिल रहा था दोनों की बातों में।

चलते-चलते जब वे लोग होटल के करीब एक दुराहे पर पहुँचे तब दादा ने दायीं ओरवाले रास्ते की दिशा में मुड़ते हुए कहा : "नकुल, तुम अपनी जीजी को होटल तक पहुँचा दो। मैं तनिक बाजार हो आता हूँ।"

"क्या खरीदना है आपको?" प्रतिमा ने यों ही कुतूहलवश पूछा।

"कुछ नहीं, जरा बाजार की गपशप सुन आऊँ।" यह कहकर दादा बाजार की तरफ चल दिये।

दूसरे दिन सबेरे ठीक नौ बजे चित्रा पहुँच गयी। दादा ड्राइंग-रूम में एक सोफा पर आराम से बैठकर अखबार पढ़ रहे थे। चित्रा को दरवाजे पर खड़े देखकर उठे। अखबार को पासवाली छोटी-सी मेज पर रखकर, कुछ दूर आगे बढ़े और स्वागत के स्वर में बोले : "आओ, आओ, चित्रा! भीतर चली आओ। बाहर क्यों खड़ी हो।"

"नमस्कार दादा।" दोनों हाथ जोड़ते हुए और सहज मुस्कान को पूरी तरह मुख पर बिखेरते हुए चित्रा ने कहा।

"आओ, आओ, बैठो," दादा ने ढाढ़स बँधाने के-से स्वर में कहा।

चित्रा एक सोफा पर बैठ गयी। वह एक नीले रंग की चिकन की-सी साड़ी पहने थी और दोनों कन्धों के नीचे एक हल्के कत्थई रंग का हाथ का बुना शाल लटक रहा था। स्वाभाविक गोरे मुख पर अन्दाज से पाउडर और क्रीम मला गया था। लगता था कि आज उसने बालों को भी बड़े ढंग से और मेहनत से सँवारा है। ओठों में हलकी गुलाबी खिल रही थी।

"कहिये दादा, कोई खास खबर है? आज मैंने अभी तक कोई पेपर पढ़ा नहीं।"

"कल शाम का बासी अखबार पढ़ रहा था। सभी खबरें खास ही हैं, पर रोज प्रायः एक ही ढंग के समाचार पढ़ते रहने से अब कुछ भी खास नहीं लगता। पहले ही पृष्ठ पर नजर डालने से प्रायः यही खबरें पढ़ने को मिलती हैं कि अमुक स्थान पर रेलों के टकराने से इतने आदमी मर गये, अमुक देश का कोई प्रसिद्ध राजनीतिक नेता गोली से मार डाला गया, अमुक शहर में हड़तालिये छात्रों ने दंगे किये और तोड़-फोड़ की कार्रवाइयाँ

कीं, अमुक नगर में हो रही शान्तिवार्त्ता भंग होने जा रही हैं, अमुक प्रदेश की सरकार छिन्न-भिन्न हो रही है, आदि-आदि। संसार के एक अज्ञात और एकान्त स्थान में बैठा हुआ मुझ जैसा अदना आदमी इतने भारी-भरकम समाचारों का भार कैसे सहन कर सकता है? पर पढ़े बिना भी नहीं रहा जाता।"

"जरा देखूँ!" कहकर चित्रा ने अखबार माँगने के लिए हाथ बढ़ाया। स्पष्ट ही दादा की बात में कोई विशेषता उसे नहीं लगी थी।

दादा को लगा कि किसी कारण से आज चित्रा भीतर से कुछ सिकुड़ी-सिमटी हुई-सी है। उनकी समझ में नहीं आ रहा था कि किस प्रकार उसे नकुलेश की उपस्थिति के लिए पहले ही से तैयार किये रहें। अन्यथा अकस्मात् नकुलेश के आ जाने पर वह कहीं भड़क न उठे।

कुछ देर तक चित्रा अखबार पढ़ने में तल्लीन रही या तल्लीन रहने का नाटक करती रही। दादा मौन रहे। उसके बाद सहसा चित्रा ने हलके झटके के साथ अखबार को एक कोने में रख दिया और बोली : "कहिये दादा, चाय-वाय का कोई डौल है या आप निमन्त्रण की बात बार-बार याद दिलाने पर भी सचमुच भूल ही गये?"

दादा ने देखा कि अब चित्रा अपने सहज 'मूड' में आ गयी है। बड़े इतमीनान से और सहज भाव से बोले : "तनिक सब्र करो। सब प्रबन्ध है। मैं दो और आमन्त्रित अतिथियों की प्रतीक्षा कर रहा हूँ।"

"कौन हैं वे अतिथि?" कुतूहल-भरी दृष्टि से चित्रा ने पूछा।

"एक तो है प्रतिमा–मेरी भूतपूर्व छात्रा, जो कल ही यहाँ आयी है। बड़ी मिलनसार और तेजस्विनी महिला है–" दादा गौर कर रहे थे कि 'तेजस्विनी' शब्द सुनकर चित्रा के मुख पर एक हलकी व्यंग्य-भरी-सी मुस्कान उभर आयी थी।

"और दूसरी कौन है?" चित्रा ने पूछा।

"दूसरी नहीं, दूसरा कहो। दूसरा है नकुलेश–भड़कना मत, चित्रा! मैंने जान-बूझकर उसे निमन्त्रित किया है। तुम तनिक भी न घबराओ। मैं पूरी जिम्मगी लेता हूँ–उसके आने से हम लोगों की बैठक में तनिक भी विघ्न नहीं पड़ेगा, इसकी मैं तुम्हें गारण्टी देता हूँ।"

"पर दादा, माफ कीजियेगा, यह आपने मेरे साथ बड़ा अन्याय किया है। मैं उस व्यक्ति के साथ एक ही टेबिल में चाय नहीं पी सकती। मुझे पिला दीजिये। उन लोगों के आने तक मैं पी-पिलाकर चल दूँगी।"

"देखो चित्रा रानी, इस तरह मत रूठो। मुझसे गलती जरूर हो गयी है, पर अब जो भी हो, मेरा लाज रख लो। मेरा इतना अनुरोध आज मान लो!"

और उसी क्षण "नमस्कार दादा!" कहता हुआ नकुलेश आ पहुँचा। उसके पीछे प्रतिमा सहज पगों से, पूरे इतमीनान और आत्म-विश्वास के साथ चली आयी। आते ही उसने बिना हाथ जोड़े ही दादा को नमस्कार किया, और फिर चित्रा की ओर बिना कुछ बोले हाथ जोड़े।

"चित्रा, यही है मेरी भूतपूर्व शिष्या प्रतिमा। और प्रतिमा, यही है चित्रा रानी, जिसकी

तारीफ कल मैंने तुमसे की थी।"

प्रतिमा सहज भाव से चित्रा की बगल में बैठ गयी और बोली : "बड़ी प्रसन्नता हुई आपसे मिलकर।"

"कहाँ से आना हुआ आपका?" शिष्टाचार के लहजे में चित्रा ने धीरे से पूछा।

"मेरठ से।"

"वहाँ तो इस समय आग बरस रही होगी।"

"यहाँ आने पर तो लगता है जैसे वहाँ भी कुछ इसी तरह का मौसम चल रहा होगा। गरमी की कल्पना ही दिमाग में नहीं आ पाती।"

और इसके बाद दोनों महिलाएँ धीरे-धीरे आपस में इस हद तक घुल-मिलकर बातें करने लगीं कि लगता था जैसे दोनों का वर्षों का परिचय हो। उधर नकुलेश दादा की बगल में बैठा हुआ कुछ देर तक अखबार देखता रहा, फिर दादा के साथ प्रदेश की राजनीति के सम्बन्ध में बातें करने लगा। कोई दिलचस्पी न होने पर भी दादा कुछ दबे हुए स्वर में हलकी-हलकी बहस करते रहे। दोनों आपस में बातें करते हुए बीच-बीच में कनखियों से महिलाओं का मुआयना कर लेते थे। दादा स्पष्ट ही इस बात से पुलकित हो रहे थे कि चित्रा ने नकुलेश को देखकर कोई 'सीन' खड़ा नहीं किया।

दादा एक मिनट के लिए क्षमा माँगकर उठे और भीतर रसोई-घर में चले गए जहाँ से पकौड़ियों के तले जाने की सुगन्ध आ रही थी। कुछ ही देर बाद फिर लौट भी आये।

प्रायः सात मिनट बाद नौकर ने बाहर आकर, स्क्रीन के उस पार सजायी गयी एक लम्बी-सी मेज पर चाय की सामग्री लगाना आरम्भ कर दिया। दादा ने सबसे उधर ही चलकर बैठने का अनुरोध किया। सब लोग उठे। आमने-सामने दो-दो कुर्सियाँ लगी थीं। महिलाएँ एक तरफ और पुरुष दूसरी तरफ बैठ गये।

ज्यों ही नकुलेश की चित्रा से चार आँखें हुईं त्यों ही उसने सहज प्रसन्न मुद्रा में दोनों हाथ जोड़ते हुए कहा : "नमस्कार! परसों शाम को मेरी बेमतलब की बातों से तुम्हारे मन को जो चोट पहुँची उसके लिए मैं हृदय से क्षमा चाहता हूँ। कभी-कभी बिना किसी उद्देश्य के इस तरह की बातें मेरे मुँह से निकल जाती हैं, पर उनका लक्ष्य किसी व्यक्ति-विशेष का जी दुखाने का नहीं रहता। बाद में मुझे स्वयं उन बातों की याद से ग्लानि का अनुभव होने लगता है। मैं फिर क्षमा चाहता हूँ और विश्वास दिलाता हूँ कि भविष्य में फिर कभी तुम्हें मुझसे इस तरह की शिकायत का कोई अवसर नहीं मिलेगा।"

नकुलेश से सब बातें एक साँस में इस ढंग से कह गया जैसे उन वाक्यों को रटकर आया हो। दादा गौर से चित्रा के मुख की ओर देख रहे थे–यह जानने के उद्देश्य से कि नकुलेश की बातों की क्या प्रतिक्रिया उस पर होती है। पर चित्रा ने नकुलेश की ओर से मुँह फेर लिया था। चाय आ गयी थी और वह चाय बनाने में व्यस्त हो गयी थी। चाय में दूध डालकर, एक-एक प्याला सबके आगे बढ़ाते हुए चित्रा ने कहा : "दादा, चीनी अपने-अपने हिसाब से डाल लीजिये।"

अपने प्याले में डेढ़ चम्मच चीनी डालकर, उसे चम्मच से मिलाती हुई प्रतिमा बिना

किसी की ओर देखे बोली : "नकुल बदतमीज तो बहुत है, और 'मूडी' भी है, पर इसमें एक भलाई यह है कि इसके भीतर कुछ और बाहर कुछ हो, ऐसा नहीं लगता।"

चित्रा ने आश्चर्य से प्रतिमा की ओर देखा, शायद यह जानने के लिए कि नकुलेश के 'भीतर और बाहर' से उसका परिचय कब से और कहाँ से हुआ। पर वह बोली कुछ नहीं।

चाय के साथ जो चीजें थीं संख्या में अधिक न होने पर भी चुनी हुई थीं। टोस्ट, आधे तले हुए अण्डे, गरम-गरम पकौड़ियाँ, वैसी ही गरम जलेबियाँ, प्लम और खूबानियाँ।

चित्रा धीरे-धीरे खा रही थी। दादा ने कहा : "तनिक लम्बा हाथ मारो। अभी तो तुमने एक भी पकौड़ी नहीं चखी। एक विशेष प्रकार के पहाड़ी पत्ते की पकौड़ियाँ हैं। इनका एक अलग स्वाद है। यह चीज तुम्हें नीचे नहीं मिल सकती।"

"आप चिन्ता न करें, दादा, मैं ले लूँगी।"

"तुम व्यर्थ के तकल्लुफ में पड़ी हो", कहकर दादा ने एक बड़े चम्मच से एक-एक करके चार पकौड़ियाँ निकालकर चित्रा के प्लेट में डाल दीं। उसका एक भी निषेध नहीं सुना।

"दादा, यह तो पक्षपात है," नकुलेश ने एक मीठी चुटकी लेते हुए कहा।

सुनकर चित्रा ने तिरछी दृष्टि से उसकी ओर देखा और पलटे में उसने भी अपनी सहज संकेत-भरी दृष्टि उसकी ओर गड़ायी। दादा आश्चर्य से देख रहे थे कि नकुलेश के मुख की सहज मुद्रा में भी रहस्यमय व्यंग्य का जो भाव नहीं छूट पाता था, वह आज एकदम गायब था। आज उसकी दृष्टि के हर इंगित में, हर भाव में सहज स्नेह और निश्चल प्रसन्नता व्यक्त हो रही थी।

"पक्षपात है, तो तुम्हें क्यों ईर्ष्या हो रही है?" प्रतिमा ने कहा। उसकी आँखों में एक हलके मीठे व्यंग्य की दुष्टता भरी थी।

इस बीच नकुलेश दो बड़ी-बड़ी पकौड़ियाँ अपने प्लेट में डालकर कुतरने लगा था।

"पकौड़ी सचमुच बहुत बढ़िया है। जीजी, तुम भी चखकर देखो।" बात तो कह रहा था वह जीजी से, पर कनखियों से देख रहा था चित्रा की ओर।

चित्रा आज बहुत कम बोल रही थी, पर उसके मौन से भी आज एक ऐसी शालीनता टपक रही थी जो नकुलेश को बहुत रूचिकर लग रही थी। उसका सादा और संयत शृङ्गार, लाज या संकोच की बहुत ही झीनी झालर से झिलमिलाती हुई दो बड़ी-बड़ी, भाव-व्यंजक आँखों की संकेत-भरी चुभन, धीरे-धीरे घूँट-घूँट करके चाय पीने का उसका अन्दाज–सभी बातें आज नकुलेश को बहुत प्यारी लग रही थीं। उसे कुछ इस तरह लग रहा था जैसे आज वह पहली बार चित्रा को देख रहा हो। आन्तरिक प्रसन्नता की पुलक उसकी आँखों में जैसे समा नहीं पाती थी। दादा नकुलेश के मुख के हलके-से-हलके भाव पर गौर कर रहे थे। वह आश्चर्य से देख रहे थे कि आज पहली बार उसके मुख पर से विकृति की एक-एक छोटी-से-छोटी और अस्पष्ट-से-अस्पष्ट रेखा जैसे रबर से मिटकर साफ कर दी गयी हो। ऐसी सहज सुन्दरता उसके चेहरे पर इसके पहले उन्होंने कभी नहीं देखी थी।

"प्रतिमा, कैसी लगीं पहाड़ी पकौड़ियाँ? कुछ पसन्द आयीं?" कहते हुए दादा ने दो

पकौड़ियाँ और उसके प्लेट में डाल दीं।

"पकौड़ियाँ सचमुच बहुत अच्छी बनी हैं, दादा। पर आप तो कुछ ले ही नहीं रहे हैं।"

"चित्रा, जलेबियाँ ठण्डी हुई जा रही हैं," कहकर दादा ने चार छोटी-छोटी जलेबियाँ उसके प्लेट में डाल दीं।

"बहुत खा लिया, दादा," सलज्ज भाव से चित्रा ने कहा : "अब ज्यादा गुंजाइश नहीं है।"

"ये लो प्लम और खूबानियाँ। और फिर इसके बाद जलेबियाँ तो खानी ही पड़ेंगी। ऊपर से एक प्लाया चाय पी लोगी तो सब जलेबियाँ गलकर शहद बन जायेंगी।"

बड़ी सीधी-सादी, बासी, फुटकर और रुक-रुक कर बातें हुईं चाय पर। कुल मिलाकर मौन का ही पलड़ा भारी रहा। पर नकुलेश को लगा कि वह मौन उसके कानों में जितनी बातें कह गया उतनी कभी किसी मुखर वातावरण में भी उसने नहीं सुनी थीं। दादा को भी कुछ ऐसा ही लग रहा था।

चाय समाप्त होने पर सब लोग उस टेबिल पर से उठ खड़े हुए।

"अच्छा दादा, आपकी बहुत बढ़िया चाय के लिए बहुत-बहुत धन्यवाद!" हार्दिक प्रसन्नता से चित्रा ने कहा।

"अभी ठहरो। तनिक सौंफ-सुपारी से अपना सहज सुगन्धित मुँह और सुगन्धित करती जाओ। इतनी जल्दी भी क्या है!"

"आप बड़े वैसे हैं, दादा," बनावटी नाराजगी जताती और एक किशोरी का-सा सलज्ज भाव मुख पर झलकाती हुई चित्रा बोली : "दूसरों को लज्जित करने में इतनी प्रसन्नता जाने क्यों होती है आपको!" वह दादा को उलाहना देती हुई कनखियों से नकुलेश की ललचायी आँखों की ओर देख रही थी।

"मैं हृदय से तुम्हारे प्रति कृतज्ञ हूँ, चित्रा, कि तुमने सहज स्नेह से चाय पी", दादा ने कहा।

"देखिये दादा, आप फिर बनाने लगे!"

"मैं बिगाड़ ही सकता हूँ, बना नहीं सकता, चित्रा!"

सुनकर सभी खिलखिलाकर हँस पड़े।

नकुलेश को चित्रा के उस सहज सलज्ज भाव में एक बिलकुल ही नयी छवि के दर्शन हो रहे थे और वह वास्तव में उसकी ओर इस तरह देख रहा था, जैसे उस छवि को जी भरकर पी जाना चाहता हो।

सौंफ, सुपारी, गरी की कतरन, छोटी इलाचयी, लौंग आदि विविध प्रकार के सुगन्धित मसालों से भरी खानेदार थाली आयी। सबने खड़े-ही-खड़े थोड़ा-थोड़ा उसमें से लिया। चित्रा ने भी लिया और फिर दादा की ओर हाथ जोड़ती हुई बोली : 'नमस्कार!' प्रतिमा की ओर भी उसने उसी प्रेम और आदर से हाथ जोड़े। हाथ जोड़ते हुए प्रतिमा से उसने कहा : "अभी तो आप यहीं होंगी। एक दिन मेरे यहाँ भी पधारने की कृपा अवश्य कीजियेगा।" अन्त में उसने नकुलेश की ओर देखा, जो पहले ही से हाथ जोड़े हुए उसी

की ओर देख रहा था। आँखें चार होते ही नकुलेश ने परम प्रसन्न मुद्रा में और प्रायः भाव गद्‌गद स्वर में कहा : 'नमस्कार!' चित्रा ने भी बिना कुछ बोले उसकी ओर हाथ जोड़ दिये। पर उसकी वह क्षणिक मौन दृष्टि नकुलेश के भीतर के कानों में जैसे कोई आवश्यक बात कह गयी। और दूसरे ही क्षण वह बाहर निकल गयी।

"बड़ी सफल चाय रही आज की," कहते हुए दादा ने हार्दिक कृतज्ञता की-सी दृष्टि से पहले नकुलेश की ओर देखा और बाद में प्रतिमा की ओर।

"आपकी पहाड़ी पत्तियोंवाली पकौड़ियों का जादू काम कर गया," परम प्रसन्न भाव से नकुलेश बोला।

"मैं सचमुच आज तुम्हारे आचरण से बहुत प्रसन्न हूँ," कहते हुए दादा हार्दिक स्नेह से नकुलेश की पीठ ठोंकने लगे।

कुछ देर तीनों खड़े-खड़े इधर-उधर की बातें करते रहे। उसके बाद प्रतिमा और नकुलेश चले गये।

उस दिन सबेरे ही बादल घिरे हुए थे। दिन-भर तर्जन-गर्जन होता रहा। बीच-बीच में कुछ फुहारें बरस जाती थीं और फिर खुल जाता था। कभी पहाड़ों की चोटियों से बादल की तरह का कुहरा चारों ओर फैलता था, कभी नीचे से ऊपर को उठता था। कभी सारा दृश्य लिप-पुत कर एकाकार हो जाता था और कभी इधर-उधर के दृश्य थोड़ा-थोड़ा करके उधड़ते चले जाते थे। प्रतिमा का जी आज अकारण ही कुछ उदास-उदास-सा हो रहा था। दिन में खाना खाकर वह काफी देर तक लेटी रही। नींद नहीं आती थी और तरह-तरह की बेमतलब की बातें दिमाग में उठती-गिरती थीं, तरह-तरह के अर्थहीन काल्पनिक घटना-चित्र बनते-बिगड़ते थे। अर्द्धचेतनावस्था में कभी लगता कि वह एक विचित्र भूमि में आ गयी है, जहाँ उसके लिए सब-कुछ बिराना और विजातीय है और कभी लगता कि युगों तक नाना विचित्र स्थानों और निराली परिस्थितियों से होकर गुजरने के बाद अब वह अपने असली घर में पहुँची है। बीच-बीच में करवटें बदलती जाती थी और फिर रजाई से मुँह आधा ढाँप लेती थी। उसे लग रहा था कि उसे अपने भावी जीवन से सम्बन्धित एक बहुत जरूरी बात सोचनी है, पर वह बात क्या है, यह याद करने की मानसिक स्थिरता और अवकाश ही उसे जैसे नहीं मिल रहा था। मन के बहुत भीतर से जो अर्थहीन काल्पनिक चित्र बरबस उठते और फिर उसी में विलीन हो जाते थे वे जैसे उसी पहाड़ी कुहरे की तरह उसके भीतर धूपछाँह का खेल खेल रहे थे और जो-कुछ वह सोचना चाह रही थी उसे स्पष्ट रूप से सामने आने ही नहीं देना चाहते थे।

बीच-बीच में कई बार वह उठ बैठने की सोचती रही, पर बार-बार जी अलसाकर गुड़मुड़ी बाँध लेता था। अन्त में वह उठी। हाथ की छोटी-सी घड़ी में चार बज चुके थे। चारों ओर से बादल सघन-से-सघनतर होते जा रहे थे। कुहरा सारी प्रकृति को अपनी लपेट में लेकर एकाकार बनाने पर तुला था। बादलों का गम्भीर गर्जन जारी था। अभी से

अँधेरा घिरता आ रहा था। उदासी बढ़ती जा रही थी।

उसी उदास मनःस्थिति में प्रतिमा ने स्टोव जलाया और चाय की केतली चढ़ा दी। इतने में बाहर बरामदे में जूतों की खटर-पटर सुनायी दी और फिर दूसरे ही क्षण किसी ने दरवाजा खटखटाया।

किवाड़ खोलते ही पर्दे के बाहर से आवाज आयी : "नमस्कार जीजी!"

देखा, सामने नकुलेश सहज प्रसन्न मुद्रा में खड़ा था। उसे देखते ही प्रतिमा के भीतर का सारा कुहासा जैसे फट गया। जिस निपट अकेलेपन के अहसास से वह इतनी देर तक अपने को चारों ओर की सघनता से घिरा हुआ पा रही थी, वह सारे-का-सारा अँधेरा आवरण केवल एक नव-परिचित आत्मीय व्यक्ति की उपस्थिति से इन्द्रजाल की तरह फटकर शून्य में विलीन हो गया! "नहीं, मैं अकेली नहीं हूँ," वह मन-ही-मन कहने लगी : "मेरा नकुलेश है, मेरे दादा हैं। मात्र ये दो प्राणी विश्वव्यापी शून्यता को भर देने के लिए पर्याप्त हैं।" एक क्षण में यह बदला हुआ मनोभाव बिजली की तरह उसके भीतर कौंध गया।

प्रकट में उसने सहज स्नेह से कहा : "आओ, आओ नकुल, आओ! तुम्हारा ही इन्तजार था। मैं आज दिन-भर अकेली उदास बैठी थी। बड़ी बुरी-बुरी कल्पनाएँ और चिन्ताएँ भयावने सपनों की तरह मेरा गला दबोचे हुए थीं। तुम बड़े ही अच्छे अवसर पर आये हो। चलो भीतर, तुम्हें बढ़िया चाय पिलाती हूँ।"

नकुलेश की दृष्टि सहसा पूरबवाले पहाड़ की ओर गयी। एक विशाल और उज्ज्वल इन्द्रधनुष नीचे की हरी-भरी घाटी से ऊपर को उठता हुआ सारे आकाश के आर-पार छा गया था।

"देखो, देखो, जीजी, क्या सुन्दर दृश्य है!" नकुलेश ने पुलकित होकर कहा।

प्रतिमा बाहर बरामदे में चली आयी। नकुलेश की दृष्टि का अनुसरण करते हुए उसने ज्यों ही वह इन्द्रधनुष देखा, त्यों ही जैसे दिव्य आनन्दलोक से छुटा हुआ एक चमचमाता बाण, उसके अन्तर को भेदकर, उसके समस्त प्राण, सारी आत्मा को हर्ष से कण्टकित कर गया। वह देखती रही और देखती रही। आँखें पलक नहीं मारना चाहती थी। बीच में क्षण-भर के लिए उसने पीछे पलटकर देखा, पश्चिम की ओर से आकाश का एक बड़ा टुकड़ा बादलों से मुक्त होकर, धुलकर साफ हो गया था। नीचे की ओर ढलता हुआ सूरज काले बादल की एक आंशिक घन घटा से ढका होने पर भी, अपना बिम्ब बादल की किसी अदृश्य दरार से होकर पूरबी क्षितिज पर फेंक रहा था। उत्तर की ओर वाले पहाड़ों के एक बहुत बड़े भाग में फिर पीली धूप बिखर गयी थी। और फिर प्रतिमा ने अपनी दृष्टि इन्द्रधनुष पर गड़ा ली। वह देर तक उसकी ओर देखती रही, जब तक उसके सातों रंग धीरे-धीरे मन्द होते हुए, पूरी तरह विलीन न हो गये!

उल्लास के खुमार की एक लम्बी साँस लेकर प्रतिमा नकुलेश का हाथ पकड़कर धीरे से भीतर चली आयी।

"चाय का पानी तो बहुत देर से खौलता हुआ अब औटने भी लगा है," प्रतिमा ने

कहा : "तुम बैठो, मैं तब तक एक गिलास पानी इसमें और चढ़ा देती हूँ।"

एक कपड़े से केतली का ढक्कन खोलकर, उसमें एक गिलास पानी और डालकर उसने फिर उसे बन्द कर दिया। फिर एक डिब्बे से कुछ क्रीम-क्रैकर निकालकर एक प्लेट में सजाकर रख दिये। उसके बाद नकुलेश के पास जाकर बैठ गयी।

"अब कहो, क्या हाल हैं?" उसने इतमीनान से पूछा : "आज कहाँ-कहाँ गये थे?"

"गया था जरा चित्रा की तरफ," नकुलेश ने तनिक उदासीनता के-से स्वर में कहा।

"भेंट हुई?"

"हाँ हुई। काफी बातें भी हुईं।"

"क्या-क्या बातें हुईं, जरा विस्तार से बताओ। कुछ उबास दूर हो। आज बहुत "बोर' हो चुकी हूँ–अपने-आप से।" कहकर प्रतिमा ने अपने बायें घुटने पर दाहिना घुटना जमाया और दोनों बँधे हुए हाथ उस पर रख दिये।

"जीजी, बात असल में यह है," तनिक दबे हुए-से स्वर में नकुलेश ने बोलना आरम्भ किया।

"अच्छा दो मिनट ठहरो," कहती हुई सहसा प्रतिमा खड़ी हो गयी। "खौलते हुए पानी पर जो ठण्डा पानी डाला था वह भी धुआँ देने लगा है। मैं जल्दी से चाय बनाकर लाती हूँ, तब इतमीनान से तुम्हारी बातें सुनी जायेंगी।" और वह स्टोव के पास चली गयी।

थोड़ी ही देर बाद वह ट्रे में चाय के पानी का बर्तन, प्याले, तश्तरियाँ, दूध, चीनी, क्रीम-क्रैकर आदि सभी आवश्यक चीजें ले आयी और एक गोल मेज के ऊपर उसने ट्रे रख दिया। और तब दोनों उसी मेज के आमने-सामने बैठ गये। प्रतिमा प्यालों में चाय बनाती हुई बोली : "अब बताओ, इतमीनान से।"

"हुआ यह, जीजी, कि–"

"नहीं, वह जो तुम कह रहे थे कि, "बात असल में यह है', वह क्या बात है, पहले उसी को बताओ।"

नकुलेश को कुछ क्षणों तक यह याद ही नहीं आया कि उसने 'बात असल में यह है' कहा भी था या नहीं; और जब याद आया कि कहा था तब यह याद नहीं आया कि वह 'असल बात' क्या थी। फिर सहसा उसे याद आ गया।

"हाँ, वह बात! देखो जीजी, तुमसें मैं कोई बात छिपाना नहीं चाहता, इसलिए पहली बात तुम यह जाने रहो कि मैं इस पहाड़ी अंचल में केवल चित्रा के लिए आया हूँ। मेरा और कोई उद्देश्य यहाँ आने का नहीं था। उससे मेरा पुराना और घनिष्ठ परिचय है, यह मैंने तुम्हें उस दिन बातया था। आरम्भ ही से–पहले ही दिन से–मैं उसके प्रति आकर्षित हो उठा था। वह आकर्षण इतना प्रबल था कि उसकी चुम्बकीय शक्ति ने मेरी प्रकृति के सारे आवारापन को, मेरी अस्थिर किन्तु अनुभूतिशील मानसिकता को एक आश्चर्यजनक स्थिरता प्रदान कर दी–"

"पर तुम क्रैकर तो खा ही नहीं रहे हो," प्रतिमा ने अपना प्याला समाप्त करते हुए कहा।

“ओह जीजी, तुम बहुत ही ‘प्रोजेइक’ हो।” मुँह बिचकाते हुए नकुलेश ने कहा : “अपना सारा हृदय अंगूर के गुच्छे की तरह निचोड़कर तुम्हारे प्याले में डाल रहा था और तुमने सारा रस क्रैकर में गिरा दिया!”

“मैंने एक बूँद भी नहीं गिराया है, सब सँजोए हूँ। आज मन-भर तुम्हारी ही बातें सुनूँगी। पर इस तरह की बातें चाय पर नहीं, बल्कि चाय खतम करने पर ही हो सकती हैं। इसलिए क्रैकर खाओ, चाय का दूसरा प्याला पी डालो, तभी मैं कुछ सुन, समझ और सोच सकूँगी।”

“अच्छी बात है” कुछ मरे मन से नकुलेश ने कहा। और दाँतों से क्रैकर तोड़ता हुआ, कुर्सी पर पीठ अड़ाये, ऊपर छत की ओर आँखें फाड़े देखता रहा। स्पष्ट ही वह शून्य में देखता हुआ कुछ सोच रहा था।

प्रतिमा को लगा कि उससे वास्तव में गलती हो गयी है, और वह यह भी समझ गयी कि नकुल अपने जीवन की एक मार्मिक अनुभूति को उघाड़ने की मनःस्थिति में है। वह मौन रही और, समय काटने के लिए, स्वयं भी एक क्रैकर उठाकर दाँतों से कुतरने लगी।

क्रैकर समाप्त होने पर नकुलेश ने अनमने ही भाव से चाय का प्याला आगे बढ़ाया और धीरे-धीरे पीने लगा। कुछ बोला नहीं। जब उसे भी समाप्त कर चुका तब फिर कुर्सी में पीठ अड़ाकर ऊपर की ओर देखने लगा।

प्रतिमा को अब साहस नहीं हो रहा था बात को आगे बढ़ाने का। पर सहसा उसने एक ढंग सोच लिया और अत्यन्त गम्भीर भाव से बोल उठी : “उस दिन जब दादा के यहाँ चाय पर उससे बातें हो रही थीं तब मैं उसकी आँखों की एक विचित्र रहस्यमयता पर गौर कर रही थी–”

नकुलेश उचकता हुआ-सा ठीक से बैठ गया और बोला : “किसकी आँखों की रहस्यमयता की बात तुम कर रही हो?”

“चित्रा की,” उसी सहज गम्भीरता के साथ प्रतिमा ने कहा। “मैं क्रैकर कुतरती हुई उसी की बात सोच रही थी।”

“किस तरह की लगी तुम्हें वह रहस्यमयता?”

“मैं ठीक से बता नहीं सकती। पर उसकी बड़ी-बड़ी सुन्दर-सी आँखों की पुतलियाँ बातचीत के दौरान जिस तरह घूम रही थीं और सफेद कायों में लम्बे-लम्बे और बहुत ही बारीक नीली-लाल डोरियाँ जिस तरह सिमट और फैल रही थीं, उनसे लगता था कि वह हम लोगों से इस दुनिया की बात करते हुए भी सब समय अपनी कल्पना की किसी निराली ही दुनिया में विचरती रहती है। इस दुनिया की दीवारें और फर्श उसके सिर से और पाँव टकराते रहते हैं, पर वह वहाँ, रहती नहीं, और न रहना ही चाहती है–”

“वाह जीजी, वाह! कमाल कर दिया तुमने”, कहते हुए नकुलेश का मुख एक अजीब-सी चमक से खिल उठा। उसकी आँखों में पुलक भी था और विस्मय भी : “इतना सूक्ष्य निरीक्षण कर सकती हो तुम, इसका मुझे पता नहीं था!”

“असल में मैं उस चुम्बकीय आकर्षण की बात सोच रही थी, जिसकी चर्चा तुम कुछ

देर पहले कर रहे थे और उसी क्षण मुझे याद आया कि उस दिन उसकी आँखों में जो एक रहस्यमयता मैंने पायी थी वह उस आकर्षण का एक बहुत बड़ा कारण हो सकता है।"

"और क्या-क्या बातें उसके स्वभाव की मालूम कीं तुमने उस रहस्यमयता से?" नकुलेश ने उत्सुक भाव से पूछा।

"और भी बहुत-सी बातें मैंने अपने ढंग से मालूम की हैं। पर पहले मैं यह अच्छी तरह जान लूँ कि तुम पर उसके व्यक्तित्व का प्रभाव किन-किन रूपों में पड़ा। अपने स्वभाव में एक बहुत बड़ा परिवर्तन आने की बात तुम बता ही चुके हो कि किस प्रकार उस प्रबल आकर्षण ने तुम्हारे आवारापन को स्थिरता प्रदान कर दी। उस स्थिरता से तुम्हारा आशय क्या है, यह बात अभी तक मेरे आगे स्पष्ट नहीं हो पायी है।"

नकुलेश फिर उसी आत्म-निरीक्षण की मनःस्थिति में आ गया था। गम्भीर भाव से बोला : "स्थिरता से मेरा आशय यह है कि, जीजी, कि अपनी निपट असहाय और संगीहीन अवस्था में मुझे जीने का एक सहारा मिल गया; केवल सहारा ही नहीं मिला, मुझ भटकते हुए को एक लक्ष्य–एक ध्रुवतारा मिल गया। लगा कि जीवन में केवल भटकना-ही-भटकना नहीं है, कुछ विश्रामस्थल भी है, जहाँ सुस्ताकर मुक्ति की साँस ली जा सकती है। एक ऐसी नारी से मेरा परिचय हो गया है जिसके आगे मैं अपनी अन्तरतम व्यथा की गाँठ खोल सकता हूँ, जिसके आगे मैं अपने सारे अन्तर्व्यक्तित्व को निरावरण रूप में रख सकता हूँ, जिसे अपनी बात समझा सकता हूँ और जिसकी बात स्वयं समझ सकता हूँ, जिसकी संवेदना के तारों का मेरे अन्तर के तोरों से सीधा सम्बन्ध है। इतना बड़ा निश्चित आश्वासन उसे पहली ही बार देखने पर मुझे कैसे मिल गया, मैं कह नहीं सकता। उसके व्यक्तित्व में एक ऐसा बौद्धिक निखार मैंने पाया, किसी वस्तुतत्त्व या व्यक्ति के अन्तर-रहस्य की ऐसी पैनी पकड़ पायी कि उसके लिए मेरे भीतर से शुद्ध प्रशंसा का मुक्त स्रोत उमड़ पड़ा। और उस बौद्धिक प्रतिभा के साथ जो मानवीय संवेदना उसकी आँखों में लहराती हुई मैंने देखी, उससे वह आश्वासन निश्चित विश्वास में परिणत होने लगा। पूरे एक वर्ष तक वह विश्वास स्थिर बनी रहा, तनिक भी नहीं डगमगाया। पर उसके बाद उसके स्वभाव में सहसा एक विचित्र परिवर्तन देखनें में आया। वह मुझसे अकारण (या शायद सकारण) कतराने लगी और नित्य नये-नये लड़कों से नये-नये सम्बन्ध स्थापित करने लगी। उनके उन सम्बन्धों में किसी प्रकार की नैतिक या सामाजिक उच्छृङ्खलता पायी जाती हो, ऐसी बात नहीं थी। पर उसके उस नये आचरण का कोई अर्थ या कारण मेरी समझ में नहीं आया। नवयौवन की अवस्था अपने-आप में एक कारण हो सकती है। पर वह अब नवयुवती भी नहीं रह गयी थी। वह अब पचीस साल की पूर्ण युवती थी। बीच-बीच में मैं खीझ उठता था और उसको उलाहना देता था। पर वह मेरी शिकायत को यह कहकर टाल देती थी कि मैं वहम और तुच्छ ईर्ष्या का शिकार हो गया हूँ। मेरी खीझ बढ़ती जाती थी, पर मैं कुछ कर नहीं सकता था–"

जेब से रूमाल निकालकर नकुलेश ने अकारण ही अपने ओंठ पोंछे। फिर बोला : "पर

इन सब बातों के बावजूद, उसके व्यक्तित्व का आकर्षण मेरे लिये रंचमात्र भी कम न हुआ, बल्कि और अधिक प्रबल होता गया। उसके एकान्त साहचर्य की लालसा मेरे प्राणों में घुटती जा रही थी; उसके प्रति अतृप्त प्रेम का दाह भूसी की आग की तरह मेरे भीतर दहक रहा था। मुझे और कहीं भी मुक्ति नजर नहीं आ रही थी। उसके अतिरिक्त और कहीं कोई त्राण नहीं दिखायी देता था। बीच-बीच में उससे झगड़ा हो जाता था, बोलना तक बन्द हो जाता था, पर फिर-फिर मैं अपने को उसी के आकर्षण की परिधि में बरबस नाचने को बाध्य पाता था। इतनी बात मेरे आगे स्पष्ट हो गयी थी कि वह चाहे मुझसे कैसी ही घृणा क्यों न करने लगी हो, मेरी प्रेतात्मा के प्रेम ने फाँसी का एक ऐसा फन्दा उसके गले में डाल रखा है, जिससे वह चाहने पर भी मृत्युपर्यन्त मुक्त नहीं हो सकती।

"नियति ने अचानक उसे एक ऐसे विवाह के भँवर-जाल में फँसा लिया जहाँ साधारण स्थिति में उसके फँसने की बहुत कम सम्भावना थी। उसके समान स्वतन्त्र, निर्भीक, कल्पनाशील, महत्त्वाकांक्षिणी नारी अन्त में पत्थर तोड़ व्यावसायियों की बिरादरी में फँसकर, घुट-घुटकर मरने को बाध्य की जायेगी, इसकी कल्पना भी कभी उसने नहीं की होगी। मैं उसके इस साहस और वैयक्तिक स्वतन्त्रता के प्रति उसके अटूट विश्वास और लगन की प्रशंसा किये बिना नहीं रह सकता हूँ कि उस बन्धन को भी तोड़कर वह वहाँ चली आयी है। मेरा सम्पर्क उससे किसी-न-किसी रूप में बराबर बना रहा। उसी ने मुझे एक पत्र द्वारा इस बात की सूचना दी थी कि वह सभी सामाजिक बन्धनों को अन्तिम रूप से, पूरी तरह छिन्न करके इस पहाड़ी अंचल के एकान्त वातावरण में शान्ति की खोज के लिए आ रही है। यह सूचना पाने पर मैं यहाँ चला आया। वह मुझसे दस-बारह दिन पहले पहुँच चुकी थी। मुझे यात्रा और यहाँ रहने के खर्च के लिए रूपया जुटाने में कुछ देर हो गयी।

"जब मैं यहाँ पहुँचा तब उसका कुछ दूसरा रवैया मैंने पाया। दो-तीन पुरुष उसे प्रायः प्रतिदिन घेरे रहते थे। उसके बात-व्यवहार और रंग-ढंग में भी मुझे एक नया परिवर्तन दिखायी दिया। मेरे आगे वह खुलना ही नहीं चाहती थी। अपने अन्तर की एक भी बात वह मुझे नहीं बताती थी और न अपने वर्तमान संकट या समस्या के ही सम्बन्ध में कोई बात करना चाहती थी। उसके विश्वासपात्र कुछ दूसरे ही व्यक्ति बन गये थे। एक था वह युवक जिसे वह अपने मामा का लड़का बताती है, दूसरा था गिडवानी नाम का एक सिन्धी जौहरी और तीसरा था इसी अंचल का एक धनी ठीकेदार।

"चित्रा के इस रवैये से खीझकर और अपने को उसकी परिचित-मण्डली से एक प्रकार से कटा हुआ पाकर मैं उसके प्रति बहुत कुछ हो गया था। उस दिन होटल के ड्राइंग-रूम में उसके प्रति जो कड़े शब्द मेरे मुँह से निकल पड़े थे उनका मूल कारण मेरी वही मनःस्थिति थी।

"पर दादा ने जो चाय उस दिन सबेरे दी थी उसने हम दोनों के सम्बन्ध को एक बिलकुल ही नया मोड़ दे दिया है, ऐसा मैंने अनुभव किया। उसी से उत्साहित होकर आज बहुत दिनों बाद मैंने फिर चित्रा के पास जाने का साहस किया–"

प्रतिमा बड़े ध्यान से नकुलेश की रामकहानी सुन रही थी। जब नकुलेश रुका तब उसने एक लम्बी साँस ली और बैठे-बैठे खिड़की के पार झाँकने लगी। पश्चिम में प्रायः पूरी तरह से डूबा हुआ सूरज ऊँची चोटियों को अभी तक प्रकाशित कर रहा था। पश्चिमी क्षितिज के ऊपर चमकनेवाले बादामी रंग के बादल की किनारी पर अब लाल रंग चढ़ने लगा था।

भीतर अँधेरा होने लगा था। प्रतिमा ने उठकर बत्ती जलायी और फिर उसी कुर्सी पर बैठ गयी और बोली : "अब विस्तार से बताओ कि चित्रा ने तुम्हारा स्वागत किस रूप में किया और तुम दोनों में क्या-क्या बातें हुईं।"

"यह भी एक अजीब-सी दास्तान है," नकुलेश ने कहा। "प्रायः ढाई बजे के समय मैंने उसके कमरे का किवाड़ खटखटाया। 'कौन'? बड़े रूखे स्वर में उसने भीतर ही से पूछा। सुनते ही मेरा कलेजा धक से रहा गया। फिर भी साहस करके मैंने धीरे से कहा : 'नकुलेश।' उसने फिर उसी लहजे में पूछा : 'कौन'? शायद उसने ठीक से मेरी आवाज नहीं सुनी थी। मैंने फिर धीरे से कहा : 'खोलो, मैं हूँ नकुलेश।' भीतर की चिटकनी खटक से खुली। किवाड़ खोलकर और पर्दा हटाकर जब उसने मुझे देखा तब उसके चेहरे पर विस्मय और संकोच की सिकुड़नें-सी पड़ गयीं। एक अजीब ही शर्मीली नजर से उसने मेरी ओर देखा। उसके मुँह से पहले केवल एक ही शब्द फुसफुसाता हुआ-सा निकला : ओह!' फिर बहुत धीमी आवाज में कुछ रुखाई के साथ बोली : 'आ जाओ!'

"एक बार इच्छा हुई कि चुपचाप लौट चलूँ–क्यों व्यर्थ में उसे संकोच में डालूँ और स्वयं संकोच से सिकुड़ा रहूँ! पर उसकी आँखों की अधखुली दृष्टि मुझे जैसे मौन निमन्त्रण दे रही थी। मेरा साहस लौट आया और मैं भीतर चला गया। उसने बिना कुछ बोले एक सोफा की ओर हाथ से इशारा किया और मैं बैठ गया। दस-बारह बरस के दो बच्चे, जो पहले एक-दूसरे के घनिष्ठ संगी और मित्र रह चुके हों, पर जिन्होंने बहुत दिनों से परस्पर खुट्टी कर रखी हो, वे जब अकस्मात् एक ऐसे एकान्त स्थान में मिल जायें जहाँ से भागना सहज सम्भव न हो, तब उन दोनों के मन की जो स्थिति होगी वही उस समय हम दोनों की भी हो रही थी।

"वह मुझसे काफी दूर हटकर, एक दूसरी कुर्सी पर बैठ गयी और अपने एक हाथ के नाखून से दूसरे हाथ का नाखून खुरचती हुई बड़ी ही शर्मीली आवाज में धीरे से बोली : 'क्या बात है?' उसकी सकुचायी हुई-सी, मौन विस्मित आँखों से आज एक ऐसा नया रस बरस रहा था, जिसकी कोई भी कल्पना मैं तब तक–कम-से-कम चित्रा जैसी ढीठ, निर्भीक और स्वतन्त्र-प्रकृति नारी से–नहीं कर सकता था। मनुष्य के स्वभाव का कौन रूप कब किस अतल में दबा रहता है और कौन रूप किस क्षण में उभरेगा, इसका ठीक अनुमान किसी व्यक्ति के दीर्घ और निकटतम साहचर्य से भी नहीं लगाया जा सकता।

"उसे इस हद तक संकोच की जड़ता से घिरा देखकर मैंने साहस बटोरा और स्पष्ट शब्दों में, संयत भाव से कहा : 'मैं तुम्हें परेशान करने नहीं आया, चित्रा, इसलिए घबराओ

मत। मैं फिर एक बार तुमसे क्षमा माँगने आया हूँ। उस दिन तुमने मेरी क्षमा-याचना के उत्तर में मौन रहकर भी मुझे क्षमा कर दिया था, यह मैं जानता हूँ, पर मैं इस बात के लिए बहुत उत्सुक हूँ कि तुम एक बार–केवल एक बार–अपने मुँह से कह दो कि तुमने मेरे उद्दण्ड आचरण के लिए मुझे क्षमा कर दिया है--बस! मैं सन्तुष्ट हो जाऊँगा।'

"मेरी ढिठाई का छुतहा प्रभाव जैसे उस पर भी पड़ गया। पहले से अधिक स्पष्ट और ऊँचे स्वर में उसने कहा : 'क्षमा वही कर सकता है जिसे दण्ड देने का अधिकार हो। जो व्यक्ति स्वयं दण्डित और लांछित हो वह क्या क्षमा कर सकता है, और उसकी क्षमा का मूल्य भी क्या है!'

"मुझे लगा कि आज वह किसी अज्ञात कारण या कारणों से आत्म-करुणा जागा की मनःस्थिति में थी। यही सबब था कि वह बड़े ही सहज और सीधे ढंग से मर्म की बात कह गयी थी।

"मैंने कहा : 'तुम्हे केवल मुझे दण्ड देने का अधिकार ही नहीं है, बल्कि तुम मेरी गलतियों के लिए समय-समय पर मुझे दण्ड दे भी चुकी हो। मैं स्वीकार करता हूँ कि उस दण्ड की कोई अच्छी प्रतिक्रिया मेरे भीतर नहीं हुई थी। पर विश्वास मानों, आज मेरी मनःस्थिति बिलकुल बदल गयी है और जो-जो दण्ड मैंने तुमसे पाये उनके लिए आज मैं तुम्हारा हार्दिक कृतज्ञ हूँ। उनसे मैंने बहुत-कुछ सीखा और पाया है, इसीलिए मैं आज जो तुमसे क्षमा माँगने आया हूँ उसे कोरा नाटक मत समझो। मैं आज सच्चे मन से तुम्हारे प्रति समर्पित हूँ और यदि तुम मुझे क्षमा नहीं भी करोगी तो भी तुम्हारे द्वारा दिये गये प्रत्येक दण्ड को मैं बिना एक शब्द भी बोले सिर-माथे स्वीकार करूँगा।'

"चित्रा ने अपनी आँखों की पुतलियों और डोरों को उसी रहस्यमय ढंग से घुमाते और मेरी ओर आधी दृष्टि से देखते हुए कहा : 'ये सब कहने की बातें है–भावुकता के फेन से लबालब भरे मन के पोले गुबार! कोई भी व्यक्ति किसी दण्ड को कभी सहज रूप में नहीं लेता। फिर आज किसको किसके दण्ड की परवाह है, जबकि प्रत्येक व्यक्ति, केवल आत्म-रक्षा के लिए ही नहीं, दूसरों पर प्रहार करने के लिए भी अपना-अपना चाबुक लिए खड़ा है?'

"मैंने अत्यन्त विनम्र भाव से उत्तर दिया : 'मैं अपना चाबुक फेंक चुका हूँ चित्रा। सच मानो, मैं निरस्त्र हूँ–'

"सहसा वह खीझ उठी। कुछ झल्लाई हुई-सी आवाज में बोली : 'पर तुम मुझसे चाहते क्या हो? मेरा जब संसार और समाज से कोई सम्बन्ध ही नहीं रहा, तब लोग मुझे अकेले शान्ति से मरने क्यों नहीं देते।' और मैंने आश्चर्य से देखा कि ऐसा कहते हुए उसकी आँखें डबडबा आयीं। बायीं आँख के कोने से एक बूँद आँसू टप से उसकी साड़ी पर जा गिरा। वह मेरे लिये एक नयी परिस्थिति थी–एकदम नया अनुभव था। पर मैंने सहज बुद्धि से काम लिया। चट अपने सोफे पर से उठ खड़ा हुआ और उसके एकदम निकट जा पहुँचा। अपनी जेब से ताजा धुला रूमाल निकालकर उससे धीरे से उसके आँसू पोंछता हुआ, आन्तरिक स्नेह और सहानुभूति के स्वर में बोला : "चित्रा तनिक आश्वस्त हो

जाओ। तुम्हारे समान समझदार, सयानी और बहादुर नारी को इस तरह की घबराहट शोभा नहीं देती। पिछली सभी बातें भूल जाओ। आओ, हम दोनों शपथ लें कि आज से हम जीवन का एकदम नया अध्याय शुरू करेंगे–'

"वह धीरे से मेरा हाथ हटाती हुई बोली : 'छोड़ो मुझे! मैं जानती हूँ कि मैं न किसी को समझा पाऊँगी, न कोई मुझे समझना चाहेगा या समझ पायेगा। प्रत्येक व्यक्ति अपने संकीर्ण स्वार्थ और संकुचित अहम् की चिन्ता में व्यस्त है; सीमा में घिरा है। कौन किसकी परवाह करता है? और करे भी क्यों! जब प्रत्येक को एक-एक क्षण के हिसाब से जीना है तब दूसरे अनिश्चित और अज्ञात क्षण के लिए कोई शपथ भी क्यों ले और कोई दूसरा उस शपथ पर विश्वास ही क्यों करे। कोई किसी का नहीं हो सकता और हो भी क्यों– जब प्रत्येक व्यक्ति को पूर्ण स्वतन्त्र होने की पूरी छूट हम मानते हैं! और जीवन का नया अध्याय!–' सच मानो, जीजी, उसकी वे आँखें जो एक क्षण पहले आँसुओं से डबडबायी हुई थीं, एक निराली रहस्यमयता से शून्य को घूरने लगीं, जिसमें व्यंग्य था, अविश्वास था, पूर्व अनुभव था, वर्तमान के निराश धुँधले सपने थे, और था भविष्य का अनन्त और अज्ञात अन्धकार! देखकर क्षण-भर के लिए मैं सहम गया। उसके अन्तर की अतलगत और अस्पष्ट पीड़ा की एक चिनगारी मेरे भीतर सहसा बिजली की तरह छिटक गयी। एक अजीब से हाहाकार का अनुभव होने लगा।

"और उसके बाद ही वह अचानक उठ खड़ी हुई। 'तुम बैठो, मैं आती हूँ,' कहकर स्टोव के पास चली गयी और उसे जलाने लगी। मैं कुछ क्षणों के लिए हक्का-बक्का-सा खड़ा-का-खड़ा रह गया–" कहकर नकुलेश सहसा रुक गया और प्रायः शून्य दृष्टि से प्रतिमा की ओर देखता हुआ कुछ सोचता रह गया।

प्रतिमा मौन तन्मयता से सुन रही थी। वह इस तरह खो गयी थी कि वह सुन रही है या पढ़ रही है या घटना को प्रत्यक्ष या सपने में देख रही है–इसका कोई भेदाभेद ज्ञान ही उसके मन में नहीं रह गया था। जब नकुलेश रुका तब उसने भी एक लम्बी साँस ली। लगा जैसे कोई सजीव सपना सहसा टूट गया हो।

"हाँ तो फिर क्या हुआ?" अन्यमनस्कता भंग करते हुए प्रतिमा ने पूछा।

"माफ करना, जीजी, मैं भूल गया हूँ कि मैं कहाँ पर रुका था।" प्रतिमा ने देखा कि इस बार नकुलेश की आँखों में उल्लास की-सी एक दीप्ति चमक रही थी।

"वह सहसा उठकर स्टोव जलाने लगी और तुम हक्का-बक्का खड़े रह गये," कहकर प्रतिमा ने कथा का सूत्र उसे पकड़ा दिया।

"तुम्हें तो एक-एक शब्द याद है, जीजी," उत्साहित होकर नकुलेश बोला! "हाँ तो वह स्टोव जलाती हुई जैसे अपने-ही-आप से बड़बड़ाती जाती थी : 'हँह, जीवन का नया अध्याय! जीवन के इतने टेढ़े-मेढ़े, उलटे-सीधे रास्ते पारकर चुकने के बाद अब जीवन का नया अध्याय आरम्भ करने की बात तुम्हें सूझी है। हँह!'

"'हँह्!' कहते हुए वह रो रही थी या हँस रही थी, इसका पता नहीं चल रहा था, क्योंकि जहाँ मैं बैठा था वहाँ से उसकी केवल पीठ ही दिख रही थी। 'हाँ, किया जा सकता

है जीवन के नये अध्याय का आरम्भ,' उसने कहा, 'पर किस बूते पर लोग इस तरह की बात करते हैं मैं समझ नहीं पाती। आज पाँच साल हो गये तुमसे परिचय हुए। सोचा था, एक व्यक्ति जीवन में ऐसा मिल गया है जिसका हाथ पकड़कर मैं बीहड़ वनों को निश्चित पारकर सकती हूँ, पहाड़ों की बड़ी-बड़ी चोटियों को आसानी से लाँघ सकती हूँ, सारे विरोधी संसार का सामना निर्भय होकर, हँस-हँसकर कर सकती हूँ। पर एक साल भी नहीं बीतने पाया कि मैंने देखा, मैं एक ऐसे व्यक्ति का सहारा पकड़े हूँ जो कायर है, जो घोर स्वार्थी है, जिसकी छाती सिकुड़ी हुई है, जो उदार और तटस्थ दृष्टि से जीवन का खेल देख सकने में तनिक भी समर्थ नहीं है, जो स्वयं दूसरों के सहारे अपने जीवन की गाड़ी को किसी तरह हाँक रहा है, जो अपने तनिक से स्वार्थ के लिए अपने आत्मीय व्यक्ति का गला पकड़ सकता है, जो अपनी जीवन-संगिनी को अपनी मोल ली हुई दासी मानकर उसे अपने निजी संकट के समय दूसरों के हाथ आसानी से, बिना तनिक भी झिझक के बेच सकता है! फिर भी मेरे मन से ममता नहीं छूटी और परिवार, समाज और संसार की तनिक भी परवाह न करके मैं विकट बन्धनों को तोड़कर यहाँ आयी और आते हुए मैंने अकेले तुम्हीं को याद किया। उसका जो प्रतिफल तुमने दिया उसे तुम सबसे अधिक जानते हो।'

अन्तिम वाक्य कहते हुए उसने अपना मुँह मेरी ओर कर लिया था। क्रोध, घृणा और निराशा-भरी जिस हिस्टीरिक मुद्रा से वह मेरी ओर देख रही थी उससे लगता था, जैसे वह अभी किसी को फाड़कर खा जायेगी। विश्वव्यापी हाहाकार की घनी अँधेरी छाया उसके चेहरे में घिर आयी थी।

"उसके आरोप बड़े ही निर्मम, अनुचित और अन्यायपूर्ण लगे मुझे। पर उसके मुख के भाव में भयंकर आक्रोश और आत्म-विद्रोह के साथ ही नितान्त दयनीय आत्म-करुणा का जो भाव घुलकर एकाकार हो गया था उसने मेरे मन की असहिष्णुता को संयत बनाकर मेरे भीतर तुरन्त एक नयी प्रेरणा भर दी। मैं उसी क्षण अपनी जगह पर से उठा और सीधे उसकी ओर बढ़कर उसके चरणों में जा गिरा। उसके दोनों पाँवों पर अपना सिर रखकर सच्चे हृदय से गिड़गिड़ाता हुआ बोला : 'चित्रा' मैं तुम्हारे सभी आरोप और अपने अपराध स्वीकार किये लेता हूँ। पर क्या एक बार–केवल एक, और अन्तिम बार–के लिए मेरी सारी भूलों को क्षमा नहीं कर सकती हो? इस बार पूरी परीक्षा करके देख लो, तुम मुझे एकदम बदला हुआ आदमी पाओगी।'

"उसके गरम-गरम आँसू मेरे सिर पर टपाटप गिर रहे थे। वे मुझे अच्छे लग रहे थे। मेरे ठण्डे और भरे हुए मन को वे जैसे अपनी गरमी से एक नया उत्साह, नया जीवन प्रदान कर रहे थे। पर जब वे आँसू धारा-प्रवाह बरसने लगे तब उनकी तपन चिनगारियों की तरह लगने लगी। और उसका वह रुक-रुककर सिसकना! जैसे कोई सुकुमार पंछी दम तोड़ रहा हो। मैं रह न सका और सहसा उचकता हुआ-सा उठ खड़ा हुआ। पता नहीं वह क्या प्रेरणा थी। मैंने आव देखा न ताव। बिजली के वेग से, अपने दोनों बाँहों के बल उसे छाती से भींचकर मैंने उसकी आँखों को चूमना और उनसे निकलते हुए आँसुओं को

पीना शुरू कर दिया। मैं पागलों की तरह निरन्तर आँखों को चूमता ही जाता था और आँसुओं को पीता ही जाता था। उसने विरोध नहीं किया–तनिक भी नहीं। मुझे लग रहा था कि मेरे युग-युग से भटकते हुए मन की एकमात्र आकांक्षा आज पहली बार सिद्धि की मंजिल के पास पहुँच गयी है।

"कब तक हम दोनों उस स्थिति में खड़े रहे, मैं कह नहीं सकता। जब मैं उस नशे से कुछ उबरा तब मैंने कहा : 'आओ, चलो, तनिक बैठकर सुस्ता लो।' वह अपनी साड़ी के आँचल से आँखें पोछते हुए बोली : 'तुम बैठो, मैं चाय बनाती हूँ।' और वह स्टोव के पास चली गयी। केतली नीचे उतार कर, उसमें चाय की पत्तियाँ डालकर, उन्हें पानी में सींझने के लिए छोड़कर वह सीधे गुसलखाने में चली गयी। वहाँ से हाथ-मुँह धोकर जब लौटी तब मैंने देखा कि उसके मुख में एक नया निखार आ गया है।

"चाय की सामग्री लेकर वह आयी और मेज पर रखकर इतमीनान से बैठ गयी। उसका चेहरा देखने से लगता था कि अब वह पूरी तरह से शान्त है। एक अपूर्व शालीनता का संयत सौन्दर्य उसके मुख पर दमक रहा था, जैसा आज के पहले मैंने कभी देखा नहीं था।

"जब उसने प्यालों में पानी उँड़ेला तब मैंने अशोभन मौन भंग करने के उद्देश्य से कहा : "वाह, क्या बढ़िया रंग निखरकर आया है!' उसने धीरे से, किन्तु सहज भाव से उत्तर दिया : "एक चम्मच चाय मैंने भूल से ज्यादा डाल दी थी, उसी का रंग है यह।' और ऐसा कहती हुई वह सहज भाव से मुस्कराने लगी, जैसे कुछ ही मिनट पहले जो काण्ड हो गया था, वह किसी पूर्व जन्म की घटना हो।

"चाय समाप्त होने पर जब मैं उठकर जाने लगा तब उसकी आँखों की स्निग्ध दृष्टि ने मुझे बताया कि वह मुझे पूर्ण रूप से क्षमा कर चुकी है। उसकी पीठ थपथपाकर, उसे फिर एक बार अन्तर्मन से दिलासा देकर, मैं चला आया। यह है संक्षेप में आज का किस्सा।" कहकर नकुलेश कुर्सी की पीठ से पीठ सटाकर आराम से बैठ गया।

जब उसने 'संक्षेप में' कहा, तब प्रतिमा तनिक मुस्करायी–क्षण-भर के लिए। दूसरे ही क्षण वह फिर अत्यन्त गम्भीर, विस्मित और भ्रमित भाव से नकुलेश की ओर देखती रह गयी।

"क्या प्रतिक्रिया हुई तुम्हारे मन में, जीजी, सारा किस्सा सुनकर?" तनिक उदासीन भाव से नकुलेश ने पूछा।

"मैं केवल इतना ही कह सकती हूँ, भैया," एक लम्बी-सी साँस भरते हुए प्रतिमा ने कहा, "कि मैं सुनकर चकित और स्तब्ध हूँ। और सच पूछो तो इतने दिनों से कोशिश करने पर भी मैं अभी तक तुम दोनों के सम्बन्ध की जटिलता के भीतर से उसके सही और मूलगत रूप को पकड़ ही नहीं पायी हूँ साहित्य मेरा विषय अवश्य रहा है, इसलिए मैं मनुष्य के मन की क्रिया-प्रतिक्रिया, प्रेम और घृणा के द्वन्द्व की बात बहुत-कुछ सोच सकती हूँ। पर व्यक्तिगत रूप से मुझे इस तरह के अनुभव का कोई अवसर कभी नहीं मिला, न मैंने इस तरह के सम्बन्ध की कोई चिन्ता ही कभी गम्भीर रूप से की और न इसे जीवन की किसी उपलब्धि का कोई आवश्यक कारण ही माना–

और प्रतिमा उस माहौल में सहसा आत्म-संस्मरण और आत्म-चिन्तन की मनःस्थिति में खो गयी। अपने नव-यौवन के प्रारम्भिक दिनों की स्मृतियाँ एक-एक करके उसके सचेत मन में उभरने लगीं और अपनी हरी-भरी याद से उसे गुदगुदाने लगीं। उसने एक अनमने क्षण में सामनेवाली खिड़की को ओर देखा। पूरब की ओर, सामने, एकदम पास लगनेवाले पहाड़ के ऊपर आधे से अधिक चन्द्रमा क्षितिज से बाहर निकल चुका था। जिस चोटी से वह निकल रहा था, उसके अगल-बगल दोनों ओर अलग-अलग खड़े बाँज, देवदारु, काफल, पाँगर आदि के पेड़ ऐसे दिखायी दे रहे थे जैसे वह केन्द्रीय अफ्रीका के किसी घने जंगल में रहनेवाले आदिवासियों की बारात का एक जुलूस हो, जिसमें पत्तियों और पौदों के कपड़ों से सजकर कोई दोनों हाथ फैलाये नाच रहा था, कोई किसी हाथ पर सवार होकर अंकुश लिये बैठा था, कोई बडे-बड़े हिंसक जन्तुओं की खाल पहने परस्पर मल्ल-युद्ध कर रहे थे। क्षण-भर में इसी तरह की विचित्र छायात्मक कल्पनाएँ अकारण ही प्रतिमा के मन में उठीं। चन्द्रमा के प्रकाश से एक निराली स्वप्निल-सी छाया उस हरे-भरे पहाड़ के ऊपर-नीचे और चारों ओर छा गयी थी।

क्षण-भर के लिए वह कुछ अनमनी-सी हो गयी, पर तत्काल ही सचेत भी हो उठी। मीठी उदासी-भरी एक अजीब-सी 'नास्टालूजिक' भाव वेदना उसकी चेतना में हिलोरें लेने लगी। उसी मनःस्थिति में वह कहती गयी : "अपनी नयी जवानी के दिनों में सपने मैंने भी सँजोये थे, भविष्य की मंजिल की सुनहरी कल्पनाएँ मैंने भी की थीं। पर उनके रूप भिन्न थे और दिशायें निराली थीं। राजनीतिक अन्याय और सामाजिक अत्याचारों के विरुद्ध सामूहिक विद्रोह जगाकर एक नये प्रगतिशील समाज के निर्माण का सुनहरा स्वप्न देख रही थी मैं। इस उद्देश्य से नवयुवकों और नवयुवतियों का दल भी संगठित किया था मैंने। पर परिस्थितियाँ ऐसी आयीं कि वह सारी योजना छिन्न-भिन्न हो गयी। जीवन-साथी चुनने का कोई सवाल ही कभी पैदा नहीं हुआ, क्योंकि अपनी मंजिल के बहुत से साथी मिल गये थे मुझे। तब क्या पता था कि युग के अधिकांश बुद्धिजीवियों की तरह मैं भी एक दिन जीवन में अकेली पड़ जाऊँगी और किसी लक्ष्यहीन पथ में एकाकी भटकने के लिए विवश हो जाऊँगी ! जो भी हो, मैं कह रही थी कि जीवन की जिस महत्त्वपूर्ण समस्या को सुलझाने में तुम उलझे हुए हो, उसके सम्बन्ध में कोई सलाह तुम्हें दे सकने में मैं असमर्थ और अयोग्य हूँ। इस सम्बन्ध में केवल दादा ही तुम्हें सलाह दे सकने के अधिकारी हैं। वह जीवन के सभी महत्त्वपूर्ण अनुभवों से होकर या तो गुजर चुके हैं, या उन अनुभवों के सम्बन्ध में जनम-जनम के संस्कार अभी तक उनकी स्मृति में ताजा हैं।"

"तुम ठीक कहती हो," कुछ ऊबती हुई-सी आवाज में नकुलेश बोला : "चलो, डिनर का समय हो रहा है। दादा वहीं मिलेंगे।"

"और चित्रा भी!" एक मीठी व्यंग्य-भरी चुटकी लेते हुए प्रतिमा ने कहा।

दोनों उठे। बाहर बरामदे में आकर प्रतिमा ने कमरे का दरवाजा बन्द किया। बरामदे के पूरबी छोर से सामनेवाले पहाड़ के ऊपर चन्द्रमा पूरा निकल चुका था और चोटी के सिर पर मुकुट-मणि की तरह खड़ा हो गया था। जो पहाड़ उदाचल का प्रतिनिधित्व कर

रहा था वह इतने निकट था कि लगता था जैसे हाथ बढ़ाकर चन्द्रमा को छुआ जा सकता है। चारों ओर से घिरकर अन्तस्तल में आकर सिमटती हुई-सी झिल्लियों की झनकार सन्नाटे को सुर दे रही थी। दूर कहीं से कोई किसी भटके हुए आदमी को पुकार रहा था। उसकी आवाज कई पहाड़ी चट्टानों से टकराकर दोनों एकान्त दर्शकों के कानों से टकरा रही थी। चाँदनी में जीनेवाली चिड़ियों का एक जोड़ा नीचे घाटी में कहीं बहुत ही सुकुमार स्वर में परस्पर वार्त्तालाप कर रहा था।

प्रतिमा एकटक चाँद की ओर देख रही थी। कुछ क्षण मौन रहने के बाद बोली : "वाह ! क्या सुन्दर दृश्य है ! मेरी हार्दिक कामना है, नकुलेश, कि चन्द्रोदय की यह विमल वेला तुम दोनों के नये जीवन के लिए शुभ हो और भविष्य में ऐसी ही स्निग्ध शान्ति तुम्हारे काँटों से उलझे हुए पथ को मंगलमय बनाती रहे।"

"बहुत-बहुत धन्यवाद, जीजी, तुम्हारी इस शुभ-कामना के लिए। चलों अब चलें।"

दोनों होटल के सार्वजनिक कमरे में पहुँचे। वहाँ अन्य व्यक्तियों के अतिरिक्त दादा और चित्रा भी उपस्थित थे और आसपास बैठे हुए थे। चित्रा प्रतिमा के स्वागत के लिए उठ खड़ी हुई। बड़ी विनम्रता से उसने प्रतिमा की ओर हाथ जोड़े। वह आज बहुत प्रसन्न लगती थी और सुन्दर दिख रही थी। नकुलेश की ओर उसने केवल एक झलक भाव-भीनी दृष्टि से देखा।

दादा भी खड़े हो गये थे। खड़े-ही-खड़े उन्होंने प्रतिमा और नकुलेश की ओर देखते हुए कहा : "अभी चित्रा और मैं एक योजना बना रहे थे। कल गंगा दशहरा है। कल यहाँ नदी के किनारे बहुत बड़ा मेला लगता है। अभी कुछ देर पहले राम बाबू ने याद दिलाया मुझे। हम लोगों ने तय किया है कि कल हम चारों वहाँ पिकनिक की तैयारी करके चलें।"

"बहुत बढ़िया योजना है," तत्काल नकुलेश बड़े उत्साह के साथ बोल उठा और बोलते हुए उसने एक नजर चित्रा की ओर देखा। वह भी भाव-भीनी दृष्टि से उसकी ओर देख रही थी। अन्तिम बात यह तय हुई कि कल बारह बजे सभी होटल से रवाना होंगे। प्रत्येक व्यक्ति एक-एक चीज बनाकर तैयार रखे, शेष सामान बाजार से खरीद लिया जायेगा।

उसके बाद सब लोग डाइनिंग-रूम में चले गये। आज तीन-चार विदेशी युवक युवती आये हुए थे, जो 'हिप्पी' लगते थे। एक किनारे चार सीटें खाली पड़ी हुई थीं। दादा और प्रतिमा, नकुलेश और चित्रा चुपचाप वहीं बैठ गये एक ही परिवार के लोगों को एक साथ बैठने की छूट थी, फिर चाहे वे पुरुष हों या स्त्रियाँ।

रात-भर आकाश में गर्जन-तर्जन होता रहा, हवा सनसनाती रही और पानी बरसता रहा। दादा के मन में यह सोचकर बड़ी निराशा होने लगी कि कल का वार्षिक मेला चौपट हो जायेगा और वे लोग जा नहीं पायेंगे। किसी भी मेले में जाने के लिए वे बच्चों की तरह उत्सुक रहते थे, फिर यह तो विशेष मेला था।

दूसरे दिन सुबह देखा कि मौसम में बदलाव आ गया है। बादल हट रहे थे और कुहरा छँट रहा था। धीरे-धीरे आकाश खुलता चला गया और ताजा धुले पहाड़ों के ऊपर धूप छिटकने लगी। दादा का उदास मन फिर किलक उठा। वह मेले की तैयारी में जुट गये।

ठीक बारह बजे सब लोग तैयार हो गये। सामान ढोने के लिए एक कुली कर लिया गया। दादा का नौकर साथ में चल ही रहा था। राम बाबू ने भी दादा को अपना निश्चय पहले ही बता दिया था कि वह भी साथ में चलेंगे। कुली और नौकर के अतिरिक्त अब वे लोग पाँच व्यक्ति थे। पिकनिक के सामान के अतिरिक्त दादा ने वक्त जरूरत के लिए दो छाते भी रखवा दिये थे।

वे लोग आपस में बातें करते हुए धीरे-धीरे चले जा रहे थे। सबके मन में एक नया दृश्य और नया माहौल देखने की उत्सुकता और उत्साह पाया जाता था। दादा अपने चिर-परिचित पहनावे में थे। बन्द गले का कोट और चुन्नटदार धोती और पम्प शू। नकुल असली या नकली चमड़े की जर्किन्स, चुस्त पैण्ट और नुकीला जूता पहने था। चित्रा चँदेरी की एक जरीदार साड़ी के ऊपर पतला-सा कोट पहने थी। उसके कन्धे पर एक छोटा-सा कैमरा झूल रहा था। प्रतिमा बारीक खद्दर की एक शुभ्र साड़ी पहने थी, जिसकी किनारी हरी थी। ऊपर काले रंग का शाल डाले थी।

बाजार से होते हुए वे लोग आगे बढ़े। कुछ दूर तक सीधा चलने के बाद बायीं ओर एक कच्ची सड़क से घूम गये, जो नीचे की ओर चली जा रही थी। वहाँ से जब कुछ और आगे बढ़े तब फलों के बाग शुरू हो गये। दोनों ओर लाल, पीले और हरे फलों से लदे हुए अपेक्षाकृत छोटे-छोटे पेड़ों के झुरमुट दिखायी देते थे। नकुलेश चुपचाप कुछ पके-पके फल चुनकर जेब में भर लेना चाहता था। पर उसने देखा कि कोई बच्चा तक भी उन फलों को नहीं तोड़ रहा है। अपनी नीयत पर वह स्वयं ही शरमा गया।

वे लोग ऊबड़-खाबड़ रास्ते में कंकड़ों और पत्थरों पर फिसलते चले जा रहे थे। धीरे-धीरे, दृश्य देखते हुए, बातें करते हुए चलना चाहते थे, पर उतराई में पाँव अपने-आप तेज चल रहे थे। थोड़ी देर बाद एक ऐसे चौराहे पर पहुँचे जहाँ दोनों ओर से दो-दो पगडण्डियाँ मिल रही थीं। उन चारों पगडण्डियों से होकर दल-के-दल स्त्री, पुरुष, बच्चे, बूढ़े, जवान--सभी सज-धजकर चले आ रहे थे। अधिकांश युवक सफेद कमीज के ऊपर खुले गले का कोट और नीचे चुस्त पाजामा पहने थे। बहुतों के गले रंगीन मफलरों से बन्द थे। वे लोग सिर पर या तो सफेद पगड़ी बाँधे थे या रंगीन रेशमी रूमाल। स्त्रियाँ रंगीन पिछौरी के भीतर चुस्त अँगिया और फेंटेदार लहँगा पहने थीं। सभी की नाक के नीचे से होकर ऊपर कपाल तक लम्बा लाल टीका खिल रहा था। अधिकांश युवतियों की काली अँगिया पर गले के नीचे से लटकती हुई सफेद झालरदार हँसुली कटारी की तरह चमक रही थी। अधेड़ स्त्रियों में से अधिकतर सिर पर एक-एक गठरी लिये चल रही थीं। बारह-तेरह से लेकर सोलह-सत्रह साल के बच्चे चलते हुए भी उछल-कूद मचा रहे थे। कोई गिरा हुआ फल लेकर भागा जा रहा था, कोई फिल्मी गीत गाता हुआ इतरा रहा था और कुछ दल बनाकर राष्ट्रीय 'मार्च सांग' गा रहे थे। दोनों ओर से 'द्वाँ-द्वाँ-दुक्की!'

'द्वाँ-द्वाँ-दुक्की!' की आवाज करते हुए अलग-अलग हुड़के (डमरू) बज रहे थे। उसी तरह अलग-अलग स्थानों से अलग-अलग बाँसुरियाँ भी बज रही थीं। कोई बाँसुरी एक विलम्बित राग बजाती हुई, आसपास के पहाड़ों की सारी स्तब्ध वेदना को जगाकर, उसे समेटकर, अन्त में उसे विशुद्ध आनन्द की किलकती हुई कम्पन और मृदु-मन्द सिसकती हुई-सी हिलोर में बदल देती थी। कोई राग जल-तरंग की तरह कुलकुलाता हुआ बज रहा था। किसी बाँसुरी में नृत्य-गीत की धुन बड़ी तेजी से बजती हुई सुनायी दे रही थी। बीच-बीच में मेला यात्रियों के कुछ छिटफुट गिरोह, हुड़का और बाँसुरी के सहयोग से, उद्‌दाम प्रेम का मुक्त गीत कोरस में गा रहे थे। बीच-बीच में "ओ लछिया, गिरेगा!" "ओ नन्दी, ठहर जा, मैं भी आ रही हूँ!" "जो रमुवा, पारबती कहाँ गयी?"आदि आवाजें कभी दूर से, कभी निकट से, कभी दायें से और कभी बायें से आती हुई सुनायी दे रही थीं। इस तरह की अधिकांश आवाजें स्त्रियों के ही स्वर में सुनायी पड़ती थीं। ऊपर बहुत दूर से एक विचित्र-से सामवेदी राग में छेड़ा गया अलाप सुनायी दे रहा था--"अँ–हँ अ-ा-ा-ा-ा-ा-ा आ-आ-आ-ई-ी-ी-ई-ई-ओ-े-े-े-े-े !" ऐसा भाव-मग्न, विलम्बित अलाप था वह कि दादा को लगा जैसे युग-युग से वही पूर्ण राग, वही मोहक तान उनके कानों में किसी रहस्य-मन्त्र की तरह बजती चली आ रही है, जैसे वही एकमात्र अलाप युग-युग में खण्डित होती रहनेवाली उनकी चेतना को एक अखण्ड समग्रता में बाँधे है। घोर अन्धकारमय युगों में जब कहीं जीवन का कोई अर्थ नहीं दिखता, तब यही राग अपने अव्यक्त जादू-भरे पूर्ण स्पर्श से, पल में जीवन के अटूट धूपछाँही खेल की सार्थकता विशुद्ध आनन्द की वाणी में समझा देता है।

अब सड़क की ढलान बढ़ रही थी। महिलाओं के चप्पल कहीं-कहीं कुछ फिसल जाते थे। बिना आपस में कोई सलाह-मशवरा किये ही सहसा दादा ने और नकुलेश ने एक ही समय में प्रतिमा और चित्रा को हाथ से सहारा देना आरम्भ कर दिया। दादा ने प्रतिमा को सहारा दिया और नकुलेश ने चित्रा को।

चारों ओर से लोग आ रहे थे, आ रहे थे और आ रहे थे। दूर-दूर के गाँवों से आ रहे थे। महीनों से इस मेले की प्रतीक्षा करने के बाद आज वह शुभ दिन आया था। किसान खेतों की चिन्ता छोड़कर, मजदूर मजदूरी का लोभ त्यागकर, कुटुम्बवाले घर का धन्धा छोड़कर, एक पूरा दिन निश्चिन्त भाव से, जीवन के मुक्त आनन्द के बीच बिताने के लिए आ रहे थे। मौसम भी अच्छा हो गया था और सारे वातावरण में उल्लास की अबाध लहरें उमड़ रही थीं।

कुछ दूर आगे चलने पर, बायीं ओर की सीधी ऊँचाई से एक झरना तीव्र गति से, शिव की जटाओं में खोई हुई गंगा की धारा की तरह, पहाड़ी झाड़ियों के टेढ़े-मेढ़े मोड़ों से होकर बहता हुआ चला आ रहा था। नीचे पहुँचकर वह एक खड़ी ऊँचाई पर से शोर मचाता हुआ, पत्थरों पर बड़े जोरों से गिर रहा था। दादा ने थोड़ी देर ठहरकर झरने में हाथ धोये और पानी पिया। उसके बाद कुछ समय तक एकान्त ध्यान से उसकी ताल-बेताल गति को देखते और उसकी हरहराती हुई आवाज सुनते रहे।

दादा की देखा-देखी सभी लोगों ने वहाँ पत्थरों पर एक छोटा-सा मोटे किस्म का कालीन बिछाया, जिसे कुली साथ में लाया था, और उस पर बैठकर विश्राम करने लगे।

वहाँ से उठकर जब कुछ दूर और नीचे आये तब एक और झरना ऊपर से झरता हुआ दिखायी दिया। उसका पानी भी, पिछले झरने की ही तरह, नदी नदी में विलीन होने को उतावली दिखा रहा था। कुछ दूर और आगे चलने पर वे लोग पहाड़ की तलहटी के प्रायः निकट पहुँच गये, जहाँ ऊपर की अपेक्षा कुछ चौड़े और हरे-भरे खेतों-वाला एक सुन्दर-सा गाँव दिखायी दिया, बड़े-बड़े जहाँ पत्थरों से छाये छोटे-छोटे साफ-सुथरे मकान, चीड़ के छोटे-छोटे पेड़ों के झुरमुटों के बीच, अलग-अलग–कोई ऊपर कोई नीचे खड़े थे। कुछ और निकट आने पर देखा गया कि गाँव के निवासी कुछ तो मेले में जाने की तैयारी कर रहे थे, कुछ गायों और भैंसो को सानी-पानी दे रहे थे; कहीं कुछ स्त्रियाँ छोटी-सी अँगनाई में जमाये गये पत्थर के ऊखल में धान कूट रही थीं; कहीं कोई लड़की लहँगे में फिरकी देकर और सिर पर फेंटा मारकर या तो छोटी-छोटी, पतली-पतली लकड़ियाँ तोड़ रही थीं या हँसिया से घास छील रही थीं। दो-एक आवारा कुत्ते यात्रियों पर भूँक रहे थे। कुछ और नीचे जाने पर एक पन-चक्की मिली, जो ऊपर से आनेवाले पानी के तीव्र प्रवाह की शक्ति से चल रही थी और मशीन की चक्की से अच्छा आटा पीस रही थी।

राम बाबू सबके पीछे-पीछे चलते हुए, अत्यन्त पुलकित, भाव-विभोर और ललकती हुई आँखों से गाँव के चप्पे-चप्पे का निरीक्षण एकान्त ध्यान से कर रहे थे। यही मटियापाणी था जहाँ उनका जी चुरानेवाली वह लड़की रहती थी जो उस दिन चरवाहे के छोकरे रतनसिंह को गीत की कड़ियों में जवाब दे रही थी। पर लड़की वहाँ कहीं देखने को नहीं मिली। "निश्चय ही मेला देखने चली गयी हो," रामबाबू मन-ही-मन सोच रहे थे। उनके मन में इस बात का पूरा विश्वास था कि वहाँ वह जरूर कहीं-न-कहीं मिल जायेगी।

पत्थरों पर पछाड़ खाती हुई पहाड़ी नदी के बहने का शोर स्पष्ट-से-स्पष्टतर और तीव्र-से-तीव्रतर होता चला जा रहा था। कुछ दूर तक और नीचे चलकर वे लोग नदी के समतलप्राय विस्तृत तट पर जा पहुँचे। चारों ओर से हुड़कों की "द्वाँ-द्वाँ दुक्की' की आवाज आ रही थी। एक छोर पर मिठाइयों, खिलौनों, कपड़ों और बर्तनों की दुकानें सजी हुई थीं। छैल-छबीले युवक और रंगीली, सुकुमारी और अल्हड़ युवतियाँ एक किनारे से आ रहे थे और दूसरे किनारे से जा रहे थे। बीच-बीच में आनेवालों की टोलियाँ मण्डली बनाकर नाच और गा रही थीं। स्त्रियों की एक मण्डली दूर एक कोने में घेरा डाले, चक्कर लगाती हुई, कोरस में 'झोड़े' गा रही थीं।

दादा नदी की ओर आगे बढ़ते जा रहे थे कि सहसा उन्होंने अपना कार्यक्रम बदला। नकुलेश से बोले : "कोई ऐसी जगह ढूँढ़ी जाये जहाँ से हम लोग मेला देख भी सकें और अलग, आराम से बैठकर पिकनिक का भी आनन्द ले सकें।"

चारों ओर दृष्टि दौड़ाने पर उन्हें दक्षिण-पश्चिम की ओर एक उपयुक्त स्थान दिखायी दिया। सभी लोग उसी ओर चल पड़े। स्थान कुछ ऊँचे पद पर था। बगल से झरने का पानी बहता हुआ आ रहा था। सीढ़ीनुमा पत्थरों पर पाँव रखते हुए वे लोग ऊपर चढ़ गये।

एक छोर पर छोटा-सा चीड़ का पेड़, और बीच में आमने-सामने खड़े और छोटे-छोटे लाल-लाल फलों के लदे पदुम के दो पेड़ मिलकर एक समद्विबाहु त्रिभुज बना रहे थे। पदुम के एक सघन पेड़ के नीचे, दादा के आदेश से, सामान उतारा गया। वहीं पर एक छोटावाला कालीन और एक दरी बिछा दी गयी। सब लोग बैठ गये। नौकर ने एक बड़ा-सा थर्मस, जिसमें तैयार काफी भर दी गयी थी, अपने कन्धे पर से धीरे से उतारा। उतना ही बड़ा दूसरा थर्मस राम बाबू लिये हुए थे। उन्होंने भी अपना बोझा धीरे से हलका किया।

नकुलेश ने प्रस्ताव किया : "पहले कुछ खा-पी लिया जाये, तब मेला देखने चला जाये।"

"नदी में स्नान करने के पहले आज के दिन मेले में खाना मना है," एक मीठी चुटकी लेते हुए चित्रा ने कहा। "दौड़ के जाओ और नहा के चले आओ। सँभलकर नहाना किसी पत्थर से पाँव फिसल सकते हैं।"

"नहीं बाबा, मैं नहा के आया हूँ, यहाँ नहीं नहाऊँगा, निश्चय ही मैं फिसल जाऊँगा। कुछ तो यहाँ के पत्थर चिकने हैं और कुछ मेरे पाँवों में काफी फिसलन है।"

सब लोग हँस पड़े। प्रतिमा ने कहा : "तुम्हारे सम्बन्ध में मुझे कुछ इसी तरह की आशंका थी।"

अबकी सब लोग एक साथ ठठाकर हँस पड़े–स्वयं चित्रा भी।

राम बाबू पीछे खड़े-खड़े कुछ गम्भीर भाव में बोले : "फिसलन होती नहीं है, आ जाती है। और जब आ जाती है तब उससे बचना बहुत मुश्किल होता है।"

प्लास्टिक की तश्तरियाँ, प्याले, गिलास, चम्मच आदि निकाले जाने लगे। चित्रा अलग-अलग तश्तरियों में खाद्य-पदार्थ सजाकर रखने लगी। खा चुकने के बाद सभी ने झरने के पानी में हाथ धोये और चुल्लू में भर-भरकर पानी पिया। दादा देर तक बड़े गौर से झरने की फेनिल क्रीड़ा देखते रह गये। और भी बहुत से मेला-यात्री यहाँ हाथ धो रहे थे और पानी पी रहे थे।

राम बाबू आरम्भ से ही मेले की भीड़ के बीच में खो जाने के लिए अत्यन्त आतुर और उतावले हो रहे थे, पर मौका नहीं मिल रहा था। जब दादा और दूसरे व्यक्ति झरने की तरफ गये तब राम बाबू सटक सीताराम हो गये।

झरने से लौटने पर यह बात तय हुई कि कुली सामान देखता रहेगा, शेष सब लोग मेला देखने चले जायेंगे। बाद में नौकर लौटकर आयेगा तो कुली मेला देखने चला जायेगा।

सब लोग मेले के शोर-शराबे को चीरते हुए दक्षिण की तरफ नदी की ओर बढ़े। चित्रा आज बहुत स्वस्थ और प्रसन्न थी और बात-बात में चुलबुलापन दिखा रही थी। कभी नकुलेश को छेड़ती, कभी दादा को। दादा अत्यन्त गम्भीर भाव से अपने चारों ओर के वातावरण का मौन निरीक्षण कर रहे थे। नकुलेश प्रतिमा और चित्रा के बीच में चलता हुआ उन लोगों को पहाड़ी मेलों की विशेषता बता रहा था। वह कह रहा था : "यौन-निर्वाचन के आदिम और स्वस्थ रूप की उत्पत्ति सबसे पहले इन्हीं पहाड़ों में हुई होगी। यहाँ के मेलों की सबसे बड़ी

विशेषता क्या है, जानती हो, चित्रा? यहाँ की विशेषता यह है कि इन मेलों के माध्यम से कई शादियाँ तय हो जाती हैं!"

"कैसे?" चित्रा और प्रतिमा दोनों ने साथ ही पूछा।

"जवान लड़कियाँ कतार बाँधकर खड़ी रहती हैं, जैसे कि सामने खड़ी हैं; गवैये उनके आगे गोल बाँधकर खड़े हो जाते हैं, जैसा कि तुम देख रही हो। किसी छैल-छबीले गवैये की नजर किसी विशेष सुन्दरी पर पड़ जाती है और वह उसी सुन्दरी के रूप और गुणों से सम्बन्धित नये-नये आशु-पद बनाता हुआ गाता जाता है। गाते हुए वह उसी विशेष सुन्दरी को लक्ष्य करके सुनाता जाता है। जिस सुन्दरी पर उसकी आँखें कृपा करती हैं वह अपने को गौरवान्वित अनुभव करती है और दूसरी युवतियाँ उससे ईर्ष्या करने लगती हैं। और इस तरह कुछ जोड़े परस्पर प्रभावित होकर, एक-दूसरे के जीवन-संगी बन जाते हैं।"

"तब तो तुम्हारी मौज है," चित्रा ने चुटकी लेते हुए कहा : "तुम भी एक रंगीन रूमाल खरीद लो। उसे हिलाते हुए और फिल्मी गीत गाते हुए सुन्दरियों के आगे नाचो। निश्चय ही कोई-न-कोई सुन्दरी तुम पर रीझ जायेगी। तब उसे लेकर, घर-गिरस्ती जमाकर यहीं बस जाओ। तुम्हारी प्रकृति के यह बहुत अनुकूल पड़ेगा।"

प्रतिमा को रस मिल रहा था। उसने कहा : "तुमने यह बहुत अच्छा सुझाव दिया है। किसान घराने की पहाड़ी लड़की इसे इस तरह बाँध लेगी, इसकी नाक में डोरी डालकर इसे इस तरह नचायेगी कि इसकी सारी सिट्टी-पिट्टी ही भूल जायेगी और सारी अस्तित्ववादी वेदना हवा हो जायेगी।"

दादा सब सुन रहे थे। अब तक इसलिए चुप थे कि वह मेले की छोटी-से-छोटी बात में भी गहरी दिलचस्पी ले रहे थे। वह सोच रहे थे कि यदि वह बीस-बाईस साल की उम्र में यहाँ होते तो निश्चय ही पहाड़ी युवकों का-सा वेष बनाकर सबके साथ इसी तरह मुक्त भाव से नाचते और गाते। जीवन का जो इतना बड़ा, सहज और निर्द्वन्द्व आनन्द उनके सामने निर्मुक्त बहा जा रहा है, वह आज के जीवन की तिक्तता और निरर्थकता के बीच कितना अमूल्य और दुष्प्राप्य है, यह जानते हुए भी वह उस जीवन में समान भाव से सम्मिलित नहीं हो पा रहे हैं और उस आनन्द के सहज भागीदार नहीं बन पा रहे हैं, इस बात की मीठी पीड़ा उन्हें भीतर से कचोट रही थी।

पर जब नकुलेश ने पहाड़ी मेले की 'विशेषता' की बात उठायी तब दादा के कान उधर ही केन्द्रित हो गये। जब प्रतिमा की भी बात उन्होंने सुन ली, तब उन्होंने अपनी सहज गम्भीर और तनिक व्यंग्यमूलक वाणी में कहा : "रोमांस आज कहीं भी इस कदर सस्ता और सहज-प्राप्य नहीं है, और रोमांस की मूल जननी पहाड़ी प्रकृति भी उसके वितरण में आज बहुत ही सावधान और बहुत ही कृपण होती जा रही है। जिस तरह से रोमाण्टिक विवाह की बात अभी नकुल कर रहा था वह स्यूडो-रोमाण्टिकों की एक अलस और रंगीन कल्पना मात्र है। पहाड़ी युवक-युवतियों में रोमाण्टिक अनुभूति तीव्र होने पर भी वे अत्यन्त संयत रूप में उसका उपयोग करते हैं। अनन्त रोमांसमय होते हुए भी पहाड़ी प्रकृति किसी भी अनधिकारी को उसकी एक बूँद भी निचोड़कर देने से इनकार कर देती

है। और उसके लिए हम लोगों से अधिक अनधिकारी दूसरा नहीं है–"

"क्यों? हम सभी अनधिकारी क्यों हैं?" नकुलेश ने तनिक गम्भीर होकर अपनी सहज व्यंग्यात्मक शैली में पूछा।

"तुम हो नये युग के नये कवि–"

"नया कवि होना क्या कोई गुनाह है?" नकुलेश ने तनिक अधीरता के साथ, बीच ही में बात काटते हुए कहा।

"ओ-फ्-फो-ह! इतनी जल्दी नाराज क्यों हो जाते हो, भाई?" दादा ने पहले से भी अधिक इतमीनान के साथ कहा। "नया कवि होना कोई गुनाह नहीं है, यह तो कोई भी व्यक्ति, जिसमें तनिक भी समझदारी होगी, बिना बहस के मान लेगा। कोई भी उदार और सच्चा काव्य-प्रेमी यह भी निश्चय ही मानेगा कि नये युग की जो समझ में न आनेवाली कूट संवेदनाएँ–आज की उलझी हुई मानसिकता से उत्पन्न सूक्ष्म अनुभूतियाँ–नयी कविता में नये स्पन्दन के साथ बोल उठी हैं वे यथार्थ हैं और उनकी अभिव्यक्ति भी बाहरी और भीतरी यथार्थ के प्रति पूरी ईमानदारी के साथ हुई हैं। पर तुम लोग, शायद नयी संवेदनाओं में गले-गले तक डूबे रहने के कारण, रोमांस से सम्बन्धित किसी भी भीतरी या बाहरी तत्त्व को जड़ से उखाड़ फेंकने के प्रयास में कोई भी बात उठा नहीं रखना चाहते हो। इसलिए तुम स्वभावतः रोमांस के तनिक भी अधिकारी नहीं हो सकते–"

"पर मैं, व्यक्तिगत रूप से, रोमांस के प्रति इस हद तक विरोध दृष्टिकोण नहीं रखता।"

"अपनी कविताओं में तुमने रोमाण्टिक भावना के विरुद्ध जो विषबुझे बाण चलाये हैं, उन्हें क्यों भूल जाते हो? फिर भी यह सही है कि व्यक्तिगत जीवन में रोमाण्टिक अनुभूति के बिना कोई जी ही नहीं सकता। किसी की अनुभूति सार्थक हो जाती है और किसी की केवल छायात्मक कल्पनाओं में ही लिपटकर रह जाती है, पर जीते सभी उसी में हैं।

"पर ये दो महिलाएँ रोमांस की अधिकारिणी क्यों नहीं हैं?"

"क्योंकि ये आज के युग के कृत्रिम, गन्दगी से भरे, भ्रष्ट और विकृत शहराती जीवन की हवा में पली हैं। उस हवा से बचने के लाख उपाय करने पर भी उससे अब ये पूर्णतः मुक्त नहीं हो सकतीं। क्योंकि ये जहाँ भी जाती हैं, वह हवा इनके पीछे-पीछे चलती रहती है।

महिलाएँ चुप थीं। दोनों में से किसी ने भी शायद उनकी बात पूरी सुनी शायद उनका ध्यान किसी विशेष दृश्य में अटक गया था।

"और आप? आप जो रोमांस के इतने बड़े ध्वजाधारी हैं, आप क्यों नहीं मानते अपने को उसका अधिकारी?" तीखे व्यंग्य के साथ नकुलेश ने पूछा।

"मैं यदि उसका अधिकारी होता तो तुम क्या यह समझते हो कि इस मेले में इस तरह तुम लोगों का पिछलग्गू बना रहता? सीधे नाचने-गानेवालों की मुक्त मण्डली के बीच जाकर समान स्तर पर शरीक न हो जाता?"

इसके बाद कुछ क्षणों तक दादा मौन रहे। फिर सहसा, भाव-भीने स्वर में, धीमी

आवाज में, धीरे से बोले : "रोमांस बहुत बड़ी चीज है, नकुलेश! उसकी जैसी उपेक्षा और तिरस्कार आज व्यावसायिक, वैज्ञानिक और भ्रष्ट राजनीतिक युग में हो रहा है, उससे उसका महत्त्व तनिक भी नष्ट नहीं हो जाता। आज के छिन्न-भिन्न, केन्द्रच्युत और सामूहिक पागलपन के युग में वैयक्तिक जीवन की जिस निरर्थकता से सारा युग पीड़ित है, उस मर्म-पीड़ा का एकमात्र और मूलगत उपचार है रोमाण्टिक अनुभूति को उसकी पूरी गहराई और ऊँचाई तक उभारना। पर आज की दुनिया को इस बात का विश्वास दिला सकना सम्भव नहीं है! आधुनिक युग के सामूहिक रोग का यह सब से विकट लक्षण है।"

पहाड़ी नदी के प्रखर प्रवाह का रोर मेले के शोर के बीच में कुछ दब गया था। अब जब वे लोग एकदम उसके निकट आ गये और मेले के मैदान के एकदम छोर पर पहुँच गये तब नदी भी स्पष्ट दिखायी देने लगी और उसका कलरोल भी स्पष्टतर रूप से सुनायी देने लगा। छोर से नीचे कूदकर अब वे लोग नदी के तट तक जा सकते थे। सबसे पहले दादा ऊबड़-खाबड़ पत्थरों की सीढ़ी बनाकर कूदे। उसके बाद उन्होंने एक-एक करके दोनों महिलाओं को हाथ का सहारा देकर नीचे उतारा। अन्त में नकुलेश कूदा। पास ही उत्तर की ओर एक छोटा-सा मन्दिर था, जिसके चारों ओर, और ऊपर भी, झण्डे फहरा रहे थे। वह मृत्युञ्जय महादेव का मन्दिर था। स्त्री-पुरुष वहाँ जाकर हाथ जोड़ते थे, पैसा चढ़ाते थे और घण्टा बजाते थे। बदले में प्रसाद के रूप में कुछ फूल-पत्ते लेकर चले आते थे।

वे लोग बालू की जमीन पर पड़े हुए गोल और चिकने पत्थरों को पार करते हुए नदी के असली तट तक जा पहुँचे। ग्रीष्मकालीन नदी यद्यपि स्वभावतः कुछ क्षीण हो गयी थी, तथापि उसके प्रवेश और जोश में तनिक भी कमी नहीं आने पायी थी। जहाँ पर दादा और उनके साथी खड़े थे वहाँ वेगवती धारा कुछ ऊँचाई पर दो बहुत बड़े सफेद, चमकीले और चिकने पत्थरों पर पछाड़ खाती हुई गरज रही थी, घुमड़ रही थी, फूल रही थी और क्रोध से फेन उगल रही थी। वहाँ से उसका पानी नीचेवाली नीली धारा में मिलकर एकाकार होता जा रहा था। वे लोग नदी के किनारे-किनारे उत्तर की ओर धीरे-धीरे बढ़ते चले जा रहे थे--उस ओर जहाँ से नदी बहती हुई चली आ रही थी। नदी के उस पार तट से लेकर आकाश तक सीधे खड़े पहाड़ सारे वातावरण पर छाये हुए थे और चारों ओर से आकाश को भी ढकने का प्रयत्न कर रहे थे। उन खड़े पहाड़ों पर भी लोग धीरे-धीरे चढ़ रहे थे और तेजी से नीचे उतर रहे थे। जो बहुत ऊपर चढ़ चुके थे, या चोटी के पास से नीचे को चले आ रहे थे वे मुनष्यों को नहीं, छोटे-मोटे भेड़ों की कतार की तरह दिखायी दे रहे थे।

उत्तर की ओर बढ़ते हुए नदी की गर्जन-तर्जन भी बढ़ता हुआ सुनायी दे रहा था। पग-पग पर अकेली नदी को अनेक बड़े-बड़े पाषाण-खण्डों का सामना करना पड़ रहा था, इसी कारण उसका क्रोध और विक्षोभ भी बढ़ता चला जा रहा था। वह शोर इस हद तक बढ़ गया था कि केवल दस ही कदम दूर खड़े व्यक्ति की आवाज भी स्पष्ट नहीं सुनायी देती थी। नकुलेश चित्रा को साथ लेकर आगे बढ़ गया था और तनिक ऊँचाई पर एक

बड़े-से गोल पत्थर पर खड़े होकर दादा को लक्ष्य करके कुछ कह रहाथा। दादा धीरे-धीरे प्रतिमा का हाथ पकड़े पत्थरों की रूकावटों को पार करते हुए चले जा रहे थे। नकुलेश को कुछ कहते देखकर उन्होंने दायें हाथ को दायें-बायें डमरू की तरह हिलाकर संकेत से यह जता दिया वह कुछ सुन नहीं पा रहे हैं।

प्रतिमा ने चिन्तित होकर कहा : "चित्रा नहीं दिख रही है, कहीं उसका पाँव फिसल न पड़ा हो।"

"ऐसा नहीं हो सकता," दादा ने कहा, "देख नहीं रही हो, कैसी प्रसन्न मुद्रा में नकुल हमें हाथ से बुला रहा है।"

और तभी चित्रा भी एक किनारे खड़ी दिखायी दी। वह परम प्रसन्न दृष्टि से कैमरा हाथ में लिये उन दोनों की ओर देखती हुई कैमरे का फोकस ठीक कर रही थी।

"ये दोनों ऐसे पुलकित हैं जैसे कोई बड़ा भारी गढ़ जीत लिया हो," प्रतिमा ने कहा।

प्रतिमा को पत्थरों पर चढ़ने-उतरने में कठिनाई का अनुभव हो रहा था, पर बच्चों का-सा सुख मिल रहा था। धीरे-धीरे चलते हुए वे दोनों वहीं पहुँच गये जहाँ चित्रा और नकुलेश खड़े थे। स्पष्ट ही चित्रा चित्र ले चुकी थी। वह कुछ हटकर किनारे पर खड़ी थी और नकुलेश नदी की प्रबल धारा के ऊपर जमे हुए दो बड़े-बड़े पत्थरों के बीच दोनों टाँगें और दोनों हाथ फैलाये खड़ा था।

दादा ने कहा : "तुम ऐसे खड़े हो जैसे किसी अलंघित चोटी को लाँघ चुके हो। बात क्या है?"

"जरा इधर तो आइये। देखिये, चारों ओर कैसा सुन्दर दृश्य तन, मन और प्राणों को पुलकित कर रहा है!"

"क्या फर्क पड़ता है!" दादा ने अस्तित्ववादी भाषा में व्यंग्य कसते हुए कहा।

"बहुत फर्क पड़ता है, दादा, जरा इधर आइये तो सही!" दादा के व्यंग्य से तनिक भी अप्रतिभ न होकर नकुलेश बोला।

प्रतिमा चित्रा के पास खड़ी हो गयी और दादा छड़ी को पत्थरों पर जमाते हुए वहीं पहुँच गये जहाँ नकुलेश खड़ा था। दो पाषाण-खण्डों के बीच की तंग दरार से होकर एक चौड़े-से मुँह से नदी का फेनिल जल एक मोटे से झरने की तरह बाहर-निकलकर, ऊँचाई पर से बड़े वेग के साथ नीचे गिर रहा था। उसी झरने के गोमुख के ऊपर दोनों खड़े थे। नदी के दोनों किनारे वहाँ पर काफी ऊँचे हो गये थे। दायाँ किनारा बड़े-बड़े, हरे-भरे, घने पेड़ों से छाया हुआ था। बायें किनारे पर हरी-हरी झाड़ियों के झुरमुट एक निराली शोभा से मुस्करा रहे थे। नदी के मुखर कलरोल ने सारे वातावरण के ऊपर ध्वनि का एक विस्तृत वितान-सा तान दिया था। दो-एक अल्हड़ नवयुवक, उस वितान को भी चीरने के उद्देश्य से, पूरी ताकत से मुँह खोलकर 'ओ-ो-ो-ो-ो!' के तीखे स्वर से सारे आकाश को गुँजाने का प्रयास कर रहे थे।

दादा एकान्त ध्यान में निमग्न होकर काफी देर तक, छड़ी के सहारे, उन पत्थरों के ऊपर स्थिर खड़े रहे। नकुलेश बैठ गया था और झरने के पूर्ण प्रवाह के बीच अपना दाहिना

हाथ फैलाकर शायद जल के प्रवेग का चाप माप रहा था। वह अपने-आप ही कुछ बड़बड़ा रहा था, पर दादा के कान ही जैसे कहीं खो गये थे।

काफी देर तक उसी तरह खड़े रहकर, सामने–नीच–अवरोधों और मुक्त स्थानों से होकर निरन्तर टेढ़ी-मेढ़ी गति से बहते चले जानेवाले पानी की ओर एकटक देखते-देखते दादा को कुछ चक्कर-सा आने लगा। वह दोनों हाथों से छड़ी को जमाये उकड़ूँ, होकर बैठ गये।

बैठने के बाद, नकुलेश की ओर बिना देखे ही, दादा बहुत ही धीरे से, अपने ही मुँह से निकलते हुए एक-एक शब्द का पूरा रस लेते हुए, कहने लगे : "एक बहुत बड़े कवि ने कहा है कि अत्यन्त दुर्गम सृष्टिशिखर से, असीम काल की महा-कन्दरा के भीतर होकर, विश्व-जीवन का महा निर्झर निरन्तर झर-झर संगीत से बहता चला आता है। वह अविराम महा-प्रवाह ही अपने-आप में जीवन की सबसे बड़ी उपलब्धि है। प्रवाह की वह अखण्डता ही जीवन को सार्थक बनाती है। उसी की बात मैं अभी सोच रहा था।"

नकुलेश कुछ नहीं बोला। चुपचाप सुनता रहा। जैसे दादा के कथन की सचाई के सम्बन्ध में मौन-भाव से ऊहापोह कर रहा हो।

कुछ देरी तक उसी तरह बैठे रहने के बाद दादा और नकुलेश उठ खड़े हुए और किनारे के उस स्थान पर पहुँच गये जहाँ महिलाएँ बैठी हुई आपस में बातें कर रही थीं। शायद कुछ रंग-रस की ही बातें कर रही होंगी वे, दादा ने उनका प्रसन्न और पुलकित भाव देखकर मन में सोचा।

नकुलेश सहसा बोल उठा : "अभी कुछ देर पहले जब आप और प्रतिमा जीजी इस ओर चले आ रहे थे, आप जीजी को हाथ से सहारा देते हुए चल रहे थे, तब चित्रा फोटो उतारने के पहले आप दोनों को देखकर क्या कह रही थी, जानते हैं?" कहते हुए उसकी आँखों की व्यंग्यभरी प्रसन्नता एक हलकी-सी दुष्टता में परिणत हो गयी थी।

चित्रा तत्काल मना करती हुई बोल उठी : "यदि तुमने बताया तो तुम्हारे कान पकड़कर मल दूँगी।"

"अपने कोमल हाथों से मेरे कान मलोगी तो मुझे प्रसन्नता ही होगी–केवल ऐंठना मत।"

प्रतिमा खिलखिला उठी और दादा अट्टहास कर उठे।

"नहीं, तुमसे मेरी फिर खुट्टी हो जायेगी, यदि तुमने बताया तो!" चित्रा ने नकुलेश की ओर देखकर, तनिक आँखों को तरेरते हुए कहा।

"तब तो बाबा, यह लो, मैंने तौबा की। मैं कुछ नहीं बताऊँगा!" नकुलेश ने स्वयं अपने हाथों से अपने दोनों कानों को पकड़ते हुए कहा।

दादा और प्रतिमा दोनों की उत्सुकता बहुत बढ़ गयी थी। प्रतिमा ने सहसा "मूड' में आकर चित्रा के कन्धे पर अपना दायाँ हाथ रख दिया और उसे अपनी ओर कसती हुई, पुचकार-भरे स्वर में बोली : "बताने भी दो न, चित्रा रानी, क्या हर्ज है! तुमने कोई गाली तो दी नहीं होगी, कुछ प्यार-भरी बात ही कही होगी!" प्रतिमा कभी चित्रा की पीठ

पर हाथ फेरती, जैसे उसे दिलाशा दे रही हो, कभी हवा में उड़ते हुए उसके सिर के बालों को धीरे से पीछे की ओर करती और कभी उसके गोर-गोर दायें गाल को प्यार से सहलाती हुई मुँह से बहुत ही धीमी किन्तु बहुत ही मीठी चुमकार-भरी आवाज निकालती–जैसे किसी रूठी बच्ची को प्यार से मना रही हो।

दादा उत्सुकता को भीतर दबाये, उस दृश्य के रस का पूरा उपभोग कर रहे थे।

"नहीं दीदी, मैंने कुछ नहीं कहा," प्रतिमा के दायें कन्धे पर अपना सिर रखे चित्रा ने तनिक लजाते हुए स्वर में कहा। "तुम तो नकुलेश की शरारत-भरी आदत से अच्छी तरह परिचित हो!"

"ऐसा तो हो ही नहीं सकता, बहना," उसी पुचकार-भरी चुमकार के साथ और उसी तरह उसके शरीर पर हाथ फेरते हुए प्रतिमा ने कहा। तुमने कुछ-न-कुछ तो कहा ही है! यह तो तुम्हारे निषेध से ही स्पष्ट हो गया है। इसलिए ईमानदारी तो यह होगी कि तुम स्वयं ही सच्ची-सच्ची बात बता दो! इसमें शरमाने की क्या बात है।"

"मैं तो नहीं बताऊँगी, चाहे और कोई बताये!" बच्चों की तरह मचलते हुए और उसी तरह प्रतिमा के कन्धे पर अपना सिर रखे चित्रा ने कहा।

"लो, अब तुम्हें अनुमति मिल गयी नकुल, अब कह डालो!" दादा सहसा बोल उठे। उन्हें उत्सुकता के साथ ही बातों का भी मजा आ रहा था।

"नहीं दादा, मैं दुबारा खुट्टी का खतरा मोल नहीं ले सकता!" घबराहट का अभिनय करता हुआ नकुलेश बोला : "पहले आप यह गारण्टी दें कि यदि सचमुच में खुट्टी हो जाने की नौबत आ जायेगी तो आप मेरी रक्षा करेंगे।"

"मैं तुम्हें पूरी गारण्टी देता हूँ," दादा ने उत्साह के साथ कहा। फिर दूसरे ही क्षण तनिक धीमी आवाज में बोले : "यद्यपि ऐसा करके मैं स्वयं भी बहुत बड़ा खतरा मोल ले रहा हूँ।" और कहते हुए वह कनखियों से चित्रा की ओर देखने लगे। पर चित्रा प्रतिमा के कन्धे पर उसी तरह सिर रखे हुए, भाव-मुग्ध मनःस्थिति में, आँखें नीचे जमीन की ओर किये थी। उसकी साड़ी का पल्ला सिर से खिसककर पीछेवाले बालों के गुच्छे पर आकर लटक गया था प्रतिमा भी उसी तरह उसकी पीठ सहला रही थी। नकुलेश को लग रहा था कि हाथ में तैयार कैमरा न हुआ!

चित्रा चाहे कैसी ही मुद्रा बनावे, यह सम्भव नहीं था कि वह सुन न रही हो–नकुलेश यह अच्छी तरह जानता था। जब दादा ने गारण्टी देने की बात कही तब वह बच्चों की तरह उचक उठा। बोलाः "तब ठीक है। तो सुनिये–पर सच बात यह है, दादा, कि वह कोई खास बात है भी नहीं–"

"अब पाजीपन करोगे तो चित्रा नहीं, मैं तुम्हारे कान पकड़ूँगी!" सहसा प्रतिमा कुछ बनावटी तीखे स्वर में बोल उठी।

नकुलेश मुक्तभाव से खिलखिला उठा। दादा यदि उसके जर्किन्स का छोर कसकर न पकड़ते तो वह हँसी के वेग से पीछेवाले पत्थर पर गिर पड़ता।

फिर तुरन्त ही वह सँभल भी गया। तनिक गम्भीर भाव से बोला : "अच्छा जीजी, नाराज

न होओ, सुनो, बताता हूँ। पर सच मानों, बात कुछ है नहीं–वैसे बहुत बड़ी भी है!"

"दुष्ट कहीं का!" जान-बूझकर बीच में टोकती हुई प्रतिमा बोली। पर सच पूछा जाये तो भीतर-ही-भीतर उसकी उत्सुकता आवश्यकता से बहुत आगे बढ़ी हुई थी।

"बात यह है, जीजी," क्षण-भर के लिए बहुत थोड़ा-सा हिचकिचाते हुए नकुलेश ने कहा, "कि–जब आप दोनों, धीरे-धीरे, एक-दूसरे को सहारा देते हुए चले आ रहे थे तब सहसा चित्रा बोल उठी : "देखो, देखो, दोनों कैसे सुन्दर लग रहे हैं। कैसी सुन्दर जोड़ी है! वह अपने हाथ में जो कैमरा लिये थी वह बिलकुल तैयार था। उसने खट से एक विशेष स्थान पर तुम दोनों का फोटो उतार लिया।"

दादा 'होः होः!' करके खुलकर अट्टहास कर उठे। इतना हँसे कि हँसते-हँसते उन्हें खाँसी आने लगी।

प्रतिमा भी खुलकर खिलखिलायी; फिर पूरे आवेग से किन्तु संयत स्वर में, चित्रा को चुमकारती हुई और उसकी पीठ को प्रायः हलके-हलके रगड़ती हुई धीरे से बोली : "बस! केवल इतनी-सी बात से शरमा रही थी? पगली लड़की कहीं की!"

और फिर एक झलक दादा की ओर देखा प्रतिमा ने–कुछ अज्ञात रहस्य-भरे कुतूहल की-सी दृष्टि से। दादा भी उसी दृष्टि से उसकी ओर देख रहे थे। यह रहस्य-भरा दृष्टि-विनिमय उतनी ही देर तक रहा जितने में बिजली चमककर फिर बादलों में ही लीन हो जाती है।

कुछ देर तक और उसी तरह रंग-व्यंग्य की बातें करते रहने के बाद दादा सहसा उठ खड़े हुए और उनकी देखादेखी नकुलेश भी उठा। चित्रा इस तरह उचककर बैठ गयी जैसे अभी-अभी कोई सपना देखकर जग उठी हो। दोनों महिलाएँ धीरे-धीरे उठीं। उसके बाद सभी धीरे-धीरे सँभलकर चलते हुए मेले के मैदान की ओर बढ़ने लगे। अनेक बड़े-बड़े पत्थरों, छोटे-छोटे किन्तु खतरनाक जलाशयों, प्रखर प्रवेगवाली धाराओं से बच-बचकर चलते हुए वे लोग धीरे-धीरे अग्रसर हो रहे थे। चित्रा और नकुलेश इस बार भी दादा और प्रतिमा को काफी दूर पीछे छोड़कर आगे निकल गये थे जिस स्थान पर लोग इस पार से उस पार जाते हुए और उस पार से इस पार आते हुए, नदी के अपेक्षाकृत छिछले और समतल भाग को पार कर रहे थे, चित्रा वहीं का फोटो ले रही थी इसके बाद वे लोग उस स्थान पर गये जहाँ एक झरने का संगम नदी से हो रहा था। वहाँ का भी फोटो उन्होंने लिया।

इधर दादा प्रतिमा के कारण बँध गये थे, नहीं तो वह उन साथियों से भी तेज चल सकते थे जो आगे निकल गये थे। प्रतिमा को इस तरह नदी के ऊबड़-खाबड़ पत्थरों पर चलने का अभ्यास नहीं था। इसलिए दादा उसका हाथ अपने बायें हाथ से थामे हुए थे। दायें हाथ से छड़ी को बाकायदा, ठाठ के साथ, टेकते चले आ रहे थे।

जब दादा प्रतिमा के साथ मेला मैदान के ठीक नीचे पहुँचे तब चित्रा और नकुलेश

भी उन्हें मिल गये। सबसे पहले दादा आगे बढ़े। दो-सीढ़ीनुमा ढीले पत्थरों पर धीरे पाँव रखते हुए ऊपर मैदान पर चढ़ गये और तब उन्होंने प्रतिमा को हाथ के सहारे ऊपर चढ़ाया। फिर उन्होंने चित्रा का हाथ पकड़कर उसे सहारा दिया और अन्त में नकुलेश को भी दादा का सहारा लेना ही पड़ा, क्योंकि जमीन कच्ची थी और गिरने का डर था। नकुलेश इस समय गिरकर हास्यास्पद बनना नहीं चाहता था।

वहाँ से वे लोग दायें हाथ को मुड़े, जहाँ स्थानीय हस्तकला से सुसज्जित तरह-तरह की कुतूहलप्रद चीजें सजाकर रखी गयी थीं। काठ की बनी चीजें, लोहे के बने हथियार, औज़ार और बर्तन, हाथ के बुने हुए छोटे-छोटे रंग-बिरंगे ऊनी कालीन, तरह-तरह की डिजाइनों के गुमदे, पंखियाँ, अलवान आदि चीजें अलग-अलग दुकानों में सजायी गयी थीं। कपड़ों की भी दो-एक साधारण दुकानें थीं। तम्बाकू, सुरती, चिलम और गुड़गुड़ी की भी एक दुकान थी। एक दुकान में चिकने पत्थर की खड़ियाँ, पत्थर की ही छोटी और बड़ी बाटियाँ, मोटे मूँज की बड़ी-बड़ी चटाइयाँ आदि रखे हुए थे। खिलौनों और मिठाइयों की दुकानें पीछे छूट गयी थीं।

महिलाएँ बड़े इतमीनान के साथ, एक-एक दुकान की चीजों को बड़े गौर से और बारीकी से देख और परख रही थीं। दादा नकुलेश को उनके साथ छोड़कर, यह कहकर चले गये कि वह राम बाबू को खोजने जा रहे हैं, जल्दी ही लौट आयेंगे।

दादा उस दिशा की ओर चले गये जहाँ अलग-अलग टोलियाँ गा, बजा और नाच रही थीं और दर्शक स्त्री-पुरुष उन्हें चारों ओर से घेरे खड़े थे। उनकी पैनी दृष्टि प्रत्येक टोली में राम बाबू को खोज रही थी। काफी दूर जाने पर उन्होंने देखा कि राम बाबू एक टोली में नाचने-गानेवालों के मुखिया के रूप में, मण्डली के बीचोबीच खड़े थे। वह एक के बाद एक आशु-पद रचते हुए, हाथ के रंगीन रूमाल को झण्डी की तरह दायें-बायें हिला रहे थे। आशु-पद रचने के बाद जब वह मूल गीत की टेक पर आते, तभी सामूहिक स्वर हुड़कों के ताल में उनका साथ देता था, और वह स्वयं नाचते हुए, मण्डली के चारों ओर चक्कर लगाते और गाते जाते थे। जिस मध्यान्तर में वह एक-से-एक बढ़कर आशु-पद बनाते थे उस बीच हुड़के, बाँसुरी आदि सभी बाजे बन्द रहते थे। टेक पर आते ही फिर से सभी स्वर एक साथ मुखरित हो उठते थे। उनके मुख पर एक ऐसा अपूर्व उल्लास चमक रहा था, एक ऐसा निर्द्वन्द्व, मस्त और मग्न भाव उनकी रसीली आँखों में झलक रहा था, जिसका कोई परिचय इनके पूर्व दादा को नहीं था। उनके गले में मर्म-मधुर मिठास, दर्द और लोच के निराले मिश्रण की जादुई मोहकता भरी थी। दर्शकगण मुग्ध भाव से, एकान्त ध्यान से सुन रहे थे। जितनी भीड़ इस मण्डली के इर्द-गिर्द जमा थी उतनी और किसी दूसरी मण्डली में नहीं।

दादा एक किनारे, भीड़ के बीच में, छिपकर खड़े थे। वह इस बात की पूरी सावधानी बरत रहे थे कि राम बाबू उन्हें देखने न पाये। खड़े-खड़े वह भी सभी दर्शकों की ही मनःस्थिति में आ गये और मग्न भाव से सुनते हुए सभी दर्शकों के साथ आनन्द की सहानुभूति के स्तर में एकरस हो गये। वह सुनते भी जाते थे और दर्शकों की ओर भी

दृष्टि डालते जाते थे। सहसा उनकी दृष्टि उसी गोरी-उजली स्वस्थ और सुन्दर लड़की पर पड़ी जो उस दिन चरवाहे के छोकरे के साथ उत्तर-प्रत्युत्तर में भाग ले रही थी। राम बाबू की दृष्टि का अनुकरण करने पर ही वह उस लड़की का आविष्कार कर सके। उसका आविष्कार करके उन्हें अप्रत्याशित और हार्दिक प्रसन्नता हुई। मेले के उजले कपड़ों में लड़की की सुन्दरता निखर उठी थी। वह खुश दिखती थी। फिर भी एक अनमना-सा भाव, एक छटपटाहट-सी दादा ने उसके चेहरे पर देखी। वह एक क्षण राम बाबू की ओर देखती थी, फिर दूसरे ही क्षण उसकी चंचल आँखें इस भीड़ में इधर-उधर जैसे किसी को खोजती हुई-सी लग रही थीं। चरवाहे का छोकरा दादा को कहीं नहीं दिख रहा था। कुछ ही देर बाद लड़की उस घेरे के बाहर चली गयी।

दादा कितनी देर तक वहाँ खड़े रहे, इसका पता उन्हें नहीं चला। सूरज पश्चिम की ओर ढलने लगा था, यद्यपि अभी काफी ऊँचाई पर था। दादा लौट चले। राम बाबू से कुछ बोलने का साहस उन्हें नहीं हुआ। इतमीनान से चलते हुए वह एक ऐसी जगह पहुँच गये जहाँ 'मेरी-गो-राउण्ड' की तरह के तीन-चार बड़े-बड़े चक्के निरन्तर चू-चूँ की आवाज करते हुए चल रहे थे। प्रत्येक चक्के मैं बैठने की आठ-आठ चौकियाँ जड़ी हुई थीं। प्रत्येक चौकी पर दो-दो व्यक्तियों के बैठने की जगह बनी हुई थीं। अधिकतर स्त्रियाँ और बच्चे ही उन पर बैठ रहे थे। उन्हें स्थानीय शिल्पकारों ने बनाया था।

वहाँ कुछ देर खड़े रहकर दादा फिर उन दुकानों की तरफ गये, जहाँ स्थानीय हस्तकला की चीजें बिक रही थीं; पर वहाँ न प्रतिमा दिखायी दी, न चित्रा और न नकुलेश। उन्हें ढूँढ़ने के लिए वह बड़ी देर तक इधर-उधर चक्कर लगाते रहे। अन्त में वे लोग मेला मैदान के उत्तरी छोर की अन्तिम सीमा के एक किनारे पर खड़े दिखायी दिये। प्रत्येक के हाथ में एक-एक छड़ी थी।

"कहिये दादा, कहाँ-कहाँ हो आये!" नकुलेश ने कुछ उदासीनता के साथ पूछा।

"यह क्या तमाशा देख रहा हूँ?" दादा ने छड़ियों की ओर संकेत करते हुए प्रतिमा से पूछा। दोनों महिलाएँ विनोद के साथ मुस्करा रही थीं।

"चढ़ाई में चढ़ने के लिए इससे बड़ा सहारा मिलता है," प्रतिमा ने कहा। "बड़ी मजबूत पहाड़ी लकड़ी है–आपकी छड़ी से अच्छी!" तनिक देखिये तो!," दादा ने देखा और देखकर प्रशंसा की।

उसके बाद दादा ने राम बाबू के नाचने गाने का सारा विवरण बताया। वह किस तरह के सरस और सरल काव्यात्मक आशु-पद बनाकर गा रहे थे उसकी भी चर्चा दादा ने की।

नकुलेश बोला : "हम लोग बहुत थक गये हैं। भूख भी लगी है। अब चलकर कुछ खाया-पिया जाये।"

सब लोग उसी स्थान पर पहुँचे जहाँ सब सामान रखा था। सबने डटकर खाया और कॉफी पी। राम बाबू के लिए कुछ बचाया जा रहा था, पर दादा ने कहा कि राम बाबू अब वहाँ शायद ही आवें। फिर भी दादा उन्हें यह बताने चले गये कि वे लोग वापस जा

रहे हैं और वह भी उनके साथ चलना चाहेंगे या नहीं।

दादा ने लौटकर बताया कि राम बाबू छह बजे के पहले नहीं लौटेंगे और अकेले ही चले जायेंगे। सब सामान बाँधा गया और वापस चलने की तैयारी होने लगी। महिलाएँ अपनी-अपनी छड़ी के सहारे जमकर खड़ी हो गयी थीं। कैमरा नकुलेश ने अपने कन्धे में डाल लिया था। नौकर एक बड़ा-सा झोला पकड़े आदेश की प्रतीक्षा कर रहा था। कुली ने अपने सिर पर सामान लाद लिया था। सब लोग चलने के लिए पहला कदम बढ़ाने ही वाले थे कि सहसा काले रंग के नये सूट, काले ही रंग के जूते और बैंगनी रंग की टाई, आँखों में हरे रंग का फैशनेबुल गागल्स चढ़ाये, एक प्रायः तीस-पैंतीस वर्षीय गोरा नवयुवक आ पहुँचा और आते ही सीधे चित्रा के आगे जाकर खड़ा हो गया। हाथ जोड़ता और मुस्कराता हुआ, कुछ लजीले स्वर में बोला : "नमस्ते! मैं आप ही को खोज रहा था। मुझे पूरी उम्मीद थी कि आप यहाँ आयी होंगी। कहिये, कैसा लगा आपको मेला?"

चित्रा कुछ क्षणों के लिए कुछ सकपका-सी गयी, नकुलेश ने इस बात पर विशेष रूप से गौर किया। पर उसका प्रश्न सुनकर वह सँभल गयी। बोली : "बहुत अच्छा लगा मेला, नमस्ते! दादा, यह हैं यहाँ के नवागत सेठ श्री माणिकलाल, आप मूल निवासी तो गुजरात के हैं पर एक अर्से से इस प्रदेश में आकर बसे हुए हैं। आपने अब यहाँ एक बहुत बड़ा ऑर्चर्ड खरीद लिया है। उसी के प्रबन्ध के लिए यहाँ आये हैं।" और फिर दादा की ओर संकेत करते हुए नवागन्तुक से बोली : "और यह हैं हम सबके दादा, श्री मिलनकुमार चट्टोपाध्याय–"

"हाँ, हाँ, मैंने आपका नाम सुना है," अत्यन्त प्रसन्न होकर माणिकलाल बोला। "नमस्ते। मैं आपसे स्वयं मिलनेवाला था–"

दादा ने विनम्रता से हाथ जोड़ते हुए कहा : "जब आपको फुरसत हो तब आ जाइयेगा। मुझे तो फुरसत-ही-फुरसत है।"

और फिर चित्रा ने नकुलेश और प्रतिमा से उसका परिचय कराया।

"बड़ी खुशी हुई आप लोगों से मिलकर," बहुत ही मीठी मुस्कान के साथ हाथ जोड़ते हुए माणिकलाल बोला। "सबसे इकट्ठा मिलना हो गया। फिर मिलूँगा–" कहकर उसने चित्रा से कहा : "जरा एक मिनट के लिए–" और उँगलियों से दायीं ओर चलने का संकेत किया।

चित्रा फिर सकपकायी, पर फिर दूसरे ही क्षण सँभल गयी और सहज, जमे हुए पगों से उसके साथ चली गयी।

कुछ ही दूर आगे, झरने के पास ही, एक एकान्त में जाकर दोनों खड़े हो गये। दादा लोगों को दूर से उनकी पीठ दिखायी दे रही थी। पाँच मिनट प्रतीक्षा करते बीते, दस मिनट बीते, पन्द्रह मिनट भी बीत चले। दोनों अभी तक उसी तरह खड़े थे। दादा, नकुलेश और प्रतिमा को यह असमय प्रतीक्षा खलने लगी थी। नकुलेश तो बुरी तरह बेचैन हो उठा था। वह एक सेकण्ड के लिए भी स्थिर नहीं हो पा रहा था। कभी वह छड़ी से जमीन पर विचित्र आकृतियाँ बनाता, कभी छड़ी को नीचेवाली पथरीली मिट्टी पर ठोकता जाता, कभी धीरे-

धीरे आधा-आधा कदम आगे बढ़ते हुए एक विशेष अर्द्धचक्र में चक्कर-सा लगाता। पर यह सब-कुछ करते हुए वह एक सेकण्ड के लिए भी अपनी आँखों को उन दोनों की पीठ पर से नहीं हटा पाता था।

जब बीस मिनट भी पूरे हो गये, तब दादा भी अधीर हो उठे। उन्होंने नौकर को भेजते हुए कहाः "एक किनारे चुपचाप खड़े हो जाना। जब चित्रा पूछे तब धीरे से बता देना कि चलना है।"

नौकर चलने लगा, पर दोनों को लौटते देखकर रुक गया। दोनों धीरे-धीरे, बड़े इतमीनान के साथ, परम प्रसन्न भाव से बातें करते हुए, कदम-से-कदम मिलाते चले आ रहे थे। नकुलेश की आँखें चुम्बक से खिंची हुई-सी प्रायः एकटक उसी ओर केन्द्रित हो रही थीं। वह जैसे चाहने पर भी अपने को जब्त नहीं कर पा रहा था। दादा और प्रतिमा ने उन्हें आते हुए देख लिया था, पर अब वे उनकी ओर पीठ किये और मेला-मैदान की ओर मुँह किये आपस में कुछ बतिया रहे थे।

अन्त में वे दोनों आ पहुँचे। दादा के निकट आकर बड़े ही मीठे स्वर में शहद-भरी मुस्कान के साथ माणिकलाल ने कहा : "माफ कीजियेगा, मेरे आने से आप लोगों को कुछ विलम्ब हो गया।"

"इसमें आपका दोष नहीं," दादा बोले। "आपने एक मिनट की बात कही थी। एक मिनट का समय ही बहुत लम्बा होता है। इसमें पूरे साठ सेकण्ड होते हैं, जबकि आज एक सेकण्ड में लोग पूरे युग का जीवन जी लेते हैं।"

"असल बात यह हुई, दादा," चित्रा बोल उठी, "कि मुझे इस बात की कुछ याद ही न रही कि हम लोग चलने की तैयारी कर चुके हैं। मैं समझ रही थी कि हमें अभी देर से चलना है!"

बेचारी चित्रा! इस कथन से उसने अपने को और अधिक उलझन में फँसा लिया। या–कौन जाने!–वह जान-बूझकर सारी स्थिति को और अधिक उलझाना चाहती रही हो!

नकुलेश के चेहरे का सारा पानी ही जैसे उतर गया था। पर इस समय वह अपने को कड़े शासन में रखे हुए था। एक शब्द भी नहीं बोला।

जब माणिकलाल सबसे फिर मिलने का वादा करके बिदा हुआ तब दादा और उनके साथियों की वापसी यात्रा आरम्भ हुई।

वे लोग धीरे-धीरे छड़ियों के सहारे चढ़ाई पर चले जा रहे थे। मेला अब स्पष्ट ही थोड़ा-थोड़ा करके टूट रहा था। आते समय जिस तरह मेले में भाग लेनेवालों का ताँता लगा हुआ दिखायी दिया था उसी तरह अब मेले से भागनेवालों की भीड़ बढ़ती चली जा रही थी। बालक-वृद्ध और युवक-युवती सभी अपना-अपना मोट सँभाले या हुड़का या बाँसुरी थामे अलग-अलग पगडण्डियों की चढ़ाइयों पर चढ़े जा रहे थे। कोई मेलेवाला गीतों को दुहरा रहा था, कोई हुड़के में विचित्र राग बजा रहा था और कोई बाँसुरी के भीतर से निकट आ

रही गोधूलि की मीठी वेदना जगा रहा था।

दादा और चित्रा आगे-आगे चल रहे थे और नकुलेश और प्रतिमा उनके पीछे-पीछे। चित्रा कुछ हाँफने-सी लगी थी। दादा ने कहा : "और धीरे-धीरे चलो। जल्दी चलने की बात तनिक भी न सोचो। इतमीनान से चलोगी तो आराम से समय पर ठिकाने पहुँच जाओगी। उतावली, अधैर्य और घबराहट–जीवन-यात्रा की सहज गति और पहाड़ की चढ़ाई–दोनों में इससे अधिक विघ्नकारक दूसरा कोई नहीं होता।"

"साधारण यात्रा में भी तुम जीवन-यात्रा की बात कहने लगते हो, दादा!" पीछे से चुटकी लेती हुई प्रतिमा बोल उठी। उसके मुँह से दादा के लिए 'आप' के बदले 'तुम' सहज ही निकल पड़ा था। बोल चुकने के बाद उसका ध्यान इस ओर गया। पर इसके लिए उनके मन में तनिक भी दुःख या संकोच नहीं हुआ। मन का सहज भाव जब सहज ही व्यक्त हो पड़ा है, तब उसके लिए संकोच कैसा? अपने-आपसे उसने यह तर्क किया। साथ ही यह भी निश्चय कर लिया कि अब से वह बराबर दादा से 'तुम' ही कहेगी।

"तुम ठीक कहती हो, प्रतिमा," दादा ने पीछे की ओर बिन मुड़े ही कहा। पर क्या करूँ, आदत से लाचार जो हो गया हूँ। इस पथरीली मिटटी पर का एक-एक कदम भी मुझे जीवन-यात्रा की ओर बढ़ता हुआ एक-एक डग लगता ही है– इसके लिए मैं क्या करूँ!"

"तब तो होटल तक पहुँचने पर हम लोगों की जीवन-यात्रा समाप्त समझी जानी चाहिए!" नकुलेश ने पीछे से व्यंग्य किया।

दादा को मन-ही-मन इस बात से प्रसन्नता हुई कि उस विशेष क्षण की मनःस्थिति में भी नकुलेश व्यंग्य कसने के 'मूड' में था।

प्रकट में अत्यन्त शान्त भाव से बोलेः "हाँ, तुम ठीक कह रहे हो। होटल तक पहुँचने पर आज की जीवन-यात्रा अवश्य समाप्त हो जायेगी।"

"वाह दादा, आप बड़े काइयाँ हैं; हर बहस में बड़ी सफाई से बचकर निकल जाते हैं!" नकुलेश बोला ।

"और जो भी हो," प्रतिमा ने कहा, "इतना तो आज अन्तिम रूप से सिद्ध हुआ जा रहा है कि जीवन-यात्रा में छड़ी या लाठी का सम्बल अनिवार्य रूप से आवश्यक है! सचमुच इससे बड़ा सहारा मिल रहा है!"

सब लोग मुक्त भाव से हँस पड़े–चित्रा भी।

इस तरह साधारण ढंग की बातें करते हुए वे लोग चले जा रहे थे, जबकि शायद सभी के मन में रह-रहकर यह बात घुट रही थी कि सेठ से बीस मिनट तक एकान्त में चित्रा की क्या बातें होती रहीं।

कुछ ऊपर पहुँचने पर जब वे लोग विश्राम के लिए रुके तब दादा चित्रा का हाथ पकड़कर उसे पारवाली घाटी दिखाने के बहाने एकान्त में ले गये वहाँ जाकर उन्होंने साहस बटोरकर, बहुत धीमे स्वर में पूछा : "क्या बातें हुई थीं तुम्हारी सेठ से?"

"कोई खास बात नहीं हुई, दादा," चित्रा ने कहा। "यहाँ अभी कुछ दिनों से वह नये-नये आये हैं। पूछ रहे थे कि यहाँ ऑर्चर्ड्स का क्या हाल है, किस-किस के ऑर्चर्ड

हैं, किसका ऑर्चर्ड सबसे अच्छा है, किस तरह के लोग यहाँ रहते हैं, किस-किस से हेल-मेल बढ़ाया जाये, आदि-आदि। मैं जिन लोगों को जानती हूँ उन सबके बारे में मैंने कुछ-न-कुछ बताया। साथ ही यह भी बता दिया कि मैं भी अभी यहाँ नयी हूँ, और मेरा कोई विशेष परिचय यहाँ के ऑर्चर्ड्स और यहाँ के लोगों के बारे में नहीं है। बस, और कोई विशेष बात नहीं हुई।"

दादा को उसकी बात से सन्तोष नहीं हो रहा था। उन्हें लग रहा था कि कोई-न-कोई मतलब की बात छिपायी जा रही है। पर यह भी वह मान रहे थे कि छिपाने का उसे पूरा अधिकार है।

"हुम्!" उन्होंने कहा। "वह देखो नीचे, कैसी सुन्दर हरी-भरी घाटी है, जिसने दोनों ओर के घने पेड़ों के बीच में बहनेवाले नालानुमा झरने को ढक रखा है। पर इतनी दूर तक भी झरने के बहने का निरन्तर सिसकता हुआ-सा मन्द मन्द स्वर स्पष्ट सुनायी दे रहा है। कहाँ जाकर यह अविराम क्रन्दन रूकेगा–कौन जाने! नदी में मिल जाने पर वह भी रुकता हुआ नहीं दिखा। चलो, अब चलें।"

वहाँ से वे लोग फिर प्रतिमा और नकुलेश से जा मिले, और फिर उसी, कभी समाप्त न होनेवाली, चढ़ाई की यात्रा धीर-मन्थर गति से शुरू हुई।

जब वे लोग होटल के अहाते में पहुँचे तब सूरज पश्चिमी क्षितिज में आधा डूब चुका था। क्षितिज के ऊपर का आधा गोला हलके से कुहरे की झीनी झालर के भीतर से झाँकता हुआ कुछ दयनीय-सा लग रहा था।

चित्रा सीधे अपने कमरे की ओर चली गयी। नकुलेश ने कैमरा उसी के कन्धे में लटका दिया। कुछ मुरझायी हुई-सी आवाज में उसने प्रतिमा से पूछाः "जीजी, तुम्हारा अब क्या कार्यक्रम है?"

"मैं अभी कुछ देर दादा के यहाँ बैठूँगी," प्रतिमा ने कहा।

"अच्छी बात है। तब मैं जरा बाजार की तरफ टहल आता हूँ," कहकर वह नीचे की ओर मुड़ा। जब वह नीचे चला गया तब प्रतिमा ने ऊपर से ही कहा : "एक पैकेट मक्खन भी लेते आना!"

भीतर पहुँचकर दादा छड़ी एक कोने में रखकर धम्म से एक सोफा पर बैठ गये–फिर बोलेः "उफ! बड़ी विकट चढाई है! बैठो!"

प्रतिमा हाथ में छड़ी लिये हुए बैठ गयी।

देवसिंह ने अपने हाथ से सामान धीरे से नीचे रखकर कुली को कन्धे से बोझा उतारने में मदद दी। जब कुली मजदूरी लेकर चला गया तब दादा ने देवसिंह से कहा : "तनिक तुम भी सुस्ता लो। फिर उसके बाद बढ़िया चाय बनाकर पिलाओ।"

देवसिंह रसोई वाले कमरे में चला गया।

"अच्छा मेला रहा," प्रतिमा ने कुछ अलसाते हुए कहा। गुजराती सेठ खूब मिला! क्या

बातें हुई उसकी चित्रा से? कुछ बताया उसने?"

"यहाँ ऑर्चर्ड्स और उसके मालिकों के बारे में जानकारी प्राप्त करना चाहता था, ऐसा बताया मुझे चित्रा ने।"

"इसके लिए उसे कोई दूसरा जानकार नहीं मिला? चित्रा को इस सम्बन्ध में उसने विशेषज्ञ कैसे समझ लिया? बात कुछ समझ में नहीं आयी!

"सहज ही समझ में आनेवाली बात लगती भी नहीं," दादा कुछ उदासीन भाव से बोले।

"बात समझ में आनेवाली हो या न हो, पर नकुलेश का दिमाग खराब करने के लिए इतना ही काफी है कि सेठ चित्रा को पकड़कर, एकान्त में ले जाकर, बीस-पच्चीस मिनट तक उससे बतियाता रहा।"

"तुम ठीक कहती हो। मुझे भी इसी बात की चिन्ता है," सोफा की पीठ पर अपनी पीठ और गर्दन को अच्छी तरह अड़ाते हुए दादा ने कहा।

"कैसा अच्छा मूड चल रहा था आज नकुलेश का! पर इस छोटी-सी घटना के कारण उसके दिमाग का पुर्जा ही जैसे उलट गया!" कहते हुए प्रतिमा के मुख पर करुण मुस्कान झलककर दूसरे ही क्षण मिट भी गयी।

"बहुत मुश्किल है नकुलेश का उससे निभ पाना।" और फिर दादा ने एक लम्बी-सी जम्हाई ली।"

"तुम्हें तो आराम की जम्हाई आ रही है, पर मैं बहुत बेचैन हो उठी हूँ इस घटना से। जाने क्यों, मुझे यह किसी भावी अमंगल की सूचक लगती है।"और सचमुच प्रतिमा के कपाल में और आँखों के किनारे चिन्ता की रेखाएँ उभर आयी थीं।

"क्या किया जाये, प्रतिमा तुम्हीं बताओ," तनिक सजग और सक्रिय मुद्रा में दादा बोले। "हम लोग चाहने और प्रयत्न करने पर भी कर ही क्या सकते हैं? किसी के स्वतन्त्र-चिन्तन और स्वतन्त्र-योजना में हस्तक्षेप करने का क्या अधिकार तुमको, मुझको या और किसी को है? नकुलेश और चित्रा नये युग के दो स्वतन्त्र-चेता प्राणी हैं, वे तुम्हारी और मेरी अपेक्षा अधिक बुद्धिमान् और समझदार हैं। नये युग की नयी समस्याओं और नयी उलझनों का जैसा सूक्ष्म ज्ञान उन्हें है, वैसा हमें नहीं हो सकता; क्योंकि वे उनके भीतर से होकर गुजर रहे हैं, जबकि हम अपने पुराने अनुभवों और संस्कारों से परिचालित होकर, उनके नये रोग का निदान जाने बिना ही, अपनी 'आउट-ऑफ-डेट' उपचार प्रणाली द्वारा उनकी चिकित्सा की बात सोच रहे हैं! तनिक गम्भीर रूप से इस बात पर विचार करो, प्रतिमा! जो एक विकट प्रश्न-चिह्न नयी पीढ़ी ने हम लोगों की आँखों के आगे लगा दिया है, उस पर क्या साधारण ढंग से, पुराने मानदण्डों के अनुसार, विचार करना बुद्धिमानी होगी?" एक शान्त, गहन और तटस्थ चिन्तन की सूक्ष्म छायात्मक रेखा दादा की अधमुँदी-सी आँखों और भौंरें की तरह काली तिरछी भौंहों के इर्द-गिर्द खिंच गयी थी। उनका सहज अन्तर्मुखी रूप उनके मुख की भाव-विभोर, संयत और शालीन मुद्रा में सुस्पष्ट व्यक्त हो रहा था। प्रतिमा ने आज पहली बार देखा कि दादा के व्यक्तित्व के प्रबल आकर्षण का मूल रहस्य उनकी इसी तटस्थ, वस्तुपरक अन्तर्दृष्टि में निहित है। उनके मुख की

सहज-सुन्दर अभिव्यक्ति में उनके अन्तर का वह शान्त और निर्विकार भाव चार चाँद लगा रहा था। जब दादा धीरे से बोल रहे थे तब प्रतिमा एकान्त भाव से दादा के मुख की उसी अपूर्व अभिव्यक्ति पर ध्यान केन्द्रित किये हुए थी और देख-देखकर विस्मित, पुलकित और मुग्ध हो रही थी। प्रतिदिन के सहज परिचित और धूल-धूसरित जीवन की गन्दगी की अन्तरतम परत के भीतर पैठती हुई भी वह दृष्टि कितनी अलिप्त थी! उसमें कैसा अपूर्व और मोहक अलगाव था! जैसे वह दृष्टि सबसे अलग, एकान्त पहाड़ों की चोटियों पर तैरती हुई, सब-कुछ देखती, परखती और उपभोग करती चली जा रही हो। पर, इस सारे निरालेपन के बावजूद, कितनी आत्मीय और कितनी संवेदनशील लग रही थी वह निराली दृष्टि। देख-देखकर, कुछ ही क्षणों के भीतर प्रतिमा कहाँ-से-कहाँ खो गयी थी। पर सुन वह सब रही थी। दादा का एक-एक शब्द उनके कानों में किसी पूर्ण अधिकारी द्वारा उच्चारित वैदिक मन्त्रों की झन्कार की तरह गूँज रहा था।

चाय आ गयी थी। वे लोग एक घूँट पीते थे, फिर प्याले को नीचे रख देते थे।

दादा की बात समाप्त होने पर कुछ क्षणों तक प्रतिमा मौन रही। फिर तुरन्त ही सप्रयास अपने चिन्तन की दिशा को मोड़कर अपनी सहज मनःस्थिति में आकर, तनिक दुष्टता में मुस्कराती हुई बोलीः

"पर दादा, मुझे तुम पुरानी पीढ़ी के साथ क्यों घसीट रहे हो? मैं तो अभी नयों की ही भीड़ के बीच में मैं उन्हीं की अनुभूतियों से होकर गुजर रही हूँ!"

"इसीलिए तुम उस भीड़ की सीमा-रेखा का उल्लंघन करके, उससे भाग निकलने के प्रयास में, एक पहाड़ से दूसरे पहाड़ में मारी-मारी फिर रही हो!" दादा ने चुटकी लेते हुए कहा।

"यह तो तुमने मर्म की बात पकड़ ली है," कुछ गम्भीर होकर, और कुछ परिहास के-से लहजे में प्रतिमा बोली। फिर तुरन्त बाद ही उसने सोफा पर करवट बदली। पाँवों को तनिक पसारा और सहज भाव से, आत्मीय स्वर में कहा : "अच्छा दादा, एक बात है। इधर कुछ दिनों से मैं कभी-कभी गम्भीर रूप से सोचने लगती हूँ कि क्या सचमुच मैं पुरानी पड़ गयी हूँ? मैं जब किसी जमाने में क्रान्तिकारी नवयुवकों का नेतृत्व करती थी, तब उस समय के सभी नयों से भी अधिक नयी मानी जाती थी, और मैं स्वयं भी अपने को वैसा ही अनुभव करती थी। और अपने सम्बन्ध में अभी तक वही धारणा मेरे पीछे एक दुष्ट संस्कार की तरह लगी हुई है। पिछले बीस बरसों के भीतर न जाने कितने युगों का पानी काल के पुलों के नीचे से होकर, बहकर निकल चुका है, पर मेरा यह संस्कार उस पानी में न तो घुला, न धुला और न बहा ही। वह वैसे का वैसा ही बना हुआ है यद्यपि भावना और विवेक दोनों मुझे बता रहे हैं, "कि यह तुम्हारा भ्रम है। जिस धरातल में तुम जी रहे हो, उसका उस धरातल से कोई सम्बन्ध नहीं है, जिसमें नये लोग जी रहे हैं। तुम प्रेतात्मा की तरह उनकी भीड़ के बीच में हो, फिर भी उसके साथ नहीं हो।"

"क्या भ्रम है और क्या यथार्थ, इस बात की परख का समय अभी दूर है, प्रतिमा, इसलिए इस व्यर्थ की चिन्ता में अभी से क्यों पड़ती हो! विनाश और विघटन की शक्तियाँ

चारों ओर से घिरती चली आ रही हैं और अपने कार्य में सलंग्न हैं। उन्हीं के पारस्परिक टकराव के बीच सामूहिक और वैयक्तिक मानव बुरी तरह झकझोरा जा रहा है और अब बौरा उठा है। सर्वत्र पागलपन, बिखराव और विवेकशून्यता नजर आती है। परमाणु-विस्फोट केवल भौतिक जगत् में ही नहीं हुआ है। मनुष्य की सामूहिक अवचेतना का केन्द्रीय परमाणु भी विघटित हो चुका है और उसके सभी संयोजक तत्त्व चारों ओर छितराकर बिखर चुके हैं। सर्वत्र भ्रान्ति, सन्देह, त्रास और निराशा का कुहासा छाया हुआ है। चारों ओर अविचार और अव्यवस्था का बोलबाला है। सब-कुछ उलट-पलट रहा है। कोई भी मूल्य स्पष्ट और स्थिर नहीं हो पाता। कभी नया ही पुराना लगने लगता है और कभी पुराना ही नया। ऐसी स्थिति में नये और पुराने की चिन्ता के चक्कर में न पड़कर निजी संस्कार, सामर्थ्य और विवेक के अनुसार जीते चले जाने में ही भलाई है।"

एक अच्छा-खासा भाषण ही दे डाला था दादा ने, जिससे वातावरण कुछ गम्भीर हो उठा। कुछ क्षण मौन रहकर दादा जैसे कुछ सोचते रहे। फिर अचानक बोल उठे : "अब यही देखो न, नकुलेश नये युग का नया कवि है। आधुनिकता के रंग में रँगे हुए इस अनास्थावादी कवि के दिमाग में अपने अध्ययन और अनुभव के अनुसार जो भी विचार या विश्वास जम चुके हैं उन्हें उसने अपनी कविता में बहुत अच्छे ढंग से व्यक्त किया है। पर आश्चर्य और दुःख इस बात का है कि जीवन के व्यवहार में वह आधुनिक विचारों और विश्वासों को ताक पर रख देता है और तब दूसरे ही संस्कार उस पर हावी हो जाते हैं। उदाहरण के लिए, उसकी ईर्ष्यालु प्रकृति को ही लो। जिस नारी के व्यक्तित्व से उसका अन्तर्मन तीव्र रूप से आकर्षित है, उससे प्रेम का पूरा प्रतिदान पा जाने पर भी वह उसे इतनी-सी भी स्वतन्त्रता देना नहीं चाहता कि वह किसी भी दूसरे पुरुष से मुक्त भाव से बातचीत कर सके। इस प्रवृत्ति को तुम क्या कहोगी,? नयी या पुरानी? आधुनिक या प्राचीन? रूढ़िवादी समाज में इस प्रवृत्ति के अस्तित्व की बात कुछ समझ में आती है, पर जब एक अत्याधुनिक अस्तित्ववादी कवि दूसरे की स्वतन्त्रता के अपहरण को अपने प्रेम या रोमांस का आधार बनाता है तब आज के युग की उलटी-सीधी गति को देखकर हैरत होने लगती है। जब अपने क्रिया-कलाप में तुम पूर्ण स्वतन्त्रता चाहते हो तब दूसरों को उससे वंचित रखने का क्या अधिकार तुम्हें है? नकुलेश को यही बात मैंने कितने ढंग से समझाने की कोशिश की है, पर वह है कि समझना ही नहीं चाहता। दो दिन के लिए उसका दिमाग मेरे समझाने से कुछ ठिकाने लगने लगा था, पर अब फिर वही हाल होने जा रहा है।"

"आप ठीक कहते हैं, दादा", एक लम्बी साँस भरकर प्रतिमा ने कहा। "आधुनिकता अनेक विचित्र रूपों में जीवन में और समाज में प्रवेश पाती चली जा रही है। मुश्किल यह है कि इन आधुनिकों के मनोभाव भी निराले और रहस्यमय रूपों में व्यक्त होते रहते हैं, जिन्हें समझ पाना बहुत कठिन है। हमारी पीढ़ी और नयी पीढ़ी के बीच पड़ी हुई खाई किस हद तक अपना विस्तार बढ़ाती जा रही है, यह देखकर चकित रह जाना पड़ता है–"

"मैं यह जानकर बहुत प्रसन्न हो रहा हूँ कि तुम्हारे दिमाग में भी यह बात आने लगी है कि तुम्हारी प्रवृत्तियों, विश्वासों और महत्त्वाकांक्षाओं का कोई सम्बन्ध आज की पीढ़ी से नहीं रहा। तुम्हारे समान नवीन भी अब हमारे समान प्राचीनों के साथ अपने आन्तरिक ऐक्य का अनुभव करने लगी है, यह जानकर मुझे आज की कठिन जीवन-यात्रा में बड़ा बल मिल रहा है।"

"मैं सोच रही थी चित्रा की बात," प्रतिमा ने कहा। "कैसी विचित्र और अनमेल प्रवृत्तियाँ इस आधुनिका में पायी जाती हैं! कुछ ही दिनों के परिचय से उसके स्वभाव के कितने विचित्र और परस्पर-विरोधी रूप मेरे सामने आ चुके हैं। आज ही तुमने देखा होगा, मेरे तनिक से पुचकारने पर किस तरह उसने अपना सिर मेरे कन्धे पर रख दिया और शान्त भाव से वह काफी देर तक मेरा दुलार सहती रही है! नितान्त बच्चों का-सा उसका वह भाव कैसा प्यारा लग रहा था! मेरा मन जाने कैसे जान गया था कि जीवन के बीहड़ वन में जान-बूझकर भटकी हुई यह तरुणी अपने भीतर जिस भाव का अनुभव सबसे अधिक तीव्रता से करती है वह किसी मनचाहे युवक का मनचाहा प्रेम उतना नहीं है जितना माँ का सच्चा दुलार और ऐसा निश्छल प्यार जो बदले में कुछ नहीं चाहता, केवल देने के लिए अपने को देना चाहता है–"

"वाह, प्रतिमा, वाह!" दादा फड़क उठे। सोफा पर लेटे थे, सीधे बैठ गये। अकृत्रिम आश्चर्य और आन्तरिक प्रशंसा-भरी आँखों से प्रतिमा की ओर देखते हुए, उल्लास और भावुकता-भरे स्वर में बोले : "मुझे सचमुच पता नहीं था, प्रतिमा, कि तुम इतनी गहरी, अन्तर्भेदी और मार्मिक दृष्टि रखती हो। तुमने सचमुच आज की समस्या के मर्म को छू दिया है। केवल इसी तरूणी की बात नहीं है, आज की प्रत्येक तरुणी–और प्रत्येक तरुण का भी–यही हाल है। सभी क्षण-क्षण की विविध भावनाओं में जीते हुए भी, अनजाने ही, अपने अन्तर के भी अन्तर में, मूलतः माँ की ही खोज में भटक रहे हैं, और यही खोज उन्हें, अज्ञात रूप से, जीने का अहसास दे रही है। विश्वास करो या न करो, नकुलेश की समस्या का मूल कारण ही यह है कि वह भी अनजाने में माँ की ही खोज में भटक रहा है, पर गलत दिशा में। तुमने देखा होगा कि अपने इसी अज्ञात "इन्सटिंक्ट' की प्रेरणा से वह पहले ही दर्शन से तुम्हारे प्रति किस प्रबलता से आकर्षित हो गया था। इसका कारण तुम क्या सोचती हो? क्या वह एक रूप-मुग्ध पतंग की तरह, यौनाकर्षण की तीव्र प्रेरणा से तुम्हारी ओर खिंचा है? यह ठीक है कि तुम असाधारण रूपवती हो–चौंको मत–हाँ, आज भी तुम्हारा रूप असाधारण है!–"

बोलते-बोलते दादा की आँखों में एक निराला ही भावावेश छा गया था, जिसका विश्लेषण कठिन है।

वह क्षण-भर के लिए मौन रहे, फिर दूसरे ही क्षण अपनी छूटी हुई बात का तार पकड़ते हुए बोले : "यह भूलकर भी न समझना कि तुमने छियालीस वर्ष पार कर लिये हैं और अब बूढ़ी होने जा रही हो–शरीर से भी और मन से भी। मुझे तो लगता है कि तुम्हारी असली जवानी अब शुरू हो रही है–"

"जाओ, दादा, दूसरों को बेमतलब के लिए बनाने की आदत तुम्हारी अभी तक नहीं छूटी!" कृत्रिम उलाहने के स्वर में प्रतिमा ने कहा।

पर दादा की आँखों में इस समय न व्यंग्य था, न परिहास-भरी शरारत। वह अत्यन्त गम्भीर, सहज और तटस्थ भाव से बोल रहे थे। वह कहते चले गये : "मैं तुम्हें बनाने की मनःस्थिति में तनिक भी नहीं हूँ, प्रतिमा। मैं एक दूसरी ही बात कहने जा रहा हूँ। मैंने यह क्यों कहा कि, "तुम्हारी असली जवानी अब शुरू हो रही है,' इसका कारण सुन लो। जवानी के दिनों में तुम्हारा जोश दूसरी दिशा में खर्च हो रहा था, पर परिस्थितियों ने उसे अचानक अवरुद्ध कर दिया। उस जोश का एक बहुत बड़ा अंश अभी शेष था। इतने बरसों तक अध्यापन का काम करके तुमने उसका सदुपयोग किया। इस बीच तुमने जीवन के अनेक अनुभव बटोरे, और नयी अनुभूतियों का अनुभव प्राप्त किया। कुछ बाकी बचे हुए जोश ने अपनी दिशा बदली, पर वह नष्ट नहीं हुआ, वरन् जवानी की अनुभूतियों को परिपक्व बनाने में उसका सदुपयोग अपने-आप होता रहा। आज तुम्हारी जवानी प्रौढ़ बन चुकी है, पर मरी नहीं। इस प्रौढ़ता और परिपक्वता ने तुम्हारे युवा-व्यक्तित्व को सुन्दर से-सुन्दरतर बना दिया है। उसने तुम्हारे प्रेयसीवाले रूप को बरकरार रखकर, उसमें मातृत्व का यथार्थ और मोहक रंग घोल दिया है–"

"बात चल रही थी नकुलेश को लेकर और तुम बहकते हुए न जाने क्या बकते चले जा रहे हो! 'जवानी का जोश', 'जवानी प्रौढ़ बन चुकी है, मरी नहीं,' मेरा 'प्रेयसीवाला रूप,' 'मातृत्व का रंग'–यह सब क्या कह रहे हो तुम?" प्रतिमा इस बार सचमुच खीझ उठी थी।

"हो सकता है, मैं बहक रहा होऊँ!" दादा ने शान्त भाव से कहा। "मैं केवल इतना ही कहना चाहता था कि नकुलेश जो पहले ही दर्शन से तुम्हारे प्रति आकर्षित हुआ, वह तुम्हारे प्रेयसीवाले, सुन्दर और मोहक रूप के कारण नहीं–"

"फिर प्रेयसीवाला रूप!' दादा, क्या हो गया तुमको? मुझे इस तरह चिढ़ाओगे तो मैं सचमुच उठकर चल दूँगी!" प्रतिमा ने कुछ बच्चों की तरह मचलने के-स्वर में कहा।

"देखो, प्रतिमा, तुम व्यर्थ में नाराज हो रही हो। यह जाने रहो कि हर नारी के दो रूप होते हैं–एक प्रेयसीवाला रूप और दूसरा माँ-वाला। किसी में एक रूप की प्रधानता होती है, किसी में दूसरे की। और किसी में दोनों रूपों का सुन्दर सामञ्जस्य पाया जाता है। वैसे कुछ नारियाँ अपवादस्वरूप भी होती हैं, उन्हें चाहो तो न्यूटर जेण्डर कह सकती हो–"

"तुम तो अब पूरे मजाक पर उतर आये हो। तब अच्छी बात है। पूरी सीमा तक चलने दो इस मजाक को।" और प्रतिमा का ढीठ रूप उभर आया। "हाँ, तो यह बताइये, महात्मा जी, कि मुझमें किस रूप की प्रधानता आप पाते हैं?"

"तुममें? तुममें मैं दोनों रूपों का सुन्दर सामञ्जस्य पाता हूँ। पर आज के अपरिपक्व तरुणों के लिए तुम्हारा माँ-वाला रूप ही प्रधान है और नकुलेश, चित्रा की ही तरह, तुम्हारे इसी रूप के प्रति आकर्षित हुआ है।"

"तब मैं तो अच्छी फँसी!" विनोद के लहजे में प्रतिमा बोली। "इन दो-दो बच्चों को सँभालना मेरे बस का रोग नहीं है।"

दादा हँसने ही जा रहे थे कि सहसा रुक गये। तनिक गम्भीर किन्तु धीमे स्वर में, बोले : "देखो प्रतिमा, सच्चाई यह है कि बात तनिक भी हँसी की नहीं है। यह मामला बड़ा टेढ़ा है। तुमने और मैंने इस मामले में जो अपने को प्रायः जान-बूझकर फँसा लिया है, वह ठीक नहीं रहा। पर अब तो फँस ही गये हैं और बिना पूरा परिणाम देखे उबर भी नहीं सकते। और परिणाम के सम्बन्ध में मैं तनिक भी निश्चिन्त नहीं हूँ।"

चिन्ता या पीड़ा की एक हलकी-सी झाँई दादा के चमकते हुए चेहरे पर पड़ गयी। 'परिणाम' से सम्बन्धित चिन्ता को असामयिक समझकर प्रतिमा बातचीत की डोर को फिर पीछे की ओर घुमाती हुई बोलीः "अच्छा, दादा, आज आपने बातें तो बड़ी गहरी और पते की बतायी, पर एक बात अभी तक मेरे आगे स्पष्ट नहीं हो पायी है।"

"वह क्या?"

"अभी आपने जो यह कहा कि आज प्रत्येक तरुण और प्रत्येक तरुणी माँ की खोज में है, इसका रहस्य क्या है?"

"बात सीधी-सी है," दादा ने अपनी पीठ को सोफा की पीठ से टिकाते हुए कहा। "संसार के प्रायः सभी तरुणों ने आधुनिकता के नाम पर जिस "इम्मेचुअरिटी', अपरिपक्वता और अधकचरेपन को जान-बूझकर अपने ऊपर ओढ़ लिया था वह अब केवल ऊपरी ओढ़ना नहीं रह गया। वह उन पर पूरी तरह से हावी हो गया है और उनके संस्कार के रक्त के साथ घुलने-मिलने लगा है। अपने उस अप्रौढ़ ज्ञान और अपरिपक्व अनुभवों के बल पर वे जीवन-मरण सम्बन्धी गम्भीर समस्याओं पर विचार करने लगे हैं और आज के व्यापक भ्रष्टाचार के विरुद्ध विद्रोह कर रहे हैं। उस अधकचरे चिन्तन और अनियोजित, निष्फल संघर्ष के फलस्वरूप वे टूटने लगे हैं। वे देख रहे हैं कि उनकी उपलब्धि केवल व्यर्थ के विध्वन्स तक ही सीमित रह जा रही है और संसार और समाज से वे कट रहे हैं। वे केवल पिछली पीढ़ी की ही सहानुभूति और स्नेह नहीं खो रहे हैं, बल्कि परस्पर के सम्बन्धों में भी सहज मानवीय स्नेह से वंचित हो रहे हैं। कोई अनुभवी प्रौढ़ मस्तिष्क उनके उस स्वाभाविक विद्रोह के पीछे नहीं है। इसलिए वे भटक रहे हैं और अपने उस दिशा-भ्रम को ही जीवन का अन्तिम लक्ष्य मानकर चल रहे हैं। ऐसी स्थिति में यह बिल्कुल स्वाभाविक है कि उनके भीतर-ही-भीतर कुछ अजीब-सी प्रतिक्रियाएँ चल रही हैं। आत्म-रक्षा का कोई धुँधला और अस्पष्ट संस्कार उन्हें बता रहा है कि विशाल विश्व ने जिस आत्मीयता और स्नेह से उन्हें बंचित कर रखा है उसके बिना वे खोखले हो रहे हैं। इसलिए वे एक ऐसी माँ की खोज में हैं जो उनकी अन्तर-पीड़ा को, उनके विद्रोह के औचित्य को समझ सके; जो उनके उपद्रवों को सहज स्नेह से सहन कर सके; जो उन्हें स्वतन्त्रता के उपभोग की खुली छूट देते हुए भी, उनके चारों ओर सहज स्नेह की अदृश्य दीवार खड़ी करके, उनमें यह अहसास जगा सके कि तुम अपने-आप में पूर्ण और स्वतन्त्र हो, पर एकाकी, उपेक्षित और विश्वसमाज से कटे नहीं हो।"

"ऐसी माँ कहाँ मिलेगी?" कुछ तीखे स्वर में प्रतिमा ने कहा। "ऐसी आशा एकदम अयथार्थ और असम्भावित है!"

"ऐसी माँ सर्वत्र, सबके लिए और सब समय सुलभ है। पर वह तब तक अपना अन्तर किसी के आगे उद्घाटित नहीं करती जब तक कोई उसके अन्तररहस्यों को समझने के लिए हृदय से विकल न हो या उन्हें समझ पाने की योग्यता न रखता हो।"

"किस माँ की बात तुम कह रहे हो?"

"आदि-माता प्रकृति। आज अनेक कृत्रिम बन्धनों में बँधे हुए मनुष्य ने अपने को प्रकृति से एकदम छिन्न कर लिया है। उसके सारे रोगों की जड़ यही है। जब तक वह फिर से प्रकृति के अन्तर्द्वार खोलने में समर्थ नहीं होता, तब तक वह अपनी अधकचरी भावनाओं के अनन्त शून्य में इसी तरह भटकता रहेगा। इस बात की सच्चाई अब धीरे–बहुत धीरे–संसार के तरुणों की समझ में आ रही है, इसीलिए उनकी सहज बुद्धि उनके अनजाने ही, माँ की खोज के लिए विकल है।"

"पर, दादा, तुम क्या यह नहीं मानते कि जिसे तुम अधकचरापन कर रहे हो, वह चीज आज केवल तरुणों तक ही सीमित नहीं है?"

"तरुण वर्ग इस अधकचरेपन का प्रतिनिधित्व प्रमुख रूप से कर रहा है। और क्योंकि वर्तमान संसार का सारा भविष्य तरुणों के ही हाथों में है, इसलिए घूम-फिरकर बात उन्हीं पर आती है। पर तुम्हारी बात मैं मानता हूँ कि आज यह उन्हीं तक सीमित नहीं है। सभी क्षेत्रों के पुराने अनुभवियों के परखे हुए और पुष्ट अनुभवों पर भी अधकचरेपन का यह तत्त्व रेडियमधर्मी राख की तरह बिखरकर छा गया है। सम्पूर्ण जनता की चोटी पकड़कर उन्हें मनचाहा नाच नचानेवाले विश्व-राजनीति के नेताओं की बुद्धि पर तो यह तत्त्व बुरी तरह से हावी है। ये बूढ़े नेता भी आज बच्चों की तरह अविवेकी, हठी और उच्छृङ्खल हो उठे हैं। विश्व मानव के लिए सबसे बड़े खतरे की बात यही है।" कहकर दादा इतमीनान से अपनी जेब से सिगार और दियासलाई निकालने लगे।

"इस खतरे से बचने का कोई उपाय नहीं है क्या?"

"कुछ नहीं है," सिगार जलाते हुए दादा ने कहा। फिर धीरे से एक कश लेते हुए बोले : "लगता है कि मनुष्य की केन्द्रीय चेतना में अराजकता की सीमा से बाहर जाते देखकर प्रकृति ने सारी नकेल अपने हाथों में ले ली है। अपने को ही विश्व का कर्त्ता और हर्ता समझनेवाले सभी क्षेत्रों के नेताओं को अब वही अपनी योजना के अनुसार मनचाहा नाच नचा रही है और उसकी वह योजना अत्यन्त गुप्त है और ऐसे रहस्यों से भरी लगती है जिनकी कल्पना सम्भव नहीं है। ऐसी स्थिति में कोई कुछ नहीं कर सकता, इसलिए यदि देख सकने का धैर्य और सुविधा हो, तो तटस्थ द्रष्टा बनकर देखती चली जाओ। इन महाप्रश्नों पर माथा खपाने से रही-सही बुद्धि भी क्षीण हो जायेगी और लाभ कुछ भी–हल्लो राम बाबू, नमस्कार! आओ-आओ, बैठो! अभी पहुँच रहे हो क्या?"

"बस, वहाँ से सीधे यहीं आ रहा हूँ। अँधेरा होनेवाला है, बत्ती जला दूँ," कहकर राम बाबू ने सामनेवाला स्विच दबा दिया।

"बैठते क्यों नहीं?" दादा ने आग्रह-भरे स्वर में कहा। "आओ, मेले के नये समाचार बताओ।"

राम बाबू एक साधारण-सी कुर्सी खींचकर बैठ गये।

"अच्छा, दादा, मैं तनिक अपने कमरे में जाकर दिया-बत्ती कर आऊँ," सहज भाव से मुस्कराते हुए प्रतिमा ने कहा और कहते ही उठ खड़ी हुई।

उसे जाते देखकर राम बाबू "नमस्कार!" कहते हुए, दोनों हाथ जोड़कर उठ खड़े हुए।

"इनसे तुम्हारा परिचय हो गया क्या?" विनोद के-से लहजे में दादा ने पूछा।

"रोज इन्हें आपके साथ डिनर में और इधर-उधर आते-जाते देखता रहता हूँ," अपनी मक्खन-सी मुस्कान को और अधिक कोमल बनाते हुए राम बाबू ने कहा। "अच्छा साथी होना ही हम लोगों के लिए काफी परिचय है।"

"साथी नहीं साथिन कहो!" दादा ने संशोधन किया।

अब की राम बाबू बड़े प्रेम से खिलखिलाये। बोले; "ठीक कह रहे हैं आप। पर साथी हो साथिन, इससे क्या फरक पड़ता है!"

प्रतिमा की स्थिति 'न ययौ न तस्थौ' की-सी हो गयी थी। वह दादा का विशेष "मूड' देखकर खड़ी-की-खड़ी रह गयी थी।

"क्या सचमुच फर्क नहीं पड़ता, राम बाबू! सच बताना!" एक हल्का-सा विनोदपूर्ण छींटा कसते हुए दादा ने उसी तरह सोफा पर बैठे ही कहा।

राम बाबू प्रतिमा के आगे कुछ झेंप रहे थे। दादा की विनोदपूर्ण मनःस्थिति देखकर असमंजस में पड़े हुए थे। "हम जैसे जाहिल लोग आपको भला क्या बता सकते हैं।" कहकर उन्होंने बात टाल दी।

"खैर, आपने इनका कुछ परिचय भले ही पा लिया हो, पर यह आपका सही परिचय नहीं पा सकेंगी, चाहे कितनी ही देर यहाँ खड़ी रहें," कहकर दादा स्वयं भी उठ खड़े हुए।

"अच्छा नमस्कार!" कहकर और दोनों की ओर हाथ जोड़कर प्रतिमा चली गयी।

"आप से एक बात जानने मैं आया था, राम बाबू ने खड़े-खड़े दादा से कहा।"

"बैठो, बैठो!" दादा ने कहा।

"दोनों बैठे गये।"

"क्या बात है?" दादा ने पूछा।

"बात यह है दादा, जो एक दूसरी महिला आपके साथ अक्सर दिखायी देती है–चित्रा कटारा उसका नाम है–उसके ढंग ही समझ में नहीं आते।"

"बात क्या हो गयी?" चिन्तित होकर दादा ने पूछा।

"आप जानते हैं, जो 'टूरिस्ट' इस होटल में आते हैं, उनसे हम लोग 'एडवान्स' में मासिक किराया ले लेते हैं। पर इन्होंने कहा कि वह महीने के अन्त में देंगी। आपने भी सिफारिश की, इसलिए मैं मान गया। 3 मई को वह आयी थीं, आज 6 जून है। तीन दिन से हमारा आदमी रोज बिल लेकर उनके पास जाता है, पर वह न कमरे का किराया देती हैं, न खाने का पैसा। कहती हैं, अभी एक सप्ताह और ठहर जाओ। पर एक सप्ताह

बाद भी वह कैसे और कहाँ से देंगी, कुछ समझ में नहीं आता। सिन्धी जौहरी गिडवानी बता रहा था कि उससे उस महिला ने दो सोने की अँगूठियाँ खरीदी हैं–एक नीलम-जड़ी और दूसरी माणिक-जड़ी। दोनों का दाम बारह सौ रुपया है। नीलम और माणिक दोनों असली हैं। पन्द्रह-बीस दिन हो गये उन्हें खरीदे हुए। पर जब वह पैसे माँगने जाता है तब टाल दिया जाता है। वैसे मुझे एक दूसरे जरिये से पता चल गया है कि श्रीमती कटारा ने केवल नीलम की ही अँगूठी खरीदी है। गिडवानी के ही मजदूर ने मुझे यह भी बताया है कि गिडवानी जबर्दस्ती उन्हें उधार अगूँठी दे आया है। आज एक गुजराती सेठ मिला था मुझको मेले में। हम दोनों साथ ही वापस आये थे। वह भी मुझसे इनके बारे में पूछ रहा था। यह कौन हैं, यहाँ अकेली क्यों हैं, इनके पति क्या करते हैं और कहाँ रहते हैं, कभी पहले भी यहाँ आयी थीं या नहीं, आदि आदि। नीचे 'पर्वतीय भण्डार' वाला उस दिन कह रहा था कि श्रीमती कटारा उसके यहाँ से प्रतिदिन कोई-न-कोई चीज या तो स्वयं ले जाती हैं या किसी से मँगाती हैं। मक्खन, बिस्कुट, चाय, कॉफी और पावरोटी आदि चीजें लेती रहती हैं वह उससे। पर अभी तक उसका भी बिल उन्होंने नहीं चुकाया है। कुछ तो आपकी वजह से लोग उन्हें चीजें उधार दे देते हैं और कुछ शायद उनके बात करने के ढंग में ही कुछ विशेषता है। किस बूते पर और अपना क्या शौक पूरा करने के लिए यह पहाड़ चली आयी हैं, यह राम जाने। अब मेरे सामने समस्या यह है कि मैं और कितने दिनों तक इन्हें खाना खिलाता रहूँ और किस उपाय से इनसे किराये का पैसा वसूल करूँ! धरमदास तो मानेगा नहीं। और मैं इतने रुपये का दण्ड, बिना अपराध के, कैसे और कहाँ से भरूँ! परसों धरमदास निरीक्षण करने आनेवाला है। इधर वह दो-दो, चार-चार दिन के लिए अपने सभी पहाड़ी होटलों का दौरा कर रहा है। मैं उसे क्या उत्तर दूँ, आप ही बतावें।"

दादा के चेहरे पर एक गाढ़ी अँधेरी छाया घिर आयी थी। उस विचित्र रमणी का एक नया रहस्यमय रूप उनके आगे उद्‌घाटित हो रहा था, जो उन्हें अत्यन्त चिन्ताजनक लग रहा था। राम बाबू के चुप हो जाने के बाद भी वह कुछ देर तक छत की ओर ताकते हुए मौन बैठे रहे। फिर धीरे से, कुछ मुरझाए-से स्वर में बोले : "होटलवाला बिल अब आगे उसके पास न भेजना। चुपचाप मेरे पास भेज देना। मैं चुका दूँगा।"

"जैसी आपकी आज्ञा हो, दादा, पर है यह सब विचित्र ही!" राम बाबू ने कहा।

"विचित्र लगती थी यह बात किसी जमाने में, पर आज तो यह एक साधारण-सी बात लगती है, हालाँकि बात है यह बड़ी चिन्ता पैदाकरने वाली। पर हटाओ, क्या करना है!" और दादा ने सहसा, सप्रयास अपना 'मूड' बदल डाला। अँधेरी छाया के स्थान पर अब उनके मुख पर एक चमक बिखर गयी।

"और बताइये, राम बाबू। मेले का रंग कैसा रहा? तुम तो अचानक ऐसे गायब हो गये कि फिर लौटकर आये ही नहीं!"

"मेले का रंग अच्छा था, दादा," राम बाबू ने सहज भाव से कहा। "मुझे तो साल में तीन-ही-चार दिन ऐसे मिलते हैं जब मैं पूरी तरह से मुक्त हो पाता हूँ। तब मैं होटल के मैनेजरवाला मुखौटा एकदम उतारकर दूर फेंक देता हूँ और एक साधारण से भी साधारण

किसान बन जाता हूँ। मेरे बाप-दादा साधारण किसान ही थे।"

"बड़े भाग्यशाली थे तुम्हारे बाप-दादा, राम बाबू," एक सयाने और बुजुर्ग आदमी के स्वाभाविक लहजे में दादा ने कहा।

"ठीक कहते हैं, दादा, आप। ईमानदार और सन्तोषी आदमियों की तरह सहज जीवन बिताकर, भगवान् का नाम लेते हुए वे लोग चल दिये। अब रह गये मुझ जैसे लोग, जो होटल की मैनेजरी के बनावटी जीवन की बेकार की परेशानियों में उलझकर, अस्वाभाविक जीवन बिताने को लाचार हो रहे हैं।"

"सही बात है। तुम सचमुच व्यर्थ के झंझटों में फँसे हो–इसलिए नहीं कि तुम होटल की मैनेजरी कर रहे हो, बल्कि इसलिए कि तुम अकेले ही इस जीवन का भार ढो रहे हो; उस भार में हिस्सा बँटानेवाला कोई नहीं है।"

"पर, दादा, एक बात है। अकेले ही भार ढोते जाने का सुख कुछ और ही है। कभी-कभी मैं जब एकान्त में सोचने लगता हूँ तब अपने नितान्त अकेलेपन से घबरा उठता हूँ। पर तब आपकी याद आती है। सोचता हूँ कि दादा किस धैर्य, शान्ति, प्रसन्नता और निश्चिन्त भाव से, इस विकट भव-सागर को अकेले ही पार करने के लिए कमर कसे हुए हैं। तब मन को बहुत बड़ा बल मिलता है और अकेलेपन का भार, भार नहीं मालूम होता। खाली और रीता मन बैलून की तरह किसी जादुई गैस से भरकर, अपनी पूरी रंगीनी के साथ हवा में लहराता हुआ उड़ने और नाचने लगता है।"

"जिस तरह आज नाच रहा था, क्यों?" कहते हुए दादा अपनी निश्छल विनोद-भरी चुटकी पर स्वयं ही मन्द-मन्द मुस्कराने लगे।

"आपने बिल्कुल ठीक बात कही है, एकदम ठीक! आज भी, मेले में जाने के पहले ही से, मेरा मन उसी जादुई बैलून की तरह फूलता हुआ हवा में उड़ने लगा था।"

"आज उस लड़की को भी मैंने तुम्हारी मण्डली के एक किनारे पर खड़े देखा था। वह आधी छिपी हुई खड़ी थी और मग्नभाव से तुम्हारा गाना सुन रही थी और नाचना देख रही थी।"

"हाँ-हाँ, मैंने भी देखा था उसे," तनिक झेंप-भरी मुस्कान राम बाबू की आँखों और ओठों के इर्द-गिर्द फैल गयी थी।

"यह कहो कि उसे देखकर ही तुम उस विशेष मण्डली में घुस गये थे और फिर वहाँ के नेता बन गये थे। इस उम्र में अब झेंपते क्या हो, राम बाबू, साफ-साफ बातें किया करो–खास कर मुझसे!"

राम बाबू ने देखा कि दादा के आगे झेंपना अब सचमुच व्यर्थ है, क्योंकि एक पक्के जासूस की तरह वह सब-कुछ देख चुके हैं। निर्भीक होकर, सहज भाव से बोले : "आप सच कह रहे हैं, दादा। अब मैं यह बात अच्छी तरह समझ गया हूँ कि आपसे कोई भी बात–फिर वह चाहे कैसे ही रहस्य-भरी क्यों न हो–छिपाना बिल्कुल बेकार है। केवल मेरे ही लिये नहीं–किसी के भी लिये। आप केवल किसी जाने-पहचाने आदमी से सम्बन्ध रखनेवाली बाहरी बातों की ही जानकारी नहीं रखते; बाहर के पर्दों को चीरकर, बातों के

भीतर छिपे मर्म को भी बड़ी जल्दी पकड़ लेते हैं। और यह सब आप बेमालूम ढंग से करते हैं। चोर की समझ में यह बात बहुत देर से आती है कि आप बहुत दिनों से उसका पीछा कर रहे थे!" कहकर राम बाबू अपने परिहास पर अपने-आप ही, खुलकर हँसे।

"चोर के घर में भी कभी-कभी मोर छिपकर बैठा रहता है," राम बाबू, बातचीत का पूरा मजा लेते हुए और जेब से एक नयी सिगार निकालते हुए दादा ने कहा। दादा सिगार कम ही पीते थे–दिन-भर में तीन से अधिक नहीं। पर आज घण्टे ही भर के भीतर दूसरी सिगार निकाल रहे थे।

सिगार केस निकालकर उसे राम बाबू की आरे बढ़ाते हुए बोले : "लो पिओ! इससे बातचीत का मजा तनिक जमेगा।"

राम बाबू अपनी जेब से बीड़ी निकालने लगे। दादा ने कहा : "कभी-कभार एकाध सिगार भी पी लिया करो। इसका भी एक अलग रस है।"

"अच्छा लाइये, दादा। जब आप कहते हैं तब फिर क्या बात है!" आज राम बाबू ने सिगार थाम ली।

दादा ने एक सिगार अपने लिये निकाली। पहले राम बाबू की सिगार जलायी, फिर स्वयं अपनी। उसके बाद इतमीनान से सोफा पर पीठ अड़ाकर धीरे-धीर धुआँ उड़ाने लगे।

"हाँ तो, राम बाबू," दादा ने कहा, "मैं यह कहने जा रहा था कि अब तुम अपना घर बसा लो। घर बसाने की उम्र अब तुम्हारी समाप्त होने को आ रही है। इस साल के भीतर ही कहीं बात पक्की करके कोई बहू घर में ले आओ और सहज जीवन बिताना शुरू कर दो। इस बार यदि चूक गये तो फिर टापते रह जाओगे।"

"पर-उपदेश में आप कुशल तो हैं ही–आप स्वयं कहा भी करते हैं!" राम बाबू ने चुटकी ली।

"ठीक कहते हो, राम बाबू," दादा ने सहज शान्त और गम्भीर स्वर में कहा। "पर एक बात है। मुझ जैसे पागल और आवारा आदमी का अनुकरण किस-किस बात में करोगे? इसलिए मेरा पागलपन मेरे ही लिये रहने दो। मैं जो बात तुम्हारे लिये कह रहा हूँ, उस पर गम्भीर रूप से विचार करो।"

राम बाबू कुछ क्षणों तक मौन रहकर, सिगार का तनिक लम्बा कश लेते हुए, छत की ओर देखने और शायद कुछ सोचने लगे। फिर सहसा कुछ धीमे पर भाव-भीने स्वर में बोले : "दादा, बात तो आपने दो टूक कही है। मैं स्वयं भी इधर कुछ दिनों से इस बात पर गम्भीर रूप से विचार कर रहा हूँ। यदि घर बसाना ही है तो फिर देर करना बेकार है। चालीस पार कर चुका हूँ, अब भविष्य के सपने अधिक दिनों तक नहीं चल सकेंगे। अब आगे वे फीके, नीरस और बेमान हो जायेंगे। इसलिए जो कुछ भी तय करना है, वह इसी बरस कर लेना चाहिए। पर बात करना जितना आसान है, घर में बहू लाना उतना आसान नहीं है, दादा!"

"तुम्हारे लिये अब भी कोई कठिनाई नहीं होनी चाहिए।"

"बात यह है, दादा, कि इस समस्या पर विचार करना शुरू करते ही तरह-तरह की नयी नयी समस्याएँ सामने आने लगती हैं।" बड़े ही इतमीनान से, कुर्सी पर पीठ को अच्छी

तरह जमाकर दोनों पाँवों को तनिक आराम से आगे की ओर फैलाकर, सिगार को दो उँगलियों से पकड़कर आकाश की ओर सीधा खड़ा किये, राम बाबू ने कहा। लगता था जैसे मेले की रंगीनी का नशा उन पर अभी तक सवार है। आज की एकान्त सन्ध्या में बहुत दिनों बाद सच्चे अवकाश का-सा अनुभव करते हुए वे एक दूसरी ही दुनिया में पहुँच गये थे। आराम के साथ दादा से अन्तरंग बातें करने की मूड जग गया था उनका।

"जैसे ?" दादा ने पूछा

"जैसे यही कि यदि मैं विवाह की बात चलाने के लिए किसी से कहूँ भी तो पन्द्रह-सोलह साल से बड़ी लड़की इस अंचल में कोई न मिलेगी। दोनों की उम्र में तेईस चौबीस साल का अन्तर कोई साधारण अन्तर नहीं है। फिर इसके साथ ही दूसरा प्रश्न यह उठता है कि पढ़ी लिखी लड़की को लाया जाये या अनपढ़ को। इण्टर पास तक की लड़की यहाँ मिल सकती है। पर प्रश्न यह है कि किसी भी शिक्षिता लड़की से क्या आज मेरी पट सकेगी?"

"क्यों? क्यों नहीं पटेगी?"

"इसलिए कि मेरी आवारा आदतें अब इस उम्र में छूट नहीं सकतीं। और आजकल की शिक्षिता लड़कियाँ–इण्टर पास लड़कियाँ भी–चाहती हैं कि उनका पति अप टू डेट फैशन से परिचित रहे, सब समय "जैण्टिलमैन'–अर्थात् 'साहब'–बना रहे और रहन-सहन, पोशाक पहनावे आदि में टीमटाम से रहे। इससे बड़ी सजा मेरे लिये दूसरी नहीं हो सकती, दादा। इससे आजीवन कारावास क्या बुरा है! वैसे मैंने स्वयं इण्टर तक पढ़ा है, और आगे भी पढ़ सकता था। यदि उस समय विवाह का सुयोग आ गया होता तो मुझे शायद 'जैण्टिलमैन' बनने में तब कोई आपत्ति न होती। पर आज मैं इस बात के लिए किसी सूरत में भी राजी नहीं हो सकता कि कोई स्त्री मुझे 'जैण्टिलमैन' बनाये रखे और मुझ पर शासन करती रहे। यह ठीक है कि मैंने नियमित रूप से सिर्फ इण्टर तक ही पढ़ा है, पर घर पर मैं बराबर पढ़ता रहा हूँ, आज भी पढ़ता रहता हूँ। किसी भी शिक्षिता लड़की से मैं शिक्षा में भी कुछ कम नहीं हूँ। पर–" राम बाबू सिगार का कश खींचते हुए सहसा रुक गये।

"पर क्या?" इतमीनान से एक हलका कश लेते हुए दादा ने पूछा।

"पर मैं शादी शिक्षिता लड़की से नहीं करूँगा।"

"तब?"

"तब यदि कुछ हो सकता है तो यहीं की किसी गरीब किसान घर की कोई सीधी-सी लड़की मिले, जो मेरे किसी भी आचरण पर तनिक भी नुक्ताचीनी न करे, मेरी हर बात को प्रेम के साथ, प्रसन्न मन से, बिना किसी बहस के मानती चले, उसकी सुख-सुविधा के लिए मैं जितना-कुछ भी कर सकूँ, उतने से सन्तुष्ट रहे, उसे जिस तरह रखना चाहूँ उसी तरह से रहे–"

"तुम्हारी शर्तें तो बड़ी अजीब और एकतरफा हैं!"

"कुछ अजीब नहीं हैं, दादा, मेरी शर्तें। वे बड़ी सीधी और 'सटीक' हैं," 'सटीक' शब्द

पर विशेष जोर देते हुए राम बाबू बोले। "इन शर्तों की पूर्ति यदि नहीं होती तो मेरा इस उम्र में विवाह कोई माने नहीं रखता।"

"पर ऐसी कोई लड़की तुम्हारी नजर में है क्या?" दादा ने पूछा।

"नजर में होने से क्या होता है," तनिक उदासीन भाव से राम बाबू बोले। "नजर में तो बहुत-सी लड़कियाँ हैं।"

"जैसे?"

"जैसे एक लड़की तो वही है जिसे आपने भी देखा है–आज मेले में भी और उस दिन सँझा को गोमुखी में भी।"

"लड़की तो बहुत अच्छी है," दादा ने उत्साहित होकर कहा। "पर–पर उम्र में तो वह भी काफी छोटी पड़ेगी तुमसे।"

"विवाह की उम्रवाली औसत लड़कियों से वह फिर भी कुछ बड़ी ही है।"

"क्या उम्र होगी उसकी?"

"लगती तो वह भी सत्रह-अट्ठारह साल की ही है, पर मैंने पता लगाया है कि वह बीसवाँ बरस पारकर चुकी है, और इक्कीसवाँ भी आधा बीत चुका है।"

"अर्थात् तुम से ठीक आधी उम्र है उसकी?"

"हाँ, करीब-करीब यही समझ लीजिये।"

"यह भी तो सब एक समस्या ही है।"

"नहीं दादा, यह कोई बड़ी समस्या नहीं है। लड़की अपनी उम्र से अधिक समझदार है और दो-चार दिन के भीतर ही सिखा-पढ़ाकर ढंग पर लायी जा सकती है।"

"मैं इस दृष्टि से नहीं कह रहा हूँ। जब तुम साठ साल के बूढ़े हो जाओगे तब पता चलेगा कि बीस साल का अन्तर कितना बड़ा होता है।"

राम बाबू हतोत्साह नहीं हुए, बल्कि दादा की बात से उनका उत्साह और भी बढ़ गया। बोले : "मैं इसके बारे में पहले ही बहुत सोच चुका हूँ। देखिये दादा, जब मैं साठ साल का हो जाऊँगा तब वह भी चालीस साल की हो जायेगी। और औरतों के लिए चालीस साल और पचास साल की उम्र में कोई विशेष अन्तर नहीं रहता। और यदि इससे भी पहले मेरी मृत्यु हो गयी तो भी वह नुकसान में नहीं रहेगी। उसके लिए मैं अपनी पूरी सम्पत्ति छोड़ जाऊँगा और यह भी लिख जाऊँगा कि मेरे मरने के बाद वह जिससे चाहे दूसरी शादी कर ले।"

दादा अट्टहास कर उठे। फिर बोले : "मैं नहीं जानता था कि तुम इतनी दूर तक नजर रखनेवाले हिसाबी आदमी निकलोगे!"

"दादा जीवन के जिस छोर पर मैं पहुँच चुका हूँ और जैसी परिस्थितियों में जी रहा हूँ, उसमें दूर तक का हिसाब रखना ही पड़ता है।"

"पर यह तो बताओ लड़की के घर की परिस्थिति का भी कुछ पता लगाया तुमने या नहीं?"

"लगाया है, दादा," कहते हुए राम बाबू की आँखों में हलकी-सी झेंप-भरी मुस्कान

झलक उठी। "मेरे दो-एक मित्र हैं जो उसी गाँव में रहते हैं। उनसे उसका और उसके घर का हाल मुझे राई-रत्ती मालूम हो गया है।"

"क्या हाल मालूम हुआ है, तनिक सुनें?"

"हाल यह मालूम हुआ, दादा," तनिक जोश के साथ मुँह से धुआँ निकालते हुए राम बाबू बोले, 'कि लड़की का बाप कई साल पहले गुजर चुका है। माँ है और एक छोटा भाई; जो पिछले साल से मिलिटरी में है। माँ बड़ी कर्मठ है। अकेले, बिना किसी की मदद के, घर का भी काम करती है और खेतों का भी। पाँच-छह छोटे-छोटे खेत उन लोगों के हैं। उन्हीं में धान, गेहूँ, मोटा अनाज, सब्जी आदि वह उगा लेती है। फलों के कुछ पेड़ भी उसने खेतों की ऊँची सीमा पर लगा रखे हैं। एक अच्छी-सी काली गाय भी उसने पाल रखी है, जो सेर सवा-सेर दूध सुबह और उतना ही शाम को भी देती है। इधर की पहाड़ी गायें अधिक दूध नहीं देतीं। गाय के लिए भी सानी-पानी वही करती है, खाना भी वही बनाती है और कण्डे भी वही पाथती है। लड़की केवल दो काम पसन्द करती है–जंगल में जाकर घास या लकड़ी काटना और समय-असमय गाना। गला उसका बहुत अच्छा है, यह तो आपने स्वयं सुनकर जान ही लिया होगा। और शब्दों का जोड़-तोड़ भी वह अच्छा मिलाती है। पुराने शब्दों के ही नये हेर-फेर से वह नये-नये पदों को भी तत्काल रच देती है। यह पहाड़ के ग्रामीण वातावरण में अपने-आप में एक बहुत बड़ी विशेषता है–एक प्रकार की छोटी-मोटी प्रतिभा ही कहिये इसे। पर उसकी यही प्रतिभा उसकी माँ के जी का जंजाल बन गयी है।"

"कैसे?" दादा ने पूछा। उनके चेहरे से लगता था कि उनकी उत्सुकता अब बहुत बढ़ चुकी थी और बढ़ती ही जा रही थी।

"बात यह है दादा," अपनी सिगार को, जो किसी कारण से अचानक बुझ गयी थी, ऐश ट्रे पर तिरछा करके रखते हुए राम बाबू ने कहा, "कि वह एक असाधारण लड़की है। पहाड़ के ग्रामीण अंचलों में भी इस तरह की ढीठ, मस्त अपने गाने की धुन में मग्न रहनेवाली, कभी-कभी मौका मिलने पर किसी टीले या पेड़ की ओट में लुक-छिपकर किसी प्रकट या अदृश्य पुरुष-गायक के पदों का गीत में ही उत्तर देनेवाली लड़की आज शायद ही कहीं देखने को मिलेगी। पर उसके लिए यह सब-कुछ जैसे बिल्कुल सहज और जन्मजात है। उसके अपने और आसपास के गाँवों में जब कभी किसी के यहाँ कोई शुभ-कर्म होता है–जैसे किसी के यहाँ शादी हो, किसी के घर पुत्रोत्सव हुआ हो या कहीं कोई पूजा हो–तब स्त्रियाँ उसे बड़े आदर से बुलाती हैं और उसे रात-भर गवाती और नचाती हैं इससे बड़ी खुशी उसे और किसी काम में नहीं होती–"

"तो इस बात से वह अपनी माँ के 'जी का जंजाल' कैसे बन गयी?" असली बात पर आते हुए और राम बाबू के ही मुहावरे का प्रयोग करते हुए दादा ने कहा।

"उसके इस तरह के स्वच्छन्द स्वभाव से लोग उस पर छींटे कसने लगते हैं–स्त्री-पुरुष सभी। वे लोग उसे निर्लज्ज और उच्छृङ्खल बताते हैं, समाज की शान्ति भंग करनेवाली समझते हैं। अपनी मनचली लड़की के खिलाफ इस तरह की बातें सुनकर माँ का मिजाज

चिड़चिड़ा हो गया है। गाँववालों से उसकी वैसे भी कम ही बनती थी, इधर दो-तीन वर्षों से लड़की पर होनेवाली छींटा-कशी के कारण अब बिल्कुल ही नहीं बनती। दुश्मनों ने दूर-दूर के गाँवों तक उसकी बदनामी फैला दी है–लड़की बेहया है, सब समय नाचती-गाती फिरती है, जिस-तिस मर्द से आँखें लड़ाती रहती है, ऐरों-गैरों से अवैध सम्बन्ध जोड़े हुए है, आदि-आदि। पर सच्चाई यह है कि लड़की न बेहया है, न बुरे चरित्रवाली। जिस तरह उसने उस दिन उस चरवाहे के लड़के के पदों का उत्तर-प्रत्युत्तर गीत में ही दिया उस तरह वह सदा ही नहीं गाती। लड़की न निर्लज्ज है, न बहुत ढीठ। किसी भी जवान लड़की से कम हया उसमें नहीं है। पर इतना जरूर है कि वह अनावश्यक संकोच से सिकुड़ी-सिमटी रहनेवाली लड़की भी नहीं है–"

"तुम तो उसके बारे में इस तरह बातें कर रहे हो जैसे उसके निकट सम्पर्क में रहते तुम्हें बहुत दिन हो गये हों," दादा ने कहा। "तुम कैसे कह रहे हो कि लड़की का चरित्र शुद्ध है?"

मैंने अभी आपको बताया कि उस गाँव में मेरे कुछ मित्र रहते हैं, जो बहुत समझदार, सयाने और विश्वास-योग्य हैं। उन लोगों से उस लड़की के सम्बन्ध में मेरी विस्तार से बातें हुई हैं। इसके अलावा मैं इधर प्रायः प्रतिदिन स्वयं अपनी आँखों से उसकी प्रत्येक गतिविधि पर बड़ी बारीकी से गौर कर रहा हूँ। उसकी चाल-ढाल, चेष्टा और भाव-भंगी से मुझे लगता है कि वह हर तरह से निर्दोष और निश्छल लड़की है। उसका एकमात्र 'दोष' यदि कहा जाये तो यही है कि वह मस्त भाव से और मुक्त हृदय से गाना पसन्द करती है। मानव-प्रकृति का यह व्यंग्य देखिये, दादा, कि उसकी जो प्रवृत्ति सबसे अधिक प्रशंसा के योग्य समझी जानी चाहिए थी वही उसके कलंक का कारण बन रही है।"

"तब?" दादा ने बात को उनकी स्वाभाविक परिणति की ओर ले जाने के उद्देश्य से कहा। "तुमने अपने मित्रों से किसी संकेत द्वारा बातचीत चलाने को कहा है?"

"कुछ संकेत मैंने उन्हें दिया तो है," राम बाबू बोले। "पर अभी वे बात को कुछ आगे नहीं बढ़ा पाये हैं। फिर भी उन लोगों का विश्वास है कि माँ को इस सम्बन्ध के लिए राजी किया जा सकता है। वह भी अब अपनी सयानी और कुँवारी लड़की को किसी भले आदमी के हाथ सौंपकर निश्चिन्त हो जाना चाहती हैं।"

"पर उसे इस बात का विश्वास दिलाना बहुत जरूरी है कि तुम एक भले आदमी हो!" कहते हुए दादा के मुख पर दुष्टता-भरी मुस्कान झलक उठी।

"आप ठीक कहते हैं," सहज भाव से राम बाबू ने कहा। "पर मेरा विश्वास है कि माँ को असानी से विश्वास दिलाया जा सकेगा। अच्छा दादा, समय हो गया है, अभी मैं चलता हूँ। फिर कभी आपसे इस विषय पर बातें होंगी।" कहकर राम बाबू उठे और हाथ जोड़कर चल दिये।

तीसरे दिन सुबह प्रातः नौ बजे जब दादा नहा-धोकर, नाश्ता करके टहलने के विचार

से बाहर निकले, तब सामने एक देवदारु के नीचे उन्हें होटल का मालिक धरमदास खड़ा दिखायी दिया। तीन-चार आदमी उसे घेरे खड़े थे, जिनमें एक राम बाबू भी थे। धरमदास की उम्र प्रायः दादा के ही बराबर थी। वह सूट-बूट से पूरी तरह लैस था। गोरा, तमतमाया हुआ चेहरा, बाल आधे से अधिक झड़े हुए, आँखों में एक अनुभवी, घुटे हुए और सफल व्यवसायी की आवश्यकता से अधिक मीठी मुस्कान। दादा को देखते ही वह दूर ही से हाथ हिलाकर बुलाता हुआ ऊँची आवाज में बोला : "हल्लो ग्रैण्ड ओल्ड मैन!"

जब दादा धीरे, सहज गति से चलते हुए उसके पास पहुँचे, तब वह उनकी ओर लपका और दोनों बाँहें उनके गले में डालकर, कसकर आलिंगन करता हुआ बोला : "माई डियर, डियर डाडा! काहे क्या हाल हैं? मजे में तो हो?" उसके बाद वह अपनी बगल में खड़े प्रायः अपनी ही तरह की नयी गरम सूट और लाल टाई में सजे-धजे एक चश्माधारी सज्जन से, परम प्रेमपूर्ण मुस्कान मुख पर झलकाते हुए बोला : "जानते हो इस शख्स को? यह एक अजीब किस्म का फिलासफर है। जब यह दस साल पहले यहाँ आया था तब शुरू-शुरू में यहाँ कोई कम्पनी न होने से 'बोर' हो रहा था। इसी होटल में आ के टिका था। तब यह होटल नया-नया खुला था। हम लोगों से कुछ कतरा रहा था, पर मैंने जबर्दस्ती इसे पकड़कर इससे दोस्ती की। हम लोगों का शगल क्या हो सकता था, सिवा ताश के! उस समय हम केवल तीन आदमी उसमें दिलचस्पी रखनेवाले थे। चौथा पार्टनर कोई मिल नहीं रहा था। मैंने इस शख्स को पट्टी पढ़ायी कि इससे बढ़िया शगल वक्त काटने का इस पहाड़ी जंगल में दूसरा कोई नहीं है। पहले तो यह राजी न हुआ, पर उन दिनों इसका और कोई साथी न होने से यह रफ्ता-रफ्ता ढंग पर आ गया। हम तीन आदमी आपस में 'कट-थ्रो' खेलते थे। यह बड़े गौर से देखता रहता था। मैंने भी खेल सीखने में इसकी बड़ी मदद की। इसका चस्का बढ़ा और यह स्वयं ही कहने लगा कि वह भी 'ब्रिज' खेलेगा। और इसने खेलना शुरू किया। जिसका भी पार्टनर यह बनता वह अक्सर हार जाता और इसका अधकचरा खेल देखकर इसे लेक्चर पिलाता रहता। एक महीने के भीतर यह शख्स तीन सौ रुपये हार गया। पहले तो मैं तो इसकी हार पर मजा लेता रहा, पर बाद में इस पर मुझे तरस आने लगा। मैंने इसे बहुत समझाया और खेलना बन्द कर देने को कहा। इसने क्या जवाब दिया जानते हो? बोला : 'बड़े चालाक हैं आप! मुझे इतना फँसाकर अब खेलना बन्द कर देने को कहते हैं!' इसका बच्चों का-सा जवाब, बच्चों की-सी जिद और दुनियावी मामलों में बच्चों की-सी मासूम नादानी देखकर मेरा जी खुश हो गया। मैंने इसकी पीठ थपथपायी और कहा 'वाह शेर, मान गया तुमको!' और फिर जानते हो इसने क्या किया? तब तक वह वक्त काटने के लिए, आधे मन से खेल रहा था। अब इसने इस 'गेम' में भरपूर दिलचस्पी लेना शुरू कर दिया। वह बड़ी 'बारीकी' से इस खेल को 'स्टडी' करने लगा। और यकीन मानो, एक ही महीने के भीतर इसने खेल की जड़ पकड़ ली! तब से जो शानदार खेल खेलना इसने शुरू किया वह लाजवाब था। यही नहीं, किसके हाथ में कौन पत्ता होना चाहिए और कौन किस पत्ते की चाल चलनेवाला है, यह आसानी से पहले ही भाँप लेता था और दूसरे एक्सपर्ट खिलाड़ियों की ऐसी-ऐसी बारीक गलतियाँ

निकालने लगा कि देखकर लोग दंग रह जाते थे। नतीजा यह हुआ कि दूसरे ही महीने के भीतर इसने अपने तीन सौ रुपये तो आसानी से खींच लिये और ऊपर से दो सौ रुपये और जीत गया। उसके बाद इसने खेलना कतई बन्द कर दिया और जीत के दो सौ रुपये नौकर-चाकरों में बाँट दिये। ऐसा निराला मतवाला है यह शख्स!"

पता नहीं, 'निराला मतवाला' से धरमदास का ठीक आशय क्या था, पर दादा ने एक मीठी चुटकी ली। सहज भाव से मुस्कराते हुए, धीर और शान्त स्वर में बोले : "अब तो तुम शायरी भी करने लगे, धरमदास!"

"अरे भाई, इतने बड़े फिलासफर की साया में रहकर भी क्या शायर नहीं बनेंगे?" दादा के कन्धे पर फिर एक बार प्यार से हाथ रखते हुए धरमदास ने कहा।

सब लोग दोनों की बातों में भरपूर रस ले रहे थे और बड़े ध्यान से सुन रहे थे। राम बाबू तो परम प्रसन्न हो रहे थे। दादा का एक नया रूप आज पहली बार उसके आगे उद्‌घाटित हो रहा था। जिस समय की बात धरमदास ने कही थी, उस समय राम बाबू उस होटल में नहीं आये थे। दूसरे साल दादा ने ही उन्हें होटल में रखने की सिफारिश धरमदास से की थी। तब से तरक्की करते-करते राम बाबू आज मैनेजर बन गये थे।

जो भी हो, धरमदास का जो प्रेम दादा के प्रति पूरे प्रवेग से उमड़ पड़ा था, वह थमना ही नहीं चाहता था। उन्हीं चश्माधारी सज्जन को लक्ष्य करके वह कहता गया। "और जानते हो इस मस्तमौलाराम ने क्या किया है? हजरत एक बहुत बड़ी यूनिवर्सिटी की प्रोफेसरशिप छोड़कर इस जंगल में मंगल मनाने बसे हुए हैं। एक मामूली-सा ऑर्चर्ड खरीद लिया है, जिससे अकेले आदमी की गुजर मजे में हो जाती है। जोरू न जाँता अल्लामियाँ से नाता! न सिर पर कोई परेशानी न कहीं कोई झंझट। होटल में पड़ा-पड़ा मस्त रहता है। किसी की भलाई बन पड़ी तो कर देता है, वर्ना दूर ही से राम-राम का हिसाब रखता है। मैं कितनी बार कह चुका हूँ कि अपना घर बसा लो, अभी बहुत देर नहीं हुई है। और होटल में किराया देकर रहने से क्या फायदा! खुद अपना एक होटल खोल लो, मैं होटल को जमाने में तुम्हारी मदद करूँगा। चाहे किसी पहाड़ी जगह में खोलो या नीचे किसी शहर में। पर हजरते दाग जहाँ बैठ गये बैठ गये! पता नहीं, कैसे इस तरह की जिन्दगी यह शख्स जी लेता है। और खूब मजे में जी रहा है। बता सकते हो इसकी उम्र क्या होगी?

चश्माधारी सज्जन ने एक बार गौर से दादा की ओर देखा, फिर अन्दाज लगाकर बोला : "यही चालीस-बयालीस साल की होगी।"

धरमदास अट्टहास कर उठा। फिर बोला : "पूरे पचास पार करके दो-तीन साल बढ़ गया है! ऐसा उम्रचोर है यह!" और फिर दादा को एक बार जी भरकर बाँहों में कसता हुआ बोला : "वाह दादा, बड़े ही प्यारे पागल हो तुम! आर्ट में डाडाइज्म चलानेवाला तुम्हारे ही जैसा कोई पागल 'जीनियस' रहा होगा!"

दादा ने धीरे से अपने को छुड़ाते हुए, उन्हीं चश्माधारी सज्जन से कहा : "धरमदास तो है पक्का व्यवसायी। चट्टानी पत्थर में घुन की तरह छेद करके यदि कोई उसे खोखला बना सकता है तो वह यही आदमी है। भला इसके साथ चल सकने की ढिठाई मुझ जैसा

पानी से भी पतला और मक्खन से भी मुलायम आदमी कैसे कर सकता है! अच्छा भाई, नमस्ते! अभी दो-एक दिन तो हो न ?"

"बस, कल ही चला जाऊँगा," वह बोला। "हाँ, एक बात तुम्हें बतानी है।" कहकर वह दादा के कन्धे पर हाथ रखकर उन्हें एकान्त में ले गया। उसके बाद बोला : "यह जो मिसेज चित्रा कटारा है, वह मुझसे आज सबेरे ही मिली थी। मैंने राम बाबू से कह दिया है कि अभी एक महीना और उसके पास कोई बिल न भेजे। उसका कहना है कि तब तक वह पूरा बिल चुका देगी। इसलिए तुम्हें उसके सबब कोई तरद्दुद उठाने की जरूरत नहीं। अच्छा नमस्ते!" कहकर धरमदास चला गया।

उससे मुक्त होकर दादा आगे बढ़े। रास्ते में चित्रा का कमरा पड़ता था। क्षण-भर के लिए उसके कमरे के पास रुके, पर फिर कुछ सोचकर आगे निकल गये।

कुछ ही दूर आगे गये होंगे कि पीछे से आवाज आयी : "मिस्टर चैटर्जी, मिस्टर चैटर्जी!"

दादा ने पीछे मुड़कर देखा, माणिकलाल हाथ के इशारे से उन्हें रुकने के लिए कह रहा था। दादा रुक गये। माणिकलाल तेज कदम रखता हुआ दादा के पास पहुँचते ही बोलाः "मैं अभी आप ही से मिलने जा रहा था।"

"अभी आप कहाँ से आ रहे हैं?"

"मिसेज कटारा के यहाँ से।"

"अब तो मैं घर से इतनी दूर निकल आया हूँ कि अभी लौट चलना ठीक न होगा। आप कहाँ रहते हैं?"

माणिकलाल ने सामने पूरब की ओरवाले पहाड़ की ओर उँगली उठायी। पहाड़ प्रकट में बहुत दूर नहीं था। उस ऊँचे-से पहाड़ के बीच में एक स्थान पर सफेद टिन से छाया हुआ एक खूबसूरत-सा बँगला था। उसी की ओर माणिकलाल ने उँगली उठायी थी।

"तो चलिये," दादा ने कहा। "वहीं चलकर गपशप हो जाये!"

"चलिये, यह तो मेरा सौभाग्य होगा," माणिकलाल बोला। दोनों धीरे-धीरे उसी लक्ष्य की ओर चलने लगे।

"कहिये, कैसा लग रहा है यहाँ का वातावरण आपको?" चलते-चलते दादा ने पूछा।

"बहुत ही सुन्दर और रोमाण्टिक लग रहा है," प्रसन्न मुद्रा में माणिकलाल ने कहा। "हिल स्टेशन्स तो मैंने बहुत-से देखे हैं– यहाँ भी और विदेशों में भी, पर मन को जो शान्ति मुझे यहाँ मिल रही है वह और कहीं मुझे नहीं मिली।"

"पर अभी से आपके मन में अशान्ति के बीज कहाँ से पनप गये, जिसके कारण आपको इस भरपूर जवानी में शान्ति की खोज की आवश्यकता महसूस होने लगी है?" दादा ने एक मीठी चुटकी लेते हुए माणिकलाल के मन को टटोलना आरम्भ कर दिया।

"सच पूछिये तो बचपन से ही मेरे मन को अशान्ति और बेचैनी का अनुभव होने

लगा था," आत्म-संस्मरण और आत्म विश्लेषण के आकस्मिक 'मूड' में आकर माणिकलाल बोला : "मैं कह नहीं सकता, उस अशान्ति का कारण क्या था और वह बेचैनी कहाँ से आकर मेरे भोले, बचकाने मन में घर कर गयी थी। तब मैं केवल इतना ही अनुभव करता था कि यह अशान्ति किसी भी उपाय से मेरे मन से दूर होनी चाहिए। जब मैं केवल तीन साल का बच्चा था तभी मेरे पिता अहमदाबाद से कानपुर चले आये थे। पता नहीं, अहमदाबाद का वातावरण उन्हें क्यों पसन्द नहीं आया। कारण जो भी हो, वह कानपुर में ही बस गये और जल्दी ही वहाँ उन्होंने बड़े पैमाने पर चमड़े का व्यवसाय आरम्भ कर दिया। उस व्यवसाय में उन्हें बहुत जल्दी ही इस हद तक सफलता मिली कि धीरे-धीरे उन्होंने सारे मार्केट को 'कैपचर' कर लिया। चमड़े के सूटकेस, बैग, जूते आदि के सारे थोक व्यवसाय की 'मोनोपोली' ही प्रायः उनके हाथ में आ गयी। हम लोग लखपति से करोड़पति बन गये। मेरा पालन-पोषण बड़े ठाठ से होने लगा। किसी भी बात की कोई कमी मेरे लिये नहीं थी। अपनी किसी भी इच्छा की पूर्ति की पूरी छूट और सुविधा मुझे थी। केवल एक बात की सुविधा तनिक भी नहीं थी। मेरे भीतर एक अजीब-सी अशान्ति का जो कुहरा तह-पर-तह जमा हुआ था और बढ़ता ही जा रहा था, वह किसी तरह भी फटना नहीं चाहता था। मुझे अपने बाहर के और भीतर के वातावरण में चारों ओर केवल चमड़ा-ही-चमड़ा दिखायी देता था और दिखती थीं केवल मशीनें और उनके कल पुर्जे, और कानों में बजता रहता था केवल उनका शोर। एक बार मैं कुतूहल से अपने पिता का टैनिंग कारखाना देखने चला गया। वहाँ दूर ही से जो विकट नारकीय गन्ध मेरे नथुनों के भीतर प्रवेश करने लगी उससे मेरा सिर फटने लगा और मूर्च्छा-सी आने लगी। मैं वहीं से लौट जाना चाहता था, पर मेरे कुतूहल की जीत हुई। मैं आगे बढ़ा जहाँ मशीनों द्वारा टैनिंग का काम हो रहा था। सातवें नरक में भी वैसी सड़ायँध और असहनीय दुर्गन्ध शायद ही सम्भव हो। बरसात के दिन थे। मुझे मितली आने लगी। एक सेकण्ड भी मैं वहाँ खड़ा नहीं रह पाया। और नाक दबाकर छोटे बच्चों की तरह दौड़ता हुआ भागा। ऐसी विकट मितली आ रही थी कि बाहर जाकर मैंने मुह में हाथ डालकर उलटी करने की कोशिश की। पाँच-सात बार कुल्ला करके मैं सीधे घर अपने कमरे मे चला गया। वहाँ 'एसेन्स' की आधी शीशी मैंने अपनी नाक में, मुँह में और अपने कपड़ों में लगाकर खतम कर डाली। विश्वास मानिये, उतने के बाद भी मेरा माथा उसी सड़ायँध से भिन्नाता रहा। बरसों तक वह दुर्गन्ध मेरे सिर में, नाक में, मन में, अन्तर्मन में चक्कर काटती रही। लगा कि यह महादुर्गन्ध केवल 'टैनिंग' के कारखानों में ही नहीं, सारे संसार के सभी स्थानों, सभी व्यवसायों, सभी कार्यों, सभी आदर्शों और सभी विचारों में अविच्छिन्न रूप से फैल और घुस गयी है। आज की दुनिया में सब-कुछ, बिना किसी अपवाद के, सड़ चुका है और दिन-पर-दिन और अधिक गलता और विषैला होता जा रहा है। सर्वत्र सड़ायँध-ही सड़ायँध-फैली हुई है। कहाँ भागा जाये! कहाँ मुक्ति ढूँढी जाये!

दादा गौर कर रहे थे कि बताते हुए माणिकलाल के मुख पर आन्तरिक घृणा की रेखाएँ तन आयी थीं। आँखों से जैसे उबकाई चू रही थी।

"यह तो स्पष्ट है कि आपकी संवेदना बड़ी ही नाजुक है, पर है बहुत गहरी," दादा ने बात को आगे बढ़ाने के विचार से कहा। "अब यह बताइये कि इस अनुभूति से मुक्ति आपने कैसे पायी! क्योंकि आपकी ही बात से लगता है कि इस समय आप उस अनुभूति से एकदम मुक्त हैं।"

"मैं अभी भी मुक्त नहीं हूँ, दादा," माणिकलाल बड़े प्रेम से मुस्कराते हुए बोला। "यह बात आपको अभी से बताये देता हूँ। पर पूरा किस्सा तो पहले सुन लीजिये। मेरा किस्सा क्या, मेरी एक विचित्र अनुभूति की उत्पत्ति और प्रगति का किस्सा। इस तरह का किस्सा हर ऐरे-गैरे को न तो सुनाया जा सकता है न समझाया। इसलिए मैं जब से आया हूँ उसके दूसरे ही दिन से आपसे मिलने के लिए उत्सुक था, क्योंकि मैं जान गया था कि आप ही एक ऐसे व्यक्ति हो सकते हैं जिसके आगे अपने अन्तर्मन की गाँठों को खोला जा सकता है–"

दादा देख रहे थे कि वह गुजरात की पैदाइश होने पर भी, शायद कनपुरिया होने के कारण, बड़े धड़ल्ले से हिन्दी बोल रहा था। पर जब उन्होंने उसका अन्तिम वाक्य सुना तब वह आश्चर्य में पड़ गये। बीच ही में टोकते हुए बोले : "पर आपको यह कैसे और कहाँ से पता लगा कि मैं ही एक ऐसा व्यक्ति हो सकता हूँ जिसके आगे अपने अन्तर्मन को उघाड़ा जा सकता है?"

"हँ–हँ!" तनिक झेंप-भरी मुस्कान माणिकलाल के मुँह पर खेल गयी। "उस दिन मिसेज कटारा से आपके बारे में बातें हो रही थीं। उन्होंने आपके स्वभाव–बल्कि आपके व्यक्तित्व–की जो विशेषताएँ बतायीं उनसे मेरी धारणा और पुष्ट हो गयी।"

जिस टेढ़े-मेढ़े रास्ते से होकर वे चले जा रहे थे वह तनिक चढ़ाई पर चलने के बाद एक सुन्दर से बँगले के पास आकर समाप्त हो गया।

"यह आ गया बँगला," माणिकलाल ने कहा। "आइये, भीतर तशरीफ ले चलिये।"

बँगले का सामनेवाला फाटक ऊपर दोनों ओर अंगूर की सम-मात्रिक बेल से छाया हुआ था। छोटे-छोटे हरे-हरे अंगूरों के बड़े-बड़े गुच्छों से बेल लदी हुई थी। बरामदे की सीढ़ियों पर दोनों ओर करीने से रखे हुए थे। उनकी बगल में एक धुँघराली पत्तियों के ऊपर रक्त से भी लाल जिरेनियम के फूल खिले थे और दूसरी ओर बसन्ती रंग के डालिया मधुमक्खी के छत्तों की तरह अपने छोटे-छोटे कोशों को खोले हुए मुस्करा रहे थे।

दादा ने ज्यों ही बरामदे पर पाँव रखा त्यों ही भीतर से एक प्रायः बीस-इक्कीस बरस की युवती मन्द-मन्द मुस्कराती हुई आगे बढ़ी और बिना पूर्व परिचय के ही उसने दादा की ओर हाथ जोड़े। पलटे में दादा ने भी नमस्कार किया। युवती के बड़े-बड़े बालों की मूठ पीछे की ओर बँधी न होकर, सिर के ऊपर, जटा की तरह लपेटी हुई खड़ी थी। बादामी रंग की रेशमी साड़ी से उसका गठीला शरीर ढका हुआ था। यदि उसके मुख पर मक्खन-सी मुस्कान बिखरी हुई न होती तो वह साक्षात् भैरवी लगती। उसके मुख के तमैले रंग के ऊपर हलकी-सी सफेदी पुती हुई थी, जिससे उसका चेहरा राख से ढकी आग की तरह चमक रहा था।

"यह मेरी बहन लिली है," तनिक झेंपते हुए माणिकलाल ने कहा, "और लिली, यह हैं दादा–श्री मिलनकुमार चट्टोपाध्याय, जिनकी चर्चा उस दिन हम लोग कर रहे थे।"

"इस बीच मेरी चर्चा लिली जी से भी हो चुकी है!" दादा ने सहज स्नेह-सने व्यंग्य के स्वर में कहा।

"'लिली' के आगे 'जी' जोड़ना क्या आवश्यक है, दादा? क्या 'जी' इस सुन्दर, सुकुमार शब्द को जर्जर नहीं बना देता?" सहज, सुकोमल ढिठाई के साथ युवती बोली।

उसकी उस सहजता से दादा तनिक चौंक-से उठे–पता नहीं, क्यों। क्षण-भर के लिए वह अपनी अन्तर्भेदी दृष्टि की नोक युवती की आँखों में गड़ाये रहे। फिर धीमे स्वर में बोले : "आप ठीक कहती हैं। आप सचमुच सुन्दर, सुकोमल लिली ही हैं, उसमें 'जी' लगाना व्यर्थ है।"

"'जी' लगाया नहीं जाता, दादा, जब लगना होता है तब अपने-आप लग जाता है!" और लिली खिलखिला उठी।

किसी अज्ञात लोक से उतरी हुई उस परी की ढिठाई देखकर दादा अपने को हतप्रभ-सा महसूस करने लगे! "क्या सचमुच वह माणिकलाल की बहन ही है–केवल बहन?" यह प्रश्न सहसा, बिना किसी आधार के, उनके मन में उठा। दूसरे ही क्षण उस प्रश्न की मूर्खता समझकर उन्होंने उसे मन से झाड़कर साफ कर दिया।

"जाइये, पधारिये!" अपने दोनों हाथों को कमरे की ओर नाटकीय ढंग से बढ़ाते हुए लिली ने कहा।

दादा ने भीतर प्रवेश करते ही देखा, ड्राइंग-रूम की सजावट में सादगी थी, पर साथ ही किन्हीं अदृश्य हाथों की सुरुचि और शालीनता अपना परिचय स्वयं ही दे रही थी। हलके नीले रंग के सोफा-सेटों के बीच एक बड़ा-सा, मोटा और गुदगुदा ऊनी कालीन बिछा था। पाँवपोश की बगल ही में एक छोटा-सा रंगीन कार्पेट बिछा था, जिस पर बड़ा-सा बंगाल टाइगर शिकार की मुद्रा में अंकित था। अगल-बगल के दरवाजे और खिड़कियों के ऊपर 'पेनल' बने हुए थे। उन पर सादे किन्तु सुन्दर फ्रेमों से मढ़े हुए कुछ कलात्मक चित्र टँगे हुए थे। दादा ने गौर से देखा कि चित्रों की रंग-बिरंगी बहार में नवीनतम कला की छाप होने पर भी एक अव्यक्त-सी सुरुचि सुस्पष्ट बोल रही थी। फर्श के बीचोबीच, शीशे से मढ़े हुए, हरे रंग के एक छोटे-से टेबिल पर रंग-बिरंगी, ताजा फूलों और पत्तियों का एक छोटा-सा गुलदस्ता काम किये हुए फूलदान पर सजाकर रखा था।

"बिराजिये!" एक सोफा की ओर संकेत करते हुए लिली ने कहा।

"दादा बैठ गये। माणिकलाल भी उन्हीं की बगल में प्रायः सटकर बैठ गया। दादा सामनेवाले एक चित्र पर गौर करे रहे थे, जिसमें एक पतले से झरने की अगल-बगलवाली झाड़ियों और झुरमुटों के बीच दो पहाड़ी लड़कियों को घास काटते दिखाया गया था। आकृतियों के अंकन में आधुनिकता थी, पर अस्पष्टता और अर्थहीनता नहीं। रंगों के सुन्दर सामंजस्य में भी एक नवीनता थी।

"ये सभी चित्र लिली ने यहीं आने पर अंकित किये हैं और इन पर फ्रेम भी उसने स्वयं अपने ही हाथों से तैयार करके चढ़ाया है," माणिकलाल बोला।

"मैं अभी आती हूँ" कहकर लिली भीतर चली गयी। दादा को लड़की के सारे रंग-ढंग कुछ असाधारण-से लग रहे थे। उसकी सारी नाटकीयता, सुघड़पन और मधुर मुस्कान के बावजूद, उसके सारे व्यक्तित्व से एक अलगाव का-सा भाव स्पष्ट व्यक्त हो रहा था। उसकी उस अन्तर्निहित उदासीनता से दादा को तनिक ठेस-सी लगी। अपनी उस बचकानी पीड़ा पर मन-ही-मन हँसते हुए भी, किसी अनजाने कारण से उनके भीतर एक खीझ-सी उठ रही थी। पर वह समझ नहीं पा रहे थे कि वह खीझ किसके प्रति थी और क्यों?

सहसा उनका 'ब्लण्टवादी' मूड आज बहुत दिनों बाद जग उठा। शायद आज धरमदास के सम्पर्क का भी कुछ प्रभाव उनके अन्तर्मन पर पड़ा हो।

उन्होंने माणिकलाल से सहसा एक सीधा-सा प्रश्न कर दिया : "तुम्हारी–आपकी–यह बहन–क्या वह आपकी सगी बहन है?"

"नहीं, वह हमारे एक आत्मीय की लड़की है," तनिक झेंप-भरी मुस्कान से माणिकलाल ने कहा।

"अविवाहित?"

"जी हाँ, अभी तक तो अविवाहित ही है, पर जल्दी ही उसका विवाह हो जायेगा।"

"कब?" बिना किसी मतलब के दादा ने पूछा।

"इसी वर्ष के भीतर।"

"ओह–तब अभी तिथि निश्चित नहीं हुई है! अच्छा, विवाह सौराष्ट्र या गुजरात में होगा या इसी प्रदेश में?"

"यह अभी तय होना शेष है!"

इसके बाद कुछ क्षणों तक सन्नाटा छाया रहा। सहसा दादा वह अशोभन मौन भंग करते हुए बोल उठे : "अच्छा, एक विचित्र बात मैं इधर देख रहा हूँ। इस पहाड़ में जितने भी टूरिस्ट आते हैं उनमें अधिक संख्या ऐसे ही व्यक्तियों की पायी जाती है जो या तो अविवाहित हैं या जोड़े से विच्छिन्न। इसका क्या कारण हो सकता है? आप स्वयं भी तो शायद अविवाहित ही हैं?"

"और आप शायद विवाहित हैं?" एक व्यंग्य-भरी मुस्कान के साथ माणिकलाल ने प्रतिप्रश्न किया।

दादा 'होः होः' करके अट्टहास कर उठे।

भीतर चाय के प्यालों, तश्तरियों और चम्मचों के खनकने की आवाज आ रही थी। लिली उसी मक्खन-सी मुलायम मुस्कान के साथ वापस आती हुई दिखायी दी।

"आइये, लिली जी, बिराजिये!" दादा ने सहज भाव से कहा : "आप तो इस तरह कतराकर भागी-भागी फिर रही हैं जैसे आपके यहाँ कोई अतिथि नहीं, बल्कि कोई विघ्नेश आ पहुँचा हो!"

"विघ्नेश तो हमारे यहाँ गणेश जी को कहते हैं, इसलिए वह अतिथि से भी अधिक आदरणीय होता है," अपने सहज रूखे ढंग से और एक निश्चित साँचें में ढली हुई मुस्कान

के साथ लिली ने कहा।

"शायद गोबर गणेश से आपका आशय है! पर, जैसा कि आप देख रही हैं, मैं गोबर गणेश तो नहीं हूँ," बड़े इतमीनान से दादा बोले।

"नहीं, आप तो शिव लग रहे हैं!"

माणिकलाल इस बार खुलकर हँस पड़ा, पर दादा खोज रहे थे कि लड़की की दुष्टता उसकी मुस्कान की किसी परत के नीचे छिपी है।

"अर्थात गोबर गणेश के भी बाप?" उन्होंने शान्त भाव से कहा।

अबकी लिली का दबा हुआ हास फटकर खुल पड़ा।

एक नौकरानी ट्रे में चाय लगाकर ले आयी।

"चीनी कितनी डालूँ?" दादा के लिए चाय बनाते हुए लिली ने पूछा।

"आपके कलात्मक हाथ की चाय वैसे ही काफी मीठी होगी। वैसे चाहें तो डेढ़ चम्मच डाल दीजिये।"

एक बड़ी तश्तरी में कुछ 'वेफर' के ढंग की चीजें तली हुई रखी थीं। एक टुकड़ा मुँह में डालकर दादा ने चाय का प्याला अपनी ओर बढ़ा लिया।

जब सब लोग चाय पी चुके तब लिली क्षमा माँगती हुई उठ खड़ी हुई और भीतर चली गयी। दादा को उसका इस तरह और इतनी जल्दी उठकर चले जाना कुछ अशोभन-सा लगा और अपनी तत्कालीन मनःस्थिति में उन्हें उसकी उस हरकत से कुछ व्यक्तिगत उपेक्षा और अपमान का-सा अनुभव होने लगा। जिस तुनुकमिजाजी के लिए वह मन-ही-मन नकुलेश को दोषी ठहराया करते थे वह चीज उनके अपने स्वभाव में भी कैसे घुस आयी है, इसके लिए वह सचमुच में कुछ चिन्तित हो उठे। फिर एक बार कुछ समय के लिए कमरे में सन्नाटा छा गया।

एक सिगार अपने जेब से निकालते हुए दादा ने दो-एक कश खींचे और फिर उन्हीं ने मौन भंग किया।

"देखो माणिकलाल," दादा ने कहना आरम्भ किया, "तुम मझसे उम्र में बहुत छोटे हो और एक ही दिन में मेरे घनिष्ठ सम्पर्क में आ गये हो। इसलिए तुम्हारे साथ अब मैं कोई 'फार्मेलिटी' नहीं बरतूँगा, अर्थात् तुमसे 'तुम' ही कहूँगा, 'आप' नहीं।" दादा का भावुकता का 'मूड' अब अपने पूरे रूप में आ चुका था। वह कहते चले गये : "तुमने अभी रास्ते में जो बातें मुझे बतायीं उनके कारण तुम्हारे जीवन के सम्बन्ध में मेरे मन में गहरी दिलचस्पी जग उठी है। पर अभी तक जितनी बातें मैंने तुमसे सुनी हैं वे एक बीच के परिच्छेद की तरह मुझे लगी हैं। फिर भी उनसे मेरा कुतुहल बहुत बढ़ गया है। तुमने अभी रास्ते में मुझे बताया कि तुम अभी तक जुगुप्सा की अनुभूति से मुक्त नहीं हो पाये हो। मैं जानना चाहूँगा कि इस समय–वर्तमान क्षण में–तुम्हारे भीतर अपने व्यक्तिगत और सामूहिक जीवन के सम्बन्ध में किस तरह की प्रतिक्रियाएँ उभर रही हैं?"

माणिकलाल सोफा पर जमकर बैठ गया और तब इतमीनान से, एक लम्बा दास्तान सुनाने की मुद्रा में, गम्भीर भाव से बोला : "देखिये दादा, इतना तो आप निश्चय ही जान चुके होंगे कि मेरी प्रकृति की, मेरी मूल अनुभूति की–दिशा क्या है। मैंने जन्म से ही एक विचित्र इनट्यूशन पाया है, जो मुझे बाद में धोखा भी दे सकता है, मुझे विनाश के अन्तिम खड्ड में भी डाल सकता है। पर इस समय उसके सम्बन्ध में मुझे व्यक्तिगत रूप से तनिक भी सन्देह नहीं है। मेरी वह जन्मजात सहज बुद्धि एक्स-रे की तरह बार-बार प्रत्यक्ष रूप से यही दिखाती और बताती चली जा रही है कि आज संसार की प्रत्येक सुन्दर-से-सुन्दर और ताजा-से-ताजा वस्तु के भीतर के भी भीतर सड़न का तत्त्व कैसे सुनिश्चित रूप से घुसा हुआ है–"

भीतर से एक नौकर कुछ ताजा और रंग-बिरंगे सेब एक बड़ी तश्तरी में, एक चाकू के साथ लाकर रख गया और फिर चला गया।

अपने उद्‌गार के प्रवाह में रुकावट आते देखकर माणिकलाल कुछ खीझ उठा, पर सहसा उसका माथा ठनका और उसकी गाड़ी फिर चल पड़ी।

"इन्हीं सेबों को लीजिये," वह कहता चला गया, "कितने सुन्दर और टटके हैं ये! पर मेरी दृष्टि की यह सूक्ष्मता कहिये–या विकृति ही समझ लीजिये– कि इनकी सुस्पष्ट ताजगी और रंगीनी की पूर्ण उपेक्षा करती हुई वह उनके बाहरी छिलके और भीतरी गूदे को भेदकर सीधे उनके केन्द्र में स्थित सड़न के उस मूल तत्त्व पर जाकर ठहरती हैं जो कुछ ही समय बाद इन सारे-के-सारे सुन्दर-सुन्दर सेबों को सड़ाकर, गलाकर उन्हें भीतर से एकदम कुरूप और वीभत्स बना देगी! मेरी इस प्रवृत्ति को आप विकृत कह सकते हैं, पर कोई कट्टर-से-कट्टर सौन्दर्यवादी भी यह नहीं कह सकता–यदि उसमें तनिक भी यथार्थ-बुद्धि हो तो–कि प्रारम्भ के पहले ही परिणाम को देखनेवाली मेरी यह दृष्टि भ्रामक है–"

दादा देख रहे थे कि माणिकलाल की आँखों से एक्स-रे की ही तरह छोटी-छोटी सुइयों की नोकों से भी तीखी, बाल से भी बारीक और उज्ज्वल किरणें फूट रही थीं, जो स्फटिक पर दोपहर के प्रखर सूर्य की प्रतिबिम्ब किरणों से भी अधिक चकाचौंध उत्पन्न करनेवाली थीं । उनका तेज और उनका आक्रोश असहनीय था। दादा सोच रहे थे कि उत्कट घृणा के भीतर से इस तरह के प्रचण्ड का विकिरण कैसे सम्भव हुआ?

"केवल इन सेबों की ही बात नहीं है," माणिकलाल कहता चला गया, "मानवीय व्यक्तित्व में भी मेरी दृष्टि सबसे पहले सीधे इसी परिणामी सड़न पर आकर ठहर जाती है। किसी सुन्दर-से-सुन्दर और ताजा-से-ताजा फूल की तरह खिली हुई किसी किशोरी कुमारी या नवयुवती को भी जब मै देखता हूँ तब उसके अन्तरतम कोष में सूक्ष्म बीज की तरह छिपी हुई उसी सड़न पर ही मेरी दृष्टि ठहरती है। और सबसे आश्चर्य की बात यह है कि वह बीज मुझे इस हद तक प्रत्यक्ष और यथार्थ दिखायी देता है कि उसके आगे उसके शरीर का बाहरी अस्तित्व कुहासे की तरह सारहीन लगने लगता है। यह मैं सबसे पहली दृष्टि की बात कह रहा हूँ। उस पहले विज़न के बाद मेरी दृष्टि धीरे-धीरे उसके शरीर के

अवयवों पर जाता है। और तब–"

इस बीच दादा ने एक छोटा-सा सेब, जिसकी हलकी चिकनी सफेदी के ऊपर गाढ़ी लाल धारियाँ अंकित थीं, उठाकर उसे धीरे से दाँत से काटना आरम्भ कर दिया था।

"रुक क्यों गये?" सेब को चबाते हुए दादा ने कहा। "कहते जाओ? मैं ध्यान से सुन रहा हूँ। और तब?"

"और तब यह अदम्य लालसा मेरे मन और प्राण को धर दबाती है कि मैं उन मक्खन से चिकने अवयवों पर उसी तरह दाँत गड़ाऊँ जिस तरह आपने सेब पर अपने दाँत गड़ाये हैं।"

दादा को आधे क्षण के लिए अट्टाहास करने की सहज प्रेरणा हुई, पर दूसरे आधे क्षण में वह सहम कर रह गये और अकृत्रिम विस्मय-भरी दृष्टि से माणिकलाल की ओर देखने लगे। माणिकलाल की आँखों में सहजता पहले भी नहीं थी, पर इस बार जो बहुत ही झीना-सा पर्दा उनकी पुतलियों से हटा था उसने उसके व्यक्तित्व के एक बिलकुल ही नये और अप्रत्याशित रूप को उनके आगे उघाड़कर रख दिया। एक अत्यन्त विकट, हिंसक–बल्कि प्रतिहिंसक–कायाचारी का-सा रूप था वह। आज सुबह जब वह होटल के पास दादा से मिला था तब उसकी सहज मुस्कान और सरल विनम्र भाव को देखकर उनके मन में किसी भी रूप में यह कल्पना नहीं उठ सकती थी कि उस सीधे-से लगने वाले व्यक्तित्व के भीतर इस तरह से जटिल, पेंचदार स्तर दबे पड़े हैं। अब उन्हें लगने लगा कि अभी उसके व्यक्तित्व के इनसे भी जटिलतर रूपों का उघड़ना शेष है। आधे खाये हुए सेब को उन्होंने मेज के नीचे पड़ी हुई रद्दी की टोकरी में फेंक दिया–उसकी बात सुनकर आगे खाने का मन नहीं हुआ। जेब से रूमाल निकालकर, हाथ और मुँह पोंछकर, रूमाल को फिर से जेब के भीतर डालते हुए बोलेः "कहते चले जाओ। तुम्हारी बातों में मेरी दिलचस्पी बढ़ती ही चली जा रही है।"

माणिकलाल स्वयं भी खूब अच्छी तरह समझ रहा था कि दादा की मर्मभेदी दृष्टि उसके अन्तर के एक-एक करके उघड़ते हुए स्वरों को और मकड़ी के जालों-सी उनकी जटिलता को पूरी बारीकी से पकड़ती चली जा रही है। साथ ही वह उन सारे जालों की टेढ़ी-मेढ़ी, उल्टी-सीधी बुनावट के समूचे नक्शों को भी अपने भीतर उसी सूक्ष्मता से उतारती चली जा रही है। पर इस बात से कतराने के बजाय उसे और अधिक प्रेरणा मिल रही थी–उनके आगे अपने अन्तर को परत-दर-परत खोलते चले जाने की। सम्भवतः बहुत दिनों से वह ऐसे व्यक्ति की खोज में था जिसके आगे वह बेझिझक अपने मन को रीता कर सके।

"आपके मन में यह प्रश्न उठ सकता है कि अछूते नारी-सौन्दर्य के अन्तरतम कोष में छिपी सड़न के सूक्ष्म बीज तक दृष्टि जाने और घृणा और अरुचि से सारा मन तीता हो जाने पर भी यह दाँत गड़ाने की अदम्य आकांक्षा क्यों?–"

"तुमने ठीक ही सोचा है, यही प्रश्न मेरे मन में उठ रहा है," दादा ने कहा।

"पर वास्तविकता यह है, दादा–जिसे आप बखूबी समझ सकते हैं–कि उस तिक्तता की प्रतिक्रिया के कारण ही मीठे की आंकक्षा जगती है–फिर चाहे उस मीठे से भी सड़ी

हुई गन्ध क्यों न आती हो। मन कहने लगता है कि जब सब-कुछ सड़ा हुआ है, तब इतने से मीठे से भी तुम अपने को क्यों वंचित करते हो ?" और यह कहते हुए उसका तीखापन सहसा एक मीठी (तथापि घृणित) मुस्कान में बदल गया।

दादा तनिक भी नहीं मुस्कराये। बल्कि वह और अधिक गम्भीर हो उठे। उनकी आँखों से निकलनेवाली पैनी प्रकाश-किरणे, अत्यन्त सूक्ष्म संवेदनशील राडार की तरह, फिर एक बार माणिकलाल के अन्तर मन के गहन जंगल के भीतर किसी अँधेरे कोने में छिपे एक ऐसे रहस्यमय तत्त्व का पता लगाने का प्रयत्न कर रही थीं जो पकड़ में आते-आते, बार-बार फिसलकर फिर-फिर अदृश्य हो जा रहा था।

कुछ क्षणों के लिए कमरे में फिर एक बार मौन का वातावरण छाया रहा। दादा के मन में अनेक प्रश्न उठ रहे थे, पर जान-बूझकर भरसक अपनी ओर से तब तक कोई प्रश्न उठाना नहीं चाहते थे जब तक माणिकलाल अपने-आप ही बोलने के "मूड' में हो।

माणिकलाल की मुखाकृति फिर सहसा गम्भीर हो उठी। वह सोफा पर कुछ उचक-सा उठा और दादा की ओर मुँह करके बोला : "दादा, असली बात आपसे छिपायी नहीं जा सकती, यह मैंने अच्छी तरह समझ लिया है। इसीलिए मेरे इस 'प्वाइण्ट' पर तनिक गौर करके देखिये कि जब सड़न ही वस्तु और व्यक्ति का मूल गुण हो, जब प्राकृतिक नियम के अनुसार आरम्भ से लेकर परिणाम तक जीवन में एकमात्र इसी गलनशील मूल तत्त्व का विकास देखन में आता हो, तब किसी भी सामाजिक या नैतिक नियम की पवित्रता–सैंक्टिटी कहाँ शेष रह जाती है? जब विश्वव्यापी गलनशीलता और सड़ायँध के बीच ही जीना है तब उसके भीतर जितनी भी सड़ी मिठास मिले उसे छककर क्यों न भोगा जाये? अनेक टेढ़े-मेढ़े चक्करों और तीते-कड़वे अनुभवों के लम्बे दौर से गुजरने के बाद आज मैं इसी फिलासफी को आधार बनाकर जी रहा हूँ–अर्थात् जी पा रहा हूँ, वर्ना कभी मैं भी आत्म-हत्या कर चुका होता!"

"हूँ–ऊँ–ऊँ!" लम्बी साँस के साथ दादा के मुँह से बरबस यह दबी हुई आवाज निकल पड़ी। "तो यह है तुम्हारी फिलासफी! अच्छा, एक बात मैं जानना चाहता हूँ–किसी विशेष उद्देश्य से नहीं, केवल निरे कुतूहल से। तुमने अपनी व्यक्तिगत फिलासफी से सम्बन्धित जो बातें अभी बतायीं वे क्या केवल सिद्धान्त रूप में ही तुम्हारे मन में वर्तमान हैं या कभी उन सिद्धन्तों को तुमने व्यावहारिक रूप भी दिया है?"

दादा के अप्रत्याशित प्रश्न से माणिकलाल क्षण-भर के लिए ठिठक गया, पर दूसरे ही क्षण वह खुलकर मुस्कराया तुरन्त ही कुछ कृत्रिम गम्भीरता से बोला : "दादा, अब आप स्पष्ट ही मेरी एकान्त 'प्राइवेसी' के पर्दे को चीरकर उसके भीतर झाँकना चाहते हैं। आपका यह कुतूहल बहुत विकट है।"

अबकी दादा सजग होकर सीधे बैठ गये। अत्यन्त शान्त भाव से, किन्तु जमी हुई आवाज में, बोले : "देखो भाई माणिकलाल, प्रकृति इतने दिनों से अपने भीतर की जिस तथाकथित 'सड़ायँध' को छिपाने का भरसक प्रयत्न करती चली आ रही थी, उसकी नंग ही जब आज तुम लोगों ने–आज के आधुनिकों ने–पूरी-की-पूरी उधेड़ डाली है, तब अब

क्या व्यक्तिगत और क्या सामूहिक–किसी भी क्षेत्र में क्या 'प्राइवेसी' शेष रह गयी? यही सोचकर मैंने यह प्रश्न किया है। यदि अनुचित समझते हो तो रहने दो!"

"नही दादा, मैं तो मजाक कर रहा था। भला आपकी दृष्टि से किसी की अन्तरतम 'प्राइवेसी' भी कभी छिपी रह सकती है? इसलिए आपसे मैं कुछ भी नहीं छिपाऊँगा। मैं आपसे स्पष्ट रूप से बता देना चाहता हूँ कि मैंने अपनी फिलासफी को केवल सिद्धान्त रूप में ही नहीं अपनाया है, पिछले कुछ वर्षों से मैं उसे व्यवहार में भी अपनाता चला आ रहा हूँ। इसके लिए मैं कोई भी प्रयास उठा नहीं रखता!"

"मासूम किशोरी कुमारियों और अनुभवहीन अविवाहिता नवयुवतियों को अपनी इस व्यावहारिक फिलासफी का शिकार बनाने में तुमने अपनी आत्मा में कभी तनिक भी कचोट का अनुभव किया या नहीं?"

इस बार माणिकलाल सचमुच उचक उठा; जैसे उसे विश्वास ही नहीं हुआ कि दादा यह सीधा प्रश्न उसी से कर रहे हैं। कुछ सँभलने के बाद बोला :

"आत्मा क्या चीज है, इसका बोध मुझे कभी नहीं हुआ। आपका आशय शायद 'कान्शेन्स' से है। 'कान्शेन्स' आज एक झूठी, थोथी और आरोपित चीज हो चुकी है। जीवन के आरम्भ में कुछ परम्परागत नैतिक संस्कार सभी की तरह मेरे मन पर भी पड़े हुए थे–बुरी तरह से भीतर चिपके हुए थे। यहाँ तक कि उनके कारण मैं किसी लड़की से जीवन की साधारण बातें भी नहीं कर पाता था। उनके साथ हेलमेल बढ़ाना सामाजिक और नैतिक दृष्टि से बहुत अनुचित मामला था। पर जिस दिन अचानक 'टैनरी' की उस महादुर्गन्ध के कारण केवल मेरी घ्राणेन्द्रिय में ही नहीं' मेरी सम्पूर्ण अवचेतना में भयंकर विस्फोट हुआ तबसे समाज और संसार के सम्बन्ध में मेरा दृष्टिकोण ही मूलतः बदल गया, जैसा कि मैं आपको बता चुका हूँ। आज मुझे पता ही नही चल पाता कि मेरा कान्शेन्स कहाँ, किस शून्य में विलीन हो गया है। इसीलिए आज अपनी भोगेच्छा की पूर्ति में मुझे कभी किसी भी प्रकार की हिचक का तनिक भी अनुभव नहीं होता। जब सभी सामाजिक और नैतिक मूल्य ही मेरे लिए बेमानी हो गये हैं, जब जीवन की ही कोई सार्थकता मुझे नहीं दिखायी देती, केवल चारों ओर की गन्दगी और कीचड़ की फिसलन के बीच जीने की विवशता का ही अनुभव करता रहता हूँ, तब ऐसे अनचाहे और आरोपित जीवन को सहनीय बनाने के लिए मैं क्यों किसी काल्पनिक 'कान्शेन्स' के जुल्म सहूँ? मैं मौत से तनिक भी नहीं डरता। जब भी मौत आयेगी वह मेरी अनन्तकालीन मुक्ति ही सिद्ध होगी। मुझे जीवन ही बराबर अपने झूठे बन्धनों और निरर्थक धार्मिक, सामाजिक, नैतिक और राजनीतिक अत्याचारों से डराता और 'बुली' करता रहा है। इसलिए मैं अब उल्टे जीवन को और उसे जीने का दम भरनेवाले निरे ढोंगी आस्थावादियों को 'बुली' करना चाहता हूँ। जिस क्षण तक मैं चलता-फिरता रहूँगा, अपनी उस अन्तिम साँस तक मैं जीवन की निरर्थकता, मूल्यहीनता, अनास्था और उछृंखलता का ही डंका पीटता रहूँगा। कोई भी शक्ति मुझे ऐसा सोचने और करने से नहीं रोक सकती!"

दादा देख रहे थे कि माणिकलाल की आँखों में शैतान खुलकर नाचने लगा था। उसका

स्वर, शायद उसके अनजाने ही, काफी ऊँचा उठ चुका था। उन्हें लगा कि उसने बात तो कोई नयी नहीं कही थी–आये दिन विद्रोही आधुनिकों की इसी तरह की बातें वह बहुत सुन और पढ़ चुके थे। पर जिस पूर्ण तादात्म्य और आत्मविश्वास के साथ माणिकलाल बोल रहा था, उससे उनके आगे उसका चरित्र जीवन्त रूप में, अपनी एक नयी विशेषता के साथ उभर उठा।

वह कुछ कहने ही जा रहे थे कि सहसा पिछवाड़े का पर्दा हटा और लिली की सौम्य और शान्त मूर्ति, अपनी कलात्मकता का झीना मुखौटा सहज भोलेपन के साथ ओढ़े हुए, निःशब्द पगों से ड्राइंग-रूम में प्रवेश करती हुई दिखायी दी। उसकी आँखों में तनिक भय-मिश्रित विस्मय और कुतूहल था। स्पष्ट ही वह माणिकलाल की ऊँची आवाज में आक्रोश का-सा भाव पाकर बाहर निकल आयी थी। दादा की ओर उँगलियों से संकेत करते हुए अपनी आँखों की चंचल पुतलियों की मौन भाषा में पूछा कि बात क्या है?

दादा उसके प्रश्न का आशय समझ गये और पूरे प्रवेश से अट्टहास कर उठे। अट्टहास का छुतहा प्रभाव माणिकलाल पर भी पड़ा और वह भी हँस पड़ा। पर वह हँसी कृत्रिम थी।

"मैं तो डर गयी थी कि गरमागरम बहस के दौरान कहीं दोनों में सचमुच का झगड़ा शुरू न हो गया हो!" बड़ी ही मीठी और धीमी आवाज में लिली ने कहा।

"आप यदि न आयी होतीं तो शायद सचमुच का झगड़ा शुरू हो ही गया होता!" कहकर दादा फिर हँस पड़े।

पर हँसते हुए भी वह उस मासूम आर्टिस्ट की आँखों-में-आँखें डालकर उसे माणिकलाल की बातों के प्रकाश में एक नयी दृष्टि से परखने का प्रयास कर रहे थे। किस हद तक उस अत्याधुनिक 'फिलासफर' के सम्पर्क का प्रभाव पड़ा होगा उस पर–उसके चरित्र पर और उसकी जीवन-दृष्टि पर? किन्तु उसके रहस्यमय भोलेपन के आवरण को चीर पाना दादा की पारदर्शी दृष्टि के लिए भी कठिन सिद्ध हो रहा था।

"क्षमा कीजियेगा, मैंने आप लोगों के दार्शनिक विवाद में व्यर्थ ही विघ्न डाला। आप लोग जमकर बातें कीजिये। मैं चलती हूँ," कहकर लिली वापस जाने लगी।

"अब मेरा भी समय हो गया, मैं भी चलूँगा," कहकर दादा छड़ी हाथ में लेकर उठ खड़े हुए। "अच्छा माणिकलाल, नमस्कार! बहुत प्रभावित हुआ मैं आज तुम्हारी स्पष्टोक्तियाँ सुनकर। लिली जी नमस्कार! आपके चित्र बहुत मोहक लगे! कभी फिर आऊँगा और आपका स्टूडियो देखने के बहाने फिर एक बार आपके सुकोमल हाथों से बनी चाय का उपभोग करूँगा!"

'लिली' के आगे आपने फिर 'जी' जोड़कर कानों को विशेष सुख नहीं दिया, दादा, क्षमा कीजियेगा। पर आप मेरा स्टूडियो अभी देखने की कृपा क्यों नहीं करते? कल तो मैं यहाँ नहीं रहूँगी।"

"कहाँ जा रही हैं आप?" अकृत्रिम खेद की छाया दादा के चेहरे पर बिखर गयी थी।

"कल वह कानपुर जा रही है–अपनी किसी अन्तरंग सहेली की शादी में सम्मिलित

होने के लिए," माणिकलाल ने कहा।

"ओह, यह बात है! फिर लौटेंगी कब?"

"अभी से कुछ नहीं कहा जा सकता," लिली बोली।

"तब चलो, अभी तुम्हारा स्टूडियों देख लिया जाये।"

"आइये, कष्ट कीजिये," कहकर लिली रास्ता दिखाती हुई आगे बढ़ी।

ड्राइंग-रूम से दक्षिणवाले बरामदे में बाहर निकलकर वे लोग बायीं ओर मुड़े और फिर जो कमरा सबसे पहले पड़ता था लिली दादा को वहीं ले गयी। माणिकलाल भी साथ ही चला आ रहा था।

"यही है मेरा टेम्पोरेरी स्टूडियो," लिली ने कहा।

दादा ने देखा, कमरा बहुत बड़ा नहीं था। तीन दीवारों पर लकड़ी की पट्टियाँ जड़ दी गयी थीं और उन पर ताजा अंकित किये हुए कुछ चित्र करीने से सजाकर खड़े कर दिये गये थे। सभी चित्र बिना फ्रेम के थे। पहाड़ी प्रकृति से सम्बन्धित चित्रों की संख्या अधिक थी। शेष चित्रों में मानव-मूर्तियों को विभिन्न मुद्राओं और विभिन्न सन्दर्भों में पशु और मानव के बीच की आकृतियों के रूप में अंकित किया गया था।

दादा ने सरसरी तौर पर प्रत्येक चित्र को देखा और दबी जबान से उनकी सराहना भी की। अन्त में वह उस सबसे ताजा चित्र के पास पहुँचे जो अभी तक कनवास-स्टैण्ड पर से नहीं उतारा गया था और जो शायद अभी पूरा नहीं हुआ था। उस चित्र ने दादा का ध्यान विशेष रूप से आकर्षित किया। वह एकान्त ध्यान से काफी देर तक उस पर दृष्टि जमाये रहे। आधुनिक चित्रकला की रहस्यमयी रेखाओं के जाल-जंजाल के भीतर से उभरती हुई दो अस्पष्ट मानव-मूर्तियाँ उन्हें दिखायी दीं। एक सूटबूटधारी पुरुष, जिसकी आकृति आधुनिकतम 'सभ्य' मानव और शिम्पैंजी के बीच की किसी एक जीव-वैज्ञानिक अवस्था से सम्बन्ध रखती थी, जो अत्यन्त विकृत और हिंसक मुद्रा में कुछ-कुछ हँसता और कुछ-कुछ रोता हुआ-सा, वीभत्स दृष्टि से, अपने आगे भयभीत-सी खड़ी एक नारी-मूर्ति की ओर देख रहा था और प्रेतात्मा की-सी अपनी लम्बी, पतली और नुकीले नाखूनवाली उँगलियों से उसकी चोली खींच रहा था। नारी की आकृति और पोशाक-पहनावे से इस बात का पता नहीं लग पाता था कि वह यूरोपियन है, भारतीय है अथवा अफ्रीकी। आतंकित-सी लगने पर भी उसकी आँखों में वासना की ही एक हलकी-सी रेखा जैसे मद की धारा चुआ रही थी।

"बहुत सुन्दर चित्र है," दादा ने अपने भीतर से उमड़ते हुए व्यंग्य के भाव को बरबस दबाते हुए कहा। "क्या शीर्षक दिया है इस चित्र को तुमने?"

"द ब्यूटी ऐण्ड द बीस्ट!" लिली ने तुरन्त ही अपनी सहज और शान्त स्वर में कहा।

दादा मन-ही-मन कुछ उचके। उन्होंने कुतूहल से लड़की की ओर देखा। पर उसकी आँखों में न तनिक संकोच का लेश था, न व्यंग्य का।

"खूब! बहुत उपयुक्त शीर्षक है!" दादा बोले। "क्यों माणिकलाल, क्या ख्याल है तुम्हारा?"

"आप ठीक कह रहे हैं," माणिकलाल कुछ झेंपता हुआ बोला।

"अच्छा लिली–नमस्कार!" (दादा फिर 'जी' जोड़ने ही जा रहे थे, पर सँभल गये) "बड़ा सुख मिला तुम्हारा स्टूडियो देखकर।"

"नमस्ते!" बड़े प्रेम से हाथ जोड़ते हुए लिली ने प्रत्युत्तर दिया।

जब ड्राइंग-रूम से होकर दादा बाहर निकले तब माणिकलाल भी उनके साथ हो लिये।

"तुम आराम करो, थक गये होगे!" दादा ने सहज स्नेह-सने स्वर में कहा।

"होटल तक आपको पहुँचा आता हूँ, फिर लौट आऊँगा।"

"मैं न अभी इतना बुड्ढा हो गया हूँ कि मेरा हाथ पकड़ने की जरूरत हो और न रास्ते से ही अपरिचित हूँ।"

"कुछ देर के लिए और अपने सम्पर्क का सुख उठाने से मुझे क्यों वंचित करना चाहते हैं!"

"तब तो शौक से चलो और मेरे यहाँ खाना भी खाओ!"

"नहीं, खाना तो घर ही पर खाऊँगा। भूख भी कुछ विशेष नहीं है। और फिर लिली भी अकेली पड़ जायेगी।"

"तुम ठीक कर रहे हो यह तो मैं भूल ही गया था।"

दोनों धीरे-धीरे चले जा रहे थे।

"तुमने आज अपने और अपनी फिलासफी के सम्बन्ध में जो बातें बतायीं वे बहुत दिलचस्प थीं," दादा ने कहा। "तुमने जो अपने 'कॉन्शेन्स' को दूध की मक्खी की तरह उठाकर फेंक दिया है, वह बड़ी बहादुरी का काम है। पर तुम्हारी बातें सुनकर एक प्रश्न तभी से रह-रहकर मेरे मन में उठ रहा है। वह यह कि क्या सचमुच 'कान्शेन्स' से ऐसी आसानी से मुक्त हुआ जा सकता है? तुम आधुनिकतम युग के एक चिन्तनशील प्राणी हो, इसलिए आज दर्शन और मनोविज्ञान के जितने भी नये-से-नये रूप हैं उनका विस्तृत अध्ययन तुमने निश्चय ही किया होगा, इसमें तनिक भी सन्देह मुझे नहीं है। मैंने जान-बूझकर 'विस्तृत कहा है, 'गहन' नहीं। क्योंकि गहन अध्ययन तो एकमात्र जीवन की गहरी अनुभूतियों और अनुभवों से ही प्राप्त हो सकता है, पुस्तकों के कोरे पठन से नहीं। पर तुम्हारी बातों से पता चलता है कि इसी उम्र में तुम्हें जीवन के गहरे अनुभव भी हो चुके हैं। तुमसे इस सम्बन्ध में बहस कर सकने की क्षमता मुझमें नहीं है। क्योंकि मैंने न तो पुस्तकों का ही गहन अध्ययन किया है और जीवन के ही गहन अनुभव मुझे अभी तक हो पाये हैं। इसलिए मैं न तो तुम्हें कोई उपदेश दे सकने की ही स्थिति में अपने को पाता हूँ, न बहस ही करने का दम भरता हूँ। मैं तो एक देहाती किस्म का आदमी हूँ और केवल सहज बुद्धि–जिसे अँगरेजी में कहते हैं 'कामन सेन्स'–के आधार पर ही अपनी धारणाएँ बनाता हूँ। इसलिए जो बात मैं कहने जा रहा हूँ उसे केवल 'लाउड थिंकिंग' ही जानना। हाँ, तो मेरी सहज बुद्धि में सहज ही यह बात आ रही है कि

'कान्शेन्स' नाम की चीज को इतनी आसानी से उखाड़कर फेंका नहीं जा सकता। अस्तित्ववादी विचारधारा का जो अत्यन्त विकृत रूप आज के बुद्धिजीवियों के सस्ते बाजारों में प्रचलित पाया जाता है वह आज के सामूहिक भ्रष्टाचार और विश्वव्यापी पागलपन के युग में अच्छा अवसर पाकर बड़ी तेजी से कच्चे मस्तिष्कों में घर करता चला जा रहा है। यह स्वाभाविक ही है, इसलिए मैं इसके लिए अनुभवहीन तरुणों का दोष नहीं देता। पर जो युवक गहरे अनुभवों से होकर गुजर चुके हैं। वे भी जब आँख मूँदकर, सस्ते किस्म के अस्तित्ववादी नुसखों को आधार बनाकर, अपनी व्यक्तिगत "विद्रोही फिलासफी' का निर्माण करने लगते हैं तब मुझ जैसे कट्टर आशावादियों को भी गहरी निराशा होने लगती है।"

तंग पगडण्डीवाली उतराई पर चलते हुए भी दादा सहज धीरता के साथ बोलते जा रहे थे। अब जब प्रायः समतल सड़क आ गयी, तब वह सहसा तनिक उत्तेजित से हो उठे। कुछ तीखे स्वर में बोले : "मेरे आश्चर्य का ठिकाना नहीं रहता जब मैं देखता हूँ कि तुम लोग–जो आज के आधुनिकतम चिन्तक अपने को मानते हो–दुनिया के सस्ते बाजारों में बिकनेवाली दो कौड़ी मूल्य की विचारधाराओं के साथ किस तेजी से अपना पूर्ण तादात्म्य स्थापित करने के लिए उतावले हो उठते हो! इस उतावली में तुम न आगे देखना चाहते हो न पीछे, न ऊपर देखना चाहते हो न नीचे। केवल सामने पड़ी हुई अपनी छाया की दूरी तक ही अपनी दृष्टि को सीमित रखना चाहते हो, ताकि आधुनिकतावादियों की भीड़ में अपना नाम दर्ज करा सको; ताकि तुम यह कहने का दम भर सको कि केवल तात्कालिक वर्तमान से ही तुम्हारा सम्बन्ध है, शेष आगे-पीछे सब झूठ है! झूठ तो आगे-पीछे बहुत है, इसे कोई भी समझदार व्यक्ति अस्वीकार नहीं करेगा। पर चूँकि आगे और पीछे का विस्तार बहुत लम्बा है, इसलिए उसके एक मन झूठ को छानने फटकने पर कम-से-कम एक छटांक सत्य तो अवश्य ही निकलेगा। एक छटांक नहीं तो एक तोला ही सही, एक तोला भी नहीं तो एक कण ही सही। यदि विशुद्ध सत्य एक अणु बराबर भी प्राप्त हो सके तो वह सही उपयोग से विश्वव्यापी गन्दगी को तल से सतह तक, ओर से छोर तक साफ करके उसमें एक अपूर्व निखार ला सकता है। पर अपनी ही छाया तक सीमित तुम्हारे क्षणिक वर्तमान में तो लाख सिर पटकने पर भी सत्य का एक परमाणु–बल्कि परम परमाणु–भी नहीं निकल पा रहा है। विशुद्ध गन्दगी को मथते चले जाने से अनन्त काल और असीम गहराई तक केवल गन्दगी के ही परमाणु प्राप्त हो पायेंगे। और यही हो रहा है–"

"दादा, आप बहक रहे हैं," तीखे व्यंग्य की मुस्कान मुख पर झलकाते हुए माणिकलाल ने कहा। "बात चल रही थी 'कान्शेन्स' को लेकर और आप–"

"तुम ठीक कह रहे हो। मैं उसी पर आ रहा हूँ," उसी अर्द्ध-उत्तेजित स्वर में दादा बोले। "तुम्हारी बात का आशय मैं यहीं समझा हूँ कि तुम्हें अपनी किसी भी हरकत में "कान्शेन्स' की कचोट की तनिक भी आशंका नहीं है, क्योंकि 'कान्शेन्स' नाम की किसी भी चीज का अस्तित्व तुम स्वीकार ही नहीं करते हो। पर तुम लोगों के झुठलाने से 'कान्शेन्स' कहीं

उड़कर शून्य में विलीन नहीं हो जायेगा। चाहने पर तो कमरा बन्द करके उसे चारों ओर से गाढ़े परदों से ढककर सूर्य के अस्तित्व को भी झुठलाया जा सकता है। पर विवेक तो बार-बार मस्तिष्क को खटखटाता हुआ यही कहेगा कि सूर्य है, फिर चाहे कैसे ही गाढ़े काले पर्दों से हम उसे ढँकने की कोशिश क्यों न करते रहें। 'कान्शेन्स' का निर्माण प्राचीन या मध्य युग में किन्हीं लोभी पण्डों या पुरोहित ने नहीं किया है। उसकी उत्पत्ति प्रकृति के स्वाभाविक नियमों के विकास-क्रम से ही हुई है। लाखों बरसों की अविरत विकास-क्रिया ने उसे जन्म दिया है–किसी निश्चित उद्देश्य से। और लाखों बरसों से वह मनुष्य की सामूहिक अवचेतना में घर किये हुए है। तुम लोगों के–या किसी के भी–झुठलाने से वह झूठा नहीं हो सकता। आज तुम उसके अस्तित्व की बात पर हँस सकते हो, पर यह जाने रहो कि कल जीव-विज्ञान, मनोविज्ञान और गणित-विज्ञान सब मिलकर उसका अस्तित्व सिद्ध करने पर जुट जायेंगे। मनुष्य को मनुष्य की स्थिति तक लानेवाला मूल तत्त्व यही 'कान्शेन्स' है। अन्यथा शिम्पैंजी तक ही विकास-क्रम रुक गया होता। और शायद वह स्थिति तुम लोगों को–आज की नयी 'मानवता' या नये माणवकों को–अपनी प्रकृति के अनुकूल लगती है क्योंकि तब हजारों-लाखों बरसों का जो मानवीय इतिहास अपने अविरत संघर्ष-विघर्ष, युद्ध और शान्ति, उत्थान-पतन, सुख और दुःख, भोग और त्याग, क्रीड़ा और पीड़ा, हास और रुदन, निर्माण और ध्वंस की महालीला के चक्र-भार से तुम लोगों की चेतना को पीछे से ढकेलता चला आया है उससे तुम लोग पूर्णतः मुक्त रह पाते और अपने-अपने अस्तित्व की वेदना, अकेलेपन के आतंक और सन्त्रास, और आज के विकृत सभ्य जीवन की गन्दगी की चेतना तुम्हें छू तक न पाती। पर अब 'ऐसा होता तो वैसा होता' और 'वैसा होता तो ऐसा होता'–इस तरह की बातें सोचने से, या प्रकृति के जो अटल नियम हैं उन्हें एकदम अस्वीकार करने से तुम लोग किस महान् लाभ की प्रतीक्षा या आशा करते हो? प्रकृति के जो पलगत अटल नियम हैं वे हैं और सदा रहेंगे। न तुम लोगों को बरगलानेवाले आधुनिकतम मनोविश्लेषक, न अस्तित्ववादी दार्शनिक ही उन नियमों का एक कण भी बदलने में समर्थ हैं वे लोग आज की विश्वव्यापी पंकिलता को और अधिक गँदला किये बैठे हैं और करते चले जा रहे हैं। यह मत सोचो कि चूँकि तुम्हें उन विध्वंसक मनोवैज्ञानिकों और दार्शनिकों के नेतृत्व का और अपने दल की वृद्धि का बल निरन्तर प्राप्त है और विश्वजीवन की विकृत परिस्थितियाँ अभी तुम्हारी विचार-धारा के अनुकूल पड़ रही हैं, इसलिए तुम मनमाने तौर से स्वयं जान-बूझकर, बिना किसी विरोध या प्रतिरोध की आशंका के बहक सकते हो या दूसरों को भी एकदम उच्छृंखल और नग्न जीवन बिताने के लिए आसानी से अनिश्चित काल तक बहका सकते हो। प्रकृति के नियम, आवश्यकता पड़ने पर, अत्यन्त प्रतिहिंसक भी होते हैं। उसका दण्ड-विधान अचूक और अपरिहार्य होता है। इसलिए 'कान्शेन्स' को ताक में रखकर यदि तुम भोली किशोरी कुमारियों या अनुभवहीन नवयुवतियों पर बेझिझक दाँत गड़ाते हुए अपने जीवन को 'सहनीय' बनाने की कल्पना में जीने की बात इसी तरह सोचते चले जाओगे, तो मित्र, तुम्हें निकट भविष्य में ही बहुत बड़े खतरे का सामना करना पड़ेगा। मेरी यह चेतावनी

कान खोलकर सुन लो!"

माणिकलाल ने दादा के मुँह से इस तरह के उत्तेजना-भरे उद्‌गार सुनने की कोई कल्पना इसके पहले नहीं की थी। इसलिए वह स्तब्ध भाव से, विस्मित दृष्टि से, कान खड़े करके उनकी बातें सुन रहा था। पर जब दादा ने 'दाँत गड़ाने' वाली बात को अपने सारे तर्कों की टेक बनाया, तब वह खीसें निपोरते हुए, खुलकर हँसने को उद्यत हुआ। किन्तु दूसरे ही क्षण जब दादा ने निकट भविष्य में खतरे की चेतावनी की बात पर अपना कथन समाप्त किया, तब वह सहसा सहम गया। अज्ञात भय की आशंका ने एक अभिशाप का-सा रूप धारण करके उसकी अनास्थावादी चेतना को आतंक से झकझोर दिया और उसके विवेक को विमूढ़ बना दिया।

पर प्रकट में वह उपेक्षा का भाव जताते हुए बोला : "मुझे अब इस जीवन में किसी भी खतरे का कोई भय नहीं रह गया है, दादा, यह आप जाने रहिये। मैं आपको पहले ही बता चुका हूँ कि मुझे मृत्यु का भय तनिक भी नहीं हैं। भय यदि हैं तो जीवन से!"

"यही तो मैं भी कह रहा हूँ, दोस्त! अभी मेरी बात का मर्म तुम शायद समझ नहीं पाये हो । इसका मुझे दुःख है," दादा ने रास्ते पर पड़े हुए एक सड़े सेब को छड़ी से नीचे गिराते हुए कहा। "वास्तविक भय का मूल स्थान तो जीवन ही है। मृत्यु से तो केवल जीवन से बुरी तरह लिप्त कुछ आलसी बुड्ढे ही डरते हैं, तुम्हारे जैसे गबरू जवान नहीं। अस्तित्ववादियों का तथाकथित सन्त्रास भी–गलत या सही जैसा भी हो–जीवन का ही सन्त्रास है। भव-भय-दारुणम् की जो बात पुराने लोग कहा करते थे वह प्रत्यक्ष जीवन का ही भय है। इसी भय को जीत पाने में ही पुरुषार्थ है, यह बात हर युग में हर देश के ज्ञानी लोग मानते आये हैं। पर यह पुरुषार्थ उस फिलासफी से कभी प्राप्त नहीं हो सकता जिसे तुमने अपनाया है। तुम्हारी फिलासफी जीवन के भय को और जटिल बनाने में ही सहायक सिद्ध होगी, यही मैं बता रहा था। जिस 'कान्शेन्स' को ताक पर रखने की बात तुमने कही थी, उसके साथ जो भी व्यक्ति जिस हद तक विश्वासघात करेगा, उसे वह अपना दाँव पाकर उसी हद तक उपने अज्ञात, अलक्षित और समझ में न आनेवाले उपायों से, दण्डित करके ही छोड़ेगी और वह दण्ड तन को उतना नहीं जितना चेतना को सन्त्रस्त करता है। कन्सेण्ट्रेशन कैम्पों में जितने भी प्रकार की यातनाओं का उद्‌भावन नृशंस राजनीतिक शास्ता करते चले आये हैं उनसे कई गुना अधिक टार्चर करने की समर्थता रखता है यह विकट प्रतिहिंसक कान्शेन्स, मैं तुम्हें यही समझाना चाहता था।"

दादा इस समय यद्यपि सहज भाव से बोल रहे थे, तथापि उनका एक-एक शब्द माणिकलाल की अनास्थावादी चेतना पर तीखे नुकीले हथौड़े की तरह चोट करता चला जा रहा था। साधारणतः तर्क में वह इस तरह की बातों को चुटकियों में, हँसी में उड़ाने की समर्थता रखता था, पर इस समय दादा की बातों का एक बिल्कुल दूसरे ही प्रकार का प्रभाव उसके मन पर पड़ रहा था। दादा ने जाने-अनजाने उसकी अवचेतना के कुछ ऐसे मर्म-स्थानों को कुरेद दिया था, जिनके प्रति वह कभी सचेत नहीं रहा।

पर प्रकट में वह एक खिसियाई हुई-सी हँसी के साथ बोलाः "दादा, आप तो उन

कट्टर नीतिवादी सैडिस्ट पुराणकर्त्ताओं की-सी बातें कर रहे हैं, जिन्होंने तथाकथित पापियों को डराने के लिए भंयकर नरकों का वर्णन किया है।"

"यहाँ भी तुमने मुझे बिलकुल गलत समझा है, प्यारे!" दादा धीरे-धीरे चढ़ाई पर चलते हुए परम प्रेमपूर्ण मुस्कान के साथ माणिकलाल के दायें कन्धे पर हाथ रखते हुए बोले, "मैं पवित्रतावादी न कभी था न हूँ। नीति का अपना निजी महत्त्व हो भी सकता है, नहीं भी हो सकता। पर मैंने नैतिक दृष्टि से किसी कर्म या भावना की अच्छाई या बुराई का विचार न कभी किया न कर ही सकता हूँ–क्योंकि इस तरह के विचार का मेरे स्वभाव के साथ कभी मेल बैठ ही नहीं सकता। मैं तो विशुद्ध मानवतावादी दृष्टि से सोचता हूँ। मूलगत मानवीय तत्त्वों और मानवीय संवेदनाओं के इच्छित हनन से जो मनोवैज्ञानिक क्रिया-प्रतिक्रियाएँ व्यक्ति के मन–या समाज के सामूहिक मन–पर चलती हैं उनके कुछ निश्चित प्राकृतिक नियम होते हैं, और वे ही नियम, अपनी सहज गति से ही, व्यक्ति या समाज के लिए उपयुक्त दण्ड का विधान भी तय कर लेते हैं। मनुष्य की उत्पत्ति के आदि-काल से लेकर आज तक यह नियम अटूट क्रम से स्वयंसिद्ध रूप से अपना काम करता चला आ रहा है। इतिहास इसका साक्षी है। इस नियम का निर्माण न किसी मनोवैज्ञानिक ने किया है न किसी नीति-विधायक ने; और न कोई अस्तित्ववादी दार्शनिक ही इसे तोड़ने में समर्थ है। मैं केवल इतनी-सी बात तुम्हें बताना चाहता था।"

दोनों अब होटल के अहाते की समतल भूमि के निकट पुहँच गये थे। सहसा आसपास के फल के बागों से "हाः हाः हो-ो-ो-ो! हे े े े े !" का सम्मिलित स्वर चारों ओर से गूँज उठा और साथ ही कनिस्टरों के पीटे जाने और पटाखों के छोड़े जाने की आवाजें भी सुनायी दीं। लगता था जैसे सारे कस्बे में आग लग गयी हो! और इसी समय दोनों ने देखा कि उनके सिरों के ऊपर से तोतों का भयभीत झुण्ड दो-दो की कतार में उड़ता हुआ, "कै-कै' टैं-टैं' की सम्मिलित आवाज के साथ दक्षिण से उत्तर की ओर निकल गया। उन्हीं के पीछे मछली की-सी लम्बी और उसी रंग की पूँछवाली दो चिड़ियाँ "टिकू-कू!' "टिक्-कू की-सी बोली बोलती हुई उसी दिशा की ओर उड़ती हुई दिखायी दीं। फल के प्रेमी विविध प्रकार के पक्षी दूर देशों से आ पहुँचे थे। उन्हीं को भगाने के लिए वह हाहाकार मचा हुआ था।

"यह आवाज तुम्हें अवचेतना के निगूढ़ तल से निकली हुई आकस्मिक 'अलार्म' की तरह नहीं लगती?" दादा ने चुटकी लेते हुए कहा।

माणिकलाल शायद कुछ दूसरी ही चिन्ताओं में खो-सा गया था, इसलिए वह उस व्यंग्य को चुपचाप पी गया।

जब दोनों होटल के मैदान तक पहुँच गये तब दादा ने बड़े प्रेम से माणिकलाल की ओर हाथ जोड़ते हुए कहा : "नमस्कार! मुझे यहाँ तक पहुँचाने का जो कष्ट तुमने किया, उसके लिए हार्दिक धन्यवाद। आज तुम्हारे निकट सम्पर्क का सौभाग्य प्राप्त होने के कारण बहुत दिनों बाद जीवन सम्बन्धी कुछ मूलगत विषयों पद दबे हुए उद्‌गार निकल पड़े। विश्वास मानों, मुझे इस समय तनिक भी याद नहीं आता कि मैंने क्या-क्या बातें कुछ ही

देर पहले तुमसे कीं। पर यदि मेरी किसी बात से तुम्हें व्यक्तिगत रूप से चोट पहुँची हो, तो मैं उसके लिए आन्तरिक क्षमा चाहता हूँ। मैं तो केवल एक निगूढ़ विषय पर "लाउड थिंकिंग' कर रहा था। अच्छा नमस्कार! फिर मिलेंगे।"

माणिकलाल भी उत्तर में हाथ जोड़कर वापस चला गया। दादा सीधे अपने डेरे की ओर चले जा रहे थे, पर रास्ते में प्रतिमा के कमरे के पास कुछ सोचकर रुक गये।

प्रतिमा के कमरे का दरवाजा आधा खुला हुआ था। उसे पूरा खोलकर जब उन्होंने भीतर प्रवेश किया तब देखा कि वह उदास-सी बैठी हुई खिड़की के पार सामनेवाले पहाड़ की ओर झाँक रही थी।

"नमस्कार!" पीछे से दादा ने कहा।

प्रतिमा कुछ चौंकती हुई-सी मुड़ी और दादा को देखकर उचकती हुई उठ बैठी। उसका उदास चेहरा सहसा एकदम खिल उठा।

"नमस्कार दादा!" उसने हाथ जोड़ते हुए कहा।

"क्षमा करना, तुम्हारे एकान्त चिन्तन में मैंने अनजाने ही बाधा पहुँचा दी।"

"चिन्तन-विन्तन कुछ नहीं, दादा, कुछ अजीब-सी थकान का अनुभव कर रही थी।"

"टहलने के लिए क्या कहीं दूर चली गयी थी?" कौच पर बैठते हुए दादा ने कहा।

"नहीं दादा, कहीं नहीं गयी थी," कहती हुई प्रतिमा उन्हीं की बगल में बैठ गयी। "अभी नकुलेश आया था, उसी से बातें हो रही थीं।"

"क्या हाल हैं नकुलेश के? मेले के बाद से फिर उससे मिलना नहीं हुआ।"

"क्या बताया जाये, दादा," कुछ खिसियाई-सी मुस्कान मुख पर झलकाती हुई प्रतिमा बोली। अजीब-सा किस्सा तुम्हारे इस पहाड़ी जंगल में चल रहा है, जिससे कोई व्यक्तिगत सम्बन्ध न होने पर भी मैं अनचाहे उसमें अपने को शरीक-सी समझने लगी हूँ। काजी जी शहर के अन्देशे से दुबले हो गये थे, यह किस्सा तो आप जानते ही हैं, पर काजी जी की नौकरी ही इसी बात की थी, जबकि मैं एकान्त शान्ति में आपके साथ कुछ दिन बिताने के लिए यहाँ आयी थी। क्या-क्या कल्पनाएँ, क्या-क्या अरमान, क्या-क्या सपने लेकर यहाँ आयी थी, वह आपको बताने में भी अब लाज लगती है। और अब यहाँ आने पर देखती हूँ कि इस जंगल में मंगल नहीं, बाकायदा दंगल हो रहा है। लगता है कि आज इस पहाड़ में तो क्या, कोई सीधे पंचचूली या सागरमाथा की चोटी तक ही क्यों न पहुँच जाये, वहाँ भी उसे अशान्ति के बहुत-से प्रत्यक्ष कारण दिखायी देंगे। इसलिए आज सबेरे से ही जी बहुत दुःखी, बहुत ही उदास हो गया है। दादा, लगता है जीवन में सब-कुछ व्यर्थ हो गया है। न व्यक्तिगत जीवन का कोई अर्थ रह गया है, न सामूहिक जीवन में ही कहीं कणमात्र संगति दिखती है। शान्ति तो इस दुनिया के नक्कारखाने से ऐसी भागी-भागी फिर रही है। जिस तरह चिड़िया भगाने वालों के हल्ले से तोतों के दल-के-दल इस बाग से उस बाग में और उस पहाड़ से इस पहाड़ में भागे-भागे फिर रहे हैं। किसी भी पेड़ पर एक

मिनट के लिए भी शान्ति से विश्राम करने की सुविधा उन्हें नहीं है। यहाँ आते हैं तो उन्हें भगाने के लिए कनिस्टर पीटे जाते हैं, उधर जाते हैं तो पटाखे छोड़े जाते हैं। किधर जाया जाये, कहाँ और कैसे दो क्षण आराम से जिया जाये, यह सोच-सोचकर दिमाग खराब हुआ जा रहा है।

दादा ने सोचा था माणिकलाल से व्यर्थ की बकवास में फँस जाने के बाद जिस अशान्ति और थकान का अनुभव उन्हें हुआ था, प्रतिमा के पास बैठकर उससे दो क्षण राहत मिल जायेगी। पह यहाँ आने पर बिस्मिल्ला ही गलत दिखायी देने लगा। वह चुप रह गये। उनका मन भी जैसे एकदम बन्द हो गया और मुँह भी। चुपचाप जेब से सिगार केस निकालकर उन्होंने धीरे से एक सिगार खींची और उसे जलाने में ही काफी समय बिता दिया। पहली दियासलाई सामने खिड़की से आनेवाले हवा के झोंके से अपने-आप ही बुझ गयी। दूसरी तीली निकाली तो उसका मसाला ही झड़ा हुआ निकला। उसे भी उन्होंने फेंक दिया। तीसरी तीली भी जलाते ही बुझ गयी। तब वह उठकर एक कोने में दीवार की ओट पर खड़े हो गये। वहाँ सिगार को अच्छी तरह जलाकर और एक फूँक वहीं पर कसकर खींचने के बाद तब फिर अपने स्थान पर आकर बैठ गये। कुछ क्षणों तक कश-पर-कश खींचते हुए अत्यन्त उदास और अनमनी दृष्टि से सामनेवाले पहाड़ की चोटी से सघन जंगल की ओर देखते रहे। उन्होंने यह पूछने की तनिक भी उतावली नहीं दिखायी कि जिस जंगल की बात प्रतिमा ने उठायी थी उसकी अधुनातन प्रगति किस रूप में हुई है।

प्रतिमा में भी उस जंगल की चर्चा को आगे बढ़ाने की किसी उत्सुकता के लक्षण नहीं दिखते थे। वह मौन भाव से, एकान्त ध्यान से दादा की उस अनुभवी मुख-मुद्रा को देख रही थी। भौंरों के झुण्ड की तरह दादा के काले और कुछ-कुछ घुँघराले बाल सामने से आती हुई नम हवा के झोंकों से हल्के-हल्के लहरा रहे थे। सुन्दर, गोरा और इस उम्र में भी मक्खन की तरह मुलायम मुख चढ़ाई पर चलने के श्रम के पसीनों की प्रायः अदृश्य बूँदों से चमक रहा था। भाव-भरी, सहज विस्मित-सी अधमुँदी मोहक आँखें घनी काली बरौनियों से घिरी हुई, किसी गहन रहस्य-भरी चिन्ता में खोयी हुई, एक अनजानी, मर्म-मधुर उदासी में डूब गयी थीं। धनुषाकार, सम-मात्रिक भौंहें उसी अस्पष्ट चिन्ता और उदासी के कारण कुछ-कुछ कुंचित-सी हो उठी थीं। देख-देखकर प्रतिमा का मन भाव-विह्वल हो उठा। रह-रहकर मीठी टीस की एक हलकी सिहरन उसके वक्ष में हल्का-सा उभार पैदा करने लगी। पता नहीं किस उमंग में आकर उसने सहसा अपनी कमर में खुँसा हुआ सुगन्धित रूमाल निकाला और उससे हौले से दादा के मुँह का पसीना पोंछना शुरू कर दिया। समाधि-मग्न शिव की तरह बैठे हुए दादा का ध्यान भंग हुआ और उन्होंने उचककर प्रतिमा की ओर देखा।

और प्रतिमा उसी तरह धीरे-धीरे, हल्के-हल्के उनका मुँह पोंछती हुई, मन्द-मन्द, भाव-भीनी मुस्कान का हलका गुलाबी रंग उनकी आँखों में डालती रही। बहुत ही धीमे, प्रायः फुसफुसाते हुए, और तनिक गद्‌गद स्वर में बोली : "तुम मुझसे भी अधिक थके हुए लग रहे हो, दादा! अभी तक तुम्हारे मुँह का पसीना नहीं सूख पाया है।" और वह सुगन्धित रूमाल से कभी उनका कपाल, कभी गाल और कभी नाक का सिरा उसी तरह

मधुर-मधुर स्पर्श से पोंछती चली गयी।

दादा ने अधजली सिगार को ऐश-ट्रे में बुझाकर उसी में रख दिया। सहसा अप्रत्याशित रूप से एक निराली ही सुगन्धि से बोझिल धूप के-से धुएँ से उनका मन और प्राण मोहाच्छन्न हो उठे। पसीना पुँछ गया था और वह प्रतिमा से कहना चाह रहे थे कि अब अधिक श्रम न करे। पर मुँह से जैसे आवाज ही नहीं निकल पाती थी। बहुत दिनों बाद–न जाने कितने युगों बाद–वह अन्-अनुभूत किन्तु चिर-इच्छित कोमलतम स्पर्श उनके अन्तर के कण-कण को गुदगुदाता हुआ, उसमें चिड़िया की साँस की तरह, तितली के पंखों के भीतर से निकलनेवाली धड़कन की तरह, एक अपूर्व पुलक-सिहरन भरने लगा।

"लाओ, अब मैं तुम्हारा पसीना पोंछूँ" दादा ने आधी निकली हुई धीमी आवाज में कहा। और उस मोह-मदिर गन्ध बिखेरनेवाले, कोमल-स्पर्शी, गुलाबी रंग के रूमाल को प्रतिमा के हाथ से धीरे से छीनकर अपने हाथ में ले लिया।

"न–हीं, मुझे पसीना नहीं आ रहा है," बच्चों की तरह मचलती हुई और फुलसुँघी के-से प्रायः श्रवणातीत स्वर में चहकती हुई प्रतिमा बोली और और बच्चों की ही तरह दादा के गले में अपना दायाँ हाथ डालकर उसने उनके कोट में अपना मुँह छिपा लिया।

"तनिक मान जाओ, तुम्हें पसीना आ रहा है, मैं अभी दिखा देता हूँ," दादा ने बायें हाथ से उसके शरीर को समेटने का प्रयत्न करते हुए कहा।

"कहाँ आ रहा है, बताओ!" अपने खुले सिर को दादा के वक्ष में उसी तरह छिपाये प्रतिमा बोली।

दादा ने बायें ही हाथ से उसके शरीर को थोड़ा–बहुत थोड़ा–कसते हुए अपने दायें हाथ से उसकी एक आधी-बन्द गदेली धीरे–बहुत ही धीरे–सहलाते हुए खोली। वह सचमुच पसीने से तर थी।

"यह देखो!" कहकर दादा ने उस गदेली को पकड़कर उसी के दायें गाल पर धीरे से चिपका दिया। फिर बोले : "अब बताओ, तुम्हें भी पसीना आया है या नहीं? मुझे तो श्रम से पसीना आया था, पर तुम्हें बैठे-बैठे ही आ गया!" और फिर प्रायः आधे मिनट की चुप्पी!

"पगली, भोली लड़की!" आधे मिनट बाद दाँतों को हल्के-हल्के पीसते हुए, अपूर्व मधुर पुचकार-भरे स्वर में दादा बोले। और कहते हुए उन्होंने अपने हाथ को, जो अभी तक केवल प्रतिमा की अधखुली पीठ को ही घेरे हुए था, उससे आगे नहीं बढ़ा था, कुछ आगे की ओर खिसकाया। उस सीमा के बाद प्रतिमा के हाथ की दीवार खड़ी थी। दादा ने अपने काँपते हुए हाथ को उस दीवार के नीचे की सुरंग से धीरे-धीरे आगे बढ़ाने का प्रयास किया। पर कुछ ही दूर जाकर वह रुक गया–आगे रास्ता नहीं मिला। उनकी सितार के तारों की तरह थरथराती हुई उगँलियाँ चुलबुला रही थीं, पर बहुत ही भीत–बहुत ही कम्पित थीं! जिस मंजिल तक वे उँगलियाँ पहुँचना चाहती थीं वह एक सुदृढ़ रूप से सुरक्षित किले की तरह दुर्गम लग रही थी। दादा ने उस दुर्ग पर बरबस चढ़ाई करने का कोई प्रयास नहीं किया। उसके चारों ओर घेरा डालकर ही वह सन्तुष्ट थे।

प्रतिमा मौन थी–उसी 'पोज' में एकदम जड़वत् मौन और निश्चल। पाषाणी अहल्या

की तरह या रति-क्रान्ता व्रज-वनिता की तरह—कौन कह सकता है? उस 'पोज' में उसका बायाँ 'प्रोफाइल' सम-मात्रिक रूप में पूरा और साफ दिख रहा था। रेशम के लच्छों से मुलायम, शैम्पू किये हुए लम्बे बाल काफी बिखर गये थे। काले बालों के घने जंगल में गौर से देखने पर, बीच-बीच में यूकेलिप्टस के लम्बे, सफेद पेड़ भी अपनी झलक दिखा रहे थे। सुडौल कान के नीचे एक स्वर्णिम झुमका झूल रहा था, जिसके नीचे से एक हल्के नीले रंग का नग बीच-बीच में अपनी प्रतिबिम्बित किरणों के तीव्र प्रकाश से आँखों में चकाचौंध लगा रहा था। दायीं आँख कमल-कोश की तरह बन्द पड़ी थी। गोरे गाल की चिकनी, सफेद जमीन पर एक छोटा-सा काला तिल अपनी अहन्ता की मुक्त अभिव्यक्ति से सौन्दर्य के सभी दूसरे उपकरणों का उपहास करने का प्रयास कर रहा था। लम्बी और उभरी नाक का बाँकपन अपनी सहज गरिमा से गौरवान्वित हो रहा था। दो पतले और एक-दूसरे से सटे गुलाबी ओठों की अर्द्धाली एक रहस्यमय, शालीन व्यंग्य से बरबस मुस्करा रही थीं। ठुड्डी की सन्तुलित गोलाई के नीचे, बीच में एक विभाजन-रेखा जैसे जीवन के सभी द्वन्द्वों के बीच का पथ निर्देशित कर रही थी।

दादा दायें हाथ से कभी उसके बालों को सहलाते थे कभी गाल को। एक-एक पल का स्पर्श एक-एक युग के पुंजीभूत आनन्द की अनभोगी, अछूती संवेदना को चेतना के अतलगत गह्वरों से उभार रहा था। उनके लिए वह सारी अनुभूति एकदम नयी थी, एकदम ताजा। तिरेपन बरसों के मुक्त तथापि संयत जीवन में आज अकस्मात्, अप्रत्याशित रूप से, असमय में, उन्हें पहली बार किसी नारी-शरीर के स्पर्श-सुख का संयोग प्राप्त हुआ। बात विश्वास करने की नहीं थी और न कभी किसी के आगे घुणाक्षर-न्याय से भी उन्होंने अपने प्रकट में भरपूर जीवन के उस परम अभाव की वेदना की गाँठ खोली थी। अपनी उस अविश्वसनीय मीठी चुभन का राज किसी के भी आगे खोलकर वह क्यों अपने को मार्मिक व्यंग्य और उपहास का पात्र बनाते? उस सहज भोग के आजीवन त्याग की निर्वात-निष्कम्प लौ मणिदीप की तरह अपने अन्तर में सँजोये; बाहर से वह सहज-स्वाभाविक, भाव विह्वल और आनन्द-उज्ज्वल जीवन बिता रहे थे। मणि-दीप की उस प्रखर-प्रदीप्त ज्वाला को यद्यपि वह अपने अन्तर्बल से पूरे का पूरा पी चुके थे, तथापि वह पी हुई दीप्ति भी एक सुसंयत आभा से उनके बाहरी व्यक्तित्व और ऊपरी जीवन को भी अन्तरंग जीवन की ही तरह के सतरंगी प्रकाश द्वारा उजागर करती रहती थी। वह एक करुण अभाव ही उनके लिए युग-युग की प्रेमानुभूति की रंग-बिरंगी लीला का मूल उत्स बन गया था। सभी मनोवैज्ञानिकों की तथाकथित 'स्वयंसिद्धियों' और सिद्धान्तों को झुठलाते हुए उन्होंने उस प्रकट अभिशाप को सहज ही एक महामंगलमय वरदान में परिणत कर दिया था। उस 'अभिशाप' को उन्होंने जान-बूझकर, स्वेच्छा से, स्वयं अपनी ही किसी सुनिश्चित योजना के अनुसार, अपने ऊपर ओढ़ रखा था। और आश्चर्य की बात यह थी कि इसके बावजूद अपने उस दीर्घ और आजन्म अमैथुनाचार से उनके मन में शायद ही किसी असाधारण क्षण में यह अनुभूति जगी हो कि जीवन के उस एकमात्र निगूढ़तम अनुभव से वह वंचित है। उन्हें बराबर, सहज ही यह लगता था कि वही एकमात्र ऐसा अनुभव है जिससे उनके

आत्मिक रक्त का अणुजनम-जनम से परिचित है; प्रत्येक जन्म में वह आदिम अनुभव सौन्दर्य और आनन्द की रंगीनियों की नयी-नयी परतों को उघाड़ता चला गया है और आगे भी उघाड़ता चला जायेगा। इसलिए यदि अनन्त जन्मों में से इस एक जन्म की कुछ विशेष भीतरी और बाहरी परिस्थितियों की विवशता के कारण, उस रहस्यमय अनुभव को वह शारीरिक स्तर तक नहीं उतार पाये तो यह एकमात्र वंचना उस महानन्दमय अनुभव के नैरन्तर्य में कभी बाधक नहीं हो सकती। आज सबेरे तक उनकी भीतरी चेतना इसी सहज विश्वास में अनजाने ही साँस ले रही थी।

और आज ही अनजाने, अनचाहे, किसी विचित्र संयोग से, उन्हें देहज पुलकानुभूति का अपूर्व सुयोग जीवन में पहली बार अकस्मात्–किन्तु सहज ही–प्राप्त हो गया! जीवन की मूल परिचालिका किस रहस्यमयी शक्ति की यह पूर्व-निश्चित-सी योजना थी? और इस योजना के पीछे नियति का क्या उद्देश्य हो सकता है?

वह क्वारी पुलकानुभूति धीरे-धीरे उनके सम्पूर्ण शरीर, मन और प्राण को आषाढ़ की पहली घन-घटा की तरह चारों ओर से आच्छन्न करती चली जा रही थी और किसी छोटे छिद्र से भी दूसरी किसी भी अनुभूति के प्रवेश का मार्ग पूर्णतः ऊँधने की कोशिश में थी।

प्रतिमा उसी पाषाणी मूर्ति की तरह दादा की गोद में आधा मुँह छिपाये अधलेटी अवस्था में पड़ी थी। केवल कबूतर की तरह धुकधुकाते हुए उसके कोमल वक्ष की तेज किन्तु हलकी-हलकी धड़कन दादा को गुदगुदा रही थी।

सहसा दादा को एक दुष्टता सूझी। उन्होंने अपनी तर्जनी से प्रतिमा के कान की दीवार को कनखजूरे की तरह खुजलाना आरम्भ कर दिया। प्रतिमा उचक उठी। उसने दादा के वक्ष से उसी तरह चिपके हुए, अपनी दोनों मर्म-मोहक आँखों की मछली-सी चंचल पुतलियों को उनकी आँखों की ओर घुमाया और एक विह्वल, मदभरे, अर्थगर्भित और अकृत्रिम कटाक्ष से उनकी ओर देखा। दादा ने इस बार आव देखा न ताव, अपने दोनों हाथ उसकी गर्दन में डालकर, धीरे से, किन्तु निश्चित दृढ़ता से, उसका मुँह ऊपर को उठाया और स्वयं कुछ नीचे झुककर उन्होंने अपने दोनों गरम ओठों को उसके ओठों पर कसकर जमा दिया। एक अनुभवहीन, रस-पिपासु भ्रमर एक अनाघ्रात पुष्प का मधु-पान करने लगा। अनन्त काल के कितने बीते हुए युग और कितने आनेवाले महायुगों के बीच के ठीक किस बिन्दु पर आकर, जनम-जनम से भटके हुए प्यार की परस्पराभिमुखी दो धाराएँ न जाने किस महातीर्थ के संगम पर आकर, सहसा एक-दूसरे को पहचानकर, ठिठकती हुई ठहर गयी थीं और एक-दूसरे के हृदय के प्याले से किस परम अमृत को छककर पीने के लिए कटिबद्ध हो गयी थीं!

प्रतिमा ने भी अपने उसी जमे हुए आसन से दादा के गले में अपनी दो अत्यन्त कोमल किन्तु बेंत-सी लचीली भुजाएँ नागदेवी के गुंजलक की तरह डाल दी थीं।

दोनों परिपूर्ण रूप से रसमग्न हो रहे थे। दोनों के प्राणों की अन्तरतम अनुभूतियाँ मिलकर एक-दूसरे से मक्खन की तरह घुलकर एकाकार हो गयी थीं। देश और काल और अनन्त जीवन और अनन्त मरण के जिस बिन्दु पर दोनों पहुँच गये थे वहाँ न कहीं दिन था न रात,

न सुबह थी न शाम, न कहीं मंगल था न दंगल, न कोई मनुष्य था न दूसरा प्राणी, न चिड़ियाँ थीं न चिड़ियाँ भगानेवाले, न भूत था न भविष्य, न जाग्रत अवस्था थी न सुषुप्ति। केवल आदि सृष्टि के किसी दुर्गम और दुर्लंघ्य शिखर से होकर अनादि काल की अन्ध घाटी के भीतर की किसी अदृश्य गोमुखी से निकलती हुई असीम और अनिर्वचनीय आनन्द की एक परम पवित्र, निर्मल-स्फटिकोज्ज्वल धारा, अटूट गति से प्रवाहित होती हुई, दोनों की मूल चेतना को समतल और समगति से अभिषिक्त कर रही थी और एक अश्रुत संगीत की महालय में अनजाने ही निमग्न होती चली जा रही थी।

न जाने कितनी देर तक दोनों उस अनुभवातीत मग्नानुभूति में खोये रहे–पाँच सेकण्ड तक, पाँच मिनट तक या पाँच घण्टे तक! पाँच वर्षों तक या पाँच जन्मावधि तक! कौन बता सकता है!

सहसा हवा का एक तेज झोंका आया और दायीं ओरवाले मूल प्रवेश-मार्ग के दरवाजे का बायाँ पल्ला दीवार पर जोर से टकराकर खुल गया। दायाँ पल्ला शायद पहले से ही खुला था–दोनों में से किसी का भी ध्यान अभी तक उस ओर नहीं गया था। पल में शिव-पार्वती की सहस्रों वर्षों की सम्मिलित समाधि भंग हुई। प्रतिमा धीरे से अपने को छुड़ाकर, आँखें खोलकर उठ बैठी। फिर सामने की ओर देखकर उचककर खड़ी हो गयी।

"अरे, यह दरवाजा क्या इतनी देर तक खुला हुआ था!" गद्‌गद विह्वल, अस्फुट कण्ठ से प्रतिमा बोली और फिर सीधे उसी ओर जाकर उसने दरवाजा बन्द करके भीतर से सिटकिनी चढ़ा थी।

बिखरे हुए बालों को उँगलियों से मुँह पर से हटाती और अस्त-व्यस्त साड़ी को सँभालती हुई जब वह लड़खड़ाते हुए पाँवों से गिरती-पड़ती लौटी, तब धम्म से दादा की गोद में आकर बड़े ढब से गिर पड़ी। उसके मुख का चिकना रंग हल्दी की तरह पीला पड़ गया था और वह बाईस-तेईस साल की कुँआरी युवती लग रही थी।

"गजब हो गया, दादा," बच्चों की तरह घबरायी हुई आवाज में प्रतिमा बोली। "इतनी देर तक सामने का दरवाजा खुला था और हम दोनों आँखें बन्द किये बैठे रहे! छी-छी! न जाने कौन-कौन और कैसे-कैसे आदमी इस बीच भीतर झाँककर चले गये होंगे! नकुल आज सुबह आया था और एक-डेढ़ घण्टे बाद फिर लौटकर आने को कह रहा था। वह आकर हम दोनों को मग्न देखकर चला गया होगा। चित्रा के भी आने की सम्भावना थी। छी-छी! क्या कहेंगे वे सब! सोचते होंगे कि आज के विभिन्न युग में बूढ़े भी बौराने लगे! सोचते होंगे या नहीं, तुम्हीं बताओ!" और वह नटखट मुस्कान से दादा की ओर कटाक्ष फेंकती, आँखें नचाती और मटकाती हुई, अर्थ-भरी दृष्टि से घूरने लगी। बड़ी ही प्यारी लग रही थी उसकी वह दृष्टि दादा को।

"देखा होगा तो निश्चय ही वे ऐसा ही सोचते होंगे," दादा ने अत्यन्त शान्त भाव से कहा। "पर यह जरूरी नहीं है कि उन्होंने देखा ही होगा।"

"ठीक है, पर मान लिया जाये कि किसी ने देख लिया हो?" उसी तरह लेटे-लेटे दादा के कुर्ते के छोर से खेलते हुए, दस-बारह साल की एक बातूनी और चंचल लड़की की तरह

प्रतिमा ने तर्क और प्रश्न किया।

"बड़ी दुष्ट हो तुम!" दादा ने दाँतों को तनिक पीसते हुए, पुचकार-भरे स्वर में कहा और कहते ही झुककर उसके दायें गाल को अपने गरम-गरम ओंठों से छू दिया!

"फिर बोले :" "अगर देख ही लिया तो क्या हुआ? कोई फाँसी थोड़े ही दे देगा!"

"मुझे क्या! तुम्हारी ही बदनामी होगी!" प्रतिमा ने मचलते हुए कहा। "तुम्हारा जो इतना बड़ा आदर इस अंचल के सभी लोग करते हैं, तुम्हें एक पहुँचा हुआ फकीर मानते हैं, वह सारा सम्मान आसमान से गिरकर पाताल तक पहुँच जायेगा!"

दादा ठहाका मारकर हँस पड़े इतना हँसे–इतना हँसे कि उनकी आँखें गीली हो आयीं। "ओफ्फोह प्रतिमा, तुम इस कदर नटखट हो, यह मैं पहले नहीं जानता था," गद्गद हँसी के वेग को बरबस रोकते हुए दादा बोले।

"यदि जानते होते तो क्या कर लेते?" दादा की ठुड्डी पर एक हलकी-सी चिकोटी काटते हुए प्रतिमा ने कहा।

"क्या करता, अब यह सोचकर और बताकर क्या होगा! 'पहुँचा हुआ फकीर' बीती बात पर अफसोस नहीं करता!" और दादा ने उसकी कमर के ऊपर और वक्ष के नीचे के खुले भाग पर फिर हाथ रख दिया और अपनी काँपती हुई नौसिखिया उँगलियों को धीरे-धीरे ऊपर की ओर बढ़ाते चले गये। लक्ष्य के पहले फिर प्रतिमा के दायें हाथ का अवरोध पाकर उँगलियाँ जहाँ की तहाँ ठिठककर रह गयीं।

"छोड़ो, मुझे गुदगुदी लग रही है," अपने हाथ से दादा की उँगलियों को धीरे-से हटाने का नाटक करते हुए प्रतिमा ने गद्गद स्वर में कहा। अनन्त धैर्यशाली दादा ने तनिक भी उतावली नहीं दिखायी और स्वयं ही उँगलियों को पीछे की ओर खिसका लिया। संयम और धैर्य का वह तनिक क्षण अनन्त आनन्द का उद्वेलित प्रवाह अपने भीतर छिपाये था।

दरवाजे पर दो बार हलके-हलके खट-खट की आवाज हुई। "अरे सचमुच कोई आ गया है, " प्रतिमा ने उचककर कहा और तनिक सिर उठाकर बाहर की ओर देखने का प्रयत्न करने लगी।

"कोई नहीं है, केवल हवा है, जो तुम्हें 'नर्वस' देखकर तुम्हें डराने का खिलवाड़ कर रही है।

सहसा अवरोध खड़ा करनेवाली दीवार अपने-आप ढल गयी और दादा ने मौका पाते ही अपनी उँगलियाँ फिर एक बार बढ़ायीं–और इस बार किला फतह कर ही लिया। दादा के जन्म-जन्म के धैर्य का बाँध सहसा टूट पड़ा। अनन्त आनन्दमय कोश फट गया। उसके भीतर से जो अक्षय प्रेम-रसधार फूटकर बहने लगी उसकी बाढ़ ने दादा के शरीर, मन और आत्मा को चारों ओर से घेर लिया।

दादा जानते थे कि उस महारस को अनन्त काल तक पान करते चले जाने पर भी तृप्ति नहीं हो सकती। इसलिए वह अतृप्ति के उस लवण महासागर में भी अपने विवेक द्वारा पूर्ण तृप्ति की अनुभूति को बाँधने का प्रयास कर रहे थे। यह प्रयास किसी के लिए भी असम्भव सिद्ध हो सकता था, पर दादा कुछ दूसरे ही कैड़े के आदमी थे। जो रेगिस्तानी

प्यास कम-से-कम एक पूरे जन्म से उन्हें घेरे थी, उसी के मूल सोते को अन्तिम तह तक खोदकर, उसके सहारे उस महामरुभूमि में भी उन्होंने एक हरा-भरा महावन अपने चारों ओर उगा डाला था। प्यास स्वाभाविक थी, पर उन्हें वह कभी सता नहीं पायी, वरन् वह उनके अपने ही भीतर से तृप्ति और अतृप्ति की अपूर्व, मिश्रित और विविध प्रकार की रस-धाराएँ बहाने में सदा सहायक हुई थीं।

दरवाजे पर फिर खट-पट की आवाज सुनायी दी। अबकी वह हवा का चोंचला नहीं था, वरन् एक निश्चित, सुनियोजित और जमी हुई आवाज थी। प्रतिमा हड़बड़ाती हुई उठ खड़ी हुई और अपने अस्त-व्यस्त वस्त्रों ओर बालों को ठीक करने लगी। दादा ने भीतर से हाँक लगायी। "कौन?"

"मैं हूँ, नकुल," बाहर से उत्तर मिला।

दादा ने उठकर भीतर से दरवाजा खोल दिया।

दादा नकुलेश को प्रायः दो मिनट तक दरवाजे पर ही बातों में उलझाये रहे ताकि प्रतिमा को अच्छी तरह, हर दृष्टि से सँभलने का अवसर मिल जाये। पर उनकी यह सावधानी अनावश्यक सिद्ध हुई। क्योंकि नकुलेश का 'मूड' किसी बात पर गौर करने का नहीं दिखायी दिया।

दो पग आगे बढ़ते ही बच्चों की-सी प्रसन्न मुद्रा में प्रतिमा से बोला : "जीजी, आज एक बड़ा महत्त्वपूर्ण निमन्त्रण प्राप्त करके आ रहा हूँ।"

"किसका और कैसा?" उसे प्रसन्न देखकर अतिरिक्त स्नेह से प्रतिमा ने पूछा।

"चित्रा ने बड़े आग्रह के साथ कल सँझा को मुझे चाय पर बुलाया है।"

"हूँ-ऊँ! तब तो सचमुच बड़ी खुशी की बात है!" प्रतिमा ने कहा।

"और कौन-कौन व्यक्ति उस चाय के लिए निमन्त्रित हैं? या अकेले तुम्हें ही उसने निमन्त्रित किया है?" दादा ने अपनी ही जगह पर इतमीनान से बैठते हुए पूछा।

नकुलेश भी उन्हीं की बगल में बैठ गया और अपनी सहज व्यंग्य-भरी मुस्कान के साथ बोला : "आप भी, दादा, मेरे अकेले के सुख में विघ्न की ही बात सोचते रहते हैं!"

"माफ करना, मैंने विघ्न डालने के लिए नहीं, वास्तविकता जानने के लिए पूछा था," शान्त भाव से दादा ने कहा।

"यदि वह हम लोगों को निमन्त्रण देगी भी तो हम साफ इनकार कर देंगे," प्रतिमा ने दुष्टतापूर्वक मुस्कराते हुए खड़े-खड़े कहा।

दादा अट्टहास कर उठे। पर जल्दी ही गम्भीर हो गये। "मैं अन्तर से यह कामना करता हूँ कि यह निमन्त्रण तुम्हारे लिए शुभ सिद्ध हो। पर यह तो बताओ कि चित्रा के क्या हाल हैं? तबीयत तो ठीक है? मनःस्थिति कैसी चल रही है?"

"परेशान तो काफी नजर आती है।" कहते हुए नकुलेश की मुद्रा भी सहसा गम्भीर बन गयी।

"बात क्या है?"

"लगता है कि इधर आर्थिक कठिनाइयों ने उसे चारों ओर से घेर रखा है और अब वे प्रायः एक संकट का रूप धारण कर रही हैं। जब से वह इस पहाड़ में आयी है तभी से आर्थिक दृष्टि से उसका हाल खस्ता रहा है, अब कुछ ऐसा मुझे लगने लगा है। प्रारम्भ में इस बात पर मेरा ध्यान ही नहीं गया था। उसने भी इस सम्बन्ध में कभी कोई बात किसी को नहीं बतायी और मैं इस बात की कल्पना भी नहीं कर सकता था कि मायके और ससुराल दोनों ओर से सम्पन्न होने पर भी, पहाड़-प्रवास का इरादा करके आयी हुई, फैशनेबुल समाज की कोई नारी आते ही आर्थिक कठिनाइयों के चक्कर से फँस सकती है।"

प्रतिमा बैठ गयी और दादा को सूचित करने के इरादे से बोली : "मैं कल उसके पास गयी थी। नकुल से मुझे चित्रा की इस स्थिति का आभास मिल चुका था। एकान्त में उससे बातें करने का अवसर पाकर मैंने इस बात का संकेत दिया–सकेंत क्या दिया, स्पष्ट ही बता दिया कि यदि वह सचमुच आर्थिक संकट में हो तो उसकी सहायता करके मुझे आन्तरिक प्रसन्नता होगी। मैं इसी इरादे से पहले ही से तीन-चार सौ रुपये अपने पर्स पर रख कर ले गयी थी और उन्हें आधा निकालकर मैंने देना भी चाहा। पर पर्स के भीतर से निकलते हुए नोटों को देखते ही चित्रा ने उसी क्षण अपने दोनों हाथों से मेरा हाथ थाम लिया और अत्यन्त आग्रह–बल्कि दुराग्रह–के साथ बोली : "नहीं, नहीं, जीजी, मुझे तनिक भी आवश्यकता नहीं है इन रुपयों की। मुझे कोई कष्ट नहीं है। मैं इन्हें नहीं लूँगी।" कहते हुए उसका मुँह इस तरह तमतमा उठा था जैसे वह अत्यन्त अपमानित हो उठी हो। मैंने साहस करके फिर एक बार आग्रह किया, पर उसने फिर सुस्पष्ट अस्वीकार कर दिया। मैं खिसियाकर नोटों को पर्स में डालकर ज़िप खींच लिया।"

"तुमने पूछ तो लिया। मैं तो तीव्र इच्छा होने पर भी कभी पूछने का साहस ही नहीं बटोर पाया," दादा ने कहा। "लेने से अधिक संकोच अनचाहे देने में होता है, इस बात का पहला अनुभव मुझे इसी बार हुआ।"

"बड़ी ही विचित्र नारी है," एक लम्बी साँस खींचती हुई प्रतिमा बोली। "इतने निकट सम्पर्क में आने पर भी अपना कोई भी भेद उसने हम लोगों के आगे नहीं खोला!"

"एक दिन थोड़ा-सा भेद उसने मेरे आगे खोलने की कोशिश की थी–मेरे बहुत घेरने पर," दादा ने कहा, "किन्तु उतनी-सी बात से पूरा भेद खुलने के बजाय वह बहुत-से दूसरे जटिल आवरणों में और अधिक ढक गया। नये युग की सारी विचित्रताओं के बीच भी चित्रा की समस्याएँ अपना एक विशिष्ट ही निरालापन लिये हुए हैं।" कहकर दादा अत्यन्त गम्भीर और पीड़ित मनःस्थिति में कुछ क्षणों तक शून्य दृष्टि से छत की ओर देखते रह गये।

"तुम्हारे साथ तो इधर अच्छी पट रही है, लगता है!" घनीभूत होती हुई चिन्ता के वातावरण को कुछ हल्का रूप देने के उद्‌देश्य से प्रतिमा ने नकुल की ओर देखकर कहा।

"हाँ, अच्छी ही पट रही है," आँख के नीचे की ओर नाक की रेखाओं को तनिक सिकोड़ते हुए, उदासीन भाव से नकुलेश ने कहा।

"सब-कुछ कल चाय के निमन्त्रण पर निर्भर करता है," दादा ने इस तरह से कहा

जैसे उन्हें किसी नये राज का पता हो।

नकुलेश प्रश्न-भरी दृष्टि से उनकी ओर गौर से देखने लगा। पर दादा ने उस दृष्टि का कोई उत्तर नहीं दिया। वह छड़ी पकड़कर उठ खड़े हुए।

"मैं अब चलूँ, प्रतिमा। देर हो गयी है। अभी तक मैंने नहाया भी नहीं। नकुल, तुम से तो अब शायद रात में ही, डिनर के समय, भेंट होगी? अच्छा नमस्कार!" कहकर, नकुल के उत्तर की प्रतिक्षा किये बिना ही दादा चल दिये।

एक अजीब-सी, उलझी हुई मनःस्थिति में दादा चले जा रहे थे–धीरे-धीरे छड़ी टेकते हुए। दक्षिण-पश्चिम से सघन घन-घटा घुमड़ती और मन्द-मधुर गरजती हुई चली आ रही थी। बढ़ती हुई उमस के ऊपर ठण्डी हवा के मन्द-मन्द झकोरे मन की उलझन को स्नेह से सहला रहे थे–जब वह उत्तर की ओर, अपने डेरे की तरफ मुड़े, तब मन किसी सुदूर अतीत की किसी एकान्त शान्त घाटी में पहुँच चुका था। अपनी, दूसरों का–सारे संसार का–पागलपन, किन्हीं हलकी-हलकी नम थपकियों से धीरे-धीरे थिराता और सिराता जा रहा था! पर क्या था वह पागलपन और किसकी थीं वे थपकियाँ, यह सब दादा की समझ में कुछ भी नहीं आ रहा था और न समझने की कोई आवश्यकता ही वह अनुभव कर रहे थे।

डेरे पर पहुँचकर, नहा-धोकर, कपड़े बदलकर उन्होंने खाना खाया।

पलँग पर आराम करने के पहले एक सोफा पर बैठकर, एक सिगार जलाकर, धीरे-धीरे कश खींचने लगे। और फिर इतमीनान के साथ मुँह से धुआँ निकालते हुए, उससे बनती हुई कुण्डलियों पर गौर करने लगे। और तब सहसा उनकी शून्य मनःस्थितियों के आगे एक-एक करके आज सबेरे की घटनाएँ और उन घटनाओं से सम्बन्धित भावानुभूतियाँ अपने सही, अलग-अलग और सुस्पष्ट रूप में उभरने लगीं। दादा उन घटनाओं, बातों और उनसे सम्बन्धित अनुभूतियों पर उसी क्रम से सोचने लगे जिस क्रम से वे अपने-आप मन के भीतरी पर्दों से बाहर के मञ्च पर आती चली जा रही थीं।

सबसे पहले स्वभावतः धरमदास की याद आयी। उससे बहुत दिनों बाद मिलना कुछ बुरा नहीं रहा, दादा ने सोचा। आदमी पूरा चण्ट और पक्का 'बिजनेसमैन' होने पर भी बड़ा ही दिलचस्प और यारबाश किस्म का था। उसने बताया था कि 'मिसेज कटारा' (चित्रा) उससे मिलने आयी थी। क्यों मिली थी और क्या बातें उससे हुई थीं, इसका कुछ आभास भी उसने दिया था। चित्रा की याद आते ही दादा के मन को जैसे किसी ने बुरी तरह कोंच दिया। इधर कुछ दिनों से प्रायः ही चित्रा की याद आने पर वह कुछ इसी तरह की तीखी पीड़ा का अनुभव करने लगे थे। वह पीड़ा सहसा बिजली के वेग से उठकर, चमकते हुए लोहे की तीखी और नुकीली सलाख की तरह झलझलाती हुई, पल में उनके मर्म के कोमलतम स्थान को भेदकर गायब हो जाती थी। किसी अज्ञात आशंका की एक विचित्र, भयावह और छायात्मक झलक उस पीड़ा की अनुभूति के साथ मिलकर एकाकार हो जाती थी।

दादा ने उस पीड़ा को बरबस दबाते हुए चित्रा को भूलने का प्रयत्न किया। पर उसके

बिम्ब को वह जितने ही ओर से भीतर को ढकेलते उतनी ही प्रबलता से उछलकर वह ऊपर को उभर आता। अत्यन्त भावपूर्ण, स्नहे-सिक्त, करुण तथापि आत्माभिमानी था वह बिम्ब! यह आत्माभिमानवाला रूप ही अन्य सभी तत्त्वों के ऊपर चढ़कर बोल रहा था। यह आत्माभिमानवाला तत्त्व इस कदर तीव्र और अभिव्यंजक था कि चित्रा के व्यक्तित्व के परस्पर-विरोधी, ऊबड़-खाबड़ रूपों को एक सूत्र में बाँधकर उस व्यक्तित्व को एक मार्मिक, मोहक आकृति प्रदान कर रहा था। और तब दादा की समझ में यह बात पहली बार एक इलहाम की तरह आयी कि चित्रा के प्रतिदिन और प्रतिक्षण बदलते हुए व्यक्तित्व का अध्ययन करने के प्रयत्न में वह इतने दिनों तक उसके जितने रूप देख पाये, उतने ही से उन्होंने अपनी अवचेतना के कोष में उसके एक विशिष्ट और सम्बद्ध व्यक्तित्व का संयोजन कर लिया था। पर उसमें और सब रूप जुड़े होने पर भी, वह आत्मभिमानवाला रूप नहीं था, जिसने इस समय उनके मन में चित्रा की मूर्ति को एक बिलकुल ही नयी गरिमा से गौरवान्वित कर दिया था। उस गरिमा के कारण वह अपनी सभी परस्पर-विरोधी और सामाजिक दृष्टि से हीन लगनेवाले रूपों से बहुत ऊपर उठी हुई लग रही थी।

दादा को जब अपने अन्तरतम की आँखों से सहसा चित्रा की उस नयी गरिमा से मण्डित रूप का आभास मिला तब उन्हें तनिक भी सन्देह नहीं रह गया कि उस विचित्र और प्रकट में भटकी हुई नारी का सच्चा रूप वही है। उसके आगे उसके और सभी रूप तुच्छ और नगण्य हैं, जो उसके मुखौटे मात्र हैं। उन्होंने आराम की लम्बी साँस ली। पता नहीं क्यों, चित्रा के प्रति वह प्रारम्भ ही से सहज स्नेहशील हो उठे थे और उसके विरुद्ध कही जानेवाली एक भी बात संकेत रूप में भी उन्हें अच्छी नहीं लगती थी। नकुलेश उसके विरुद्ध अपनी शिकायतों से, जाने-अनजाने, उसके व्यक्तित्व के जो 'स्नैपशाट' दादा के आगे इतने दिनों के रखता जा रहा था उनके प्रकाश में चित्रा एक बहुत ही छोटे किस्म की बहकी हुई युवती के रूप में सामने आने लगती थी। पर दादा का भीतरी मन कभी एक क्षण के लिए भी, यह विश्वास करने के लिए तैयार नहीं हो पाता था कि वह एकाकिनी नारी किसी भी अंश में किसी से हीन है। उस दिन राम बाबू से उसके बारे में जो तथ्य उन्होंने सुने थे वे परोक्ष रूप में नकुलेश की बातों का ही समर्थन करते हुए-से दादा को लगे थे। फिर भी उन्होंने अपनी भीतरी आँखों को चित्रा के उस जलालत-भरे चित्र की ओर से फेर लिया था–यद्यपि ऐसा करते हुए भी उनके मन को एक बहुत तीखी खरोंच लगी थी, जिसकी पीड़ा अभी एक क्षण पहले तक बनी हुई थी। धरमदास की 'उदारता' में भी चित्रा की 'दुर्गति' का ही रूप उनके आगे उभरने लगा था। उन्होंने उस रूप को भी सत्य मानने से अस्वीकार करके अपने भीतर दबा लिया था। पर कितना ही दबावें, उस खरोंच की पीड़ा तो वैसी ही बनी हुई थी!

"पर अब चिन्ता की कोई बात नहीं है," दादा ने मन-ही-मन कहा। मेरे अन्तर में बसे हुए सर्वेक्षक ने उसका असली रूप देख लिया है। अब चाहे वह प्रत्यक्ष रूप से मेरे आगे कोई हीन-से-हीन व्यवहार या नीच-से-नीच कर्म करती हुई भी क्यों न दिखायी दे, उसकी मूलगत गरिमावाला चित्र ही अन्ततः मेरे आगे–सबके आगे–सत्य बनकर रहेगा!"

चैन की इतनी लम्बी साँस दादा ने पिछले डेढ़ महीने से इसके पहले कभी नहीं ली थी। जैसे बहुत गहरे फँसा हुआ एक विषैला काँटा उनके मर्म से सहसा बाहर निकल पड़ा था। अभी ब...सी विकट आशंकाएँ चित्रा के भावी जीवन के सम्बन्ध में उनके मन में शेष थीं, प...बड़ी-से-बड़ी आशंका की उपेक्षा, उसके व्यक्तित्व के नये प्रकाश में, आसानी...जा सकती थी। अब वह बिना तनिक भी द्विविधा के समाज के आगे, ...के आगे, पृथ्वी के अन्तिम क्षितिज के आगे, उस क्षितिज के पार बसनेवाली सा...के आगे, पूरे आत्म-विश्वास के साथ चित्रा का पक्ष-समर्थन कर सकते थे।

दादा सोचने लगे कि चित्रा के व्यक्तित्व की अनेक परतों के नीचे छिपे उस नये रूप ...की झाँकी उन्हें कैसे और कहाँ से प्राप्त हुई? और तब याद आया कि प्रतिमा ने उसकी आर्थिक सहायता करने के प्रयास में उसका जो रूप देखा था, उसका वर्णन उनके आगे किया था। और उस अनलंकृत वर्णन ने ही चित्रा के व्यक्तित्व के नये रूप की प्रतिष्ठा उनके अन्तर में कर दी थी।

प्रतिमा की याद आते ही उनके मन में वह पुलक-वेदना अपने सारे उपकरणों और प्रत्युपकरणों के साथ फिर एक बार जग उठी और जगते ही उसने उनके अन्तर के समग्र अनुभूति-पुञ्ज को छा लिया।

वह सोचने लगे कि वह कौन-सा विशिष्ट सुयोग था जिसके कारण सहसा अनेक जन्मों के चक्र-जाल एक-साथ फट पड़े और सहज ही, बिना किसी पूर्व प्रकरण के, प्रतिमा उनके शरीर और मन के अन्तरतम सम्पर्क में आ गयी और उसकी चेतना के सारे स्तर अपने सभी अवरोधों को सहज ही हटाकर, उनकी अपनी चेतना के कण-कण में घुलकर एकाकार हो गये? युगों के महाविघ्न और महा-अवरोध एक क्षण में इतनी आसानी से कै... हट गये और उनके जीवन को इतनी बड़ी घटना ऐसी सहजता से कैसे घट गयी? ... है, महत् और विराट् का आविर्भाव जब होता है तब इसी तरह, बिना किसी पूर्व ... के ही, हो जाता है! उसके लिए न तो शंख-घोष करने की आवश्यकता होती है, न ... की गड़गड़ाहट की और न दुन्दुभियों के धुधकर की।

प्रतिमा से उस आकस्मिक महा-मिलन की स्मृति से वह अपनी सम्पूर्ण ... बिना किसी उथल-पुथल के, एक मूलगत परिवर्तन का अनुभव कर रहे थे। ... जैसे जीवन की सामूहिक गन्दगी के मूल केन्द्र के भीतर कण-कण में केवल पवित्र... भरी हुई है, केवल मंगल-ही-मंगल खील की तरह बिखरा हुआ है। उन्हें ऐ... रहा था जैसे उनके भीतर के सारे स्थूल और रूढ़ तत्त्व ताजा खिले हुए सफे... गये–ऐसे चिर-उज्ज्वल फूल जिनके मुरझाने या सड़ने की तनिक भी ... के किसी अँधेरे कोने से भी नहीं उठ रही थी।

सड़ने की बात मन में उठते ही उन्हें तत्काल माणिकलाल की या... ताजा, निर्मल-से-निर्मल वस्तु या व्यक्ति के स्थूल शरीर या सूक्ष्म चेतन... सड़न के तत्व का ही आभास देख पाता था। कहना था कि अपने ... के सहारे वह सड़न की प्रक्रिया आरम्भ होने के पहले ही सभी वस्तु...

के भीतर छिपी गलनशीलता के बीज बड़ी आसानी से देख लेता है स बात को वह अपनी कितनी बड़ी उपलब्धि मान रहा था! और किस आत्मविश्वास के गलनशीलता की सर्वव्यापकता से सम्बन्धित अपने सिद्धान्त की घोषणा कर रहा था!

दादा सोच रहे थे कि जीवन में गलनशीलता के तत्त्व का अस्तित्व इतन स्वयंसिद्ध है कि उस पहाड़ी अंचल की सभी पगडण्डियों के किनारे-किनारे पष्ट और हुए सेबों और प्लमों की जो सड़न बिखरी पड़ी है वह चिल्ला-चिल्लाकर उसकी घोषणा कर रही है। इसे जानने के लिए 'इनूट्वीशन' की आवश्यकता ही क्या रह जाती है 'इनूट्वीशन' तो चाहिए उस गलनशीलता की खाद से सार पाकर नित नये बसन्त में उगते रहनेवाले सफेद और गुलाबी फूलों की बहार को देख पाने में, जो ऋतु आने पर फिर रंग-बिरंगे ताजा सेबों और टटके प्लमों को उगाकर, फिर नये सिरे से पेड़ों की टहनियों को उनके भार से झुका देते हैं।

पर माणिकलाल या नकुलेश या उनके दूसरे समानधर्मी भाइयों को दोष देने से क्या लाभ?–अपने विचार की दिशा को मोड़ते हुए दादा सोचने लगे। दोष किसी का भी नहीं है। अन्तर है केवल दृष्टि का। दादा को उन दो कैदियों की याद आयी जो एक ही
ल-कोठरी में रहते थे। एक कैदी महाशोक में निमग्न होकर, फर्श पर लेटे-लेटे केवल
की कड़ियों और बल्लियों और लोहे के दरवाजे के सीखचों पर ही अपनी अथक दृष्टि
किये हुए कुढ़ता रहता था और दूसरा कैदी रात-रात भर जगकर, उन सीखचों के
ी ओर दृष्टि डालकर, आकाश के एक छोटे से तिकोने टुकड़े पर अविराम रूप
ाले तारों की ओर देखता रहता था–इस विवेक के साथ कि आकाश का
ाला तिकोना टुकाड़ा असीम और उसमें बिन्दु-बिन्दु करके चमकते
पूर्ण विश्व को अपने साथ समेटे हुए मुक्त (किन्तु सुनियोजित)
या व्यवधान के विघ्न की आशंका के, विराट् के ताल-से-ताल
त्य में मग्न हैं।

ी खिल्ली किसी भी हालत में नहीं उड़ायी जा सकती–
रोककर फिर ठोस जमीन पर पाँव रखते हुए सोचा।
तनी ही बोझिल क्यों न हों, उसमें तीखी अनुभूति
की शोध में जुट जाये तो उसे और अधिक
स्कर में फँस जाये तो उसे और अधिक मारक
त्रों में विष का ही प्राधान्य पाया जाता है,
दक युवक पूरी लगन से विष के ही
उस मन्थित विष को निगलकर शिव
ता को और अधिक घातक, और
नेता मरता-क्या-न-करता की
च बनाने के प्रयास में जिस
बीज बो गये हैं, वह अवसर

के अनुकूल कार्य ही उन्होंने किया है। क्योंकि उस विषवृक्ष के पनपने और फैलने का जो अनुकूल अवसर उन्हें आज मिला है वह न पहले किसी को मिल पाया है, न इसके बाद किसी को मिल पायेगा। इस अवसर का उन्होंने भरपूर लाभ उठाया है। समूह की भेड़ियाधसानी प्रवृत्ति से वे नेता अच्छी तरह परिचित रहे हैं, इसलिए उसका लाभ उठाकर उन्होंने आज संसार के प्रायः सभी बौद्धिक नवयुवकों या युवकों को बरगलाने में परिपूर्ण सफलता पा ली है। आनेवाली पीढ़ी तो उन विषतत्त्वों का संस्कार अपने भीतर जन्म ही से पाकर बड़ी होंगी। इसलिए भोले बाबा की आज बन आयी है। आज देश-देश, नगर-नगर, गाँव-गाँव और घर-घर में सर्वत्र शिव सेनाओं का ताण्डव मचा हुआ है और चारों ओर डिम-डिम बजते हुए डमरू की ही आवाज सुनायी देती है। सर्वत्र केवल भेद, विरोध, वैमनस्य, वितृष्णा, विच्छेद, विनाश, हिंसा-प्रतिहिंसा, वैयक्तिक मृत्यु और सामूहिक महामरण का भैरव राग ही प्रलय-ताल में बजता हुआ सुनायी देता है। ऐसी स्थिति में जब सभी ओर विकृतियों के नये-नये रूपों की बाढ़ आयी हुई हो, तब उसके कीचड़ से एक भी प्राणी बचकर निकल नहीं सकता। तब किसे दोषी कहा जाय, किसे निर्दोष? तब जो तत्त्व माणिकलाल में है वही मिलनकुमार में भी हो सकते हैं। और दोनों नामों में 'म' समान भी है!

नाम-साम्य की बात सोचते ही दादा अकेले में ही "फिक्क' करके हँस पड़े। और फिर इतना हँसे कि थोड़ी-सी बची सिगार को ऐश-ट्रे के बीच में स्थित न-बहुत-चौड़े-न-बहुत तंग छेद की ओर लक्ष्य करके उन्होंने जोर से फेंका। और जब सिगार संयोग से ठीक लक्ष्य पर पहुँच गयी तब और अधिक प्रसन्न होकर, दुर्निदवार वेग से हँसते हुए उन्होंने अपने दायें घुटने पर जोरों से अपना दायाँ ही हाथ पटककर मारा। उनकी आँखों में हँसी के फौव्वारे ऐसे अविराम गति से छूटते चले जा रहे थे कि आँखों से आँसुओं की झड़ी लग गयी। बगलवाले कमरे में खाना खाता हुआ नौकर देवसिंह कुछ देर तक गौर से ड्राइंग-रूम की ओर कान लगाये रहा। कुछ अजीब-सी आवाज उसे सुनायी देने लगी। उसने समझा कि दादा ने सिगार पीते हुए एक लम्बी कश खींच ली होगी और उसी के कारण उन्हें दबी हुई खाँसी का दौरा आ गया है। वह खाना छोड़कर भागा हुआ आया। आकर उसने जो दृश्य देखा उससे उसकी आँखें आधी से अधिक आकाश की ओर जा लगीं। दादा अभी तक इस बुरी तरह से हँसते जा रहे थे कि लगता था जैसे लाफिंग गैस ने उन्हें कसकर धर पकड़ा हो।

देवसिंह को देखकर दादा शायद हँसी के दौरे को रोकने के प्रयास में, सचमुच में खाँसने लग गये। देवसिंह की जान में कुछ जान आयी। वह उनके पीछे खड़ा हो गया और धीरे-धीरे, सदय हाथों से उनकी पीठ सहलाने लगा।

बाहर अँधेरा बढ़ता जा रहा था। कुहरा, जो कुछ ही समय पहले धीरे-धीरे उठ रहा था, अब चारों ओर छा गया था और खिड़कियों औ़र दरवाजे के रास्ते से होकर अनिमन्त्रित अतिथि की तरह बरबस भीतर प्रवेश करने लगा था। दूर कहीं एक पपीहा 'पिऊ'! 'पिऊ' का एकरस और कर्कश आवाज की अटूट रट बहुत देर से लगा रहा था। गला उसका थक

गया था, पर रटन नहीं छूटती थी। दादा ने देवसिंह से एक गिलास पानी मँगाया। पानी पीकर वह उठ खड़े हुए और अपने, सोने के कमरे में चले गये। वहाँ जाकर सोचने लगे कि अकेले में प्रत्येक मनुष्य अक्सर जिस तरह का विचित्र आचरण करने लगता है, उस तरह यदि समाज के बीच में करे तो वह अधूरा नहीं, पूरा पागल समझ जायेगा।

पर आज किसी प्रकार भी लेटने को जी नहीं कर रहा था। मस्तिष्क को सबसे ऊपरी परत तरह-तरह की मानसिक उलझनों, प्रतिक्रियाओं और आवेगों से चंचल हो उठी थी। दादा उनको बरबस दबाते जाते थे, पर वे रूप बदल-बदलकर, बादल और कुहरे की तरह ही मस्तिष्क में उठते, जमते और खुलते चले जा रहे थे। आकाश में मचे हुए विक्षोभ की ही तरह उनका चित्त आन्दोलित हो रहा था। हवा के तेज झकोरे उस मानसिक अशान्ति को और अधिक बढ़ाने में सहायक सिद्ध हो रहे थे। दादा ने बाहर और भीतर की सभी खिड़कियाँ एक-एक करके बन्द कर दीं। उनके बन्द करते ही दक्षिण-पश्चिम से आती हुई तेज बौछारों ने सुइयों से अधिक नुकीलों तीरों की तरह शीशों पर तीव्र आघात करना शुरू कर दिया। देखते-ही-देखते चारों ओर से धारा-प्रवाह वर्षा होने लगी। टीन की छतों पर जैसे छर्रों की बौछार हो रही थी और सहस्रधार पानी उनके ऊपर से तड़-तड़ की आवाज करता हुआ अविराम गति से नीचे गिरता चला जा रहा था।

दादा बैठक की ओरवाला दरवाजा भीतर से बन्द करके अत्यन्त अस्थिर मानसिक स्थिति में कमरे में टहलने लगे थे। बीच-बीच में थोड़ी देर के लिए रुककर कहीं एक जगह खड़े हो जाते और बच्चों की-सी उत्सुकता और उल्लास के शीशे की दीवार के पार का दृश्य देखने लगते। कुहरा आसपास के पहाड़ों के ऊपर पर्दे डालकर, जमकर, प्रायः स्थिर हो गया था। हवा का वेग और वर्षा का जोर बढ़ता चला जा रहा था।

आदिम काल से विरासत में पायी हुई बरसाती वेदना युग-युग में, वर्ष-वर्ष में आनेवाली वर्षा-ऋतु के साथ जुड़े हुए सभी संस्कारों के साथ रह-रहकर चेतना को झकझोरने लगी। उस दिन यदि आषाढ़स्य प्रथम दिवस नहीं तो द्वितीय दिवस अवश्य ही रहा होगा। युग-युग में प्रवासी पथिकों के अन्तर में वेकली पैदा करनेवाली, झोंपड़ियों के भीतर गीले कपड़ों के साथ दुबकी बैठी हुई विरहिणियों के प्राणों में आशा और निराशा की मीठी उसाँसें भरनेवाली, सावन के मेलों की रंगीनियों और झूलों से उठनेवाली किलकारियों और चुहलों से अन्तर को गुदगुदानेवाली, पहाड़ी टीलों पर छिट-पुट रूप से बजती हुई बंशियों की मधुर-मधुर, करुण-करुण वेदना से निकल और विह्वल रागिनियों द्वारा कानों में अनन्त की रहस्य-भरी उत्सुकता जगानेवाली और भोली कृषक-रमणियों के धुकधुकाते हुए हृदयों में आशा और आशंका-भरी धड़कनों का संचार करनेवाली मंगलमयी वर्षा का भू-अभिषेक पूरे आडम्बर और टीमटाम के साथ आरम्भ हो गया था।

दादा का मन वास्तविक अर्थ में मोर की तरह नाच उठा। वह शीशे की दीवार से होकर, सावन की-सी झड़ी की तरह जमकर बरसनेवाली फुहारों और देवदारु और बाँज के पेड़ों से निरन्तर गिरती रहनेवाली बूँदों की कतारों को एकटक देख रहे थे। कब तक देखते रहे, इसका कोई अन्दाज न लगा सके। उसके बाद कुछ थकान का-सा अनुभव करके पलँग

पर चुपचाप लेट गये और ऊपर से उन्होंने एक मुलायम काला कम्बल अपने ऊपर लपेट लिए। लेटते ही कुछ ही देर बाद सो गये और फिर सोते ही रह गये।

जब आँखें खुलीं तब देखा कि पानी न जाने कब से रुका हुआ है और पश्चिमी बादलों की एक फटी-सी दरार से सूरज उनकी ओर देखकर मुस्करा रहा है। लेटे-लेटे ही वह देख रहे थे कि दूर सामने पहाड़ी चोटियों की धूल, धुआँ और कुहरा धुलकर एकदम साफ हो गये थे और छोटे-से-छोटे पेड़ भी स्पष्ट, अपने पूरे आकार में और अलग-अलग दिखायी दे रहे थे। हरे-हरे जंगलों और खेतों पर यत्र-तत्र पड़ी हुई पीली धूप दादा के उदास प्राणों में एक नयी आशा का संचार कर रही थी।

याद नहीं, नींद में ठीक-से क्या अस्पष्ट-सा कोई-एक सपना देखा था, जिसने उनके सारे अन्तर में एक अजीब-सी उदासी का संचार कर दिया था। वह आँखें बन्द करके याद करने की कोशिश करने लगे कि क्या सपना उन्होंने देखा था। जितना ही याद करने की कोशिश करते थे उतना ही वह उनकी स्मृति की पकड़ से भागकर, उड़कर न जाने कहाँ छिप जाता था। पकड़ में आते-आते रह जाता था। दादा फिर भी याद करने का प्रयास करते रहे। बड़ी मुश्किल से इतनी-सी बात याद आयी कि वह सपना माणिकलाल से सम्बन्धित था। कितना कठिन काम था स्वप्नलोक की विस्मृति के गर्भ से किसी तथ्य या तत्त्व को सचेत लोक में उतार पाना! पर दादा को लग रहा था कि उस भूले हुए स्वप्न को याद करना बहुत जरूरी है, जिसने अपनी विस्मृति में भी उसके मन में ऐसी निराली उदासी बिखेर दी थी।

बहुत प्रयत्न करने पर एक परत और उघड़ी। याद आया कि किसी बड़े शहर के किसी लेक्चर-हॉल में वह लेक्चर दे रहे हैं और श्रोता के रूप में केवल माणिकलाल और लिली–ये दो प्राणी चुपचाप बैठे हुए हैं। दादा मंच पर लगी मेज के पीछे खड़े होकर हाथ में बेंत की एक पतली-सी छड़ी लिये कुछ उत्तेजित भाव से लेक्चर दे रहे हैं और लेक्चर देते हुए छड़ी को कभी मेज पर पटकते हैं और कभी आसमान की ओर उछालते हैं। वह माणिकलाल को डाँट बताते हुए कहते हैं : "इस निष्पाप, सुन्दर और मासूम लड़की के अन्तर में असमय में ही सड़न के बीज डालकर उसके सारे भविष्य को तुमने जला और गला डाला है। सड़न के बीज प्रकृति में अवश्य हैं, पर उनके अपने विशेष नियम और क्रम हैं। साथ ही प्रकृति में इतनी शक्ति भी है कि वह समय आने पर उस सड़न को एक नयी मंगलमयी सृष्टि के मूल आधार में परिणत कर देती है। पर तुम लोगों का धर्म ही केवल अपने भीतर सड़न के बीजों का कल्चर करते जाना और उन बीजों के द्वारा सभी मांगलिक तत्त्वों को प्रारम्भ ही से गलाकर नष्ट कर देना है। इस लड़की की हत्या का अभिशाप बहुत जल्दी ही तुम्हारे जीवन में फलनेवाला है। सावधान! सावधान!"

दादा को याद आया कि जब वह सपने में माणिकलाल को इस तरह डाँट रहे थे तब वह व्यंग्य-भरी मुद्रा में अपने तनिक टेढ़े ओठों को और टेढ़ा करके मुँह बिचका रहा था

और फिर एक घृणा-भरी हिंसक दृष्टि से उसने दादा की ओर देखा था। उसकी वह दृष्टि दादा को बहुत भयावनी लगी थी।

दादा सोच रहे थे कि बात तो उन्होंने कोई असाधारण नहीं कही और सपना भी कुछ विशेष महत्त्व का नहीं था। तब जिस उदासी ने मकड़ी के जाले की तरह उनके अन्तर को छा रखा है, उसका मूल कारण कहाँ पर हो सकता है?

बात कुछ समझ में नहीं आयी। वह धीरे से उठे और हाथ-मुँह धोकर चाय की प्रतीक्षा में ड्राइंग-रूम में बैठ गये बाहर धूप-छाँह का खेल चल रहा था। कभी एक मिनट के भीतर-ही-भीतर सारी पहाड़ी प्रकृति कुहरे से ढक जाती थी और फिर उसी तेजी से उसमें विघटन शुरू हो जाता था।

दादा ने गुसलखाने में जाकर हाथ-मुँह धोया और फिर बैठक के कमरे में चले आये।

चाय आयी और वह धीरे-धीरे उसे घूँटने लगे। घूँटते हुए सहसा उनके भीतर से एक अनसुनी आवाज उठी, जिसकी कोई कल्पना इसके पहले तक उनके मन में नहीं जगी थी। माणिकलाल को उन्होंने सजग अवस्था में भी और सपने में भी जिस बात के लिए सावधान किया था, वही बात आज ही उनके अपने ही जीवन में कैसे घट गयी? क्या यह उलटा अभिशाप तो नहीं फलने जा रहा है? क्या उन्होंने भी अपने 'कान्शेन्स' को ताक पर रखकर प्रतिमा का मुँह नहीं चूमा था? उस निष्कलंक और इतने वर्षों तक काम-गन्ध से एकदम अछूती नारी के कोमल, सुकुमार और कुँवारे ओठों पर अपने गीले मुँह के अदृश्य कीटाणु विष-बीजों की तरह बो नहीं दिये थे? तब उन्हें किसी को किसी भी बात के लिए लेक्चर देने का क्या अधिकार रह गया?

लेक्चर! लेक्चर! और केवल लेक्चर! "वैद्यराज जी, पहले अपना इलाज कीजिये, फिर दूसरों को भाषण पिलाया कीजिये!"–स्वयं अपने को सम्बोधित करते हुए दादा कह रहे थे। "तुम अपने को क्या समझ बैठे हो? तुम भी मूलतः इन्हीं लोगों की–माणिकलाल एण्ड कम्पनी की–बिरादरी के हो; केवल अपना बाना तुमने बदल रखा है। तुम सब एक ही मञ्च के अभिनेता हो, केवल भूमिकाएँ अलग-अलग हैं। तुम सब अपने-अपने अकेलेपन की पीड़ा के मरीज हो, और सभी एक-दूसरे की मर्मगत वेदना के प्रति निपट उदासीन हो। यदि ये लोग असामाजिक हैं तो तुम कहाँ के सामाजिक हो? अपने निपट अकेलेपन की पीड़ा का भार ढोने में असमर्थ होने के कारण दुनिया से भागकर इस पहाड़ी जंगल में एकान्तवास करने आये हो, इस प्रत्यक्ष और ज्वलन्त तथ्य को तुम कैसे झुठला सकोगे? और–आओ, आओ, शाकल-द्वीप की महारानी! आओ!"

अन्तिम वाक्य दादा ने पूरा गला खोलकर, प्रतिमा को लक्ष्य करके कहा, जिसने अभी-अभी सहसा, अप्रत्याशित रूप से, देहली पर पाँव रखा ही था। प्रतिमा को देखते ही दादा की सारी उदासी, सारा ऊहापोह, आत्म-विश्लेषण की सारी खरोंच पल में झूठी और अस्तित्वहीन हो गयी! उनकी चेहरा अपनी सहज दीप्ति से दमक उठा। प्रतिमा के प्रसाधन में आज उन्हें एक अव्यक्त और अवर्णनीय विशेषता लग रही थी। प्रकट में उसमें कोई भी नयी बात नहीं दिखायी दी। न पाउडर की ही पुतायी अधिक थी, न क्रीम की। न ओंठ

ही लिपस्टिक से रँगे थे, न आँखों में ही काली पेन्सिल से कोई रेखा आँजी गयी थी। पर उस सारी निपट सादगी में भी संयतशील की एक ऐसी सहज गरिमा उसके सारे मुख-मण्डल में व्याप्त थी जो उसे पूर्णतः नया और अपूर्व शोभनीय व्यक्तित्व प्रदान कर रही थी।

"यह "शाकल-द्वीप की महारानी' क्या बला है?" दादा की बगल में बैठती हुई और अपने छोटे-से छाते को कौच के नीचे रखती हुई प्रतिमा बोली। "यह अजीब, अकल्पित नाम तुम्हें कहाँ से याद आ गया?"

"अरे भाई, मैं इतिहास का विद्यार्थी भी रह चुका हूँ, यह तुम्हें मालूम होना चाहिए! खत्री लोगों का आदि स्थान अकाल-द्वीप ही था, ऐसा कुछ इतिहासज्ञों का कहना है। और अपने मन की नारी की कल्पना आज के सामन्त-विरोधी युग में भी मेरे आगे महारानी के ही रूप में आती है–मैं कह नहीं सकता क्यों। इसलिए तुम्हें देखकर मेरे मन में सहज ही शाकल-द्वीप की महारानी की बात उठ आयी।"

"चलो ठीक है" विनोद-भरी मीठी मुस्कान से प्रतिमा ने तनिक लजीले स्वर में कहा। "तम्हारी इतनी ही कृपा कुछ कम नहीं है कि तुमने मुझे टिम्बकटू की महारानी के रूप में नहीं देखा।"

दादा ने 'हो हो :' करके ठहाका मारा। फिर बोले : "जानती हो, चित्रा भी एक दिन मुझसे इसी बात पर नाराज हो गयी थी। वह सजधजकर आयी हुई थी और बहुत अच्छी लग रही थी। मैंने सहज ही कह दिया–'हल्लो, महारानी ऑफ सिंगापोर!'–यद्यपि मैं जानता था कि सिंगापुर में कोई महारानी नहीं है। पर चित्रा को यह सम्बोधन तनिक भी अच्छा नहीं लगा। खैर। चाय तो तुम पिओगी ही?"

"पिलायेंगे तो जरूर पिऊँगी," उसी लजीले, भाव-भीने और कुछ-कुछ दबे हुए स्वर में प्रतिमा ने कहा।

दादा ने वहीं बैठे-बैठे देवसिंह से एक चाय और लाने के लिए कह दिया।

चाय आयी। जब दोनों पी चुके तब दादा ने कहा : "अब बताओ! अब आगे क्या कार्यक्रम सोचा है तुमने?"

"मैंने तो कुछ भी नहीं सोचा है।"

"तब ऐसा करें कि बाहर टहलने निकला जाये। मौसम बहुत अच्छा हो गया है।"

"ठीक है।"

" मैं पाँच मिनट में तैयार होकर आता हूँ। तुम तब तक यह अखबार पढ़ो। अभी आया है।" कहकर दादा अपने कमरे में चले गये।

दादा जब कपड़े बदलकर, कंघी-चोटी करके छड़ी हाथ में लिये, अपने कमरे से बाहर निकले तब एक शान्त, स्निग्ध आभा उनके मुख पर दिपू-दिपू करती हुई, रेडियम के-से कणों को बाहर बिखेर रही थी। उन प्रकाश-कणों ने प्रतिमा की कुछ-कुछ विस्मित और

कुछ-कुछ पुलक-भरी दृष्टि को चुम्बक की तरह पकड़ लिया। कुछ क्षणों तक वह मन्त्र-मुग्ध-सी दादा की भावोज्ज्वल आँखों की ओर देखती रह गयी। उसे लगा कि आज सुबह से ही दादा के व्यक्तित्व के अपूर्व-परिचित नये-नये रूप उसके आगे उघड़ते चले जा रहे हैं, जिनकी कोई कल्पना ही इतने दिनों तक उसके मन में नहीं थी–या उसने उन पर कभी इस बारीकी से गौर नहीं किया था।

"चलो," दादा ने सहज भाव से कहा।

प्रतिमा मशीन की पुतली की तरह तुरन्त उठ खड़ी हुई। जो छोटा-सा छाता वह एहतियातन् अपने साथ लायी थी उसे उठाकर वह आगे बढ़ी। दोनों कमरे से बाहर निकल पड़े। आकाश का स्थान-स्थान पर पैबन्द लगा हुआ मटमैला चीर, जगह-जगह फट गया था और फटता चला जा रहा था। आसपास के पहाड़ों की दरारों से यत्र-तत्र सफेद धुआँ-सा उठ रहा था, जैसे वर्षा से बुझायी गयी, प्रकृति के अन्तर की दबी हुई विद्रोही आग तनिक अवसर पाते ही फिर स्थान-स्थान पर भड़कने जा रही हो।

होटल के अहाते की सीमा पर, एक देवदारु के नीचे दादा तनिक रुक गये। पूरब की ओरवाले एक पहाड़ की चोटी पर ठीक पिरामिड के आकार का एक दूसरा छोटा पहाड़ खड़ा था। उस पर एक छोटा-सा मकान बना हुआ था, जहाँ से एक छोटा-सा सफेद प्राणी बाहर निकल रहा था। दादा ने छड़ी से वह मकान प्रतिमा को दिखाते हुए कहा : "वह देखो, बहुत ऊँचाई पर खड़े उस छोटे-से मकान से एक छोटा-सा खरगोश बाहर निकल रहा है।"

प्रतिमा ने गौर से देखा और कुछ देर तक देखती रही। फिर बोली : "वह क्या सचमुच में खरगोश है? खरगोश से तो वह काफी बड़ा लगता है।"

"तब कोई सफेद कुत्ता होगा," भीतर से उमड़ती हुई हँसी को बरबस रोकते हुए दादा ने कहा।

प्रतिमा ने फिर गौर से देखा और अबकी वह समझ गयी कि वास्तविकता क्या है।

"हटो! तुम बड़े वैसे हो!" बच्चों के मचलने की-सी आवाज में प्रतिमा ने कहा। "मुझे क्या इस हद तक भोली समझ लिया है कि मैं जानवर में और आदमी में कोई अन्तर ही न देख पाऊँ!"

दादा ने मन-ही-मन प्रतिमा की बात की दाद दी। जानवर और आदमी का अन्तर वह निश्चय ही समझती है, इतना विश्वास वह भी करते थे। पर प्रकट में उसी चोटी की ओर देखते हुए, कुछ कृत्रिम गम्भीरता से बोले : "तुम्हारी ही बात ठीक है, प्रतिमा, वह सचमुच में आदमी ही है। दूर से इतना छोटा लगता है। तुम्हारी दृष्टि की मैं तारीफ करता हूँ। चलो हम लोग भी आज उसी चोटी तक टहलने चलें जहाँ हम भी होटल के निवासियों की नजर में शायद जानवर ही लगेंगे।

"अरे बाप रे, उस चोटी तक चलने की बात तुम कह रहे हो? वह तो बहुत ही दूर है। वहाँ तक चल पाने की ताकत मुझमें नहीं है।" प्रतिमा सचमुच कतराने लगी।"

दादा मुस्कराये। बोले : "यही तो आदमी का भ्रम है। और यही भ्रम आज सर्वत्र नजर

आ रहा है—सामने दिखती हुई मंजिल को दूर समझकर उससे कतराना और उस मंजिल तक पहुँचे हुए इक्के-दुक्के मनुष्य को पशु के रूप में देखना। तुम चिन्ता तनिक भी न करों। मैं तुम्हें ले चलता हूँ। वह चोटी बहुत दूर नहीं है। तुम्हें केवल इतना ही करना होगा कि धीरे-धीरे चलती रहो। न तनिक जल्दबाजी करो न विश्राम। हर पहुँचने-योग्य मंजिल को फतह करने का यही एकमात्र उपाय है। अपने जीवन के अनुभवों से मैंने यही सीखा है। चलो!"

होटल के अहाते की सीमा से नीचे की ओर पाँव बढ़ाते हुए प्रतिमा ने कहा : "इतनी ऊँची चोटी पर लिये चल रहे हो और कहते हो कि तनिक भी विश्राम किये बिना ही चलो। यह मुझसे कैसे सम्भव होगा?"

"मेरी बात पर फिर से ध्यान दो। मैंने यह भी तो कहा था कि बिना तनिक भी जल्दबाजी के, धीरे-धीरे चलो। यदि इस तरह चलोगी तो फिर विश्राम की कोई आवश्यकता अपने-आप नहीं रह जायेगी। वैसे यदि कहीं आवश्यकता पड़ ही जाये तो थोड़ी-थोड़ी देर के लिए तनिक विश्राम कर सकती हो।"

उतराई बहुत अधिक नहीं थी। उसे पार करने के बाद दोनों धीरे-धीरे पगडण्डी से होकर चढ़ाई पर चलने लगे। फलों के पेड़ों के नीचे पगडण्डी के किनारे-किनारे, चलमोड़ी की छोटी-छोटी सघन और एक-दूसरे से सटी पत्तियाँ, बड़े करीने से जमीन पर अपने-आप उग आयी थीं, जैसे किसी ने रास्ते को सुखद बनाने के लिए एक बेलबूटेदार सुन्दर मुलायम हरा कार्पेट कायदे से बिछा दिया हो। लगता था जैसे प्रत्येक फूलनुमा पत्ती में छह-छह पंखुड़ियाँ जुड़ी हों। पर गौर से देखने पर प्रत्येक पत्ती में केवल तीन ही पंखुड़ियाँ नजर आती थीं। सभी एक ही आकार और एक ही प्रकार की—ठीक ताश की चिड़ी की तरह। और उन पत्तियों के भीतर से बहुत छोटे बैंजनी फल निकल रहे थे।

वह पहली चढ़ाई कुछ खड़ी-खड़ी-सी थी। दादा की बतायी हुई तरकीब के अनुसार चलने पर भी प्रतिमा एक स्थान पर तनिक हाँफने-सी लगी। दादा ने कहा : "तनिक इस चट्टानी दीवार के सहारे ठहर जाओ।" केवल दो मिनट तक रुकने के बाद प्रतिमा ने कहा : "चलो!" और फिर चलने का क्रम उसी तरह शुरू हो गया।

कुछ ही दूर आगे और चलने पर मोटर की सड़क मिल गयी। वहाँ पत्थर के बेंच पर दोनों ने तनिक विश्राम किया। प्रतिमा ने आश्चर्य से देखा कि उस स्थान से पिरामिड की वह चोटी बहुत दूर नहीं लग रही थी, यद्यपि अभी वे लोग होटल से बहुत दूर नहीं आये थे। प्रतिमा ने दादा को यह बात बतायी।

"यही तो पहाड़ी माया है," दादा ने अपने सहज आनन्द के मूड में कहा। "यहाँ हर बात पर मनुष्य का सहज अनुमान फेल कर जाता है। दूर की चीज नजदीक दिखायी देने लगती है, नजदीक की चीज दूर लगने लगती है, विराट् लघु दिखने लगता है और लघु विराट्; धूप भी कभी छाँह मालूम होने लगती है और छाँह धूप। वह देखो फिर एक बार पिरामिड की ओर। दायें हाथवाला भाग एकदम हरा दिखायी दे रहा है और जो भाग बायीं ओर को मुड़ा हुआ है उसका भूरापन देखकर लगता है जैसे किसी ने उसके जंगली बालों

को 'शेव' करके एकदम साफ कर दिया हो। वह वास्तविकता यह है कि उस बायें भाग से सूर्य का प्रकाश एक ऐसे विचित्र कोण से पड़ रहा है कि उसका रंग भूरा दिखायी दे रहा है, जबकि वह भी दायें भाग की ही तरह हरे-भरे पेड़ों से भरा है। अब चलो, फिर आगे बढ़ा जाये।"

मोटर की सड़क पर कुछ ही दूर आगे बढ़ने पर ऊपर को जानेवाली एक पगडण्डी दिखायी दी। दोनों उस पगडण्डी से होकर ऊपर को चढ़ने लगे। उन्हें खड़ी दीवार की तरह ऊँची चोटी पर जाना था, पर पगडण्डी ऐसी टेढ़ी-मेढ़ी गति से, इतमीनान के साथ आगे को बढ़ रही थी कि चढ़ाई मालूम ही नहीं होने पाती थी। रास्ते की दोनों ओर तरह-तरह की कटीली झाँड़ियों और मनोरम लताओं के प्राकृतिक कुञ्ज से बने हुए थे। कहीं काली, पीली और रसीली जंगली पहाड़ी बेरियों की काँटदार झाड़ियाँ अपना जाल बिछाये थीं, कहीं तरह-तरह के, रंग-बिरंगे पर्णजातीय पौदे गुच्छ-से-गुच्छ पर फैलाये, हवा में प्रसन्न होकर नाच रहे थे। बीच-बीच में नाना रंगों और विचित्र आकारों के जंगली फूल खिले हुए थे। कहीं फलों के छोटे-छोटे पेड़ों के अलावा, नाना प्रकार और जाति के बड़े-बड़े पेड़–पाँगर, अखरोट, काफल, बुरुँस आदि–छोटे-छोटे पौदों पर अपनी बड़ी-बड़ी शाखाओं के वरद हस्त फैला रहे थे। सामने दायीं ओरवाले धुले हुए पहाड़ों की हरियाली पर यत्र-तत्र पड़ी हुई पीली धूप मुस्करा रही थी। देख-देखकर प्रतिमा का मन एक अपूर्व-अनुभूत, निराली ही पुलक से रह-रहकर मूक किलकारियाँ मार उठाता था। उसे यह अनुभव करके अत्यन्त और अकृत्रिम आश्चर्य हो रहा था कि अभी तक–इस घोर नीरस, निरुद्देश्य और निरर्थक युग में भी–जीवन में इतने विभिन्न प्रकार के सुखद स्पन्दन शेष हैं, ऐसी-ऐसी प्यारी-प्यारी, पुलक-हर्ष और मादक आशाओं की कुँवारी रंगीनियों से भरी भाव संवेदनाएँ, ठोस धरातलों से झाँकती हुई, आँख मिचौनी खेल पाती है!

उसके मन के और बाहरी प्रकृति के तत्कालीन वातावरण में और उस विशेष मुहूर्त्त में युगों से बन्द पड़ी–शायद जन्म से भी पहले से किन्हीं विशेष संस्कारों के कारण रुद्ध–एक विशेष ही चेतना की कुछ निराली ही खिड़कियाँ जैसे सहसा आनन्द की हवा के आकस्मिक धक्के के खुल पड़ीं।

"इस अनुभूति से बड़ा यथार्थ और क्या हो सकता है!" उसके पुलकित प्राण सोच रहे थे, "और इस एकमात्र सत्य अनुभूति को कवियों की कोरी कल्पना, और रोमांसवादियों की कोरी रूमानियत करार देकर आज के राजनीतिज्ञ, वैज्ञानिक और आधुनिकतावादी साहित्यकार ठाठ से व्यंग्य कसते चले जा रहे हैं! स्वयं मैं एक दिन इसी अनुभूति की शिकार बन गयी थी!" और प्रतिमा को याद आया कि एक दिन वह पद-दलित और पराधीन राष्ट्र के अपमान और उस पर होनेवाले जुल्मों से मर्माहत होकर, अपने सारे रंगीन सपनों और रूमानी अनुभूतियों को कुचलकर, सन् बयालीस और उसके बाद के हिंसात्मक आन्दोलन की सामूहिक आग में कूद पड़ी थी और युवकों के क्रान्तिकारी दल की अधिष्ठात्री नेत्री बन गयी थी। तब उसने भरी सभाओं में कहा था कि भारतीय नारी सब-कुछ गँवाकर जोगन बन चुकी है और अब महाभैरवी का रूप धारण करने जा रही है।

उसे यह भी याद आया कि महीप ने सन् पैंतालीस में उसे यह कहकर सावधान किया था कि परमाणु-विस्फोट के और परमाणु-अस्त्रों के आविष्कार के बाद किसी भी हिंसात्मक आन्दोलन का कोई अर्थ नहीं रह गया है और "तुम्हारा हिंसा-धर्म विश्वव्यापी विनाश के अन्तर्राष्ट्रीय प्रयत्नों की केवल एक कड़ी बनकर रह जायेगा। एक दिन तुम्हें अपने जीवन के पिछले पथों की स्मृति का दंश भयावह मालूम होने लगेगा और लोमहर्षक दुःस्वप्न तुम्हारे भावी जीवन के पथ को घेर लेंगे!" और उसकी यह भविष्यवाणी कैसी सच उतरी थी!

महीप की याद आते ही प्रतिमा क्षण-भर में अतीत की उस निराली, और प्रत्यक्ष से भी अधिक यथार्थ दुनिया में खो गयी, जहाँ अपनी प्रारम्भिक जवानी के दिनों में अपनी अदम्य आत्मा के अप्रतिहत उत्साह के बल पर उसने सारे संसार की विरोधी शक्तियों को नगण्य मानकर उनसे अकेले जूझने का दम भरा था। तब वह सचमुच भैरवी बन गयी थी। कहाँ गया उसका वह अटूट आत्म-विश्वास और निर्धूम अग्नि से भी अधिक प्रखर और प्रचण्ड तेज! आज किसी भी क्रान्ति की कल्पना से भी हँसी आने लगती है, वह सोच रही थी। आज संसार की सभी राजनीतिक और सांस्कृतिक क्रान्तियाँ, व्यंग्य और परिहास में परिणत होकर, अपनी दिशाओं को अनचाहे, अनजाने, परमाणु-अस्त्रों के गोदामों की ओर मोड़ने के लिए विवश हो गयी है। कैसी सटीक बात कही थी महीप ने! "और मैंने अपनी नयी उमंग के बहाव में बहकर किस कदर उसकी उपेक्षा की थी!" सोच-सोचकर प्रतिमा के अन्तर में अरण्य-रोदन का एक रोर-सा उठने लगा।

दादा आगे-आगे चल रहे थे और प्रतिमा उनका अनुसरण करती हुई उनके पीछे-पीछे चली जा रही थी।

"पर क्या मैं सचमुच अपनी पिछली भूलों और विभ्रान्तियों के भँवर में खो गयी हूँ?" वह फिर सोचने लगी। "यह ठीक है कि महीप मेरे जीवन का स्थायी पथ-प्रदर्शक बन सकता था, पर वह अपनी ही कुछ अन्दरूनी कमजोरियों से बन नहीं पाया। और फिर जब चारों ओर से दावानल से घिरे हुए उस युग के महा-जंगल में कोई पथ ही शेष नहीं रह गया था, तब कोई पथ-प्रदर्शक कर भी क्या लेता! बेचारा महीप! उसने अपने और मेरे–दोनों के लिए एक बार कहा था कि 'टाइम इज आउट ऑफ ज्वाइण्ट!' वर्ना वह भी निश्चय ही कोई बड़ी क्रान्ति करके दिखाता। प्रतिभा, लगन और योग्यता की कोई कमी नहीं थी उसमें। पर उसकी उस प्रचण्ड प्रतिभा की परिणति कहाँ गयी? एक साधारण अस्पताल में दम तोड़ने के लिए उसे विवश किया गया। उसकी सारी काव्यानुभूति के गहन लौकिक चिन्तन और कर्त्तव्य-परायणता की नियति ही यह थी कि वह अन्त में कुत्तों की मौत मरे! और मेरी नियति यह रही है कि आग की लपटों से हँस-हँसकर खेल चुकने के बाद अन्त में राख के सूने ढेर के बीच में खोकर केवल गर्द उड़ाती फिरूँ–"

"उधर से नहीं, प्रतिमा, इधर से दायें हाथ से–चलना होगा," अपनी दिशा मोड़ते हुए दादा ने कहा। अपने अनमनेपन में वह देख ही नहीं पायी कि इस बीच दादा अपनी दिशा बदल चुके थे! वह कुछ झेंपती हुई-सी, उसी ओर मुड़ गयी।

"नहीं, मैं खो नहीं गयी हूँ," आत्म-चिन्तन का सूत्र पकड़ते हुए वह मन-ही-मन

कहने लगी। "जीवन के अनेक टेढ़े-मेढ़े पथों को पार करने के बाद आज मुझे मेरा यथार्थ पथ-प्रदर्शक मिल गया है! यह ठीक है कि आज भी सभी बाहरी कर्म-पथ उसी तरह– वरन् उससे भी अधिक विकट रूप से–अवरुद्ध हैं, दिशायें उसी तरह कुहरे से ढँकी हुई, सूनी हैं, बाह्य जीवन के सभी राजमार्गों पगडण्डियों में संसार-भर के राजनीतिक ठीकेदारों ने स्थान-स्थान पर विस्फोटक सुरंगे बिछा दी हैं और सशस्त्र पहरेदार खड़े कर दिये हैं। इसलिए साधारण जन के लिए अब केवल दो ही रास्ते शेष रहे गये हैं– या तो आत्महत्या कर लेना या फिर बाह्य-प्रकृति से पायी हुई सौन्दर्य-चेतना की कुंजी की सहायता से अन्तर्जगत् के बन्द पड़े हुए दरवाजे खोलकर देखना। अपनी भीतरी चेतना के गहनस्तरों के महाजंगलों को काट-काटकर, उनके भीतर से उस महापथ को खोज निकालना जो सीधे अनादि और अनन्त आनन्दमय विशुद्ध सौन्दर्य-लोक की ओर चला गया है; जो अपने निपट अकेलेपन में भी युग-युग के जीवन-पथिकों के साथ–उनके अन्तरंग संवेदनों की रंगीनियों के साथ–घनिष्ठ रूप से जुड़ा है; जो जीवन की अर्थहीनता को अर्थ देता है। मेरे नये पथ-प्रदर्शक ने मेरे लिये उसी पथ की ओर संकेत किया है। नहीं! मैं आत्महत्या नहीं करूँगी! मैं जीवन को, उसकी प्रतिदिन की प्रतिपल की चुभनों के बावजूद उसकी अन्तिम तह तक मथकर देखूँगी। उसके अन्तर्जगत् की रंगीनियों का पूर्वाभास मुझे मिल चुका है!"

"विचू-चू!" सिर के ऊपर से सहसा किसी एक चिड़िया ने दस-बारह साल के किसी शरारती लड़के की तरह व्यंग्य की आवाज में, गाल फुलाते हुए कहा–"विचू-चू!" प्रतिमा की आत्म-चिन्तन-धारा टूट गयी। उसने अपने सामने ऊपर की ओर देखा। चोटी अब एकदम पास आ गयी थी। होटल से जो मकान बहुत छोटा दिखायी दे रहा था वह अब केवल दो कदम के फासले पर था और एक काफी बड़े बँगले में बदल गया था।

"यदि थक गयी हो तो कुछ देर इस बँगले में विश्राम किया जा सकता है;" दादा ने दायीं ओर लगे हुए एक गाढ़े पीले रंग के बड़े-से, एकाकी जंगली फूल के लम्बे डण्ठल को अपनी दो उँगलियों से झुकाते हुए कहा।

"अब चोटी पर पँहुचकर, वहाँ से लौटने पर ही विश्राम करेंगे," प्रतिमा बोली। थकान का लेश भी उसे महसूस नहीं हो रहा था। वह उसी हलके, लचीले पीले फूल की-सी प्रसन्नता और ताजगी का अनुभव कर रही थी, जिसे दादा खेल-ही-खेल में तनिक झुकाये हुए थे।

"तब चलो!" कहकर दादा धीरे-धीरे चोटी की ओर बढ़े।

अन्त में, पाँच-सात मिनट के बाद ही, वह दुर्लंघ्य-सी लगनेवाली पिरामिड की चोटी आ ही पहुँची।

चोटी के ऊपर की समतल-भूमि बहुत चौड़ी न होने पर भी कुछ तंग भी नहीं थी। दोनों के आगे पश्चिम से लेकर उत्तरी क्षितिज तक का पूरा विस्तार खुला हुआ था। पश्चिमी

क्षितिज की ओर ढला हुआ सूरज बादलों की अनेक गाढ़ी परतों को भेदकर, आधे से अधिक बाहर निकल चुका था, और क्षितिज के कुछ ही ऊपर शेडवाले लैम्प की तरह जल रहा था। सबसे अधिक आनन्द की बात दादा के लिए यह थी कि हिमालय का उत्तरी और उत्तर-पश्चिमी भाग आज बहुत दिनों बाद अपने ऊपर के दुर्भेद्य आवरणों से अधिकांशतः मुक्त हो चुका था और उसका शेष भाग भी धीरे-धीरे मुक्त होते हुए से लग रहे थे। अधखुले सूरज की तिरछी किरणें उसकी प्रायः सभी चोटियों को सद्यःविगलित चाँदी की अकलुष शुभ्रता प्रदान कर रही थीं। दीर्घ-विस्तृत क्षितिज के बीच का एक पूरे का पूरा अर्द्धवृत्त एक बहुत ही हल्के, बहुत ही झीने कुहासे की-सी परत से धीरे-धीरे उबर रहा था। उस झीनी पारदर्शी परत के पारवाला कुछ-कुछ मटमैला आकाश दूर तक फैले हुए सागर का प्रत्यक्ष चित्र आँखों के आगे उपस्थित कर रहा था। उस सागर की विस्तृत तट-भूमि भी यथार्थ का भ्रम उत्पन्न कर रही थी। लगता था जैसे उस तट-भूमि के हिमाधार पर हिम प्रस्तर से ही निर्मित अनेक स्तम्भ, तोरण, शिविर और चित्र-विचित्र राजभवन खड़े हैं। बीच-बीच में अनेक राज-मार्ग और पण्यवीथियाँ दिखायी देती थीं। यक्ष लोक का एक पूरा महानगर वहाँ बसा हुआ था। तट के पारवाले सागर में बड़े-बड़े पालवाले जहाज अनन्त की परिक्रमा के लिए खड़े थे। केवल एक ऊँचे मस्तूलवाले जहाज का धड़ पूरे का पूरा समुद्र के अतल गर्भ में डूबा हुआ था। केवल उसका नुकीला और तेज चमकता हुआ सिर, सागर की सतह के बहुत ऊपर तक गर्व के साथ सीधा खड़ा था। लगता था जैसे मनु की नौका महाप्रलय की बाढ़ में डूबती-उतराती हुई भी अपने मस्तक को एक क्षण के लिए भी नीचा नहीं होने दे रही है।

हिमालय की चोटियों के काफी नीचे, गाढ़े नीले पहाड़ों की अँधेरी घाटियों से होकर बहती हुई अनेक टेढ़ी-मेढ़ी हिम-धाराएँ स्पष्ट दिखायी दे रही थीं।

"विचू-चू!" पिरामिड की चोटी की ढलान से वही हास और व्यंग्य-प्रेमी पक्षी जैसे वह सारा दृश्य देखकर उल्लास से किलकारी भरने की नकल उतार रहा था। प्रतिमा का रोआँ-रोआँ चारों ओर के दृश्य को देखकर और उस अदृश्य पंछी की उल्लसित किलकारी सुनकर पुलक-विकल हो उठा। उसे लग रहा था जैसे उसके जीवन की पुस्तक के एक बिलकुल ही नये अध्याय का पहला, सचित्र और रंगीन पृष्ठ खुल रहा है। प्रत्येक साधारण-से-साधारण दृश्य भी उसे असाधारण लग रहा था और असाधारण दृश्य तो उसे सीधे किसी रहस्य-लोक की आनन्दानुभूति के अन्तिम छोर तक पहुँचा रहा था। नीचे बहुत-नीचे-चिड़ियों को भगानेवाले मजदूर जो कनिस्टर अभी तक पीटते चले जा रहे थे वे उसे किसी नवेली दुल्हन के विवाह में बजनेवाली शहनाई की तरह लग रहे थे।

काफी देर तक दोनों खड़े-खड़े मौन भाव से, एकान्त ध्यान से वह अपूर्व मोहक और निराला दृश्य देखते रहे। उसके बाद प्रतिमा ने वह अटूट मौन भंग करते हुए कहा : "दादा, लगता है कि जीवन में सब-कुछ सुन्दर, मंगलमय और अछूता है। न कहीं तनिक भी उदासी है न उदासीनता; न कहीं शंका है न सन्त्रास। न कहीं सूनापन है न अकेलापन। इस एकान्त पहाड़ी ज़ंगल के सन्नाटे के बीच भी सब-कुछ भरा-भरा होने की यह अनुभूति

अचानक मेरे भीतर कहाँ से और कैसे उठी है, मैं समझ नहीं पाती। और, लोग हैं कि महानगर के बीच भी अपने को अकेला, असहाय और सन्त्रस्त पाते हैं! मैं स्वयं यहाँ आने के पहले तक अपने को शून्य की गोद में पाती थी!"

"अपने-अपने मन की फैण्टेसी ही तो है, प्रतिमा!" दादा ने कहा। वह अभी तक अपनी दृष्टि हिमालय की ओर ही गड़ाये हुए थे "कोई 'फैण्टेसी' क्षण के 'मूड' से उत्पन्न होती है, कोई अपने मूलगत संस्कारों की क्रिया-प्रतिक्रिया से उपजती है और कोई युग के वातावरण से जन्म लेती है। किसी फैण्टेसी का अपना कोई रंग नहीं होता, केवल एक अस्पष्ट आकार होता है। असली चीज है उसमें रंगों का भरा जाना। ये रंग प्रत्येक व्यक्ति की सामूहिक अवचेतना से उभरते हैं। और प्रत्येक व्यक्ति अनजाने ही, अपने-अपने संस्कारों के अनुसार, उन रंगों का चुनाव करता है। इस चुनाव से ही व्यक्ति के व्यक्तित्व की विशिष्टता का परिचय मिलता है। आज ब्लैक एण्ड ह्वाइट–कालिमा और सफेदी–का युग है, रंगों का नहीं और उसमें भी ब्लैक का ही प्राधान्य है–सफेदी तो अपने सहज अधिकर से भी वंचित हो रही है। तुम इस सामूहिक फैशन के पागलपन की बाढ़ में न बहकर, प्रकृति के सम्पर्क की सहायता से अपने लिये चुन-चुनकर नये-नये रंग बटोर रही हो, और उन चित्र-विचित्र रंगों के संयोजन से अपनी फैण्टेसी को बड़े प्रेम से रंग रही हो, यह तुम्हारे अपने व्यक्तित्व की विशिष्टता है। मेरा विश्वास है कि इस विशिष्टता को निरन्तर निखारते चले जाने से तुम कभी घाटे में नहीं रहोगी। अपनी ही उलझनों के भीतर खोये हुए स्वयं अपने ही अन्तर्व्यक्तित्व को तुमने खोज लिया है, इसीलिए उसे अब रंगीन बनाने के प्रयत्नों में तुम जुट गयी हो। इस उपलब्धि का आज कितना बड़ा महत्त्व है, इसे ठीक से समझने में अभी तुम्हें समय लगेगा। पर रास्ता तुमने पा लिया है, इतना निश्चित है।"

दादा जैसे अपने-ही-आप से ये सब बातें कह रहे थे, प्रतिमा से नहीं। सूरज अपने पूरे रूप में ठीक से उभर भी नहीं पाया था कि सहसा क्षितिज के नीचेवाले अतल महासागर में डूब गया था। केवल उसकी ऊपरी कोर ही हीरा-जड़े सोने के मुकुट की तरह सहस्रों किरणों से आँखों में चकाचौंध लगा रही थी। और देखते-देखते वह कोर भी डूब गयी। पूर्वोत्तर के पहाड़ से डूबते हुए सूरज के प्रकाश से यत्र-तत्र मुस्करा रहे थे और सामने हिमालय की चोटियाँ पहले से अधिक उज्ज्वलता से चमकने लगी थीं। मनु की नौका अभी तक केवल एक-चौथाई ही उबर पायी थी। छिट-पुट स्थानों से उबरती हुई दुधिया भाप अपनी मर्जी के अनुसार कभी फूलती तो कभी सिकुड़ती थी, कहीं सुनहरे रंग में रंगकर, इठलाती, बलखाती, हुई, अपने चमकीले अंचल को दोनों हाथों से पसारकर, मुँह में घूँघट डालकर, एक महानर्तकी की तरह जमीन और आसमान के कुलाबे मिला रही थी, और कहीं अपनी सफेदी को जादू के बक्स में बन्द जिन्न की आकस्मिक मुक्ति की तरह धीरे-धीरे ऊपर फैलाकर सहसा एक महादानव का रूप धारण कर लेती थी।

पश्चिमी क्षितिज की दायीं ओर कुछ ऊपरवाले गाढ़े नीले बादल कई मोटी परतों में कसे और गठे हुए थे। वे दो-तीन मोटी, टेढ़ी-मेढ़ी और लम्बी रेखाओं में सजे हुए थे और स्थिर थे। दूसरे बादलों की तरह गतिशील नहीं थे। उनके अभी से हटने की कोई सम्भावना

नहीं लगती थी। काश कुछ समय के लिए हट जाते! प्रतिमा आन्तरिक हृदय से चाह रही थी–आशा के विरुद्ध आशा बाँध रही थी। क्यों, यह कहा नहीं जा सकता। शायद स्वयं भी न बता पाती।

और आश्चर्य! एक मिनट से भी कम समय में उसने देखा कि तीनों बादलों के सिरों के कुछ हिस्से जैसे अपने-आप किस गैबी तेजाब से घिसने लग हैं। पहले उसने सोचा कि उसे कुछ भ्रम हुआ है। पर भ्रम होने की गुंजाइश बहुत कम थी। क्योंकि उन तीनों सिरों की आकृतियाँ भूलने योग्य नहीं थीं–विशेषकर प्रतिमा की तत्कालीन मनःस्थिति में। उसे याद था कि सबसे ऊपरवाले बादल का सिर, घड़ियाल से मिलता-जुलता था। दूसरेवाले का बारहसिंघे से। दूसरी बातों के अलावा उस बारहसिंघे की कई बड़ी-बड़ी सींगें, सही अनुपात में दूर-दूर तक पहुँची हुई थीं। तीसरेवाले का सिर लेटे हुए हनुमान का-सा लगता था। पर अब आकार धीरे-धीरे मिटते जा रहे थे। केवल कुछ ही मिनट और बीतने पर प्रतिमा ने देखा कि तीनों के मुख पूरे-के-पूरे गायब हो गये थे और उन बादलों के कटे हुए सिरों के नीचेवाले धड़ों के ऊपर कुछ दूसरी ही आकृतियाँ उभरने लगी थीं। और फिर वे आकृतियाँ भी मिटने लगी थीं। इस तरह प्रायः दस मिनट के भीतर वे जमे हुए ठोस बादल पिघलकर साफ हो गये। पश्चिमी क्षितिज का एक बहुत बड़ा भाग इस तरह निखर उठा जैसे नीले शीशे की किसी बहुत बड़ी सिल को 'विम' से पोंछकर, पानी से धोकर, एकदम निर्मल और पारदर्शी बना दिया गया हो। उस खुले हुए भाग को तीन ओर से बादलों ने अभी तक घेर रखा था। लगता था जैसे नीले समुद्र की ओर खुलनेवाला एक बहुत बड़ा फाटक खड़ा हो।

चारों ओर अँधेरा धीरे-धीरे घनीभूत होता जा रहा था, पर क्षितिज पर की सुनहली जमीन पर जो इंगूरी रेखा बन गयी थी वह उत्तरोत्तर गाढ़-से-गाढ़तर ललाई पकड़ती चली जा रही थी। लगता था जैसे समूचे सूरज को निगल जानेवाला पश्चिमी गह्वर उसे हजम न कर पाने के कारण उसकी आग को धीरे-धीरे उगलता जा रहा हो।

प्रतिमा और दादा दोनों मौन थे और चकित होकर, एकान्त भाव से, अत्यन्त उत्सुक और कुतूहली दृष्टि से प्रकृति का विरोधाभास देख रहे थे। चारों ओर जिस अनुपात में अँधेरा सघन होता जाता था उसी अनुपात में पी हुई आग की उस लाली का रंग गहरा होता जा रहा था। लगता था जैसे अभी-अभी नयी ऊषा पश्चिम ने नया प्रभात लानेवाली है। फाटक के ऊपर सुनहरे और सिन्दूरिया बादल जैसे नये सूर्य के आगमन की खुशी में कहीं वितान तानकर मण्डल बना रहे थे और कहीं बन्दनवार सजा रहे थे।

दादा जिस क्षण से मोटरवाली सड़क के ऊपर की चढ़ाई पर चलने लगे थे तभी से वह अपने भीतर अकारण ही एक अजीब-सी उदासी के बोझ का अनुभव करने लगे थे। चलते हुए वह उन सभी प्राकृति या दृश्यों का उपभोग तो कर रहे थे जो प्रतिमा के भीतर जनम-जनम से बन्द पड़ी खिड़कियाँ खोल रही थीं, पर साथ ही वह समझ में न आनेवाली उदासी भी, समानान्तर रूप से, उन्हें अपने शिकंजे में बेमालूम ढंग से कसती चली जा रही थी। यही कारण था कि वह रास्ते-भर प्रायः मौन ही रहे। जब वे चोटी पर पहुँचे तब

हिमालय के आवरण-मुक्त दृश्य ने उन्हें चुम्बक की तरह बरबस अपनी ओर खींचा अवश्य था, पर जिस विचित्र उदासी ने अपने आवरण की मोटी परतों से उनकी आत्मा को स्तर-प्रतिस्तर लपेट लिया था वह फिर भी वैसी ही जमी रही, प्रतिमा ने जब उनके आगे अपनी उस क्षण की अनुभूति को व्यक्त करते हुए कहा था कि उसे जीवन में सब-कुछ सुन्दर, मंगलमय और अछूता लग रहा है, किसी भी प्रकार की उदासी और सन्त्रास का कोई अस्तित्व ही उसे नहीं मालूम होता, तब दादा ने अपनी स्वयं की उदासी को दबाकर उसकी उस अनुभूति के लिए उसे बधाई दी थी।

पर अब जब पश्चिमी द्वार के पार उन्होंने निर्मल, नील गगन के ओंठों पर एक निराली, मोहक मुस्कान बिखेरती हुई देखा, तब उन्हें शून्य से छूटे हुए आनन्द के बाण की-सी आकस्मिक और मर्म-मधुर चुभन का अनुभव हुआ। उन्हें सहसा लगा कि जीवन की घनी, मटमैली, मकड़ी के पुराने जालों से ढकी, स्लेटी उदासी उस अक्षय मुहूर्त्त की गुलाबी मुस्कान में धुलती हुई, इस जन्म की धूप-छाँही लीला को अगले जन्म के रंग-बिरंगे, झीने रेशमीं पर्दों के उस पार तक मिलाने का प्रयत्न कर रही थी। क्या इसी क्षण नहीं भेदा जा सकता उन इन्द्रधनुषी भापवाले झीने, मायावी पर्दों को? उस रहस्य-भरी आशा के हल्के गुलाली बादलों के पार न जाने क्या-क्या नये गुल खिलते हुए मिलेंगे! पर कब आयेगा वह महाक्षण? कितने युगों की महा-प्रतीक्षा के बाद?

हिमालय का साध्य-प्रसाधन मुरझा चुका था और उसकी चमक बुझ गयी थी। सहसा बायीं ओर के पहाड़ों के ऊपर से कुहरे का एक बवण्डर-सा उठा और बड़ी तेजी से वह अपने चारों ओर के दृश्य-जगत् को एक विशाल आकारवाले ब्रश से लीपता और मिटाता चला गया।

दादा की अनुभवी आँखों ने जान लिया कि वह बवण्डर वहीं तक सीमित नहीं रहेगा। इसलिए प्रतिमा का एकान्त ध्यान भंग करते हुए उन्होंने कहा : "अब चलो प्रतिमा, लौट चलें। नहीं तो बढ़ते हुए अँधेरे में कुहरे का यह पर्दा हमें बुरी तरह लपेट लेगा और रास्ते में चलना कठिन हो जायेगा। जिस पगडण्डी से हमें जाना है वहाँ बिजली का एक भी खम्भा नहीं है।"

प्रतिमा ने लम्बी साँस लेते हुए एक बार जी भरकर पश्चिमाकाश के उस धीरे-धीरे धुँधला पड़ते हुए दृश्य की ओर जी भरकर देखा और फिर दादा के पीछे-पीछे नीचे की ओर चलने लगी।

नीचे मोटर की सड़क तक पहुँचने में केवल दो सीढ़ियों की दूरी शेष रह गयी थी कि सहसा घने कुहरे ने उन्हें चारों ओर से घेर लिया। दादा प्रतिमा का हाथ पकड़कर सहसा रुक गये। अब अपने चारों ओर वह हाथ-भर की दूरी से अधिक नहीं देख पा रहे थे। दादा ने अपनी छड़ी नीचे एक सुरक्षित आधार पर रख दी और प्रतिमा का छाता भी उसके हाथ से लेकर नीचे रख दिया। सारे विश्व में अब केवल वे दो प्राणी शेष रह गये थे उस कुहरे के पार

न उनके लिए किसी तीसरे का अस्तित्व शेष रह गया था और न बाहर की दुनिया के लिए उनका कोई अस्तित्व था। दादा की उदासी वाली मनःस्थिति पहले ही साफ हो चुकी थी। अब अपने को विश्व के मूल केन्द्र के बीच सबसे अलग और सुरक्षित पाकर सहसा उन्होंने प्रतिमा को अपनी दोनों बाँहों में भर लिया। फिर उसकी आँखों, गालों और ओंठों पर, शरत् की रात में पेड़ के नीचे धीरे-धीरे से टप-टप करके झरनेवाले हरसिंगार के फूलों की तरह, चुम्बन-पर-चुम्बन बिखेरते चले गये। काफी देर बाद जब उन्होंने अपना भुजबन्धन कुछ ढीला करने की कोशिश की तब प्रतिमा ने उन्हें और जोर से कस लिया।

नीचे–बल्कि सामने–मोटर की सड़क पर, एक खम्भे के सहारे लटकता हुआ बिजली का बल्ब अचानक जल उठा। उसकी रोशनी कुहरे की परतों को भेदकर, नाना टेढ़े-मेढ़े रास्ते से उनके पास तक पहुँचने के प्रयत्न में चूर-चूर होकर, बिखर-बिखर जाती थी। उसकी इन्द्रधनुषी किरणें बार-बार घने कुहरे की दीवारों से टकराकर, खिसियाकर लौट-लौट जाती थीं। प्रतिमा को वह सारा वातावरण, सारा संयोग अद्भुत उल्लासपूर्ण और रोमांचक लग रहा था। अनभोगे आनन्द की एक अनबूझ पहेली ने उसके प्राणों को एक अनिर्वचनीय पुलकानुभूति के चिर-अतृप्त प्रवाह की मझधार में मुक्त छोड़ दिया था। अनन्त काल तक उसी स्थिति में खड़े रहने के विचार से वह दादा को किसी तरह छोड़ना ही नहीं चाहती थी।

कुहरा हटने लगा। सहसा एक ट्रक गड़गड़ाती और भोंपू बजाती हुई नीचे की ओर आयी और उसने अपने शक्तिशाली सर्चलाइट से उन दोनों की ओर तीव्रता से प्रकाश फेंका। दादा ने हड़बड़ाकर तुरन्त प्रतिमा की बाँहों से अपने को बरबस छुड़ा लिया, ओर फिर दोनों दो सीढ़ियाँ पार करके नीचे सड़क पर उतर गये।

प्रतिमा के मन और मस्तिष्क के विभिन्न और मिश्रित आवेगों का तनाव उसके शरीर में एक विचित्र थकान उत्पन्न करने लगा था। होटल में दादा के डेरे पर पहुँचते ही वह सीधे उनके कमरे में चली गयी और उनके पलँग पर हाथ पाँव फैलाकर लेट गयी, दादा भी उसी पलँग पर धीरे-से बैठकर, एक अनुभवी नर्स की तरह, उसके थके हुए शरीर के विभिन्न अंगों को सहलाने और दबाने लगे।

कितनी देर तक दोनों उस स्थिति में रहे, इसका अन्दाज इसमें से एक को भी नहीं लग पाया। कमरे का दरवाजा आधा खुला था। बाहर ड्राइंग-रूम की बत्ती अभी तक नहीं जली थी। किसी के पाँवों की आहट सुनकर दादा ने कमरे का दरवाजा भीतर से बन्द कर दिया, बाहर से देवसिंह ने पूछा : "हुक्का लाऊँ?"

"अभी नहीं, दादा ने भीतर से कहा।"

देवसिंह बाहर चला आया और दादा के कमरे का दरवाजा खुलने की प्रतीक्षा में बाहर बरामदे में खड़े-खड़े बीड़ी सुलगाता रहा। वह बहुत कम बोलनेवाला नौकर था, पर बीड़ी का कश खींचते हुए वह आज बड़े प्रेम से मन्द-मन्द मुस्करा रहा था। न जाने कितने प्रकार की क्या-क्या विचित्र कल्पनाएँ दरवाजा बन्द किये जाने के सम्बन्ध में उसके मन में उठ रही थीं। दादा के साथ उसे दस वर्ष बीत चुके थे, पर आज यह पहली ही घटना थी जब उसने दादा को किसी स्त्री के साथ दरवाजा बन्द किये हुए पाया हो।

देवसिंह को इन्तजार करते-करते कितनी देर हो गयी, इसका कोई ठीक अन्दाज वह नहीं लगा पा रहा था। देवसिंह कभी चुपचाप ड्राइंग-रूम में जाता, फिर बाहर निकल आता, कभी रसोई के कमरे में जाकर बिना मतलब के चक्कर लगा आता, कभी बाहर होटल के एक सिरे से दूसरे सिरे तक टहल आता और फिर लौट आता।

अन्त में जब उसने बरामदे से दादा के कमरे की सिटकिनी के खटकने की आवाज सुनी तब चैन की साँस ली। उसे लगा कि इस बीच एक पूरा युग ही बीत चुका है। दादा गुसलखाने में हाथ-मुँह धोने चले गये थे। देवसिंह एक साफ तौलिया कन्धे पर डाले बाहर चुपचाप खड़ा रहा। दादा ने बाहर निकलकर मुँह और हाथ पोंछे। इस बीच प्रतिमा भी धीर पगों से गुसलखाने की ओर चली गयी। वहीं से जब वह कंघी-चोटी करके लौटी तब दादा सहज भाव से बोले : "अब चलो, डिनर का समय हो आया है।"

दोनों होटल के सार्वजनिक ड्राइंग-रूम की ओर निकल पड़े। ड्राइंग-रूम में प्रवेश करने के बाद दोनों ने देखा कि एक पूरा कौच चित्रा और उसके साथियों ने घेर रखा था। बीच में चित्रा थी, दायीं ओर माणिकलाल बैठा था और बायीं ओर सिन्धी जौहरी गिडवानी, जो उस समय एक स्वस्थ और खूबसूरत युवक लग रहा था। कौच की ठीक बगल में एक सोफा पर नकुलेश, एक खिसियाई-सी हलकी मुस्कान मुख पर झलकाये, उदास-सा बैठा था। चित्रा परम प्रसन्न लग रही थी और कभी माणिकलाल से हँस-हँसकर बातें करती थी और कभी जौहरी से। माणिकलाल उसकी बातों के उत्तर में दो-एक स्पष्ट शब्द बोलकर रह जाता था, चित्रा की हँसी के छूतहा प्रभाव से वह 'खिः खिः!' करता हुआ हँस अवश्य देता था– फिर चाहे उसकी वह हँसी कैसी ही कृत्रिम क्यों न लगती हो। पर सबसे अधिक चुलबुलापन दिखा रहा था गिडवानी। वह भूरे फ्लैनल की एकदम नयी लगनेवाली सूट पहने था और उसकी लाल-लाल बुँदकियोंवाली टाई उसके बार-बार उचकने और लचकने से हवा में फरफरा उठती थी। वह उस सारी बातचीत पर अपना एकाधिकार जमाने की पूरी कोशिश कर रहा था, और चित्रा जब माणिकलाल से कुछ बोलने लगती तब वह बीच में कोई नयी चर्चा छेड़ देता या उसी बात का सूत्र पकड़कर उसे कहाँ-से-कहाँ खींच ले जाता। और इस प्रकार चित्रा का ध्यान केवल अपनी ही ओर आकर्षित किये रहने की कोशिश में कोई भी बात उठा नहीं रखता था। माणिकलाल प्रकट में उसके साथ धैर्य और शिष्टता का व्यवहार करके चल रहा था, पर दादा देख रहे थे कि एक दबी हुई खीझ उसकी ओठों में उत्कट घृणा-भरी प्रतिक्रिया उत्पन्न कर रही थी। यह स्पष्ट था कि माणिकलाल को चित्रा ही ने विशेष रूप से आज के डिनर के लिए निमन्त्रित किया होगा, अन्यथा होटल से उसका कोई सम्बन्ध नहीं था।

दादा को देखकर सबसे पहले चित्रा ने दोनों को आन्तरिक प्रसन्नता से नमस्कार किया। उसके बाद सभी ने एक-एक करके हाथ जोड़े। दादा और प्रतिमा दोनों उन लोगों से काफी दूर हटकर एक किनारे बैठ गये। नकुलेश भी अपनी जगह से उठकर उन दोनों की बगल में जाकर बैठ गया। स्पष्ट ही वह चित्रा के उन दो मित्रों की मण्डली में 'बोर' हो रहा था।

कुछ ही देर बाद राम बाबू सहज भाव से, प्रेमपूर्वक मुस्कराते हुए आ पहुँचे और उन्होंने सब को डिनर-हॉल में चलने के लिए आमन्त्रित किया। सभी उठ खड़े हुए और उसी ओर चल पड़े।

डिनर-हॉल आज पहले ही से ठसाठस भरा था और मुश्किल से दो-एक सीटें खाली पड़ी थीं। दादा ने दो मेजें और कुछ कुर्सियाँ मँगवायीं और एक किनारे उन्हें थोड़े-थोड़े फासले पर लगवा दिया। एक मेज गिडवानी, चित्रा और माणिकलाल ने घेर ली और दूसरी दादा, प्रतिमा और नकुल ने। पता नहीं, गिडवानी कोई विशेष पेय पिये हुए था या बिना पिये ही उसकी आँखों में मस्ती का रंग चढ़ा हुआ था। उसका चेहरा किसी असाधारण उल्लास से चमक रहा था। वह सभी विषयों पर बड़े उत्साह से लम्बी-लम्बी बातें कर रहा था और बोलते हुए उसका हाथ अक्सर चित्रा की कुर्सी की पीठ पर, उसकी गर्दन के पास, जैसे बरबस पहुँच जाता था। दादा उस गुंजन-भरे हॉल में बीच-बीच में जो दो-एक छिट-पुट शब्द सुन पा रहे थे उनसे लगता था कि गिडवानी कभी प्रेतात्माओं के बारे में लम्बी-चौड़ी गप्पें हाँक रहा था, कभी पुनर्जन्म पर अधिकार-भरे स्वर में बोलता था, कभी उपनिषदों की आत्मा पर और कभी अन्तर्राष्ट्रीय राजनीति पर। माणिकलाल बीच-बीच में एकाध वाक्य दबी जबान से और निपट उदासीन भाव से बोल पाता था। वह भी गिडवानी को नहीं, चित्रा को सम्बोधित करते हुए। चित्रा उसी प्रसन्न मनःस्थिति में, बड़े इतमीनान के साथ दोनों की बातों पर अपनी प्रतिक्रिया व्यक्त करती जाती थी।

खाना लग गया था। दादा, प्रतिमा और नकुल ने, शायद जान-बूझकर, केवल भोजन से सम्बन्धित विषयों तक अपनी बातचीत को सीमित रखा। बीच में नकुल ने एक बार धीरे से प्रतिमा के कान में पूछा कि चित्रा ने उसे और दादा को कल की चाय पर बुलाया है या नहीं। यह जानकर कि अभी तक उनमें से एक को भी निमन्त्रित नहीं किया गया है, नकुल धीरे से बोला : "लगता है कि कल भी केवल हम तीन ही व्यक्तियों को वह बुला रही है।"

"कौन-कौन?" प्रतिमा ने पूछा।

"मैं, गिडवानी और माणिकलाल।"

"इसमें क्या उसका कोई खास उद्देश्य है?" दादा ने दबी जबान से पूछा।

"जहाँ तक मैं समझ पाया हूँ, मुझे आज की तरह 'बोर' करना, और मुझे बुलाकर परोक्ष रूप से मेरी निपट उपेक्षा और अपमान करना ही उसका एकमात्र उद्देश्य इस योजना द्वारा हो सकता है। दादा, मैं शाम ही से आपसे इस बात पर सलाह लेने के लिए उतावला हो रहा था कि मैं यह निमन्त्रण स्वीकार करूँ या नहीं? स्वीकार न करने से मुझे उसके विकट क्रोध और नाराजगी का मासूम शिकार बन जाना पड़ेगा। और इस स्थिति को मैं इस समय भरसक टालने की कोशिश कर रहा हूँ।"

'मासूम शिकार' की बात सुनकर दादा मन्द-मन्द मुस्कराने लगे। पर वह देख रहे थे कि नकुल व्यंग्य के लहजे में बोलने के 'मूड' में तनिक भी नहीं था। उसकी आँखों के भाव से लग रहा था कि उसके सामने, कल की चाय के निमन्त्रण के रूप में जीवन-मरण

का प्रश्न उठ खड़ा हुआ है। इसलिए वह दूसरे ही क्षण गम्भीर हो गये और बहुत ही धीमी आवाज में बोले : "मैं तो समझता हूँ कि तुम्हें इस निमन्त्रण को हर हालात में स्वीकार कर लेना चाहिए, क्योंकि इस निमन्त्रण से चाहे किसी का कोई नुकसान हो, तम्हारा कुछ नहीं बिगड़ सकता। अर्थात् जितना कुछ पहले ही से बिगड़ा हुआ है उससे अधिक नहीं– सिवा इसके कि तुम 'बोर' होओ। और 'बोर' होने की विवशता तो आज के जीवन की सहजता है। तुम कब, कहाँ और किस क्षण 'बोर' नहीं हुए हो–यह स्वयं अपने अन्तर से पूछ लो!"

"ठीक है, दादा," अपने स्वभाव के विपरीत, सहज स्वर में नकुल बोला। "मैं आप ही की राय मानकर चलूँगा। आपकी राय का क्या महत्त्व है, यह मैं दो-तीन बार कड़ी परीक्षा करके देख चुका हूँ। बोर होने पर भी इस तमाशे को मैं अन्त तक देखूँगा।" और उसकी मुद्रा आज वास्तव में गम्भीर हो आयी थी। यह आज एक नयी बात दादा ने देखी।

खाना खा चुकने पर तीनों उठ खड़े हुए। दादा प्रतिमा को उसके कमरे तक पहुँचा आये और फिर धीरे-धीरे अपने डेरे की ओर वापस लौट चले। निर्मल नील आकाश में, ठीक सिर के ऊपर, काफी बड़े आकार का शुभ्र चन्द्रमा लटक रहा था।

डेरे पर पहुँचकर दादा ने दरवाजा खटखटाना चाहा तो वह अपने-आप खुल गया। दादा ने छड़ी खूँटी पर टाँग दी और कोट उतारकर रख दिया। उसके बाद उन्होंने देवसिंह को पुकारा। देवसिंह खाना खा चुका था और अब बर्तन माँज रहा था। गुसलखाने से बर्तनों के खनकने और खटपटाने की आवाज आ रही थी। देवसिंह सम्भवतः दादा की आवाज सुन नहीं पाया। दादा ने स्वयं गुसलखाने के पास जाकर उसे पुकारा। वह हाथ धोकर हड़बड़ाता हुआ चला आया। दादा ने कहा : "एक बढ़िया चिलम तैयार करो–प्रेम के साथ। आज हम ज़रा जमकर पीयेंगे।" कहकर फिर बाहर चले आये।

बाहर आकर उन्होंने खिड़की खोली। सामने और अगल-बगल के पहाड़ों पर छिटकी हुई उज्ज्वल चाँदनी एक नया ही रंग ला रही थी। होटल में चित्रा के साथियों को देखकर और नकुलेश की बातें सुनकर उनके मन में जो सिकुड़नें पैदा हो गयी थीं और एक खट्टी और तीती अनुभूति से एक अजीब-सी ग्लानि का जो अनुभव उन्हें होने लगा था वह सहसा ऐसे गायब हो गया जैसे वह अनुभूति आज की नहीं, किसी पूर्व जन्म के दुःस्वप्न की हो। चाँदनी की बर्फ में धुली किरण-धाराओं ने सहसा, एक पल में, किसी चिर-रहस्यमय जादू की माया से, उनके अन्तर की केवल उसी एक ग्लानि को नहीं, वरन् अन्तर के भी अन्तर के ओने-कोने में मकड़ी के मैले, पुराने जालों की तरह छिपी पड़ीं जनम-जनम की ग्लानियों को आश्चर्यजनक रूप से, एक पारदर्शी शीशे की तरह साफ करके, कंचन की तरह निखार दिया।

जीवन में न जाने कितनी बार दादा अपने प्रतिदिन के इस अनुभव की चिर-रहस्य-भरी पहेली पर विचार कर चुके थे कि मनुष्य की मनःस्थितियाँ अकारण ही क्यों बदलती हैं? केवल बदलती ही नहीं (दादा सोच रहे थे) वरन् आमूल परिवर्तित हो जाती हैं। यह सहज

सम्भव है कि किसी दिन सबेरे से ही सभी नरकों की परिपूर्ण परिक्रमा करने की नियति आपके साथ लग गयी है। जीवन की जितने भी प्रकार की घृणित-से-घृणित गन्दगियाँ हैं वे सभी आपके प्रत्यक्ष दृष्टिपथ से होकर, एक-एक करके–उत्तरोत्तर विकट-से-विकटतर क्रम से–गुजरती चली जा रही है; जितनी भी आतंकजनक और वीभत्स विभीषिकाओं की कल्पना आपका मन कर सकता है, उन सब का अनुभव आपकी इन्द्रियों को होता चला जा रहा है। जीवन मात्र को आप घृणित, निरर्थक और नरक से भी बदतर समझने लगते हैं। और वही उस दिन की आपकी अनुभूति की मूल टेक बन जाती है। और उस दिन के उस प्रत्यक्ष-अनुभूत सत्य से उत्पन्न मनःस्थिति बार-बार आपके मस्तिष्क को हथौड़े की चोट से खटखटाती हुई इस बात का विश्वास दिलाती रहती है कि यह अनुभूति अब केवल आज ही के दिन के लिए नहीं, जीवन-भर तुम्हारे साथ चिपकी रहेगी। क्योंकि यही निश्चित-रूप से जीवन का एकमात्र प्रत्यक्ष और परोक्ष सत्य है, शेष सब दुराशा, अहम्मन्यता, फैण्टेसी और मरीचिका है। "इसलिए अब जीवन-भर इस कटुतम सत्य को स्वीकार किये रहने और उसका सामना करने के लिए कमर कसकर तैयार हो जाओ, मिलनकुमार!"

दादा इस तरह की नारकीय अनुभूति और मनःस्थिति में अक्सर इसी तरह का वाक्य अपने-आपको सम्बोधित करते हुए कह देते थे। खिड़की के पास खड़े-खड़े आनन्द की उस अनुभूति के साथ-साथ चिन्तन का जो 'मूड' उनका लगा था, उसमें एकात्म भाव से मग्न रहने के कारण सहसा वही वाक्य अपने लिए उनके मन से निकल पड़ा–और वह जोर से ठहाका मारकर रात के उस सन्नाटे में हँस पड़े। दूसरे ही क्षण रुक गये–हास्यास्पद बनने के डर से। पर वास्तव में रुके नहीं। मन में वह ठहाके से भी जोरदार ठहाका लगाते हुए, मूक अट्टहास करते रहे।

ठीक किस समय किस मनःस्थिति में अकेला आदमी अपने ही भीतर के बे-सिरपैर के चिन्तन के दौरान अट्टहास कर उठता है, यह बता पाना आसान नहीं है। पर दादा के उस क्षण के अट्टहास के एक विशेष कारण का अनुमान लगाया जा सकता है। अपने दैनिक जीवन के अनुभवों से वह कई बार नरक के अनुभव की उक्त मनःस्थिति से होकर गुजर चुके थे और हर बार उन्हें यही लगा जैसे वह अनुभूति ही जीवन का मूल स्थायी भाव और वज्र सत्य है। पर आश्चर्य उन्हें तब होता था जब किसी एक साधारण से नरक की अनुभूति की वज्र दीवार नींव से ही ढह पड़ती थी और उसके स्थान पर एक मूलतः नयी अनुभूति पवित्रतम आनन्द के पुलक स्पन्दन से उनकी सम्पूर्ण चेतना को रोमांचित कर देती थी। वह साधारण कारण कुछ भी हो सकता था। अभी-अभी तक मन किसी नारकीय अनुभूति के भारी बोझ के चाप से स्तर-प्रति-स्तर दबा था; सहसा किसी अलक्षित स्थान से पहाड़ी राग से बजती हुई वंशी का अनाहतनाद कानों से टकराया। पल में वह जमकर बैठी हुई नारकीय अनुभूति कपूर की तरह उड़कर शून्य में विलीन हो जाती है और विश्वास नहीं होता कि किसी भी रूप में कभी उसका कोई अस्तित्व रहा हो। मन की इस ठगनी माया की कल्पना से कभी-कभी अकेले में अट्टहास कर उठना दादा के लिए–शायद

उनकी-सी संवेदनावाले किसी भी व्यक्ति के लिए–सहज सम्भव है। अभी-अभी तक बादलों की गाढ़ी मैली परतों से सारा आकाश गोंद की-सी चिपकन से लिपा हुआ था। कहीं से उसके हटने या फटने के कोई आसार नजर नहीं आ रहे थे। सहसा तेज हवा के झोंकों से सारी प्रकृति को हिलाना आरम्भ कर दिया और आसमान के किसी एक कोने में औसत साइज के चौखटे के आकार का एकड़ा मेघमुक्त होकर खुल पड़ा। उस खुले हुए स्थान से सुनहली धूप निकलकर हरे-भरे पहाड़ी खेतों की एक सीमित परिधि पर आकर जम गयी। यदि आपकी चित्तवृत्ति प्रकृति के उस परिवर्तित चित्र के प्रति संवेदनशील हो तो निश्चय ही एक अलौकिक आनन्द की अनुभूति से आप क्षण-भर में अभिभूत हो जायेंगे। एक नया ही इलहाम आपको होगा, जिससे जीवन के सम्बन्ध में आपका दृष्टिकोण ही मूलतः बदल जायेगा। तब आपका मन, आपके प्राण, आपका विवेक सम्मिलित रूप से, सहज ही, अनायास, आपकी चेतना में यह निश्चित विश्वास भर देंगे कि अज्ञात और अलौकिक-सी लगनेवाली वह पुलकानुभूति किसी शून्य-लोक से आकर आपकी चेतना से नहीं टकरायी है, वरन् आपके ही भीतर निहित किन्हीं गहनतम अवचेतन तत्त्वों के परमाणुओं में विस्फोट हो जाने से उसका आकस्मिक आविर्भाव हुआ है। साथ ही यह ज्ञान भी तब आपके विवेक का ही एक अंग बन जायेगा कि वह परम सौन्दर्यानुभूति कोई माया या छलना नहीं है, वरन् जीवन और जगत् का एकमात्र केन्द्रगत महासत्य वही है। उसी महासत्य की खोज मानव आदि-काल से जाने-अनजाने करता चला आया है। नरक की अनुभूति अपने-आप में घोर यथार्थ है, पर वह मूलगत तत्त्व नहीं, वह उस परम आनन्दमय अनुभूति को पनपाने के लिए अत्यन्त अनिवार्य रूप से आवश्यक पृष्ठभूमि या खाद-मात्र है।

उस परम सौन्दर्यानुभूति का भावाभास उत्पन्न करनेवाली ऐसे ही असाधारण क्षणों की अनुभूतियों को निरन्तर सँजोते चले जाने के कारण ही दादा, जीवन की प्रतिदिन की घोर नारकीय यातनाओं के बीच भी, धैर्य, विश्वास और आस्था के साथ जीते चले आ रहे थे। उस अटूट आस्था से ही उन्हें नारकीय अनुभूतियों के बीच भी भयावने यथार्थ पर अट्टहास कर सकने का बल प्राप्त हो सका था।

देवसिंह चिलम तैयार करके न जाने कब हुक्के को दादा के कमरे में, आरामकुर्सी की बगल में चुपचाप रखकर चला गया था। अपने ही विचारों में बहते हुए दादा को उसके आने-जाने की आहट तक नहीं सुनायी दी थी। अब जब धीरे-धीरे सुलगाते हुए खुशबूदार खमीरे की गन्ध से ही उनकी नाक तक पहुँची, तब तक वह बैठक की खिड़की बन्द करके अपने कमरे में चले गये। निर्मल चाँदनी शीशे की दीवारों को भेदकर तीनों ओर से आक्रमण करती हुई पूरे कमरे पर कब्जा किये बैठी थी।

कमरे का दरवाजा भीतर से बन्द करके वह आराम के साथ कुर्सी पर पीठ अड़ाकर बैठ गये और ताजा धुली हुई गीली सटक को मुँह से लगाकर, धीरे-धीरे इतमीनान से हुक्का

गुड़गुड़ाने लगे। अभी धुआँ नहीं निकल रहा था, पर तम्बाकू की गन्ध ही पूर्ण तृप्ति दे रही थी।

हुक्का गुड़गुड़ाते हुए दादा आनन्द की फिर से फिसलती हुई अनुभूति को भरसक अन्तर में बँधे रहने का प्रयत्न कर रहे थे। पर जो विचारधारा स्वतः; बिना किसी प्रयास के, उनके मन में लुकती-छिपती हुई उठती चली जा रही थी, वह विश्लेषणात्मक थी–किसी अनुभूति से उसका कोई सीधा सम्बन्ध नहीं था। इस बात पर आकर उनकी अस्पष्ट विचारधारा रुकी कि कुछ ही समय पहले तक जिस सम्मिलित ग्लानि ने उनके अन्तर को जकड़ रखा था उसके क्या कारण थे। एक कारण तो स्पष्ट ही यह था कि चित्रा को जिन दो मस्त साँड़ों ने घेर रखा था उनके रंग-ढंग उन्हें, पता नहीं क्यों, अत्यन्त अशोभन लगे थे। यद्यपि प्रकट में दोनों ने कोई अशोभन बात नहीं कही थी, तथापि दादा को उनके बीच में बैठी हुई चित्रा, राहु-केतु से घिरे चन्द्रमा की तरह, या दो बधिकों के बीच बँधे बलि-पशु की तरह लग रही थी।

दूसरी पीड़ा उन्हें हुई थी नकुलेश की दयनीय स्थिति को देखकर। आज सबेरे ही उनकी चेतना को कुछ अस्पष्ट पूर्वाभास-सा नकुलेश की स्थिति के सम्बन्ध में मिलने लगा था। इसी कारण उनके मुँह से सहसा निकल पड़ा था कि, "सब-कुछ कल की चाय पर निर्भर करता है।" तब तक उन्हें इस बात का तनिक भी पता नहीं था कि चित्रा किन-किन लोगों को चाय पर बुला रही है। अकेले नकुल को ही उसने बुलाया है या और भी कुछ लोगों को? और वे 'और कुछ लोग' कौन हो सकते हैं? उन्हें केवल इनता ही लगा था कि चाय का यह निमन्त्रण चित्रा के सम्बन्ध में नकुलेश की सारी स्थिति को स्पष्ट रूप से आगे रख देगा। पर आज 'डिनर' में जब नकुल ने बताया कि चित्रा ने उन तीनों व्यक्तियों को चाय पर बुलाया है जो सम्भवतः एक-दूसरे के 'प्रतिद्वन्द्वी' हैं तब उनका हृदय किसी अज्ञात आशंका से हहर उठा था। फिर भी उन्होंने नकुल को यही राय देना उचित समझा कि वह कतराकर निमन्त्रण अस्वीकार न करे। उन्हें यह स्पष्ट लग रहा था कि उस चाय का परिणाम चाहे कुछ भी हो, उसकी चाहे कैसी ही प्रतिक्रिया विभिन्न व्यक्तियों पर क्यों न पड़े, नकुलेश को वहाँ जाना चाहिए और जाकर पूरी स्थिति को अच्छी तरह समझ लेना चाहिए। क्योंकि वह जान गये थे कि बिना उस चाय-पार्टी में साहसपूर्वक सम्मिलित हुए चित्रा के सम्बन्ध में नकुल के कई खतरनाक सन्देहों का स्पष्टीकरण नहीं हो पायेगा और वह अन्त तक भ्रम के भँवर में ही गोते लगाता रहेगा। इस कारण आगत स्थिति चाहे कैसा ही रूप क्यों न धारण करे, उसे साहस और विवेक के साथ उसका सामना करना चाहिए।

दादा सोच रहे थे उस कट्टर आधुनिकतावादी युवक कवि के बारे में जिसके प्रति वह अकारण इस कदर स्नहेशील हो उठे थे कि उसकी हर समस्या को जैसे अपनी ही समस्या समझने लगते थे। उसके साथ न उनकी रुचि का ही कोई तादात्म्य था न विचारों का साम्य। दोनों की प्रवृत्तियों के बीच विरोध का ही तत्त्व प्रधान था। कभी-कभी उन्हें लगता था कि वह अपने भीतर की कुछ कृत्रिम पीड़ाओं को आधार बनाकर, युग के फैशन के तकाजे से आधुनिकतावादी सम्प्रदाय में दीक्षित हुआ है। अपने अन्तर की वास्तविक

मनोवैज्ञानिक समस्याओं के सम्बन्ध में वह या तो निपट अनभिज्ञ है या सहज उदासीन। और जीवन और जगत् के सम्बन्ध में जिन कृत्रिम और अवास्तविक समस्याओं की कल्पना उसने अपने और दूसरों के सम्बन्ध में कर रखी हैं वे उसे चारों ओर से बुरी तरह झकझोर रही हैं। फिर भी न जाने क्यों, दादा को वह अपने ही व्यक्तित्व की छाया के एक विशिष्ट रूप की तरह लग रहा था। वह सोचते थे कि जब तक वह अपने व्यक्तित्व की छाया के उस रूप का स्वरूप ठीक से समझ नहीं पायेंगे तब वह अपने वास्तविक और मूल व्यक्तित्व की सहज प्रगति की सही दिशा के सम्बन्ध में कोई सटीक धारणा बना सकने में असमर्थ रहेंगे। शायद वह भी नकुलेश के प्रति उनके लगाव के अनेक कारणों में से एक रहा हो।

पर कारण जो भी हो, नकुलेश की छोटी-से-छोटी पीड़ा से भी वह अपने को पीड़ित अनुभव कर रहे थे। वह देख रहे थे कि उसकी पीड़ाएँ चाहे कैसी ही कृत्रिम और बुद्धि-विकल्पित क्यों न हों वे अब इतने दिनों के अभ्यास से उसके लिए यथार्थ से भी अधिक महत्त्वपूर्ण बन चुकी है। उसकी अपनी मूल मनोवैज्ञानिक पीड़ाएँ युग के महा-पाषाण के चाप से दब गयी हैं।

पर–पर इलाज क्या है? वह कैसे उसकी उन अमूर्त पीड़ाओं से उसे उबार सकते हैं, जो उसके लिए अमूर्त पीड़ाओं से भी अधिक खतरनाक बन चुकी हैं? और उस पीड़ा से भी वह उसे कैसे मुक्ति दिला सकते हैं जो जीवन की वास्तविकता के सम्बन्ध में उसके टेढ़े-मेढ़े (ज्ञान और सम्यूक विवेक के अभाव) के कारण उसे घुन की तरह खाती चली जा रही है? कोई इलाज नहीं है इसका उनके पास–कोई भी इलाज नहीं!

और दादा हुक्का गुड़गुड़ाना भूलकर, सटक को कुर्सी की बाँह से लटकाकर, निपट परेशानी की हालत में अपनी गदेलियों को एक-दूसरे से सटाकर, कुछ देर तक उन्हें एक-दूसरे से रगड़ते रह गये। उसके बाद उसी परेशानी में वह सहसा उठ खड़े हुए और पलँग से लेकर सामनेवाली खिड़की की सीमा तक चक्कर लगाने लगे।

और तब उन्हें लगा कि अपनी जिस निजी ग्लानि को वह इतनी देर तक दूसरी-दूसरी बातों के चिन्तन द्वारा दबाते चले जा रहे थे, वह अब धीरे-धीरे उभरने लगी है और अपना आकार हौवे की तरह बढ़ाती हुई उन्हें डराने की तैयारी कर रही है।

दादा ने टहलते हुए इस बारे सचेत और सचेष्ट रूप से दबाना चाहा, पर अब वह सियार से भेड़िये का रूप धारण करती जा रही थी। तब दादा ने अपने मन के सुरक्षित कोष में संचित शक्ति को जगाते हुए बरबस मौन हँसी हँसना आरम्भ किया। पर यह तरकीब भी काम नहीं आ रही थी और हौवा अपना आकार बढ़ाता ही चला जा रहा था।

आज सुबह किसी असाधारण संयोग से प्रतिमा के शरीर के बाह्य स्पर्श द्वारा उन्हें जीवन में पहली बार जो एक अनभोगी सुखद अनुभूति प्राप्त हुई थी उसे उन्होंने अपने जीवन की एक महत्त्वपूर्ण उपलब्धि माना था। पर शाम को जब वह पिरामिड की चढ़ाई पार करने के बाद घर लौटे थे तब प्रतिमा ने ही उन्हें जाने-अनजाने उस अनुभूति को चरम सीमा तक पहुँचाने के लिए उकसा दिया! वह थकी हुई आयी थी और दादा से बिना कुछ

कहे ही वह सीधे उनके कमरे में जाकर उनके पलँग पर लेट गयी थी। साधारण स्थिति में यह कोई विशेष बात नहीं लग सकती थी। पर आज सुबह के अनुभव और शाम को रास्ते में ही विश्वव्यापी कुहरे की ओट में आलिग्न का पर्व समाप्त हो चुकने के बाद जब प्रतिमा को उन्होंने अपने पलँग पर पूरी बेतकल्लुफी से एक विशेष मुद्रा में लेटे हुए पाया, तब धीरे-धीरे अपने-आप ऐसा संयोग बनता चला गया कि दोनों की स्पर्शानुभूति ने अन्त में चरम सीमा तक पहुँचकर ही दम लिया। वह चरम अनुभूति न तो दुःखद ही थी, न उसमें रोचकता, कुतूहल, विस्मय और पुलक की तनिक कमी ही थी। पर–पर–उस अनुभूति की प्रतिक्रिया उनकी अवचेतना में कुछ इस तरह होने लगी जैसे बिजली का आकस्मिक और जोरदार धक्का लगने से उनकी छाती पर काला घाव हो गया हो।

यह अनुभूति भोजन करते समय तक उनकी अवचेतना में ही निहित थी, अब वह सचेत रूप से उनकी छाती के उसी "घाव' वाले स्थान पर दो-तीन नुकीली सुइयों की तीखी चुभन का अनुभव कराने लगी।

दादा टहलते हुए, अपने मन को बारहाँ समझाने लगे कि वह जीवन की एक सहज और साधारण घटना थी, जिसके कारण ऐसे गहरे धक्के का अनुभव करना निपट कायरता और मृत रूढ़ियों के संस्कारों की विवेकहीन दासता के अतिरिक्त और कुछ नहीं है। पर न उनका विवेक ही कुछ काम दे रहा था और न जीवन के अनेक गहन अनुभवों की परिपक्वता ही। अपने सारे प्रौढ़ ज्ञान और सहज प्रगतिशील दृष्टिकोण के बावजूद, वह उस विशेष घटना के प्रायः साढ़े तीन घण्टे बाद, रात के एकान्त सन्नाटे में अपने कमरे के भीतर टहलते हुए, उसकी याद से इस तरह थरथरा रहे थे जैसे उन्होंने किसी मासूम लड़की की हत्या कर दी हो। वह जानते थे कि तिरेपन वर्षों के संयमित जीवन के बाद जिस महिला के सम्पर्क से उन्हें दो हृदयों के परिपूर्ण तादात्म्य से उत्पन्न स्निग्ध शान्त और द्वन्द्वातीत सुख का अपूर्व अनुभव हुआ है, उसके साथ प्रथम शारीरिक मिलन का रहस्यमय सुख भी उसी तरह सहज और द्वन्द्वातीत होना चाहिए। वह यह भी जानते थे कि वह महिला जीवन के जटिल अनुभवों में उनसे अधिक प्रौढ़ है और नारीत्व के सहज संस्कारों की चेतना उसमें किसी भी पूर्ण-पवित्रतावादी, पुराण-पन्थी नारी से कुछ कम नहीं है। ऐसी महिला जब स्वयं अपने विविध हाव-भाव और चेष्टाओं द्वारा उन्हें उस चरम मिलन के लिए उकसाती है, तब उसकी प्रतिक्रिया उनके अन्तर को क्यों कचोट रही है? उनके भीतर कौन-सी ऐसी उलझी हुई ग्रन्थियाँ अभी तक फैली हुई हैं जो इस सहज, स्वाभाविक और निर्विवाद रूप से औचित्यपूर्ण मिलन की चरम आनन्दपूर्ण स्मृति को एक अजीब-सी ग्लानि के चेप से कलुषित कर रही है?

सोचते-सोचते और टहलते-टहलते दादा को एक हल्का चक्कर-सा आने लगा। वह फिर आरामकुर्सी पर बैठकर हुक्का गुड़गुड़ाने लगे। हुक्का अभी तक वैसे-का-वैसा ही चल रहा था। तम्बाकू अभी तक न आवश्यकता से अधिक जला था न कम। चाँदनी भी अभी तक वैसी ही उजली और धुली लग रही थी। बीच-बीच में शीशे की दीवार के पारवाले पेड़ों की छाया पलँग पर बिछी हुई दूधिया चादर पर रह-रहकर थर-थर काँप उठती थी।

धीरे-धीरे हुक्का गुड़गुड़ाते हुए दादा न चाहने पर भी फिर उसी विषय की ओर बरबस खिंचते चले जा रहे थे। जितना ही सोचते थे उतना ही उस बिन्दु-प्रमाण विषय ने फैलते-फैलते एक महासागर का रूप धारण कर लिया। साथ ही उनकी उलझन भी निरन्तर बढ़ती चली गयी। सहसा एक दूधिया बादल उठकर आकाश में घिरने लगा और चन्द्रमा के चारों ओर ताने-बाने का जाल बुनने लगा। पर चन्द्रमा उसकी लपेट से बचने के लिये भरसक छटपटा रहा था। फल यह देखने में आया कि चन्द्रमा ने अपने चारों ओर एक रंगीन घेरा डाल दिया। उस जादू के घेरे से सहम कर बादल सिमट-सा गया और स्वयं उस घेरे के रंग में रँगने लगा।

दादा हुक्का गुड़गुड़ाते हुए बहुत देर तक उसी दृश्य में मग्न हो गये। पर उस मग्नता की स्थिति में भी उनकी अवचेतना जैसे कुछ सोच रही थी। और सहसा यह बात उनके मन पर उभर कर आयी कि सेक्स का महाप्रश्न आदिकाल में जैसा रहस्यमय था, आज के घोर वैज्ञानिक, प्रत्यक्षवादी और गहरी खोजों के युग में भी वह वैसा ही रहस्यपूर्ण बना हुआ है। वरन् उन वैज्ञानिक खोजों ने उस रहस्य को और अधिक जटिल जालमय बना डाला है। सभ्यता के आरम्भ से ही नीतिज्ञों, दार्शनिकों, धर्मतत्त्ववेत्ताओं और मनोवैज्ञानिकों ने इस महा-समस्या को सुलझाने के जितने भी प्रयत्न किये हैं वे सब उस महाजंगल के झाड़-झंखाड़ों से उलझकर रह गये हैं। शायद ही किसी का कोई तीर सीधे लक्ष्य को बेधने मे समर्थ हुआ हो।

कुछ देर तक सटक को कुर्सी की बाँह पर लटकाकर दादा ने फिर उसे उठाया और इस बार एक लम्बा कश खींचा–शायद इस ख्याल से कि उस लम्बी कश की फूँक से उस रहस्य के गैण्डे के चमड़े से भी अधिक कड़े और दुर्भेद्य पर्दे का कोई छोटा-सा भाग फटे। और तब सहसा एक विशेष तथ्य की ओर उनका ध्यान जाने से वह मन-ही-मन मुक्त हास कर उठे। सेक्स-सम्बन्धी एक विचित्र ही उलटबाँसी उनके आगे जैसे-मूर्तिमान होकर खड़ी हो गयी।

उन्होंने देखा कि सेक्स की समस्या उसके उदात्त और उन्नततम रूपों को लेकर उतनी नहीं है जितनी उसके सीधे-सादे पशु-रूप की सहज-स्वाभाविकता को लेकर। प्रायः एक पूरी अर्द्धशती तक दादा सेक्स की उदात्त और उन्नततम चेतना में ही जीते रहे। उस चेतना ने उन्हें आनन्द की नित-नयी रंगरेलियों में रमाया; सौन्दर्य की नयी-नयी रहस्य-बीथियों में बिलमाया बाह्य प्रकृति और अन्त प्रकृति के नये-नये तिलिस्मों के द्वार उनके आगे उद्घाटित किये; नारी-मनोराज्य के अन्तर के भी अन्तर में बसी हुई अनेक अलकापुरियों की रंग-बिरंगी दुनियावी की सैर कराके सत्य, सुन्दर और मंगल के चित्र-विचित्र रूपों के दर्शन प्रत्यक्ष से भी अधिक वास्तविकता के साथ कराये। पर एक पल के लिए भी उसने उन्हें न तो कहीं भटकाया, न उलझाया। जीवन में विकट-से-विकट संकटों का सामना उन्हें करना पड़ा; ऐसी-ऐसी दुःसह यातनाएँ वैयक्तिक नियति के चक्करों से उन्हें भोगनी पड़ीं जिनसे बड़े-बड़े धैर्यशालियों की भी आस्था टूटकर चकनाचूर हो सकती थी, पर सेक्स के उदात्त रूप की अपनी उसी चेतना के फलस्वरूप जीवन के मूल आनन्दमय राग-तत्त्व के

प्रति उनकी आस्था बराबर अडिग और अटूट बनी रही। यही कारण था कि व्यक्तिगत रूप से, प्रत्यक्ष जीवन में, नारी के विभिन्न विकृत रूपों के ज्वलन्त अनुभवों के संघर्ष में आते रहने पर भी उनकी तनिक भी कटु प्रतिक्रिया कभी एक क्षण के लिए भी उनके मन में नहीं हुई। नारी के केन्द्रगत रूप की उज्ज्वल महिमा किसी भी परिस्थिति में उनकी आँखों के आगे से कभी ओझल नहीं हुई। यह संस्कार उन्हें न पुराण-पन्थियों से प्राप्त हुआ था न आधुनिकों से। ये दोनों सम्प्रदाय तो नारी को नरक का द्वार ही मानते रहे हैं। दादा जानते थे कि यह संस्कार उन्हें अपनी ही जन्म-जन्म की अनुभूतियों की भट्टियों में तपते और पिघलते रहने के बाद अन्तिम सच्चाई के रूप में प्राप्त हुआ है।

सेक्स के जिस उदात्ततम रूप की इन अनुभूतियों में वह बराबर साँस लेते रहे हैं, आज के शारीरिक मिलन की मीठी ग्लानि के चेप से भी उसमें तनिक भी कमी नहीं आयी थी। पर उस मिलन ने एक महत्त्वपूर्ण प्रश्नचिह्न उनके आगे खड़ा करा दिया था। वह यह स्वीकार कर रहे थे कि स्त्री-पुरुष का शारीरिक मिलन प्रतिदिन के जीवन की ठोस वास्तविकता है। उसकी न तो अवज्ञा ही की जा सकती है न निराकरण। और सेक्स की जिस उदात्त चेतना से दादा के अन्तर्व्यक्तित्व का निर्माण हुआ है उसके मूल में भी तो स्त्री-पुरुष का यही शारीरिक मिलन है, जो अपने आदिम रूप में पूर्णतः पाशविक ही है! तब इस निपट पशु-कर्म और उसकी घोर पाशविक चेतना से सेक्स के उस उदात्त रूप का ताल-मेल कैसे और कहाँ बिठाया जाये–दादा के चक्कर में डालनेवाली समस्या यह थी। एक लम्बी कश खींचकर उन्होंने सटक को फिर कुर्सी की बाँह पर लटका दिया और फिर टहलना शुरू कर दिया।

चन्द्रमा के साथ बादलों की आँख-मिचौनी अभी तक चल रही थी। दूर नीचे किसी पहाड़ी घाटी से आती हुई किसी अकेली चिड़िया की धीमी करुण पुकार रात के सन्नाटे में स्पष्ट सुनायी दे रही थी। जैसे वह उस अदिम नारी की चिर-पुकार हो जो आज की आधुनिकताओं के भी अन्तर में अभी तक वैसी ही बसी हुई है।

टहलते-टहलते दादा को सहसा एक इलहाम-सा हुआ। माना कि नर-नारी का शारीरिक मिलन अपने मूल रूप से पाशविक ही है, जिसे पवित्रतावादी नरक भी कह सकते हैं। पर उस नरक का चेप उस आदिम कीच से सम्बन्धित है जो आदि-काल में पृथ्वी की पिघलती हुई आग के ठण्डा हो जाने के बाद धीरे-धीरे उस कीचड़ में बदल गयी थी जो जीवों की आदि-सृष्टि का मूल कारण रहा है। तब उस आदि तत्त्व से कतराना क्यों? उससे घृणा करना मूल जीवन से ही घृणा करना है और जीवन का मूल तत्त्व किसी भी हालत में घृण्य नहीं हो सकता; क्योंकि दादा देख चुके थे, परख चुके थे और अपनी आत्मा के साथ एकरस बना चुके थे जीवन की उस अनुभूति को जो प्रतिदिन की वीभत्सता के ऊपर बराबर अपनी इन्द्रधनुषी छत्रच्छाया डाले रहती है।

इसलिए (दादा सोच रहे थे) यदि मनुष्य को जीवन को नरक के ऊपर स्वर्गिक चेतना की स्थापना स्थायी और सामूहिक रूप से करनी है, तो वह उस नरक से कतराकर नहीं, वरन् उसकी अन्तिम तह तक पैठकर ही सम्भव हो सकता है। उस नरक का पूर्ण रूप से मन्थन

करके ही स्वर्गिक चेतना का नवनीत निकाला जा सकता है। मन्थन का अर्थ आज के विद्रोही तरुणों की तरह उस नरक में पूर्णतया गर्क होकर आत्म हनन करना कदापि नहीं है, वरन् उस आदिम तत्त्व के रहस्य को संयम के साथ भलीभाँति समझकर, उसी के मूल तत्त्वों की सहायता से उसका परिष्करण करना ही उसका मूल उद्देश्य हो सकता है।

अपनी समस्या का यह हल फिर एक बार नये सिरे से निकालकर दादा का मन बहुत हलका हो गया। हुक्के को एक किनारे रखकर वह आराम से पलँग पर लेट गये और कुछ ही मिनटों के अन्दर गहरी नींद में खो गये।

तीसरे दिन सबेरे नौ बजे के करीब दादा बाजार की तरफ निकल गये थे और कुन्दनलाल की दुकान पर बैठकर, कागज के पाइप से चिलम पीते हुए गपशप करते रहे। प्रायः पौने दस बजे वहाँ से उठकर होटल की ओर लौट चले। होटल के अहाते पर जब पहुँचे तब प्रतिमा का कमरा आधा खुला देखकर उसी ओर चल पड़े।

भीतर जाकर उन्होंने देखा कि नकुलेश पहले ही से वहाँ जमा हुआ है और दोनों कुछ दबी हुई आवाज में आपस में बातें कर रहे हैं। प्रतिमा ने स्नेह-सरस दृष्टि से उनका स्वागत किया। नकुलेश तनिक उदासीन स्वर में बोला : "आइये दादा बैठिये, आप ही का इन्तजार था।"

"कहो, चाय पार्टी में गये थे कल?" दादा ने बैठते ही पूछा।

"हाँ, दादा।"

"क्या रंग रहा?"

"रंग ठीक ही रहा–अप्रत्याशित कुछ नहीं था," नकुलेश ने तनिक मुँह बिचकाते हुए कहा। "मेरी तो निपट अवज्ञा ही रही, जैसी कि पहले ही मुझे आशा थी। तीनों में घुल-घुलकर बातें हुईं। मैं तो बोर होकर पहले ही क्षमा माँगकर चला आया।"

"माणिकलाल और गिडवानी में कैसे पट रही थी?"

"माणिकलाल भी बोर ही हो रहा था गिडवानी की बातों से। वह कल हरे रंग का चश्मा पहनकर आया था, इसलिए उसकी आँखों के भावों से तो कुछ पता नहीं चल पा रहा था, पर कुल मिलाकर उसके हाव-भाव से और तीखी, व्यंग्य-भरी बातों से लग रहा था कि वह गिडवानी को 'डिरेल' करने के मूड में है। पर हटाइये, इन बातों में अब क्या धरा है!"

"तुम तो ऐसी विरक्ति के साथ बातें करे रहे हो जैसे इन सब बातों में तुम्हारी दिलचस्पी कभी रही ही न हो!" कहते हुए दादा ने एक अर्थ-भरी दृष्टि से उसकी ओर देखा।

"किन सब बातों में?" नकुलेश ने चौंककर पूछा।

"चित्रा से सम्बन्धित बातों में।"

"ओह! मैं समझ रहा था कि किसी गम्भीर विषय की बात आपके ध्यान में है," जम्हाई लेने का बहाना बनाते हुए नकुलेश ने कहा।

"तो यह गम्भीर विषय नहीं है?" आश्चर्य से नकुलेश की ओर देखते हुए और उसकी

आँखों के पर्दों के पार देखने का प्रयत्न करते हुए दादा ने पूछा।

"कतई गम्भीर नहीं है, दादा," अपने प्रत्येक शब्द पर बल देते हुए नकुलेश बोला। अबकी उसकी कृत्रिम उदासीनता का मुखौटा आर-पार फटकर न जाने कहाँ गायब हो गया था। वह जमकर बैठ गया। उसकी भौंहें तन गयी थीं, आँखों में आक्रोश की एक भयावनी छाया दिखायी देने लगी थी, नाक के नीचे छोटी-छोटी सिकुड़नें पड़ गयी थीं और ओंठ किसी तीखे व्यंग्य से फड़कने लगे थे।

वह कहता गया : "एक मनचली, आवारा और सियारिन की तरह चालाक कुतिया, जिसकी सारी चेष्टाओं का एकमात्र लक्ष्य केवल अपने तात्कालिक स्वार्थ की सिद्धि हो और उस छोटे से स्वार्थ के लिए जो अपने किसी भी सिद्धान्त को कुचलने में तनिक भी हिचक का अनुभव न करती हो–उससे सम्बन्धित किसी भी बात को कोई भी व्यक्ति, जिसमें तनिक भी समझदारी हो, सब-कुछ देखने और सुनने के बाद भी कैसे गम्भीर रूप में ले सकता है? अब तक मैं, आपके कहने पर, बड़े धैर्य से सब-कुछ देखता, सुनता और सहता चला आ रहा था, पर अब सारी बातें सीमा को पार कर चुकी हैं!"

उसका चेहरा असाधारण रूप से तमतमा उठा था। दादा की ओर से इस तरह देख रहा था जैसे सारा अपराध उन्हीं का हो।

"तो भले आदमी, मुझ पर क्यों बिगड़ रहे हो?" अत्यन्त शान्त भाव से, स्नेहपूर्वक मुस्कराते हुए, दादा ने कहा। "इसमें मेरा क्या अपराध है?"

दादा का शान्त भाव देखकर नकुलेश अपनी आकस्मिक उत्तजेना पर कुछ झेंपा, अवश्य पर उसकी मुस्कान से उसकी खीझ जैसे बढ़ गयी।

"मैं आप पर बिगड़ नहीं रहा हूँ," अपने आक्रोश-भरे स्वर को दबाने की व्यर्थ चेष्टा करते हुए नकुलेश ने कहा। "मैं केवल इतना ही कह रहा था कि आपकी सलाह मानकर ही इतने दिनों तक मैं चुप बैठा रहा और शान्ति के साथ सारी स्थिति का अध्ययन करता रहा–"

"पर मैं यह पूछना चाहता हूँ कि तुम्हारे इस धैर्य और शान्ति से तुम्हारा बिगड़ा क्या? तुम कवि हो और मानव-चरित्र की जटिलताओं का अध्ययन बारीकी के साथ करते रहना तुम्हारा धर्म है। किसी व्यक्ति से सम्बन्ध में किसी परिणाम पर सहसा कूद पड़ना भ्रम से खाली नहीं है। इसी कारण मैंने तुम्हें सलाह दी थी कि जिस व्यक्ति के सम्बन्ध में तुम्हें इस कदर दिलचस्पी है उसके चरित्र को स्तर-प्रति-स्तर और अच्छी तरह देख लो, परख लो। इससे तुम्हारे जीवन सम्बन्धी अनुभवों में वृद्धि ही होगी, कमी नहीं आवेगी। केवल इतना ही मेरा उद्देश्य था। यदि ऐसा कहकर मैंने तुम्हारी दृष्टि में कोई अपराध किया है तो मैं सचमुच तुमसे उसके लिए क्षमा चाहता हूँ।"

"नहीं, दादा, इसमें आपके अपराध की कोई बात नहीं है," कहते हुए नकुलेश की उत्तेजना ठण्डी पड़ती हुई दिखायी दी। "पर मेरे व्यक्तिगत "फ्रस्ट्रेशन' पर आप तनिक ध्यान दीजिये। इस कुटिल नारी ने अपनी उल्टी-सीधी चालों और ठीक में समझ में न आनेवाले, पेंच-प्रपंच-भरे व्यवहारों के जटिल जाल में मुझे लपेटकर, इतने दिनों तक मुझे किस तरह खेलाया, इसका कुछ-न-कुछ अनुमान तो आप लगा ही सकते हैं। मुझे शर्म

आती है आज आपको यह बताते हुए कि उसने इस बीच कितने ही दिन मुझे एकान्त में रुलाया है, कितनी ही बार रिझाया है, कितने ही दिन डाँटा-डपटा है और अपने-आप मेरे गले में अपनी बाँहें डालकर वह स्वयं मुझसे लिपटकर सिसक-सिसककर, फफक-फफककर रोयी है। और आज दो बेगाने लोफरों के बीच मुझे बुलाकर, मेरी पूर्ण अवज्ञा करके, उसने जिस कुटिल चतुराई से मुझे अपमानित किया है उसकी कल्पना भी आप शायद नहीं कर सकेंगे। आज ही नहीं, पिछले तीन दिनों से उसका मेरे साथ यही व्यवहार चल रहा है। परसों 'डिनर' में भी आपने इस बात का कुछ अनुमान लगा ही लिया होगा। इस प्रकार किन कुटिल कुचक्रों के साथ, कैसी मर्मवेधी क्रूर 'टार्चर' का खेल यह मेरे साथ खेलती आयी है, तनिक सोचिये तो!"

नकुलेश की आँखों से और उसकी आवाज से लगता था जैसे वह अभी सचमुच में रो पड़ेगा। दादा और प्रतिमा स्तब्ध होकर सुन रहे थे। नकुलेश का वह रूप इसके पहले दोनों ने कभी नहीं देखा था। दादा देख रहे थे कि नकुल की मर्म-पीड़ा इस कारण दुगनी तीखी हो उठी थी कि जिस नारी के सम्पर्क में वह आया था उसने अपनी अजीब-सी हरकतों से केवल उसे 'टार्चर' ही नहीं किया था, वरन् उसके प्राणों में विविध आवेग भरकर, उसकी आधुनिकतावादी तटस्थता का मुखौटा भी उतार कर फेंक दिया था।

"क्या सचमुच चित्रा इस कदर खतरनाक नारी है?" दादा सोच रहे थे। "या नकुल जिस दृष्टि से, जिस तिर्यक कोण से उसे देखता चला आ रहा है वही विचित्र और भ्रमोत्पादक है?"

कुछ क्षणों तक कमरे में सन्नाटा छाया रहा। लगता था जैसे कई युग अपने असंख्य और चित्र-विचित्र घटना-चक्रों और भाव-धाराओं के साथ उतने ही क्षणों में बीत चुके हैं। अन्त में दादा ने साहस बटोरकर उस मृत्यु-मौन स्तब्धता को भंग किया।

"मैं तुम्हारे अन्तर की पीड़ा को बखूबी समझ रहा हूँ, नकुल", दादा सहज गम्भीर भाव से, बड़े ही स्नेहिल स्वर में बोले। "पर सच पूछो तो मैं एक दूसरी ही दृष्टि से इस सारे चक्कर को देख रहा हूँ। मैं पहले ही कह चुका हूँ कि तुम कवि हो। और कोई कवि चाहे कैसा ही आधुनिक क्यों न हो, उसकी संवदेना तीखी होगी ही–यदि वह यथार्थ में कवि है तो। मनुष्य के अन्तरतम प्राणों की चेतना युग-विभाजन की किसी भी रेखा को नहीं मानती। हर युग में कृत्रिम विभाजन की सभी रेखायें उस मूल प्राण-चेतना में एकाकार होती चली आयी हैं और होती रहेंगी। तुमको मैं इस अर्थ में भाग्यशाली मानता हूँ कि जीवन की परिस्थितियाँ तुम्हें एक ऐसी नारी के सम्पर्क में ले आयीं, जिसने अपने उल्टे-सीधे, टेढ़े-मेढ़े व्यवहारों से तुम्हारे मन के ऊपर पड़ी हुई आधुनिकता की झीनी झिल्ली को फाड़कर, तुम्हारे अहम् का सीधा सम्बन्ध युग-युग की उसी मूल प्राण-चेतना से जोड़ दिया। यह ठीक है कि इस सम्बन्ध के कारण तुम्हें अत्यन्त निर्मम, कटु और क्रूर यातनाएँ भुगतनी पड़ी हैं, पर इसी कारण तुम्हें अपनी दो पाटों के बीच दबी पड़ी आधुनिक चेतना को व्यापक विस्तार देने का स्वर्ण अवसर प्राप्त हो रहा है। इसलिए बन्धु, मेरी तो यही सलाह है कि अब अपने अन्तर से भावुकता के सारे पचड़े को कूड़े की तरह बाहर फेंककर जला डालो और विवेक से काम लो। साथ ही अपनी आधुनिक चेतना को पूरी तरह बनाये

रहो और उससे शिक्षा लो। पर उसे किसी घेरे में मत बाँधो। उसे सहज विस्तार के पथ पर मुक्त छोड़ दो। तुम्हारी अभी उम्र ही क्या है। अभी तुम जीवन के केवल प्रवेशद्वार पर ही खड़े हो। तुम्हारे आगे अभी जीवन का पूरा और लम्बा चक्कर पड़ा हुआ है। इसलिए अपनी आधुनिक दृष्टि का कम-से-कम इतना लाभ तो उठाओ कि तटस्थ द्रष्टा की तरह जीवन के सारे भीतरी और बाहरी चक्करों को देखते चले जाओ–स्वयं अपने अहम् के चक्करों को भी। आज के उलझे हुए जीवन में यह तटस्थ दृष्टि तुम्हारे लिये बहुत बड़ा वरदान सिद्ध हो सकती है।"

नकुल अपनी बायीं कोहनी को कुर्सी की बाँह पर टिकाये और बायें गाल को अपनी हथेली पर जमाये कुछ इस तरह सुन रहा था जैसे कि वह अनमना हो उठा हो। हालाँकि दादा जानते थे कि वह सुन सब-कुछ रहा है।

दादा की बात समाप्त होते ही वह सहसा उठ खड़ा हुआ और एक उदास, किन्तु रहस्यमयी दृष्टि से दादा की ओर देखता हुआ, भर्राई हुई आवाज में बोला : "दादा, अपने दो महीने के प्रवास-काल में आपके कई लेक्चर सुनने का सौभाग्य प्राप्त हुआ। आप एक अध्यापक रह चुके हैं, इसलिए लेक्चर देने का शायद आपका स्वभाव ही बन चुका है। आपने उन लेक्चरों के दौरान बहुत-सी अच्छी बातें भी कही होंगी, जो मुझे याद नहीं रही। पर बोर करनेवाली बात भी आपने कुछ कम नहीं कहीं, यह मैं आपको स्पष्ट बता देना चाहता हूँ। और जो लेक्चर अभी आपने मुझे पिलाया, विश्वास मानिये, उसने मुझ पर तनिक भी प्रभाव नहीं डाला है। मुझे इस बात की बड़ी ग्लानि है कि चलते-चलाते मैंने आपके आगे अपनी कुछ कमजोरियों का पर्दा फाश कर डाला। अपनी इस मार्मिक भूल के लिए मैं कभी अपने को क्षमा नहीं कर पाऊँगा। हो सकता है, आपने हार्दिक स्नेहवश और मेरे हित को ध्यान में रखकर ही यह अन्तिम लेक्चर मुझे पिलाया हो। पर यह जाने रहिये कि इन सब बातों का मेरे लिये रंचमात्र भी महत्त्व नहीं रह गया है। मैं अपना अच्छा-बुरा अच्छी तरह समझता हूँ और किसी दूसरे की राय पर चलने की आदत मेरी कभी नहीं रही। आपकी कुछ बातों को जो मैंने भूल से कुछ महत्त्व दिया उसका परिणाम भुगत रहा हूँ। और आज तो मैं भली-भाँति यह समझ चुका हूँ कि आधुनिक संवेदनावाले किसी भी व्यक्ति की पीड़ा को आप न कभी समझ पाये, न समझना चाहते हैं और न समझेंगे। इसलिए–नमस्कार! अब आपको किसी बात के लिए कभी कोई कष्ट नहीं दूँगा। जीजी, प्रणाम! आप ही एकमात्र ऐसी व्यक्ति हैं जिससे सच्चा स्नेह मैंने पाया। मैं आपका बहुत कृतज्ञ हूँ। पर अन्ततः किसी के स्नेह से और किसी के प्रति किसी की कृतज्ञता से क्या फर्क पड़ता है! इसलिए–चलता हूँ!" कहकर दोनों की ओर हाथ जोड़कर वह हवा की तेजी से बाहर चला गया।

प्रतिमा उठकर दरवाजे तक दौड़ी-दौड़ी गयी और वहीं से "नकुल! नकुल!" चिल्लाती रही, पर नकुल तब तक बहुत दूर पहुँच चुका था। उसने न तो सुना न पीछे की ओर झाँका।

प्रतिमा बहुत देर तक दरवाजे पर खड़ी-खड़ी उसी ओर निश्चय भाव से देखती रही जिस ओर से होकर नकुल गया था। उसके बिखरे हुए, अनधुले बालों के नीचे से आधा खुला हुआ जूड़ा काले साँप की तरह कत्थई रंग की अस्त-व्यस्त साड़ी पर लहरा रहा था। वह इस तरह खड़ी थी जैसे नकुलेश को उसने किसी आवश्यक काम से भेजा हो और बड़ी उत्सुकता से उसके लौटने की प्रतीक्षा कर रही हो।

जब एक लम्बी साँस खींचती हुई, डगमगाते हुए कदमों से लौटी, तब सोफा पर धम्म से गिर-सी पड़ी और फिर हाथ-पाँव फैलाकर बैठ गयी। दादा अपनी जगह पर यथावत् स्तब्ध भाव से बैठे हुए किसी चिन्ता में खो गये थे।

कमरे में काफी देर तक ऐसा सन्नाटा छाया रहा, जैसे अभी-अभी किसी चलते-फिरते, हँसते-बोलते परम आत्मीय की आकस्मिक मृत्यु हो गयी हो।

दादा की निश्चल दृष्टि न जाने शून्य के किस बिन्दु पर अटकी हुई थी। सहसा सिसकने की आवाज सुनकर उन्होंने अपनी दृष्टि बायीं ओर घुमायी। देखा, प्रतिमा अंचल में मुँह ढाँपे, रह-रहकर दबी आवाज में फफक रही है। दादा घबरा उठे। उनका हिमालय की तरह अटल धैर्य केवल एक ही बात से डगमगा उठता था। किसी को रोते देखकर या किसी का रोना सुनकर उनकी सारी चेतना बेकाबू होकर हहर उठती थी। और पीपल के पत्ते की तरह डोलने लगती थी।

"प्रतिमा, यह क्या? तुम रोने लगीं!" भर्राई हुई आवाज में दादा बोले। "छी-छी! तुम्हारे समान बहादुर नारी, जिसकी आँखों से बड़े-बड़े विकट संकटों में भी कभी एक बूँद आँसू नहीं टपका, वह आज एक साधारण घटना से इस कदर विचलित हो उठे, यह तो एक बिलकुल ही नया अनुभव मुझे हो रहा है!" और दादा ने, जैसे बरबस, उसकी साड़ी उसकी आँखों पर से हटा ली।

प्रतिमा ने जैसे लज्जित होकर अपने हाथों से आँखें ढँक लीं और फिर उँगलियों से ही उन्हें मलने लगी। दादा अपने रूमाल से उसकी आँखें पोंछने लगे।

प्रतिमा धीरे से दादा का हाथ हटाती और हिचकियाँ भरती हुई, बोली : "बड़ा ही पगला, बहुत ही दुःखी है यह नकुल! क्या उसे किसी तरह समझाया नहीं जा सकता?"

"तुम ठीक कहती हो, प्रतिमा। वह केवल दुःखी ही नहीं, बड़ा अभागा भी है," एक लम्बी साँस भरते हुए दादा बोले। "पर जहाँ तक उसे समझाने का प्रश्न है, वह मेरी बुद्धि के बाहर की बात है। जिस प्रकार के अनुभवों के बाद, जिस मूड में वह यहाँ से गया है, उस हालत में कोई उसे किस तरह समझा सकता है, यह मैं नहीं जानता।"

प्रतिमा जल्दी ही सँभल गयी थी और अपने सहज रूप में आ गयी थी। सहसा उसे एक प्रेरणा हुई।

"चलो, एक काम करें," उसने कहा। "हम दोनों चलें उसके कमरे में और उसे समझा-बुझाकर मना लावें।"

एक म्लान मुस्कान दादा के मुख पर छा गयी। "तुम्हारा प्रस्ताव तो बहुत अच्छा है, प्रतिमा," अत्यन्त शान्त भाव से उन्होंने कहा, "पर यह काम इस समय अकेले तुम्हीं को

करना होगा। तुम देख चुकी हो कि इस समय उसका मन मेरे प्रति किस कदर विरोधी हो उठा है। मुझे देखते ही वह निश्चय ही भड़क उठेगा, और उस पर उल्टा असर पड़ेगा। तुम अकेले में उसे समझाओगी तो बहुत सम्भव है उसका विक्षोभ काफी हद तक शान्त हो जाये। मैं कमरे के बाहर ही खड़ा रहूँगा, तुम भीतर चली जाना।"

"ठीक है," प्रतिमा ने उत्साहित होकर कहा। "मैं नहा-धोकर कपड़े बदलकर तुरन्त तैयार होती हूँ। आज वह सबेरे ही चला आया था और मैं अभी तक हाथ-मुँह भी नहीं धो पायी।"

और वह उठकर तेजी से गुसलखाने की ओर चली गयी। दादा अकेले बैठे हुए शून्य दृष्टि से छत की ओर आँखे किये, न जाने आकाश-पाताल की क्या-क्या बातें सोचते रहे, जिनका कोई अर्थ वह स्वयं भी नहीं समझ पा रहे थे।

प्रतिमा ने तुरन्त लौट आने को कहा था, पर अपनी ओर से जल्दी करने पर भी उसे काफी समय लग गया। अन्त में जब वह कपड़े बदलकर, कंघी-चोटी करके बाहर आयी, तब वह बहुत दुबली लग रही थी, पर एक सरस स्निग्धता उसके मुख की उदास अभिव्यक्ति को एक अपूर्व कान्ति दे रही थी।

"अब चलो," प्रतिमा ने धीमे किन्तु सहज स्वर में कहा।

दादा छड़ी पकड़कर ज्यों ही खड़े हुए, त्यों ही सहसा बाहर दरवाजे पर एक छाया दिखायी दी और दूसरे ही क्षण चित्रा हाथ में एक बड़ा-सा पर्स लिये तेज कदमों से भीतर चली आयी। उसके चेहरे पर एक अजीब-सी थकान मालूम हो रही थी और वह प्रायः हाँफ-सी रही थी।

आते ही उसने पूछा : "क्या नकुलेश यहाँ आया था?"

"आया तो था, पर अभी कुछ ही देर पहले उठकर अचानक चला गया," प्रतिमा ने कहा। "अपने कमरे में होगा। हम लोग भी वहीं चल रहे हैं।"

"वहाँ नहीं है, मैं अभी वहीं से चली आ रही हूँ। वहाँ ताला बन्द है।" चित्रा के चेहरे पर चिन्ता की रेखा स्पष्ट व्यक्त हो रही थी।

"तब कहाँ हो सकता है वह?" व्याकुल दृष्टि से चित्रा की ओर देखती हुई प्रतिमा बोली।

"मैं क्या बताऊँ! कल जब वह मेरे यहाँ से अचानक बीच ही में उठकर जाने लगा, तब दरवाजे पर से हाथ जोड़ते हुए एक अजीब संकेत के-से स्वर में उसने कहा था : 'पता नहीं, अब फिर कब तुमसे भेंट होगी।' मेरे मन में तभी कुछ शंका होने लगती थी। वह इस आकस्मिकता से विदा हुआ था कि मैं 'नर्वस' हो गयी और न उसे रोक ही पायी, न कुछ बोल ही पायी! आज सबेरे सात बजे मैं उसके पास जाने की तैयारी कर चुकी थी, पर दुर्भाग्य से उसी समय गिडवानी आ पहुँचा। उससे कुछ काम की बातें करनी थीं, इसलिए मैं कुछ देर के लिए रुक गयी। उससे बातें समाप्त भी नहीं हो पायी थीं कि माणिकलाल आ पहुँचा। उसने कहा कि वह अपने कुछ मित्रों के साथ तीन-चार मील दूर एक चोटी पर पिकनिक के लिए जा रहा है, इसलिए उसे मेरे दूरबीन और कैमरे की आवश्यकता है। शिष्टाचारवश मैंने उससे बैठने को कह दिया और वह बैठ गया। उन

लोगों को चाय पिलायी और फिर बातों में समय बीत गया। अभी उन लोगों से छुट्टी पाकर मैं नकुलेश के यहाँ गयी। वहाँ ताला बन्द था। जब लौटने लगी तब रास्ते में राम बाबू मिल गये। उन्होंने बताया कि नकुलेश कुछ ही देर पहले ग्यारह बजे की बस से चला गया है।"

"हैं–एँ–एँ!" प्रतिमा अत्यन्त आश्चर्य से आँखें फाड़ती हुई बोल उठी। "यह कैसे सम्भव हो सकता है। अभी-अभी तो वह यहीं था। अभी तो सामान पैक करने का भी समय नहीं हुआ!"

"अभी-अभी कहाँ, प्रतिमा," उदास स्वर में दादा ने धीरे से कहा। "उसे यहाँ से गये पौन घण्टे से अधिक समय हो गया है। तुम्हें अपनी उलझन में ऐसा लग रहा है कि अभी-अभी गया है। और चित्रा की बातों से लगता है कि वह कल ही से जाने का निश्चय कर चुका था। जब तुम्हारे यहाँ वह आया था तब वह निश्चय ही सामान पैक करके और होटल का हिसाब-किताब पूरा करके आया होगा। यहाँ उसने जो आकस्मिकता दिखायी वह भी योजना के अनुसार ही थी, ऐसा मुझे अब लग रहा है। इस समय दो बसें नीचे को जाती हैं–एक ग्यारह बजे, दूसरी साढ़े ग्यारह बजे। दोनों में जो भी पहले मिली होगी उसी से वह चला गया होगा।"

"अभी क्या समय हुआ है? मेरी घड़ी तो बिगड़ी हुई है।"

दादा के पास कोई घड़ी नहीं थी। चित्रा ने अपनी घड़ी देखकर बताया कि साढ़े ग्यारह बज चुके हैं।

"अभी शायद साढ़े ग्यारहवाली बस नहीं गयी होगी," प्रतिमा ने अत्यन्त चिन्तित भाव से कहा। "क्या बस स्टेशन में जाकर 'चान्स' नहीं लिया जा सकता?"

दादा के मुख पर एक म्लान-मुस्कान की उदास रेखा झलक आयी। बोले : "बस स्टेशन की चढ़ाई पार करते-करते तुम्हें पैंतीस मिनट से कम समय नहीं लगेगा। तब तक बारह बज जायेंगे। यदि तुम हिम्मत बाँध सको तो चलो; तीनों चले चलें।"

"मेरी तो रीढ़ ही में दर्द होने लगा है," कहकर, रीढ़ पर हाथ फेरती हुई प्रतिमा कौच पर धम्म से बैठ गयी।

चित्रा उसकी बगल में बैठकर उसकी रीढ़ पर धीरे-धीरे हाथ फेरने लगी।

दादा भी एक लम्बी साँस लेते हुए सोफा पर बैठ गये। प्रतिमा को अच्छा लग रहा था चित्रा का उसकी पीठ सहलाना। चित्रा के सुकोमल हाथ के स्पर्श से उसे, किसी चुम्बकीय अनुभूति से, उसके आन्तरिक स्नेह की सहज प्रतीति हो रही थी। और सचमुच उस स्नेह-स्पर्श से उसका दर्द कुछ ही देर बाद न जाने कहाँ बिला गया। चित्रा धीरे-धीरे, मौनभाव से, उसकी पीठ सहलाती रही। काफी देर बाद प्रतिमा ने कहा : "अब दर्द अच्छा हो गया है अब रहने दो।"

क्षणिक मौन के बाद प्रतिमा ने चित्रा से पूछा : "कहाँ जाने का इरादा था नकुल का, तुम कुछ बता सकती हो?"

"मैं ठीक तो नहीं जानती, पर मेरा अन्दाज है कि वह दिल्ली ही जायेगा। इधर दो

बरसों से वह वहीं रहने लगा है।"

"अपनी गुजर वह कैसे करता है? अपनी कविता की पुस्तकों से उसे क्या इतनी आय हो जाती है कि अपना खर्चा चला सके?"

"कविता की पुस्तकों से इतना क्या मिल पायेगा, पर वह पत्र-पत्रिकाओं में कुछ-न-कुछ लिखता रहता है और जहाँ तक मुझे मालूम है, कुछ छिटपुट अनुवाद का काम भी करता रहता है। गरज यह कि अपने अकेले का खर्चा वह चला ले जाता है।"

"घरवालों का कोई भार तो उस पर नहीं?"

"मुझे ठीक से इस बात का भी कोई पता नहीं है। पर जहाँ तक मेरा अनुमान है, घरवालों से उसका कोई विशेष सम्पर्क नहीं है।"

"बेचारा दुःखी, पगला लड़का! इतनी अच्छी प्रतिभा पायी है, पर भाग्य का खोटा है।" कहकर प्रतिमा ने एक लम्बी साँस ली।

चित्रा के चेहरे से स्पष्ट था कि उसे यह सब चर्चा अच्छी नहीं लग रही थी। शायद बात को पलटने के लिए उसने अपना पर्स खोला और उसमें से एक मझोले आकार का मोटा-सा लिफाफा निकाला। दादा और प्रतिमा तत्कालीन उद्विग्न मनःस्थिति में भी कुतूहल और उत्सुकता से उस पैकेट की ओर देख रहे थे।

चित्रा ने लिफाफे के भीतर से दस-बारह फोटो, साधारण कार्ड के प्रायः आधे साइजवाले, निकाले। उन्हें देखते ही दादा को समझने में देर न लगी कि वे वही फोटो थे जो चित्रा और नकुलेश ने उस दिन नदी के किनारेवाले मेले में उतारे थे।

चित्रा मुख पर मन्द-मन्द मुस्कान झलकाती हुई, एक-एक करके उन्हें दिखा रही थी। दिखाती और बताती हुई दादा और प्रतिमा के चेहरों में झलकते हुए भावों पर कनखियों से गौर करती जाती थी। कुछ चित्र विभिन्न प्राकृतिक दृश्यों के थे, कुछ मेले में गानेवाली मण्डलियों के, दो चित्र स्वयं चित्रा और नकुल के थे। एक चित्र में दोनों अत्यन्त प्रसन्न मुद्रा में उन तीन बड़े-बड़े सफेद चट्टानी पत्थरों पर बैठे हुए थे, जिनके बीच से होकर नदी की दो फेनिल धारायें झरनों की तरह फूटकर निकल रही थीं। चित्रा का मुख अत्यन्त स्वस्थ लग रहा था। उसकी अभिव्यक्ति बहुत ही सुन्दर, स्नेह-स्निग्ध और प्रायः एक षोडशी की तरह, जीवन की प्रथम भोली और अकलुष उत्सुकता से सहज-प्रफुल्ल लग रही थी। उसकी माँग की रेखा राजमार्ग की तरह सीधी और सुचारु रूप से कटी-छटी थी। माँग की दोनों ओर के सिरों पर दो-चार बिखरे बाल हवा में छोटी-छोटी सांकेतिक झण्डियों की तरह लहरा रहे थे। दायीं ओर का चौड़ी कन्नीवाला अंचल हवा से कुछ-कुछ फूल रहा था। अपने दोनों हाथों को वह घुटनों के सहारे त्रिकोण की दो समान भुजाओं की तरह एक विशेष बिन्दु पर मिलाकर, दोनों हाथों की उँगलियों को परस्पर जुड़े हुए दो सनाल कमलों की तरह सटाये थी। पर दादा विस्मित, चकित और पुलक-हर्ष से गद्‌गद हो रहे थे चित्रा के मुख की उस आश्चर्यजनक भोली और कैशोर अभिव्यक्ति की निश्छल रहस्यमयता देखकर। हाँ, रहस्यमयता ही तो थी वह! पर–दादा सोच रहे थे–शरत्‌कालीन पहाड़ी प्रकृति की तरह क्वारी, चट्टानों के ठोस

पत्थरों के बीच से होकर पूरे प्रवेग से बहते हुए पानी की तरह चिर-निर्मल धुले-पुँछे नीले शीशे की तरह निखरे हुए आकाश में सुबह की पहली और धीरे-धीरे फैलती हुई लाली के समान निर्दोष मुस्कान बिखेरनेवाली नवल कुमारी की-सी वह अव्यक्त और अनंकित रहस्यमयता कहाँ से आयी? वह क्या है? एक विशेष व्यक्तित्व की अवचेतना के किन अदृश्य इन्द्रधनुषी बादलों से उसकी उत्पत्ति हुई है? या–या–वह सब उनकी अपनी आँखों का भ्रम है, जो किसी मनोवैज्ञानिक कारण से उनकी पुतलियों में माया-जाल ताने हुए है?

नहीं–दादा ने फोटो को फिर एक बार गौर से देखकर सोचा–यह भ्रम नहीं हो सकता! यह अव्यक्त और अमूर्त रहस्यमयता व्यक्त और मूर्त से भी अधिक यथार्थ और प्रत्यक्ष है। वह मन-ही-मन चित्रा के उस क्वारे कैशोर्य की बलि-बलि जा रहे थे, जो उस चित्र में संयोग ही से अंकित हो गया था। उसे देख-देखकर जीवन के प्रतिपल की उदासी, छल-चातुरी, उलझनें, अहमों का टकराव, शक्ति-संघर्ष, पारस्परिक भ्रान्तियाँ, असन्तोष आदि प्रवृत्तियों का अस्तित्व ही जैसे उनके लिए शून्य में अंकित चित्रों की तरह मिट गया।

दादा एक बार फोटो की ओर देखते थे और फिर उनके सामने बैठी हुई उस सजीवन नारी की ओर, जिसकी वह प्रतिच्छवि थी। यह क्या वही चित्रवाली चित्रा है?–उन्होंने अपने ही अन्तर से प्रश्न किया। उत्तर मिला, हाँ, यह वही चित्रा है। किसी विशेष परिप्रेक्ष्य या कोण के कारण कोई दूसरी चित्रा उस फोटो में नहीं उतर आयी है। उस चित्रवाला व्यक्तित्व पूरे-का-पूरा इसी जीवित चित्रा के वृहत् व्यक्तित्व के अन्तर में समाहित है। तब नकुल ने आज ही कुछ समय पूर्व जिस चित्रा का वर्णन किया था उसमें और इसमें आकाश और पाताल का अन्तर कहाँ से आ गया? यह क्या नकुल का दृष्टि-दोष है या? सोच-सोचकर दादा का चित्त एक अजीब चक्कर में फँस गया।

नयी कली से अभी-अभी फूटकर निकले हुए फूल की तरह अछूती उस नारी के साथ बैठा हुआ नकुल अपनी परम प्रसन्न मुद्रा में भी एक व्यंग्य-चित्र-सा लग रहा था। प्रतिमा भी बड़े गौर से उस चित्र को देख रही थी।

अन्त में उस चत्र को हटाकर चित्रा ने सबसे बड़ा तुरुप निकाला। प्रतिमा का हाथ पकड़े हुए जब दादा धीरे-धीरे नदी-तट के उस स्थान की ओर चले जा रहे थे, जहाँ एक बड़े पत्थर पर नकुल और चित्रा खड़े थे, उस समय जो चित्र चित्रा ने उतारा था उसे निकालकर उसने परम प्रेम-पूर्ण मुस्कान के साथ दोनों के आगे बढ़ा दिया।

"वाह!" दादा बच्चों के-से उल्लास के साथ बोल उठे। "यह तो अद्भुत चित्र है! बारीक-से-बारीक रेखा भी बिलकुल साफ उभर आयी है इस क्लोज-अप में। सचमुच दोनों की जोड़ी बहुत अच्छी लग रही है!"

"जाओ! अब तुम भी बनाने लगे!" बच्चों की-सी बनावटी नाराजगी के साथ प्रतिमा ने कहा। पर चित्र को देखकर वह भी चंचल हो उठी थी और देख-देखकर नहीं अघाती थी। देखते-देखते वह सहसा, बरबस, मुक्त रूप से हँस पड़ी, उस क्षण नकुल की बिदायी की अप्रिय घटना उसके लिए जैसे विस्मृति के अतल गर्भ में डूब चुकी थी। चित्रा भी

दोनों की बचकानी उत्सुकता देखकर पुलकित हो रही थी।

बहुत देर तक तीनों उन सभी चित्रों को बार-बार उलट-पुलट कर देखते और दिखाते रहे और उन पर विनोदपूर्ण टीका-टिप्पणी करते रहे। अन्त में चित्रा ने वह पूरे-का-पूरा पैकेट प्रतिमा को उपहारस्वरूप सहेज दिया और स्वयं चली गयी।

चित्रा के जाते ही कमरे में फिर एक बार उदासी का कुहरा छा गया। हेमन्त की जो स्निग्ध सुनहली धूप चित्रा अपने साथ लायी थी उसे फिर काले बादलों ने मिटाना शुरू कर दिया।

"चलो, राम बाबू से एक बार स्वयं जाकर मिल लें," प्रतिमा ने कहा। "उनसे पूछा जाये कि वह सचमुच में चला गया है या यहीं कहीं टहलने निकल पड़ा है। और यदि गया है तो कहाँ जाने को कह गया है।"

"चलो," शान्त भाव से, धीमी आवाज में दादा बोले।

दोनों उठ खड़े हुए। दरवाजे से बाहर निकलने के पहले दादा ने प्रतिमा को एक मिनट के लिए रोकते हुए कहा : "देखो प्रतिमा, एक बात मैं तुम्हें बता देना चाहता हूँ। नकुलेश का इस समय अकस्मात् यहाँ से चले जाना तुम्हें– और मुझे भी–चाहे कितना ही दुःखद क्यों न लगे, इतना तुम निश्चित रूप से जान लो कि यह जाने-अनजाने उसके कल्याण के लिए ही हुआ है। मेरे भीतर की कोई आवाज कहती है कि नियति, उसके न चाहने पर भी, उसके लिए सहायक सिद्ध हो रही है।"

"ऐसा तुम्हें क्यों लगता है?" विस्मित दृष्टि से दादा की ओर देखते हुए प्रतिमा ने पूछा।

"कारण मैं स्वयं नहीं जानता, पर मुझे लग ऐसा रहा है।"

"ओह मैं समझ रही थी कि तुम किसी विशेष तथ्य के आधार पर ऐसा कह रहे हो।"

"समय ही बतायेगा कि मेरी अन्तरानुभूति का संकेत किस ओर है और क्यों है। वह गलत भी हो सकती है। पर मुझे आज ही नहीं, पिछले कुछ दिनों से बार-बार कुछ इसी तरह का अस्पष्ट संकेत मिल रहा है। इसी सिलसिले में तुम्हें एक बात और बता दूँ। मैंने जान-बूझकर ही नकुल को चित्रा की चाय पार्टी में सम्मिलित होने की सलाह दी थी। मैं जानता था कि वह वहाँ निश्चय ही बोर होगा और अपने को नितान्त उपेक्षित और अपमानित अनुभव करेगा। फिर भी मैंने उसे वहाँ जाने की सलाह यही सोचकर दी थी कि वह चित्रा से सम्बन्धित अपनी स्थिति को अन्तिम और असन्दिग्ध रूप से जान ले, ताकि उसका तनाव सदा के लिए दूर हो जाये। उसकी बातों से तुम्हें भी लगा होगा कि वह मुझसे नाराज भी विशेष रूप से इसी कारण था। पर मुझे पूरा विश्वास है कि एक दिन वह मेरी उस सलाह का महत्त्व अवश्य ही समझेगा।"

प्रतिमा दादा की बात के अन्तरात में छिपी रहस्यमयता को समझने की कोई कुंजी नहीं पा रही थी और न दादा ही उस समय अपनी बात भी स्पष्ट करने की स्थिति में थे।

दरवाजा खोलकर दोनों बाहर निकले। प्रतिमा ने बाहर से ताला बन्द किया और दोनों चल पड़े।

वे लोग कुछ ही दूर आगे बढ़े होंगे कि उन्होंने देखा, सामने से माणिकलाल की तरह का कोई व्यक्ति दायें कन्धे पर कैमरा की तरह की कोई चीज लटकाये और बायें हाथ में एक दूरबीन लिये दादा के कमरे की ओर से बड़ी तेजी के साथ चला आ रहा है। वह आँखों में गाढ़े नीले रंग का चश्मा चढ़ाये था और एक चेस्टरनुमा लम्बा कोट पहने था।

जब वह व्यक्ति कुछ निकट आया तब लगा कि वह माणिकलाल ही है। वह बहुत दुबला लग रहा था और उसके चेहरे का रंग उतरा हुआ था। जैसे किसी मूर्ति की ऊपरी पालिश ही नहीं उसके साथ पलस्तर का भी कुछ भाग उखड़ गया हो। कुछ ही दिन पहले दादा ने उसके सुन्दर चेहरे पर जो ताजगी और चमक देखी थी उसका लेश भी इस समय शेष नहीं था।

दादा के पास पहुँचते ही उसने, बिना हाथ जोड़े, मुरझायी हुई-सी मुस्कान के साथ कहा : "नमस्कार! मैं अभी आप ही के यहाँ से आ रहा हूँ।"

"तुम इतने सुस्त क्यों दिखायी दे रहे हो माणिकलाल?" दादा ने म्लान भाव से दर्द-भरी आवाज में पूछा।

"कोई खास बात तो नहीं, दादा, मैं तो ठीक ही हूँ। शायद इस चश्मे की वजह से मैं कुछ सुस्त लग रहा हूँगा।"

"नहीं, यह बात नहीं है। शायद तुम्हारी तबीयत इधर कुछ ठीक नहीं रहती। लिली के क्या हाल हैं! कोई चिट्ठी आयी थी?"

"हाँ, उसी लिये तो मैं आपके यहाँ गया था। उसने अपने पत्र में आपको अपना प्रणाम जताया है और बार-बार याद किया है। लिखा है कि वह आपको अलग से एक विस्तृत-पत्र लिखेगी।"

"मेरा भी आशीर्वाद लिख देना उसे। और क्या हाल हैं? यह कैमरा और दूरबीन लिये कहाँ जा रहे हो?"

"यों ही लिये हूँ। विचार था पिकनिक पर चलने का। गिडवानी भी साथ में चलनेवाला था, पर अब मना कर रहा है। मौसम भी कुछ अनिश्चित ही-सा लगता है। वह देखिये, दक्षिण-पश्चिम से काले बादल उमड़े चले आ रहे हैं। कुहरा भी घिर रहा है। तबीयत भी, जैसा कि आपने कहा, कुछ ठीक नहीं मालूम हो रही है। इसलिए अभी घर चलकर, खाना खाकर आराम करूँगा। फिर मिलूँगा आपसे। अच्छा नमस्कार!'

और वह सीधे आगे को बढ़ गया।

प्रतिमा को साथ लेकर दादा होटल के ड्राइंग-रूम में पहुँचे। वहाँ एक आदमी से राम बाबू को बुला लाने के लिए कहा गया। राम बाबू तुरन्त ही परम प्रेम से मुस्कराते हुए पहुँचे। हाथ जोड़ते हुए बोले : "कहिये दादा, क्या आज्ञा है?"

"कोई खास बात नहीं है। आओ बैठो, दो मिनट के लिए।"

जब राम बाबू बैठ गये तब दादा ने पूछा : "नकुलेश क्या चला गया है?"

"हाँ, दादा, अभी कुछ ही देर पहले ग्यारह बजेवाली बस से चले गये।"

"कहाँ जायेगा, कुछ बताया उसने?" प्रतिमा ने अधीर होकर पूछा।

"कहते थे कि रेलवे स्टेशन से सीधे दिल्ली का टिकट कटा लेंगे। होटल के बिल का भुगतान कल रात ही कर चुके थे। और, आपको यह जानकर प्रसन्नता होगी कि मिसेज कटारा ने भी आज तक का पूरा हिसाब चुकता कर दिया है।"

"बड़ी खुशी हुई जानकर। धरमदास है कि गया?"

"वाह तो परसों ही चले गये थे।"

"ठीक है, अब तुम जा सकते हो।"

राम बाबू हाथ जोड़ते हुए जाने लगे।

"तनिक ठहरो!"

राम बाबू रुक गये और प्रश्न-भरी दृष्टि से दादा की ओर देखने लगे।

"यह गिडवानी भी क्या होटल में ही खाना खाता है?"

"नहीं तो। वह अलग एक मकान लेकर रहता है। उसका नौकर घर ही पर खाना बनाता है।"

"परसों रात तो वह होटल ही में खाना खा रहा था?"

"ओह, हाँ। पर वह मिसेज कटारा का गेस्ट बनकर आया था। एक और आदमी भी उसी रात उनका गेस्ट था–क्या भला-सा नाम है उसका। वही गुजराती–?"

"कौन माणिकलाल?"

"हाँ, वही। दोनों मिसेज कटारा के गेस्ट की हैसियत से आये थे। उनका भी बिल मिसेज कटारा ने चुका दिया है। आज रात भी वे लोग यहीं खाना खायेंगे। मिसेज कटारा अभी बता गयी थीं।"

"ठीक है। तुम अब जा सकते हो।"

राम बाबू चले गये।

"चलो प्रतिमा, पानी आ रहा है। घर चलें। आज तुम भी मेरे ही यहाँ "लंच' करोगी।"

और दोनों उठकर दादा के घर की ओर चल दिये।

घर पहुँचकर दादा गुसलखाने में नहाने चले गये। प्रतिमा ड्राइंग-रूम में अकेली बैठी हुई टेबिल पर रखा हुआ पिछले दिन का संवाद-पत्र उलटने लगी। एक भी समाचार वह पूरी तरह नहीं पढ़ रही थी। कई दिनों से प्रतिमा ने कोई संवाद-पत्र शायद ही पढ़ा होगा। उस पहाड़ी क्षेत्र में आने पर वह जैसे जान-बूझकर अपने को बाहरी दुनिया से काटती चली जा रही थी। वैसे सच बात तो यह थी कि पिछले दो वर्षों से वह अपने को एक अजीब-सी मानसिक बीमारी से ग्रस्त पा रही थी। किसी संवाद-पत्र को देखते ही उसके हृदय में एक विचित्र प्रकार की धड़कन–बल्कि फड़फड़ाहट–और पसलियों में एक निराले किस्म के दर्द का अनुभव इसके पहले उसे जीवन में कभी नहीं हुआ। उसे लगता था जैसे अखबार उठाते

ही उसे किसी महा-दुर्घटना का समाचार पढ़ने को मिलेगा। इसका एक कारण तो शायद यह था कि इधर वह जब भी किसी पत्र को उठाती और पहले ही पृष्ठ पर मोटे-मोटे टाइपों में छपे संवाद संवाद के शीर्षक पढ़ती तभी अधिकतर यही खबरें पढ़ने को मिलतीं कि अमुक स्थान पर लड़ाई में इतने व्यक्ति मारे गये; अमुक स्थान पर रेल या विमान दुर्घटना में इतने व्यक्तियों की जाने गयीं; अमुक शहर में भूकम्प आ जाने से जान-माल की भयंकर हानि हुई; अमुक देश में किसी गुण्डे के हाथ से अन्तर्राष्ट्रीय ख्याति के अमुक व्यक्ति की हत्या हो गयी; अमुक राजधानी में विद्रोही छात्रों या हड़तालियों पर इतनी बार गोलियाँ चलायी गयीं; अमुक हत्यारों ने अमुक लड़कियों को भगाकर, उनके साथ बलात्कार करके, उनके गहने-कपड़े सब छीन कर, उनकी हत्या कर डाली है; अमुक बड़े राष्ट्रों ने नये-नये विश्व-विनाशी परमाणु-अस्त्रों के निर्माण की होड़ में अपनी पूरी शक्ति लगा दी है; अमुक बड़ा राष्ट्र अनेक छोटे-छोटे राष्ट्रों को लड़ाई के लिए उकसाता हुआ, उन्हें विध्वंसक शस्त्रास्त्र दे रहा है और देते रहने का प्रलोभन दिखा रहा है; स्वयं अपनी जनता की आर्थिक, सामाजिक और शैक्षिक प्रगति की पूर्ण अवज्ञा करते हुए उस राष्ट्र के अधिनायक–अपने सभी उपलब्ध साधनों को एक निश्चित महायोजना की लक्ष्य-पूर्ति के उद्देश्य से नियोजित कर रहे हैं। और वह महायोजना क्या है?– प्रतिमा अखबार पढ़ने का बहाना करती हुई, अपने ही भीतर खोयी-खोयी, स्वयं अपने से प्रश्न कर रही थी।

वह महायोजना यह है–प्रतिमा स्वयं अपने-आपको उत्तर दे रही थी–कि संसार से छोटे-बड़े सभी राष्ट्रों में हिंसात्मक क्रान्ति मचे, फिर से एक अपूर्व कल्पित पैमाने में विश्व-महायुद्ध छिड़ जाये, परमाणु-युद्ध द्वारा करोड़ों व्यक्तियों का सामूहिक संहार हो जाये और खरबों की सम्पत्ति पल में राख का ढेर बन जाये, ताकि उस महाविनाश के बाद जो लोग बचे रह जायेंगे उनके हाथों में विश्व-राजनीति की बागडोर आ जाये और एक नयी सैनिक सभ्यता का पुनः आविर्भाव हो!

प्रतिमा को यह सोचकर आश्चर्य हो रहा था कि इस परिणाम का पूर्वाभास सुस्पष्ट रूप से मिलने पर भी अभी तक राजनीतिक क्रान्ति की बात उठानेवाले व्यक्ति इस संसार में वर्तमान हैं! हुँह! क्रान्ति द्वारा संसार का उद्धार करेंगे ये लोग! सहसा मर्मपीड़ा से निकले हुए एक विचित्र हास्य ने प्रतिमा झकझोरना शुरू कर दिया। अखबार जमीन पर पटककर वह कौच पर पीठ अड़ाकर बैठ गयी। जी चाहने लगा कि जमीन पर लोट-पोट होकर जी खोलकर, चिल्ला-चिल्लाकर हँसे, रो-रोकर अट्टहास करे!

और तभी उसे याद आयी उस क्रान्ति की बात जो स्वतन्त्रता-प्राप्ति के कुछ ही वर्ष पूर्व स्वयं उसके मन और मस्तिष्क पर भूत की तरह सवार हो गयी थी। पराधीनता की घुटन से बौखलाये हुए विद्रोही तरुणों की उस क्रान्ति को संचालिका और संयोजिका जब वह स्वयं थी। क्या-क्या सपने सँजोये थे उसने उस क्रान्ति को आधार बनाकर! भविष्य की क्या-क्या योजनाएँ बनायी थीं उसकी कल्पना से उस युवक-आन्दोलन के विश्वव्यापी प्रचार और प्रसार के सम्बन्ध में! बुड्ढे और बीमार संसार के भीतर से अत्याचार और भ्रष्टाचार, असत्य और

अन्याय, राजनीतिक दम्भ और धार्मिक पाखण्ड के सारे विकारों को साफ करके विद्रोही तरुणों का वह आन्दोलन मानव-जाति को पुनर्यौवन प्रदान करेगा और सत्य और समता को आधार बनाकर एक बिलकुल ही नये और स्वस्थ संसार का निर्माण करेगा! पर स्वतन्त्रता प्राप्त होते ही उस कल्पना के विराट् भवन की एक-एक ईंट गिरकर किस तरह चकनाचूर होती चली गयी! और फिर उसके बाद एक भी सुयोग नहीं मिला उसे अपनी उस क्रान्तिकारी योजना फिर से संगठित करके उसे नयी दिशाओं में मोड़ने का।

कारण? एक नहीं सैकड़ों कारण एक-के-बाद-एक ऐसे आते गये जो उसकी सारी कल्पित योजना को केवल ध्वस्त नहीं करते चले गये, वरन् उसे हास्यास्पद भी बनाते गये। स्वतन्त्रता-प्राप्ति का तात्कालिक लक्ष्य पूर्ण हो जाने के बाद कोई भी दूसरा बड़ा लक्ष्य किसी बड़ी क्रान्ति के लिए नहीं रह गया। और छोटी-छोटी क्रान्तियाँ बिना किसी निश्चित लक्ष्य के अपने-आप उपजती और एक-दूसरे से टकराती चली गयी। शताब्दियों के बाद परतन्त्रता से मुक्ति मिलने पर, मरभुक्खे देश की अवचेतना के भीतर स्तर-प्रति-स्तर दबे पड़े तरह-तरह के अरमान प्रचण्ड भूगर्भीय विस्फोट को शक्ति से नाना छिद्रों से होकर ऊपर उठ आये। अनके परस्पर-विरोधी क्रान्तिदल "हमारी माँगे पूरी हों!" के नारों से आकाश को गुँजाने लगे, जबकि किसी के भी आगे यह स्पष्ट नहीं था कि उनकी अपनी माँगें क्या हैं। पर माँगे अवश्य थीं और असंख्य थीं जिनकी पूर्ति केवल मरुभूमि की मुट्ठियों-भरी धूल से ही हो सकती थी! अलग-अलग राजनीतिक दलों, विभिन्न सम्प्रदायों और पृथक्-पृथक् गुटों की स्वार्थ चेतनाएँ अलग-अलग दिशाओं से उभरती हुई, एक-दूसरे के विनाश को ही अपना प्रभुत्व लक्ष्य मानकर, 'क्रान्ति' का आह्वान करने लगीं। क्रान्ति के ही नाम पर एक सामूहिक पागलपन दूसरे सामूहिक पागलपन से होड़ होने लगा। एक ओर धर्मध्वजियों के झण्डे हो गये तो दूसरी ओर राजनीतिक साहित्यिक क्रान्तिध्वजियों की पताकाएँ तूफानी हवाओं के धक्कों से शून्य में फर-फर फहराने लगीं। किशोर अवस्था की भ्रान्तियों से उबरने के इच्छुक नव-युवकों का कोई पथ-प्रदर्शक न रहा और वे स्वयं नेतृत्व की महत्त्वकांक्षा से बौखलाकर, दिशा-भ्रमित होकर अपनी-अपनी "सेनाओं' को पथ-भ्रष्ट करने लगे।

ऐसी स्थिति में, जबकि चारों ओर अकाल-पक्व और अप्रौढ़ मस्तिष्कों से निकली हुई बरसाती क्रान्ति की क्षुद्र-क्षुद्र नदियाँ इतराकर, बौराकर, विनाश से महासागर में विलीन होने के लिए उतावली हो उठीं प्रतिमा किस क्रान्तिध्वजी दल का नेतृत्व करने की चाह मन में पाले रहती?

सोचते-सोचते वह कुछ कमजोरी का-सा अनुभव करने लगी और कौच पर प्रायः आधी लेट गयी। लेटे-लेटे ही सोचती चली गयी : और आज वह क्या-से-क्या हो गयी है! और कहाँ-से-कहाँ भटकती फिर रही है! तब लगता था कि उसके आगे, राष्ट्र और समाज के सेवा-पथ पर चलते हुए, असंख्य कर्त्तव्य पड़े हुए हैं। और आज? आज निष्क्रियता का अनन्त-प्रसारित रेगिस्तान उसके आगे धूल उड़ा रहा है। क्योंकि आज क्या कर्त्तव्य-कर्म शेष रह गया है किसी विवेकशील व्यक्ति के आगे?–सिवा इसके कि सुदूर

क्षितिज तक फैली हुई उसी मरुभूमि में लम्बे-लम्बे जुलूस निकालकर निरुद्देश्य चलने और चिल्लानेवाले क्रान्तिध्वजियों के पीछे-पीछे उन्हीं की तरह धूल उड़ाते चलते रहो? दादा ने उस दिन ठीक ही कहा था कि आज प्रकृति ने मानव-संसार की सारी योजनाओं की बागडोर अपने हाथों में ले ली है। मनुष्य आज स्वयं अपने ही मन और मस्तिष्क का मालिक नहीं रहा। प्रकृति स्वयं अपनी किसी रहस्यमयी योजना की पूर्ति के लिए, मनुष्य की बुद्धि और भावाना को साधन बनाकर, उनका संचालन-सूत्र अपने ही हाथों में लेकर, उन्हें इच्छानुसार नचा रही है! उसकी वह रहस्यमयी योजना क्या है, कोई बड़ा-से-बड़ा पण्डित भी आज यह नहीं बता सकता। दादा ने कहा था कि वह परिपूर्ण विनाश की योजना भी हो सकती है, मूलतः नये निर्माण की भी हो सकती है और छोटे-छोटे विनाश-काण्डों द्वारा सामूहिक मानव की सुबुद्धि जगाने की भी हो सकती है। पर इतना निश्चित है कि विशुद्ध भौतिकवादी वैज्ञानिकों ने अपने नये-नये यान्त्रिक आविष्कारों द्वारा एक दिन जो यह दम्भ भरने का दुस्साहस किया था कि मनुष्य प्रकृति का विद्रोही पुत्र है और प्रकृति की सारी शक्तियों को अपने वश में करके ही रहेगा, उसका यह गर्व आज चूर-चूर हो रहा है और जल्दी ही एक दिन पूरी तरह चकनाचूर होकर ही रहेगा। और दादा के सहज अन्तर्ज्ञान से निकला हुआ यह निष्कर्ष भी बहुत बड़ा अर्थ रखता है कि प्रकृति के विरुद्ध यान्त्रिक और मानसिक विद्रोह से नहीं, वरन् उसके साथ पूर्ण सहयोग से, उसकी मूल चेतना के साथ अपनी चेतना के पूर्ण तादात्म्य से ही मनुष्य के–व्यक्ति और समूह दोनों के–वास्तविक कल्याण-पथ की वज्र अवरुद्ध दिशाएँ खुल सकती हैं–

भीतर से गुसलखाने की सिटकिनी के खट से खुलने की आवाज सुनते ही प्रतिमा की विचारधारा टूट गयी। वह सँभलकर उठ बैठना चाहती थी, पर उसमें जैसे उठने की शक्ति ही नहीं रह गयी थी। एक अतलव्यापी भ्रान्ति ने उसकी सारी चेतना को ही जैसे मोहाच्छन्न कर दिया था।

दादा गुसलखाने से बाहर निकलकर जब बाहर ड्राइंग-कम डाइनिंग-रूम में आये तब प्रतिमा को बाण-विद्ध मृगी-सी अचेत पड़ी हुई देखकर उनके मन को एक हलकी-सी ठेस पहुँची। लेटने की उस मुद्रा से ही वह जान गये थे कि उस समय प्रतिमा सचमुच में भीतर और बाहर से बुरी तरह थकी हुई है।

उन्होंने धीमे से उसकी पीठ पर हाथ रखकर तर्जनी के हलके धक्के से जगाते हुए कहा : "तबीयत क्या अच्छी नहीं है, प्रतिमा? इस तरह क्यों लेटी हो? उठकर खाना खा लो, तो फिर आराम से पलँग पर लेट जाना।"

प्रतिमा धीरे से आधी अँगड़ाई लेती हुई-सी उठी। फिर एक मुरझायी हुई-सी मुस्कान मुख पर झलकाती हुई बोली : "जी कुछ घबड़ा रहा है, पता नहीं क्यों।"

दादा उसकी बगल में बैठ गये और सहज भाव से बोले : "एक बाहरी कारण का

पता तो स्पष्ट है–नकुल की आकस्मिक विदाई। एक बात है–नकुल के व्यक्तित्व में और बातें चाहे कैसी ही क्यों न हों, एक बड़ी विशेषता मैंने उसमें पायी।"

"क्या?" दादा के कन्धे पर धीरे से हाथ रखते हुए प्रतिमा ने पूछा।

"यह कि अपने मन की तीखी पीड़ा की छाप वह दूसरों के मन पर बड़ी गहराई से छोड़ जाता है–उसी पीड़ा का रूप और कारण जो भी हो।"

बाहर आकाश में जो काले बादल उमड़ रहे थे और जो कुहरा घनीभूत हो रहा था वे कुछ समय के लिए अपना डरावना रूप दिखाकर, थोड़ी ही बूँदाबाँदी के बाद साफ होने लगे थे।

प्रति ने सहसा एक लम्बी साँस खींची और फिर मुरझाये हुए स्वर में, बहुत ही दबी जबान से बोली : "नकुल के कारण मन में एक तीखी कसक का अनुभव तो हो ही रहा है, दादा, पर अब उससे भी अधिक एक और कारण से मन भारी होने लगा है।"

"क्या कारण?"

"मैं इस समय चित्रा की बात सोच रही हूँ, दादा।"

"क्या सोच रही हो?"

"मैं सोच रही हूँ, काफी दिनों से हम दोनों चित्रा के निकट सम्पर्क में आ चुके हैं और सहज ही इतनी गहरी आत्मीयता का अनुभव उसके प्रति करने लगे हैं। और मेरा विश्वास है कि आत्मीयता की एक ऐसी अनुभूति कभी एकतरफा नहीं हो सकती। वह भी निश्चय ही हम दोनों के प्रति उतनी ही आत्मीयता का अनुभव अवश्य ही करती होगी। पर–" कहकर प्रतिमा सहसा रुक गयी।

"पर क्या?"

"पर–आज ही मेरे मन में यह प्रश्न उठा है कि इतने निकट होने पर भी हम दोनों के आगे उसने अपनी किसी समस्या को किसी इंगित से भी कभी नहीं रखा। न उसने कभी यह बताया कि होटल का बिल इतने दिनों तक उसने नहीं चुकाया है या नहीं चुका पा रही है, न यही बताया कि नकुल से उसकी क्यों नहीं पटी–जब कि बीच में कुछ ही दिन पहले दोनों एक-दूसरे से आन्तरिक रूप से घुले-मिले से लगने लगे थे। उस दिन मेले में तुमने देखा होगा, दोनों किस उल्लास से, किस अल्हड़पन से एक-दूसरे से खेल रहे थे–एक-दूसरे से छेड़ रहे थे! और उसके तीन ही चार दिन बाद नकुल का रंग ही उड़ा हुआ दिखायी देने लगा–लगता था जैसे उसका हुलिया ही बदल गया हो। मैं अचम्भे में रह गयी कि यह सब क्या तमाशा हो रहा है। पर चित्रा को जब भी देखा, शान्त, स्थिर और प्रसन्न मुद्रा में पाया। और अपने दो साथियों के साथ बातें करते हुए तो वह तब से भी अधिक अल्हड़ दिखायी देने लगती है, जैसी उस दिन मेले में लगती थी। और यह भी मैं अपनी अनुभूति से स्पष्ट देख चुका हूँ कि भीतर उसके तनिक भी उल्लास नहीं है। जैसे वह उन सारी परस्पर-स्थितियों को बिना किसी भी आवेग या भावना के सहज ही भोगती चली जा रही हो–"

"बड़ी मर्म की बात उठा दी तुमने, इस असमय में," दादा ने धीरे-से, कुछ हलकी-सी

शिकायत के स्वर में कहा। "तुम बताने पर भी शायद न समझ सको, प्रतिमा, कि चित्रा जब से आयी है तब से उसने मेरे अन्तर की गहराई को पानी पड़े हुए सन से भी मजबूत किन डोरों से जकड़ लिया है–"

प्रतिमा आश्चर्यचकित होकर दादा की ओर देखती रह गयी। बड़ी बारीकी से वह उनकी आँखों और कपाल की रेखाओं की बदलती हुई अभिव्यक्ति पर गौर कर रही थी। वह क्या उससे मजाक तो नहीं कर रहे हैं? नहीं, उसने देखा, दादा की मुद्रा इस समय जैसी गम्भीर थी वैसी शायद ही कभी रही हो। तब?

"मुझे जीवन में पहली बार एक चरित्र मिला है प्रतिमा," दादा कहते चले गये, "ऐसा जो अपने सही मानों में चरित्र हो–अपने हर रूप में। सच मानों, प्रतिमा इस अद्भुत नारी ने मेरी चेतना को तल से सतह तक झकझोर दिया है–" एक गम्भीर-सी आह दादा के मुँह से बरबस निकल पड़ी।

प्रतिमा अधिक रह न सकी। दादा की बात सुनकर उसका मन बुरी तरह गुदगुदा उठा था। कहीं 'फिक्क' से हँसी न छूट जाये, इस आशंका से उसने अपने को बहुत सँभाल लिया। फिर भी रह न सकी, चहक ही पड़ीं। बड़ी ही कटीली पर बड़ी ही प्यारी मुस्कान मुख पर बिखेरती, आँखें मन्द-मधुर मटकाती और भौहें तरेरती हुई, बीच ही में प्रश्न की-सी मुद्रा में चुहल करती हुई बोल उठी : "दादा, यह सब आज? इस उम्र में? और जब इतनी दूर तक मेरे साथ कदम बढ़ा चुके हो, तब भी?"

दादा का भाव-प्रवेग सहसा, पहाड़ी नदी की तरह अवरोध पाकर "फेनिल' अट्टहास कर उठा। बहुत देर तक वह 'होः होः' करके हँसते रहे–तब तक जब तक आँखों में आँसू नहीं निकल आये। उसके बाद अखें पोंछकर बोले : "तुम सचमुच बहुत दुष्ट हो, प्रतिमा। तुमने मुझे ठीक मेरे ऐसे दुर्बल क्षण में पकड़ लिया जिसके प्रति मैं अपने भोलेपन अर्थात् मूर्खता–के कारण सावधान न रह सका। उफ!" और फिर एक बार हँस पड़े।

कुछ स्थिर होने पर बोले : "एक नारी के आगे दूसरी नारी के व्यक्तित्व की प्रशंसा करना बड़ी भारी मनोवैज्ञानिक भूल है, सिद्धान्त रूप से यह जानते हुए भी मैं अपनी असावधानी के क्षण में वही गलती कर गया!"

"अपनी सच्ची भावना को इस तरह परिहास का रूप देने और अपनी बात को इस सफाई से पठाने से तुम अब वास्तविकता से उबर नहीं पाओगे, दादा!" उसी शरारत-भरी मुस्कान को आगे बढ़ाते हुए प्रतिमा ने कहा। "जब तुम्हारा यह हाल है तब बेचारे नकुल को क्या दोष दिया जा सकता है!"

"तुम ठीक कहती हो, प्रतिमा," दादा फिर सहसा पहले ही की तरह गम्भीर हो गये थे। "मैंने अपनी सच्ची भावना ही तुम्हारे आगे व्यक्त की थी। पर उसमें न प्रशंसा की ही कोई बात थी न निन्दा की। मैं केवल अपने जीवन के एक नये अनुभव की, विस्मय की एक नयी अनुभूति की बात तुमसे कह रहा था। चित्रा के बाहरी और भीतरी व्यक्तित्व के जो विभिन्न स्तर पिछले कुछ दिनों में मेरे आगे एक-एक करके उघड़ते चले गये हैं, उन्हें मेरी आँखों ने अलग-अलग, सुस्पष्ट रूप से देखा और परखा है। साथ ही उन सबका

समन्वित रूप भी मुझे देखने को मिला है। कुल मिलाकर मुझे ऐसा लगा है कि यह साधारण नारी प्रकट में युग की उपज होने और युग के साथ जीने पर भी, वास्तव में युग से बहुत दूर, बहुत ऊपर पहुँची हुई है। उसके चरित्र का विचार न तो युगीन सामाजिक नीति से किया जा सकता है, न पारम्परिक मान्यताओं के आधार पर–"

"यह तो सब ठीक है, दादा," कहती हुई प्रतिमा फिर अपने सहज रूप में आ गयी थी, "पर ये जो मुस्टण्डे उसे रात-दिन घेरे हुए हैं, ये कौन हैं और उससे क्या चाहते हैं? मुझ तो ये दोनों बड़े रहस्यमय लग रहे हैं। इन्हीं के कारण बेचारे नकुल को बुरी तरह जलील होना पड़ा है!" और नकुल की याद से फिर एक बार प्रतिमा के मुख पर एक गहरी उदासी छा गयी।

"खाना लगेगा, शाब?" देवसिंह ने आकर पूछा।

"जरूर लगेगा," दादा ने कहा, "दो थालियों में।"

और फिर प्रतिमा को सम्बोधित करते हुए बोले : "ये दोनों क्या हैं, कौन हैं और चित्रा को क्यों घेरे हुए हैं, इस बात का उत्तर तुम्हें समय पर अपने-आप मिल जायेगा। इस समय केवल इतना ही जाने रहना काफी होगा कि हम दोनों न तो चित्रा के चरित्र और कार्यों के विचारक बनने की स्थिति में हैं, न इन दो तथाकथित मुस्टण्डों की हरकतों का लेखा-जोखा करने की है। खाना आ गया। चलो इतमीनान से खाया जाये और फिलहाल ताक पर रख दो इन उलझानेवाले प्रश्नों को।"

देवसिंह ने चुपचाप पर्दे के उस पारवाली मेज पर खाना लगा दिया था। दोनों उठकर उसी ओर चल दिये।

खाना खा चुकने के बाद प्रतिमा चुपचाप, अकेली ही अपने कमरे की ओर चल दी। जो उदासी आज सुबह से ही उसके पीछे लगी हुई थी वह अभी तक वैसी ही बनी हुई थी और एक पल के लिए भी उसे चैन नहीं लेने दे रही थी। जैसे किसी कमरे में केवल एक ही कौच रखा हो, उस कौच का स्प्रिग भीतर से टूट गया हो और उसका एक विशेष काँटा ऊपर की ओर उठकर गद्दे के नीचे बैठनेवाले को बार-बार कोंच रहा हो, साथ ही बैठनेवाले की यह विवशता हो कि किसी की प्रतीक्षा में वहीं पर बैठे रहने के अलावा उसके लिए और कोई चारा न हो–कुछ इसी तरह की चुभन का अनुभव प्रतिमा कर रही थी।

उसकी वह चुभन केवल नकुल ही आकस्मिक विदाई के कारण नहीं थी। वह अपने साथ अनेक छोटे-मोटे, कुछ स्पष्ट और कुछ अस्पष्ट कारणों को जोड़ती चली जा रही थी।

अपने कमरे के भीतर जाकर प्रतिमा जैसे कुछ सोच ही नहीं पा रही थी कि क्या क्या करे। अनमने भाव से उसने अपना ट्रांजिस्टर उठाकर उसे 'ऑन' किया। 'विविध भारती' पहले ही से लगा हुआ था–शायद पड़ोस के किसी बच्चे ने किसी समय आकर लगाया होगा। बच्चे उसके पास अक्सर आते-जाते रहते थे। वह स्वयं बहुत ही कम

अवसरों पर रेडियो सुनती थी। पहला ही गाना जो बजा वह इस प्रकार था :

जब से बलम घर आये-ए-ए-ए!

"दुत!" कहकर, मन्द-मन्द मुस्कराकर उसने तत्काल स्विच आफ़ कर दिया। उसके बाद उसने उन थोड़ी-सी पुस्तकों को टटोलना आरम्भ कर दिया जिन्हें वह अपने साथ लायी थी। उनमें अधिकतर पुस्तकें प्राचीन भारतीय दर्शन से सम्बन्धित थीं। कुछ पुस्तकें योग और थियोसाफी पर भी थीं। दो-एक पुस्तकें अरविन्द और स्वामी विवेकानन्द के विचारों से सम्बन्धित थीं। गीता की भी एक प्रति वह अपने साथ लेती आयी थी। सोचा था, इस बार पहाड़ी वातावरण के एकान्त में उनका अध्ययन करेगी–शायद कहीं निष्क्रिय और शून्य मन को टिकने का आधार मिल जाये! पर यहाँ आकर कुछ दूसरी ही समस्याओं में उलझ गयी! फिर भी ठीक ही है। अपने मन को दिलासा देती हुई वह सोच रही थी, कही-न-कहीं किसी-न-किसी समस्या में मन उलझा रहे, निपट शून्य की स्थिति से यही अच्छा है!

दो-एक पुस्तकें उलट-पुलटकर देखीं, पर किसी में मन नहीं लगा। पुस्तकों को ताक पर रखकर वह काफी देर तक खिड़की के पास खड़ी रही। कुहरा कभी फैलता था, कभी मिटता था। आसमान बीच-बीच में फट गया था। और बीच-बीच में कई झीलें बन गयी थीं। काले बादलों के एक-दूसरे से विच्छिन्न विशाल पहाड़ों के किनारों की रुई धुनकर सफेद होती चली जा रही थी और दोपहर के सूर्य के प्रकाश में काली साड़ी पर बिजली की गोट-सी लग रही थी। चिड़िया भगानेवालों का हुँकारना और कनिस्टरों का पीटा जाना बदस्तूर जारी था। दल-के-दल तोते भाग रहे थे, चील घाटी के ऊपर मँडरा रहे थे और इक्के-दुक्के कौवे 'का-।-।-।' 'आ-।-।-।' की आवाज में दूरस्थित दूसरे कौवों से सम्पर्क स्थापित करने का प्रयत्न रहे थे। सर्वत्र व्यर्थता और उदासी के ताने-बाने अपना अदृश्य जाल बुनते चले जा रहे थे।

पर क्यों यह व्यर्थता और कैसी यह उदासी! पिछले कुछ दिनों से आशा की जिस सूक्ष्म किन्तु प्रखर किरण ने उसकी चेतना को उल्का के-से तीव्र प्रकाश से उद्भासित कर दिया था, उल्लास की जिस झलझलाती हुई खड्ग-धार ने उसके अन्तर के स्तर-प्रति-स्तर जमे हुए अन्धकर को आर-पार चीर डाला था, वह लौ सहसा किसकी दम तोड़नेवाली फूँक से पल में बुझ गयी? अपने अन्तर का विश्लेषण करते हुए प्रतिमा इतना तो निश्चित रूप से जान गयी थी वह फूँक चाहे किसी की हो, नकुल की नहीं थी। नकुल की विदाई ने निश्चय ही एक तीखी और अप्रत्याशित चुभन उसके अन्तर में पैदा की थी। पर वह पीड़ा अपना कोई भी स्थायी चिह्न उसके अन्तर में नहीं छोड़ गयी थी। वह चुभन जिस तरह आयी थी उसी तरह शून्य में विलीन भी हो गयी थी। दादा की यह बात उनके मन में जम गयी थी कि नकुल का चले जाना उसके लिए अन्ततः कल्याणकर ही सिद्ध होगा।

तब? निर्मल नील आकाश के एक कोने से सहसा तूफानी बादल की तरह उठकर,

बड़ी तेजी से फैलती और फूलती हुई उस पीड़ा का मूल उत्स कहाँ पर हो सकता है? शून्य के किस रहस्यमय कोने में उसका उद्गम है? बहुत टटोलने पर भी प्रतिमा उसकी खोज में एक इंच भी आगे न बढ़ सकी।

उसी हैरत की मनःस्थिति में वह बिना कपड़े बदले ही पलँग पर लेट गयी। कुछ देर तक दायें-बायें करवटें बदलती रही। कब झपकी आयी, उसे पता भी न चल पाया।

और तब अपनी उसी झपकी में उसने देखा, कई मटमैले पर्दों से लिपटी हुई एक नारी-मूर्ति की धुँधली छाया उसके सामने खड़ी थी। धीरे-धीरे उस विचित्र मूर्ति के चेहरे का धुँधलापन परत-दर-परत मिटता चला गया। वह चेहरा परिचित सा लग रहा था, पर अभी धुन्ध पूरी तरह साफ नहीं हुआ था। इसलिए वह ठीक कौन है, यह समझ में नहीं आ रहा था। धुन्ध कुछ और हटा। "हाँ-हाँ! इसे तो मैं अच्छी तरह जानती हूँ," झपकी में ही प्रतिमा अपने-आप से कह रही थी। "पर कौन है यह? कहाँ देखा है मैंने इसे?"

कुछ ही देर बाद धुँधलका पूरी तरह से हट गया और तब प्रतिमा ने स्पष्ट देखा, वही चिर-परिचित नारी मूर्ति एक लम्बी-चौड़ी, काले रंग की साड़ी से अपने को सिर से पाँवों तक अच्छी तरह लपेटे हुई थी। उसका संगमरमर-सा सुन्दर गोरा चेहरा संगमरमर की मूर्ति की ही तरह स्तब्ध और निश्चल था। केवल बड़ी-बड़ी भावपूर्ण आँखों की दो काली पुतलियाँ उसके सम्पूर्ण मुख-मण्डल के मृत्यु-मौन विषाद को तनिक गतिशील बनाती हुई, उसे एक निराली, वर्णनातीत मोहकता प्रदान कर रही थीं। सहसा उसकी दायीं आँख से एक बूँद आँसू टपक पड़ा। प्रतिमा चौंक उठी। उस मूर्ति के व्यक्तित्व की अपूर्व गरिमा से वह आच्छन्न हो गयी थी और और उसे पहचानती हुई भी उसका नाम याद नहीं कर पा रही थी। केवल स्तब्ध, सम्भ्रमित, भीत और भावविह्वल दृष्टि से उस मूर्ति की ओर देखती हुई, चाहने पर भी आँखें नहीं घुमा पा रही थी।

हवा के एक जोर के झोंके ने सहसा आधी खुली खिड़की के पल्ले को खटाक से बन्द कर दिया। उसकी आवाज से प्रतिमा की आँखें एक झटके से खुल गयीं। उसका सारा शरीर ठण्डे पसीने से तर था। कुछ क्षणों तक वह समझ ही नहीं पायी कि वह कहाँ थी, कहाँ से आयी है और क्या दृश्य उसने देखा। उसके बाद जब उसकी चेतना पूरी तरह से लौट आयी तब स्वप्नावस्था में देखी हुई उस मूर्ति की याद आते ही वह आतंकित हो उठी। "अरे, वह तो चित्रा थी! एकदम सुस्पष्ट रूप से वह चेहरा चित्रा का ही था! और पहचानते हुए भी उसका नाम ही मुझे याद नहीं आ रहा था! बाप-रे-बाप, कैसा भयावना सपना था यह! पर उस सारे भयावनेपन के बीच भी कैसी मोहक और आकर्षक लग रही थी संगमरमर की वह मूर्ति!"

उसने अपनी छाती पर हाथ रखा। बुरी तरह से धड़क रहा था उसका हृदय, जैसे कोई उसे पकड़कर पूरे जोरों से गेंद की तरह उछाल रहा था। गेंद फिर वापस आ जाती थी और फिर वह 'कोई' उसे दीवार पर पटककर उछालता था। उसने कुछ समय के लिए कुछ भी सोचना बन्द कर दिया। केवल गेंद की उछाल-पटक धैर्य से अनुभव करती और सहती रही।

जब धड़कन काफी कम हो गयी तब वह धीरे से उठी। उसने एक टॉनिक रख छोड़ा था अपने पास, जिसका उपयोग वह केवल हौलदिली के अवसरों पर ही करती थी। शीशे के एक छोटे से गिलास में उस टॉनिक की एक मात्रा लेकर वह बिना पानी के ही पी गयी। उसके बाद ही आधा गिलास पानी अलग से गटक गयी।

जब कुछ स्थिर हुई तब सोफा पर अधलेटी अवस्था में बैठ गयी। तब बड़े धैर्य से और गम्भीर भाव से सोचने लगी कि वह क्या सपना देखा उसने! सबसे अधिक आश्चर्य और भय का अनुभव उसे इस बात से हो रहा था कि चित्रा को उस वेष में भी पहचानने के बावजूद उसे उसका नाम ही याद नहीं आया! कैसी विकट रूप से भयंकर और लामहर्षक अनुभूति थी वह!

हाँ, केवल अनुभूति ही थी उसकी आतंकजनक। सपना अपने-आप में विशेष भयंकर नहीं था–शायद। "पर ठहरो!" उसने आपने-आप से कहा : "तनिक उस सपने का विश्लेषण पूरे धैर्य, साहस और तटस्थता से कर लिया जाये!"

पर "विश्लेषण' शब्द मन में उठते ही उस सारी भयावह अनुभूति के बीच भी उसे हँसी आ गयी। और फिर (विश्वास करने की बात नहीं है) अपनी हँसी पर भी उसे हँसी आने लगी। वह टॉनिक पीने के बाद अपने से कुछ इस तरह बात कर रही थी : "देख लो इस मन की अस्थिरता, धूर्तता और कुचक्र। वह कब किस बात पर हँसता है, किस पर रुलाता है, किस समय किस कारण से किस जरिये से डराता है,–उसकी इन बातों को जानने का दावा संसार का कोई मनोवैज्ञानिक करे तो मैं उसे सहज ही चुनौती दे सकती हूँ। मैंने भी यही जानने के लिए ही बी.ए. में मनोविज्ञान को अपने विशेष विषय के रूप में चुना था, यद्यपि अँग्रेजी साहित्य ही मेरा मूल विषय था। और आज तक मैं इस धोखेबाज विज्ञान में बराबर दिलचस्पी लेती चली आ रही हूँ। सभी नामी मनोवैज्ञानिकों की पुस्तकें छान डालीं, पर मन के मूल रहस्य से सम्बन्धित मेरा ज्ञान एक अक्षर भी तो नहीं बढ़ा! जो थोड़ा-बहुत मैंने समझा है वह केवल अपने ही मन के निर्मम विश्लेषण और साधारण मानव-जीवन के अनुभव से। पर–पर–बात चल रही थी विश्लेषण की! कितने विश्लेषण मैंने अपनी व दूसरों की आन्तरिक प्रवृत्तियों, 'को-काल्ड' विकृतियों और सपनों के किये, पर–" वह फिर हँसने लगी–"पर वे सब नाटक यथार्थ तथ्यों के प्रकाश में कितने झूठे और हास्यास्पद निकले! इसलिए मैं अपने अभी के सपने का जो विश्लेषण धैर्य, साहस और तटस्थता से करने की बात सोच तो रही हूँ, मैं ही जानती हूँ कि वह कितना 'यथार्थ' होगा! फिर भी, स्वप्न-विज्ञान के अनुसार ही सही, जो सपना मैंने देखा है उसका सारा विवरण-चित्र तो, समय काटने के लिए ही सही, तैयार कर लिया जाये। मैं किसी भावुकता से प्रभावित होकर नहीं, एकदम तटस्थ वैज्ञानिक दृष्टि से इस पर विचार करूँगी, सपने भी क्या कोई हौवा होते हैं! हो सकता है, अवचेतना के किसी रहस्य को वे निजी नाटकीय भाषा में खोल पाते हों, पर इस बात से कतराना क्यों? हाँ, तो पहली बात जो मैंने देखी वह मटमैले पर्दों से ढकी हुई एक नारी-मूर्ति–"बल्कि उसे छाया ही कहना चाहिए, क्योंकि प्रारम्भ में वह छाया की ही तरह लगी थी। चारों ओर एक हलके

से धुँधलके ने उसे घेर रखा था, 'धीरे-धीरे–ऊँहुँक'–इन सारे 'डिटेल्स' को कागज पर उतारे बिना काम नहीं चलेगा। मैंने एक ज़्वलन्त यथार्थ से भी अधिक सच्चा और सुस्पष्ट लगने वाला एक विकट दृश्य–फैण्टेसी ही सही–देखा है। और इस समय मैं उसकी रेखा-दर-रेखा को अपने आगे बारीक 'शेडों' में उतार सकने के 'मूड' में हूँ। तो आलस छोड़कर क्यों न कागज-कलम ले आऊँ?"

और वह उठने लगी। आधा उठ भी गयी थी शायद। पर फिर बैठ गयी। अपने-आप से कहने लगी : "हटाओ जी! कौन लिखने का कष्ट करे! मुझे सब-कुछ याद है और याद रहेगा। भूलूँगी कैसे? भूलने लायक सपना ही नहीं था वह! इसलिए कोई ऐसी चिन्ता की बात नहीं है, मैं यों ही अपने मन में नोट करती रहूँगी। हाँ, तो वे मटमैले पर्दे एक-एक करके हटते गये। धुँधलका साफ होता चला गया। और तब सुस्पष्ट रूप से दिखायी दी एक लम्बी-चौड़ी काली साड़ी में लिपटी हुई संगमरमर-सी गोरी-चिकनी एक नारी-मूर्ति, जो संगमरमर की ही तरह स्तब्ध, निश्चल और पाषाणी थी, केवल उसकी आँखों की दो पुतलियाँ चंचल दिखती थीं। और तब सहसा दायीं आँख से एक बूँद आँसू टपककर, उसके गाल से होकर नीचे लुढ़क पड़ा! पर आँसू से उसके उन्नत स्वाभिमान की गरिमा में तनिक भी कमी नहीं आयी थी, वरन् वह और अधिक उभर उठी थी।"

प्रतिमा को लग रहा था कि वह दुःख और दैन्य से पीड़ित आत्मा का आँसू तनिक भी नहीं था। वह थी मर्म की दुस्सह निर्मम यातना को हँस-हँसकर पी जाने के बाद भी तलछट में बचे हुए आँसू की बूँद–अन्तिम और एकमात्र बूँद! कवि ने ऐसी ही बूँद के लिए शायद लिखा था–कालेर कपोल-तले शुभ समुज्ज्वल, ऐक बिन्दु नयनेर जल! इतना उदात्त और इतना सुन्दर था वह आँसू कि उस पर लाख-लाख मोती न्योछावर थे, कितना अनुपम, कितना अनमोल। उसके स्वाभिमान की गरिमा को तीखेपन के साथ उभारने वाला वह आँसू उसे प्रतिदिन और प्रतिपल के झूठे सांसारिक और सामाजिक चक्र-जाल के परे, दूर–बहुत दूर किसी ऐसे रहस्य की दुनिया की चोटी पर पहुँचा रहा था जो प्रत्यक्ष से भी अधिक यथार्थ थी। पर–पर–उस सारे सपने का अर्थ क्या हो सकता है?"

और तब प्रतिमा को लगा कि वह कहाँ-से-कहाँ बहकती और भटकती चली जा रही है और स्वप्न-विज्ञान का जो थोड़ा-बहुत ज्ञान उसे था, उसे भी भूलती जा रही है। उसका टानिक वाल "मूड' अब उतार पर था और उस ओर-छोर-हीन सपने की भयंकरता की अनुभूति फिर से उसे अपने शिकंजे में दबोचने लगी थी।

"क्या हो सकता है उस विचित्र और प्रकट में अर्थहीन सपने का अर्थ?" उसने फिर व्याकुल होकर शून्य को सम्बोधित करते हुए पूछा। "अपनी दूसरी ही चिन्ताओं के जाल के बीच चित्रा की वह छाया-मूर्ति–बल्कि प्रस्तरात्मा–कहाँ से मेरे मानस से आकर टकरा गयी?"

और तभी उसे 'इलहाम'-सा हुआ कि वह स्वप्न उसकी अपनी अवचेतना की परिकल्पना नहीं है, वह कहीं बाहर से आकर उसकी चेतना पर आरोपित हुआ है। वह एक टेलीपैथिक–दुरानुभूति-मूलक सपना भी हो सकता है, प्रतिमा ने सोचा। पर टेलीपैथिक

सपना वह कैसे और किस रूप में हो सकता है? और उसे याद आया कि चित्रा सबेरे आयी थी, नकुल की खोज में। या शायद यह जानने के लिए कि नकुल की आकस्मिक विदाई की प्रतिक्रिया उस पर और दादा पर किस रूप में हुई हैं। जो भी हो, जब प्रतिमा की रीढ़ पर अचानक दर्द उठने लगा तब चित्रा उसकी पीठ को अपने स्नेह-सरस हाथों से धीरे-धीरे सहलाने लगी थी। और यह असम्भव नहीं है कि तभी अपने उस चुम्बकीय स्पर्श के द्वारा उसने अपने अन्तर-के-अन्तर में दबी मर्म-पीड़ा की अनुभूति को अज्ञात में प्रतिमा की अवचेतना में संचारित कर दिया हो, और वही अज्ञात अनुभूति इस सपने के माध्यम से प्रतिफलित हो उठी हो?

"दुत! मेरी कल्पना की बहक अब सीमा को पार करने जा रही है?" उसने मन-ही-मन कहा। "इस तरह के कितने ही ऊटपटांग सपने न जाने कितनी बार काली रातों में देख चुकी हूँ। एक अदने से सपने को इस हद तक महत्त्व देना पागलपन के अलावा और कुछ भी नहीं है। और यदि उसका कोई अर्थ किसी हद तक निकाला भी जा सकता है तो वह मेरे द्वारा सम्भव नहीं है। केवल एक ही व्यक्ति इस दुनिया में है जो इस सारी निरर्थकता के भीतर से सम्भवतः कोई काम की बात निकाल सके।"

और वह दादा को याद करने लगी। और आश्चर्य! परम आश्चर्य! तभी किसी ने बाहर से दरवाजा खटखटाया और दादा मूर्त रूप में सामने खड़े दिखायी दिये। प्रतिमा सोचन लगी की आज उसके मन के कसे हुए तार इस कदर सूक्ष्म संवेदनशील कैसे हो उठे हैं? किसी-किसी दिन ऐसी काकतालियाँ शायद सहज ही घट जाती हैं!

दादा जब इतमीनान से बैठ गये तब प्रतिमा ने अपने सपने को उनके आगे पूरे ब्योरे के साथ दुहराया। दादा एकान्त मन से सुन रहे थे।

सुना चुकने के बाद प्रतिमा ने कहा : "दादा, मैं तब से एक अजीब-सी उलझन में पड़ी हुई हूँ और अकारण ही एक भय की-सी भावना भी मुझे दबोच रही है।" और उसके बाद ही उसने अपना सपना और सपने के सम्बन्ध में अपनी निजी व्याख्या भी टेढ़े-मेढ़े ढंग से सुना दी।

प्रतिमा ने देखा कि दादा के चेहरे पर उससे भी अधिक चिन्ता और घबराहट की छाया घिर आयी है।

"क्यों, क्या बात है?" उसी घबराहट के स्वर में प्रतिमा ने पूछा। "तुम तो मुझसे भी अधिक भयभीत हो उठे हो।"

"कुछ नहीं, मैं यों हीं सोच रहा था। फिर भी–वास्तविकता यह है कि जो सपना तुमने देखा है वह सचमुच में चिन्ता उत्पन्न करनेवाला है। पर इस तरह के सपने अक्सर अस्सी प्रतिशत निरर्थक निकलते हैं–"

"पर यदि वह शेष बीस प्रतिशत की कोटि में आ जाये तो इससे तुम किस अनुमान पर पहुँचते हो?"

"तब तो उसका परिणाम अच्छा नहीं होगा–तुम्हारे लिये नहीं, चित्रा के लिये।"

"किस रूप में?" काँपती हुई आवाज में प्रतिमा ने पूछा। अबकी उसकी आँखों की

घबराहट आतंक में बदल गयी थी।

"मेरा आग्रह है, प्रतिमा, इस समय इस सम्बन्ध में अधिक न पूछो। किसी अनिश्चित आधार पर लगाया गया कोई अशुभ अनुमान किसी सुखद चर्चा का विषय नहीं बन सकता। उसे भूल जाने में ही भलाई है। इस समय कोई दूसरी बात चलाओ। अपने दोस्त पप्पू और उसकी बहन मीना को बुला लाओ, कुछ उनसे छेड़छाड़ रहे।"

पप्पू और मीना प्रतिमा के बगलवाले पड़ोसी टूरिस्टों के बच्चे थे, जिनकी उम्र पाँच-सात साल के करीब होगी। दोनों अक्सर प्रतिमा के कमरे मे चले आते थे। तरह-तरह के विषयों पर ऐसे-ऐसे सिद्धान्त निकालते थे और अपने पक्ष के समर्थन में ऐसे-ऐसे तर्क उपस्थित करते थे कि प्रतिमा को अक्सर निरुत्तर कर देते थे। ऊधम भी खूब मचाते थे। प्रतिमा प्रतिदिन उनके लिए तरह-तरह के बिस्कुट, चाकलेट और लेमन ड्राप्स लाकर रखे रहती। एक दिन प्रतिमा किसी काम में व्यस्त थी। उसने टहलाने के लिए पप्पू से कहा : "आज तुम्हारे दोस्त लोग कहाँ हैं– जाओ, अभी उनके साथ जाकर खेलो।"

इस पर पप्पू जी बड़े इतमीनान के साथ एक-एक अक्षर को चबाते हुए बोलेः"आप भी तो हमारी दोस्त हैं!"

"क्या मतलब?" प्रतिमा ने कुछ मजा लेने के लिए पूछा।

"मेरा मतलब यह है," पप्पू जी प्रतिमा की साड़ी का नीचे लटकता हुआ छोर पकड़े, नीचे की ही ओर देखकर, एक सयाने व्यक्ति की तरह समझाते और एक-एक शब्द पर बल देते हुए धीरे से बोले, "कि दोस्त उसी को तो कहते हैं जो अपने को अच्छी-अच्छी मिठाइयाँ खिलाये अपने को प्यार करे और प्यार की बातें करे। ठीक है कि नहीं?"

प्रतिमा हँसे कि बच्चे के कान पकड़े, कुछ समझ नहीं पा रही थी। कुछ सोचकर, मन्द-मन्द मुस्कराते और बच्चे को एक मीठी डाँट पिलाते हुए बोली :"देखो पप्पू, अच्छे लड़के इस तरह प्यार की बात नहीं करते।"

"नहीं-ी-ी," पप्पू जी उसी धीर और गम्भीर लहजे में बोले, "हम दूसरों से इस तरह की बात कहाँ करते हैं? हमने डैडी और मम्मी से कभी इस तरह की बात नहीं की!"

प्रतिमा की हँसी फौव्वारे की तरह सौ-सौ धाराओं में फूट चली। हँसते-हँसते उसके पेट में बल पड़ गये थे और वह पलँग पर लोट-पोट हो गयी थी। उसने उसी दिन दादा को वह किस्सा बताया था और उनके आगे पप्पू के ही लहजे में पूरे नाटक के साथ वह बात दुहरायी थी। दादा भी सुनकर हँसते-हँसते बेहाल हो गये थे। प्रतिमा उसी बात को तरह-तरह से दुहराती हुई नया-नया हास्य-रस उत्पन्न करती जाती थी और स्वयं भी हँसती जाती थी। दादा का यह हाल था कि वह हँसी की बरबस और बार-बार उठनेवाली फुरेरियों को सँभाल ही नहीं पा रहे थे। अन्त में बोलेः "अब बस करो, प्रतिमा। मैं हार्ट का मरीज हूँ, इतना नहीं सह सकूँगा।"

प्रतिमा सहसा एकदम चुप हो गयी थी। दादा जब कुछ शान्त हो गये तब उसने अत्यन्त गम्भीर और चिन्तित स्वर में पूछा था : "मुझे पता नहीं था कि तुम 'हार्ट' के मरीज हो! इतनी ऊँची-ऊँची चढ़ाइयाँ चढ़ते हुए तुम्हें मैंने कभी एक मिनट के लिए भी

हाँफते नहीं देखा! कब से लग गया यह रोग तुम्हें?"

दादा की मुख-मुद्रा सहसा आवश्यकता से अधिक उदासीन हो गयी थी। अत्यन्त उपेक्षा का भाव जताते हुए उन्होंने कहा था :"यही समझो कि तीन-चार सप्ताह से-तुम्हारे आने के कुछ ही दिन बाद से-इस रोग के लक्षण दिखायी देने लगे हैं।"

प्रतिमा और अधिक चिन्तित हो उठी थी। पर वह बड़े ध्यान से दादा के मुख के बदलते हुए भावों को देख रही थी। सहसा दादा की बायीं आँख के एक कोने में उसने शरारत-भरी मुस्कान की एक पतली-सी किरण को फूटते हुए पकड़ लिए। बात उसकी समझ में कुछ आने लगी और वह स्थिर हो गयी। धीरे से अपना हाथ दादा की छाती पर, ठीक हृदय के ऊपर, रखकर धीरे-धीरे सहलाती हुई बोली :"कहाँ पर है दर्द, तनिक मैं भी देखूँ!"

"हृदय के रोग का पता इतनी आसानी से थोड़े ही लग जाता है, प्रतिमा," दादा ने कहा था। "तुम अभी तक नादान-की-नादान बच्ची ही रह गयी हो, ऐसा लगता है!"

प्रतिमा ने उनकी बात न सुनने का-सा भाव जताते हुए, एक कुशल डॉक्टर की तरह, उँगली से हृदय के ऊपर खटखटाना आरम्भ कर दिया था।

यह दरवाजा यों ही खटखटाने से नहीं खुलेगा," दादा ने कहा था। "इसमें बरसों का मोर्चा जमा है और यह पत्थर की दीवार से सटकर जम गया है। जब तक दीवार ही नहीं ढहेगी, तब तक इसका खुलना कठिन है।"

"जाओ, ज्यों-ज्यों बूढ़े होते जा रहे हो त्यों-त्यों तुम्हारा नटखटपन बढ़ता चला जा रहा है!" और प्रतिमा ने अपनी दोनों बाँहों की कोमल, सरस लताओं को दादा की कभी न झुकनेवाली गर्दन पर डाल दिया था।

'दोस्त' शब्द के चमत्कार से इतनी सब्र पिछली बातें कुछ ही क्षणों के भीतर, तेज "स्पीड' पर चलनेवाले शक्तिशाली "डाइनेमो' से एक-के-बाद-एक निकलते हुए चल-चित्रों की तरह, प्रतिमा के मस्तिष्क में घूम गयीं। इसके बाद वह उठकर सचमुच पप्पू को बुलाने चली गयी।

जैसा कि सवेरे राम बाबू ने बताया था, उस रात भी डिनर में चित्रा के साथ माणिकलाल और गिडवानी आये थे। दादा ने देखा कि चित्रा इस बार पिछली बार की तरह चहक नहीं रही थी। वह पत्थर की तरह मौन और उदासीन बनी हुई थी। दोनों की बातों के उत्तर में बीच-बीच में केवल 'हाँ' या 'ना' या 'अच्छा?' कहकर फिर चुप लगा जाती थी। माणिकलाल आज भी वैसा ही चैस्टरनुमा काला कोट पहने था। इस समय उसकी आँखों में नीला चश्मा नहीं चढ़ा हुआ था। सबेरे जितना दुबला दादा ने उसे देखा था, इस समय उससे भी अधिक दुबला दिखायी दे रहा था। केवल उसकी लम्बी नाक का सिरा और नुकीली ठुड्डी ही उभरकर सामने आ रहे थे। चेहरा मुरझाया हुआ था और गाल पिचक-से गये थे। जिस स्वस्थ और खूबसूरत जवान को उन्होंने पहले-पहल मेले में देखा था वह

जैसे चिड़ी के गुलाम की सूरतवाला बन गया था। उसकी कंजी और चमकती हुई आँखों के नीचे घृणा और तीव्र जुगुप्सा की रेखाएँ दादा की पैनी दृष्टि को स्पष्ट दिख रही थीं। वह आज बहुत चंचल दिखायी देता था। बेमतलब के लिए कभी छुरे को बायें रखता और काँटे को दायें, फिर शायद अपनी भूल महसूस करके उन्हें पहले की ही जगह रख देता। कभी किसी प्लेट को नीचे खिसकाता और कभी पानी के गिलास को अपनी जगह से सरका देता। स्पष्ट ही वह किसी कारण से थोड़ा हौल-दिल-सा लगता था। फिर भी, इसके बावजूद, वह बातें करते हुए सब समय मुस्करा रहा था। पर दादा को उस समय उसकी वह मुस्कान भी खिसियाए हुए सियार की-सी भयानक लग रही थी।

खाना खा चुकने के बाद दादा प्रतिमा को उसके कमरे तक पहुँचाकर, स्वयं अपने क्वार्टर की ओर वापस चले गये। चारों ओर पूरे या पूर्ण-प्रायः चन्द्रमा की निर्मल चाँदनी बिछी हुई थी, जिस पर झींगुर स्वप्न-जाल बुन रहे थे। सामने से उन्हें माणिकलाल चित्रा और गिडवानी भी धीरे-धीरे आते हुए दिखायी दिये। तीनों ने नमस्कार किया। दादा ने भी हाथ जोड़े।

घर आकर उन्होंने कपड़े बदले। जब तक देवसिंह हुक्का तैयार करता रहा तब तक दादा खिड़की से बाहर की ओर झाँकते रहे। इक्के-दुक्के 'टूरिस्ट' अभी तक बाहर ही दिखायी देते थे। कोई टहल रहा था और कोई एक स्थान पर खड़ा, चाँदनी में नहाता हुआ, सामने के पहाड़ की ओर देख रहा था। बहुत ही शान्त और स्निग्ध वातावरण छाया हुआ था। न सन्नाटा भयावह लगता न एकान्त। वातावरण में न कोई असाधाराणता थी न नवीनता। प्रतिदिन (या प्रतिरात्रि) की-सी एक सहज मीठी उदासी प्राणों को गुदगुदा रही थी।

कुछ देर बाद बाहर निकले हुए इक्के-दुक्के व्यक्ति भी भीतर चले गये। अब सन्नाटे की चुभन थोड़ी-सी तीखी महसूस होने लगी। पर माहौल फिर भी विशेष नहीं बदला था।

देवसिंह जलती चिलम के ऊपर एक खोखला टिन रखकर भीतर चला गया। हुक्के के आगमन से मन-ही-मन पुलकित होते हुए भी दादा अभी तक खिड़की के पास ही खड़े थे और उसी तरह उदासीन और निरपेक्ष भाव से बाहर की ओर झाँक रहे थे।

कुछ ही देर बाद उन्होंने देखा, माणिकलाल और गिडवानी-से लगनेवाले दो व्यक्ति चित्रा के कमरे के नीचे उतरे और साथ-साथ पश्चिम की ओर चलने लगे। दादा की ओर उनकी पीठ थी। वे दोनों एक-दूसरे से प्रायः सटे हुए, धीरे-धीरे, कदम-से-कदम मिलाते हुए, चले जा रहे थे। दादा की आधी, अनमनी-सी आँखें, चुम्बक से खिंची-सी, तब तक उसी ओर देखती रही जब तक दोनों नीचे की उतराई में ओझल नहीं हो गये।

उसके बाद वह उसी अनमने भाव से सोफा पर बैठकर धीरे-धीरे हुक्का गुड़गुड़ाने लगे। हुक्के की गुड़गुड़ाहट के बीच वह अक्सर जीवन और जगत् के सम्बन्ध में कुछ महत्त्वपूर्ण प्रश्नों का हल निकाल लिया करते थे। पर आज ऐसा कुछ मूड नहीं था। आज उनकी मनःस्थिति कुछ अजीब-सी हो रही थी। किसी गणित-प्राण अध्यापक की तरह जीवन-गणित के किसी कठिन प्रश्न को लेकर उसके हल में माथा खपाने की अपेक्षा इस

समय कुछ विचार-विनोद के मूड में थे वह। स्वयंसिद्धियों की-सी कुछ सूक्तियाँ बिना तनिक भी आयास के, उनके सचेत मन पर ज्वलन्त अक्षरों में एक-पर-एक उतरती चली जा रही थीं। वे स्वयंसिद्धियाँ साधारण लगने पर भी ऐसी रोचक थीं कि दादा गुदगुदी का अनुभव करके अपने-आप मुस्करा उठते थे। जैसे "सब-कुछ खोना ही पाना है," "बिना किसी प्रयास के सब-कुछ पा जाना सब कुछ गँवाने की पहली सीढ़ी है," "जवानी की जौहर अपनी गाँठ को निर्द्वन्द्व भाव से, पूरे-का-पूरा खोल देने में है, जबकि बुढ़ापे की शोभा जीवन के प्रत्येक रसमय कण के समुचित संचयन और संयोजन में है" आदि-आदि। मन के भीतर से स्वतः अनायास निकली सूक्तियों पर दादा जी खोलकर मूक हास करने लगे। उनमें से कुछ तो उन्होंने कहीं सुनी होंगी, (दादा सोच रहे थे) कुछ पढ़ी होंगी। पर स्वतः चिन्तन की यह क्रिया उन्हें बहुत मनोरंजक लग रही थी। उन्होंने इस प्रयोग को कुछ और आगे बढ़ाना चाहा। अब उनका स्वतः– चिन्तन सूत्र-रूप में होने लगा। जैसे "भागनेवाला भागकर ही रहेगा", "हत्या करना आत्महत्या का विकृततम रूप है", "निरर्थकता में ही जीवन की सार्थकता निहित है", "नियति को बदलना है तो उसके साथ उसकी अनुकूल दिशा में चलो", "घृणा का विष कभी-कभी प्रेम से भी नहीं उतरता," आदि-आदि।

अबकी दादा नहीं हँसे, वरन् अत्यन्त गम्भीर रूप से चिन्ता-मग्न हो गये। हुक्के की सटक सोफा की बाँह पर लटकाकर, अनमने भाव से खिड़की की ओर देखने लगे। खिड़की का शीशे का दरवाजा अभी तक बन्द नहीं किया गया था। चाँदनी वैसी ही छिटक रही थी–बल्कि पहले से और अधिक उज्ज्वल दिख रही थी। होटल में चारों ओर सन्नाटा था। बत्तियाँ भी प्रायः सभी बुझ चुकी थीं। एक भी व्यक्ति कहीं इधर-उधर जाता या बोलता हुआ नहीं सुनायी देता था। केवल झींगुरों का तीखा, कटीला, एकरस, सम्मिलित स्वर, समताल से और अविराम गति से, निरन्तर, कानों में बजता चला जा रहा था। पर वह निर्बाध राग चारों ओर से सन्नाटे को और अधिक नीरवता, और अधिक अशब्दता प्रदान कर रहा था; उसकी चुभन को और भी तीखा बना रहा था। सामनेवाले पहाड़ के नीचे से कुहरे का दूधिया धुआँ बादल के ढँकी चाँदनी में घाटी की ठण्ड से जमी हुई साँस की तरह ऊपर को उठ रहा था। देखते-देखते वह धुआँ चारों ओर बड़ी तेजी से फैल गया। चाँद बादल और कुहरे की दुहरी परत से ढक गया था।

सहसा सामनेवाले पहाड़ की तरफ से 'ठाँय!' की आवाज सुनायी दी। उसी क्षण किसी के जोर से चीखने और उस चीख के साथ ही किसी के "हाः हाः हेः!" की आवाज सुनायी दी, जो किसी जानवर को भगाने की-सी आवाज लगी। किसी ऑर्चर्ड के चौकीदार ने किसी जानवर को देखकर पटाखा छोड़ा होगा, दादा ने सोचा। पर दूसरे ही क्षण एक और सम्भावना उन्हें लगी, और वह चिन्तित हो उठे। कुछ और देर तक खिड़की से झाँकते रहे। उसके बाद खिड़की बन्द करके, फिर हुक्के के पास बैठ गये। काफी देर तक गुड़गुड़ाते हुए ऊटपटांग और अशान्ति उत्पन्न करनेवाली चिन्ताओं में मग्न रहे। कुछ ही देर पहले जो हत्या, आत्महत्या, भागना, घृणा का विष आदि विसंगत बातें कहीं शून्य से उड़कर उनके सचेत मन पर आ बैठी थीं, और उसके बाद ही जो रहस्यमय विस्फोट और

चीख उन्हें सुनायी दी थी उन सबके रहस्यमय जाल ने उनकी चेतना को उलझा दिया था। पर उस उलझन के बावजूद उन्हें नींद घेरने लगी थी। हुक्का एक कोने में रखकर वह पलँग पर जाकर हाथ-पाँव पसारकर लेट गये और थोड़ी ही देर बाद गहरी नींद में खो गये।

दूसरे दिन सबेरे जब देवसिंह दादा के लिए बेड-टी लाया तब उसने बताया कि सामने वाले पहाड़ पर जो एक मैदानी टुकड़ा देवदारुओं से घिरा है और 'किरकिट' के नाम से मशहूर है वहाँ कल रात गिडवानी की हत्या हो गयी है। देवसिंह ग्वाले से दूध लाने उधर ही जाता था। सुनकर दादा का कलेजा धक से रह गया। जो एक अस्पष्ट-सी आशंका कल 'डिनर' के समय से ही उनके मन को कोंचने लगी थी, और जो हुक्का पीते और खिड़की से बाहर झाँकते समय कुछ बढ़ गयी थी, वह अन्त में घटित होकर ही रही, सोचकर उनकी बेचैनी की सीमा नहीं थी।

देखते-देखते उस समाचार से सारे होटल में तहलका मच गया। लोग बाहर होटल के ही अहाते में टहलते हुए आपस में उसी हत्याकाण्ड के सम्बन्ध में बातें कर रहे थे और सामने 'किरकिट' की ओर देख रहे थे। देवदारुओं से घिरा वह अण्डाकार मैदानी टुकड़ा होटल से साफ दिख रहा था। दादा अक्सर वहाँ कभी सबेरे और कभी शाम टहलने जाया करते थे। उस इलाके के प्रायः सभी लोग उस स्थान से परिचित थे।

उस दिन दादा की तबीयत पहले ही से ठीक नहीं थी। जब देवसिंह ने गिडवानी की हत्या का समाचार सुनाया तब उनके तन और मन में और भी ढीलापन आ गया था। एक बार खिड़की से बाहर झाँककर वह फिर पलँग पर लेट गये। जब जगे तब साढ़े नौ बज चुके थे। नहा-धोकर तैयार होते-होते साढ़े दस बज गये।

दादा बाहर निकलने की तैयारी ही कर रहे थे कि राम बाबू पहुँच गये।

"सुना, दादा?" घबराहट के स्वर में राम बाबू ने कहा। "गिडवानी की हत्या हो गयी है।"

"सुना तो है, भाई, पर यह क्यों और कैसे हुआ?"

"कुछ समझ में नहीं आयी बात, दादा। गिडवानी का कोई शत्रु इस इलाके में बसता है, मुझे यह कभी नहीं मालूम था। लोग बताते हैं कि जब किसी चिड़िया भगानेवाले ने चौकीदार को इस हत्या की खबर दी, तब उसने दो-तीन व्यक्तियों के आगे गिडवानी की लाश की तलाशी ली। उसके कोट की भीतरी जेब में एक पर्स मिला जिसमें एक सौ पचहत्तर रुपये निकले। उसके दायें हाथ की दो उँगलियों में दो वजनी अँगूठियाँ थीं। एक में सच्चा माणिक जड़ा था और दूसरी में पन्ना। कोट के बाहर की ऊपरी जेब में पार्कर की एक बढ़िया कलम लटकी हुई थी। बायें हाथ की कलाई में सोने की एक कीमती घड़ी थी। उसे भी किसी ने नहीं छुआ था। पैण्ट की जेब में प्रायः बालिश्त भर लम्बी एक पिस्तौल पायी गयी। ऐसा नहीं लगता था कि किसी ने उसका माल-मत्ता साफ करने के लिए उस पर हमला किया हो।"

"तब?" दादा ने कुछ अनमने और चिन्ता-मग्न भाव से कहा। "लोगों का क्या

कहना है? किसी ने कुछ अनुमान लगाया कि हत्यारा कौन हो सकता है?"

"अभी तक तो कोई कुछ अनुमान नहीं लगा पाया है और फिर यदि किसी को किसी पर कुछ शक हो भी, वह क्यों नाम बताकर इस गम्भीर मामले में फँसना चाहेगा? यह गिडवानी धरमदास का कोई नजदीकी सम्बन्धी था, इसलिए वह निश्चय ही पूरी कोशिश करेगा कि इस मामले की गहरी छान-बीन और जाँच हो।"

"मामला बहुत गहरे में फँसा लगता है। धरमदास को क्या किसी ने सूचना दी है?"

"हाँ, उसी के सिन्धी क्लर्क ने उसे तार द्वारा सूचित कर दिया है।"

"लाश क्या अभी तक किरकिट में ही पड़ी हुई है?"

"नहीं, चौकीदार ने थाने में रिपोर्ट कर दी थी। वहाँ से पुलिस इंस्पेक्टर आकर लाश सील करके एक जालीदार गाड़ी में उठवाकर ले गया है। सुनते हैं, अब थोड़ी ही देर बाद पुलिस हेडक्वार्टर्स में ले जायी जायेगी–पोस्टमार्टम के लिए।"

दादा "हुम!" कहकर रह गये और फिर किसी सोच में पड़ गये। दोनों खड़े-खड़े बातें कर रहे थे।

कुछ ही क्षण बाद दादा ने धीरे से पूछा : "तुम्हें किसी पर शक है क्या?"

"अनुमान तो बहुत से लगाये जा सकते हैं, दादा", इधर-उधर देखते हुए, बहुत ही धीमी आवाज में–प्रायः फुसफुसाते हुए–राम बाबू ने कहा। "पर ऐसे संगीन मामले में कोई अनुमान लगाना भी खतरे से खाली नहीं है। फिर भी सन्देह मुझे अवश्य हो रहा है–"

"क्या?"

"केवल आप ही को मैं अपने मन का यह संदेह बता सकता हूँ। मुझ लगता है कि···कि– मिसेज कटारा को लेकर यह काण्ड हुआ है!"

"यह अनुमान तुम कैसे लगा रहे हो?" कुछ खीझ और कुछ आश्चर्य का-सा भाव जताते हुए दादा ने पूछा।

"मेरे अनुमान का एकमात्र और सीधा-सा कारण यह है कि मिसेज कटारा के साथ गिडवानी की घनिष्ठता थी।"

"तो?"

"और कोई-न-कोई प्रतिद्वन्द्वी भी उसका अवश्य ही रहा होगा।"

"किसी को तुम जानते हो?"

"एक प्रतिद्वन्द्वी तो कल सबेरे ही जान बचाकर भाग निकला था–अपने से अधिक शक्तिशाली प्रतिद्वन्द्वियों से हार मानकर। और दूसरा–दूसरे को आपने कल रात 'डिनर' के समय देखा ही होगा।"

"हुम्!" कहकर दादा फिर किसी चिन्ता में खो गये। कुछ क्षणों बाद बोलेः "पर मुझे तो मामला इतना सीधा नहीं लग रहा है। वैसे तुम्हारी बात में एक संगति है। पुलिस सब-इन्स्पेक्टर ने मामले की कुछ छान-बीन की थी!"

"छान-बीन की कोशिश तो उसने की थी, ऐसा सुना है। किरकिट के आस-पास वाले ऑर्चर्ड में रात को पहरा देनेवाले चौकीदारों से पूछताछ की गयी, पास-पड़ोस के बँगलों

और मकानों में भी वह अपने दो-एक आदमियों को लेकर गया था, ऐसा पता चला है। पर अभी तक किसी को भी गिरफ्तार नहीं किया गया है।"

"होटल में तो कोई नहीं आया था, पूछ-ताछ करने?"

"कोई आया होता तो मुझसे अवश्य मिलता।"

"कुछ जरूरी नहीं है," गम्भीर स्वर में दादा ने कहा। "हो सकता है कोई सी. आई. डी. का आदमी सादे वेष में आया हो और तुमसे सीधे न मिलकर, नौकर-चाकरों या किरायेदारों से मिला हो।"

"हो सकता है, पर मुझे इसकी कोई खबर नहीं है।"

"तब जाओ, तनिक पता लगाओ।"

राम बाबू चले गये। दादा ने बाहर निकलने के लिए एक कदम आगे ही बढ़ाया ही था कि फिर कुछ सोचकर लौट गये और चुपचाप कौच पर बैठ गये। कुछ सोच नहीं पा रहे थे कि क्या करें और कहाँ जावें। काफी देर तक बैठे-बैठे उकताकर थक गये और ऊँघने लगे।

सहसा खटाक से दरवाजा खुला। दादा ने आँखे खोलकर देखा, राम बाबू और उनके अपने ऑर्चर्ड के ठीकेदार मानसिंह जी खड़े थे।

"दादा, राम-राम!" मानसिंह जी ने कहा।

"राम-राम, भाई, कहिये क्या हाल है? बैठिये।"

"इस समय बैठूँगा नहीं, दादा। अभी काम पर जा रहा हूँ," मानसिंह जी ने कहा। "जो काण्ड कल रात हुआ है, उसकी खबर तो आप सुन ही चुके होंगे?"

"सुन तो चुका हूँ। कुछ भेद मिला?"

"अभी तक तो रहस्य ज्यों-का-तों बना हुआ है।"

"आपका अनुमान ठीक था, दादा," राम बाबू बोल उठे। "एक आदमी आया था। सादी पोशाक में था, बताया जाता है। उसने हमारे दो नौकरों को एकान्त में बुलाकर उनसे कुछ भेद की बातें जाननी चाही थीं। मैं तब गुसलखाने में था। और मानसिंह जी बता रहे हैं कि मिसेज कटारा के पास भी वह आदमी गया था।"

"हैं-एँ-एँ!" कहते हुए दादा कुछ उचक से उठे। "तब तो बाकायदा जाँच शुरू हो गयी है, लगता है।"

"अभी बाकायदा कुछ भी शुरू नहीं हुआ," मानसिंह जी ने कहा। "अभी तो बेकायदा ही चल रहा है। पर जल्दी ही सभी बातें कायदे पर आ जायेंगी, ऐसा लगता है। अच्छा दादा, अभी चलता हूँ, फिर मिलूँगा।" कहकर मानसिंह जी राम बाबू को साथ लेकर चल दिये।

दादा भी अधिक बैठे न रह सके। उन्हें अब सारी चिन्ता चित्रा की थी। मामले की जाँच के सम्बन्ध में कहीं पुलिसवाले उसे व्यर्थ में परेशान न कर डालें। वह उठ खड़े हुए और सीधे चित्रा के कमरे की तरफ चल दिये।

चित्रा तब हाथ में कंघी लेकर बाल बना रही थी। "आइये, दादा, मैं आप ही की तरफ चलने की तैयारी कर रही थी।"

दादा ने देखा, चित्रा के चेहरे पर अशान्ति का लेश भी नहीं दिखता था। वरन् ऐसी शान्ति और स्थिरता उस पर छायी हुई थी जैसी उन्होंने पहले कभी नहीं देखी थी। आँखों में सहज मुस्कान नहीं थी, पर चिन्ता की भी कोई रेखा–हलकी-सी भी नहीं थी।

"आइये, बैठिये," उसने कहा और जल्दी ही कंघी मेज पर रख दी। फिर जूड़ा बाँधते हुए उसने पूछाः

"कॉफी पिलाऊँ?" और दादा के एकदम निकट जाकर खड़ी हो गयी।

"नहीं चित्रा," सोफा पर बैठते हुए दादा ने तनिक मुरझाये से स्वर में कहा। "इस समय मैं कॉफी पीने नहीं, एक जरूरी बात पूछने तुम्हारे पास आया हूँ।"

"क्या है वह जरूरी बात?" उसी तरह जूड़ा बाँधते और दादा के निकट बैठते हुए, परम शान्त भाव से चित्रा ने पूछा।

दादा हैरान थे उसकी उस समय की धीर, स्थिर और प्रशान्त मूर्ति देखकर, मानसिंह जी ने सूचना दी थी, उसके बावजूद उसका वह अविचलित भाव वास्तव में अत्यन्त आश्चर्यजनक था।

"कल का काण्ड तो तुमने सुन ही लिए होगा?"

हाँ, सबेरे एक आदमी ने आकर मुझे बताया और वह इस सम्बन्ध में मुझसे कई बातें जानना चाहता था," उसी स्थिरता से चित्रा बोली।

"किस तरह की बातें?" दादा बोले।

"यही कि गिडवानी को मैं कब से जानती हूँ, उसके साथी कौन-कौन थे, यहाँ किसी से दुश्मनी थी या नहीं, यदि थी तो किससे थी, आदि-आदि।" तब तक चित्रा फुर्ती से अपना जूड़ा बाँध चुकी थी।

"तब तुमने क्या उत्तर दिया?"

"मैंने बता दिया कि गिडवानी को मैं कब से और कैसे जानती हूँ। उसका मेरे यहाँ अक्सर आना-जाना रहता था, यह भी मैंने साफ-साफ बता दिया। पर मजा तब आया, जब उसने गिडवानी के दोस्तों और दुश्मनों के बारे में जानना चाहा", और अन्तिम वाक्य कहते हुए उसके पत्थर के समान तटस्थ चेहरे पर उसको अपनी सहज और सरस मुस्कान बरबस फूट पड़ी। उस मुस्कान में सहज लजीलेपन की जो छाया थी वह केवल दादा के लिए थी, नहीं तो वैसे उसमें पूरा हठीलापन भरा हुआ था।

दादा जैसे आसमान को उछल पड़े। मैं कहने जा रहा था कि आसमान से गिर पड़े। पर कहते-कहते जो रुक गया उसका कारण यह है : दादा ने जब यह देखा कि एक मित्र की हत्या और उसके बाद के जाँच-काण्ड के सारे चक्कर के बावजूद वह अद्भुत नारी ऐसी सहजता और अल्हड़पन के साथ बात कर रही है जैसे विश्वविद्यालय के किसी हठी अध्यापक को 'डिरेल' करने का किस्सा सुना रही हो, और स्वयं अपने ऊपर किसी-न-किसी रूप में बीत सकने की सम्भावना लेकर आये हुए एक मार्मिक विषय को अत्यन्त

उल्लासपूर्ण विनोद के रूप में ले रही है, तब उन्हें केवल आश्चर्य ही नहीं हुआ, एक अप्रत्याशित आनन्द के धक्के से उन्होंने अपने को मीलों ऊपर उछला हुआ पाया। आसमान से गिरनेवाले को इस आनन्द की अनुभूति नहीं हो सकती!

दादा ने जिस क्षण से गिडवानी की हत्या का संवाद सुना था, उसी क्षण से बहुत बेचैन और परेशान थे, और उसी कारण केवल शरीर की ही नहीं, प्राणों की थकान का भी अनुभव कर रहे थे। बड़ी ही कमर तोड़, मन की और प्राणों की सारी संवेदनाओं को बरफ की तरह जमाकर जड़ बना देनेवाली थकान थी वह! किसी की हत्या कोई अच्छी बात नहीं है, फिर गिडवानी की हत्या, जिससे चित्रा का सीधा सम्बन्ध हो! और तिस पर पुलिस की जाँच के जी उबानेवाले लम्बे चक्कर के आरम्भ का अन्देशा! वह पुलिस जिसके प्रति डर के कारण नहीं, वरन् क्रोध के कारण दादा ने अपने मन में एक "एलर्जी' पैदा कर ली थी–कुछ वर्षों से। यह सब ज्ञात या अज्ञात में सोचते हुए दादा के मन और मुख के ऊपर अभी तक एक अजीब-सी मुर्दनी छायी हुई थी। ऐसी कि जैसी चित्रा ने कभी एक आधे क्षण के लिए भी उनमें नहीं देखी थी। उनकी उस पस्त हालत में वह नारी, जिसके लिए वह सबसे अधिक दुःख और ग्लानि का अनुभव कर रहे थे, वह जब उस विशेष परिस्थिति में, विश्वविद्यालय की एक शरारती छात्रा की तरह, विनोदपूर्ण ढंग से अपनी वाक्चातुरी की कथा सुनाने लगी तब दादा की सारी जड़ता, सारी आशंकाएँ, सारा भय, सारी ग्लानि जैसे एकदम घुल गयीं। अब तक वह अपने सहज-सरस, चिर-प्रफुल्ल रूप को जैसे बरबस खोये बैठे थे और उसे फिर से पाने के लिए विकल हो रहे थे। उनकी वह विकलता कपूर बनकर न जाने कहाँ उड़ गयी।

"हाँ, तब क्या उत्तर दिया तुमने गिडवानी के दोस्तों और दुश्मनों के बारे में?" प्रश्न पूछते हुए दादा अपने प्रसन्न भाव को बरबस दबाने में असमर्थ सिद्ध हुए।

विश्वविद्यालय की उसी शरारती छात्रा की तरह आँखें नचाती और भौंहें मटकाती हुई चित्रा बोली : "मैंने कहा–आप मुझे वज्रमूर्ख लगते हैं!' पता नहीं, वह 'वज्रमूर्ख' का अर्थ समझा भी या नहीं! तब उसने क्या कहा, जानते हैं? बड़ी दीनता से दोनों हाथ जोड़ता हुआ बोलाः 'नहीं, बीबी जी, हम तो आपके नौकर हैं!' मैंने एक और डाँट पिलाते हुए कहा : 'किसी भले घर की लड़की से यह पूछते हुए तुम्हें शर्म नहीं आती कि किस पुरुष का कौन मित्र है और कौन शत्रु? और फिर आज की दुनिया में कौन ऐसा सिद्ध व्यक्ति है जो यह बताने का दावा कर सकता है कि अमुक उसका शत्रु है और अमुक मित्र? सब के वेष समान हैं, सभी की हरकतें एक-जैसी हैं। इसलिए, भगो यहाँ से और आइन्दा कभी इस देहरी पर पाँव न रखना।' और वह सचमुच चोरों की तरह दुबकता हुआ भाग गया। कौन जाने, वह सचमुच का चोर था या लोकल पुलिस के सी.आई.डी. विभाग का कर्मचारी था। मेरे लिये दोनों ही समान हैं।"

दादा को चित्रा की बातों में बड़ा रस मिलने लगा। और उनका साहस भी बढ़ रहा था।

"अच्छा, एक बात है चित्रा," दादा ने सहज शान्त भाव से कहा। "सबेरे से ही यह कुतूहल स्वभावतः मेरे मन को भी कुरेद रहा है कि यह किसकी करतूत हो सकती

है। इतना पता तो लग चुका है कि जिसने भी गिडवानी की हत्या की है उसने लूट-खसोट के लोभ से ऐसा नहीं किया है, क्योंकि गिडवानी की सभी चीजें सुरक्षित हैं–पर्स, अँगूठियाँ तथा फाउण्टेन पेन, आदि-आदि। तब कौन व्यक्ति ऐसा हो सकता है जो सचमुच उससे घृणा करता हो?"

इस बार चित्रा के चेहरे पर निपट उपेक्षा और उदासीनता की हलकी-सी सिकुड़नें पड़ गयीं। तनिक मुँह बिचकाते हुए उसने कहा : "कौन जाने, दादा कि यह काण्ड किसके द्वारा हुआ है। कोई भी हो सकता है। यदि नकुलेश कल सबेरे ही यहाँ से चला न गया होता तो मुझे पहला शक उसी पर होता। माणिकलाल भी गिडवानी से प्रसन्न नहीं था। पर चूँकि गिडवानी व्यवसायी था और अपने ही व्यवसाय के कुछ दूसरे व्यक्तियों से उसका मेल-जोल और पत्र-व्यवहार था, इसलिए उनमें से भी कोई व्यक्ति हो सकता है। पर मैं आपसे पूछती हूँ कि इस हत्या को लेकर इतना बड़ा बावेला क्यों मचाया जा रहा है? आज के जीवन में प्रतिदिन, प्रतिपल इतने लोगों की हत्याएँ हो रही है–शारीरिक, बौद्धिक और नैतिक रूप से, कोई भी तो उनके लिए नहीं रो रहा है! तब यदि गिडवानी नाम के एक साधारण जौहरी की हत्या किसी ने कर ही डाली तो कौन-सा प्रलय दुनिया में आ गया? यह मैं जरूर मानती हूँ कि हत्या कोई भला काम नहीं है और जो व्यक्ति किसी की हत्या करता है उसके बराबर मूर्ख और अभागा इस दुनिया में कोई नहीं हो सकता। दूसरे की हत्या किसलिए? इसलिए कि वह तुम्हारी आँखों का काँटा बन चुका है? तब इसका तो सबसे सहज उपचार यही है कि स्वयं अपनी हत्या करो। दूसरे की हत्या से तुम अधिक-से-अधिक एक काँटे को अपनी नजर से हटा सकते हो, पर जो सहस्रों तीखे काँटे प्रतिपल प्रत्येक व्यक्ति के अहम् में असह्य चुभन पैदा करते रहते हैं उनके उपचार के लिए कितनी हत्याएँ कर पाओगे? इसीलिए मैं कहती हूँ कि हत्या ही यदि करनी है तो आत्महत्या क्यों न की जाय, जिससे सभी चुभनों का एक ही बार में अन्त हो सकता है? दूसरे की हत्या करके तुम उसी अहम् की तो हत्या करते हो जो तुम्हारे अपने ही भीतर है क्योंकि दूसरे के अहम् के भीतर भी तो वे ही संवेदनाएँ हैं जो तुम्हारे भीतर प्रतिक्षण कुलबुलाती हुई तुम्हें मृत्यु से भी अधिक मार्मिक यातनाएँ पहँचा रही हैं!"

चित्रा जैसे दादा को सुनाने के लिए नहीं, वरन् अपने-आपको सुनाने के लिए अपने अन्तर में अनेक दिनों से भरे पड़े विचारों को बाहर निकालती चली जा रही थी।

दादा की हैरानी पराकाष्ठा को तब पहुँची जब चित्रा ने हत्या को आत्महत्या का ही विकृत रूप बताया। कल रात जब वह विनोद के 'मूड' में 'स्वतःचिन्तन' का प्रयोग कर रहे थे तब उनके मन में सहज हो वही वाक्य अपने-आप न जाने कहाँ से आकर उभर उठा था। उनके अपने विवेक से उनके मन में वह बातें नहीं उठी थीं, क्योंकि आत्महत्या पर इस दृष्टिकोण से उन्होंने कभी सोचा ही नहीं था। वह फिर भी उसे केवल एक काकताली ही मानना चाहते थे।

उन्होंने एक लम्बी साँस ली। फिर दबी हुई जबान में बोले : "चित्रा, मैं देख रहा

हूँ कि इधर तुम्हारे मन पर एक बड़ी ही विचित्र विचारधारा हावी होती चली जा रही है। ये लक्षण अच्छे हैं या बुरे, इस बात का निर्णय करने का कोई अधिकार मुझे नहीं है, इतना मैं बखूबी समझ रहा हूँ। पर फिर भी रह-रहकर अनेक प्रश्न इस सम्बन्ध में मेरे मन में उठ रहे हैं। किसी की हत्या के सम्बन्ध में तुम्हारी यह उदासीनता मुझे बहुत विचित्र लग रही है। और आत्महत्या की जो सफाई तुम दे रही हो वह भी कुछ कम रहस्यमय मुझे नहीं लग रही है।"

"मैं साफ-साफ बात कहना जानती हूँ, दादा। मन का तनिक भी दुराव मुझे बुरी तरह सालने लगता है।" चित्रा के स्वर में तीखापन था और शायद एक हलकी-सी कड़वाहट भी। "मुझे ईमानदारी से ऐसा नहीं लग रहा है कि गिडवानी की हत्या से इस इलाके में–या और भी कहीं–कोई बड़ी मारक दैवी विपत्ति टूट पड़ी है। दुःख आपको भी होगा और मुझे भी स्वभावतः हो रहा है। पर मैं इस हत्या को आज के जीवन में प्रतिदिन की एक सहज घटना मानकर चल रही हूँ। इसलिए इस साधारण काण्ड के कारण आतंक से अभिभूत हो जाने की बात मेरी समझ में तनिक भी नहीं आ पाती। और विश्वास मानिये, दादा, मेरी तो यहाँ तक धारणा बन चुकी है कि आज कोई आदमी यदि किसी भी हालत में किसी भी कारण से मरता है तो उसे बिना किसी सन्देह के तरा हुआ समझ लेना चाहिए।"

"तुम क्या मृत्यु के बाद तरने पर विश्वास करती हो?" दादा ने पूछा।

"मेरी बात पहले पूरी सुन लीजिये," चित्रा ने कहा। "हर आदमी जिसे आप जीता हुआ समझ रहे हैं, आज पल-पल में तिल-तिल करके बड़ी भयावनी मौत मर रहा है–भय, शोक, निराशा और कुण्ठा की मौत। पूर्ण शारीरिक मृत्यु उसे इन प्रतिपल की नारकीय मौतों से पूरी तरह उबार लेती है। इस प्रत्यक्ष यथार्थ के बारे में अधिक बहस करने से कोई लाभ है, यह मैं नहीं मानती। मैं बिलकुल सीधी-सी बात जानती हूँ।

दादा के मन में बहुत से प्रश्न उठ रहे थे। मृत्यु की समस्या के बारे में चित्रा की निजी धारणा ठीक-ठीक क्या है, यह जानने के लिए वह बहुत दिनों से उत्सुक थे। और आज अपने-आप उस विषय की चर्चा छिड़ भी गयी थी, पर चित्रा ने जब साफ-साफ बता दिया कि वह इस सम्बन्ध में अधिक बहस नहीं करना चाहती तब वह चुप हो गये। और दूसरे ही क्षण सहसा उठ खड़े हुए।

"अच्छा चलता हूँ, चित्रा," मुरझायी हुई-सी आवाज में उन्होंने कहा।

"अरे, बिना कॉफी पिये ही चल देंगे?" कहती हुई चित्रा भी उठ खड़ी हुई।

"नहीं चित्रा, इस समय मैं कुछ नहीं पीऊँगा। चाय पीकर आया हूँ। इस समय अब और कुछ पीने की तनिक भी इच्छा नहीं है। पर जाने के पहले एक बात की ओर तुम्हारा ध्यान दिलाना उचित समझता हूँ। आज सबेरे जो मूर्ख तुम्हारे पास 'इनक्वायरी' करने आया था उसे और अधिक मूर्ख बनाकर और डाँट बताकर तुमने जो भगा दिया, वह तो ठीक ही हुआ। पर अभी इस मामले को लेकर बड़े पैमाने पर 'इनक्वायरी' होगी और तब तुमसे खोद-खोदकर बहुत-सी बातें पूछी जायेंगी और व्यर्थ के लिए परेशान किया

जायेगा, इसी बात की चिन्ता मुझे है।"

"अरे, दादा, आपके समान विवेकशील व्यक्ति भी यदि इस तरह की छोटी-छोटी बातों से चिन्तित होने लगे तो इस दुनिया में जीने के लिए अभी जो बिन्दु-बिन्दु सहारे बचे हुए हैं वे भी समाप्त हो जायेंगे।" कहते हुए चित्रा के मुख पर एक ऐसी उद्दीप्त मुस्कान छा गयी थी, जो संसार-भर की सारी चिन्ताओं को चुटकियों में झाड़कर, बुहारकर, सब-कुछ को एकदम निर्मल और मंगलमय बनाने की समर्थता रखती थी। वह कहती चली गयीः "पुलिस का चाहे कितना ही बड़ा मगरमच्छ क्यों न आये उससे मुझे तनिक भी भय नहीं है। मुझे कोई भी बात न तनिक भी छिपानी है न बढ़ानी। मैं कितना-कुछ जानती हूँ, आवश्यकता पड़ने पर उसे किसी के भी आगे बताने में मुझे तनिक भी भय नहीं है। पर अनावश्यक बातों और सन्दिग्ध अनुमानों के चक्कर में यदि कोई मुझे फँसाना चाहे तो वह चाहे कैसा ही विकट व्यक्ति क्यों न हो, मेरे आगे मुँह की खाकर ही रहेगा। इतना आप जाने रहिये, और मेरी ओर से एकदम निश्चिन्त होकर चलिये।"

चित्रा जब बोल रही थी, तब दादा एकान्त मग्नता से उसकी आँखों में आँखें डाले हुए थे। एक निश्छल, निर्विकार और विशुद्ध प्रशंसा की चमक उनकी आत्मा की पूरी गहराई से उठकर उनकी आँखों में तिर रही थी। अपने आवेग को सँभालने का व्यर्थ प्रयास करते हुए उन्होंने सहसा चित्रा की पीठ हौले-हौले थपथपायी। बोले : "तुम्हारा यह बेलाग वैयक्तिक सत्य तुम्हारी चिर-रक्षा करेगा, इस सम्बन्ध में अब रंचमात्र भी सन्देह मेरे मन में नहीं रह गया है। अच्छा नमस्कार!"

"नमस्कार दादा," सहज प्रसन्न भाव से चित्रा ने कहा। "जीजी से भी मेरा प्रणाम कह दीजियेगा।"

दादा अनिश्चित पकड़ से छड़ी टेकते हुए, अनमने भाव, से धीरे-धीरे प्रतिमा के कमरे की ओर चले जा रहे थे। चित्रा की बातों से उनकी चेतना आच्छन्न और अभिभूत हो रही थी। जिस नारी की स्थिति को वह इतने दिनों तक अत्यन्त दयनीय, करुण और संकटपूर्ण समझे हुए थे, उसने अपने सहज तेज, निर्भीक स्वभाव और दो-टूक बातों से स्वयं उन्हें अपनी ही दृष्टि में दयनीय बना दिया था। जीवन के प्रतिदिन के गन्दे यथार्थ की सारी परिस्थितियों के बीच भी वह असाधारण नारी अपने स्वाभिमान और आत्म-स्वातन्त्र्य की रक्षा किस शान्ति, धैर्य और शालीनता के साथ करती चली आ रही थी, यह तो वह पहले ही अच्छी तरह देख और परख चुके थे। पर आज एक विशेष संकट की घड़ी में उन्होंने उसे जीवन के सारे दैन्य और ग्लानि की अनुभूति से बहुत ऊँचा उठा हुआ पाया–अपने से कई गुना अधिक ऊँचा। प्रारम्भ में वह उसे, सब कुछ के बावजूद, एक अपरिपक्व-बुद्धि, जीवन के व्यपाक और गहरे अनुभवों से रहित, आधुनिक चेतना के कृत्रिम फैशन की झीनी चादर को मन के ऊपर हठपूर्वक लपेटे रहने वाली वयस्क लड़की के रूप में ही देखते रहे। बाद में धीरे-धीरे उसके अन्तर के कुछ स्तर छिट-पुट रूप से उनके आगे उधड़े, जिसके

फलस्वरूप उसके व्यक्तित्व के कुछ अपूर्व और गहरे रंगों से उनका परिचय होने लगा और उसके प्रति उनके मन में आदर और सम्भ्रम का भाव बढ़ने लगा। पर आज उसका जो एकदम नया रूप और नया रंग उन्हें देखने को मिला उसने तो सहज ही दादा को उसके आगे जैसे नत-मस्तक बना दिया। आज दादा के मन में यह विश्वास पूरी तरह से जम गया कि यह केवल आधुनिक चेतनापरस्त, युग के फैशनजाल में उलझी हुई, पर-बुद्धि-परायण नारी नहीं है और न केवल एक सयानी, अनुभवी और समझदार प्रौढ़ा नारी की अनुभूति तक ही उसका अन्तर्व्यक्तित्व सीमित है। आज उन्होंने देखा कि वह आश्चर्यमयी नारी जीवन और मरण के गहन प्रश्नों को युग की नंगी, थोथी, यान्त्रिक और दाम्भिक यथार्थता की अग्नि-परीक्षा द्वारा अच्छी तरह परख कर, अपनी अन्तर्वेधी दृष्टि को उन दोनों प्रश्नों के भी पार तक पहुँचा चुकी है। यह ठीक है कि जीवन और जगत् के सम्बन्ध में उसके अपने कुछ विशिष्ट सिद्धान्त हैं, जिन्हें उसने अपनी स्वतन्त्र बुद्धि और सहज संस्कार से परखा है। और परख चुकने के बाद, उन परिशोधित सिद्धान्तों के निचोड़ के माध्यम से जो आत्मानुभूत सत्य उसे प्राप्त हुआ है, उसमें वह केवल विचारों से ही नहीं, अपने आचरण द्वारा भी जा रही है–सहज साहस और निर्भीकता के साथ।

दादा सोच रहे थे कि उन्होंने स्वयं भी जीवन के स्वानुभूत सत्यों के ज्वलन्त प्रकाश में, यथार्थ के परस्पर-विरोधी तत्त्वों के संयोजन से, जीवन के लम्बे अनुभवों के बाद एक विशिष्ट प्रकार की वैयक्तिक फिलासफी बना पाने में शायद कुछ सफलता प्राप्त की है–या नहीं की है। उनकी उस निजी फिलासफी से चित्रा की फिलासफी का मेल बहुत-सी बातों में नहीं भी बैठ सकता–शायद सम्भव भी नहीं। पर उससे चित्रा की मूल अन्तर्भाव-धारा के प्रति उनके मन में तनिक भी विरोधी भाव उत्पन्न नहीं हुआ, वरन् उसके कारण एक अनजानी, अनचीह्नी और अनदेखी दिशा के नव-ज्योतिर्मय द्वार उनकी विस्मित आँखों के आगे खुल गये। वह चकित थे, विह्वल थे और विमुग्ध हो रहे थे।

जब दादा ने प्रतिमा के कमरे में प्रवेश किया तब वह पड़ोस की तीन-चार महिलाओं के साथ बैठी हुई थी। शायद वे लोग कल रातवाली शोचनीय घटना के सम्बन्ध में ही बातें कर रही थीं! दादा उनमें से दो-एक महिलाओं को जानते भी थे। पर किसी से भी उनका घनिष्ठ परिचय नहीं देखा। दादा को देखकर पड़ोस की सभी महिलाएँ उठ खड़ी हुईं। दादा ने बड़े विनय से सबको हाथ जोड़कर नमस्कार किया।

महिलाओं के चले जाने पर प्रतिमा ने सबसे ताजा समाचार यह सुनाया कि माणिकलाल सबेरे से ही लापता है। दादा चौंक पड़े। माणिकलाल के सम्बन्ध में उनके मन में कई तरह के सन्देह पहले ही से उत्पन्न हो रहे थे, पर इस बात की कल्पना उन्होंने नहीं की थी कि वह चुपचाप पलायन कर जायेगा।

दादा जब बैठ गये तब प्रतिमा ने पूछा, "चित्रा से मिले थे?"

"हाँ, वहीं से आ रहा हूँ।"

"क्या हाल है उसका?"

"ठीक ही है," मुरझाये-से स्वर में दादा ने कहा।

"क्या होगा, दादा?" मैं तो बहुत घबरा उठी हूँ। यह मामला अगर तूल पकड़ जायेगा तो कइयों को परेशान कर सकता है। विशेष करके चित्रा को।"

"केवल तुम और मैं घबराये हुए हैं, चित्रा तनिक भी चिन्तित नहीं है इस मामले को लेकर," दीवार की ओर देखते हुए दादा बोले।

"हाँ-ा-ा?" प्रतिमा ने आश्चर्य से कहा। "क्या कहती थी वह?"

"कहती थी कि "मेरी तनिक भी चिन्ता मत करो, पुलिस का कोई-बड़ा-से-बड़ा मगरमच्छ भी मेरा कुछ नहीं बिगाड़ सकता। और मैं भी विश्वास करने लगा हूँ कि कोई उसका बाल बाँका नहीं कर सकता।"

"चलो, एक भारी चिन्ता का बोझ कुछ हलका हुआ उसके साहस की बात सुनकर। पर–पर–न जाने क्यों, मन में एक अजीब-सी बेचैनी का काँटा गड़कर जैसे बहुत भीतर फँस गया है। गिडवानी से मेरा कोई परिचय नहीं है, फिर भी उसकी हत्या की बात सुनकर लगता है जैसे इस पहाड़ी प्रकृति की एकान्त शान्ति के साथ किसी ने बुरी तरह बलात्कार कर दिया है।"

अबकी दादा कुछ सँभलकर बैठ गये। कुछ क्षण मौन रहकर, कुछ सोचते रहने के बाद बड़े ही धीर और शान्त स्वर में बोले '–जानती हो प्रतिमा, एक दिन अपने तीखे 'मूड' में नकुल ने मेरी किसी बात पर कटु व्यंग्य कसते हुए कहा था : 'दादा, माफ कीजियेगा, आप हिमालय की गोद में, इस पहाड़ी की एकान्त शान्ति में अतीन्द्रिय अनुभूतियों के मायावी पर्दों के भीतर छिपकर यह समझते हैं कि सारा संसार ब्रह्मानन्दमय है। आप एक ऐसे घोंसले में रहते हैं जहाँ आज की दुनिया की सारी परेशानियाँ सफेद, दूधिया भाप पर चमकनेवाली धूप से ढँक जाती हैं। तनिक आँखें खोलिये, भाप के भीतर बैठिये और देखिये आज के नंगे यथार्थ का तमाशा। आँखें फाड़कर देखिये उस दुनिया को जहाँ भीतर और बाहर के गलित कोढ़ की महामारी के बीच पार्थिव दरिद्रता और मानसिक दैन्य अपने मैले चिथड़ों को उघाड़कर, नंगा नाच कर रहे हैं; पवित्र पुण्य-क्षेत्र प्रयाग का संगम-तट आपने अवश्य ही देखा होगा, जहाँ कतारों में बैठे हुए मरभुक्खे और कँगले कोढ़ी अपनी जाँघें उघाड़कर, उन्हें खुजला-खुजलाकर, अपने हुए घावों का नग्न प्रदर्शन करते हैं। अपनी दसों गोलित उँगलियों को आगे फैलाकर, "लाओ-लाओ!" "दो-दो!" की रटन समस्वर और समताल में लगाते हुए, मरण-धर्मी राग अलापते रहते हैं। लगता है जैसे घोर काली रात में अनन्त तक फैले हुए रेगिस्तानी मसान में प्रेतों की भयावनी ठठरियाँ ठहाका मार रही हों। यह है आज की जीवन का यथार्थ। इसकी ओर से आँख फेरकर आप किस अतीन्द्रिय हिमालय का सपना आँखों में चिपकाये रहना चाहते हैं। या न भूलिये कि आपके हिमालय पर भी आज दानवों के पन्जे गड़ गये हैं। नकुल ने उस विशेष मूड में उस समय जो-कुछ कहा था, वह मुझे अभी तक अक्षर-अक्षर याद है। अपने कहने के ढंग से और कुछ विशेष ही मुद्राओं से जो 'फेण्टेसी' वह मेरे मन में उभार रहा था उसका चित्र बारीक-से-बारीक रेखाओं के यथार्थ साथ अभी तक मेरी आँखों में नाच रहा है। आज के यथार्थ का जो रूप उस समय उसने मेरे सामने खड़ा किया था, उसमें तनिक भी झूठ नहीं है। वह रेखा-प्रति-

रेखा सत्य है।" कहते हुए दादा किसी आतंकजनक भाव-लोक में खो गये।

"तब शान्तिकामी वैयक्तिक आत्माएँ कहाँ जायें?" हताश भाव से प्रतिमा ने कहा।

उनके लिए स्थान की तनिक भी कभी-कभी नहीं रहेगी, प्रतिमा!" इस बार दादा के स्वर में दृढ़ता थी। "बाहर का सारा यथार्थ आज चाहे कैसा ही झूठा क्यों न हो गया हो, अन्तर्जगत् का महा-विस्तार अभी तक मानवात्मा के लिए अछूता पड़ा हुआ है। बाहर आज कहीं भी प्रकाश नहीं है। सर्वत्र धूल, धुआँ और धुँधलका छाया हुआ है। और उस धुँधलके के भीतर पागल प्रेतात्माओं का प्रमत्त कलरोल बड़े-बड़े धीरों के हृदयों को दहला रहा है। उस धुँधलके के भीतर घुसकर उस विश्वव्यापी पागलपन के बीच कूद पड़ने का कोई अर्थ आज नहीं रह गया है। जिस 'स्वर्ग-राज्य' की स्थापना 'मिलेनियम' की झूठी मरीचिका के मोह में जन-साधारण को फँसाकर विश्व-राजनीति के नेता उसके जीवन और उसकी आशा-अकांक्षाओं के साथ निर्मम खेलवाड़ और क्रूर परिहास कर रहे हैं उसकी यथार्थता की पोल आज पूरी तरह खुल चुकी है, इसलिए अन्तर्जगत् की गहराइयों का आविष्कार आज नये सिरे से, पूरे प्रयत्नों के साथ करना होगा। मेरा हिमालय कहीं नहीं खोया है, प्रतिमा, मेरे अर्न्तजगत् में वह उसी दिव्य, अकलुष, चिर-निर्मल और चिर-उज्ज्वल रूप में वर्तमान है। आज आवश्यकता हिमालय की अनलाँघी चोटियों के आविष्कार की उतनी नहीं रह गयी है, जितनी उसकी आत्मा को पकड़कर, अन्तर-लोक में उसे बसाने की।"

"यह क्या शत-प्रतिशत पलायन नहीं है दादा?" प्रतिमा ने जान-बूझकर दादा को कोंचते हुए कहा।

"इसे पलायन भी कह सकती हो और नयी मोर्चाबन्दी भी। और यदि इसे विशुद्ध पलायन ही कहना चाहो तो भी मुझे कोई आपत्ति नहीं है। ऐसे युग आते हैं, परिस्थितियाँ आती हैं जब पलायन ही विवेक की सीमा बन जाता है। हमारे रणछोड़दास जी ऐसी ही परिस्थितियों में मथुरा से भागकर द्वारका चले गये थे।" सहसा रणछोड़दास जी की याद आ जाने से दादा के चेहरे पर, न जाने क्यों, एक बड़ी ही मीठी मुस्कान छा गयी।

कुछ क्षणों तक दोनों मौन रहे। फिर यकायक कुछ सोचकर जैसे अपने ही आपसे दादा बोलने लगे "मानवीय सभ्यता, अपने टेढ़े-मेढ़े विकास-चक्र के लम्बे दौर से गुजरने के बाद आज चरम विकृति के जिस बिन्दु पर पहुँची हुई है, वहाँ सामूहिक मानव की समग्र चेतना पूर्णतः बहिर्मुखी होकर बिखर गयी है। अपने ही भीतर से उसने निज भयावनी राजनीतिक फैण्टेसियों की सृष्टि की है वे एक-से-एक विकट, भयावने और भीषणाकार दानवों और महादैत्यों का रूप धारण करके, उसकी बाहरी प्रगति का पथ चारों ओर से रोककर खड़े हो गये हैं। अब इंच-भर भी आगे बढ़ने की सुविधा न पाकर वह उन महादानवों के वज्र कवचों के ऊपर अपना सिर मार रहा है और अपनी परेशानी में उन्हीं के इर्द-गिर्द अन्धे घेरों में भटकता हुआ—बार-बार उन्हीं चक्करों की परिक्रमा करते चले जाने के लिए अपने को विवश पाता है जिनकी उलझनों से मुक्ति पाने के लिए वह बुरी तरह छटपटा रहा है। इसलिए आज मनुष्य-जाति के लिए केवल दो ही विकल्प शेष

रह गये हैं। या तो वह उन्हीं अन्धे भूलभुलैया चक्करों में भटकते हुए, पागलपन को पूरी तरह अपनाकर पारस्परिक विनाश का खेल खुलकर खेले, या फिर, अपने बचे-खुचे विवेक को नये सिरे से सँजोकर, अपनी चेतना को अन्तर्मुखी बनावे और अन्तर्जगत के विराट् विस्तार के पथ को प्रशस्त बनाकर वैयक्तिक मानव को नये और सही आयामों में जीने की पूरी छूट देने की योजनाओं में जुट जावे। अन्तर्जगत् के नये सिरे से आविष्कार की इस योजना को कोई पलायन कहे या शुद्ध विवेक, इस पर मुझे तनिक भी आपत्ति नहीं है।"

प्रतिमा कुछ नहीं बोली और दादा के गहन भावपूर्ण उद्गार का मर्म ठीक से समझने का प्रयास करने लगी। दादा कुछ क्षणों तक अपने ही भाव-जगत् में जैसे खो गये, उसके बाद फिर तात्कालिक यथार्थ की दुनिया में लौटकर सहसा बोल उठे, "जो भी हो, पर एक बात तुम्हें बता दूँ, प्रतिमा। जिस दिन बहिर्जगत् के हिमालय की रक्षा का प्रश्न सचमुच उठ खड़ा होगा उस दिन यह बूढ़ा जवान सबके आगे सीना ताने खड़ा रहेगा और सबसे पहले आक्रमकों की छाती पर चढ़ बैठेगा।"

दादा फिर क्षण-भर के लिए रुक गये, उसके बाद बोल उठे : "कुछ भी हो नकुल की याद आज बहुत सता रही है, बेलाग और दोटूक बातें मुक्तकण्ठ से कहने में उसका जोड़ नहीं। और हाँ, पलायन की जो बात तुमने कही उस पर याद आ रहा है कि स्वयं नकुल की परिस्थितियाँ देखकर किस सफाई से पलायन कर गया!"

"आज मैं भी यही सोच रही हूँ" प्रतिमा ने कहा, "कि यह अच्छा ही हुआ जो नकुल समय रहते यहाँ से चला गया। वर्ना बड़े ही विकट झंझटों में वह फँस जाता। तुमने तो उसी दिन कह दिया था कि उसका चले जाना अन्ततः उसके कल्याण के लिए ही सिद्ध होगा।"

"मुझे तो कुछ ऐसा लगता है," दादा ने कहा, "कि नकुल ने कुछ आसार पहले ही देख लिये थे कि कोई बला जल्दी ही आनेवाली है। इसलिए मेरा तो यह खयाल है कि वह पहले ही से योजना बनाकर भाग निकला था, अचानक तैश में आकर नहीं।"

प्रतिमा बहुत देर से दादा की एक-एक मुद्रा पर, कपाल की एक-एक रेखा के चढ़ाव-उतार पर बड़े गौर से ध्यान दे रही थी। वह देख रही थी कि अपनी सारी बातों के बावजूद वह आज बेहद थके हुए थे। पर इस बार अपना अन्तिम वाक्य समाप्त करते हुए उन्होंने जिस ढंग से अपनी पलकें क्षण-भर के लिए झपकायीं उससे उसे लगा कि उनकी वह थकान केवल शरीर की या मन की ही नहीं है, वह उनकी आत्मा की थकान है। देखकर भीतर-ही-भीतर प्रतिमा का हृदय बिलबिला उठा।

"दादा, तुम आज बहुत थके हुए लग रहे हो। एक प्याला बढ़िया दूधिया कॉफी बनाती हूँ। तब तक तुम आराम करो, "कहकर वह उठ खड़ी हुई।

"अच्छी बात है," कहकर दादा ने सोफा पर आराम से पीठ अड़ाकर सचमुच में आँखें बन्द कर लीं।

जब प्रतिमा कुछ देर बाद कॉफी बनाकर लायी, तब दादा शायद सचमुच में सो गये थे। प्रतिमा ने उनके गोरे-गोरे गालों को अपनी लम्बी पतली और कोमल उँगलिऐं से गुदगुदाना आरम्भ कर दिया। दादा ने चौंककर आँखें खोल दीं।

प्रतिमा की लाज-भीनी, मुस्कराती हुई आँखों से स्नेह-रस जैसे चू रहा था। "बड़े वैसे हो!" उसने गद्‌गद स्वर में कहा। "एक मिनट प्यार भी नहीं करने दिया और झट से आँखें खोल दीं!"

"तुमने ठीक ही कहा था, प्रतिमा, सचमुच आज मैं काफी कुछ थक गया हूँ। कल रात ठीक से सो भी नहीं पाया!"

प्रतिमा ने गरम-गरम प्याला उनके हाथ में थमा दिया, जिसमें कॉफी का पानी कम और गाढ़ा दूध अधिक पड़ा हुआ था। दादा चुपचाप धीरे-धीरे पीने लगे। जब पी चुके तब थकान जैसे किसी जादू से गायब हो गयी थी।

"वाह, तुमने सचमुच बहुत बढ़िया दवा पिलायी। अब मैं ऐसी फुर्ती महसूस कर रहा हूँ कि अभी, इसी क्षण सीधे सागरमाथा की चोटी तक चढ़ सकता हूँ।" कहकर वह उठ खड़े हुए।

"क्या सचमुच इसी क्षण सागरमाथा को लाँघने का विचार कर रहे हो? ऐसी जल्दी भी क्या?" प्रतिमा ने एक मीठी चुटकी लेते हुए कहा।

"बड़ी दुष्ट हो!" कहकर दादा ने उसके बायें गाल पर एक हलकी-सी चिकोटी काटी। और फिर चल दिये।

उस दिन दादा दिन-भर घर से बाहर नहीं निकले। खाना खाकर काफी देर तक हुक्का गुड़गुड़ाते रहे, फिर कुछ देर आराम किया और फिर एक बार सन्तोष की गुड़गुड़ी तैयार करवायी। पर सन्तोष किसी प्रकार भी नहीं मिल पा रहा था फिर उठे, फिर कमरे में टहलना शुरू किया, फिर बैठे और फिर हुक्का गुड़गुड़ाने लगे। मन बहुत डावाँडोल हो रहा था। वह स्वयं नहीं जान पा रहे थे कि वह क्या चाहते हैं, किस चीज से उन्हें शान्ति मिलेगी। तीसरे पहर चाय पी चुकने के बाद दर्शन सम्बन्धी कोई पुस्तक लेकर बैठ गये। आठ-दस पन्ने किसी तरह उलटे-पुलटे, फिर उसे भी ताक पर रख दिया और एक खिड़की के पास जाकर खड़े हो गये। बाहर सब-कुछ अजनबी, बेगाना, अपरिचित और अनचीह्ना लग रहा था। प्रकृति में धूपछाँही खेल चल रहा था, पर वह भी बासी और बेमानी लग रहा था। लोग एक-एक, दो-दो करके इधर-से-उधर और उधर-से-इधर आ-जा रहे थे, पर जैसे किसी एक का दूसरे से कोई सम्बन्ध नहीं था और दादा का तो उनसे जैसे कभी कोई सम्बन्ध रहा ही न हो। उन्हें लग रहा था जैसे वे जीवन के इस पारवाले प्राणी नहीं, उस पार की छायात्माएँ हैं।

एक स्थान पर कुछ बच्चे बहुत सारी मिट्टी और पत्थर बटोरकर कोई इमारत खड़ी कर रहे थे। दादा अलसायी हुई चाल से वहीं पहुँच गये।

"क्या बना रहे हो, बच्चों?" दादा ने पूछा।

"मन्दिर बना रहे हैं," दो-तीन बच्चे चहकते हुए बोल उठे।

"क्या होगा इस मन्दिर से?"

"इसकी पूजा करेंगे," एक छोटी-सी बच्ची बोली।

"मन्दिर की पूजा करोगे या मूर्ति की?"

"मूर्ति की," एक बच्चा बड़े उत्साह से बोला।

"कहाँ है मूर्ति?"

"अभी एक नुकीला पत्थर लायेंगे, उसमें सिन्दूर पोतेंगे, फिर उसे थापेंगे," उसी बच्चे ने कहा।

"मूर्ति की पूजा से क्या होगा?"

"पुण्य होगा," एक लड़की ने कहा।

"नहीं, हम बतायें?" लड़का बोला, "मूर्ति की पूजा करने से हम इम्तेहान में पास हो जायेंगे।"

"पिछले साल पास हुए थे या नहीं?"

"नहीं, फेल हो गये थे। हमने पूजा नहीं की थी, तभी।"

इतने में एक बड़ा-सा लड़का–प्रायः नौ दस साल का–आगे बढ़ा। बोला : "अबे, पूजा न करने से फेल हुए थे या मेहनत न करने से? बड़ा आया पूजावाला कहीं का? पत्थर की मूर्ति की पूजा करने से क्या फायदा है? हटाओ इसे!" कहकर उसने एक लात मारी और सारी इमारत, जो प्रायः तीन-चौथाई तैयार हो चुकी थी, धरहराकर गिर पड़ी। जो लड़की चुपचाप बड़ी लगन से पत्थर-पर-पत्थर जमाकर मन्दिर को पूरा करने में लगी थी, वह रो पड़ी।

दादा ने उसे चुमकारा, उसकी पीठ सहलायी और दिलासा देते हुए कहा : "रोओ मत, बिटिया, हम अभी ठीक किये देते हैं। उससे भी बढ़िया मन्दिर बनाये देते हैं, घबराओ मत।"

और वह सचमुच मन्दिर को नये सिरे से बनाने में जुट गये। बड़े करीने से एक-एक पत्थर को गीली मिट्टी के साथ भीतर से तनिक सीमेण्ट मिलाकर ठीक स्थान पर जमाते हुए बड़ी फुर्ती से इमारत खड़ी करते चले गये। जिस अनास्थावादी लड़के ने मन्दिर को लात मारकर गिरा दिया था वह बड़े ध्यान से दादा का मन्दिर बनाना देख रहा था।

नीचे का हिस्सा पूरा कर चुकने के बाद दादा ने कुछ बड़े से नुकीले पत्थरों को लेकर मन्दिर के चूड़े की तरह की कोई चीज बना दी। उसके बाद देवसिंह को बुलाकर पुताई के लिए रखा हुआ कुछ चूना एक हँड़िया में मँगाया और एक कूँची भी मँगायी। देवसिंह ने मन्दिर के चारों ओर से अच्छी तरह पोत दिया।

सभी बच्चे बड़े ध्यान से दादा का करिश्मा देख रहे थे। अब सवाल उठा मूर्ति का।

"बच्चो, किसी के पास कोई मूर्ति है?" दादा ने पूछा।

"एक नुकीला पत्थर ले आऊँ?" एक लड़के ने कहा।

"खाली पत्थर से क्या होगा भाई, मूर्ति का कुछ आकार भी तो होना चाहिए। अच्छा, एक काम करें। तनिक ठहरो, मैं अपने यहाँ से लाता हूँ एक मूर्ति।" दादा भीतर गये। पैरिस प्लास्टर की बनी सरस्वती की एक सुन्दर-सी मूर्ति उन्होंने कभी किसी नुमाइश में खरीदी थी। वह ऊपर एक आले पर रखी हुई थी। उसी को उठा लाये। सचमुच की और

सुन्दर सी मूर्ति देखकर बच्चे पुलकित हो उठे।

दादा ने मन्दिर के भीतरवाले पत्थर पर गीली मिट्टी की तह लगायी और उस पर बीचोबीच मूर्ति को जमा दिया।

"लो अब थप गयी मूर्ति! किस देवी की मूर्ति है यह जानते हो?"

किसी ने कहा पार्वती की, किसी ने कहा दुर्गा की। जो लड़की मन्दिर में सबसे अधिक दिलचस्पी ले रही थी और जो उसके ढाये जाने पर रो उठी थी वह अत्यन्त प्रसन्नता से बोल उठी : "सरस्वती की! वह देखो सरस्वती वीणा बजा रही हैं।"

"शाबाश!" दादा ने कहा और स्नेह से उसकी पीठ ठोकी। "अब मत रोना, और रोज सुबह इस पर फूल चढ़ाना। अच्छा?"

लड़की ने प्रसन्नता से सिर हिलाकर हुँकारी भरी।

दादा ने देवसिंह से कहा : "एक लकड़ी पर एक सफेद रूमाल बाँध दो और उसे मन्दिर की चोटी पर जमा दो।"

देवसिंह ने कुछ ही मिनटों के भीतर यह काम भी कर दिया।

"और अब बोलो : सरस्वती मैया की जै!"

सभी बच्चों ने उसके साथ स्वर-में-स्वर मिलाकर नारा लगाया। सभी बच्चे इस कदर प्रसन्न थे जैसे कोई बड़ा किला जीत लिए हो। जो अनास्थावादी लड़का खिसियाया हुआ-सा एक किनारे खड़ा था, दादा प्रेम से उसका हाथ पकड़कर एक तरफ ले गये और बोले : "देखो बेटा, बात तुमने बिलकुल ठीक कही थी। पास मेहनत करने से होते हैं, न कि पूजा से। पर जिन बच्चों को इस खेल में सुख मिलता है, उन्हें खेलने दो, तुम अलग रहो। इसमें तुम्हारा क्या बिगड़ता है? क्यों? ठीक है कि नहीं?"

लड़के ने केवल सिर हिलाकर अपनी सहमति जतायी। बोला कुछ भी नहीं।

इस प्रकार दादा का काफी समय एक अच्छे विनोद में कट गया। इस खेल में पूरी ताजगी थी, बासीपन का कहीं निशान तक न था। दादा का जो "मूड' जमकर एकदम पत्थर बना हुआ था, वह पत्थर ही की सहायता से एकदम झरना बनकर बहने लगा।

अँधेरा होने लगा था। दादा घर के भीतर चले गये। प्रायः आठ बजे प्रतिमा आयी। उसके साथ वह जब "डिनर' के लिए होटल में गये तब पता चला कि धरमदास शाम को नहीं आ सका था और अब सुबह दस बजे के करीब पहुँच जायेगा।

खा-पीकर दादा प्रतिमा को पहुँचाकर जब घर लौटे तब बिना हुक्का गुड़गुड़ाये ही लेट जाना चाहते थे। पर देवसिंह ने तुरन्त ही हुक्का तैयार करके सामने रख दिया। कुछ देर तक उसे गुड़गुड़ाते रहे, उसके बाद पलँग पर जो लेटे तो फिर सबेरे छह बजे आँखें खुलीं। बहुत अच्छी नींद आयी थी और वह अपने को एकदम ताजा महसूस कर रहे थे।

सबेरे प्रायः आठ बजे राम बाबू हाँफते हुए दादा के पास पहुँचे और बहुत ही घबराये हुए स्वर में बोले : "दादा अनर्थ हो गया!"

"क्या हुआ?" दादा ने हौलदिल होकर पूछा।

"मिसेज कटारा ने 'सुसाइड' कर लिया है।"

"हैं-एँ-एँ-एँ-एँ! यह तुम क्या कह रहे हो?"

"ठीक कह रहा हूँ, दादा मैं अभी देखकर आ रहा हूँ, रोने की-सी आवाज में राम बाबू ने कहा।

"तुम उसे किस स्थिति में देखकर आये हो?" दादा की आवाज बुरी तरह काँप रही थी।

"वह फर्श पर पड़ी हुई थीं। आँखें बन्द, दोनों हाथ फैले हुए, दोनों मुट्ठियाँ बँधी हुईं चेहरे का रंग काला पड़ गया है। चौकी पर खबर दे दी गयी थी। चौकीदार आकर थाने में खबर देने सात बजेवाली 'बस' से चला गया था। थाना यहाँ से प्रायः पाँच मील दूर है। मिसेज कटारा के सिरहाने, तकिये के नीचे, एक कागज मिला है, जिसमें उन्होंने साफ-साफ यह लिख रखा है कि उन्होंने स्वयं अपनी इच्छा से विष खाकर आत्महत्या की है, और उनकी मृत्यु के लिए किसी भी दूसरे व्यक्ति को दोषी न ठहराया जाये। साथ ही वह यह भी लिख गयी हैं कि उनका जो भी सामान होटल में बचा हो वह सब दादा को सहेज दिया जाय। "'दादा' के बाद कोष्ठ में आपका पूरा नाम भी लिखा है। चौकीदार ने हम सब लोगों के आगे उनका सारा सामान टटोल लिये है। एक बड़े से सूटकेस में उनके बहुत-से कपड़े रखे हुए थे, जो प्रायः सभी नये-से लगते थे और अच्छी हालत में थे। कपड़ों के अलावा दस-पाँच किताबें, दो कीमती फाउण्टेन पेन, दो चिट्ठी लिखने के पैड, कुछ चाय का सामान और चाय के बर्तन, एक जोड़ा सैण्डल और दो जोड़ा चप्पल थे। एक पर्स भी था, जिसके भीतर एक सौ पाँच रुपये पाये गये।"

दादा छाती पर वज्र रखकर सब-कुछ सुने चले जा रहे थे।

एक लम्बी–बहुत लम्बी–साँस खींचकर एकदम मरी हुई आवाज में बोले : "चलो, चलकर देखें!"

उनके चेहरे पर एकदम मुर्दनी छा गयी, जैसे महीनों की बीमारी के बाद अभी-अभी खड़े हुए हों। चलते-चलते बोले : "प्रतिमा को खबर दे दी है?"

"अभी-अभी गया है एक आदमी खबर देने।"

चित्रावाले कमरे के नीचे पहुँचने पर दादा ने धीरे-धीरे छड़ी टेकते हुए जीना पार किया। बरामदे में लोगों की भीड़ खड़ी थी। राम बाबू ने बड़ी कठिनाई से दादा के लिए दरवाजे के भीतर जाने का रास्ता बनाया।

भीतर जाकर, शीशे वाली दीवारों के पार से आते हुए परिपूर्ण प्रकाश में दादा ने देखा, दक्षिण की ओर पाँव किए और उत्तर की ओर सिर रखे हुआ चित्रा जैसे प्रगाढ़ निद्रा में फर्श पर लेटी हुई थी। चेहरे का रंग कुछ नीला अवश्य पड़ गया था, किन्तु उतने से उसके मुख की स्वस्थ सुन्दरता में तनिक भी अन्तर नहीं आने पाया था। एक दिव्य शान्ति उसके सम्पूर्ण मुख-मण्डल को एक अपूर्व मोहक सजीवता प्रदान कर रही थी। कमल-कोश के साँचे में ढली दो सुन्दर, बड़ी-बड़ी लम्बी आँखों के ऊपर छाते ताने हुए दो भौंहें एक

सहज-स्निग्ध व्यंग्य की-सी मुद्रा में स्थिर थीं। लम्बी नुकीली नाक सहज-अधिकार-प्राप्त स्वाभिमान और आत्मगौरव से वैसी ही सीधी खड़ी थी जैसे बराबर दादा देखते आये थे। कलेजी रंग के दो न-बहुत-पतले-न-बहुत-मोटे ओंठ बायीं ओर को एक ऐसे तिरछे कोण पर झुके थे कि लगता था जैसे अभी, इसी क्षण, एक मीठे व्यंग्य से फड़ककर मुस्कराना ही चाहते हैं।

दादा अपनी सभी इन्द्रियों–वरन् प्राणों–की सारी शक्ति अपनी आँखों में केन्द्रित करके देख रहे थे। वह देख रहे थे, देखते चले जा रहे थे और अनन्त काल तक उस मूर्ति को उसी तरह देखते ही रहने का संकल्प कर रहे थे। न कुछ सोच रहे थे न सोचना ही चाहते थे। वह केवल उस क्षण में ही पूरी तरह डूबकर जी और मर रहे थे। वह केवल देख रहे थे–देख रहे थे उस अद्भुत नारी को जो जीने और मरने के बीच की कोई व्यवधान-रेखा ही नहीं छोड़े जा रही थी। वह देख रहे थे; क्षण के लक्षांश का भी अन्तर दिये बिना निरन्तर उसी को देख रहे थे– केवल उसी को, उसके उसी क्षणवाले रूप को। उस रहस्यमय रूप के भीतर उन्हें उस नारी के अन्तर्व्यक्तित्व की असंख्य परतें एक-एक करके उघड़ती हुई दिखायी दे रही थीं–जिनमें से कुछ को वह उसके जीवन में पहले भी देख चुके थे। पर वह इस समय अनजाने ही उस स्तब्ध, पारदर्शी और अमूर्त मूर्ति के भीतर उन अद्भुत परतों को देख रहे थे, जिन्हें वे जीवन में नहीं, मृत्यु में ही देख सकते थे। इस प्रकार वह नारी मूर्ति जीवन और मरण के दो भिन्न प्रवाहों को एक धारा में बाँधकर मृत्यु का एक नया ही रूप दिखा रही थी। और दादा केवल देख रहे थे–देखते ही चले जा रहे थे।

सहसा बाहर खड़ी भीड़ को चीरकर प्रतिमा ने हड़बड़ाते हुए प्रवेश किया चित्रा के मृत शरीर को देखकर वह क्षण-भर के लिए स्तब्ध खड़ी रही। उसके बाद वह पछाड़ खाती हुई नीचे लोट गयी और चित्रा को अपनी बाँहों में समेटकर अत्यन्त आर्त्तस्वर में दहाड़ मारती हुई चीख उठी : "यह क्या किया, चित्रा तुमने यह क्या किया!" क्रौंची की तरह उसका वह करुण क्रन्दन, अन्तर के अतल से उमड़कर, अपनी बाड़ में जैसे सम्पूर्ण विश्व-जीवन को मग्न करने के लिए विकल हो रहा था। कुछ देर तक उसके अन्तर की केवल वही एक टेक विभिन्न स्वरों में सुनायी देती रही : "यह क्या किया, चित्रा, यह क्या किया!" वह एक बार दहाड़ मारती थी, दूसरी बार फफकती थी।

प्रथम आवेग कुछ धीमा पड़ने पर उसके मर्मच्छेदी विलाप ने दूसरी टेक पकड़ी। बीच-बीच में रुक-रुककर फफकती हुई वह कहती जाती थी : "अपने किसी कष्ट के बारे में तुमने कभी एक शब्द भी तो नहीं बताया–केवल छिपाती रहीं, दबाती रहीं, हँस-हँसकर भीतर-ही-भीतर पीती रहीं। अपनी जीजी को अपने मर्म का विश्वास तुमने कभी दिया ही नहीं! यह कैसा विश्वासघात किया तुमने, चित्रा!" और फिर दहाड़ मारना और फफकना! अपने प्रियतम व्यक्ति से सदा के लिए बिछड़ी हुई एक सरल-हृदय, स्नेह-सिक्त देहाती नारी की तरह वह बेइख्तियार बिलबिला रही थी–अपने को भूलकर, चारों ओर खड़ी भीड़ को भूलकर, समस्त जीव-जगत् को भूलकर।

प्रतिमा के आर्त्त रुदन से दादा की खोयी हुई अन्तर-शक्ति पूरी स्फूर्ति से जग उठी। उसके निकट जाकर, चित्रा को उसके आलिंगन-पाश से धीरे से छुड़ाते हुए दादा ने स्नेहपूर्ण तिरस्कार के स्वर में कहा : "प्रतिमा, ऐसे संकट के समय तुम एक अनपढ़ स्त्री की तरह सबको 'नर्वस' क्यों कर रही हो? उठो, विवेक से काम लो, और धैर्य के साथ यथार्थ का सामना करो।"

पर प्रतिमा के अन्तर का उमड़ता हुआ प्रवाह किसी तरह थमता नहीं था। दादा के समझाने पर उसने अपना स्वर दबा अवश्य लिया, पर उसका रह-रहककर सिसकना और बीच-बीच में फफक उठना जारी रहा। काफी देर तक वह उसी अवस्था में, चित्रा की बगल में ही लेटी रही। वह उसी तरह सिसकती, फफकती और हिचकियाँ भरती रही।

किसी ने बताया कि बाहर पुलिस के दो वर्दीधारी कर्मचारी आ पहुँचे हैं। चौकीदार ने दरवाजे के बाहरवाले बरामदे से भीड़ को धक्का देकर हटाना शुरू कर दिया। पुलिस के दो कर्मचारियों में से एक सब-इन्स्पेक्टर था और एक हेड कान्स्टेबिल। उन्हें देखकर प्रतिमा आँखें पोंछती हुई, धीरे से उठ बैठी और एक किनारे हो गयी। दादा, राम बाबू, प्रतिमा और दो और सयाने व्यक्तियों को कमरे में रोककर शेष सभी व्यक्तियों को वहाँ से हटा दिया गया।

पञ्चों के आगे चित्रा का सारा सामान अलग करवा लिया गया और उसकी एक सूची तैयार कर ली गयी। उस पर सब-इन्स्पेक्टर ने सभी पञ्चों के हस्ताक्षर करवा लिए। उसके बाद उसने यह सूचित किया कि मृत शरीर पुलिस हेडक्वार्टर्स में ले जाया जायगा, जहाँ उसकी मरणोपरान्त परीक्षा होगी, और सम्भवतः चीर-फाड़ भी करनी पड़ेगी।

दादा के लिए यह बड़ा ही निर्मम और कष्टकर प्रस्ताव था। पर अब वह अपनी छाती पर वज्र रखकर हर परिस्थिति के लिए कमर कसकर तैयार थे। उन्होंने लाश के साथ ही स्वयं भी हेडक्वार्टर्स में जाने का आग्रह किया। पहले तो सब-इन्स्पेक्टर कतराने लगा, पर बाद में जब सभी पन्चों ने बताया कि मृत महिला के स्थानीय अभिभावक एकमात्र दादा ही हैं, तब वह उन्हें साथ ले चलने के लिए राजी हो गया।

पुलिस के कर्मचारी अपने साथ एक 'स्ट्रेचर' लेते आये थे, जो नीचे रखा था। चौकीदार नीचे से उठाकर स्ट्रेचर को ऊपर ले आया। उस पर चित्रा के मृत शरीर को रखकर बाँध दिया गया। उसके बाद हेड कान्स्टेबिल और चौकीदार मिलकर स्ट्रेचर को धीरे से नीचे ले आये। वहाँ पुलिस के मजदूर पहले ही से खड़े थे। चार व्यक्तियों ने मिलकर "स्ट्रेचर' को उठाया और उसे मोटर की सड़क की ओर ले गये।

दादा ने राम बाबू को अलग से बुलाकर समझा दिया कि वह हेडक्वार्टर्स में जाकर वहीं चित्रा की दाह-क्रिया भी कर देंगे, लाश को वापस नहीं लायेंगे। उन्होंने बता दिया कि इस सारे चक्कर में पूरा दिन लग जायगा और वह सम्भवतः रात में भी वहीं रह जायेंगे। इसलिए प्रतिमा को समझाने का भार उन्होंने राम बाबू को सौंप दिया और यह अनुरोध भी किया कि रात में प्रतिमा को अकेले न छोड़ा जाये, कोई परिचित महिला या नौकरानी उसके साथ रात-भर रहे।

उसके बाद दादा रुपयों का प्रबन्ध करके मोटर सड़क की ओर चल पड़े। वहाँ एक जालीदार मोटर गाड़ी खड़ी थी। पीछे लाश को लिटा दिया गया और उसकी बगल में दादा किसी तरह बैठ गये। आगे पुलिस सब-इन्स्पेक्टर और हेड कान्स्टेबिल बैठे थे।

हेडक्वार्टर्स पहुँचने के लिए बीस-बाईस मील की दूरी तय करनी थी। प्रायः डेढ़ घण्टे के चक्कर के बाद अन्त में वे लोग नियत स्थान पर पहुँच गये। मृत शरीर को पुलिस लाइन्स के अहाते में चीर-घर के अन्दर ले जाकर रख दिया गया। पोस्टमार्टम के लिए डॉक्टर को बुलाने में प्रायः आधा घण्टा लग गया । उसके बाद चीर-फाड़ का काम शुरू हुआ। लाश का पेट चीरकर उसे पूरी तरह खोला गया और फिर उसके भीतर से आँतोंवाला भाग पूरी तरह निकाल लिया गया। दादा को आपरेशन टेबिल पर नहीं जाने दिया जा रहा था, पर उनकी पीड़ित आत्मा के आग्रह ने जोर मारा और उन्हें आपरेशन की सारी कार्रवाई देखने दी गयी। दादा आतंकित आँखों से देख रहे थे पेट के भीतर से अलग होती हुई आँतों और उससे सम्बद्ध दूसरे अवयवों को। जब परीक्षा के लिए आवश्यक भाग पूरे-का-पूरा बाहर निकाल लिया गया तब दादा ने देखा पेट के भीतर के उस खाली कोटर को, जो अपनी विभीषिका से जाग्रत जीवन के प्रतिपल के क्रियाचक्र का उपहास कर रहा था। उन्होंने बलपूर्वक अपने सारे विवेक को जगाकर, अपने अन्तर की कुचली हुई कोमल भावना और उमड़ते हुए आवेग को दबाया।

उसके बाद डाक्टर ने पेट के ऊपरवाले चमड़े को सी दिया और तब ऐसा लगने लगा जैसे पेट चीरा ही न गया हो और बाहर जो आँतें पड़ी हुई हैं वे चित्रा की नहीं किसी दूसरे व्यक्ति की हों।

आपरेशन के पूरे चक्कर में दो घण्टे से भी अधिक समय लग गया। उसके बाद लाश दादा को सौंप दी गयी। दादा के कुछ परिचित व्यक्ति उस पहाड़ी शहर में थे। उन लोगों को पहले ही सूचना भेज दी गयी थी। ज्यों ही स्ट्रेचर में रखी हुई लाश बाहर लायी गयी, त्यों ही दादा ने आश्चर्यचकित होकर देखा, माणिकलाल दरवाजे के पास खड़ा है। माणिकलाल ने दादा की ओर देखकर चुप रहने के लिए संकेत किया। दादा के साभी परिचित व्यक्ति पहले ही से बाहर इकट्ठा हो गये थे। आवश्यक सामान मँगवाकर चित्रा के मृत शरीर को सजाया गया और फूल मालाएँ पहनायी गयीं। श्मशान जाने के लिए तैयार व्यक्तियों की संख्या काफी हो गयी थी। राम-नाम की सच्चाई की अविराम घोषणा के साथ अर्थी को श्मशान ले जाया गया।

जब वे लोग श्मशान पहुँचे तब साढ़े चार बज चुके थे। चिता को सजाने में काफी समय लग गया। चिता में सबसे पहले दादा ने ही अग्नि अर्पित की। उनके बाद माणिकलाल ने एक जली हुई लकड़ी चिता पर रखकर चिता की ओर हाथ जोड़े। देखते-देखते हाउ-हाउ करके चिता धधक उठी। उसके बाद दादा अपने साथियों के साथ शेड पर चले आये और वहाँ लाश के पूरे जल जाने की प्रतीक्षा हिमालय के से अविचल धैर्य के साथ करने लगे। छाती पर वज्र-भार अभी तक वैसा ही निश्चल पड़ा हुआ था। दादा ने एक सिगार जलायी। और फिर तब तक अटूट मौन में डूबे रहे जब तक लाश

पूरी-की-पूरी जलकर राख में परिणित न हो गयी।

चिता बुझाकर जब सब लोग वापस चलने लगे तब माणिकलाल चुपचाप दादा की बगल में आकर खड़ा हो गया। दादा उसे चीर-घर के दरवाजे पर देखने के बाद अब तक एकदम भूले हुए थे। उसके अस्तित्व की कोई अस्पष्ट-से-अस्पष्ट चेतना भी जैसे उनके मन में किसी कोने में नहीं रह गयी थी। अब जब वह अपने-आप आकर उनसे मिला तब आश्चर्य और कुतूहल ने जोर मारा। दादा भीड़ से हटकर, उसे अलग ले जाकर एक एकान्त रास्ते से होकर वापस चलने लगे।

"तुम अपने मकान में ताला बन्द करके कहाँ चले गये थे?" दादा ने बहुत ही धीमे स्वर में पूछा।

"मेरा इरादा तो एकदम भाग निकलने का था," माणिकलाल उनसे भी धीमी आवाज में बोला। "मैं अब तक ऐसी जगह भाग गया होता जहाँ पुलिस जिन्दगी-भर ढूँढ़ते रहने पर भी मेरा पता न लगा पाती। पर मैं रुक गया। किसी अज्ञात शक्ति ने ही मुझे रोका–मैं स्वयं न रुक पाता। जाने क्यों, मुझे लगा कि मुझे दो-एक दिन यहाँ और रुक जाना चाहिए। और शायद–शायद वह अज्ञात शक्ति 'कान्शेन्स' ही थी, जिसका अपने-आप में कोई अस्तित्व ही मैं इतने दिनों तक नहीं मानना चाहता था, और जिसके सम्बन्ध में एक दिन आपने मुझे सचेत किया था।"

दोनों धीरे-धीरे, पैदल ही उस चढ़ाईवाली पगडण्डी पर चले जा रहे थे। दादा उसकी बात के उत्तर में एक शब्द भी नहीं बोले। चुपचाप चलते रहे। उस झुटपुटे अन्धकार में भी दादा देख रहे थे कि एक खिसियाई हुई-सी मुस्कान माणिकलाल के चेहरे पर खेल रही थी। माणिकलाल बोलता चला गया :

'गिडवानी की हत्या की जो प्रतिक्रिया मेरे मन पर हुई सो तो हुई ही (हालाँकि मैं अब भी उससे घृणा करता हूँ–उसके मृत व्यक्तित्व से भी! इतना नीच, घृणित और स्वार्थी था वह!) पर उससे भी अधिक मुझे यह बात कचोटने लगी कि इस हत्या की जो परोक्ष प्रतिक्रिया चित्रा जी के मन पर होगी, उसके लिए मूलतः उत्तरदायी मैं ही हूँ। इस हत्या से वह नारी व्यर्थ में, बिना अपने किसी अपराध के, बदनाम हो जायेगी, इस बात पर मैंने पहले विचार किया ही नहीं था। पर हत्या कर चुकने के दूसरे ही क्षण से रह-रहकर वही एक बात मेरे आगे हौवा बनकर खड़ी हो गयी। मैं भागकर यहाँ तक तो आ गया, पर वही हौवा मेरी कल्पना में भयावना आकार धारण करके मुझे बुरी तरह डराने लगा। मेरे अन्दर से रह-रहकर एक अस्पष्ट आवाज उठ रही थी, जो मुझे रोक रही थी और सम्भवतः यह बता रही थी कि मुझे अपने कृत्य की कुछ और ही परिणति दो-एक दिन के भीतर ही देखने को मिलेगी। इसलिए मैं यहीं रुक गया था। और आज अचानक आप पुलिस की गाड़ी पर बैठे हुए दिखायी दिये। मैंने एक अस्पष्ट अन्दाज लगा लिया कि क्या हुआ होगा, क्योंकि इस बात की धुँधली-सी शंका मुझे पहले ही से थी कि चित्रा जी एक दिन आत्महत्या करेंगी ही। गिडवानी-काण्ड तो एक निमित्त-मात्र था। और मैं 'मार्चुअरी' के पास पहुँच गया। मेरे 'कान्शेन्स' की कचोट तो अभी वैसी ही

बनी है, बल्कि बढ़ गयी है, फिर भी अन्तिम समय में उस नारी के प्रति श्रद्धा अर्पित करने का सुयोग मुझे मिल गया, जिसे मैंने हृदय से चाहा था। और वही पहली नारी थी जिसने मेरे अन्तर की घृणामूलक संवेदना को विशुद्ध श्रद्धा के भाव में बदलने में कोई बात उठा नहीं रखी थी।"

"तो? अब तुम्हारा क्या विचार है?" बोलने की कोई इच्छा न होने पर भी दादा ने शिष्टाचारवश (और शायद कुछ कुतूहलवश भी) पूछ ही लिया।

"दादा, आपको शायद याद होगा, एक दिन आपने कहा था मेरी घृणामूलक संवेदना एक दिन मुझे किसी बड़ खतरे की ओर ले जा सकती है–यदि इस बीच मैं सँभल न गया तो। पर मैंने उस बात को हँसी में उड़ा दिया था। इस कारण नहीं कि मैं आपकी उस बात को हास्यास्पद समझता था, वरन् इसलिए कि मैं जीवन के किसी भी खतरे से कभी भयभीत नहीं हुआ। इसके पहले भी मैं इसी घटना से कुछ मिलते-जुलते खतरे पूरी योजना के साथ उठा चुका हूँ। पर छोड़िये उन पुरानी बातों को। मैं केवल आपको यह बताना चाहता था कि इस घटना द्वारा मैंने जान-बूझकर जो खतरा मोल लिया है, उससे मैं तनिक भी चिन्तित नहीं हूँ। खतरे तो मेरे लिये जीवन की गाड़ी को किसी तरह आगे बढ़ाते चले जाने के सम्बल या साधन हैं। मेरी अन्तर-पीड़ा का जो एकमात्र कारण है, वह मैं आपको बता चुका हूँ। मैं सच कहता हूँ, दादा, मुझे जीवन में कभी एक क्षण के लिए भी ऐसा नहीं लगा कि मनुष्य-मात्र के प्रति मेरी चेतना में सहज घृणा का जो भाव बड़ी गहराई से जमा हुआ है–और उसमें भी विशेष रूप से नारी के प्रति–वह कभी, किसी भी कारण से बदल सकता है। पर यहाँ आने पर चित्रा जी से जो कुछ ही दिनों का सम्पर्क मेरा हुआ, उसने किसी जादू की माया से मेरी ठोस और जमी हुई धारणा में दरार पैदा कर दी। इस दरार का अनुभव मुझे–दरार पड़ जाने के बाद भी–प्रारम्भ में नहीं हुआ। पर दिन-प्रति-दिन ज्यों-ज्यों उनसे मेरा सम्पर्क बढ़ता चला गया त्यों-त्यों उस दरार को उत्तरोत्तर फटते देखकर मैं चकित रह गया और भय का-सा अनुभव मुझे होने लगा। कुछ दिनों तक उस दरार को देखकर भी मैं उसकी ओर से आँखें मूँदे रहा–शायद भय ही के कारण। पर बाद में मैंने अपने ही से अभय होकर, आँखें पूरी तरह से खोलकर उस दरार का निर्भीक और तटस्थ निरीक्षण आरम्भ कर दिया। उसके भीतर कलकल-खिलखिल की-सी एक अजीब आवाज सुनकर मैं चकित रह गया। मैंने देखा कि उस विचित्र दरार के भीतर से स्फटिक की तरह निर्मल जल की एक पहाड़ी धारा फूट रही है, जो साफ दिखनेवाले सफेद रोड़ों के ऊपर खिलखिलाती हुई वही चली जा रही है। सबसे अधिक मोहक लगती थीं जल के नीचे के उन रोड़ों के ऊपर से उठनेवाली इन्द्रधनुषी किरणें। और तारीफ की बात यह है कि उस धारा का मूल उत्स था आज के यथार्थ जीवन की उसी गन्दगी और गलाजत का पहाड़, जिसके दुर्गन्ध से कतराकर मैं भागा-भागा फिर रहा था और पहाड़ की शुद्ध वायु में बसने के उद्देश्य से यहाँ आया था–"

दादा सुन रहे थे–केवल सुन रहे थे–सब-कुछ सुन रहे थे। दोनों की चाल अब पहले से भी धीमी हो गयी थी। शायद इस कारण कि सुननेवाला सुनाने को बेचैन था और

सुननेवाला सुनने के लिए अनुत्सुक नहीं था। बिजली के जो लैम्प ऊपर की सड़क पर एक-एक फर्लाङ्ग पर जलने लगे थे, उनकी मद्धिम-मद्धिम प्रकाश-छाया नीचे की पगडण्डी तक पहुँच रही थी। उस झिलमिले प्रकाश में ऊपर के पेड़ों की हिलनेवाली सुईनुमा पत्तियाँ अपने सहस्रों नोकोंवाले अस्त्रों को नचाकर अट्टाहास करनेवाले आदिवासियों की तरह लग रही थीं।

"हाँ, तो मैं इन्द्रधनुषी किरणों की बात कर रहा था," माणिकलाल ने कुछ रुकने के बाद एक लम्बी साँस खींचते हुए फिर कहना आरम्भ किया, "लगता था कि उन किरणों को देखते हुए मेरी आँखें इस जीवन में कभी न थकेंगी। पर मैं सोचता रह गया कि कैसे और कहाँ से फूट पड़ी हैं वे अछूती किरणें उस स्फटिक जल-धारा के भीतर? और तब मुझे यह इलहाम हुआ कि मेरे अन्तर की उस नयी छटा का मूल उत्स चित्रा जी के जीवन की केन्द्रीय अन्तरधारा ही है। उस नंगे और गन्दे यथार्थ से चित्रा जी के जीवन का केवल निकट सम्बन्ध ही नहीं था, वरन् उनकी उद्भावना ही जैसे उसी यथार्थ जीवन के बीच से हुई थी। और उस गन्दे पहाड़ के भीतर से किस जादू के साथ इस नारी ने अपने लिये एक अलग नाला स्वयं काटा और उसी नाले को एक प्राकृतिक झरने में विकसित करके, झरने की ही तरह सहज रूप से रोना-हँसना, खिलखिलाना, चुहल करना, मचलना और स्वतन्त्र गति से बहते चलना आरम्भ कर दिया। कोई बाधा इस नारी की सहज गति को रोक न सकी, कोई छल-छिद्र या दुराव उसकी निर्मल अन्तरधारा के नीचे टहर न सका। मेरे अन्तर की जन्मजात घृणा का कोई दाग उसे छू न सका, बल्कि स्वयं उस घृणा की कोर उस निर्मल धारा के प्रखर प्रवाह से कटने लगी। पर मेरे भीतर अभी घृणा का पूरा द्वीप शेष था। इसलिए गिडवानी के अस्तित्व को मैं सहन नहीं कर पा रहा था। उसके थुलथुल व्यक्तित्व के भीतर किसी भी सूक्ष्म और तीखी संवेदना का कोई अस्तित्व मैंने नहीं पाया–उसमें न तो किसी प्रकार की सुरुचि थी, न किसी विकृत कलात्मक रुचि की संवेदना ही। उसमें थी केवल एक मोटे पालतू पशु की स्थूल काम-प्रवृत्ति, जिसका प्रदर्शन वह बड़े ही भोंड़े ढंग से कर रहा था। मेरे अन्तर की सारी घृणा उसके विरुद्ध केन्द्रित हो गयी थी। मैंने यह नहीं सोचा कि जो नारी मुझ जैसे हिंसक जन्तु की तीखी और तराशी हुई विकृति को उसी तरह सहज शान्त भाव से सहन करती चली जा रही है जिस प्रकार गिडवानी जैसे मोटे भैंसे की स्थूल पशु-प्रवृत्ति को, उसकी उस सहजता से शिक्षा लेनी चाहिए और अपने व्यक्तित्व की दिशा को बदलने के सुअवसर को हाथ से यों ही नहीं जाने देना चाहिए। पर मेरी नियति ही कुछ दूसरी थी और अन्त में मेरी घृणा की ही विजय हुई। मैंने गिडवानी की हत्या बिना तनिक भी ग्लानि के कर ही डाली। पर आज चित्रा जी की आत्महत्या ने केवल मेरे "कान्शेन्स' को ही नहीं झकझोरा है, मेरे सम्पूर्ण व्यक्तित्व की धारा को ही पलट दिया है। इसलिए मैंने निश्चय कर लिया है कि मैं पुलिस के हाथों अपने को अर्पित कर दूँगा। मेरे लिये वही उपयुक्त प्रायश्चित्त होगा। केवल उसी प्रायश्चित्त के हवनकुण्ड में मेरी पुंजीभूत विकृतियों का होम हो सकेगा–"

वे लोग अब बड़ी सड़क पर पहुँच गये थे। माणिकलाल ने कहा : "अच्छा, दादा, आपसे बातें करके जी बहुत हलका हो गया। अब चलता हूँ।"

"कहाँ?"

"नियति बरबस मुझे जिस विशेष दिशा की ओर खींच रही है। मैंने निश्चय कर लिया है कि उसका प्रतिरोध नहीं करूँगा।"

"आज रात मेरे साथ होटल में आराम कर लो। कल सुबह जहाँ इच्छा होगी चले जाना।"

"अब मेरा स्वयं अपने ऊपर कोई बस नहीं रहा, दादा। इसलिए चल रहा हूँ। नमस्कार!" कहकर वह पूरी तेजी के साथ उत्तर की ओर चल पड़ा और देखते-देखते आँखों से ओझल हो गया। वह रास्ता कोतवाली की ओर भी जाता था और हिमालय की ओर भी।

दादा के जो स्थानीय मित्र श्मशान तक उनके साथ गये थे वे दूसरे रास्ते से लौटते हुए मिल गये। उन लोगों ने दादा से बहुत आग्रह किया कि वे रात में उन्हीं में से किसी के यहाँ खाना खायें और आराम करें, पर दादा ने बड़ी विनम्रता से सभी के प्रस्ताव अस्वीकृत कर दिये और स्वयं पास ही, एक होटल में चले गये। वहाँ एक कमरा किराये पर लेकर बिना कुछ खाये लेट गये।

दूसरे दिन भी दादा होटल में ही आराम करते रहे। तीसरे दिन सबेरे पौने सात बजे ही वह हाथ-मुँह धोकर तैयार हो गये। साढ़े सात बजे एक बस घर की ओर जाती थी। बस-स्टेशन जाकर टिकट खरीदकर वह अपनी सीट पर बैठ गये। जब बस रवाना हो गयी तब अनमने भाव से प्राकृतिक दृश्य देखते रहे। जब-जब किसी स्टेशन में बस रुकती थी तब-तब वह मृत्यु की प्रतीक्षा की-सी बेचैनी का अनुभव करने लगते थे। वह न कुछ सोच पा रहे थे न समझ पा रहे थे। माणिकलाल के नाटकीय प्रादुर्भाव और उससे भी अधिक ट्रेजिक तिरोभाव के सम्बन्ध में भी कोई दिलचस्पी उनके मने में नही उठ रही थी। उन्हें सब-कुछ जड़, उदासीन और महत्त्वहीन लग रहा था। केवल एक ही आकांक्षा बीच-बीच में कुलबुला उठती थी–घर पहुँचकर पलँग पर चारोंखाने चित्त लेट जायें और फिर एक सप्ताह तक बेखबर सोते हुए, करवट भी न बदलें! या फिर सारी जिन्दगी ही एक करवट की तरह बीत जाये! चित्रा के सम्बन्ध में अब कोई भी बात किसी को बताने या किसी की बात स्वयं सुनने का न उनमें तनिक भी धैर्य रह गया था, न शक्ति।

असल बात यह भी कि वह चित्रा के सम्बन्ध में यह कल्पना ही नहीं करना चाहते थे कि वह मर गयी। वह उन्हें प्रतिक्षण पहले से भी अधिक जीवट के साथ जीवित दिखायी दे रही थी–जीवन और मृत्यु के परे किसी दूसरे ही धरातल में हँसती और खेलती हुई। पर दूसरों को–अर्थात् प्रतिमा को–यह बात कैसे समझायी जाये, यह चिन्ता उन्हें मारे डालती थी। इसलिए घर लौटना उन्हें तनिक भी अच्छा नहीं लग रहा था।

घर पहुँचने पर उन्हें सारा वातावरण श्मशान की तरह निर्जीव, नीरस और निर्विकार लगने लगा। चारों ओर जो कुहरा कभी धरती से लेकर आकाश तक और कभी आकाश

से लेकर धरती तक फैलता हुआ दिखायी देता था वह चित्रा की चिन्ता से उड़ती हुई, आज की सब ओर से विवश मानवता के अरमानों की राख की तरह लग रहा था।

देवसिंह ने हुक्का ताजा करके उनके आगे रख दिया। दादा सोफा पर आराम से बैठकर पीने लगे। तब उन्हें लगा जैसे युगों की थकान के बाद उन्हें जीने का एकमात्र सहारा मिल गया है। लगा कि जीवन की सारी हाय-हत्या, व्यर्थ की दौड़-धूप और बेमानी धूल-धक्कड़ के बीच यदि कहीं कोई सार शेष है तो वह निस्सन्देह वही हुक्का है! उसे अनन्तकाल तक एकाकी पीते चले जाने से विश्वव्यापी अन्धकार के गाढ़े काले पर्दे के किसी छिद्र से कोई प्रकाश-कण, कोई रास्ता शायद मिल सके।

दादा जान-बूझकर, काफी देर तक अपने चारों ओर भ्रम का वह जाल ताने रहे। उसके बाद उन्होंने देवसिंह से कहा कि प्रतिमा को वहीं बुला लावे।

प्रतिमा आयी। शायद रात-भर के रुदन से आँखें कुछ सूजी हुई अवश्य थीं, पर धुलकर निखरकर साफ हो गयी थीं। श्मशान की-सी एक निर्विकार शान्ति से सारा मुख-मण्डल एक नयी महिला से मण्डित लगता था। धीरे से आकर वह दादा के आगे बैठ गयी।

दादा उसके आगे आज एक अजीब-से संकोच का अनुभव कर रहे थे। उनके मुँह से कोई शब्द फूटकर निकलना ही नहीं चाहता था। प्रायः एक मिनट तक चुपचाप हुक्का गुड़गुड़ाते रहे। उसके बाद पूरे प्रयत्न के बाद कुछ बोलने ही जा रहे थे कि प्रतिमा ने स्वयं ही प्रश्न किया : "दाहक्रिया ठीक से हो गयी थी? कोई परेशानी तो नहीं उठानी पड़ी?"

"नहीं, किसी भी बात में कोई परेशानी नहीं हुई। सब-कुछ अपने-आप ठीक से होता चला गया। माणिकलाल भी पहुँच गया था और अर्थी के साथ शमशान तक गया था।"

"क्या कहा, माणिकलाल?" प्रतिमा इस तरह उचक उठी जैसे किसी के भूतलोक से वापस आने की बात सुन रही हो। "वह कहाँ से पहुँच गया?"

"यहाँ से तो वह दूर किसी अज्ञात स्थान में छिपने के इरादे से भाग निकला था, पर फिर कुछ सोचकर वहीं रुक गया था।" और फिर दादा ने विस्तार से वे सब बातें सुनायीं जो माणिकलाल ने अपने 'कान्शेन्स' और चित्रा के बारे में बतायी थीं।

सब-कुछ सुन चुकने के बाद प्रतिमा सहसा आवेग के साथ बोल उठी : "पागल! पागल! हर कोई आज पागल हो उठा है! एक पागल ने दूसरे पागल की निरर्थक हत्या की, एक पगली अकारण आत्महत्या कर बैठी और हम दो पागल उन सबके लिए बेचैन और परेशान हो उठे हैं! एक और पागल था जो पहले ही खींझता था, झुँझलाता हुआ अचानक भाग खड़ा हुआ था! कहीं अन्त भी देखने को मिलेगा इस सामूहिक पागलपन का कि नहीं?"

दादा गौर से देख रहे थे प्रतिमा की आवेग से उत्तेजित मुख-मुद्रा को। कहीं यह हिस्टीरिया के फिट का पूर्व लक्षण तो नहीं है? नहीं, उन्होंने फिर सोचा, उसकी यह उत्तेजना सहज और स्वाभाविक है। प्रतिमा कहती गयी :

"एक की हत्या करके और दूसरी को आत्महत्या के लिए विवश करने के बाद अब उस मूर्ख माणिकलाल को उसका 'कान्शेन्स' कचोटने लगा है! धूर्त, गुण्डा, बदमाश, पागल कहीं का।" उसका क्रोध अपने पूरे पारे पर था।

दादा क्षण-भर के लिए मौन रहे। उसके बाद धीरे-से, बड़ी ही शान्त और मीठी आवाज में बोले : "तुम जब कुछ शान्त हो जाओ, और तुम्हारा 'मूड' तनिक ठीक हो जाये, तब एक बात मैं तुमसे कहना चाहूँगा।"

"क्या बात?"

और दादा ने आश्चर्य से पुलकित होकर देखा, प्रतिमा की मुद्रा सचमुच जैसे पलक मारते बदल गयी और वास्तव में शान्त और सहज लगने लगी।

दादा बरबस हँस पड़े। हाँ, हँसी ही थी वह–सब-कुछ के बावजूद शुद्ध हँसी! क्षण के मूड में बहकर, शेष सब-कुछ भूलकर बोले : "बस, एक ही चोट असर कर गयी? उस मूड से इस मूड तक उतरने में देर ही न लगी! वाह प्रतिमा, वाह! यह नाटक भी जानती हो?"

और फिर हँसी!

उस हँसी का कुछ ऐसा जबर्दस्त छुतहा प्रभाव प्रतिमा पर पड़ा कि उसकी आँखों और ओठों में एक हलका, मीठा गुलाबी रंग बरबस चढ़ गया। लगता था जैसे बहुत दिनों की बदलीवर्षा के बाद, साँझ के समय, पश्चिम के आकाश में, मटमैले बादलों पर सूर्यास्त की पहली लाली सहसा, अप्रत्याशित रूप से छा गयी हो। पर वह अपनी उस मुस्कान को जैसे स्वीकार ही नहीं करना चाहती थी।

"क्या बौरा गये हो?" कुछ कृत्रिम और कुछ वास्तविक क्रोध से प्रतिमा ने कुछ तीखी-सी किन्तु धीमी आवाज में कहा। "क्या यह हँसी का अवसर है?"

"ओह, क्षमा करना," दादा अपनी आवाज को कृत्रिम गम्भीरता देते हुए बोले। "पर मैं भी क्षणवादी हूँ, इतना जाने रहो प्रतिमा! चित्रा ने ही एक दिन मुझे यह शिक्षा दी थी। जानती हो, उसने क्या कहा था? उसने कहा था : "दादा, बिना क्षणवादी बने आज की दुनिया में जिया ही नहीं जा सकता। यदि आप प्रत्येक क्षण के चारों ओर चहारदीवारी बाँधकर, उस क्षण की अवधि तक उसके साथ पूरा तादात्म्य नहीं स्थापित कर लेंगे, तो वह या तो बीते हुए क्षणों की डोर आपको बरबस पीछे की ओर खींचेगा या फिर आने वाले क्षणों की काल्पनिक या वास्तविक उलझनें आपकी नकेल पकड़कर आपको बरबस आगे की ओर घसीटेंगी। और इन दोनों स्थितियों को साथ लेकर आप वर्तमान के महत्त्वपूर्ण और एकमात्र ठोस क्षण का उपभोग कभी नहीं कर सकेंगे। या तो भूत आपको दबाता रहेगा या भविष्य झूठी आशाओं की मरीचिका और काल्पनिक आशंकाओं के भँवर-जाल में आपको भरमाता रहेगा। इसलिए अनन्त वर्तमान में आते रहनेवाले प्रत्येक क्षण में, उसकी पूरी अवधि तक मग्न रहकर, उसका पूरा उपभोग कीजिये–फिर चाहे वह किसी भी रूप में क्यों न प्रकट हो। तभी आप जीवन के अनन्त क्षणों की पारस्परिक सम्बद्धता का भी आनन्द उठा सकेंगे।' सच मानो प्रतिमा, जीवन की ठोस और गहरी यथार्थता के भीतर से उत्पन्न इतनी बड़ी मार्मिक और सटीक फिलासफी के महत्त्व की ओर मैंने इसके पहले

कभी इस तरह ध्यान नहीं दिया था। आज उसकी बतायी हुई फिलासफी उसी की मृत्यु की पृष्ठभूमि में, मेरी चेतना में पूरी गम्भीरता से उभर रही है। इसलिए, सब-कुछ के बावजूद, यदि कोई भी क्षण मुझे गुदगुदाता है तो मैं न उसकी वर्जना करूँगा न भर्त्सना।"

"क्या तुम यह समझते हो कि चित्रा की पीड़ित आत्मा अपनी मृत्यु के दो ही दिन बाद हम लोगों की इस क्षणवादी हँसी से प्रसन्न होगी?

चित्रा की आत्मा", दादा ने कहा, "यदि वह आत्मा हम दोनों को देखती और हमारी बातें सुनती हो तो–हम लोगों के क्षणिक विनोद की बातों से केवल प्रसन्न ही नहीं, परम पुलकित भी होगी। चित्रा ने आत्महत्या इसलिए नहीं की कि उसकी मृत्यु के बाद उससे सहानुभूति रखनेवाले लोग उसके लिए आठ-आठ आँसू बहावें या भाव-विह्वल बने रहें। तुम्हारी, मेरी या किसी दूसरे की सहानुभूति पाने की आकांक्षा उसे जीवन में कभी नहीं रही, यह तुम सबसे अधिक जानती हो। तब मृत्यु के बाद उसे पाने के झूठे मोह में वह कैसे फँस सकती है? वह इस तरह की थोथी भावुकता से बहुता ऊपर उठी हुई नारी थी, यदि यही हमने नहीं समझा तो फिर उसे हमने समझा ही क्या? इससे भी बड़ी बात जो तुम्हें जाननी चाहिए, यह है कि चित्रा ने किसी महान् दुःख या महाशोक के कारण आत्महत्या नहीं की है। उसकी आत्महत्या का एकमात्र कारण उसकी वही क्षणवादी चेतना है। एक क्षण ऐसे आया जिसने उसे जीवन की तात्कालिक गति को चारों ओर से एकदम रुँध देने की प्रेरणा दी।"

"जीवन की तात्कालिक गति से तुम्हारा आशय क्या है?" प्रतिमा की आँखों में एक गम्भीर और सच्ची जिज्ञासा भरी हुई थी।

"तुम्हारा यह प्रश्न अत्यन्त महत्त्वपूर्ण है। यह अच्छा ही है कि हम राख की ढेर में परिणत हुई उसकी लाश पर रोने-धोने के बजाय इस गम्भीर प्रश्न पर बातचीत करें। जीवन और मृत्यु की दो पृथक् सी लगनेवाली अन्तहीन धाराओं के बीच जिस बिन्दु पर चित्रा से मेरा जो क्षणिक मिलन हुआ उतने से मैं जितना उसे जान पाया हूँ उसके आधार पर कुछ निश्चित धारणायें उसके सम्बन्ध में मेरे मन में बन गयी हैं। इतना जानने की कोशिश मैंने अवश्य कभी नहीं की कि चित्रा आस्तिक थी या नास्तिक। पर मेरी सहज प्रज्ञा ने उसके सम्बन्ध में जो मूलगत बात जान ली थी उससे अधिक मैं कुछ जानना भी नहीं चाहता था।" वह क्या?"

"वह यह कि अपनी क्षणवादी चेतना द्वारा ही जीवन की अटूट गति की महाचेतना से उसका सहज और सीधा सम्बन्ध जुड़ गया था।"

"बड़ी रहस्यपूर्ण भाषा में तुम बोल रहे हो," प्रतिमा ने खीझकर कहा। "सीधे वाक्य और सरल शब्दों में अपनी बात को तनिक स्पष्ट करने की कृपा कीजिये, महाशय जी।"

" 'महाशय जी' नहीं, 'मोशाय' कहो! यह क्यों भूल जाती हो कि मैं बंगाली हूँ?" दुष्ट मुस्कान दादा की आँखों में, भौंहों में और ओठों में थिरकने लगी थी।

"मैं भले ही भूल जाऊँ, पर तुम कभी नहीं भूल सकते कि तुम बंगाली हो। कोई

भी बंगाली नहीं भूल पाता। पर मैं कह रही थी कि तुम्हें असमय में भी चुहल क्यों सूझती है? लगता है, जैसे हृदय नाम की कोई चीज ही तुमने नहीं पायी है। पाया है केवल कम्प्यूटर की तरह का मस्तिष्क! और वह भी गलत किस्म का, बिगड़ा हुआ कम्प्यूटर, जो कुछ-का-कुछ उत्तर देता है।"

अबकी दादा अपने को सँभाल न सके और ठठाकर हँस पड़े।

"तुम ऐसा करोगे तो मैं सचमुच उठकर चल दूँगी!" प्रतिमा ने कुछ मचलते और कुछ खीझते हुए कहा। "मेरे गम्भीर प्रश्न के उत्तर में तुम्हारा यह ठहाका मेरी सहनशीलता की जैसे परीक्षा ले रहा है!"

"तुम ठीक कहती हो, प्रतिमा," दादा ने सहसा गम्भीर होकर भाव-भीने स्वर में कहा। "मैं सचमुच आज बहकने की मनःस्थिति में हूँ। पर अब नहीं बहकूँगा। मैं यह कहना चाहता था कि चित्रा ने जीवन के सहज प्रवाह को मृत्यु की धारा से भिन्न या कटा हुआ कभी माना ही नहीं। जिस प्रकार उसने जीवन की विवशता को कभी स्वीकार नहीं किया, उसी प्रकार मृत्यु की विवशता को भी कभी कोई मान्यता नहीं दी। जिस प्रकार वह जीवन के प्रत्येक क्षण में पृथक्-पृथक् रूप से जी रही थी, उसी प्रकार वह मृत्यु के प्रत्येक क्षण का उपभोग करती रहेगी, कुछ इसी तरह का विश्वास उसके मन में अवश्य ही रहा होगा–मुझे ऐसा लगता है। ऐसा लगने का कारण वही है जो मैं पहले बता चुका हूँ। अर्थात जीवन की अटूट गति पर उसका अटूट ही विश्वास और जीवन और मृत्यु के बीच की किसी भी खाई को मान्यता न देने की उसकी सहज प्रवृत्ति।"

"बात कुछ समझ में नही आयी," प्रतिमा ने कहा। वह एक अजीब-सी उलझन में अपने को पा रही थी। "आधुनिक युग की एक अस्तित्ववादिनी नारी, जो फैशन के लिए ही सही, आज की विद्रोही पीढ़ी के साथ अपना तादात्म्य स्थापित किये हुए थी, जीवन और मृत्यु के सम्बन्ध में इस दृष्टिकोण से कैसे सोच सकती है?"

"तब तो उसके सम्बन्ध में तुम्हारी धारणा स्पष्ट ही भ्रामक है," दादा ने धीरे से कहा। "यह ठीक है कि आधुनिक अस्तित्ववाद में उसकी दिलचस्पी थी और उसने उस विषय पर रिसर्च भी किया था। पर वह आज के युग की एक विचित्र ही बौद्धिक नारी थी। उसने कभी किसी भी वाद को अपने ऊपर हावी नहीं होने दिया। अपनी जन्मजात अनुभूति, स्वतन्त्र चिन्तन और जीवन की यथार्थता के सम्बन्ध में अपने निजी अनुभवों से उसने जो कुछ पाया, उसी को उसने अपना सहज संस्कार बना लिया मेरी तो यह धारणा है कि आधुनिक अस्तित्ववाद के सस्तें और फैशनेबुल चिन्तन को अतिक्रमण करके उससे बहुत आगे बढ़कर उसने जीवन की एकदम स्वतन्त्र फिलासफी को अपना लिया था। जैसा कि मैं शायद बता चुका हूँ, उसने न कभी मृत्यु के सन्त्रास को स्वीकर किया, न जीवन को केवल सहनीय माना। उसी ने मुझे एक दिन यह बात स्पष्ट बतायी थी : 'मैं मरने के बाद भी कभी नहीं मरूँगी दादा,' उसने कहा था 'मैं अपने अन्तर में यह विश्वास साँस की तरह चलता हुआ पाती हूँ कि मरने के बाद भी मैं जीती रहूँगी–एक अलग ही आयाम में, अपनी अन्तरतम चेतना के आयाम में।"

"तब क्या वह जन्मान्तर पर विश्वास करती थी?" प्रतिमा ने पूछा।

"जन्मान्तरवाद का जो अर्थ साधारणतः लिये जाता है, उस अर्थ में शायद नहीं। पर उसका विश्वास था कि मरने के बाद भी जीवन की मूल और अखण्ड धारा के ऊपर व्यक्ति की निजी अनुभूति तैरती रहती है। और उस अनुभूति का स्वरूप वही होता है जिसका निर्माण अपनी जीवितावस्था में अपने नये संस्कारों के विकास के साथ-साथ व्यक्ति स्वयं करता है।"

प्रतिमा का मुख एक नयी किन्तु अस्पष्ट आशा की चेतना से धीरे-धीरे उल्लसित होता हुआ, अरुणोदय की पहली मुस्कान की तरह बरबस खिलता जा रहा था।

वह सहसा उठ खड़ी हुई और बोली : "तुम्हारी ये सब मिस्टिक बातें मेरी बुद्धि में ठीक से नहीं आ पा रही हैं। पर इतनी तसल्ली तुम्हारी बातों से जरूर मिली है कि चित्रा की मृत्यु अब भयावनी नहीं लग रही है। सोचती हूँ, सम्भवतः वह उसी रूप में जीवित हो जिस रूप में तुम बता रहे हो! पर कुछ मिलाकर वह थी एक पगली लड़की ही। अच्छा, इस समय चलती हूँ। कल से अभी तक घर की सफाई भी मैं नहीं करवा पायी–"

"अरे बैठो, प्रतिमा," दादा ने धीरे से साग्रह और सप्रेम कहा। "इतनी जल्दी भी क्या है! मैं एक जरूरी बात तुमसे करना चाहता था।"

"क्या?" कहकर प्रतिमा बैठ गयी। उसके स्वर ने सहसा एक लाजवन्ती नवेली बहू का-सा रूप धारण कर लिया था–शायद दादा के पुचकार-भरे शब्दों के प्रभाव के कारण।

"मैं सोचता हूँ–प्रतिमा," तनिक खाँसते हुए दादा धीरे-धीरे बोले, "इधर तुम्हारा भी जी खराब है, और मैं भी अपने को कुछ अकेला-अकेला अनुभव कर रहा हूँ–"

"तब?" दादा को कुछ रुकते देखकर प्रतिमा ने उत्सुकता से पूछा। उसकी आँखों में उस जवान बुड्ढे के प्रति स्नेह, करुणा, भक्ति और श्रद्धा के भाव उमड़-उमड़ पड़ते थे, जिस पर वह इतनी देर तक व्यंग्य कसती रही और जिसे बात-बात में टोकती चली गयी थी।

"मैं सोच रहा हूँ कि तुम्हारा सामान कुछ दिनों के लिए यहीं क्यों न मँगवा लिया जाये?" दादा ने कहा।

"तुम जैसा ठीक समझो।"

"तब ठीक है। मैं अभी देवसिंह से कहता हूँ कि एक आदमी साथ में लेकर तुम्हारा सारा सामान उठाकर यहीं ले आवे।"

दादा भीतर चले गये। प्रतिमा वहीं बैठी रह गयी।

चौथे दिन सबेरे प्रातः दस बजे, डाकिया एक छोटा-सा रजिस्टर्ड पत्र दादा को दे गया। तब प्रतिमा स्नान-घर में थी। लिफाफे पर प्रेषक का नाम नहीं था। उसमें परिचित-सी लिखावट देखकर उन्होंने काँपते हुए हाथों से उसे खोला। वह चित्रा का पत्र था।

चित्रा ने लिखा था :

"दादा,

"आप सोचते होंगे कि भूतलोक से एक प्रेतात्मा द्वारा लिखा गया पत्र आपके पास तक कैसे पहुँच गया। जिस चित्रा को चिता पर जलाकर, जिसकी राख पर पानी डालकर, आप थके-माँदे घर लौट आये हैं, वही चित्रा फिर कहाँ से लौटकर आपसे पत्र द्वारा बातचीत करने बैठ गयी?–

(दादा अपनी बरबस गीली होती हुई आँखों को रूमाल से पोंछने लगे– इस डर से कि कहीं आँसू की एक भी बूँद उस महा-मूल्यवान् पत्र के एक भी अक्षर को धो न डाले। और फिर पढ़ने लगे :)

"देखिये दादा, अब आप रोने लग गये! नहीं रोना एकदम बन्द कर दीजिये–हाँ, अभी! नहीं तो मैं नाराज हो जाऊँगी–आपसे कुट्टी कर लूँगी।(दादा ने भीतर से उमड़ते हुए गह्वर को बरबस दबाना चाहा, पर वह फिर फूट पड़ा और फिर उन्होंने रूमाल की शरण ली। और तब जी कड़ा करके पढ़ने बैठ गये–) मैं जीवन के पर-पार जाने की इस मंगल-बेला में अपने को उल्लास और उत्साह से भरा हुआ पा रही हूँ, और अनन्त अवकाश के इस क्षण में पूर्ण मुक्ति का अनुभव करती हुई आपसे बातें करने बैठी हूँ। इसलिए दादा, आपका रोना आज आपकी और मेरी एकान्त आत्मीय बैठक में मुझे बहुत ही अखरेगा। पत्र को आगे पढ़ने के पहले मेरी इतनी-सी बात गाँठ बाँध लीजिये।

"जीवन में कभी किसी सहृदय व्यक्ति के आगे पूरी आत्मीयता और पूरे अवकाश से बात करने का सुयोग ही नहीं मिला। आत्मा के आगे आत्मा को जी खोलकर निरावरण करने की सुविधा ही कभी प्राप्त न हो सकी। (मुझसे आत्मा की बात सुनकर आप निश्चय ही हँस रहे होंगे। हँसिये दादा, खूब हँसिये! रोने से हँसना सदा अच्छा होता है। मैं भी हँस रही हूँ। यदि मैं मर्द होती तो सहज ही आपसे कहती–"हाथ मिलाइये!' पर मैं चाहने पर भी ऐसा नहीं कहूँगी। आदर की इतनी दूरी का गलत या सही संस्कार अभी तक मेरे मन से नहीं छूट पाया है! जो भी हो, आज मुझे जी खोलकर अपने पागलपन की भड़ास उतारने दीजिये!) मैं किसके आगे निरावरण करती अपनी आत्मा को? उस व्यक्ति को कहाँ पाती, जिसके मने के डिस्क पर अपने मन के तारों का हलका से भी हलका स्पन्दन अंकित कर पाती? कोई नहीं मिला, दादा, पूरे जीवन में कोई नहीं मिला! जीवन की अन्तिम वेला में–पिछले दो महीनों से–अकेले आप ही एकमात्र व्यक्ति ऐसे मिले थे, जिसे देखकर लगा था, काश, इस व्यक्ति को मैंने पहले पाया होता! आज सोचती हूँ कि पहले न सही, इन्हीं डेढ़-दो महीनों के भीतर, आपकी पूरी आत्मीयता पाने की ओर मैंने एक भी निश्चित कदम आगे बढ़ाया होता! पर आज के युग की दुर्गम यथार्थता ने ऐसा सम्भव ही नहीं होने दिय। बहुत-बहुत चाहने पर भी यह अवसर केवल मेरे मन की कल्पना में ही रह गया। एक के बाद दूसरा, और दूसरे के बाद तीसरा दिना बीतता चला गया, और इस तरह पूरी अवधि ही बीत गयी, पर एक दिन के लिए भी आपसे वास्तविक अर्थ में आत्मीयता की बातें हो ही नहीं पायीं। जो छिट-पुट बातें हुईं वे कितनी सतही, कितने तुच्छ विषयों से सम्बन्धित थीं!

"यह है जीवन की यथार्थता! सारा जीवन बीत जाता है इस तरह की सतही और

तुच्छ बातें करते-करते और उनमें व्यस्त रहते हुए। और तब अन्त में यह बात ध्यान में आती है कि प्राणों की सतह के नीचे किलकने, चहकने और मन्द-मन्द महकनेवाली कितनी ही (सैकड़ों, हजारों, लाखों) बातें ऐसी थीं जो अपनी आत्मा के निकटतम व्यक्ति से आसानी से की जा सकती थीं– ऐसी बातें जो अन्तरतम की प्रतिपल की ताजगी और आनन्दानुभूति को उभारते हुए, जीवन को सच्चा अर्थ प्रदान कर सकती थीं और मृत्यु की अनवरत प्रतीक्षा को मंगलमय बना सकती थीं–पर जो की नहीं जा सकीं! जाग्रत जीवन की चेतना जीवन के कितने अमूल्य क्षणों को इस तरह की तुच्छता में बरबाद करती रहती है, यदि इसका ठीक-ठीक हिसाब लगाया जाये, तो दादा, बड़े-बड़े सजीव या यान्त्रिक कम्प्यूटरों का भी दिमाग खराब हो जाय!

"पर आज मैं मुक्त हूँ। जाग्रत जीवन के किसी भी कृत्रिम बन्धन का व्यवधान आज मेरे और आपके बीच शेष नहीं रह गया है। इसलिए आज प्राणों के पूरे उल्लास से, आत्मा की पूरी निर्द्वन्द्वता से आपसे बातें करने बैठी हुई हूँ। फिर भी मैं आपको समझा नहीं पाऊँगी, दादा (हाँ आपको भी!) कि आज का यह अमूल्य क्षण मेरे सम्पूर्ण जीवन की सारी ऊपरी व्यर्थता का उपहास करता हुआ, उसे कैसी अपूर्व सार्थकता प्रदान कर रहा है। कुछ क्षण शायद सभी के जीवन में ऐसे आते हैं जब प्राणों के भीतर न समा सकनेवाला उल्लास कभी तो समुद्र के ज्वार की तरह जीवन के अन्तर और बाहर को परिपूर्ण रूप से परिप्लावित कर देता है, और कभी संयत होकर जीवन की सारी तुच्छता और गन्दगी को चटकते हुए इन्द्रधनुषी रंगों से पवित्र, सुन्दर, मोहक और विशुद्ध आनन्दमय बना देता है। पर ऐसे क्षण अस्थायी होते हैं। यह दूसरी बात है कि अकलुष आनन्द के ऐसे अस्थायी क्षणों को बटोरकर, उन्हें निपट निराशा और व्यर्थता की अनुभूति के क्षणों के इलाज के लिए अन्तर के एक विशिष्ट कोष में सुरक्षित रखने की भी एक कला होती है! पर उन अस्थायी क्षणों के स्थायी रूप ग्रहण करने का भी एक निश्चित समय होता है। और आज वही समय मेरे लिये आ गया है। विश्वास मानिये, दादा, मेरी सम्पूर्ण चेतना इस समय आनन्द की उसी स्थायी अनुभूति में पूरी मग्नता से तैर रही है। मैं किलकती और पुलकित हुई उसमें गोते लगा रही हूँ, आज तक के जाग्रत जीवन की सारी तुच्छताओं पर छींटे उड़ा रही हूँ और जीवन के उस मूल अर्थ की सहज उल्लसित संवेदना में लोटती हुई करवटें ले रही हूँ, जिसका आभास मुझे जाग्रत जीवन के छिट-पुट क्षणों में मिलता रहा है, पर जो बार-बार मेरी अनुभूति के दायरे से फिसल-फिसल जाती थी।

"आज निश्चित रूप से मेरे मन में यह विश्वास जम गया है कि वह संवेदना अब मेरे प्राणों की पकड़ से कभी फिसल नहीं सकती। इस क्षण में जीवन की गंगा के मटमैले जल और मृत्यु की यमुना के नील विस्तार के संगमस्थल पर खड़ी हूँ। दोनों की अलगाव-रेखा स्पष्ट दिखने पर भी दोनों के सम्मिलित और अटूट प्रवाह के प्रति मैं आज पूर्णतः आश्वस्त हूँ। जीवन का (और विशेष करके आज के जीवन का) कृत्रिम बाँध टूट जाने से मेरे अन्तर में आनन्द की बाढ़ रोके नहीं रुकना चाहती। मेरे पर-पार की यात्रा की नाव इस समय मेरी प्रतीक्षा में यमुना की रेखा से सटी हुई खड़ी है। और मैं अन्तर

के पुलक-स्पन्दनों के साथ उस पर बैठने की घड़ी की प्रतीक्षा में हूँ।

"मैं जानती हूँ, दादा, कि मृत्यु की मंगलमयता और जीवन की मूल धारा से उसकी अविच्छिन्नता के सम्बन्ध में मुझे इस कदर आश्वस्त देखकर आपको तनिक भी आश्चर्य नहीं होगा, भले ही और किसी को हो। पर, सच मानिये, आज, इस घड़ी, मुझे स्वयं अपने इस निश्चित विश्वास पर अत्यन्त आश्चर्य हो रहा है। कहाँ से आकर समा गया इतना बड़ा विश्वास मेरे अन्तर के भी अन्तर में? यह बोध न मैंने किसी पुस्तक से पाया, न जाग्रत जीवन की प्रतिपल की तुच्छता के अनुभवों से। आज के युग के दार्शनिकों की पुस्तकों ने तो इस बोध पर सामूहिक रूप से हथौड़े चलाकर, चकनाचूर करके, उसे सदा के लिए गाड़ देने के प्रयत्नों में कोई बात उठा ही नहीं रखी है। हमारी आज की विद्रोही पीढ़ी से तो आप थोड़ा-बहुत परिचित हैं ही, जो उन स्यूडो-दार्शनिकों से प्रभावित होकर अपने को केवल मृत्यु से ही नहीं, जीवन से भी सन्त्रस्त पाते हैं। और मृत्यु के सम्बन्ध में उसके जिस विकराल रूप की कल्पना (केवल कोरी कल्पना!) उन्होंने कर रखी है वह तो अद्भुत है ही। मैंने भी एक दिन आधुनिक युग के इस फैशनेबल, अस्तित्ववादी संत्रस के शिकंजे में अपने को जान-बूझकर जकड़ लिया था। हँसी आती है आज यूनिवर्सिटी के दिनों की उस विचित्र बौद्धिक फैशनपरस्ती की बातें सोचकर, जब हम लोग (मैं और मेरे समानधर्मा फैशनपरस्त) जीवन और मृत्यु से सम्बन्धित महाप्रश्नों के साथ खेलवाड़ ही नहीं कर रहे थे, उनका मजाक भी उड़ा रहे थे।

"इसीलिए आज मैं यह सोचकर चकित हो रही हूँ कि कहाँ से आया मेरे अन्तर में वह विश्वास जिसने मुझमें जीवन की सारी छोटी और बड़ी (पिन चुभानेवाली और हथौड़े चलनेवाली–दोनों प्रकार की) चुनौतियों को विशुद्ध आनन्द के साथ स्वीकार करने का बल दिया और साथ ही मृत्यु को जीवन से अधिक जीवन्त, अधिक गतिशील, अधिक सुन्दर और अधिक आनन्दमय मानने की प्रेरणा दी!

"तार्किक बुद्धि से विचार करने पर इसका एक कारण यह भी माना जा सकता है कि मेरे अन्तर में बाहरी कारणों से दबे हुए, युग-युग के संस्कार मेरे जाग्रत मन में उतरने के लिए एक विशेष समय की प्रतीक्षा में थे–उस समय की प्रतीक्षा में जब मैं यथार्थ जीवन के कुछ कटु किन्तु ठोस अनुभवों की संवेदना को अंतर की गहराई में उतार सकने में समर्थ हो सकूँ। और उस संवेदना का सुस्पष्ट आभास मुझे मिला आपके इसी पहाड़ी अंचल में। इसका कारण जो भी रहा हो, वह संवेदना एक विशेष समय पर ही उभरी, और ऐसी तेजी से उभरी कि उसने प्रारम्भ ही में मेरी चारों ओर के काले पर्दे एक ही झटके से खोल दियो। मैं अपने अन्तर में जिधर दृष्टि डालूँ, उधर ही एक चिर-उज्ज्वल और चिर-चंचल, चिर-मुक्त और चिर-सुन्दर, चिर-प्रफुल्ल और चिर-अशंक विस्तार देखकर चकित रह जाऊँ–चकित, विस्मित और पुलकित! कहाँ से आ गयी हँसते-खेलते, किलकते-फुदकते, गाते-रोते, रस-सिद्ध मतवाले जीवन की वह विस्तृत और अखण्ड झाँकी! लगा कि उस महान जीवन ने जैसे अपने रस-तत्व और मृत्यु के फेनिल तत्त्व में कोई भेद न मानकर दोनों को एक ही रंग में घुला दिया है। भेद यदि रखा है तो केवल इतना ही कि दोनों

की मिलन-रेखा को चिर-काल के लिए सुस्पष्ट अंकित कर दिया है, और भ्रामक भेद की वह सुन्दर, सतही मिलन-रेखा युग-युग में मानव के लिए हौवा बनकर खड़ी है, जबकि उससे अधिक आनन्द की स्थिति दूसरी कोई होनी ही नहीं चाहिए!

"आपके मन में अवश्य ही यह प्रश्न उठेगा कि जीवन के इतने मोहक विस्तार की अखण्ड झाँकी देख चुकने के बाद भी मैं क्यों जीवन से कतराकर आत्महत्या करने जा रही हूँ। इस पर मैंने भी बहुत सोचा है और उसका केवल एक ही उत्तर मुझे बार-बार मिला है। वह यह कि व्यक्त जीवन की जो तुच्छ क्रिया-प्रतिक्रियाएँ अपने को बार-बार–प्रतिदिन–दुहराती चली जाती हैं, उनके पिनों की अर्थहीन चुभनों को सहने की मेरी सीमित समर्थता अब अपने को चुका हुआ पा रही है। पग-पग पर झूठ, प्रपंच, बेईमानी, संकीर्ण स्वार्थ, पुंसत्वहीनता और उन सबको छिपाने के लिए बड़े-बड़े बोल–इन सबने मिलकर आज के प्रकट जीवन को जूठा, बासी और बेमानी बना दिया है और उसे गन्धाते हुए कीचड़ में सानकर महानरक में परिणत कर दिया है। नरक के बीच भी स्वर्गिक जीवन के बीच वर्तमान होते हैं, यह आपने एक दिन बताया था। पर आज के घोर नरक में जीवन के उन मूल बीजों को भी अतल में दबा देने के प्रयत्नों में कोई बात उठा नहीं रखी है। मेरी क्षणवादी फिलासफी भी अब इन परिस्थितियों के बीच जीने में मेरी सहायता नहीं कर पा रही है। उस क्षणवादी फिलासफी को जिन्दा रखने के लिए तो बिजली या गैस की तरह किसी अन्दरूनी शक्ति–ईंधन–की आवश्यकता होती है! और मेरा वह शक्ति-भण्डार अब तिल-तिल करके चुक गया है। इसलिए प्रकट जीवन की इस ग्रन्थि को एकदम छिन्न करने में ही मैं अपना उद्धार देख रही हूँ। तभी उस मुक्त-प्रवाहित जीवन के साथ मैं अपना तादात्म्य स्थापित कर सकूँगी जिसकी चर्चा मैं कर चुकी हूँ।

"दादा, अपने इस छोटे से जीवन में जी भी तो मैं बहुत चुकी हूँ। लगता है कि बत्तीस वर्षों की अवधि में मैं युगों के अनुभव प्राप्त कर चुकी हूँ! नव-यौवन की प्रारम्भिक चेतना जगने पर प्राणों को उन्मत्त बना देनेवाली जो रंगीनी मैंने, उस उम्र की सभी लड़कियों की तरह, आकाश में और वातास में उड़ती हुई देखी थी, लगता था कि वह अनुभूति जीवन के अंत वैसी ही स्थिर, वैसी ही स्थायी बनी रहेगी–कभी एक क्षण के लिए वह नहीं मिलेगी। विश्वव्यापी विकृत जीवन की कालिमा भी उसे मिटा न पायेगी। पर प्रारम्भिक कुछ क्षण बीतते-न-बीतते असंगत और अस्वाभाविक-सी लगनेवाली परिस्थितियों ने मुझे चारों ओर से इस तरह घेर लिया कि नव-यौवन के प्रथम प्रभात की वह सारी रंगीनी पल में मिटकर, कोलतार से भी गाढ़े काले रंग से पुत गयी।

"बचपन से ही मैं स्वतन्त्र-प्रकृति और हठीले स्वभाव की लड़की रही हूँ। और नासमझी और विकृत बुद्धि की भी मुझमें कोई कमी नहीं रही है। इसलिए जब पारम्परिकता के नाग-पाश में बँधे हुए मेरे माँ-बाप ने अपने ही समाज के अन्तर्गत एक धनी बाप के सुन्दर, जवान लड़के से मेरे विवाह की बातचीत चलाना शुरू किया, तब मैं अपनी मूर्खतापूर्ण दार्शनिकता के कारण निरपेक्ष बनी रही! अर्थात् यह सोचने लगी कि किसी से भी विवाह हो, फर्क क्या पड़ता है! इसका एक कारण शायद यह भी था कि

तब मेरी स्वतन्त्र चेतना के आगे कोई ऐसा व्यक्ति भी नहीं था जो मेरी निरपेक्षता को झकझोर कर उसे एक विशिष्ट चुनाव की ओर खींचता। नकुल से तब मेरा परिचय हो चुका था, पर वह मेरे जीवन के एक दूसरे ही विसंगत अध्याय का आरम्भ था, जिसके बारे में आपको अधिक बताने की आवश्यकता नहीं होगी। वही व्यक्ति था जिसने मेरे अन्तराकाश की रंगीनी पर कोलतार का पहला ब्रश फेरा था। उसके सम्पर्क से प्रारम्भ में ही मुझे जो अनुभव हुए उन्होंने मुझे जीवन-संगी के चुनाव के सम्बन्ध में निरपेक्ष बना दिया। (आज लगता है कि मेरी वह निरपेक्षता भी सम्भवतः मेरी स्वतन्त्र प्रकृति की ही पीठ-पीछेवाला रूप था।)

"इसलिए जब एक ऐसे लड़के से मेरे विवाह की बात तय हुई जिसे मैं केवल दूर से ही जानती थी, तब मैंने अपनी कोई असम्मति प्रकट नहीं की। 'लव मैरिज' के ढकोसले का ज्ञान, नकुलेश के सम्पर्क में आने से, मुझे विवाह से बहुत पहले ही हो गया था। इसलिए, मैंने सोचा, ऐसे व्यक्ति से विवाह होने में क्या हानि है जिससे तुम्हारा निकट का परिचय तनिक भी नहीं है! उसे दूर से तुमने देखा है। जितना ही शीलवान लगता है, उतना ही स्वस्थ और सुन्दर भी। पर उसकी अन्तर्भावनाएँ, प्रेम-सम्बन्धी क्रिया-प्रतिक्रियाएँ, उसका रस-बोध, उसकी जीवन-दृष्टि–किसी का भी तो तुम्हें कोई ज्ञान नहीं है। वे सब तुम्हारे लिये एकदम अछूते हैं। तब उस अजनबी के अनचीन्हें व्यक्तित्व की ताजगी के उपभोग की सुविधा का लाभ उठाना क्यों बुरा है। जीवन में जो-कुछ भी भला या बुरा अपने-आप आता जाय उसे उसी रूप में स्वीकार कर लेना ही समझदारी का खेल है। पहले से ही न तो भले की आशा करनी चाहिए न बुरे की आशंका, और किसी भी विशेष क्षण के पूर्ववाले क्षण की समाप्ति के पहले उसकी चिन्ता करना ही व्यर्थ है।

"कुछ इसी तरह के ऊटपटांग तर्क मेरे मन में चलने लगे। अन्त में विवाह बड़ी धूमधाम से हो ही गया। पिता जी एक अच्छे व्यवसायी हैं। रुपये-पैसे की कोई कमी उन्हें नहीं है। दो लड़कियों की शादियाँ वे पहले ही कर चुके थे। मेरी वे दोनों बहनें अपने विवाहित जीवन से 'सन्तुष्ट' हैं।

"पर मुझे पहली ही रात जो विचित्र अनुभव हुआ उसे साधारण स्थिति में आपसे कभी न बता पाती। किन्तु आज अब मेरे लिये संकोच का कोई बड़ा-से-बड़ा बन्धन भी शेष नहीं रह गया है, किसी झूठे बन्धन की तो बात ही क्या! पिछले जमाने में लोग जिसे सुहाग की रात कहा करते थे वही मेरे जीवन में उपस्थित थी। जीवन की उस पहली ही महत्त्वपूर्ण रात में मिलन-देवता ने जो उपहास मेरे नारीत्व का किया उसकी याद करके आज हँसी आती है–और कुछ खीझ भी। जो व्यक्ति मेरी बगल में लेटा हुआ था वह शारीरिक, मानसिक और व्यवहारिक–सभी दृष्टियों से पुंसत्वहीन निकला!

"तनिक सोचिये, दादा, कि नियति मेरे साथ प्रारम्भ ही से किस तरह के असाधारण ढंग से चुहलबाजी करने लगी थी। मेरे 'फ्रस्ट्रेशन' और खीझ की सीमा नहीं रही। सच मानिये, मुझे उस व्यक्ति पर तनिक भी दया नहीं आयी–यद्यपि वह दया का ही पात्र था। यह सम्भव था कि उसकी वह पुंसत्वहीनता मनोवैज्ञानिक रही हो। पर मैंने उसे न तो

तनिक सांत्वना ही दी, न उत्साहित ही किया। मैंने उसकी ओर पीठ फेर ली और उसे स्पष्ट शब्दों में बता दिया कि वह चुपचाप अपने पलँग पर जाकर लेट जाय। उसने मुझसे गिड़गिड़ाकर प्रार्थना की कि मैं उसकी उस स्थिति की चर्चा किसी से न करूँ। मैंने एक शर्त रखी–वह भविष्य में कभी एक क्षण के लिए भी मुझसे छेड़खानी न करे। उसने मजबूरन् वह शर्त मान ली। और दादा, विश्वास करने की बात नहीं है, यह "असिधार-व्रत' मैंने पूरे एक वर्ष तक उसके साथ निबाहा! इस प्रकार उस नपुंसक पति के घर, एक व्यवसायी समाज के नीरस, निर्विचित्र और जी उबनेवाले वातावरण में, अपने जीवन के लम्बे, मूल्यवान् दिन–प्रायः तीन सौ पैंसठ दिन–मैंने आश्चर्यजनक धैर्य के साथ बिता दिये। कितनी असंगत थी वह परिस्थिति और कितना बेमानी था मेरा वह धैर्य! दादा, सचमुच आज इस विसंगति की बात सोच-सोचकर बेहद हँसी आ रही है। पौराणिक पतिव्रता नारी के विश्वास का सुख भी तो उसमें नहीं था! तब दूसरे ही दिन उस नपुंसक पति को छोड़कर मैं क्यों नहीं चली आयी, जिसने विश्व के सभी पुरुषों को मेरी दृष्टि में नपुंसक बना दिया था? पर आप ही ने बताया था एक दिन कि ये सब जीवन के बड़े खेल के ही अंग हैं।

"जो भी हो, एक दिन तंग आकर मैं वहाँ से चली आयी। मेरे पास विवाह से पहले ही निजी तीन सौ रुपये जमा थे। पति महोदय से एक भी पैसा न लेकर, उनको बताकर, उनके आग्रह की तनिक भी परवाह न करके, मैं यहाँ आयी थी। उन्होंने कहा था कि जब भी रुपये-पैसे की तंगी हो, उन्हें लिखूँ। पर मैंने कभी एक पत्र भी उन्हें नहीं भेजा।

"मैं कितना ही क्यों ही टालना चाहूँ, नकुलेश की चर्चा मुझे करनी ही पड़ेगी। मेरे जीवन के 'अस्तित्ववादी युग' में यह व्यक्ति धूमकेतु की तरह मेरे निकट आया। प्रायः एक वर्ष तक वह मेरे 'मन का मीत' बना रहा–छायावादी भाषा में जिसे कहते हैं 'आराध्य'। पर एक ही वर्ष बाद उसका दूसरा रूप मेरे सामने आने लगा। अपनी बौद्धिक प्रतिभा और प्रखर अस्तित्ववादी चेतना के बावजूद वह मेरे साथ इस तरह व्यवहार करने लगा जैसे वह मदारी हो और मैं उसकी बँदरिया, वह सूत्रधार हो और मैं उसकी कठपुतली, वह मालिक हो और मैं उसकी खरीदी हुई दासी। मेरी निजी स्वतन्त्रता का कोई अस्तित्व ही वह जैसे स्वीकार नहीं करना चाहता था। प्रारम्भ में मैंने सोचा कि मैं भ्रम में हूँ और उसके बाहरी आचरण का गलत अर्थ लगा रही हूँ। पर मुझ पर बरबस हावी होने की उसकी प्रकृति का परिचय दिन-पर-दिन स्पष्ट-से-स्पष्टतर रूपों में मुझे मिलता चला गया। छोटे-से-छोटे कारण से वह ईर्ष्यालु हो उठता था और बिगड़ बैठता था। किसी भी दूसरे युवक से मेरी तनिक मौखिक घनिष्ठता भी उसे सहन नहीं होती थी। व्यक्ति की पूर्ण स्वतन्त्रता का नारा लगानेवाला वह अस्तित्ववादी दार्शनिक भीतर से मुझे तनिक भी स्वतन्त्रता देने के लिए तैयार नहीं था। मेरा विद्रोह पूरी शक्ति से जाग उठा। और प्रतिक्रिया-स्वरूप मैंने उसकी तनिक भी परवा न करके, जैसे उसे चिढ़ाने के लिए ही, विभिन्न युवकों से घनिष्ठ रूप से हेल-मेल बढ़ाना शुरू कर दिया। यह दूसरी बात है कि मैंने किसी भी युवक से अपनी उस 'घनिष्ठता' को एक निश्चित सीमा के आगे नहीं बढ़ने दिया। पर नकुलेश

मेरे उतने ही आचरण से क्रोध से उन्मत्त हो उठा। लगता था जैसे किसी पागल कुत्ते ने उसे काट लिए हो। फिर भी उससे मेरा सम्बन्ध पूरी तरह छिन्न नहीं हुआ। मेरे साथ वह बराबर पत्र-व्यवहार करता रहा और मैं बीच-बीच में उसके पत्रों का उत्तर दे दिया करती। मेरे विवाह के बाद भी वह मेरठ में मुझसे मिला था। तब भी मेरे मन में उसके प्रति ममता जैसी कोई भावना बनी हुई थी। जब मैं यहाँ आने लगी तब मैंने उसे सूचित कर दिया था। मैंने सोचा था कि जीवन के अनुभव बढ़ जाने से वह अब एक नार्मल व्यक्ति की तरह मेरे साथ व्यवहार करेगा। पर यहाँ आने पर मैंने देखा उसकी ईर्ष्यालु और हावी होने की प्रवृत्ति में तनिक भी कमी नहीं आयी है, बल्कि वह और अधिक तीखी और अधिक विकृत रूप धारण करती चली जा रही है।

"यहाँ आने पर मेरे भाग्याकाश में एक और कुग्रह गिडवानी के रूप में आकर चमकने लगा। मैंने कभी उससे घनिष्ठता बढ़ाने की बात गम्भीर रूप से नहीं सोची थी। मुझे वह बराबर एक उजड्ड और कुन्द बौद्धिक चेतनावाला साधारण व्यक्ति लगा था। पर एक अत्यन्त साधारण कारण से उससे मेरी 'घनिष्ठता' हो गयी। वह जवाहरात बेचने के लिए टूरिस्टों के पास आता रहता था। एक दिन मेरे पास भी पहुँच गया। उसने कई चीजें दिखायीं। एक नीलम की सुन्दर-सी दिखनेवाली अँगूठी पर मेरा जी मचल उठा। मैंने यों ही उसे उठाकर खेल-ही-खेल में अपनी उँगली में पहन लिया और घुमा-फिराकर उसे देखती ही रह गयी। उसने मुझे बताया कि वह अँगूठी बहुत बढ़िया है, सोना और नीलम दोनों खरे हैं, मेरी उँगली में बहुत जँच रही है और उसमें जड़ा नीलम मेरे भाग्य को भी पलट देगा! दाम बताया चार सौ रुपया। मेरे पास रुपये अधिक नहीं रह गये थे। मैंने उसे स्पष्ट शब्दों में यह बताते हुए अँगूठी उँगली से निकाली और उसे वापस करने लगी। उसने कहा कि रुपयों की कोई बात नहीं है--जब सुविधा हो तब चुकाऊँ। दुर्बुद्धि ने जोर मारा और मैं मान गयी। तबसे वह मेरे पास बराबर आने-जाने लगा--'रुपये माँगने नहीं, गप्पें लड़ाने और मेरे हाथ की चाय पीने!' ये उसी के शब्द हैं। मैं अपने स्वभाव के अनुसार सहज निरपेक्ष भाव से उसका 'साहचर्य' भी सहन करती चली गयी। नकुलेश पर उस बात की जो प्रतिक्रिया हुई वह आपसे छिपी नहीं है, उसने मुझे पर बड़े ही कड़ुवे व्यंग्य कसना आरम्भ कर दिया।

"नकुल ने यदि मेरी प्रकृति के भीतर झाँक सकने की दृष्टि पायी होती तो वह अनायास ही यह भाँप सकता था कि मैं गिडवानी जैसे कैसे-कैसों को अपनी तर्जनी से नचा और खेला सकती हूँ। नपुंसक पति को पाकर एक विचित्र प्रकार के आत्म-विश्वास का जो बल मेरे भीतर समा गया था उसे देख पाना उसकी संकुचित दृष्टि के लिए सम्भव भी नहीं था।

पर दादा, विश्वास मानिये, मैं अपनी सुहाग रात के उस अनुभव को अब अभिशाप के बजाय एक बहुत बड़ा वरदान मानने लगी हूँ। उस अनुभव ने आज के ज्वलन्त यथार्थ के सम्बन्ध में मुझे एक बिलकुल ही नयी दृष्टि दे दी। मुझे लगा, और पूरे विवेक के साथ लगा, कि आज केवल मेरा पति ही नहीं, सारे विश्व का पुरुष-समाज नपुंसक हो उठा है–

बाहर से भी और भीतर से भी; मन से, बुद्धि से, वाणी से और कर्म से भी। उसकी संस्कृति, उसका दर्शन, उसकी कला, उसका साहित्य, उसकी राजनीति और उसकी युद्ध-नीति– सब-कुछ एक समझ-में-न-आनेवाली नपुंसकता के किसी अदृश्य और सूक्ष्मतम कीटाणु से घुन खा चुके हैं और उसकी रही-सही शक्ति भी दिन-पर-दिन छीजती चली जा रही है। आज बड़ा-से-बड़ा शक्तिशाली राजनीतिज्ञ अपने को प्रभावहीन पा रहा है; बड़ा-से-बड़ा वैज्ञानिक अपने किसी भी चमत्कारी आविष्कार पर गर्व नहीं कर पा रहा है, क्योंकि वह जानता है कि उसका वह आविष्कार अन्ततः मानवता के विनाश की योजना की केवल एक कड़ी बनकर रह जायेगा; कोई बड़ा-से-बड़ा कलाकार अपनी मौलिक-से-मौलिक और बारीक से बारीक कला को सुन्दर और स्वस्थ कहने का साहस नहीं कर सकता, क्योंकि वह जानता है कि वह स्वयं सुन्दर और स्वस्थ का विरोधी है; कोई बड़ा-से-बड़ा दार्शनिक मानव-समाज की डूबती हुई नाव के उद्धार के लिए किसी महान् विस्फोटक सत्य की प्रभावपूर्ण घोषणा कर सकने में अपने को नितान्त असमर्थ पा रहा है, क्योंकि वह स्वयं नपुसकों की भीड़ में एकदम खो गया है।

"तब–आप पूछेंगे–क्या सारे विश्व में पुंसत्व नाम को भी शेष नहीं रह गया है? शेष है, दादा अभी शेष है! नितान्त बर्बरों में वह अत्यन्त वीभत्स और विकृत रूप में अभी शेष है--उन बर्बरों में जो भले घरों की शालीन महिलाओं को घर्षित करके उनकी निर्मम हत्या करने में ही जीवन की चरम सफलता मानते हैं; उन बर्बर राष्ट्रों में जो दुर्बल किन्तु सुसंस्कृत राष्ट्रों का घर्षण करने में ही आधुनिक क्रान्ति की चरम सार्थकता देखते हैं!

"पर बात चल रही थी नकुल की। कुछ ही समय बाद जब मैं आपके यहाँ चाय पर आयी तब उसका स्वभाव मैंने अकस्मात् बदला हुआ पाया। उस दिन तो मैं कुछ नहीं बोली, पर जब वह एक दिन अकेले ही मेरे यहाँ आया तब उसने गिड़गिड़ाते हुए मुझसे क्षमा माँगी। मेरा दबा हुआ अभिमान पूरे भावावेग के साथ उमड़ पड़ा और मैं उसे उलाहना देती हुई रो पड़ी। तब से दो-चार दिनों तक उसके साथ मेरा सहज व्यवहार चलता रहा। यह आशा मेरे भीतर आँख-मिचौनी खेलने लगी कि अब दोनों के बीच के पारस्परिक व्यवहार में स्वाभाविकता के साथ ही स्थायित्व भी आ जायेगा। जब हम लोग मेला देखने गये थे तब आपने देखा होगा कि किस उल्लास और हार्दिकता के वातावरण में हम दोनों हवा में उड़े चले जा रहे हैं! पर उसी दिन मेले में माणिकलाल भी पहुँच गया और हम दोनों की एकान्त में बात हुई। मैं जान-बूझकर उसे एकान्त में ले गयी थी। मुझे उससे कुछ काम की बातें भी करनी थीं और नकुलेश की अन्तिम परीक्षा भी लेनी थी कि उसकी ईर्ष्यालु प्रकृति में कुछ अन्तर आया है या नहीं। पर नकुलेश फिर बुरी तरह भड़क उठा था। माणिकलाल और गिडवानी को नियमित रूप से मेरे यहाँ आते-जाते देखकर उसने एक दिन फिर अपने स्वभाव का नम्न रूप, बड़ी ही गन्दी भाषा में, मेरे आगे व्यक्त किया। इस बार मैं क्रूद्ध नहीं हुई, पर मैंने अन्तिम रूप से निश्चय कर लिए कि अबसे मैं उसके साथ पूर्ण उपेक्षा का व्यवहार रखूँगी।

"नियति की विडम्बना देखिये, दादा, कि नकुलेश ही एकमात्र ऐसा व्यक्ति था जिससे मुझे निराशा के बावजूद यह आशा थी कि वह एक-न-एक दिन मेरी अन्तर्वेदना को सही रूप में समझेगा और मेरी प्रकृति के मूल रूप से परिचित होकर, मेरी स्वतन्त्र चेतना का आदर करता हुआ, वास्तविक अर्थ में मेरा जीवन-संगी बन सकेगा। पर अन्त तक उससे मुझे धोखा-ही-धोखा मिलता रहा। वह चला गया है, इसकी मुझे प्रसन्नता है। मेरी मंगल-कामनाएँ अब भी उनके साथ हैं। पर अब उसकी चर्चा यहीं समाप्त करती हूँ।

"अब बचा माणिकलाल। वह भी एक अजीब किस्म का पागल आदमी है, यह आप निश्चय ही जान चुके होंगे। उसमें भी नकुल की ही तरह आधुनिकता की तीव्र चेतना थी। उसके साथ अक्सर एकान्त में आधुनिक बोध और जीवन की यथार्थता के सम्बन्ध में लम्बी-लम्बी बातें होती रहती थीं। मुझसे वह बहुत प्रभावित है, ऐसा मुझे बराबर लग रहा था। पर मुझे इस बात का पता नहीं था कि उस पर भीतर-ही-भीतर एक विकट भूत सवार हो रहा है। वह अपनी अन्तर्भावना को छिपाने में बड़ा कुशल था, इसलिए अन्त तक मैं समझ नहीं पायी कि उसका भूत उसे विनाश के किस गड्ढे तक घसीटे लिये जा रहा है। और आज ही सुबह गिडवानी की हत्या का समाचार मिला :

"लोग अवश्य ही समझेंगे कि गिडवानी की हत्या के लिए नैतिक रूप से मैं ही दायी हूँ और गिडवानी से मेरे सम्बन्ध के बारे में भी तरह-तरह के अनुमान लगाये जायेंगे--खासकर उस हालत में जबकि मैं उसकी हत्या की दूसरी ही रात आत्महत्या करने जा रही हूँ! बड़ा ही जटिल किन्तु बड़ी ही रोचक है यह घटना-चक्र–मेरे जीवन के और स्वयं मेरे चारों ओर खेले जानेवाले शतरंज के टूर्नामेन्ट का यह खेल! मैं तो जा रही हूँ, इसके अन्तिम परिणाम का आनन्द आप ही लेंगे! पर लोग मेरे सम्बन्ध में क्या-क्या नहीं सोचते रहे हैं और क्या-क्या नहीं सोचेंगे! विश्वास मानिये कि अब मुझे इस बात की रंचमात्र भी चिन्ता नहीं है कि कौन मेरे बारे में क्या सोचता है और क्या सोचेगा। इस तरह की चिन्ताओं के बीजों को मैं अतल में गाड़कर उसे एक भारी पत्थर से दबा चुकी हूँ।

"दादा, आज मुझे इस बात का पूरा सन्तोष है कि मैं अपने व्यक्तित्व की स्वतन्त्रता और स्वाभिमान की रक्षा हर विरोध परिस्थिति और हर उलझन के बीच करती आयी हूँ। अन्तिम समय में मेरे आर्थिक दायित्व की समस्या का कोई समाधान नहीं हो पा रहा था। होटल और दुकान के बिना चुकाने थे और गिडवानी से खरीदी हुई अँगूठी का मूल्य मैं नही चुका पा रही थी। पर माणिकलाल के हाथ अपनी दूरबीन, केमरा और ट्रांजिस्टर बेचकर मैं तीनों के ऋण और सबके "कृपा-भाव' से मुक्त हो गयी हूँ। मेरी निभ गयी, दादा, निभ गयी! मैं अब पूर्ण रूप से स्वतन्त्र हूँ। समाज का और संसार का कोई भी ऋण, अहसान या दायित्त्व मैं अपने साथ लेकर नहीं जा रही हूँ। आज मेरे अन्तर में किसी भी बात की, अपने किसी भी कर्म की तनिक भी ग्लानि शेष नहीं है। मेरा 'कान्शेन्स' एकदम साफ, धुला-पुँछा है!

"अन्त में एक बात--केवल एक बात--आपके काने में कह दूँ। जीवन के इतने

सारे उलटे-सीधे कर्म-चक्रों के बीच, किसी भयानक ट्रेजडी की कुशल अभिनेत्री की तरह सारे विचित्र खेल खेल चुकने के बावजूद, आपकी यह चित्रा हर प्रकार के सेक्स-सम्बन्ध से अछूती चली जा रही है! जीवन में एक भी व्यक्ति के साथ किसी भी प्रकार का कोई भी शारीरिक सम्बन्ध मेरा नहीं रहा। जिस एक मात्र व्यक्ति के साथ यह सम्बन्ध सम्भव था उसने मिलन की पहली ही रात में मुझे सदा के लिए मुक्ति दे दी। मेरी इस बात पर कोई भी विश्वास नहीं करेगा--नकुल तो कभी नहीं। इसलिए किसी को यह बताने की आवश्यकता नहीं है। यह मात्र आपके सोचने, समझने और आनन्द लेने के लिए है। दुनिया को मुझे इस बात की तनिक भी सफाई नहीं देनी है। पर इतना जाने रहिये कि सेक्स-सम्बन्ध से पूर्णतः मुक्त रहने के बावजूद किसी भी प्रकार की कोई कुण्ठा मेरे अन्तर में वर्तमान नहीं है। बल्कि इस सेक्स-विरति ने मुझे जीवन के सम्बन्ध में एक नयी अन्तर्दृष्टि, एक नया अन्तर्बल दिया है। इस जन्म की भूलों से लाभ उठाकर मृत्यु के बादवाले जीवन में इस अछूतेपन का पूरा सदुपयोग करूँगी।

"आपको बहुत 'बोर' कर चुकी हूँ, दादा। केवल एक अन्तिम निवेदन और है। मृत्यु के बाद मैं चाहे जिस दुनिया में जाऊँ, वहाँ एक-न-एक दिन आपको भी अवश्य ही आना है। वह निश्चय ही एक अपूर्व सुन्दर रोमांस की दुनिया होगी। पर जल्दी तनिक भी न कीजियेगा। मैं बराबर आपकी प्रतीक्षा में रहूँगी। डाक का समय हो गया है। पत्र बन्द करती हूँ। प्रणाम, दादा!

"जीजी से भी मेरा सादर प्रणाम कहियेगा। आप दोनों की प्यारी जोड़ी जुग-जुग बनी रहे, इस कामना के साथ-

"आपकी चिर-उच्छृखंल और चिर-अकुण्ठिता

'चित्रा'

दादा ने एक लम्बी साँस खींचकर, पत्र को मोड़ना शुरू किया। प्रतिमा न जाने कब से नहा-धोकर उनकी बगल में बैठी हुई थी, इस ओर उनकाध्यान ही नहीं गया था। पत्र को मोड़कर उन्होंने चुपचाप उसे प्रतिमा को दे दिया। स्वयं खिड़की के पास जाकर खड़े हो गये और अपनी नम आँखों को रूमाल से पोंछने लगे।

बादलों की गर्र-गर्र गर्जना के साथ बरसते हुए पानी की तीखी और तिरछी बौछारें शीशों को भेदकर, भीतर दादा के मुँह पर छीटे मारने के लिए अधीर हो रही थी। दादा ने खिड़की को थोड़ा–बहुत थोड़ा–खोल दिया और उन बरबस अन्तर प्रवेश करती हुई बौछारों का स्वागत किया। आँखों में और कपाल में ठण्डक आ जाने से, पानी की धारा के साथ बरसनेवाले बूँद-बूँद आँसू भी ठण्डे होते चले गये।

दूसरे दिन शाम को राम बाबू ने आकर दादा को बताया कि माणिकलाल ने स्वयं बड़े थाने में जाकर पुलिस के हाथों अपने को समर्पित कर दिया है। उसने यह बताया कि पुलिस ने गिडवानी की जेब में पिस्तौल देखकर भी इस बात पर विश्वास नहीं किया था

कि उसने आत्महत्या की है। पिस्तौल में अँगूठे की जो हलकी और अस्पष्ट छाप पायी गयी थी वह गिडवानी की नहीं थी। माणिकलाल पर पहले से ही उनका शक था। उसके भाग जाने से मामला बहुत-कुछ साफ हो गया था। जितनी-कुछ अस्पष्टता शेष रह गयी थी, माणिकलाल के आत्मसमर्पण से वह भी जाती रही। दादा के पूछने पर राम बाबू ने बताया कि धरमदास बड़े थाने गया था। उसी ने यह बात उन्हें बतायी थी। यह भी पता चला कि धरमदास उसी दिन चार बजे वापस चला गया है।

राम बाबू कुछ फुरसत में जान पड़ते थे और दादा से और भी कुछ देर तक बातें करने के 'मूड' में लग रहे थे। पर दादा का 'मूड' नहीं था, इसलिए उन्होंने राम बाबू को बैठने के लिए उत्साहित नहीं किया। इस बात में अब उनकी तनिक भी दिलचस्पी नहीं रह गयी थी कि गिडवानी की हत्या किसने और क्यों की।

"प्रतिमा ने ठीक ही कहा था," दादा ड्राइंग-रूम में टहलते हुए सोच रहे थे, "कि जिस व्यक्ति की हत्या हुई वह और जिसने उसकी हत्या, की वह–दोनों समान रूप से पागल थे। पर प्रतिमा से भी बढ़कर बात कही थी उस दिन चित्रा ने, जब उसने कहा था कि परहत्या आत्महत्या का ही विकृत रूप है। इसलिए माणिकलाल ने अच्छा ही किया कि आत्मसमर्पण कर दिया। जो लोग 'कान्शेन्स' नहीं मानते उन्हें जब बाद में कभी उसकी संवेदना का अनुभव होता है तब तीखे रूप में होता है; पर तब बहुत देर हो जाती है। फिर भी अनुभव ही न होने से देर में होना अच्छा है।"

प्रतिमा अपनी परिचित कुछ महिलाओं से मिलने गयी हुई थी। काफी देर हो गयी थी और अभी तक नहीं आयी थी। दादा बड़ी अधीरता से उसकी प्रतीक्षा कर रहे थे। वह इधर महसूस कर रहे थे कि प्रतिमा से कुछ ही देर के लिए भी बिछुड़ने पर वह बेचैन हो उठते थे। पहले कभी उसकी अनुपस्थिति में उन्होंने अधीरता का अनुभव इस हद तक नहीं किया। इधर यह दुर्बलता उनके स्वभाव में कहाँ से और कैसे आ गयी है, यह सोचकर उन्हें घबराहट-सी होने लगी। उसी तरह टहलते हुए वह सोच रहे थे कि यदि धीरे-धीरे अकेलेपन से घबराने की यह आदत उनके भीतर घर करती जायेगी तो वह इतनी लम्बी अवधि तक सुरक्षित उनकी आत्म-निर्भरतावाली प्रकृति को ही चाटकर साफ कर देगी और धीरे-धीरे उन्हें परवश और पर-निर्भर बना डालेगी। और इस स्थिति से बढ़कर अभिशाप उनके जीवन में दूसरा नहीं हो सकता!

सोचते-सोचते उन्हें अपने भविष्य के सम्बन्ध में आतंक का-सा अनुभव होने लगा। "अभी से सँभल जाओ, मिलनकुमार, वर्ना तुम्हें बहुत बड़े खतरे का सामना क़रना पड़ेगा!" स्वयं अपने को सम्बोधित करते हुए वह कहने लगे।

पर–पर–अपने भीतर के अनन्तव्यापी अकेलेपन में किसी एक सहधर्मा नारी को साथ लेकर चलने में हानि ही क्या है?–दादा सोच रहे थे। 'सहधर्मा' शब्द दिमाग में आते ही तुरन्त 'सहधर्मिणी' शब्द उनकी विचारधारा में, न जाने किस अन्धे गड्ढे से ऊपर उठकर, जुड़ गया। और तब दादा मन-ही-मन ठट्ठा मार उठे। किस चालाकी से, किस सूक्ष्म चातुरी से छलता है यह मन! एकान्त में भी किसी भले आदमी की लाज नहीं बचने

देता। एक बार जहाँ व्यक्ति को मूर्ख बनाना शुरू कर देता है, फिर बनाता ही चला जाता है! 'सहधर्मिणी!' हाः हाः हाः! कितना भोंडा और पौराणिक लगता है यह शब्द! और अपने साथ न जाने सदियों पुराने कितने संस्कारों को समेटे हुए है यह!--ऐसे संस्कार जिनका आज की पृष्ठभूमि में कोई अर्थ ही समझ में नहीं आता!

पर ठहरो, 'सहधर्मिणी' शब्द के अर्थ में कोई बुराई नहीं दिखती! किसी सहधर्मी व्यक्ति की खोज मनुष्य की सहज प्रवृत्ति है। प्रत्येक प्रतिभाशाली बौद्धिक व्यक्ति को यह शिकायत रहती है कि उसे कोई सहधर्मा नहीं मिल रहा है। तब 'सहधर्मिणी' ने क्या बिगाड़ा? 'सहधर्मिणी' का सुस्पष्ट अर्थ है वह नारी जिसकी मूल प्रकृति तुम्हारी मूल प्रकृति की विरोधी न हो समान यदि न भी हो, तो कम-से-कम पूरक अवश्य हो)। जो तुम्हारे विचारों और भावनाओं के साथ केलव सहानुभूति ही नहीं रखती हों, वरन् तादात्म्य का भी अनुभव अक्सर करती हों। और प्रतिमा ऐसी ही नारी तो है! तब वह उनकी सहधर्मिणी अपने सही अर्थ में, क्यों नहीं बन सकती? 'आप दोनों की प्यारी जोड़ी जुग-जुग बनी रहे!' चित्रा ने लिखा था। इस सम्बन्ध में नारी की सहज बुद्धि बड़ी प्रखर होती है। उसकी भीतरी आँखें इस विषय में कभी धोखा नहीं खा सकतीं। फोटो खींचते समय भी चित्रा ने कुछ इसी तरह की बात कही थी–नकुल से उन्हें इस बात की सूचना मिली थी। तब चित्रा जैसी अन्तर्दर्शिनी और बुद्धिमान नारी की बात गलत कैसे हो सकती है? तो इससे निष्कर्ष क्या निकला? निष्कर्ष यह निकला कि प्रतिमा हर अर्थ में उनकी 'सहधर्मिणी' बनने योग्य है। केवल इतना ही नहीं, उसे अपनी सहधर्मिणी बनना उनका नैतिक कर्त्तव्य भी अब हो गया है। बात जिस हद तक आगे बढ़ चुकी है (यह ठीक है कि वह सहज ही रूप से बढ़ी है–पर बढ़ी है) उसे देखते हुए अब उस सम्बन्ध को सामाजिक रूप देना अनिवार्य रूप से आवश्यक हो उठा है।

और सामाजिक औपचारिकता की बात दिमाग में उठते ही दादा का मन कतराने लगा। किसी भी औपचारिकता से वह बराबर इस तरह भागते थे जैसे वह कोई भयावना भूत हो। दो हृदयों के भीतरी सम्बन्ध की सार्वजनिक घोषणा क्यों आवश्यक हैं? छोटी-छोटी बातों में जब लोग 'प्राइवेसी' बरतते हैं तब इतने निगूढ़ और ऐकान्तिक सम्बन्ध को क्यों 'प्राइवेट' नहीं रखा जा सकता? यह खिझानेवाला प्रश्न उन्हें बेचैन करने लगा। पर लाख कोशिश करने पर भी वह उसे टाल नहीं पा रहे थे। उस सार्वजनिक घोषणा का तात्त्विक रूप क्या होगा?–वह सोच रहे थे। यही न कि–"मैं, तिरेपन वर्ष का बुड्ढा, छियालीस वर्ष की एक आधुनिक बुढ़िया के परिणय-सूत्र से बँधने आ रहा हूँ (या बँध चुका हूँ)!"

आधुनिक बुढ़िया! ठीक है, यही सबसे सटीक व्यंजना होगी प्रतिमा के आज के व्यक्तित्व की! और दादा ने फिर एक बार भीतर-ही-भीतर ठहाका मारा। पर फिर दूसरे ही क्षण वह ठिठक गये। क्या 'आधुनिक बुढ़िया' कहना प्रतिमा के तेजस्वी व्यक्तित्व का मजाक उड़ाना नहीं है? वह अभी पूर्णतः स्वस्थ है, बहुत कुण्ठित नहीं है। जीवन को–उसकी आज की नग्न यथार्थता के बीच भी–नये सिरे से, पूरी रसमयता के साथ भोगने

का भरपूर उत्साह अभी उसके भीतर वर्तमान है। यह ठीक है कि वह तेज अब उसमें नहीं रहा जो पहले थी। पहले की-सी कर्त्तव्य की दृढ़ता और वज्र की-सी छाती भी अब नहीं रह गयी उसकी। पहले वह किसी बड़े कर्त्तव्य की भावना से प्रेरित होकर, छाती में पत्थर रखकर, आवश्यकता पड़ने पर अत्यन्त कठोर भी हो सकती थी। स्वयं हँसते-खेलते आग में कूद सकती थी और दूसरों को भी कूद पड़ने के लिए प्रेरित कर सकती थी। पहले वह विद्रोही नवयुवकों का नेतृत्व अपने सहज अधिकार के बल पर कर सकती थी। और आज? आज शान्त-प्रकृति, रिटायर्ड बुड्ढों का भी नेतृत्व कर सकने में वह समर्थ नहीं है। आज वह बहुत भावुक हो गयी है, और दूसरों की पीड़ा देखकर केवल आठ-आठ आँसू बहा सकती है–उस पीड़ा के निवारण के लिए किसी सशक्त क्रान्ति की योजना नहीं बना सकती।

"दुत!" दादा ने अपने-आपको डाँटते हुए मन-ही-मन कहा। "मेरे सोचने का यह ढंग क्या दुष्टता से भरा और गलत नहीं है?" क्रान्ति की बात सोचते ही एक विशाल और दुर्लध्य चट्टानी दीवार को जो चित्र पिछले कुछ दिनों से उनके आगे खड़ा हो जाया करता था उसने इस बार भी उनकी व्यापक दृष्टि को अवरुद्ध कर दिया। सभी क्रान्तिधाराएँ (वास्तस्विक या नकली) उस वज्रदीवार के उस पार टकराकर रुकी पड़ी हैं, दादा ने सोचा। कुछ सूख चुकी हैं और कुछ उस दीवार पर पछाड़ खा-खाकर अपना सिर मार रही हैं। ऐसी हालत में प्रतिमा जैसी किसी सक्रिय चिन्ताशील नारी की कर्मठता कुण्ठित न हो तो क्या हो? उसके आगे दूसरा कर्त्तव्य ही अब क्या शेष रह जाता है--सिवा इसके कि कर्म-जगत् से भाव-जगत् में प्रवेश करके या तो सीता की तरह अपने ही अन्तर के रसातल में डूबकर उसके रहस्य की गहराइयों का पता लगावे या फिर अपने चारों ओर के वातावरण में मानवीय सम्बन्धों के सहज में एकरस होकर जीए, और--

सहसा प्रतिमा को भीतर प्रवेश करते देखकर उनका अन्तर्विचार-प्रवाह रुक गया। कैसी स्निग्ध, शान्त और सुन्दर लग रही थी उसकी प्रौढ़ मूर्ति! लगता था जैसे जलती राख के ढेर को फटककर, उसके भीतर शेष बची हुई आग को चुपचाप पी चुकने के बाद जो संयत और मधुर-मधुर उसके प्रशान्त और भावनापूर्ण मुख-मण्डल पर दमक रही है, वही तो युग-युग में तेजस्विनी भारतीय नारियों का मांगलिक रूप रहा है! शाम के प्रायान्धकार में, किसी पहाड़ी पगडण्डी के ऊपर एक छोटे से मन्दिर के भीतरी आले पर सन्ध्या-तारा की तरह जगर-मगर करनेवाले, स्वयं अपनी ही लौ में मग्न, निर्विध्न, निवात और निष्कम्प जलते रहनेवाले इसी एकान्त दीप की ही तो माँग उन्हें बरसों से रही है! बाहर से उन्मत्त और विभ्रान्त संसार के आकाश में सैकड़ों पागल सूर्य अपनी प्रखर ज्वाला और प्रचण्ड ताप से आग बरसाते रहें, पर मिट्टी के ये छोटे-मोटे मंगलदीप अन्तर्जीवन के सूने और एकान्त कोनों की अपनी मन्द-मधुर टिमटिमाहट से जगर-मगर करने रहें, यही तो वह बराबर चाहते रहे हैं!

"आओ प्रतिमा, आओ," दादा ने भाव-भीने स्वर में स्वागत करते हुए कहा। "बहुत देर कर दी तुमने! कब से तुम्हारी प्रतीक्षा में इस सूने कमरे में चक्कर लगा रहा हूँ!"

उस क्षण दादा को सचमुच ऐसा लगने लगा था जैसे अपने अन्तर्जगत् के युग-युगव्यापी अंधकार के सन्नाटें में न जाने कब से वह प्रतिपल उसी दीप की प्रतीक्षा में बैठे हों। उसी दीप की अछूती और मीठी-मीठी लौ में पतिंगे की तरह जल मरने में भी सुख है, दादा सोच रहे थे।

"आओ, बैठो, तुमसे कुछ आवश्यक बातें करनी हैं," प्रतिमा के और निकट आने पर दादा बोले।

उस दिन जो 'आवश्यक' बातें दादा ने प्रतिमा से कीं उनमें एक बात यह तय पायी कि कुछ दिनों के लिए दोनों होटल छोड़कर किसी एकान्त स्थान में जाकर रहें। उसके तीन ही चार दिन बाद एक सबेरे वे लोग स्थान और मकान की खोज में निकल पड़े। दादा अपने बायें कन्धे पर एक झोला लटकाये चल रहे थे। उसमें एक तौलिया था; कुछ रबर की तश्तरियाँ और प्याले, तीन पैकेटों में कुछ बिस्कुट, कुछ नमकीन और कुछ पहाड़ी मेवे थे, और था एक थर्मस। सामने पूरबवाले क्षितिज पर बादलों को चीरता-फाड़ता हुआ, और मछुवे के जाल की तरह फैले हुए मटमैले-से बादली डोरों के तानों-बानों की उलझन से बड़ी कठिनाई से मुक्त होता हुआ सूरज, पलटे में, उन बादलों के पार तक अपनी लम्बी, तीर की तरह तीखी और झिलमिलाती किरणों का जाल तान रहा था।

रास्ते में एक झरना मिला जो ऊपर झाड़ियों से ढँके, टेढ़े-मेढ़े चक्करों से होकर कुलकुलाता हुआ बह रहा था, और नीचे, सहसा एक गुफा के तनिक तंग मुँह से होकर, पूरे वेग से और पूरी मोटायी से गरजते हुए सफेद अजगर की तरह फुफकार रहा था और फेन उगल रहा था।

दादा प्रतिमा का हाथ पकड़े, एक पतले और कुछ-कुछ फिसलते हुए रास्ते से होकर उसे धीरे-धीरे ऊपर ले गये, जहाँ झरने के पासवाली घास हरी-हरी झाड़ियों के बीच खो-सी गयी थी। एक जगह पर दो घिसे हुए सफेद पत्थरों से होकर कुछ-कुछ पतली-सी बिल्लौरी धारा नीचेवाले चपटे पत्थर पर खील की तरह दूधिया बूँदें बिखेरती हुई किलकारियाँ भर रही थी। दोनों पास-पास दो गीले पत्थरों पर इस तरह इतमीनान से जमकर बैठ गये जैसे कपड़े खराब करने के इरादे से ही आये हों। प्रतिमा मटमैले रंग की एक ताजा धुली और कुछ-कुछ मोटी सी साड़ी पहने थी। उसके दोनों हाथों में हाथी दाँत की दो-दो काम की हुई चूड़ियाँ थीं। वह अपनी लम्बी, पतली उँगलियों के इंगूरी नाखूनों को पानी की न-बहुत-मन्द-न-बहुत तेज धारा के नीचे ले जाकर पंच-धारा सी बना रही थी। और प्रायः उसी रंग की मन्द-मधुर मुस्कान चेहरे पर बिखेरती हुई, शायद इस बात की परीक्षा भी कर रही थी कि उसके नाखूनों का रंग पानी की उस धारा से धुलता है या नहीं। और शायद उस अपेक्षाकृत तेज गति से बहते हुए पानी में अपनी परछाइयों के विविध प्रकार के विकृत, विरूप, गतिशील, विचित्र और हास्यास्पद लगनेवाली रूपाकृतियों को देख-देखकर, बिम्ब जगत् की विकट धोखा-धड़ी के प्रत्यक्ष प्रमाण का आनन्द ले रही थी।

काफी देर तक दोनों चुप रहे। पहले प्रतिमा ही ने मुँह खोला। उसी तरह उँगलियों से पानी का पंच-विभाजन करती हुई, उसी तरह धारा में अपनी परछाइयाँ देखती हुई, दादा की ओर बिना देखे ही बोली : "अच्छा दादा, एक बात पर ध्यान जा रहा है।"

"किस बात पर?"

"जब मैं इण्टर में पढ़ती थी, तभी से मन में यह बात कभी-कभी अपने-आप उठने लगती थी कि कभी पहाड़ जा पायेंगे तो वहाँ किसी झरने के नीचे बैठकर, केवल उसका पानी पीकर और देवदारु और चीड़ के पेड़ों की सौंधों हवा खाकर ही सारा जीवन आनन्द से बिता देंगे। सोचती थी कि वह जीवन जाने कितना मुक्त, कितना स्वर्गिक और कितना सुन्दर होगा! तब टेनीसन की 'ब्रुक' शीर्षक कविता हमारे कोर्स में थी–" इतना कहकर प्रतिमा ने सिर तनिक ऊपर को किया और सहज स्निग्ध कटाक्ष से दादा की ओर देखती हुई बोली : "निर्जन घाटियों से होकर बहनेवाले किसी छोटी-सी प्राकृतिक पहाड़ी नदी का जो विस्तृत वर्णन उस कविता में टेनीसन ने किया है, उसका चित्र राई-रेशा करके मेरी आँखों के आगे नाचता रहता था और उसके बहने की कुलकुल-कलकल ध्वनि कानों में स्पष्ट बजती रहती थी। और उसकी वह प्रसिद्ध टेक 'फोर म्यन में कम ऐन्ड म्यन मे गो, बट आइ गो ऑन फॉर एवर!' तो इस समय भी प्राणों में झंकार झरती हुई गूँज रही है। उसे पढ़ते हुए एक अनजानी मीठी और मादक उदासी सारी चेतना में छा जाती थी। लगता था कि विश्व-प्राणों का मूल स्पन्दन उसी काल्पनिक सोते में मुखरित हो रहा है और उनका मूल सार उसी के भीतर से होकर अनन्त की ओर बहा चला जा रहा है। उसके किनारे यदि लेटा जाये तो सारा जीवन एक सुख सपने की तरह एक ही करवट में बीत जायेगा। उसके अतिरिक्त जीवन में जो-कुछ है वह सब झूठा और बेमानी है। सोचती थी कि क्या जीवन में कभी वह दिन आयेगा जब मैं सचमुच किसी पहाड़ी झरने या छोटी नदी के किनारे लेटकर उस काल्पनिक अनुभूति को यथार्थ में परिणत कर पाऊँगी? और आज इतने बरसों बाद, वह कल्पना प्रत्यक्ष से भी अधिक यथार्थ रूप में साकार हो रही है। फिर भी पूर्ण तादात्म्य की वह अनुभूति क्यों नहीं जग पाती और अन्तश्चेचता के स्फटिक कण पहले की ही तरह चूर-चूर होकर, इसी झरने की फेनिल बूँदों के समान पत्थर से टकराकर, हवा में उड़-उड़कर छितराने से क्यों कतराने लगते हैं? किशोर प्राणों की वह रंगीन चेतना बाद में कहाँ लुप्त हो जाती है? क्या उसका अस्तित्व एकदम झूठा और केवल मृग-मरीचिका है? इसी तरह के प्रश्न इधर कुछ दिनों से मुझे परेशान कर रहे हैं।"

दादा अपनी छड़ी की नोक को पानी में डुबाकर, उससे खेलते हुए प्रतिमा की बातें एकान्त ध्यान से सुन रहे थे। प्रतिमा का अन्तिम प्रश्न सुनकर वह क्षणभर के लिए मौन धारण किये रहे; उसके बाद बोले : "प्रश्न तो तुम्हारा एकदम मौलिक है। मैं भी इस विषय पर बरसों से विचार करता आ रहा हूँ। अपने लिये तो मैंने उसका समाधान भी निकाल लिया है। मैं कुछ इस तरह सोचता हूँ कि किशोर अवस्था से लेकर नवयौवन की प्रारम्भिक स्थिति तक जो रंगीनी प्राणों की अस्फुट कली के रेशे-रेशे में, उसके भीतर बन्द पराग के कण-कण में छा जाती है, वही जीवन की एकमात्र यथार्थ अनुभूति है, वही चेतना का मूल

और शुद्धतम रूप है। बाद में भी वह कहीं खो नहीं जाती। प्राणों के मूल कोश के भीतर वह सदा, सब समय प्रतिक्षण समायी रहती है। जहाँ तक मैं समझ पाया हूँ, तब होता यह है कि जीवन की गति ज्यों-ज्यों आगे बढ़ती जाती है, त्यों-त्यों विकृत यथार्थ का कलुष उस मूल अनुभूति को परत-दर-परत, आवरण-पर-आवरण में लपेटता और ढकता चला जाता है। धीरे-धीरे वह आवरण ही जीवन के ठोस सत्य का रूप धारण करने लगते हैं और मूल चेतना असत्य और अस्तित्वहीन लगने लगती है। इस समय हम दोनों जहाँ बैठे हैं वहाँ वही झरना है और वही प्राकृतिक वातावरण है, जो युग-युग से कवियों के प्राणों को गुदगुदाता आया है। फिर भी तुम्हारी–और मेरी भी–चेतना जो उसे उसी मूल रूप में अपनी भीतर समेट नहीं पाती उसका कारण है–इतने बरसों के अनुभवों से चेतना के ऊपर जमे हुए संकीर्ण यथार्थ का वही कलुष। तुम प्रत्यक्ष में झरने के किनारे पूर्ण एकान्त में बैठी हो, पर इस समय भी तुम्हारी जाग्रत चेतना के नीचे इस झरने के प्राणों की अकुलाहट की अपेक्षा उस यथार्थ की चीख-पुकार ही अधिक छायी है, जिसने इस पहाड़ी प्रकृति की परिधि के बाहर झूठा, खोखला और अर्थहीन हाहाकार मचा रखा है। जिस दिन तुम्हारा विवेक विकसित होकर तुम्हारे भीतर यह सहज विश्वास जगा देगा कि बाहर का वह हाहाकार तनिक भी यथार्थ नहीं है, वह जन-जीवन के मूल प्राणों का सहज स्वर नहीं है, वरन् मनुष्य की विकृत बुद्धि से उत्पन्न राजनीतिक चेतना का कृत्रिम आरोप-मात्र है, उसदिन और उस क्षण तुम अपने भीतर उसी मूल रंगीनी को सहज ही जगाने में समर्थ हो जाओगी, जो एक दिन जीवन के प्रवेशद्वार की दरार से तुम्हें दिखायी दी थी। प्रत्येक युग के सच्चे कवि ने यही किया है। उन्होंने बराबर बाहर के झूठे यथार्थ की खोखली तात्त्विकता पर अपने अंतर के सच्चे यथार्थ की स्थायी रूमानीरंग चढ़ाया है। यही रूमानी चेतना सदियों तक मानवता को जीने का प्रधान सम्बल देती चली आयी है। कालिदास के यक्ष से लेकर टेनीसेन के कमल-भक्षकों तक ने यही काम किया है। पर आज की विकृत राजनीतिक चेतना या उसकी प्रतिक्रिया से प्रभावित एक युवक-दल, युगीन यथार्थ के पहाड़ पर खड़ा चिल्ला रहा है कि, "रूमानियत से बचों और हमारे साथ गोबर के पहाड़ पर खड़े हो जाओ, क्योंकि फैशन का यही तकाजा है!" जिस युग के अन्तरतम में प्रविष्ट गन्दगी के परिष्करण के लिए प्रकृति की मूल चेतना के भीतर से रोमाण्टिक अनुभूति को दुहने की आवश्यकता सबसे अधिक थी वह स्वयं को रूमानियत का घोर शत्रु घोषित कर रहा है। और इस भेड़ियाधसानी प्रवृत्ति ने सारी दुनिया में फैलकर अपने विषैले चेप से सभी सुन्दर और मांगलिक अनुभूतियों को गन्दा, तीता और बासी कर डाला है। इस सामूहिक आत्महत्या के लिए कोई क्या कर सकता है! इस व्यापक विषैली गन्दगी के बीच भी यदि कोई जिन्दा रहना चाहता है तो उसे व्यक्तिगत विवेक से और आत्मविश्वास के साथ अपने लिए स्वतन्त्र रास्ता काटना होगा। इसलिए आओ, थोड़ा-सा नाश्ता करके, इस झरने का ठण्डा पानी पीकर, इस एकान्त प्राकृतिक कुंज में तनिक जी लिया जाये!"

और दादा ने अपना झोला खोलकर उसमें से रबर की तश्तरियाँ, रबर ही के

प्याले, थर्मस और नाश्ते का सामान बाहर निकालकर रख दिया। प्रतिमा ने दो तश्तरियों में नाश्ता सजाकर और दो प्यालों में काफी उँड़ेलकर एक सेट दादा को दिया और एक स्वयं लिया।

नाश्ता करके, झरने के पानी से हाथ-मुँह धोकर, उसी पानी से थोड़ा आचमन कर लेने के बाद, दोनों ने कॉफी पी। और फिर प्याले और तश्तरियाँ धोकर, उन्हें फिर झोले में बन्द करके दोनों ने यात्रा का दूसरा दौर आरम्भ किया।

नीचे उतरकर, उसी कच्ची सड़क से वे लोग नीचे की ओर चलते रहे। जब काफी नीचे पहुँच गये तब एक पुल–बल्कि पुलिया–मिली, जिसके नीचे से होकर, नाले से कुछ ही बड़ी एक छोटी-सी पहाड़ी नदी निकलती कुलकुलाती और ताल-ताल पर थिरकती सी बही जा रही थी।

"यह है असली 'ब्रुक'" दादा ने कहा। पर मेरा तो यह नारा है, प्रतिमा, कि "ब्रुक्स में कम एण्ड ब्रुक्स मे गो, बट आई गो आन फॉर एवर!"

प्रतिमा उनकी ओर देखकर मन्द-मन्द मुस्कराने लगी।

"मेरी बात पर हँसो मत, प्रतिमा,"दादा बोले। "मैं बड़े ही गम्भीर विश्वास के साथ तुमसे यह बात कह रहा हूँ किसी भी काल में प्रकृति-चक्र में तनिक से परिवर्तन के कारण यह ब्रुक सूख सकती है; पर मेरी वैयक्तिक चेतना हर युग में, हर काल में, हर परिस्थिति में, हर क्षण में, नयी-नयी अनुभूतियों, नये-नये रंगों, रूपों और रसों का आनन्द लेती हुई, अनन्त-कालीन यात्रा के पूरे दौर से होकर गुजरती चली जायेगी। किसी युग का प्रधान रस भयानक हो सकता है, किसी का बीभत्स; किसी युग के अन्तर-मन्थन से मधुर रस उभर सकता है, किसी में प्रशान्त रस की स्निग्ध चेतना प्राणों में मन्द-मन्द व्यजन दुला सकती है। यह भी सम्भव है कि किसी एक ही युग में ये सभी रस ऋतुचक्र की तरह बारी-बारी से प्राणों में नित्य नयी चेतना का संचार करते रहें। मैं उन सभी का उपभोग करता हुआ कभी नहीं अधाऊँगा और युग में युगोत्तर की ओर अविराम बढ़ता ही चला जाऊँगा।"

"और मृत्यु? उसके अटल नियम का सामना तुम कैसे करोगे?" प्रतिमा ने सहज भाव से पूछा।

"जब मृत्यु की प्रत्यक्ष विकरालता चित्रा का पथ नहीं रोक पायी तब मेरा पथ वह क्या रोकेगी जिसने जीवन-यात्रा के दौरान पग-पग पर, अनेक रूपों में मरण को वरण किया है। मरणजयी जीवन के यथार्थ रूप को न समझ पाने के कारण ही आज मानवता दिशा-भ्रमित है। अपने जीवनकाल की सीमित अवधि को ही चरम अवधि मान लेने की भ्रान्ति ने आज चारों ओर संघर्ष, विरोध, विद्रोह और विक्षोभ फैला रखा है। प्रत्येक दिन की मृत्यु प्रत्येक सन्ध्या में होती है और प्रत्येक काली रात की मृत्यु नये अरुणोदय में होती रहती है। यह अटूट क्रम ही तो महाजीवन है, प्रतिमा ! आज के अन्धे और

पागल युग में इस सरल और सुस्पष्ट तथ्य को जितनी आसानी से समझा जा सकता है उतना दूसरे युगों में नहीं। यदि आज भी हम इस महा-सत्य को समझने का लाभ नहीं उठा पायें तो हम निश्चय ही जीवन के हर पग और हर क्षण के नरक और अन्धकार में खो जाने योग्य है।"

प्रतिमा दादा के मुख पर झलकनेवाले अतीन्द्रिय-से भावावेग के चढ़ाव उतार पर एकान्त दृष्टि से गौर कर रही थी।

कुछ देर तक दोनों सन्नाटा खींचे रहे और पुल के नीचे बहने वाले निर्मल और निखरे हुए जल का मन्द-मधुर कलरोल सुनते रहे। उसके बाद एक लम्बी साँस खींचती हुई प्रतिमा बोली। "बाप-रे-बाप! तुम्हारा अहम् अत्यन्त प्रचण्ड है, दादा, तुम चाहे बुरा मानो या भला! अपने इस निरन्तर फूलते और फलते हुए अहम् को तुम कैसे नियन्त्रण में रख पाते हो, यही आश्चर्य है और तुम्हारा यह आत्म-विश्वास ! वह भी तो कुछ कम दुर्धर्ष नहीं है।"

दादा हँसे। बड़ी ही मार्मिक थी उनकी वह हँसी। बड़े ही भावभीने और धीमे स्वर में धीरे से बोले : "यदि यह आत्म-विश्वास मुझमें नहीं होता, प्रतिमा, तो आज की दुनिया, जिसके छल-छिद्रों से जूझने का कोई भी दूसरा अस्त्र मेरे पास नहीं है, मुझे न जाने कब पूरे का पूरा लीलकर हजम कर चुकी होती!"

"पर तुम तो अजातशत्रु हो!" धीरे-धीरे दादा के पीछे-पीछे चलते हुए प्रतिमा ने कहा।

दादा 'होः होः' करके ठट्ठा मारकर हँस पड़े। चढ़ायी शुरू हो गयी थी और रास्ता तंग था। दो व्यक्ति एक ही समान रेखा पर अगल-बगल साथ-साथ नहीं चल सकते थे। दादा आगे थे और प्रतिमा पीछे।

पीछे की ओर बिना मुड़े ही दादा उसी खिलखिलाहट के साथ बोले : "किसने बताया तुम्हें कि मैं अजातशत्रु हूँ ?"

एक दिन नकुल ने तुम्हारे स्वभाव के बारे में बातें हो रही थीं। उसी ने कहा कि "दादा तो अजातशत्रु हैं!"

दादा ने फिर ठहाका लगाया। पर तुरन्त ही गम्भोर हो गये। बोले : "प्रतिमा, यह बात सदा के लिए गाँठ बाँध लो कि इस दुनिया में कभी कोई व्यक्ति न अजातशत्रु हुआ है न होगा। यह ठीक हैं कि मैंने भरसक कभी किसी व्यक्ति को शत्रुता का मौका नहीं दिया। न जाने कितने व्यक्तियों के उपहास और व्यंग्य हँस-हँसकर सहता रहा, कितने के कुचक्रों को प्रत्यक्ष देखते हुए भी अनदेखा करता रहा, कितने ही आत्मीयों से आर्थिक हानि उठाता रहा और मान के रूप में आये हुए न जाने कितने कुटिल और कटीले अपमान चुपचाप सहता रहा। कभी किसी के अनहित की बात दिमाग में आयी ही नहीं और न कभी भूल से भी कोई काम–न जाने न अनजाने–किया, जिससे किसी भी दूसरे व्यक्ति को हानि पहुँच सकने की तनिक भी सम्भावना हो। पर तुम विश्वास नहीं करोगी इस बात पर कि मेरी हत्या तक के प्रयत्न मेरे निकटतम आत्मीयों ने किये, मुझे जलील और

लक्ष्यच्युत करने की पूरी कोशिशें मेरे घनिष्ठतम मित्रों ने कीं। यह भी ठीक है कि मेरे स्वभाव की सहजता और आत्मविश्वास ने सब-के-सब प्रयत्न असफल कर दिये, पर–"

"तुम्हारी यह बाते मुझे सचमुच तनिक भी विश्वास-योग्य नहीं लग रही है। मुझे लगता है कि यह सब तुम्हारा भ्रम या स्वकल्पित आरोप है।" प्रतिमा खीझ-सी रही थी।

"तुम्हारा यह अनुमान सही भी हो सकता है," अत्यन्त शान्त भाव से दादा बोले। "फिर भी मेरे पास कुछ ऐसे अलिखित किन्तु प्रत्यक्ष प्रमाण हैं जिनके गलत हो सकने की सम्भावना बहुत कम है।"

"पर तुम्हारे विरुद्ध लोग बल्कि–जैसा कि तुम कहते हो–आत्मीयों और मित्रों की इस तरह की घातक शत्रुओं का कारण क्या हो सकता है?" कुछ तीखेपन के साथ प्रतिमा ने प्रश्न किया।

"प्रतिमा, कारण मैं क्या बताऊँ? सच मानो, मैं स्वयं चक्कर में हूँ।" दादा ऐसे लहजे से बोल रहे थे जैसे वह बहुत हैरान हों। "बहुत सोचा है इस बात पर मैंने। यूनिवर्सिटी की अध्यापकी छोड़ने के दो-एक वर्ष पहले से ही यह प्रश्न मुझे परेशान कर रहा था। यहाँ तक कि, 'समान प्रवृत्ति असमान तत्त्व को आकर्षित करती है,' इस सिद्धान्त के प्रति मेरा विश्वास ही टूटने लगा। बुद्ध ने बड़े गहन आत्म-परीक्षण के बाद जो यह उपदेश दिया था कि क्रोध को अक्रोध से जीतो, असाधु को साधुता से, कृपण को दान से और झूठ बोलनेवाले को सत्य से जीतो–उसकी एक-एक बात मुझे गलत और प्रत्यक्ष मनोवैज्ञानिक अनुभवों से शून्य लगने लगी। सच कहता हूँ, प्रतिमा, अपने दीर्घकालीन अक्रोध व्रत से मुझे यह आश्चर्यजनक अनुभव हुआ कि क्रोध जिस व्यक्ति की मूल प्रवृत्तियों में से एक हो उसके लिए अक्रोध ही जैसे क्रोध भड़काने का प्रधान ईंधन बन जाता है। क्रोधी जिस व्यक्ति को अपने क्रोध से कुचल डालना चाहता है वह यदि उससे एकदम अप्रभावित रह जाये, तो इससे बड़ा अपमान क्रोधी का दूसरा कुछ हो ही नहीं सकता। मैंने यह भी देखा कि असाधु को साधुता से जीता ही नहीं जा सकता, बल्कि होता यह है कि असाधु यदि जान जाये कि आप सचमुच में साधु हैं, तब वह निश्चय ही आपके साथ पहले से भी अधिक असाधुता का व्यवहार करेगा। वह आपकी साधुता और सीधापन देखकर पहले तो आपको कई तरह से ब्लैकमेल करना चाहेगा उसके बाद इतना निश्चय ही जान जायेगा कि वह जिस तरह का भी लाभ आपसे उठाना चाहे, अपनी असाधुता से ही वह उसे सुलभ हो सकता है–दूसरा तरीका नहीं है। साधु वह इसलिए नहीं बनना चाहेगा कि साधु की नपुंसक स्थिति वह अपनी आँखों से प्रत्यक्ष देख रहा है। वह जानता है कि साधु चाहे किसी का भला न भी कर सके, नुकसान तो कर ही नहीं सकता। और अक्सर यह देखा जाता है कि साधु व्यक्ति चाहने पर भी किसी का न तो भला ही कर सकता हे और न किसी को हानि ही पहुँचा सकता है। ऐसी हालत में साधुता के इस दयनीय जामे की कौन भला (अर्थात् बुद्धिमान्) असाधु अपने ऊपर ओढ़ना चाहेगा? इसलिए यह सिद्ध हुआ कि असाधु को आप कदापि-कदापि साधुता से नहीं जीत सकेंगे? अब आयी तीसरी बात। कृपण को आप दान से कैसे जीत सकते हैं? मेरा मतलब है किस

रूप से, या में? कृपण को दान देने से आप क्या यह आशा रखते हैं कि उसकी कृपणता दूर हो जायेगी? सीधे-सीधे, प्रतिदिन के अनुभव से आप यह क्यों नहीं समझ लेते कि कृपण को दान देने से उसका लोभ ही बढ़ेगा, कृपणता घटेगी नहीं?"

प्रतिमा पीछे-ही-पीछे, चुपचाप, रास्ता देख-देखकर, सँभल-सँभलकर धीरे-धीरे चलती हुई, पूरी लगन और दिलचस्पी से सारी बातें सुन रही थी। सबसे बड़ा आनन्द उसे दादा के 'आप' शब्द को बराबर दुहराते जाने से मिल रहा था। स्पष्ट ही इस समय दादा जैसे प्रतिमा से नहीं, अपने सामने खड़े किसी कल्पित व्यक्ति से बात कर रहे थे। दादा बोलते-बोलते जो तैश में आते जा रहे थे वह भी प्रतिमा को बहुत ही अच्छा, बहुत ही स्वाभाविक और बहुत ही सहज लग रहा था। और बहुत ही प्यारा और रोचक भी! केवल दादा की बातें ही नहीं, पूरे-का-पूरा परिवेश रोचकता का एक बिल्कुल ही नया रूप उसके आगे खोल रहा था। जिस विचित्र पहाड़ी परिवेश में, इतने दिनों तक उसे जिन विचित्र ही परिस्थितियों में रहना पड़ा था, उसे आज की परिस्थिति जाने क्यों, उससे एकदम नयी, एकदम अनूठी, एकदम अभुक्त अनुभव के रूप में लग रही थी। तथापि, जाने क्यों, वह अनुभव उसे जैसे चिर-परिचित भी लग रहा था। जैसे जन्म-जन्म से वह उसी नीचे बहने वाली छोटी-सी नदी के तट पर खेलती आयी हो, पहाड़ की तलहटी की समतल भूमि पर जो सब्जी के हरे-भरे खेत दिख रहे थे उनमें जैसे वह युगों पहले सब्जी उगा चुकी हो। कच्ची सड़क की चढ़ाई पर सीढ़ियों की तरह के जो बड़े-बड़े पत्थर मिल रहे थे उनको न जाने कितनी ही बार अपने पाँवों से रगड़ चुकी हो। नीचे-ऊपर फलों से लदे जो पेड़ दिख रहे थे, उनमें न जाने कितनी ही बार आँख-मिचौनी खेल चुकी हो। पास ही, ऊपर, जो छोटा-सा लिपा-पुता मन्दिर दिखायी दे रहा था, उस पर वह न जाने कितनी बार फूल चढ़ा आयी और दीया जला आयी हो! उसे लग रहा था, जैसे उसकी चेतना सहसा एक दूसरे ही आयाम में आ भटकी है। पर इस भटकने में कितना सुख मिल रहा था! भटककर ही सही, वह सीधे जैसे अपने बहुपूर्व परिचित परिवेश में आ पहुँची थी, जहाँ सब अपने हैं और सब-कुछ अपना है–यहाँ तक कि वह सर्पसिंह भी अपना ही है, जो अपने सिर पर सेब के बक्सों का भारी बोझ लिये धीरे-धीरे नीचे उतर रहा है। और सब-कुछ कितना सुन्दर, कितना रोचक, कितना परिचित–और कितना अपरिचित भी–लग रहा था! यहाँ तक कि दादा की बोर करनेवाली एक-एक बात का एक-एक अक्षर सुनने के लिए उसके प्राण, मन और कान अत्यन्त उत्सुक हो रहे थे! वह इतनी चंचल, प्रफुल्ल और विस्मित हो रही थी कि यदि कोई देखनेवाला होता तो शायद देखता कि उसके सम्पूर्ण व्यक्तित्व का गठन ही इण्टरमीडिएट में पढ़नेवाली एक भावनापूर्ण लड़की की तरह बन गया है। उसकी आकृति इस तरह इस कदर बदल गयी थी कि शारीरिक और मानसिक दोनों दृष्टियों से भी वह ठीक इण्टरमीडिएट की लड़की ही लग रही थी। पर इस सबके बावजूद वह थी प्रतिमा ही–दूसरी नहीं!

"सर्पसिंह जी, नमस्ते!" दादा ने, आनन्द लेने के लिए ही सही, सच्ची भावना से उस आदमी की ओर हाथ जोड़े, जो सिर पर सेबों के बक्सों का गट्ठर रखकर मोड़ से

उनके एकदम निकट आ पहुँचा था।

"राम-राम दादा!"

"कहाँ से आ रहे हो?"

"रामकिशन चाचा के बगीचे से आ रहे हैं, दादा! स्टेशन तक जायेंगे।"

"और सब ठीक है?"

"सब आपकी कृपा है जी!"

"कल सबेरे हमारे यहाँ आना। हमारा सामान भी वहाँ से चाचा के यहाँ जायेगा।"

"रामकिशन चाचा के यहाँ!" परम प्रसन्न भाव से सर्पसिंह ने पूछा।

"हाँ, वहीं। याद रखना–कल सबेरे।"

"जरूर, दादा नमस्कार!"

"नमस्कार!"

"तुमने सचमुच कोई मकान तय कर लिया है क्या?" सर्पसिंह के चले जाने पर प्रतिमा ने पूछा।

"नहीं तो!"

"तब सर्पसिंह से कल आने को कैसे कह दिया? यदि मकान ही न मिला तब?"

"चाचा यदि कोई मकान हमें नहीं दिला पायेंगे तो हम आनन्द से, बेतकल्लुफ, उन्हीं के यहाँ रह जायेंगे। तुम चिन्ता क्यों करती हो?"

"अच्छा, पहले तुम अपनी पूरी बात करो।"

"कौन-सी?"

"अरे वही जिसमें तुमने यह सिद्ध करके दिखा दिया कि कृपण को दान से नहीं जीता जा सकता, और बुद्ध के उपदेश गलत हैं," कहकर प्रतिमा बड़े ही मार्मिक, पर मीठे व्यंग्य के साथ आँखें तनिक तरेरती हुई, मन्द-मन्द मुस्करायी।

"अरे वह!" कहकर दादा खूब हँसे। "अरे भाई, मुझ जैसे अल्पप्राण व्यक्ति की क्या मजाल कि मैं अपने अनुभवों के आधार पर भगवान् बुद्ध के उपदेशों में दोष दिखाने बैठूँ! फिर भी कुछ तर्क तो किया ही जा सकता है। अब केवल अन्तिम बात रह जाती है: "झूठ बोलनेवाले को सत्य से जीतो।' आज जो अनुभव मुझे या दूसरों को हो रहे हैं उनके अनुसार तो यही बात प्रमाणित होती है कि झूठ बोलनेवाला आपकी सत्यवादिता से और अधिक भड़क उठता है। आपके प्रति श्रद्धा या प्रशंसा का भाव उत्पन्न होने के बजाय वह आपकी सत्य-घोषणाओं के कारण आपसे घृणा करने लगता हैं। क्योंकि अपने से आप उसके असत्य का तिरस्कार करते हैं। इसलिए भीतर वह भी आपका शत्रु बन जाता है।"

"तो अपने प्रत्यक्ष अनुभवों के आधार पर तुमने बुद्ध के सभी 'आर्य-सत्यों' को असिद्ध ठहरा दिया! बड़े विचित्र अनुभव हैं तुम्हारे! पर यह तो बताओ कि तुम्हारे स्वभाव में कौन-सी बात ऐसी है जिसने तुम्हारे सम्पर्क में आनेवाले व्यक्तियों को सबसे अधिक भड़काया ?"

"देखो प्रतिमा, अपने अनुभवों से मैंने यह पाया है कि मनुष्य का मनोविज्ञान अत्यन्त

जटिल रहस्यों से भरा है। जितनी ही गहराइयों में जाओ वह उतना ही अधिक अथाह लगने लगता है। इस विज्ञान के ऊपरी अध्ययन के आधार पर तुम किसी भी सही निष्कर्ष तक पहुँच ही नहीं सकती हो। सहज बुद्धि 'कामन सेंस' का महत्त्व मैं मानता हूँ। इसकी सहायता से बड़ी-से-बड़ी समस्याएँ आसानी से हल हो सकती हैं, पर मानव चरित्र का अध्ययन करते समय सहज बुद्धि और किताबी ज्ञान को एकदम ताक पर रख देना चाहिए, अपने अनुभवों से मैंने यही सीखा है। अब यही देखो न, कि व्यक्ति के धैर्य और आत्म-विश्वास की प्रशंसा सभी ज्ञानी लोग करते चले आये हैं। अभी स्वयं तुमने मेरे 'दुर्धर्ष आत्म-विश्वास' की एक प्रकार से प्रशंसा ही की। पर व्यक्ति का यही आत्म-विश्वास, उसकी यह धीरता और प्रशान्त गम्भीरता उसके प्रधान शत्रु बन जाते हैं, क्या इस बात पर तुम विश्वास करोगी? कोई नहीं कर सकता। पर मेरा विचित्र अनुभव यही है। मेरे इन्हीं गुणों ने (या आज के परिप्रेक्ष्य में देख जाने पर 'दुर्गुण' ही कहो इन्हें) मेरे जितने शत्रु उत्पन्न किये हैं उतने किसी वास्तविक अवगुण ने नहीं। तुम्हारे आत्म-विश्वास और धैर्य की एक अजीब-सी प्रतिक्रिया दूसरों पर होती हैं। जो लोग स्वयं अपना आत्म-विश्वास जुटाने में असमर्थ हैं या किन्हीं कारणों से उसे खो बैठे हैं, वे तुम्हारे सम्पर्क में आने पर तुम्हारे इस गुण को अपना सबसे बड़ा विरोधी मानने लगते हैं–उनका सारा मनोवैज्ञानिक ढाँचा ही उसकी प्रतिक्रिया से हिल उठता है। इसलिए वे तुम्हें कभी क्षमा नहीं करेंगे।

"मेरा पिछला प्रश्न तुम बड़ी सफाई से टाल गये," प्रतिमा ने कहा। "मैंने तुम्हारे अहम् की प्रचण्डता की बात कही थी। मैंने पूछा था कि अपने इस निरन्तर फैलते-फूलते अहम् को तुम नियन्त्रण में कैसे रख पाते हो! मेरी यह धारणा है कि तुम्हारा यह प्रचण्ड अहम् ही तुम्हारा प्रधान शत्रु है। अपने अहम् को इस प्रचण्डता को आत्मविश्वास का नाम देकर तुम अपनी सहज अहम्मन्यता से साफ बच निकलना चाहते हो!"

प्रतिमा पीछे थी, इसलिए दादा उसकी मुख-मुद्रा नहीं देख पा रहे थे। और केवल उसके स्वर से यह अनुमान लगा पाना आसान नहीं था कि उसकी बात में कितना व्यंग्य है और कितनी सहजता। पर दादा ने लौटकर उसके मुख का भाव जानने का प्रयत्न नहीं किया। उसी तरह सामने की ओर देखते हुए चलते ही रहे और चलते-चलते ही बोले : "अहम् ही यदि प्रचण्ड न हो, प्रतिमा, तो यह आत्मविश्वास आवेगा कहाँ से! यदि मैं अपने अहम् को ही दबा–या डुबा–दूँ, तो फिर आत्मविश्वास की बात तो दूर, जीने का ही क्या अर्थ रह जायेगा? तुमने यह बहुत अच्छा प्रश्न उठा दिया। इधर कुछ दिनों से मैं इसी बात पर कई तरह से सोच रहा हूँ। अहम् को मिटाने की आवश्यकता पर सभी देशों के प्रायः सभी दार्शनिकों ने बल दिया है और अहम् को दबाने की बात प्रायः सभी नीतिवादी कहते आये हैं। पर अहम् को मिटाने या दबाने का अर्थ स्पष्ट ही यह हुआ कि जीवन को ही अस्वीकृत कर दो। जीवन का आनन्द–ज्वाय ऑफ लाइफ–ही जब नहीं रहा तब न तो जीवन का ही कोई अर्थ रह जाता न मोक्ष का। जीवन की सभी संवेदनाओं की अनुभूति एकमात्र व्यक्ति के अहम् ही को तो होती है। उसे एकदम मिटाकर ही यदि मोक्ष मिलता

हो, तो उस मोक्ष से अधिक जड़ और निरानन्द की स्थिति दूसरी कोई हो नहीं सकती। इसलिए अपना अहम् सचमुच मुझे बहुत प्यारा है! सहस्रों विघ्नों, बाधाओं और संघर्षों के बीच से जीवन की अखण्ड रूमानी लीला के आनन्द का स्वाद यदि लेना है तो अपने अहम् को खराद पर चढ़ाकर उसे और अधिक तीखा, संवेदनशील और परिष्कृत बनाओ। तभी तुम दूसरों के अहम् का भी आदर कर सकती हो!"

चढ़ाई बहुत लम्बी थी और सीढ़ी-दर-सीढ़ी चलते हुए प्रतिमा को लग रहा था जैसे वह अब सीधे स्वर्ग ही जाकर पहुँचेगी। वह पीछे से देख रही थी कि दादा की पीठ-पीछे का झोला कन्धे पर उसी बेतकल्लुफी से झूल रहा था–जैसे वह अपनी इस खुशी का प्रदर्शन कर रहा हो कि वह बिना तनिक भी कष्ट के, दूसरों के कन्धे के सहारे, सीधे आकाश को छूनेवाली चोटी पर चला जा रहा है।

चढ़ाई का अन्तिम दौर, बहुत लम्बा न होने पर भी, सबसे अधिक कष्ट-साध्य सिद्ध हुआ। प्रतिमा बुरी तरह हाँफने लगी।

"अब चिन्ता की कोई बात नहीं है, अब पहुँच गये हैं," कहते हुए दादा ने मंजिल पर पहला कदम रखा। उसके बाद हाथ के सहारे प्रतिमा को ऊपर चढ़ने में मदद की।

चौकोर और सुगढ़ पत्थरों से पटी एक छोटी-सी अँगनाई के किनारे एक अच्छा-खासा, लम्बा-चौड़ा मकान सफेदी से चमक रहा था।

"चाचा हैं?" अँगनाई से ऊपर की ओर देखते हुए दादा ने हाँक लगायी।"

"कौन?" कहते हुए एक वृद्ध सज्जन ने ऊपर की खिड़की से झाँका।

"प्रणाम करता हूँ, चाचा," दादा ने छड़ी सहित दोनों हाथ ऊपर की ओर जोड़ते हुए कहा।

"ओह, दादा! आओ आओ! आज बहुत दिनों बाद मिल रहे हो। सब कुशल तो हैं?" कहकर वृद्ध सज्जन नीचे उतर आये। वह एक मैली कमीज, गीली मिट्टी से गन्दा हुआ पाजामा और प्रायः उसी मटमैले रंग की टोपी पहने थे। पाँव नंगे थे।

चाचा ने तीन कुर्सियाँ अँगनाई में ही मँगायीं। कुर्सियाँ आयी और, छोटी-छोटी मेजें भी। तीनों बैठ गये। "शायद यहाँ का रिवाज ही यह है कि कुर्सियों के साथ मेजें स्वतः लगा दी जाती हैं" प्रतिमा सोच रही थी। चाचा ने अपने एक नौकर को बुलाकर कहा कि दादा के लिए एक चिलम ताजा हुक्का तैयार करके ले आवे।

"और बताओ, दादा!" चाचा ने हार्दिक प्रसन्नता भरी पुलक के साथ कहा। उनकी प्रसन्नता उनके चीमड़–किन्तु स्वस्थ और सुर्ख–मुख की दसियों रेखाओं से बाहर होकर बह रही थी।

"मुझे दादा न कहिये, चाचा। आपके मुँह से यह शब्द मेरे लिये शोभा नहीं देता।"

"क्यों भाई, तुम्हें 'दादा' शब्द से क्या चिढ़ है?"

"आप चाचा और मैं दादा–यह कहाँ का औचित्य है, भला बताइये!"

"देखो, मैं तुम्हें पहाड़ी या बँगला भाषा के अर्थ में दादा नहीं कहता। मैं हिन्दी अर्थ

में इसका प्रयोग करता हूँ। तुम बड़े अनुभवी और सयाने आदमी हो। अर्थात् तुम चाचा के भी चाचा हो! इसलिए मेरे दादा नहीं हुए तो क्या हुए?"

प्रतिमा अत्यन्त प्रसन्न हो गयी थी चाचा की बात से और थोड़ा खिलखिला भी उठी थी। उसे अपना समर्थक पाकर चाचा ने उसी से कहा : "क्यों, है कि नहीं? मैंने ठीक बात कही या नहीं?

अब तक वह प्रतिमा से कोई बात सीधे ढंग से करने में सकुचा रहे थे। अब जब उन्होंने अपनी एक मजेदार बात पर उसे हँसता देखा तब उनका साहस कुछ बढ़ गया था।

दादा भी कुछ प्रेम से और कुछ झेंप से मुस्करा रहे थे। बोले : "अर्थात् आप मुझे पूरा घाघ समझते हैं? फिर भी, चाचा, आपके आशीर्वाद के चिर-अभिलाषी इस बच्चे को आप यदि 'मिलन' कहकर ही पुकारें तो इसमें आपको क्या आपत्ति हो सकती है?"

"अच्छा, अच्छा, भाई, मिलन बाबू ही सही। कहो और क्या हाल है?"

"ऊँहुँक। "मिलन बाबू' नहीं, खाली मिलन कहिये। अधिक-से-अधिक आप मुझे मिलनकुमार कह सकते हैं।"

"अच्छा भाई मिलन ही सही। अब बताओ, क्या समाचार है?"

"चाचा, समाचार यह है कि हम लोग–मैं और प्रतिमा,–कुछ दिनों के लिए होटल छोड़ना चाहते हैं। वहाँ इस बीच दो-दो दुर्घटनाएँ हो चुकी हैं, यह तो आपने सुना ही होगा। इसीलिए वहाँ जी बहुत-उदास रहने लगा है। आपसे यह निवेदन करने आया हूँ कि आपके पड़ोस में कोई खाली मकान हो तो कुछ दिनों के लिए हमें किराये पर दे दीजिये।"

"अरे, मकान की क्या चिन्ता है और किराये की क्या बात कहते हो। वह देखो। पास ही सामने मेरा गेस्ट-हाउस दिखायी दे रहा है। वह एकदम खाली है। इस साल सीजन बड़ा उदास-उदास-सा रहा–इसलिए कि कोई 'गेस्ट' आया ही नहीं। हाँ, एक साहब कुछ दिनों के लिए जरूर आये थे। वह जल्दी ही चले भी गये थे। तुम्हारा ही घर है। ठाठ से यहीं रहो। यह बिटिया अपनी ही तो है। अकेले तुम्हारी ही 'गेस्ट' बनकर क्यों रहेगी? क्यों, बिटिया, ठीक कहता हूँ कि नहीं?"

"आप बिलकुल ठीक कहते हैं, चाचा जी," कुछ-कुछ लजीजी मुस्कान के साथ प्रतिमा बोली। "आप इनके सगे चाचा से भी बढ़कर हैं, यह मैं इन्हीं से सुन चुकी हूँ। तब मैं भी आपकी बिटिया ही तो हुई?"

"बहुत अच्छी बात कही तुमने, बहुत ही उचित," अत्यन्त उत्साहित होकर पूरे आन्तरिक वेग के साथ दायें हाथ की एक उँगली को झटकते हुए चाचा ने कहा। "अब तुम्हीं बताओ, इसमें 'निवेदन' की क्या बात है, और किराये का सवाल ही कैसे उठता है? इसी तरह की बातें होती हैं जो दिमाग की नसों को कुछ चढ़ा देती हैं!" कहते-कहते चाचा का प्रेमपूर्ण उत्साह सहसा तनिक तनाव का-सा रूप धारण करता दिखायी दिया।

प्रतिमा इतनी जल्दी चाचा का रूप बदलते देखकर तनिक चक्कर में पड़ गयी। दादा ने आँख के इशारे से उसे स्थिर हो जाने के लिए कहा।

"चाचा ठीक कह रहे हैं," चाचा के पीछे से चुपके से आती हुई एक प्रौढ़ा महिला ने बड़े ही मीठे, बड़े ही रसीले स्वर में कहा। उनके दो हाथों में खाद्य-सामग्री से भरे दो प्लेट थे। दादा ने चौंककर उधर देखा तो उठकर खड़े हो गये और परम पुलकित भाव से तनिक ऊँचे स्वर में बोले : "अरे चाचा जी! प्रणाम करता हूँ!" कहकर दादा ने बड़ी श्रद्धा से झुककर दोनों हाथ जोड़े। महिला गद्गद स्नेह से, सहज लाज की स्निग्ध मुस्कान से उनकी ओर देख रही थीं। देखने में वह पैंतालीस साल से अधिक नहीं लगती थीं। अत्यन्त सहृदय और उस उम्र के लिए सुन्दर व्यक्तित्व था। स्वस्थ और सुर्ख चेहरे पर कुछ कर्म-रेखायें-सी पड़ गयी थीं। वह हलका घूँघट भी काढ़े थी। ठेठ पहाड़ी लहजे में बोलीं : "चाचा ठीक ही तो कह रहे हैं। तुम लोग ग्यशट ही नहीं, अपने ही आदमी, तब किराये की बात क्यों उठायी तुमने?"

"चाची, सचमुच बड़ी भूल हो गयी मुझसे!" दादा ने उसी तरह हाथ जोड़ते हुए कहा : "चाचा भी नाराज हो गये इस बात पर, अब आप भी अगर बजाय उन्हें मनाने के, मुझ ही पर बिगड़ पड़ेंगी तो क्या हाल होगा इस बेचारे गरीब मिलन का?"

ऐसे नाटकीय ढंग से दादा ने अपनी बात कही कि चाची खिलखिलाये बिना न रहीं। वह केवल खिलखिलायी ही नहीं, हास्य से इस कदर विह्वल हो गयीं कि दादा को उनके हाथ से तश्तरियाँ सँभालनी पड़ीं।

दादा की देखा-देखी प्रतिमा भी खड़ी हो गयी थी। वह जैसे सब-कुछ समझने पर भी ठीक से कुछ समझ नहीं पा रही थी। न उस हास्य का कारण न चाची के उलाहने का कारण।

चाची ने स्वयं आगे बढ़कर उसके प्रति हाथ जोड़े। दादा ने आँखों से जो एक बारीक इशारा किया तो प्रतिमा ने झट उनके पाँवों पर गिरकर, जैसे सच-मुच की श्रद्धा से प्रणाम किया। चाची ने भी उसके सिर पर हाथ रखकर, अपने खुरदुरे किन्तु स्नेह से गरम हाथों से उसे हौले-हौले सहलाया।

चाची के बाद प्रतिमा ने (शायद कुछ दुष्टतावश) चाचा को भी उसी तरह झुककर प्रणाम किया। चाचा कुछ झेंपते हुए-से उसे आन्तरिक आशीर्वाद देने लगे।

उसके बाद सब बैठ गये। दादा ने और प्रतिमा ने इस बीच झलकियों के कुछ महत्त्वपूर्ण मौन बातें कर लीं। जैसे :

"देखा तुमने, किस कुशलता से मैंने पूरे अभिनय को ठीक-ठीक निभा लिया!" प्रतिमा ने आँखों से प्रश्न किया।

"बहुत ही बढ़िया रहा, प्रतिमा। क्या कहूँ, बस मुग्ध हूँ। बाकी बाद में बताऊँगा।" यह दादा ने मौन संकेत से उत्तर दिया।

चाचा ने चाची की ओर बड़े स्नेह से देखते हुए, धीरे से कहा : "तुम तो सुन ही चुकी हो सब! अब तुम्हीं बताओ, हमने कौन बुरी बात कही कि इन्हीं सब बातों से बुरा

लगता है!" फिर तत्काल बड़े ही प्यार और दुलार-भरे शब्दों में बोले : "अरे भाई, आज पहली बार बहू घर आयी है। यह नहीं कि इसे सीधे स्टेशन से चाचा के यहाँ ले चलते– स्वयं इतने दिनों बाद आये हैं महाराज जी, और आते ही अब बात करते हैं किराये की! बताओ, यह कौन इन्सानियत है!"

"एकदम हैवानियत है, चाचा, आप ठीक कह रहे हैं, प्रतिमा ने सहज भाव से कहा और जान-बूझकर दादा की ओर नहीं देखा।

"न–हीं–ीं, मेरा मतलब यह नहीं है," शायद 'हैवानियत' शब्द से कुछ बिदकते हुए चाचा ने कहा। "मेरा मतलब कहने का इतना ही था कि यह ठीक नहीं रहा।"

पीछे से एक युवक और युवती चले आ रहे थे! युवक के हाथ मे ताजा फलों की एक बड़ी तश्तरी थी और युवती की गोद में प्रायः ढाई साल का एक बच्चा था। दोनों बड़े प्रेम से दादा से मिले। दोनों चाचा के बेटा-बहू थे। दादा जानते थे।

दादा ने प्रतिमा से उनका परिचय करा दिया। दादा बच्चे को अपनी गोद में उठाना चाहते थे, पर वह बहू को छोड़ना ही नहीं चाहता था।

चाय आयी और सभी चीजें मेजों पर लगा दी गयीं। प्रतिमा ने सबके लिए चाय बनायी। चाय बनी-बनायी थी, केवल चीनी मिलानी थी।

"भैया की शादी हुए कै साल हो गये," प्रतिमा ने बातचीत जारी रखने के विचार से अपनी बगल में बैठी हुई चाची से पूछा!

"अभी पिछले ही साल तो शादी हुई है," चाची ने कहा।

"तब यह बच्चा किसका है?" आश्चर्य से प्रतिमा ने पूछा।

चाची कुछ झ.पती हुई-सी मुस्कराने लगी। दादा ने प्रतिमा से कहा : "यह छोटा बच्चा भी चाचा का ही है।"

प्रतिमा अकपट आश्चर्य से चाचा की ओर देखने लगी। उसने अनुमान लगाया कि उनकी उम्र 70 से कम तो हो ही नहीं सकती, कुछ अधिक ही हो सकती है। यह ठीक है कि अपनी कर्मठता के कारण चाचा अभी स्वस्थ थे। पर बच्चा उत्पन्न करने की शक्ति उनमे कहाँ से आ गयी? चाची को प्रतिमा के आश्चर्य से झ.प के साथ ही प्रसन्नता का भी अनुभव हो रहा था।

प्रतिमा गौर से बच्चे की ओर देखने लगी। वह एक बुड्ढे या बीमार आदमी का-सा बच्चा नहीं लगा रहा था। बहुत सुन्दर, स्वस्थ, हृष्टपुष्ट, हँसमुख, चंचल बातूनी और बुद्धिमान् लगता था।

प्रतिमा की हैरानी देखकर दादा ने चाचा से पूछा : "चाचा, आपकी आयु इस समय क्या होगी?"

"पूरे अट्ठहत्तर वर्ष का हो गया हूँ मैं," गर्व से चाचा बोले।

"पूरे से क्या मतलब?"

"कल ही तो मेरा जन्म दिन था।"

"अरे चाचा-ा-ा! ऐसे शुभ अवसर पर आपने हमें निमन्त्रण नहीं दिया और उलटे हमीं को

डाँट रहे हैं! जन्मदिन के पूओं से हम. वंचित रखकर आपने बड़ा अन्याय किया हमारे साथ।"

"यही तो हैं जन्मदिन के पूए!" कहकर चाची ने पूओं की तश्तरी दादा की ओर बढ़ा दी।

एक पूआ मुँह में डालते हुए दादा ने देखा, उसके पोर-पोर मे शुद्ध घी भरा हुआ था और एक दिन का बासी होने पर भी अभी तक एकदम ताजा और अदभुत स्वादिष्ट लग रहा था।

"वाह! प्रतिमा, तुम भी चखकर देखो," दादा ने कहा। "बहुत ही बढ़िया है।" और एक दूसरा पूआ भी अपने मुँह में डाल लिया।

प्रतिमा बासी पूआ मुँह में डालने से कतरा रही थी, पर दादा की सिफारिश से उसने भी एक उठाकर मुँह में डाला। मुँह में डालते ही पूआ मक्खन-भरे बताशे की तरह जीभ में पिघल गया। सचमुच बहुत बढिया है," उसने कहा।

"अच्छा दादा, ढाई साल पहले आप साढ़े पचहत्तर बरस के रहे होंगे, जब यह बच्चा पैदा हुआ?"

"हाँ, और क्या," बड़े उत्साह से चाचा बोले।

"बड़ा ही प्यारा और सुन्दर बच्चा है," दादा बोले। "आपके अच्छे स्वास्थ्य का ही यह प्रताप है कि इस उम्र में भी–"

"यह तो हुई," चाचा ने कहा। अपने हाथ से तैयार किया हुआ शुद्ध घी खाता हूँ रोज! हम लोग डालडा के जमाने के जवान थोड़े ही है जो–! अभी तक अपने हाथ से मेहनत-मजदूरी करते हैं। किसी पर निर्भर नहीं रहते। पहाड़ी हड्डी है, हाँ, पहाड़ी हड्डी!"

"स्वास्थ्य तो दरअसल आपका ईर्ष्या के योग्य है! दादा ने कहा।"

"और तो सभी ठीक है, तनिक आँखें कमजोर हो गयी है," तनिक उदासी के साथ चाचा बोले। "वर्ना मै तुम दोनों की वो सभी बातें समझ लेता जो आँखों के इशारे-ही-इशारे में तुम दोनों मेरे सामने कर गये और मैं देखकर भी ठीक से समझ न पाया!"

दादा 'होः होः' करके अट्टाहस कर उठे और प्रतिमा भी बिना खिलखिलाये नहीं रह पायी।

"वाह, चाचा, वाह! आपने कमाल कर दिया", एक और पूआ मूँह में डालते हुए दादा ने कहा। "इतना सब-कुछ भी आपने देख लिया, और कहते हैं कि आँखें कुछ कमजोर हो गयी हैं!"

"मैं बारीकी से उन इशारों पर ध्यान दे रहा था। अगर मेरी आँखें कमजोर न होतीं तो, मैं सच बताता हूँ, अभी तुम्हारे आगे हर इशारे का ठीक-ठीक अर्थ खोलकर रख देता। कुछ अर्थ मैंने अपने अन्दाज से लगाया भी है, जिसे तुम्हें बताऊँगा नहीं। हमने भी जीवन में बहुत इशारेबाजियाँ की हैं, बेटा मिलन! यकीन न हो तो अपनी चाची से पूछ लो।" अन्तिम वाक्य कहते हुए चाचा की आँखें और चेहरे की प्रत्येक रेखा से गरमागरम जलेबियों की तरह रस चूने लगा था। चाची घूँघट तनिक खींचकर मन्द-मधुर मुस्कराने लगीं। दादा और प्रतिमा तो हँसते-हँसते लोट-पोट होने की स्थिति में आ गये।

"ओफ्फोह!" दादा ने अपनी उसी हास्य विह्वलता की स्थिति में कहा। "चाचा, वास्तव

में आप धन्य हैं! इस उम्र में भी आप यह फन जानते हैं! एक बार अपने चरणों की धूल सिर पर रखने दीजिये!" कहकर दादा सचमुच उठ खड़े हुए और दोनों हाथों से चाचा के चरण छूकर, सिर पर उनकी धूल रखने का अभिनय करने लगे। उसके बाद लौटकर फिर अपनी जगह पर बैठ गये।

"अरे भाई, इस हँसी खेल में चाय ठण्डी हुई जा रही है, तनिक इसका भी ध्यान रखो," परम प्रेम से हँसते हुए चाचा बोले और स्वयं अपना प्याला उठाकर उन्होंने मुँह से लगा लिया।

बेटा बहू भी झ.पते हुए से मुस्करा रहे थे। जब लोग चाय पी चुके तब बहू धीरे से आगे बढ़ी और एक तश्तरी पर पड़े छोटे से चाकू से फल छीलने लगी।। बड़ी फुर्ती से पर बड़े कायदे से फलों को काटकर उसने पहले एक तश्तरी चुपचाप दादा की ओर बढ़ायी, दूसरी प्रतिमा की ओर। और बारी-बारी से सबकी ओर एक एक तश्तरी बढ़ाती रही। अन्त में दो तश्तरियाँ लेकर अपने पति के साथ बैठ गयी।

फलों में सेब, नाशपाती और आड़ू थे–पेड़ों में ताजा तुड़े हुए।

दादा ने कहा पहले आड़ू पर ही हाथ मारा। बोले : "इस सीजन में इतने बढ़िया तैयार आड़ू कहाँ से आ गये!"

"यह देखो दा–मिलन, तुमने फिर झगड़े की बात शुरू कर दी!"

"कैसे?" घबराकर दादा ने पूछा।

"जब तुम्हें इतना मालूम ही है कि मैं भी कुछ बाग-बगीचों का छोटा-मोटा मालिक हूँ, तब यह प्रश्न तुम्हारा बेकार हुआ कि नहीं कि ये आड़ू कहाँ से आ गये! अरे भाई, तुम चाचा की यह आदत भी अच्छी तरह जानते हो कि किसी दूसरे पर हम किसी भी चीज के लिए निर्भर नहीं रहते। इसके बाद फिर बहस की बात ही क्या रह जाती है?"

"आपने बिलकुल ठीक टोका, चाचा," एक दूसरा टुकड़ा आड़ू का सहज प्रेम से मुँह में डालते हुए दादा ने कहा। "मैं गलत बोल गया। बजाय इसके कि, 'इस सीजन में ऐसे बढ़िया आड़ू कहाँ से आ गये', मुझे इस तरह पूछना चाहिए था कि, 'आपने इस सीजन में इतने बढ़िया आड़ू कैसे उगा लिये?"

"वाह प्यारे, अब तुमने ढंग की बात की," कुछ उचकते हुए और दायें घुटने पर दायाँ हाथ पूरे ताल के साथ ठोकते हुए उत्साह से चाचा बोल उठे।

"पर मेरा मतलब बिलकुल यही था, चाचा, विश्वास मानिये," अत्यन्त शान्त भाव से मुस्कराते और फल खाते हुए दादा ने कहा।

"अपने मन के मतलब से कुछ नहीं होता, बेटा, इतनी बात इस बूढ़े की गठिया लो। इससे मित्रों में गलतफहमी फैलने से जो बहुत-सी बातों का नुकसान होता है वह तो होता ही है, कभी-कभी इससे बड़े जोखिम भी उठाने पड़ सकते हैं। अब यही मान लो कि तुमने अपने अनमनेपन में अपने किसी नये मित्र से (पुराना तो तुम्हारी आदतें जानता ही है) एक ऐसी बात कह दी जिसका मतलब तुम्हारे मन में कुछ और था और कह कुछ गये, जिसे सुनकर मित्र के दिल में सख्त चोट पहुँची, और मजा यह कि क्या कह गये यह

बाद में भी तुम्हें याद नहीं। इधर नये मित्र शिष्टाचारवश कुछ कहते नहीं, पर तुम्हारा एक नया ही रूप उनके सामने प्रत्यक्ष आ रहा है। अब न वह तुमसे कुछ कहते हैं (कहें भी क्या–जब एक-एक अक्षर साफ सुन रहे हैं) और न तुम्हें कभी अपनी सफाई देने का अवसर मिलता है। फल यह होता है कि नया मित्र तुम्हें तीन कौड़ी का मित्र ही नहीं, घोर शत्रु समझकर धीरे-धीरे (या जल्दी ही) सदा के लिए खिसक जाता है। और अब आप अपनी भूल की कोई कल्पना भी न कर सकने के कारण उलटे मन-ही-मन उस नये मित्र पर बड़ा-से-बड़ा दोष लगाने लगते हैं। यह तो एक ही दृष्टान्त हुआ। इससे भी विकट दृष्टान्त (जो सच और आँखों देखी है) सुना सकता हूँ। पर तुम जल्दी यहाँ आओ तो सही! अकेला पड़ा रहता हूँ। इसी तरह की बहुत-सी बातें दिमाग में उठती रहती हैं। बात करना चाहता हूँ। पर करूँ किससे? यहाँ रोटी के धन्धे से किसे फुरसत है? और मुझे ही कहाँ है! खैर मैं चाहूँ, तो भगवान् की कृपा से बिना काम किये भी मौज से आराम कर सकता हूँ। कभी-कभी इच्छा भी होती है। पर मैं फिर यह भी सोचता हूँ कि यहाँ आराम करना शुरू किया नहीं वहाँ फिर खटिया की ही एकमात्र शरण में चले जाना होगा। इसलिए मैं किसी-न-किसी काम में लगा ही रहता हूँ। और यह अच्छा भी बहुत लगता है। कभी आलू बोने और कभी खोदने में जुट जाता हूँ, कभी खेतों में नयी-नयी सब्जियाँ बोता हूँ, कभी तरह-तरह के देशी और विलायती फूल लगाता रहता हूँ, कभी अपने हाथ से तमाखू बोता हूँ। मतलब यह कि कभी कुछ और कभी कुछ लगा ही रहता है। पर इस बीच भी मैं बहुत-सी बातें सोचता रहता हूँ।"

"आपका तमाखू तो आज न पी सके, फिर पीयेंगे–"

"नहीं, ऐसा कैसे हो सकता है ! मैं बिना पिये जाने नहीं दूँगा मैं अभी लाता हूँ।" कहकर चाचा सबके रोकने पर भी नहीं रूके। पाँच मिनट बाद अपने हाथ से हुक्का उठाकर ले आये। और लाकर दादा के सामने रख दिया।

"पानी देख लो, ठीक है या नहीं?" चाचा ने कहा। सुगन्धित तम्बाकू की महक दिमाग तर कर रही थी। दादा ने एक कश खींचा।

"वाह, नायाब तम्बाकू है। ऐसा तम्बाकू बाजार में नहीं मिलता," दादा ने कहा।

"मिलेगा कैसे!" चाचा बोले। "इतनी मेहनत कोई क्यों करे, जबकि आसानी से मामूली तम्बाकू बिक जाता है। अपने हाथ से तम्बाकू की पत्तियाँ उगाता हूँ पत्तियों को सुखाता हूँ, बढ़िया शीरा तैयार करता हूँ, चुने हुए मसाले मिलाता हूँ और ताजा फूलों की खुशबू डालता हूँ। किसी भी चीज का मजा लेना है तो उसके लिए पूरी मेहनत भी करनी पड़ेगी!"

"बाबू का हुक्का जूठा कर दिया अम्माँ," बच्चे ने भाभी की गोद से उतरकर चाची के पास तक दौड़कर शिकायत की। सब लोग हँस पड़े।

"वह बाबू का हुक्का नहीं है। बाबू का हुक्का वह आ रहा है, देखो!" कहकर चाची ने सामने की ओर उँगली। सचमुच एक नौकर दूसरा हुक्का लेकर चला आ रहा था।

"अपना जूठा हुक्का किसी को देता नहीं, इसीलिए बच्चा शिकायत कर रहा है," चाचा ने स्थिति को स्पष्ट करते हुए कहा। "एक दिन हजरत खुद भी मेरा हुक्का जूठा

करने लगे थे–तब इन्हें डाँटा गया था। उस डाँट को यह अभी तक भूले नहीं।"

काफी देर तक आमने-सामने दो-दो हुक्के धुआँधार गुड़गुड़ाये जाते रहे।

प्रतिमा अब ऊबने लगी थी। दादा समझ गये और सहसा उठ खड़े हुए।

"बहुत-बहुत धन्यवाद, चाचा–आपकी चाय, पूए और हुक्के के लिए। अभी चलते हैं।"

"तब कल यहाँ आने की बात पक्की रही?" चाची ने प्रेम से मुस्कराते हुए पूछा।"

"बिलकुल पक्की। हम लोग कल ही सबेरे यहाँ सामान के साथ पहुँच जायेंगे।"

"कल की क्या बात है!" चाचा ने कहा। "मैं अभी आदमी भेजकर सामान मँगवाये देता हूँ। तुम लोगों को अब नीचे जाने की कोई जरूरत नहीं है।"

"नहीं चाचा, दो-एक कामों से होटल में जाना जरूरी है। कल निश्चय ही हम आ जायेंगे।"

"अच्छी बात है। जब जरूरी काम है तब फिर क्या बहस हो सकती है! बड़ी खुशी हुई तुम लोगों से अचानक मिलकर। शादी कब की तुमने? पहले कुछ बताया भी नहीं।"

"दादा क्षण-भर के लिए कुछ सकपकाये। फिर दूसरे ही क्षण सहज स्वर में बोल उठे : "शादी अभी हुई नहीं है, चाचा, पर जल्दी ही होगी। भला बिना आपको सूचित किये शादी कैसे हो सकती है।"

"यही तो मैंने कहा। मिलन जब इस उम्र में अपना बहुत दिनों का शौक पूरा कर रहा है, तब चाचा को बिना बुलाये ही यह सब कैसे कर लेगा। बड़ी खुशी हुई। बहू सचमुच लक्ष्मी है," कहकर चाचा ने स्नेह-भरी दृष्टि से प्रतिमा की ओर देखा। प्रतिमा कुछ झेंपती हुई-सी सिर नीचा किये रही। दादा पर मन-ही-मन उसे जैसे क्रोध आ रहा था।

दादा ने चाचा और चाची दोनों की ओर झुककर प्रणाम किया। प्रतिमा ने दोनों के चरण छुये। चाचा के बेटे और बहू ने दादा और प्रतिमा दोनों को श्रद्धा से प्रणाम किया। दादा ने एक बार बच्चे को बलपूर्वक गोद में उठाकर उसे चुमकारा। बच्चे ने तनिक ऊपर उछलकर उनकी पीठ पर लटके झोले को पकड़ते हुए पूछा : "इसमें क्या है?" दादा भूले हुए थे। उन्होंने बच्चे को नीचे रखकर तत्काल झोले में से कुछ बिस्कुट और मेवे निकालकर उसकी जेब में भर दिये और एक बार उसका मुँह चूमकर तब दोनों विदा हुए।

उस भाव-भीनी विदाई के बाद जब दादा और प्रतिमा काफी नीचे पुलिया के निकट, पहुँच गये, तब प्रतिमा सहसा शिकायत-भरे स्वर में बोल उठी : "तुमने यह क्या कह दिया चाचा से कि शादी जल्दी ही होगी?"

"तब क्या कहता, प्रतिमा? चाचा के आगे क्या झूठ बोलता?"

"पर तुमने बिना मुझसे पूछे यह कैसे मान लिया कि हम दोनों की शादी होगी ही?"

"तुमसे पूछने का अवसर मिलने के पहले ही स्थिति ऐसी आ गयी कि मुझे सच बात बतानी ही पड़ी। तुम्हारे मन में इस सम्बन्ध में आपत्ति की कोई बात उठ सकती है, इसकी

कोई कल्पना ही मेरे मन में नहीं थी।"

"आपत्ति की और कोई बात नहीं है, पर मुझे बड़ी शरम मालूम होती है, इस तरह की बातों से!"

"वाह, प्रतिमा, वाह!" कहकर दादा जी भरकर हँसे और फिर बोले : "तुमने तो पहाड़ की किसी नवेली, लजीली, देहाती बहू को भी मात दे दिया! शरम की बात खूब रही! मैं समझ नहीं पा रहा हूँ कि शरम की क्या बात हो सकती है इसमें?" अपने प्रश्न को तनिक गम्भीर रूप देते हुए दादा ने कहा।

"शरम की नहीं तो क्या यह भरम की बात है?" तनिक तीखी आवाज में प्रतिमा बोली। "इस उम्र में पब्लिक के बीच यदि हम लोग विवाह का आडम्बर रचेंगे तो वह तमाशा नहीं होगा तो क्या होगा? मैं इस तरह के तमाशे के लिए कतई तैयार नहीं हूँ।"

"शान्त! शान्त!" दादा ने ऊपर की ओर देखते हुए कहा। "वह देखो, आड़ू के पेड़ की दो डालों की घनी पत्तियों के बीच तोतों का एक जोड़ा कैसी मीठी कुलक के साथ एक-दूसरे को प्यार कर रहा है! उन्होंने भी शायद तुम्हारी बात सुन और समझ ली है और पब्लिक में नहीं, एकान्त में विवाह-संस्कार की रस्म-अदायगी कर रहे हैं।"

प्रतिमा ने उनकी दृष्टि का अनुसरण करते हुए ऊपर की ओर देखा। सच-मुच तोतों का एक युवा जोड़ा परस्पर प्यार जता रहा था। नर-तोता किलक-किलककर मादा तोते के मुँह के भीतर अपनी चोंच से फल-का एक टुकड़ा डाल रहा था। देखकर प्रतिमा मुस्करा उठी।

वे लोग अब पुल पार कर रहे थे। धूप चटकीली थी और मीठी लग रही थी। ऊपर आकाश में बहुत दूर मँडरानेवाली कोई चील इंजन की सीटी की तरह तीखे स्वर में एक लम्बी चीख मार रही थी। पुल के नीचे धूप में झिलमिलाती हुई जल-धारा के बीच चाँदी और पारे की दो-तीन धाराएँ, अलग-से, झल-झल झलक रही थीं। ऊपर कहीं सहसा विलम्बित धुन में बाँसुरी बज उठी और तभी चिड़िया भगानेवाले तीन-चार मजदूर, किसी संयोग से इकट्ठा होकर, कोरस में एक भावपूर्ण पहाड़ी राग में गाने लगे। बड़ी ही मीठी उदासी से भरा था वह राग। उसका एक अक्षर न समझने पर भी प्रतिमा को लग रहा था जैसे जनम-जनम से वह उसी एक राग को सुनने के लिए विकल होती हुई,युग-से-युगान्तर में भटकती चली आ रही थी। और आज पहली बार, न जाने निर्वासन की कितनी लम्बी अवधि के व्यवधान के बाद, वह उस अपूर्व-परिचित–किन्तु चिर-इच्छित राग को सहसा, बिना किसी पूर्व-सूचना के, सुन पायी है। उस दिन पहाड़ी मेले में भी उसने अनेक पहाड़ी राग सुने थे। वे सब भी उसे अच्छे लगे थे। पर आज के एकान्त मध्याह्न में, मन की विशेष स्थिति और बाहर के एक विशिष्ट परिवेश में जो राग वह इस समय सुन रही थी उसने जैसे मन के भीतर के भी भीतर बन्द एक अनदेखे अँधेरे कमरे से सारे दरवाजे, सारी खिड़कियाँ अचानक खोलकर, उसे न जाने किस विचित्र आयाम पर लाकर खड़ा कर दिया। जैसे किसी ने उसके सारे पिछले जीवन के अकारण और विशुद्ध आनन्द की अनुभूति के क्षणों को बटोरकर, उन्हें सहसा एकरूप कर दिया। और उन सब की

सम्मिलित प्रतिक्रिया ने एक बिलकुल नया और पूर्ण जीवन-दृश्य और उस दृश्य को देख सकने और अनुभव कर सकने की नयी दृष्टि भी जैसे उसे दे दी थी। वह जैसे चेतना के उसी रूप का प्रति-प्रसारण था जिसकी अनुभूति उसे चाचा के यहाँ पहुँचने के कुछ समय पूर्व हुई थी। वह पुलक-हर्षानुभूति उसे केवल एक क्षण के लिए हुई, पर उस एक क्षण ने जैसे उसके अन्तर के युगों का अन्धकार दूर कर दिया। अन्तश्चेतना की एक विशेष स्थिति की टकराहट बाहरी परिवेश की एक विशेष ही स्थिति से होने पर कभी-कभी मूल दृष्टि में ही एक महा-विप्लव मच जाता है। उसी क्षणिक अन्तर-क्रान्ति पर जिस-जिसकी भी आँखें जब-जब ठहर गयीं तब-तब उस अन्तरीण परमाणु-विस्फोट ने द्रष्टा का बेड़ा पार लगा दिया, कुछ ऐसा ही भान प्रतिमा को उस क्षण में हुआ।

क्षण को उस महा-चेतना से अभिभूति होकर वह धीरे-धीरे दादा के पीछे-पीछे आगे बढ़ती चली गयी। मन-ही-मन दादा की वही बात दुहरा रही थी : "ब्रुक्स में कम ऐन्ड ब्रुक्स मे गो, बट आई गो ऑन फॉर एवर।" क्षण का अनुभव अनन्त में और अनन्त का अनुभव क्षण में करानेवाली वह वैयक्तिक चेतना ही मूल जीवन धारा की एकमात्र उपलब्धि और सार्थकता है, वह सहज विश्वास उस समय उसकी रग-रग में समा गया।

वे लोग अब चढ़ाई में थे। धीरे-धीरे चलते हुए जब दोनों उसी झरने के पास पहुँचे जहाँ उन्होंने रात-भर का व्रत तोड़ा था तब दादा पीछे की ओर बिना देखे ही बोले : "आओ, चलते-चलते एक बार और यहाँ विश्राम लिया जायें।"

और तब दोनों झरने के किनारे-किनारे ऊपर चढ़ गये और फिर एक बार उन्हीं दो पत्थरों पर बैठ गये जहाँ पहले बैठ चुके थे। दोपहर की धूप और चढ़ाई पर चलने के श्रम के कारण दोनों के चेहरों पर बिन्दु-बिन्दु पसीना झलक रहा था। चारों ओर का वातावरण एकदम एकान्त था। एक चिरैया भी आसपास में नहीं थी।

अपने सुगन्धित रूमाल से प्रतिमा का और अपना पसीना पोंछने के बाद दादा बोले : "अब कहो, विवाह के सबन्ध में तुम्हें क्या कहना है। जो भी बात तय करनी हो उसे अन्तिम रूप अभी यहीं दे दिया जाये। इसी विशुद्ध रोमाण्टिक वातावरण में जीवन के एक घोर यथार्थ प्रश्न के आगे लगे हुए चिह्न को सदा के लिए मिटा दिया जाये। बोलो, तुमने क्या सोचा है? विवाह करना है या नहीं करना है? और यदि करना है तो किस रूप में, कब और कहाँ?"

प्रतिमा उस सीधे साफ प्रश्न के उत्तर के लिए तनिक भी तैयार नहीं थी। वह कुछ क्षणों तक अचकचायी दृष्टि से दादा की ओर देखती रही, जैसे उन्हीं से उसका उत्तर भी चाहती हो। फिर जमीन पर पड़े हुए एक पतली-सी काँटेदार टहनी से अविरत जल-प्रवाह के साथ खेलती हुई, नीचे की ओर मुँह करके दबी हुई आवाज में बोली : "तुम जैसा ठीक समझो। मैं क्या बताऊँ।"

उसका रूख दादा को जैसे कुछ पसन्द नहीं आया। केवल 'हुँह!' कहकर वह भी क्षण-भर के लिए चुप हो रहे। फिर अपनी मीठी खीझ को स्नेहपूर्ण मुस्कान में बदलते हुए उन्होंने शान्त भाव से कहा : "देखो प्रतिमा, इस प्रश्न से कतराने का कोई कारण मैं नहीं

देख रहा हूँ। हम दोनों इस सम्बन्ध में पूरी तरह से मुक्त हैं। इस मामले में न समाज के ही किसी दायित्व का कोई बन्धन हमारे ऊपर है, न अपने 'कान्शेन्स' का।"

प्रतिमा ने सहसा टहनी को दूर फेंककर, सीधी और सहज दृष्टि से दादा की ओर देखा।

"क्यों? क्यों नहीं हैं कोई बन्धन?" ऐसी जल्दी से उसने यह प्रश्न पूछा, जिससे साफ लगता था कि वह स्पष्टीकरण के लिए कितनी उत्सुक है।

"हम अपने भीतर सम्बन्ध के लिए समाज के प्रति दायी नहीं हो सकते–इसलिए कि हमें समाज ने उस सम्बन्ध में नहीं बाँधा है। वह हमारी निजी अनुभूति है। रही "कान्शेन्स' की बात। हम दोनों में से किसी भी 'कान्शेन्स' को किसी भी चुभन की अनुभूती इस सम्बन्ध से नहीं हुई है। अपनी सहज प्रेरणा से ही हम एक-दूसरे के निकट आये हैं। यह प्रश्न भी नहीं उठता कि तुम्हारा मेरे ऊपर विश्वास नहीं है या मेरा तुम्हारे ऊपर। मैंने तुम्हें बहकाया है या तुमने मुझे। जब इतनी सहज आन्तरिकता के साथ इस सम्बन्ध की स्थापना अपने-आप हुई है तब हम केवल एक-दूसरे के प्रति ही दायी हो सकते हैं, किसी बाहरी या भीतरी दबाव के प्रति नहीं। हम विवाह करें या न करें, गुप्त रूप से करें या सार्वजनिक घोषणा के साथ करें, इससे हम दोनों के मूलगत सम्बन्ध में तनिक भी अन्तर नहीं आ सकता। इसलिए हम दोनों को पूरी छूट है कि इस बारे में जो भी निर्णय लेना चाहें ले सकते हैं। तब इस प्रश्न से कतराना क्यों? खूब अच्छी तरह सोच लो। जैसा तुम चाहोगी वैसा ही होगा।"

प्रतिमा जैसे चैन की साँस लेती हुई अपने सहज रूप में आ गयी। सहज ही स्वर में बोली : "बात यह है, दादा, कि इस विषय पर मैं भी पिछले कुछ दिनों से अपने ढंग से सोच रही हूँ। मैं सोचती हूँ कि हम दोनों का सम्बन्ध कैसा ही अन्तरीण और अपने-आप में सुरक्षित क्यों न हो उसे एक संसार का रूप तो देना ही होगा। यह ठीक है कि सब-कुछ के बावजूद, हम लोग हैं तो इसी अनास्थावादी और अराजक युग के बुद्धिवादी और तार्किक मनुष्य। पर साथ ही यह भी सही है कि हम स्वतन्त्रचेता है और बौद्धिक क्रान्ति के नाम पर किसी भेड़ियाधसानी प्रवृत्ति को अपनाने के पक्ष में कतई नहीं हैं–"

भेड़ियाधसानी प्रवृत्ति से तुम्हारा आशय आज की किस विशेष प्रवृत्ति से है, मैं यह जानना चाहूँगा।"

"वही अनास्थावादी अराजकता, सभी मानवीय सम्बन्धों को नकारना, "रूमानियत' शब्द मात्र से चिढ़ना, स्वतन्त्रता और विद्रोह के नाम पर अधिक-से-अधिक उच्छृखंलता को अपनाने में एक-दूसरे से होड़ लगाना, सुन्दर और मांगलिक तत्त्वों को सबसे अधिक घृणित मानने का फैशन, यौन-सम्बन्ध को गन्दा-से-गन्दा रूप देने की प्रवृत्ति–यह सब निश्चित रूप से युग की भेड़ियाधसानी प्रवृत्ति है; किसी मौलिक क्रान्ति का लेशमात्र तत्त्व भी इसमें वर्तमान नहीं है।"

"ठीक है, मैं समझ गया। अब तुम आगे बढ़ो।"

"तो मैं कह रही थी कि हम स्वतन्त्रचेता है। रूमानी प्रवृत्ति को हम दोनों ही मनुष्य की सबसे अधिक उन्नत, सबसे अधिक विकसित और सबसे अधिक परिष्कृत

प्रवृत्ति मानते हैं। यदि आज के भेड़ियाधसानी पागलपन के बीच भी हमें किसी क्रान्ति का झण्डा उठाना ही होगा तो वह इसी रूमानी प्रवृत्ति के पुनर्जागरण से सम्बन्धित क्रान्ति होगी।–"

दादा बड़े ध्यान से प्रतिमा के मुख के बदलते हुए भावों पर गौर कर रहे थे। उसके चेहरे की अभिव्यक्ति में इस समय वह तीखापन, वही जोश झलक रहा था, जो यूनिवर्सिटी के दिनों के विद्रोही युग में उन्होंने देखा था।

"मुझे यह जानकर बड़ी प्रसन्नता हो रही है; प्रतिमा," दादा ने कहा, "कि तुम्हारी रोमाण्टिक चेतना इधर इस कदर तीखी और नुकीली हो उठी है। तुम रोमाण्टिक पुनर्जागण का झण्डा लिए चलोगी तो मैं उस जलूस में सबसे आगे रहूँगा।" एक हलका और मीठा-सा व्यंग्य दादा के ओठों के इर्द-गिर्द पकड़ने लगा था।

"नहीं, दादा, हँसी की बात नहीं है, मैं बड़ी गम्भीरता से आज यह बात कह रही हूँ। मुझे अब निश्चित रूप से लग रहा है कि मानवीय सभ्यता के विकास के दौरान सभी क्षेत्रों में जो बड़ी-बड़ी क्रान्तियाँ हुई हैं–चाहे वे धामिक हों या सांस्कृतिक, राजनीतिक हों या वैज्ञानिक–उन सबके मूल में रूमानी चेतना ही रही है। किसी भी तथ्यगत यथार्थ को सर्जनामूलक गति तभी दी जा सकती है जब उसके पीछे कोई मूलगत रूमानी चेतना हो। इससे बड़े भ्रम की बात और कोई नहीं हो सकती कि रूमानी चेतना यथार्थ को उसके असली रूप में न देखकर उस पर अपना झूठा रंग चढ़ा देती है मेरा तो यह अनुभव है कि तथ्यगत यथार्थ को अलगाव से देखने की निःसंग दृष्टि केवल रूमानी चेतना ही दे सकती है। इस चेतना का अपना कोई अलग रंग नहीं होता। यह केवल अन्तर्दृष्टि को उज्ज्वलतर प्रकाश देती है। मानवीय संवेदना केवल उसी युग में विकृत, बासी और जी उबानेवाली लगने लगती है जिस युग में रूमानी चेतना की हरदम ताजा प्रवृत्ति का ह्रास हो जाता है। तुमने उस दिन ठीक ही कहा था कि जिस युग में रूमानी चेतना की सबसे अधिक आवश्यकता थी, मानवता के दुर्भाग्य से उसी युग में उसका ह्रास सबसे अधिक हो रहा है। तब मैं ठीक से तुम्हारी बात का महत्त्व समझ नहीं पायी थीं। पर आज मुझे एक नहीं दो-दो बार जो इलहाम हुआ है उससे मेरे मन में यह धारणा पक्की तरह से जम गयी है कि आज दुनिया में रोमाण्टिक प्रवृत्ति का पुनर्जागरण अनिवार्य रूप से आवश्यक हो उठा है। उसके रिक्त स्थान की जो पूर्ति आज सर्वत्र विकृत राजनीतिक चेतना द्वारा हो रही है वही आज के युग का सबसे बड़ा अभिशाप सिद्ध हो रही है।"

"बड़ी ही मार्मिक बात कही तुमने, प्रतिमा," दादा ने कहा। "मुझे इस बात की बड़ी खुशी है कि तुमने मेरे प्रभाव से नहीं, स्वयं अपने अन्तर की गहराई में बरबस पैठे हुए अनुभव से यह सीखा है।"

"यह बात तो एकदम झूठ और गलत होगी, दादा, यदि मैं यह दावा करूँ कि मैंने केवल अपने अन्तर की गहराई में पैठकर ही यह अनुभव प्राप्त किया है और तुमसे कुछ नहीं सीखा है। यदि इस परिवेश में मैं तुम्हारे निकट सम्पर्क में न आयी होती तो अपने अन्तर में पैठने की प्रेरणा ही मुझे न होती।"

"पर मैं यह जानने के लिए बहुत अधीर हो रहा हूँ कि अन्तर का यह आकस्मिक अनुभव तुम्हें कहाँ और किस रूप में हुआ? इसके लिए चाचा ने प्रेरणा दी या चाची ने?" कहते हुए दादा के ओठों के नीचे दबा हुआ मीठा व्यंग्य फिर फड़कने लगा।

"जाओ, तुम्हें आत्मा के अतल से निकली हुई किसी गम्भीर बात में भी मजाक सूझता रहता है," कृत्रिम (और शायद कुछ-कुछ वास्तविक) क्रोध से आँखें तरेरती हुई प्रतिमा बोली।

"यह मजाक नहीं है, प्रतिमा," दादा इस बार वास्तव में गम्भीर थे। "सच मानो, इससे अधिक गम्भीरता से और कोई प्रश्न मैंने शायद ही कभी किसी से किया हो। इसलिए मेरा तुमसे अनुरोध है, प्लीज, मेरे प्रश्न को फिर एक बार ध्यान में रखकर, उसके भीतर निहित सभी बातों का उत्तर पूरी गम्भीरता से दो।"

"तुम्हारे 'प्लीज' शब्द की ध्वनि के बावजूद मैं तुम्हारे प्रश्न का उत्तर गम्भीरता से ही दूँगी। तो ध्यान से सुनो। पहले चाचा और चाची की ही बात से शुरू किया जाये," और सहसा प्रतिमा की सारी गम्भीरता विशुद्ध और अमिश्रित मुस्कान में बदल गयी। "अच्छा, एक बात है, दादा", उसी निश्छल प्रसन्न मुद्रा में वह बोली, "दोनों अपने-आप में बड़े ही दिलचस्प और अद्‌भुत कैरेक्टर हैं! मैं तो दंग रह गयी चाचा के छल-छिद्रहीन, विचित्र रूपों को देखकर। जब वह नंगे पाँव, गन्दे कपड़े पहनकर बाहर आये तब मैं समझी कि घर का कोई नौकर या मजदूर होगा। पर जब तुम दोनों की बातें सुनीं तब देखा कि यह तो मजदूर नहीं, पक्के सामन्त हैं! फिर उनकी बिगड़नेवाली मुद्रायें देखकर मेरी दिलचस्पी और बढ़ गयी। आनन्द तो तब पराकाष्ठा पर पहुँचा जब उन बूढ़े घाघ ने अपनी आँखें कमजोर बताकर हम लोगों की इशारेबाजियों को अपनी क्षीणदृष्टि के कारण न समझ पाने की बात बतायी! और उनका तेज-तर्रार बच्चा! अच्छा दादा क्या वह सचमुच उन्हीं का बच्चा है?"

दादा 'हाः हाः हाः!' करके इस बुरी तरह हँस उठे कि सँभलना ही मुश्किल हो गया। प्रतिमा भी खिलखिल करती हुई खुल पड़ी थी, पर दादा को हँसते-हँसते पीछे को लुढ़कते देखकर उसने घबराहट में सहसा उनका हाथ पकड़कर ऐसे झटके से खींच लिया कि उस खींच से दादा के ओंठ अनजाने उसके ओठों के निकट पहुँच गये। और फिर निर्लज्ज बुड्ढे-बुड्ढी ने उस संयोग का पूरा लाभ उठाया। बात-ही-बात में बात कहाँ-से-कहाँ पहुँच जाती है, दादा मन-ही-मन सोच रहे थे।

जब वह बचकाना पर्व समाप्त हुआ तब फिर दोनों अपने-अपने पत्थरों पर पहले की ही तरह जमकर बैठ गये।

"बच्चा चाचा ही का है, प्रतिमा। उसकी आकृति से ही पता लग जाता है। हाँ, तो फिर क्या हुआ?" रूमाल से अपनी आँखें पोछतें और बरबस फिर से फूटती हुई हँसी को दबाने का प्रयत्न करते हुए दादा बोले!

"चाची तो मुझे बहुत ही प्यारी लगीं। तन और मन दोनों से स्वस्थ। जैसी लाजवन्ती वैसी ही स्पष्टवादिनी। और बच्चा भी सुन्दर, स्वस्थ और बड़ा ही प्यारा था। बेटा-बहू बहुत ही सीधे-सादे। संस्कार पुराने और शोक नया। चाचा के यहाँ का सारा वातावरण एकदम

अपरिचित होने पर भी चिर-परिचित-सा लगा–जाने क्यों।"

"और 'इलहाम' की बात तो तुमने बतायी ही नहीं।"

'इलहाम' शब्द तो कुछ मजाक-सा लगने लगता है। पर मुझे रास्ते में चलते हुए एक बार जाते हुए और दूसरी बात लौटते हुए–सहसा कुछ ऐसा लगा जैसा मेरी चेतना के युगों से बन्द कमरे के दरवाजे और खिड़कियाँ सहसा हवा के जोर के झोंके से आर-पार खुल पड़े हैं। और तब मुझे लगा कि जो यथार्थ में देख रही हूँ वह तो अपने मूल रूप में–आकृति और प्रकृति में–बिलकुल वही है जिसे मैं रोज देखती आयी हूँ, पर उसे देखने का कोण एकदम बदल जाने से जैसे सब-कुछ बदल गया है। दृश्य वही, वातावरण प्रायः वही, बाहरी रूप-रेखा वही, मेरी आँखें वही, फिर भी, सब-कुछ जैसे मूलतः बदल गया है। और तब मैं समझी कि सब-कुछ वही होने पर भी, कोण बदल जाने से एक बड़ा भारी अन्तर यह आ गया कि जिस यथार्थ से मैं रक्त और मांस की तरह जुड़ी हुई थी उसने अपने बन्धन से मुझे मुक्त कर दिया और मैं सारे दृश्य को एक नये और उज्ज्वलतर प्रकाश में अलगाव के साथ देख सकने के लिए पूर्ण रूप से स्वतन्त्र हो गयी। उस दृष्टि ने केवल मुझे ही यथार्थ की जनम-जनम की ग्रन्थि से मुक्त नहीं किया, वरन् स्वयं उस यथार्थ को भी निखारकर उसे भी निर्बध छोड़ दिया। इसी दृष्टि को मैं रोमाण्टिक चेतना कहती हूँ, जो यर्थाथ के घिसे-पिटे, बहु-परिचित, उपेक्षित रूप को एक अपूर्व गरिमा, एक अछूता नयापन प्रदान करती है न कि उस पर कोई झूठी रंगीनी चढ़ाती है।"

"बात चली थी इस प्रश्न को लेकर कि हम दोनों के सम्बन्ध को कोई सांस्कारिक या सामाजिक रूप दिया जा सकता है या नहीं। पर बात बढ़ गयी रोमाण्टिक चेतना को लेकर। क्या हमारे सम्बन्ध को तुम किसी रूप में रोमाण्टिक चेतना के साथ जोड़ना चाहती हो या क्या आशय है तुम्हारा–मैं निश्चित और सुस्पष्ट शब्दों में जानना चाहूँगा।"

"मैं निश्चित रूप से यह चाहती हूँ कि हमारे इस आन्तरिक सम्बन्ध की बाहरी अभिव्यक्ति किसी रूमानी परिवेश के एकान्त में, रूमानियत की पूरी ताजगी के साथ होनी चाहिए।"

"जैसे?"

"जैसे एक बात यही हो सकती है कि जंगली फूलों और पत्तियों की एक-एक माला तैयार की जाये और जहाँ और जिस स्थिति में हम लोग बैठे हैं वहीं और उसी एकान्त स्थिति में हम दोनों एक-दूसरे की माला बदल लें। अपने गले की माला मैं तुम्हें पहनाऊँ और अपने गले की माला तुम मुझे पहनाओ। और उसी स्थिति में हम दोनों एक-दूसरे के गले में बाँहें डालकर इस नये ढंग के सांस्कारिक प्रयोग को पूर्णता प्रदान करें! तुम्हारी क्या राय है?"

दादा को प्रतिमा की मुद्रा से पता नहीं चल पा रहा था कि वह विनोद में बात कर रही है या गम्भीर रूप से।

"यदि तुम इस सम्बन्ध में 'अर्नेस्ट' हो तो मुझे इसमें क्या आपत्ति हो सकती है," उन्होंने कहा।

"मैं एकदम 'सीरियस' हूँ, दादा, सौ फीसदी" प्रतिमा बोली। "मेरा यह आग्रह है कि हम लोगों का विवाह-संस्कार नितान्त एकान्त में किसी झरने के तट पर ही हो। झरना मेरी रूमानी चेतना का स्थूल प्रतीक है।"

दादा ने देखा कि अपनी सहज मुस्कान में भी इस समय प्रतिमा गम्भीर ही थी। कुछ क्षणों तक वह चुप रहे, उसके बाद बोले : "तब यह तय रहा कि विवाह-संस्कार तो हम इसी झरने के एकान्त तट पर वनमालाओं की अदला-बदली के साथ सम्पन्न करेंगे और बाद में अपने मित्रों और परिचित व्यक्तियों को दावत देकर उस विवाह की सार्वजनिक घोषणा करेंगे। क्यों?"

"जैसा तुम ठीक समझो," तनिक उदासीनता से प्रतिमा ने कहा।

कुछ देर तक वहाँ और बैठकर दोनों उठे और फिर धीरे-धीरे होटल की ओर रवाना हो गये।

दूसरे दिन सर्पसिंह सबेरे ठीक समय पर पहुँच गया था। दादा और प्रतिमा पहले ही से तैयार थे। आवश्यक सामान बँधवाकर उसे सर्पसिंह हवाले कर दिया गया फिर दोनों धीरे-धीरे अपनी नयी मंजिल की ओर रवाना हो गये।

चाचा जहाँ रहते थे वहाँ से प्रायः एक फर्लांग ऊपर की ओर वह गेस्ट-हाउस था जहाँ दादा और प्रतिमा को ठहरना था।

चाचा ने पहले ही सभी कमरों की सफाई करवा दी थी। दो रहने के कमरे थे, एक रसोई-घर और एक छोटा-सा स्टोर-रूम था। गुसलखाना, बाहर एक कोने में, अलग बना हुआ था। बाथ-रूम और लैट्रिन एक-दूसरे से जुड़े हुए थे। बिजली की फिटिंग सभी कमरों और गुलसखाने में निर्दोष और पूरी थी। बँगले के साथ एक चौड़ा बरामदा जुड़ा हुआ था, जो बीच के दरवाजे की दोनों ओर शीशे की दीवार से घिरा था और उत्तर-पश्चिम की ओर खुला हुआ था। सामने, नीचे चौड़ी ढलानवाले दो पहाड़ बहुत नीचे तक फैले हुए थे और एक घाटी के रूप में एक-दूसरे से मिलने के लिए बहुत आतुर दिखायी दे रहे थे। दायें हाथवाले पहाड़ पर देवदारु, बाँज और सबसे नीचे चीड़ के पेड़ों की कतार-पर-कतार जैसे करीने से सजाकर लगा दी गयी थीं। बायीं ओर फलों से लदे पेड़ उन निष्फल पेड़ों पर जैसे मुस्करा रहे थे। दोनों पहाड़ों के विस्तार का जहाँ अन्त होता था, वहाँ बीचोबीच वही नदिया मन्द-मन्द बहती हुई चली जा रही थी जो रास्ते में दादा और प्रतिमा को मिली थी।

दादा और प्रतिमा बँगले के बाहर एक टीले पर खड़े चुपचाप वही दृश्य देखते रहे। सहसा दायीं ओर हाहाकार का-सा शब्द सुनायी दिया। दादा ने देखा, हवा का एक तेज झकोरा देवदारु के पेड़ों की कतार को झकझोर रहा था और साथ ही कुहरा पीछे की ओर से जैसे भागा-भागा चला जा रहा था। वह फैलता हुआ आगे को बढ़ा चला जा रहा था। देखते-देखते उस कुहरे ने सारी घाटी को अपने में लपेट लिए।

दोनों फिर बरामदे में लौट आये। वहाँ दो कुर्सियाँ पहले ही से पड़ी हुई थीं। उन्हीं

पर दोनों बैठ गये। चाचा का बड़ा लड़का श्याम एक नौकर के साथ चाय और नाश्ता ले आया। उसने पूछा कि वे लोग खाना कै बजे खायेंगे। दादा ने बता दिया कि वे लोग बारह और एक के बीच में खाना खाने के आदी हैं।

वे लोग चाय पी रहे थे कि नीचे से सर्पसिंह और देवसिंह आते दिखायी दिये। सर्पसिंह के सिर पर बिस्तर और बक्से बन्धे थे और देवसिंह दो बड़े-बड़े झोलों को कन्धे पर लटकाये और हाथ में एक बड़ी-सी डलिया लिए चला आ रहा था। जब दोनों बरामदे में आकर सामान उतार चुके तब दादा ने दोनों को चाय पिलायी और नाश्ता कराया। उसके बाद दोनों को सामान लगाने और सजाने के लिए भीतर भेज दिया।

चाय पी चुकने के बाद दोनों कुछ बोर-से होने लगे थे कि चाची दो और महिलाओं के साथ आ पहुँची। उनमें एक चौबीस-पचीस साल की युवती थी और दूसरी प्रौढ़ा। युवती हरे रंग की एक भड़कीली साड़ी और कुछ-कुछ पीले रंग के नये सैण्डल पहने थी। हाथों में कैरेट गोल्ड के पेंचदार कंगन कानों में पानीदार पत्थर जड़े दो झुमके नाच रहे थे। बड़ी ही खुशदिल लड़की लग रही थी। गालों के ऊपर की हड्डियाँ कुछ-कुछ उभरी हुई थीं। गोरे गालों की हलकी ललाई दो-तीन जगह जलने के-से दागों से कुछ काली पड़ गयी थी। प्रसन्न और मटकती हुई आँखों से स्नेह-रस जैसे बरबस चू रहा था।

प्रौढ़ा महिला तनिक घूँघट निकाले कुछ सिकुड़ी-सिमटी-सी एक किनारे खड़ी थीं। वह काले रंग के एक मैले से लहँगे के घेर को पीछे की ओर लपेटे थी और ऊपर हलके गुलाबी रंग का मैला-सा ओढ़ना ओढ़े थी, जो एक छोर पर बीच में कुछ फट गया था। कमर में बँधे हुए एक मैले कपड़े के भीतर एक हँसिया खुँसा हुआ था।

प्रतिमा ने भीतर से तीन कुर्सियाँ मँगवायीं। जब सब बैठ गये तब उसने चाची से दोनों का परिचय पूछा। पता चला कि युवती का नाम जीवन्ती है। नीचे प्रायः तीन मील दूर लड़कियों का एक विद्यालय है, वह वहीं पढ़ाती है। आज इतवार होने से छुट्टी मना रही है। पास ही रहती हैं और चाची से अक्सर मिलती रहती है। दादा को जानती है। प्रतिमा से मिलने चली आयी है। नये लोगों से मिलने का उसे बड़ा शौक है–चाचा ने अपनी रस-भरी आँखों के सरल कटाक्ष के साथ मन्द-मन्द मुस्कराते हुए बताया।

प्रौढ़ा महिला का परिचय देते हुए चाची ने बताया कि उसका नाम जानकी है। बड़ी कर्मठ औरत है, यद्यपि बड़े कष्टों का सामना उसे करना पड़ रहा है। पति की एक छोटी-सी दुकान थी, उससे घर का खर्चा किसी तरह चल जाता था। पर दुर्भाग्य से उसका दायाँ पाँव सीढ़ियों से नीचे गिर जाने के कारण टूट गया और बेकाम हो गया है। तीन साल हो चुके वह खटिया पर पड़ा ही रहता है। एक लड़का मिलिटरी में भरती हो गया है। छठे-छमाही सौ-पचास रुपया भेज देता है। एक लड़की को उसके पति ने छोड़ दिया है। वह अपने तीन बच्चों के साथ जानकी के ही पास रहती है। दो लड़कियाँ अभी अनब्याही पड़ी हुई हैं। छोटा लड़का आवारा हो गया है। न कुछ पढ़ता है, न कमाता है। पैसों के लिए माँ को परेशान किये रहता है। जानकी को अकेले अपने बूते सारे परिवारी का भार उठाना पड़ रहा है। सीढ़ी की तरह के तीन-चार छोटे-छोटे खेत हैं। उनमें आलू

और दूसरी सब्जियाँ उगाती है। कुछ बेचती है कुछ घरवालों को खिलाती है। एक भैंस, एक गाय और एक बकरी पाल रखी है। फलों के बाग-बगीचेवाले उसे अंचल में पशुपालन के लिए घास भी असानी से नहीं मिल पाती। दूर-दूर चढ़ाइयों और घाटियों में जाकर रोज घण्टों अपने ही हाथ से काटकर घास और लकड़ी बड़ी कठिनाई से जुटा पाती है। सबसे छोटी लड़की बहुत भली और समझदार है। माँ का कष्ट देखकर उसे बहुत कष्ट होता है और वह हर समय उसे सान्त्वना देती हुई कहती रहती है : "माँ, अब मैं पढ़-लिखकर कहीं मास्टरनी बन जाऊँगी, तब तुम्हारा सारा कष्ट दूर हो जायेगा।" पर दो साल हाईस्कूल में फेल होने के बाद अब बड़ी मुश्किल से इस साल पास हो गयी है। एक प्राथमिक विद्यालय में नौकरी मिलने की कुछ उम्मीद थी। पर अब यह कहा जा रहा है कि ट्रेनिंग कर लेने के बाद ही उसे नौकरी मिल सकेगी। ट्रेनिंग के लिए अर्जी दी थी। अब जवाब आ गया है। '–पुर' में ट्रेनिंग के लिए दो-एक जगहें अभी खाली हैं। बाकी सब भर गयी हैं। एक तो यही निश्चय नहीं कि भरती हो भी पायेगी या नहीं, दूसरे तत्काल वहाँ जाने का खर्चा और फिर अगर ट्रेनिंग में ले ली गयी तो नियमित माहवारी खर्चे की समस्या अलग (चाची के मुँह से 'समस्या' शब्द 'शुद्ध' रूप में निकलते देखकर प्रतिमान मन-ही-मन मुस्कराने लगी)।

यह सब-कुछ बता चुकने के बाद अन्त में चाची ने अपने सहज प्रसन्न भाव और बड़े ही मीठे कटाक्ष से दादा की ओर देखते हुए कहा : "यह तुमसे यह पूछने आयी है कि क्या तुम्हारी कोई जान-पहचान का आदमी '–पुर' में है जो इसकी भर्ती में मदद कर सके?"

दादा बीच-बीच में कनखियों से जानकी की ओर भी देखते जाते थे। वह अत्यन्त धैर्य और सहज प्रसन्नता के साथ सारी बातें सुन रही थी। जब चाची ने अन्तिम वाक्य कहा तब वह दादा की ओर एकटक देख रही थी।–जैसे दादा के मुख की एक-एक बारीक-से-बारीक मुद्रा पर गौर कर रही हो।

दादा कुछ देर तक सोचते रहे–शायद यह याद करने की कोशिश कर रहे थे कि उक्त स्थान में उनका परिचित कोई प्रभावशाली व्यक्ति है या नहीं। यदि है तो कौन हो सकता है? काफी देर तक याद करने पर भी उन्हें कोई नाम ही याद नहीं आया।

अत्यन्त निराश भाव से, धीरे से बोले : "किसी ऐसे आदमी का नाम तो मुझे याद नहीं आता–" और फिर दूसरे ही क्षण हर्ष से चिल्ला उठे : "है!! याद आ गया। मेरा एक प्रिय शिष्य है वहाँ। किसी कालेज में ही पढ़ाता है। छोटी-सी जगह है, इसलिए वहाँ सभी कालेजवाले उसे अच्छी तरह जानते होंगे। बड़ा ही विद्वान् और साधु व्यक्ति है–केवल उसकी इसी साधुता का ही मुझे डर है कि इस मामले में कितनी सहायता कर पायेगा, फिर भी वह पूरी कोशिश करेगा। मैं अभी एक चिट्ठी उसके नाम लिख देता हूँ।"

और दादा ने अपना पैड और कलम मँगाकर उसी क्षण एक पत्र घसीट दिया, जिसमें लड़की का नाम और उसकी सारी परिस्थितियाँ बताकर, उसके काम को अपना ही काम समझकर पूरी मदद देने के लिए लिख दिया। पत्र एक लिफाफे में बन्द करके, पता लिखकर, जानकी के हाथ यह समझाते हुए दे दिया कि बिटिया जब जाने लगे तब उसे

उनके शिष्य के हाथ स्वयं दे दे।

जानकी उम्र, स्वास्थ्य और ऊपरी आकृति में प्रायः चाची से मिलती-जुलती सी लगती थी। स्वास्थ और गोरे चेहरे पर वैसी ही कर्म-रेखाएँ वैसी ही बड़ी-बड़ी, स्नेह-भरी, रसीली आँखें; वैसा ही सरल, निश्छल कटाक्ष; वैसी ही तीखी नाक; काली भौंहों का वैसा ही आत्म-विश्वास-सूचक तनाव। अन्तर केवल इतना-सा था कि चाची की सम्पूर्ण आकृति में, सब-कुछ के बावजद, प्राचीन नागरिकता की छाप सुस्पष्ट दिखायी देती थी, जबकि जानकी के व्यक्तित्व में अ-नागरिकता खुलकर खेल रही थी। पर जैसी सहजता उसकी प्रत्येक अभिव्यक्ति में पायी जा रही थी वैसी चाची में नहीं।

जब दादा ने जानकी की ओर बन्द पत्र बढ़ाया, तब उसकी मुक्त प्रसन्नता, बड़े ही सहज रूप में, उसके कुछ बड़े से दाँतों के प्रदर्शन द्वारा फूट पड़ी।

"तब?" दादा ने जानकी की ओर देखकर , धीरे से पूछा। "क्या सोचा है आपने? उसके खर्चे का प्रबन्ध कैसे करेंगी?"

"जाने का खर्चा तो मैंने दे दिया है," चाची ने कहा। मैं इसे यों ही दे रही थी, पर इसने केवल कर्ज पर ही लेने की बात कही।"

"हूँ-ऊँ-" दादा ने कहा, और फिर दबी हुई-सी लम्बी साँस खींची। फिर बोले : "खैर, यह तो ठीक ही है, जैसे भी प्रबन्ध हुआ, हो तो गया! पर आगे क्या हो-गा?"

"सब हो जायेगा, भगवान ने चाहा तो" कनखियों से दादा की ओर देखते हुए, पूरे आत्मविश्वास के साथ जानकी ने कहा। "जहाँ इतना सब चल ही रहा है, वहाँ इसका भी बन्दोबस्त हो जायेगा।"

"इतना सब कैसे चल रहा है, यही तो समझ में नहीं आ पा रहा है," एक करुण-सी मुस्कान मुँह पर लाने का प्रयास करते हुए दादा बोले।

"चार छोटे-छोटे खेत हैं। दो खेतों में आलू बोती हूँ, एक में कभी मड़वा उगाती हूँ और कभी मक्का, और जो चौथा खेत है उसमें मौसमी सब्जियाँ उगाती हूँ। कुछ बेचती हूँ कुछ खाती-खिलाती हूँ। मकान से लगा हुआ अखरोट का एक बड़ा-सा पेड़ है, जिसमें दो-ढाई मन अखरोट हर साल निकल आते हैं, बहुत बढ़िया अखरोट हैं। दाँत से तनिक दबाने से ही भीतर का समूचा गूदा निकल आता है। पिछले साल के कुछ अखरोट अभी रखे हैं, आपको चखाऊँगी। दो-ढाई सौ रुपया उससे निकल आता है। आलू और दूसरी सब्जियाँ बेचने से भी इतना ही मिल जाता है। आप लोगों की किरपा से एक भैंस, एक गाय और एक बकरी पाल रखी है, जैसा कि अभी चाची जी ने आपको बताया, उनकी पूरी सेवा करती हूँ। भैंस दो सेर दूध सुबह और दो सेर शाम को देती है। पहाड़ी भैंस ज्यादा दूध नहीं देती। आधा दूध हाथों-हाथ बेच देती हूँ। साठ-सत्तर रूपया माहवार उससे मिल जाता है। आधा रख लेती हूँ-बुड्ढे लँगड़े और नाती-नातिनों के पीने के लिए-"

"बुड्ढा लँगड़ा कौन?" दादा ने बीच ही में टोकते हुए पूछा।

चाची मुस्कराने लगीं और जानकी तो कपड़ा मुँह में ठूँसती हुई प्रायः खिलखिला ही उठी।

दादा बिलकुल नहीं समझ पाये कि इसमें हँसने की क्या बात हो सकती है।

"मैं समझा नहीं", उन्होंने कहा।

"यह अपने 'दुलहा' को बूढ़ा लँगड़ा ही कहती है" चाची ने अपने अ-सम और कुछ मैले-से दाँतों को पूरी तरह दिखाते हुए कहा!

क्षण-भर सोचने के बाद दादा सहसा बोल उठे : "हाँ-हाँ, ठीक है, समझ गया।" वह जानकी के पति का पाँव टूटने की बात ही भूल गये थे। "हाँ, तब?"

चाची को लक्ष्य करती हुई-सी जानकी बोलीः "जो-कुछ थोड़ा-बहुत बच जाता है उसे एक ठेकी (काठ की हँडिया) में जमा करती चली जाती हूँ। जब काफी जमा हो जाता है तब उससे घी निकाल लेती हूँ। बुड्ढा लँगड़ा बिना छटाँक-भर शुद्ध घी के भात खा नहीं पाता। छटाँक-भर तो पूरा नहीं दे पाती हूँ–फिर भी काफी देती हूँ। लड़कियाँ भी शुद्ध घी की बड़ी शौकीन हैं। महीने भर का काम चल जाता है। गाय अभी गाभिन है। दो-चार दिन बाद बिया जायगी। तब आप लोगों को भी 'बिघौत' खिलाऊँगी–" कहती हुई जानकी बड़े ही सरस और सलज्ज भाव से मुस्कराने लगी।

" 'बिघौत' क्या?" कुतूहल से दादा ने पूछा।

चाची ने बताया : "गाय के 'ब्या' जाने के बाद कुछ दिनों तक उसके थनों से जो गाढ़ा दूध निकलता है उसे 'बिघौत' कहते हैं। उसे औटाकर, चीनी मिलाकर खाने से रबड़ी से भी अच्छी चीज बन जाती है।

"समझा, समझा! 'प्योसरी' कहते हैं उसे नीचे के लोग," सान्त्वना देने के-से स्वर में दादा बोले। "सुनी बहुत है इसकी तारीफ, पर कभी खाने को मिला नहीं। जरूर खिलाना। तब?" दादा को जानकी की बातों में एकदम नया रस मिल रहा था।

"बकरी का दूध घर की चाय में काम आ जाता है। हम पहाड़ी लोग चाय बहुत पीते हैं। बकरी के दूध की चाय बनती भी बहुत अच्छी है। वह जो बच्चे जनती है उन्हें बेच देती हूँ। सौ-डेढ़ सौ रुपया साल में उनसे मिल जाता है। इस तरह काम चलता रहता है। रुपया अक्सर कर्जा लेना पड़ता है, पर समय से पाई-पाई चुका देती हूँ–चाची सामने बैठी हैं, वह जानती है। इसलिए सोचती हूँ कि कुछ न हो पाया तो कर्जा लेकर भी चेली (बिटिया) को ट्रेनिंग कराऊँगी। बात सिरफ अटकी हुई है लड़की की भरती के बारे में। सो आपने चिट्ठी लिख दी है। अब मुझे पूरी उम्मीद है कि वह भरती हो जायेगी। भगवान् आपका भला करें," कहकर जानकी ने झुककर दादा को प्रणाम किया और उठने लगी।

"अभी कहाँ जा रही हैं आप? तनिक बैठिये।"

तनिक सकुचाती हुई-सी जानकी बैठ गयी।

"हूँ-ऊँ! तो ये हाल है!" दादा ने कहा। "पर आप हैं बड़ी हिम्मती औरत! क्यों चाची ठीक कह रहा हूँ कि नहीं?"

"बिलकुल ठीक कह रहे हो! बड़ी दमवाली औरत है यह। बज्जर की-सी छाती है इसकी!"

जानकी मुँह फेरकर मुस्कराने लगी।

इस बीच प्रतिमा 'बोर' होने लगी थी। उसने अलग से जीवन्ती से बातें करना शुरू कर दिया–कुछ दूर हटकर और धीमे स्वर में।

"सिरफ एक ही आदत इसकी बुरी है," चाची ने सहज भाव से कहा। "सब-कुछ अकेले अपने ही दम पर करना चाहती है। लड़कियों की आदत इसी ने बिगाड़ी है। लड़कियाँ अगर ठीक से इस काम में मदद दें तो इसे किसी भी बात की कोई कमी ही न रहे।"

"लड़कियाँ क्या मदद दे सकती हैं?" घूँघट के भीतर से तनिक मुँह बिचकाती हुई जानकी सहसा बोल उठी। "जितना कर रही हैं वही बहुत है। बड़ी लड़की अपने तीन बच्चों को देख लेती है, यही क्या कम है? जब घास काटने दूध दुहने था और किसी काम से बाहर चली जाती हूँ तब बुड्ढे की देख-रेख वही करती है। इससे बड़ी मदद मुझे वे क्या दे सकती है?"

"बुड्ढे लँगड़े के प्रति इसके मन में अभी तक वही ममता है बल्कि अब और बढ़ गयी है," चाची ने स्नेह-सने स्वर में 'ताना' कसते हुए कहा। उसके स्वर में तनिक विनोद का भी पुट था।

"ममता होगी क्यों नहीं," मुख पर आधी मुस्कान झलकाते हुए, दादा की ओर आधा घूँघट किये, चाची की ओर देखती हुई जानकी धीमे स्वर में तपाक से बोल उठी। "सोचने की बात है, बुड्ढा लँगड़ा हो गया है तो उसका क्या कसूर? बेचारा जब तक अच्छा रहा, दुकानदारी करके सारे घर का खर्चा चलाता रहा। कभी किसी बात का कोई कष्ट नहीं रहा। दुकान मामूली-सी थी। छिटपुट चीजें बेचता था–सिगरेट, माचिस, साबुन, मोमबत्ती, पाउडर, जूते का पालिस यही सब चीजें रखता था। आमदनी बहुत मामूली थी। पर काम तो, अपना चल जाता था। शाम को जब थका-सा लौटकर घर आता तब मैं एक गरम-गरम गिलास दूध का उसके हाथ में थमा देती। तब क्या कहता बुड्ढा? कहता : खेमा की अम्माँ, तुम बहुत थक गयी हो, और कभी तुम्हें मैंने दूध पीते भी नहीं देखा। देखो, कहना मान जाओ, यह दूध तुम पी लो। मैं अभी दुकान से चाय पीकर आया हूँ।"

दादा जानकी के आधे घूँघट की ओट से भी साफ देख रहे थे कि बुड्ढे की बात बताने में कितना रस स्वयं जानकी को मिल रहा था।

"पर मैं जिद करके पिलाती और कह देती कि मैं पी चुकी हूँ या फिर पी लूँगी। जब उसने देखा कि मैं दूध नहीं पीती, सिरफ एक प्याला चाय पी कर रह जाती हूँ, तब घर आते बखत वह बच्चों से चुराकर मेरे लिये कभी मलाई के लड्डू, कभी खजूर और कभी बालूशाही ले आता। कहता, बच्चों को मत देना, उनके लिए बिस्कुट लाया हूँ। मैं एक लड्डू उसके सामने ही अपने मुँह में डाल लेती, एक उसके मुँह में जबरदस्ती डालती और दो बच्चों के लिये बचा देती। आज लँगड़ा हो गया है बेचारा। लाचार है। इसलिए आज तो उसकी सेवा-टहल पहले से ज्यादा जरूरी हो गयी है। अब उसे मैं पहले से ज्यादा दूध

पिलाती हूँ। तंगी है, पर अब भी बीच-बीच में मिठाई मँगाकर उसे चुपचाप खिला देती हूँ। मलाई और घी में उसी का हिस्सा ज्यादा रखती हूँ। पड़-पड़ा बहुत दुःखी हो गया है बेचारा!" कहती हुई जानकी दो-दो बूँद आँसू बहाने लगी।

फिर अपने-आप बोल उठी : "ये सब करम के भोग हैं। मैंने अब उसके लिए रोना भी छोड़ दिया है। काम में रोने की भी फुर्सत कहाँ?" और आँखें पोंछकर फिर स्वाभाविक स्थिति में आ गयी।

कछ क्षण चुप रहकर दादा भाव-भीने स्वर में बोले : "आप बड़ी जवाँमर्द औरत हैं। दूसरा आपकी मदद कर भी क्या सकता है! फिर भी इस बीच जब कभी आपको रुपये-पैसे की जरूरत पड़े मुझसे अवश्य कहियेगा।"

"जरूर कहूँगी बाबू, तुमसे नहीं कहूँगी तो किससे कहूँगी। अभी भगवान ने मुझे इतनी सुविध दे रखी है कि मैं बखत से लोगों का कर्जा चुका सकती हूँ–" अभी उसकी आवाज में कुछ गीलापन शेष था।

"पर, कर्ज ही सही, मरे दिये हुए रुपयों को चुकाने में जल्दी कभी मत करना," दादा ने टोकते हुए कहा। "पाँच साल तक इतमीनान से चुकाती रहना। और पाँच साल के बाद भी चुकाना क्या जरूरी है?"

"नहीं चुकाऊँगी तो क्या परलोक में भी आपके ऋण का बोझ सिर पर उठाकर ले जाऊँगी?" घूँघट तनिक और लम्बा खींचकर नीचे की ओर मुँह किये जानकी तुरन्त ही कुछ तीखे स्वर में बोली। "इतनी नासमझ और निकम्मी औरत आप मुझे न समझें, बाबू! पिछले-जनम के करमों से जो कुछ भुगत रही हूँ वह आप सुन ही चुके हैं। इस जनम में मुझे वे सब पिछले करम काटने हैं–इतना मैं बिना किसी के बताये जान गयी हूँ इसलिए इस जनम में ऐसा कोई काम मैं कर सकती जिससे अगले जनम में मुझे भी लूली-लँगड़ी बनना पड़े। इस जनम में मेहनत-मजदूरी नहीं करूँगी तो अगले जनम में मैं भी निकम्मी हो जाऊँगी। मेहनत-मजदूरी करने में कोई दुःख भी नहीं है, बाबू! बल्कि उसमें एक नशे की तरह सुख मिलता है–उसमें सारा दुःख भूल जाता है आदमी–"

"कभी कोई नशा-पानी किया भी है आपने? माफ कीजियेगा, मैं हँसी में पूछ रहा हूँ।" दादा प्रश्न करते ही दूसरे ही क्षण सँभल गये थे।

जानकी ने घूँघट तनिक और खींच लिया और एक सांकेतिक मुस्कान से घूँघट के भीतर से ही चाची की ओर देखने लगी।

चाची भी संकेत समझकर मुस्करा उठीं। दादा से बोलीं : "हुक्का गुड़गुड़ाने का शौक इसने भी पाल लिया है।" और कहते ही मुक्त भाव से खिलखिला पड़ीं।

"बहुत ही अच्छा करती हैं आपा," जानकी को लक्ष्य करके दादा ने बिना तनिक भी मुस्कराये कहा। "तमाकू सबसे अच्छी चीज है। बहुत गुणकारी भी है। मैं तो इसे नशा मानता ही नहीं, पर नशा ही इसे मान, लिया जाये तो भी चाय से वह कई गुना बेहतर अमल है–"

चाची बोल उठीं : "जब बात ही खुल गयी है तब यह भी बता दूँ कि इसके पेट में

दर्द उठा करता था। कई इलाज किये अच्छा न हुआ। एक वैदी (वैद्य) ने बताया कि तम्बाकू पीने की आदत डालने से यह दर्द अच्छा हो जायेगा। इसे, जाने क्यों, यह बात जँच गयी। इसका बूढ़ा लँगड़ा तो तमाकू पीता ही था, इसलिए यह अमल आसान भी था। यह धीरे-धीरे पीना सीख गयी। पहले तो बच्चों और दुलहे से छिपा-छिपाकर पीती थी, पर बाद में सब को पता हो गया! पर आश्चर्य की बात यह हुई कि इसका दर्द सचमुच अच्छा हो गया! तब से आदत पड़ गयी है।"

"यह ठीक करती हैं। यह सचमुच इनके लिए दवा है," दादा ने अत्यन्त गम्भीर स्वर में, तनिक आवेश के साथ कहा। "तो मेहनत से आपको सुख मिलता है?" बात को आगे बढ़ाने के उद्‌देश्य से दादा ने पूछा।

"सुख की तो बाबू, बहुत चीजें हैं," घूँघट उसी तरह ताने और सिर उसी तरह नीचे, चाची के चरणों की ओर, किये–जानकी बोली। दादा, दंग थे उसके सहज, सलज्ज भाव के भीतर छिपी धृष्टता, आत्मविश्वास और–और सहज ज्ञान देखकर। वह स्तब्ध और चकित थे।

"अच्छा खाना खाने, अच्छा कपड़ा पहनने को मिले, उसमें भी सुख है," जानकी कहती चली गयी, "किसी का ब्याह रचाया जाये। अच्छा जमाई और अच्छी बहू मिल जाये, उसमें भी सुख है; किसी गरीब की मदद जी भरके की जा सके, उसमें भी सुख मिलता है। पर पूरी मेहनत करके बच्चों और अपाहिजों की सेवा कर सकने से जो सुख और सन्तोष मिलता है वह इन सबसे निराला होता है। तब लगता है कि भगवान तुम्हारे साथ हैं और तुम्हारे सभी कामों में हाथ बँटा रहे हैं। इसलिए मैं परिवार के सारे झंझटों के बीच रहने पर भी रत्ती-भर दुःखी नहीं हूँ।"

"बहुत ही खुशी हुई आपकी बातें सुनकर, आपकी समझ और हिम्मत देखकर। बीच-बीच में मिलते रहियेगा," दादा ने सहज आन्तरिकता से कहा।

जानकी उठ खड़ी हुई और सबकी ओर बड़े विनय से हाथ जोड़कर जाने लगी। चाची ने कहा : "मैं भी चलती हूँ।" दोनों की देखादेखी जीवन्ती भी उठ खड़ी हुई और फिर तीनों साथ-साथ चल दिये।

दोपहर को सबने चाचा के यहाँ जाकर खाना खाया। पहाड़ी व्यंजन बहुत अच्छे बने थे और दादा ने पेट भरकर खाया। प्रतिमा को पहाड़ी भोजन कुछ विशेष रुचा नहीं, फिर भी उसने कुछ चीजें बड़े चाव से खायीं। देवसिंह ने भी वहीं खाया। वापस जाते समय दादा ने बड़ी कठिनाई से चाचा को इस बात के लिए मनवा लिया कि रात में नये डेरे पर देवसिंह ही खाना बनायेगा। चाची-चाचा कुछ तकल्लुफ में पड़ रहे थे, पर दादा ने समझा दिया कि उनका प्रस्ताव दोनों के लिए सुविधाजनक और उचित है।

चाचा के यहाँ से वे लोग थोड़ी-सी चढ़ाई धीरे-धीरे पार करते हुए जब दरवाजे पर पहुँचे तब बाहर बरामदे में एक नारी की प्रेतात्मा देखकर दोनों चौंक-से उठे। एक नया-सा

सूटकेस भी नीचे पड़ा था। प्रतिमा तो इस कदर डर गयी थी कि उसका चेहरा सहसा एकदम पीला पड़ गया था। पर दादा केवल आधे क्षण के लिए भ्रम में पड़े होंगे। सहम वह भी गये थे, पर दूसरे कारण से–प्रेतात्मा के भय से नहीं। दूसरे ही क्षण उस छाया-मूर्ति के निकट जाकर दादा ने दबी हुई आवाज में, प्रायः फुसफुसाते हुए कहा : "लिली तुम! यह क्या हाल हो गया तुम्हारा?"

मैले कपड़े, सिर के बाल रूखे, बिखरे हुए और बेतरतीब ढंग से कुछ ऊपर को उठे हुए। उसके गालों का जो रंग कभी दादा ने ताजा और तैयार खूबानी की तरह सुर्ख-सुनहला देखा था वह इस समय बासी केले की तरह मुरझाया हुआ था। दोनों गाल पिचके हुए। धँसी हुई आँखों के नीचे झाँई। कातर आँखों की घबरायी हुई दृष्टि कभी स्तब्ध, कभी चंचल, कभी विस्मित, कभी विह्वल। निश्चय ही वह वह लिली नहीं थी, जिसके व्यक्तित्व की अछूती सी लगनेवाली ताजगी देखकर पन्द्रह-बीस दिन पहले दादा चकित रह गये।

दादा का संवेदना-भरा स्वर सुनते ही वह प्रेतात्मा सहसा आर्त्त स्वर में 'दादा!' कहकर उनके चरणों पर लोट पड़ी और बिलख-बिलख कर आँसुओं से उन्हें तर करने लगी।

"अरे, अरे, यह क्या करती हो, लिली," घबराकर दादा ने कहा। और फिर अपनी छड़ी एक कोने में रखकर दोनों हाथों से उसे ऊपर उठाने का प्रयत्न करते हुए बोले : "इस तरह घबराने से न तो तुमसे खुलकर बातें ही हो पायेंगी और न किसी समस्या का कोई हल ही निकल सकेगा। उठो, धीरज बाँधों और अपना हाल बताओ!"

पर वह किसी तरह उठती ही नहीं थी, केवल फफकती और हिचकियाँ भरती हुई आँसू गिराती जाती थी। बड़ी मुश्किल से दादा और प्रतिमा ने मिलकर उसे उठाया और कुर्सी पर बिठाया।

प्रतिमा अपने रूमाल से उसके आँसू पोंछने लगी, पर नये आँसू रूमाल को और अधिक गीला करते जाते थे। प्रायः दस मिनट तक वह बिना कुछ बोले उसी तरह फफकती रही। जब कुछ शान्त हुई तब दादा ने पूछा कि वह कब और किसके साथ आयी है।

"मैं स्टेशन से सीधे यहीं चली आ रही हूँ," हिचकियों के बीच लिली ने कहा। "स्टेशन में ही कुली ने आपका नया पता दिया था।"

"बहुत अच्छा किया तुमने। क्या अकेली आयी हो?"

सिर हिलाकर लिली ने हुँकारी भरी।

"माणिकलाल के ताजा समाचार कुछ मालूम हुए? दबी हुई आवाज में दादा ने पूछा।"

"चाचा आये हैं–उन्हें जमानत पर छुड़ाने की कोशिश करेंगे। मैं उन्हीं के साथ पुलिस हेडक्वार्टर्स तक आयी थी। चाचा वहीं रह गये हैं। मैं बस से सीधे यहीं चली आयी।" उसकी हिचकियाँ कम होती जा रही थीं।

हुम्!" कहकर दादा चुप हो गये। कुछ क्षणों तक वातावरण में श्मशान का-सा सन्नाटा छाया रहा। जब लिली कुछ स्थिर हो गयी तब दादा ने बहुत ही दबी आवाज में पूछा : "माणिकलाल से मिल पायी थीं?"

लिली ने सिर हिलाकर बताया कि नहीं मिल पायी। और फिर सहसा एकदम बदले

हुए, स्पष्ट और दृढ़ स्वर में बोल उठी : "मैं न उनसे मिलने आयी हूँ, न मिलूँगी।"

"क्यों?" चकित होकर दादा ने पूछा।

घृणा की एक गहरी रेखा लिली के नीले ओंठों के इर्द-गिर्द खिंच गयी। "जो व्यक्ति अपनी आत्मा के भीतर निरर्थक हत्या के बीज इतने दिनों तक इस तरह बेमालूम ढंग से छिपाये रख सकता है उस 'बीस्ट' के साथ मेरा कोई भी सम्बन्ध किसी भी रूप में नहीं रह सकता," भारी गले से जमे हुए स्वर में लिली बोली।

"इस समय तो वह अत्यन्त दयनीय स्थिति में है," दादा ने धीरे से कहा, "ऐसी स्थिति में तुम्हारा इस तरह सोचना क्या उचित है?"

"क्या उचित है और क्या अनुचित, इस बात का ठीक-ठीक लेखा-जोखा कर सकने की मानसिक स्थिति इस समय मेरी नहीं है," उसी दृढ़ता से, किन्तु भर्राई हुई आवाज में लिली बोली। बोलते हुए वह दादा की ओर देखती हुई वह केवल एक-चौथाई दृष्टि से दादा के साथ सम्पर्क स्थापित किये हुए थी।

फिर कुछ देर तक सन्नाटा छाया रहा। प्रतिमा स्तब्ध बैठी हुई थी और ठीक से कुछ समझ नहीं पा रही थी कि वह लड़की कौन हो सकती है और उसके उस विचित्र व्यवहार का क्या कारण हो सकता है।

तनिक गला खखारते हुए दादा बोले : "जो घातक भूल माणिकलाल किसी संयोग से कर बैठा है उसके लिए वह पूरी ईमानदारी से प्रायश्चित्त कर रहा है। वह भाग सकता था, पर उसने स्वेच्छा से आत्मसमर्पण किया है। क्या इस बात का कोई प्रभाव तुम्हारें मन पर नहीं पड़ रहा है?

"उसने शान्त भाव से और स्थिर चित्त से आत्मसमर्पण किया है यही इस बात का सुस्पष्ट प्रमाण है कि जो हत्या उसने की वह निरा संयोग नहीं था–खूब सोच-समझकर, एक निश्चित योजना के साथ, उसने यह हत्या की है। ऐसे पक्के और घुटे हुए हत्यारे के साथ मेरा कभी किसी प्रकार का सम्बन्ध रह चुका है, यह सोचकर मेरे सारे बदन में काँटे खड़े हो उठते हैं। इतनी बड़ी भूल मुझसे क्यों हुई, दादा, क्यों हुई?" और फिर एक बार वह आर्त्त स्वर में पूरे वेग से फफक उठी। अपने दोनों हाथों से उसने अपनी आँखे बंद कर लीं।

फिर सन्नाटा। वातावरण में एक ऐसी घुटन छा गयी थी कि लगता था जैसे किसी विषैली गैसी ने, सामनेवाले पहाड़ के कुहरे की तरह ही, सारे बरामदे को ढक लिये हो। लिली उसी स्वर और उसी मुद्रा में कहती चली गयी :

"कहता था, 'हम जल्दी ही शादी करके फॉरेन कण्ट्रीज में 'हनीमून' मनाने जायेंगे। लन्दन जायेंगे, पैरिस जायेंगे, रोम जायेंगे, स्विट्जरलैण्ड जायेंगे और वहाँ जगह-जगह तुम्हारे चित्रों की प्रदर्शनियाँ करवाऊँगा। डैम ब्रूट कहीं का! झूठा, धोखेबाज हत्यारा! मुझे कहीं का नहीं रखा उसने। स्वयं तो वह आत्मसमर्पण करके 'प्रायश्चित्त' का सन्तोष प्राप्त कर लेगा, पर मेरा क्या होगा? मैं कहाँ जाऊँगी? इस नीच पापी ने मुझे कहीं का रहीं रखा, दादा कहीं का नहीं!" और वह दहाड़ मारकर रोने लगी।

"शान्त हो जाओ, बिटिया, शान्त हो जाओ!" सान्त्वना के लिए और कोई शब्द ही दादा को नहीं मिल रहा था। प्रतिमा भी यन्त्र-परिचालित पुतली की तरह उसकी पीठ धीरे सहलाती हुई अस्फुट स्वर में कहती जाती थी : "धीरज से काम लो, बिटिया, घबराओ मत!" पर यह कहते हुए भी दोनों ही हैरान थे, यह सोचकर कि असली बात–जड़ की बात–क्या है।

दादा को परेशानी की उस हालत में जब कुछ न सूझा तब उन्होंने देवसिंह से कहकर एक गिलास झरने का ठण्डा पानी मँगाया, जो पहले ही से घड़े में भरकर रख लिया गया था।

पानी का गिलास आने पर दादा ने संकेत से प्रतिमा से कहा कि वह लड़की को पानी पिलावे। प्रतिमा ने लड़की के मुँह से गिलास लगा दिया।

"लो, एक घूँट ठण्डा पानी पी लो, बिटिया, और तनिक सुस्ता लो!" कहकर प्रतिमा ने थोड़ा-सा पानी जैसे बरबस उसके मुँह के भीतर डाल दिया। और आश्चर्य! बिटिया सचमुच गटागट सारा पानी एक ही साँस में पी गयी। न जाने कब की प्यासी थी वह! दादा ने अपनी सहज बुद्धि से ठीक ही अनुमान लगाया था। और, तारीफ की बात यह कि पानी पी चुकने पर उसका रोना अपने-आप बन्द हो गया!

दादा ने संकेत ही से देवसिंह से चाय बना लाने को कहा। देवसिंह भीतर चला गया और स्टोव जलाने लगा।

प्रतिमा ने अपने रूमाल से लिली की आँखें अच्छी तरह पोंछी और तब बड़े ही मीठे और साथ ही दर्द-भरे स्वर में कहा, "अब बताओ, बिटिया, अपना पूरा हाल, तब बातें ठीक-से समझ में आयेंगी। पहले यह बताओ कि माणिकलाल तुम्हारा क्या लगता है? उससे तुम्हारा क्या सम्बन्ध था? बिना यह बात विस्तार से जाने कोई तुम्हें क्या सान्त्वना या राय दे सकता है! हाँ, बताओ, तनिक भी संकोच मत करो। जब दादा को अपना आत्मीय मानकर तुम यहाँ आयी हो तब एक भी–बल्कि आधी भी–बात उनसे मत छिपाओ। हाँ, तो–"

पानी के असर से हो या और किसी कारण से, लड़की यथार्थ में काफी स्थिर हो गयी थी।

"बात यह है," उसकी आवाज अभी तक भर्राई हुई लगती थी, "कि माणिकलाल के बापू से मेरे बापू की गहरी दोस्ती थी। हम लोग भी दो पीढ़ियों से उत्तर प्रदेश में आकर बसे हुए हैं। हम दोनों परिवारों के बीच काफी घनिष्ठता हो गयी थी। मैंने माणिकलाल ही के यहाँ रहकर कानपुर में एम.ए. फाइनल तक पढ़ा और अब एक कला-केन्द्र में चित्रकारी सीख रही थी। माणिकलाल से प्रारम्भ से ही मैं हिल-मिल गयी थी। उसने आधुनिक साहित्य और कला पर बहुत-सी पुस्तकें पढ़ी हैं। उन्हीं के सम्बन्ध में वह बड़ी-बड़ी लच्छेदार बातें मुझे बताया करता था। और धीरे-धीरे हम दोनों के बीच घनिष्ठ सम्बन्ध स्थापित हो गया। इस सम्बन्ध को गुप्त रखने पर वह प्रारम्भ ही से बहुत जोर देता रहा। मैंन बार-बार कहा कि हमें अपने माँ-बाप से कहकर विवाह की तिथि जल्दी ही तय कर लेनी चाहिए। पर वह बराबर यही कहता चला गया कि इसके लिए अभी उपयुक्त समय नहीं आया है। उसने यह भी कहा कि हम लोग आधुनिक हैं, इसलिए, अपने विवाह के मामले में अपने 'घरवालों' की कोई राय लेने या उन्हें कोई बात बताने

की कोई आवश्यकता नहीं है। हम स्वतन्त्र हैं और अपनी सुविधा से शादी करेंगे–या नहीं करेंगे। मेरे बहुत जोर देने पर वह इस बात के लिए राजी हो गया था कि इसी वर्ष–भरसक जून में या फिर नवम्बर में–विवाह कर लेंगे। मैंने मई में ही विवाह कर लेने पर जोर दिया, ताकि हम लोग इसी या और किसी दूसरे पहाड़ में हनीमून मना सकें। उसने कहा कि हम लोग किसी फॉरेन कण्ट्री में हनीमून मनायेंगे और इसके लिए कुछ समय चाहिए। पहले ऑर्चर्ड्स सम्बन्धी व्यवसाय को समझकर उसे जमा लिये जाये, तब फिर इतमीनान से चलेंगे। हम लोग मई के प्रारम्भ में ही यहाँ आ गये थे। करीब डेढ़ महीना बीत चुकने के बाद मुझे एक बात का शक होने लगा। असल में मुझे यहाँ आने के पहले से ही कुछ-कुछ सन्देह होने लगा था; इसीलिए शादी जून ही में करने पर मैं जोर दे रही थी। मैं डाक्टरी जाँच कराने के लिए कानपुर चली गयी। और वहाँ पता चला कि मैं–मैं–" और वह फिर फूट-फूटकर रोने लगी। प्रतिमा की गोद में अपना मुँह छिपाकर फफकती हुई कहने लगी : "मैं कहीं की नहीं रही, दीदी, कहीं की नहीं,!"

प्रतिमा बुरी तरह घबरा उठी थी–और दादा का भी वही हाल था। प्रतिमा समझ नहीं पा रही थी कि वह क्या कहकर उस भोली और दुनिया के छल-छिद्रों के प्रथम अनुभव से त्रस्त लड़की को किन शब्दों में सान्त्वना दे। वह उसकी पीठ सहलाती जाती थी और केवल इतना ही कहती जाती थी कि "चिन्ता न करो, बिटिया, सब ठीक हो जायेगा! सब ठीक जो जायेगा!" पर इतनी दूर तक उलझी हुई स्थिति कैसे सुलझेगी, सब-कुछ ठीक कैसे हो जायेगा, इसकी कल्पना भी उसे भयावह मालूम हो रही थी।

अन्त में उसने साहस करके पूछा : "डॉक्टरनी ने क्या कहा? कै महीने हो चुके बताया?"

"ढाई–पूरे ढाई महीने, दीदी, पूरे ढाई! अब क्या होगा? अब मैं कहाँ जाऊँ! कौन इस अभागिनी को शरण देगा? कैसे मैं बा और बापू को यह बताऊँ कि इस कलंकिनी के पेट में एक हत्यारे के सम्पर्क से–! ओ दीदी, दीदी, क्या होगा।" और फिर उसने अधकटी गर्दनवाले बकरे की तरह बिलबिलाना शुरू कर दिया।

"विचू-चू! विचू-चू!" सामने हरे-हरे सेबों से लदे एक पेड़ से कोई चिड़िया जैसे किसी को मुँह चिढ़ा रही थी। उस चिड़िया की आवाज के अतिरिक्त और कोई शब्द कहीं नहीं सुनायी दे रहा था। चारों ओर सन्नाटे का जाल बिछा हुआ था, जिसे सैकड़ों–बल्कि हजारों–झींगुर निरन्तर कुतरते चले जाने का प्रयास कर रह थे। पहाड़ के छिट-पुट स्थानों से उठता हुआ कुहरा बहुत प्रयत्न करने पर भी धूप को ढक नहीं पा रहा था। इधर ढँकता था तो उधर से पर्दा फाड़कर धूप निकल आती थी और उधर ढँकता था तो इधर से फट पड़ती थी। भरी दुपहरी में धूप और कुहरे की वह आँख-मिचौनी, एक असहाय लड़की की बिलबिलाहट के बीच, आधी रात के दुःस्वप्न की तरह लग रही थी। दादा दोनों हाथों से छड़ी को फर्श पर टिकाकर उस पर अपनी ठुड्डी टेककर, कभी आँख-मिचौनी का वह दृश्य देखते थे और कभी फर्श की ओर मुँह करके चुपचाप आँखें मूँद लेते थे।

दादा को भी परास्त देखकर प्रतिमा का साहस पूरी शक्ति से उभर आया। असमंजस का मनोभाव त्यागकर उसने सुदृढ़, निश्चित और सुस्पष्ट स्वर में कहा : "बिटिया, स्थिति

अभी उस हद तक नाजुक नहीं हो उठी है जिस हद तक तुम समझे बैठी हो। जो होना था वह हो चुका, नियति का जो भोग तुम्हें भोगना था उसे भोग चुकी हो। अब छाती को वज्र की तरह मजबूत बना लो और कमर कसकर उठ बैठो। आगे भी यदि कुछ भोगना शेष है तो उसका सामना करने के लिए भी साहस बटोर लो। इस तरह हार मानकर बैठ जाने से किसी भी समस्या का कोई हल नहीं निकल सकेगा। चाय आ रही है। उठो, चाय पीकर तनिक सुस्ताओ। तभी कोई उपाय सोचा जा सकेगा। उठो, देर न करो!"

लिली कुछ क्षणों तक सुनी-अनुसुनी करती रही, पर प्रतिमा के बार-बार उसकाने पर धीरे से उठ बैठी।

देवसिंह एक ट्रे में चाय, बिस्कुट, पापड़ आदि चीजें ले आया। प्रतिमा ने तीन प्यालों में चाय बनायी। एक प्याला लिली की ओर बढ़ाकर, एक दादा को दिया और एक स्वयं लिया। बिस्कुट और पापड़ की तश्तरियाँ लिली की ओर बढ़ा दीं। लिली ने आँखें बिना पोंछे ही चाय धीरे-धीरे पीना शुरू कर दिया। खाने की चीजों के प्रति उसने अनिच्छा जतायी, पर प्रतिमा ने एक बिस्कुट उसके मुँह में बरबस ठूँसकर उसे खाने को बाध्य किया। बार-बार आग्रह करने पर उसने तीन बिस्कुट और दो पापड़ लिये। स्पष्ट ही वह भूखी लगती थी। प्रतिमा ने उसके प्याले में दुबारा चाय उँड़ेल दी।

जब वे लोग चाय पी चुके तब देवसिंह एक प्लेट में ताजा फल ले आया। लिली ने प्रतिमा के बहुत आग्रह करने पर एक सेब उठाया और उसे धीरे-धीरे कुतरने लगी।

प्रतिमा ने देखा कि वातावरण में कुछ स्थिरता आयी है। उसने अवसर देखकर दादा को जैसे सोते से जगाया। बोली : "दादा, हम तीनों में इस समय आप ही सयाने हैं। अब इस नाजुक समस्या का कोई हल तुम्हीं सोचकर निकालो। तुम सुन तो सब-कुछ चुके हो। अब बताओ कि ऐसी स्थिति में लिली क्या करे?"

दादा सोने की-सी स्थिति से कुछ अवश्य उबरे, पर अब वह जैसे ऊँधने लगे। कुछ क्षणों तक मौन साधकर धीरे से बहुत ही दबी और कुछ-कुछ अस्पष्ट-सी आवाज में प्रतिमा की ओर देखते हुए बोले : "मैं तो लिली के लिए सबसे पहली आवश्यकता इस बात की समझता हूँ कि ऐसी परिस्थिति में वह जल्दबाजी के साथ न तो कोई बात सोचे न कोई काम करे। जैसा कि तुमने कहा, इस समय इसे अपना मन वज्र से भी कड़ा कर लेना होगा। और फिर उसके बाद यथार्थ को उसके सीधे और सच्चे रूप में देखकर, उस पर अत्यन्त धैर्य के साथ, यथार्थ की दृष्टि से विचार करना होगा कि कैसे उस सारी भीतरी और बाहरी कटुता का सामना किया जा सकता है–"

"यह तो तुमने ठीक ही बात कही," दादा की 'एब्सट्रेक्स'-सी बातों से तनिक खीझकर प्रतिमा ने कुछ निरपेक्ष स्वर में कहा। "पर जो सबसे विकट और सबसे प्रत्यक्ष यथार्थ है–ढाई मास का गर्भ–उसका क्या उपाय तुमने सोचा?"

इस सीधे और तीखे प्रश्न से दादा क्षण-भर के लिए कुछ कतराये। पर फिर तुरन्त

ही बड़े ही सुस्पष्ट और निश्चित स्वर में, फर्श पर छड़ी की नोक से खेलते हुए धीरे-से बोले : "स्पष्ट ही इस समस्या के हल के दो ही विकल्प हैं–(प्रतिमा यह सोचकर मन-ही-मन कुछ खीझ रही थी कि ऐसी विकट विपत्ति की स्थिति में भी दादा अध्यापकीय भाषा को नहीं भूल पा रहे हैं।) या तो पेट गिरा दिया जाये (कहते हुए दादा तनिक झेंप-से रहे थे) या फिर पूरे साहस के साथ उस गर्भ को स्वीकार किया जाये जिसका वरण (अज्ञात में ही सही) इतने प्रेम से, इतने आग्रह से किया गया है–"

"मैं कभी इसे स्वीकार नहीं करूँगी–कभी नहीं?' हिस्टीरिया के 'फिट' के-से आवेग के साथ चीख मारती हुई लिली बोली। "एक धोखेबाज हत्यारे की सन्तान को मैं अपने गर्भ में कभी जिन्दा नहीं रहने दूँगी। मैं अपने हाथ से अपने पेट में चाकू मारकर उसे चीर डालूँगी और स्वयं अपने ही हाथों से उसे पूरे-का-पूरा उपाड़कर, उसका एक-एक अंग काटकर, एक-एक अंग के टुकड़ों के बचे हुए छोटे-छोटे अंशों को उसी चाकू से खुरच-खुरचकर मैं अपना सारा मैल धो डालूँगी। तभी मुझे शान्ति मिलेगी!" उसकी एक-एक मुद्रा से बदलता हुआ भाव जीवन्त और जाग्रत रूप में व्यक्त हो रहा था।

यह पता किसको था, दादा सोच रहे थे–कि उस आर्टिस्ट लड़की को एक दिन अपने ही जीवन की सबसे बड़ी ट्रेजिडी में स्वयं ही अभिनेत्री की भूमिका अदा करनी होगी?

चिल्लाहट सुनकर देवसिंह भी बाहर दौड़ा आया था। प्रतिमा को लगा जैसे हार्ट फेल हो जायेगा। चारों ओर की एकान्त शान्ति और स्तब्ध सन्नाटे को चीरकर अरण्य में गूँजनेवाली उस अद्भुत और असाधारण चीख को उस क्षण संसार में केवल तीन ही मानव-प्राणी सुन रहे थे–दादा, प्रतिमा और देवसिंह। जब लिली का आवेग थमा तब भी दादा कुछ क्षणों तक चुप रहे। फिर अत्यन्त शान्त भाव से बोलेः "तुमने ठीक ही कहा है। तुम अपनी वर्तमान परिस्थितियों में भ्रूण-हत्या करने के लिए स्वतन्त्र हो–यदि तुम्हारा 'कान्शेन्स' तुम्हें अनुमति देता हो तो। पर आत्महत्या के लिए तुम्हें तनिक भी छूट नहीं है। आत्महत्या हत्या का ही एक विशेष रूप है, इतना तुम्हें समझ लेना चाहिए। आत्महत्या करके तुम एक व्यक्ति-विशेष की हत्या तो करती हो, भले ही वह विशेष व्यक्ति तुम स्वयं ही क्यों न होओ? जब तुम यह मानती हो कि हत्या के लिए कोई व्यक्ति स्वतन्त्र नहीं है (तुम मानती हो, यह मैं जानता हूँ) तब यह क्यों नहीं सोचतीं कि उसी प्रकार आत्महत्या के लिए भी वह स्वतन्त्र नहीं है? कहने का आशय यह कि आत्महत्या धार्मिक, दार्शनिक, नैतिक, सामाजिक और वैयक्तिक यथार्थ की सभी दृष्टियों से अत्यन्त जघन्य और निन्दनीय है। तुम एक होनहार आर्टिस्ट हो और तुम्हारी रुचि स्पष्ट ही बौद्धिक है। इसलिए मैं जो कुछ मानता या समझता हूँ उसे पूरी ईमानदारी से नये बुद्धिवादियों की भाषा में समझाने और उस पर बल देने की कोशिश कर रहा हूँ–"

"भ्रूण-हत्या मैं निश्चय ही करूँगी। मेरा "कान्शेन्स' इसके लिए कभी नहीं रोकेगा मुझे," पूरे आत्म-विश्वास के साथ लिली ने कहा।

"ठीक है," दादा उसी धीरता और शान्त भाव से बोले। "पर भ्रूण हत्या के भी दो तरीके हैं। पहला है आत्महत्या द्वारा भ्रूण-हत्या, जो दुहरी हत्या के बराबर है–डबल मर्डर! और दूसरा

है डॉक्टरी दवाओं के सहारे भ्रूण-हत्या। एक तीसरा उपाय भी है–आपरेशन द्वारा। इन तीनों में अपेक्षाकृत मानवीय उपाय है डॉक्टरी दवाओं की मदद से गर्भ-मुक्ति। पर इस समस्या का सर्वोत्तम, सबसे अधिक ईमानदारी का हल वही है, जिसकी चर्चा मात्र से तुम अभी चिल्ला उठी थीं। अर्थात् नियति को यथारूप स्वीकार करते हुए गर्भ की पूर्ण सुरक्षा।"

"आपको क्या हो गया है, दादा?" उसी आवेग से, पर पहले से कुछ कम तीखेपन के साथ, चिल्लाती हुई लिली बोल उठी। "सब-कुछ जानते, देखते और सुनते हुए भी आप मुझ गर्भ की पूर्ण सुरक्षा की राय दे रहे हैं–उस गर्भ की जिसमें एक धोखेबाज हत्यारे के बीज से अंकुर फूट निकला है!" कहती हुई वह आँखें फाड़-फाड़कर, विभ्रान्त दृष्टि से दादा की ओर देख रही थी।

"देखो लिली, चिल्लाने से कोई समस्या नहीं सुलझ सकती," दादा इस बार लिली की ओर पूरी दृष्टि से देखते हुए, पहले से भी शान्त, संयम और धीमे स्वर में बोले। ठण्डे दिमाग से सारी बातों पर विचार किये बिना काम नहीं चलेगा। मेरी पूरी बात सुन लो और सभी पहलुओं से उन पर विचार कर लो। उसके बाद तुम जैसा उचित समझोगी वैसा करने के लिए स्वतन्त्र हो–"

दादा ने देखा, उनके शान्त, धीर और गम्भीर स्वर का जादू काम करने लगा है। लिली की भ्रान्त दृष्टि में अब एक प्रकार की संयत उत्सुकता का-सा भाव दिखायी देने लगा था।

"मैं यह कहना चाहता था," दादा कहते चले गये, "कि नियति ने तुम्हारे नवयौवन की पहली ही रंगीनी की पूर्ण अतृप्ति के बीच ही जो वज्र अभिशाप तुम्हें दे डाला है, उसे पूरे साहस के साथ यथारूप स्वीकार कने में ही तुम्हारा बड़प्पन है–" लिली फिर भड़क उठने के आसार दिखाने लगी थी, पर दादा बीच में ही बोल उठे : "मेरी बात पूरी सुन लो, तब तुम जी खोलकर अपनी प्रतिक्रिया की लगाम ढीली करना। मैं यह कह रहा था कि इसमें केवल तुम्हारा गौरव ही नहीं है, इसमें शैतान की शक्तियों पर मानवीय संवेदना की पूर्ण विजय भी निहित है। और विश्वास मानो, नियति के इस रूप को स्वीकार करना भी एक प्रकार का विद्रोह ही है–समाज और संसार की संकुचित और अनुदार दृष्टि के प्रति एक शालीन और स्वस्थ, मानवोचित विद्रोह। क्योंकि इस गर्भ की सुरक्षा से तुम्हें समाज के कुटिल व्यंग्य और उपहास का सामना साहस के साथ करना पड़ेगा। और तुम्हारी भूल का उचित प्रायश्चित्त भी यही होगा–"

"अपनी इस भूल में मेरा दोष नहीं है,"अत्यन्त रूखे और कड़े स्वर में लिली बोल उठी। "मेरी अनभिज्ञता और अनुभवहीनता के कारण जो विकट दण्ड नियति मुझे देना चाहती है, उसे सहज ही स्वीकार कर लेना क्या कायरता नहीं होगी?"

एक म्लान और करुण मुस्कान दादा के चेहरे पर बरबस उभर उठी। भाव-भीने स्वर में बोले : "कानून के विधायक कहा करते हैं कि कानून से अनभिज्ञ होना उसके उचित और निर्धारित दण्ड से बरी होने का कोई बहाना नहीं हो सकता। नियति भी ठीक उसी तरह की निर्मम और निरपेक्ष शासिका है। किसी भी अपराध के लिए उसके पास क्षमा

नहीं है, फिर वह अपराध चाहे जान-बूझकर किया गया हो या अनजाने। और सच बात यह है कि नियति भी नहीं मानती कि कोई व्यक्ति–वह चाहे बच्चा ही क्यों न हो–अनजाने कोई अपराध करता है। जन्म-जन्म के अनुभवों से, काल और कर्म की गति से, जो संस्कार व्यक्ति की चेतना में घर करते जाते हैं, वे ही अज्ञात रूप से उसके अच्छे या बुरे कर्मों के लिए दायी होते हैं। ऐसी स्थिति में नियति जो दण्ड देती है उसे उसी रूप में, बिना किसी शिकायत के, स्वीकार कर लेने में ही कल्याण है। जन्म-जन्म के जड़ और अन्ध संस्कार तभी धीरे-धीरे कटते हैं। उस दण्ड से भागने का अर्थ है गुरुतर दण्ड का भागी बनना। आत्महत्या भगाने का सबसे आसान तरीका है। पर यह आसान तरीका कितना विसंगत है, तनिक बारीकी से विचार करो। विशेष करके जो आत्महत्या किसी दण्ड से भागने के लिए की जाती है, वह 'कान्शेन्स' के भार को और अधिक असहनीय, उसकी जटिल ग्रन्थियों को और अधिक कुटिल बना देती है। मूढ़ संस्कारों की परम्परा उससे किसी प्रकार भी नहीं कट सकती। यदि कोई व्यक्ति सम्यक् आत्मबोध और स्वस्थ विवेक से काल और कर्म की गति को छिन्न करके, केवल मौज के लिए, आत्मानन्द के लिए आत्महत्या करता है, तो मैं उसे उसके लिए स्वतन्त्र और अधिकारी मानता हूँ। पर दण्ड से भागने के लिए आत्महत्या करना केवल जीवन के प्रति ही विद्रोह नहीं है, वह विशुद्ध आत्म-द्रोह है, जिसके लिए नियति के पास कोई क्षमा नहीं है।"

"ओह दादा, आप बड़े ही निष्ठुर हैं!" निपट हताश भाव से लिली ने कहा। "अपने जीवन के महा-संकट और विकट उलझन की स्थिति में मैंने मुक्ति का जो एकमात्र पथ खोज निकाला था उसे आप अपने विचित्र तर्क-जाल से एकदम मिटाये दे रहे हैं! तब क्या होगा मेरा? कोई उपाय नहीं है मेरे उद्धार का, कोई नहीं! उफ! उफ!" और वह अपने दोनों हाथों से अपने बिखरे हुए बालों को पकड़कर दाँत पीसती हुई रह गयी।

लिली की पहली चिल्लाहट की प्रतिक्रिया से सँभलने के बाद प्रतिमा शान्त और स्थिर हो गयी थी। दादा की बातें उसकी समझ में पूरी तरह से आयी हो या न आयी हों, पर इतना विश्वास उसे हो गया था कि केवल वही उसे किसी ठिकाने पर ला सकते हैं। पर जब लिली फिर उसी नितान्त असहाय और हताश अवस्था में सिर के बाल पकड़ने लगी, तब वह फिर घबरा उठी। लिली की पीठ पर हाथ फरेती हुई उसे ढाढ़स बँधाने के लिए कहने लगी : "चिन्ता मत करो, बिटिया, आजकल बहुत-सी ऐसी डॉक्टरी दवायें चल पड़ी हैं जिनसे आसानी से तुम्हारी समस्या हल हो सकती है। केवल दादा की इतनी बात गाँठ बाँध लो कि आत्महत्या का प्रयत्न इस समस्या के हल में बाधक ही सिद्ध हो सकता है, सहायक नहीं। शान्त हो जाओ, धीरज रखो, तब एक दिन तुम स्वयं देखोगी कि जिस स्थिति को तुम चिकने और खड़े चट्टानी पहाड़ों से भी दुर्गम समझे बैठी थीं वह हरे-भरे समतल खेतों में बदल गयी है। अभी तुम बहुत थकी हो। भीतर चलो, कुछ खा लो और फिर लेट जाओ। चलो!" कहकर प्रतिमा ने उसका हाथ पकड़ा।

लिली इस बार एक पालतू प्राणी की तरह तुरन्त उठ खड़ी हुई। खाने के प्रस्ताव को उसने एकदम ठुकरा दिया, पर लेटने का प्रस्ताव बिना अधिक आग्रह के ही मान लिए। प्रतिमा ने अपनेवाले पलँग पर उसे लिटा दिया और ऊपर से एक हलका कम्बल उढ़ा दिया। कुछ देर तक प्रतिमा चुपचाप खड़ी रही। जब उसने देखा कि लिली स्थिर, शान्त और निश्चल हो गयी है तब वह बाहर निकल आयी।

उसके बाद वह देवसिंह के पास गयी। उसे यह हिदायत दी कि शाम को चाय के समय पर पराठे और दो-एक सब्जियाँ बनाकर तैयार रखे। और फिर दादा के आगे टहलने का प्रस्ताव रखा। दादा पहले ही से यही बात सोचे हुए थे। एक-एक छाता हाथ में लेकर दोनों बाहर निकल पड़े। अँगनाई के नीचे एक पगडण्डी पकड़कर नीचेवाली घाटी की ओर चल दिये।

चलते-चलते दोनों ऐसी जगह पहुँच गये जहाँ से नदी साफ दिखती थी और बहुत दूर नहीं थी। छोटे-छोटे लाल, पीले और बैंजनी रंग के जंगली फूलों के एक झुरमुट के पास प्रायः चौरस जमीन का एक छोटा-सा टुकड़ा था, जिस पर नयी घास उग आयी थी। दोनों आराम से वहीं बैठ गये। दो पहाड़ों के बीच से होकर बहती हुई छोटी-सी नदी कहीं छोटे-छोटे रोड़ों के बीच किलक रही थी, कहीं एक बड़े-से पत्थर के अवरोध से क्रुद्ध होकर मुँह से फेन निकालती हुई फुफकार रही थी और कहीं ऊपर से एकदम नीचे एक गड्ढे में गिरती हुई गरज रही थी।

उस पार दो स्त्रियाँ और तीन-चार पुरुष झाड़ियों और झुरमुटों के बीच से होते हुए ऊपर चले आ रहे थे। कभी किसी एक मोड़ पर छिप जाते थे और कभी दूसरे मोड़ पर दिखायी देने लगते थे। एक स्त्री के सिर पर छोटी-छोटी लकड़ियों का गट्ठर था और दूसरे के सिर पर घास का। ये सब एक-के-पीछे-एक, क्यू की-सी शक्ल में, चले जा रहे थे। वे लोग आपस में ऊँची आवाज में बातें भी करते जाते थे। उनकी केवल आवाज ही नहीं, वरन् एक-एक शब्द दादा को स्पष्ट सुनायी दे रहा था, यद्यपि बीच में पूरी घाटी का व्यवधान था। सबसे आगेवाला जवान आदमी पीछेवाली प्रौढ़ा से बातें कर रहा था और सबसे पीछे जो अट्ठारह-उन्नीस साल का छोकरा था वह अपने आगेवाले युवक को अपनी ससुराल के सम्बन्ध में कुछ मौज व मस्ती की बातें बता रहा था। वह कह रहा था कि उसकी ससुराल में हर रास्ते में, हर जंगल में और खेत में ढेर-की-ढेर औरतें काम करती हुई दिखायी देती हैं, पर यहाँ मुश्किल से ही कोई जवान लड़की काम करती नजर आती है।

उसका साथी, जिसके सिर पर एक काठ का बक्स और एक पोटली थी, कह रहा था : "ससुराल का रंग ही ऐसा होता है रे! सब-कुछ रंगीन बना देता है। कब हुई तेरी शादी?"

"पिछले साल, मगसिर के महीने में।" छोकरे के एक-एक शब्द से पकड़ती हुई पुलक दादा के कानों को गुदगुदा रही थी।

"कैसी है ब्वारी (बहुरिया)?"

"अच्छी है," कुछ लजाते हुए छोटे छोकरे ने कहा। "पर अभी छोटी है–बहुत शरमाती है।"

"अरे असली रस तो इसी लजाने तक है," मुँह में रस भरते हुए बड़ा छोकरा बोला।

"बाद में तो खुद ही घिना जायेगा।"

"क्यों? तू क्या घिना चुका है?"

"मैं उसी के मारे, काम खोजने के बहाने, यहाँ भाग आया हूँ।"

"पर यहाँ तो कोई काम तुझे मिला नहीं!"

"इस मनहूस जगह में भला क्या काम मिलेगा! यहाँ तो जान बच जाये वही बहुत है।',

"क्यों? जान का क्या खतरा है यहाँ तुझे? बाघ-वाघ का कोई डर है, क्या?"

"अरे यहाँ तो आदमी ही बाघ से बढ़कर घाघ हो गये हैं। अभी उस दिन द्योदार होटल का एक आदमी भरी चाँदनी में ऊपर 'किरकिट' पर गोली से मार डाला गया।"

"हैं-एं-एं! कब?" छोटे छोकरे का कुतूहल पूरा भड़क उठा था।

"तुम तब अपने सौरास (ससुराल) में थे। अभी डेढ़-दो हफ्ता पहले की बात है।"

"किसने किसको मारा? और किसलिए मारा?"

"अरे, वह एक बहुत बड़ा जौहरी था, जिसको मार डाला गया। कहते हैं कि माणिकलाल गुजराती ने उसे मारा था। कुछ कीमती जवाहरात छीनने के लिए उसने ऐसा किया होगा।"

प्रतिमा अभी तक शायद केवल ध्वनि–और तरंग–के विज्ञान की बात सोच रही थी और निकटता की दूरी और दूरी की निकटता की बात भी। शब्द उसके कानों में स्पष्ट आ रहे थे। पर वह कुछ समझ नहीं पा रही थी। पर जब "माणिकलाल गुजराती' का नाम सुना तब उसके भी कान खड़े हो गये।

"अरे नहीं, तब तुम्हें कुछ भी पता नहीं है," तीसरा आदमी बोला, जो दूसरे के आगे-आगे चला जा रहा था। "जेवर लूटने के लिए गुजराती ने ऐसा नहीं किया। वह खुद बड़े पैसेवाला आदमी है। द्योदार होटल में एक बड़ी खूबसूरत छोकरी आयी हुई थी। उसी को लेकर यह सारा काण्ड हुआ। दोनों उसे चाहते थे। वह सिन्धी को ज्यादा चाहती थी। गुजराती न सह सका और उसने सिन्धी को जान से मार डाला।"

"अच्छा, ये बिलकुल नयी बात तुमने बतायी," बीचवाले आदमी ने बड़ी उत्सुकता से कहा। "तुम्हें ठीक मालूम है?"

"अरे, इतना ही नहीं, मुझ आगे का भी हाल मालूम है। उस खूबसूरत छोकरी ने सिन्धी का खून होने पर आतमघात कर लिया।"

"अच्छा ?" पूरी दिलचस्पी से दूसरे आदमी ने कहा।

अब वे लोग नदी के ऊँचे तट पर पहुँच गये थे और सँभल-सँभल कर चले आ रहे थे। रास्ते में नमी होने और बरसाती काई जम जाने के कारण बड़ी फिसलन थी। किसी का पाँव तनिक फिसला नहीं कि लुढ़क कर एकदम नदी की तेज धारा में जा गिरा। बात करते-करते वे लोग ऐसी जगह पहुँच गये थे जहाँ रास्ता इतना तंग था कि एक आदमी का केवल एक ही पाँव उस पर टिक सकता था। उसमें भी यह विशेषता थी कि वह विशेष स्थान पथरीला था–यानी रास्ते का उतना-सा भाग एक बड़े, चिकने और सिवार जमने के कारण रपटनेवाले ढलुवाँ पत्थर पर बना था।

बीचवाले आदमी ने जब "अच्छा।" कहा तब उसका पाँव उसी फिसलने वाले ढलुवाँ पत्थर पर था। वह निश्चिन्त होकर एक पाँव उस खतरनाक जगह पर जमाकर दोनों हाथों से मोट की रस्सी को पकड़े था। और तब मन्द मधुर मुस्कान के साथ (हाँ, मुस्कान ही थी वह–किसी लड़की की प्रेमजनित आत्महत्या की बात सुनने के बावजूद!) उसने "अच्छा-ा-ा!' कहा था। और फिर अगला पाँव इतमीनान के साथ आगे बढ़ाकर दूसरा पाँव उस पर जमाया था।

"अरे, इतना ही नहीं," अगला आदमी, जो खतरनाक पत्थर पहले ही एक छलाँग में कूदकर पार कर चुका था, बोला। "माणिकलाल गुजराती के यहाँ होटलवाली छोकरी से भी ज्यादा खूबसूरत एक और छोकरी रहती थी। बड़े-बड़े गोल-गप्पों की तरह के गोरे-गोरे गाल, नागन के लहराते हुए ऊँचे बाल, मछली के आकार की आँखें और कटारी-सी भौंहें। गुजराती के यहाँ जो नौकर था वह मेरा दोस्त है। मैं उससे मिलने अक्सर जाया करता था। छोकरी जो तस्वीर बनाया करती। 'हत्याकाण्ड' के पहले वह चली गयी थी। आज बस-स्टेशन पर वह दिखायी दी। कुछ देर तक तो मैं उसे पहचान ही न पाया। ऐसी दुबली हो गयी है कि वह एकदम प्रेत लगती थी। बाद में पहचाना। गुजराती से उसकी शादी की बात चल रही थी, ऐसा नौकर ने बताया मुझे। आज बुढ़िया लछमी भी किसी काम से स्टेशन आयी हुई थी। वह उसे जानती थी और उससे मिली थी। बाद में उसने बताया कि शायद छोकरी के पेट रह गया है। बुढ़िया बड़ी घाघ है! दूर ही से एक झलक देखने पर सब-कुछ जान जाती है।"

"इस दुनिया का नाश होनेवाला है--पाप बहुत बढ़ गया है," आगे से एक स्त्री कह रही थी।

एक आदमी ने सामने बैठे हुए दादा और प्रतिमा को बड़े गौर से देखा। आवाज तनिक दबाकर उसने किसी से पूछा : "ये लोग कौन हैं?" दबे हुए स्वर में भी उसके शब्द साफ सुनायी दे रहे थे।

"अरे यह होटलवाला बंगाली है," एक दूसरा आदमी उत्तर दे रहा था। "दादा कहते हैं इसे सब लोग। यह भी पुराना पापी है।"

"नहीं, वह बड़ा भला और सन्त है," दूसरा कह रहा था।

"वह औरत कौन है उसके साथ?"

"होगी कोई बहन-वहन उसकी।"

अब रास्ता सीधा और साफ था और वे लोग तेजी से आगे बढ़ रहे थे–नीचेवाले गाँव की ओर। कुछ दूर तक उनकी आवाज सुनायी देती रही, पर अब शब्द स्पष्ट नहीं सुनायी पड़ रहे थे। कुछ ही देर बाद वे लोग एक मोड़ के आगे गायब हो गये।

अब तक दादा और प्रतिमा दोनों सन्नाटा खींचे हुए थे और ध्यान से एक-एक बात सुनते जा रहे थे। जब वे अन्तर्धान हो गये तब प्रतिमा एक लम्बी साँस खींचती हुई बोली : "बाप-रे-बाप! इन लोगों तक बातें फैल गयी हैं!"

कुछ समझीं क्या कह रहे थे वे लोग?" अत्यन्त शान्त भाव से दादा ने प्रतिमा से पूछा।

"दो ही चार शब्द मैं समझ पायी–'गुजराती', 'सिन्धी', 'हत्या', 'आत्मघात'।' 'पेट रैगो।' 'दुनिया को नाश', 'पाप बहौत बढ़ि गौ', 'दादा', 'पापी', 'सन्त' आदि। अन्दाज ही से उनकी बातों का अर्थ लगाने की कोशिश कर ही रही थी।"

दादा मन्द-मन्द मुस्कराये, बोले : "काम की एक ही बात थी वह तुमने सुन ली और समझ ली। शेष सब यों ही था।"

"कौन-सी बात?" उत्सुकता से प्रतिमा ने पूछा।

"यही–'दादा पापी सन्त'!" और दादा खुलकर हँस पड़े।

प्रतिमा भी हँसने जा रही थी, पर कुछ सोचकर रुक गयी। विस्मय-भरी एक अजीब-सी घबराहट उसकी निखरी हुई आँखों में तैरने लगी।

"बड़े विकट हैं यहाँ के साधारण लोग भी!" उसने कहा। "मैं तो पहाड़ी लोगों को बहुत सीधा समझती थी। लिली का पेट रह जाने की बात भी वे लोग कर रहे थे–कुछ ऐसा लगा मुझे। तुमने कुछ समझा?"

"सब-कुछ-समझा", अत्यन्त गम्भीर भाव से दादा बोले। "तुम्हारा अनुमान ठीक है।"

"लिली को स्टेशन पहुँचे मेरे ख्याल में तीन घण्टे से ज्यादा समय नहीं हुआ होगा, और इसी बीच अनुमान-ही-अनुमान में इन लोगों ने यह भी जान लिया कि किसके पेट रह गया है और किसके नहीं!" अन्तिम वाक्य प्रतिमा ने प्रायः फुसफुसाते हुए कहा।

"अनुमान से नहीं, गहरे अनुभव की दृष्टि से कहो!" दादा ने शान्त भाव से कहा। "और फिर छोटी-सी तो जगह है। यहाँ किसी की कोई बात किसी से छिपी नहीं रह सकती। और यह स्वाभाविक ही है कि लोग प्रत्येक बात पर अपने गलत या सही अनुमान लगायेंगे ही, टिप्पणियाँ करेंगे।"

"बाप-रे-बाप! इस दुनिया में जीना बड़ा कठिन है। इस एकान्त जंगल में भी कोई चैन से नहीं जी सकता!"

"इसमें बेचैनी की क्या बात है, प्रतिमा? यह तो उसी रोमाण्टिक खेल का एक अंग है, जिसके प्रति हम दोनों प्रकार से शपथ-बद्ध हैं।"

"विकट है तुम्हारा यह रोमाण्टिक खेल, दादा, जिसका एक महत्त्वपूर्ण अंग तुम्हारी इस लिली की नियति भी तो है!"

"तुम बिलकुल ठीक कहती हो", दादा ने उसी अविचलित भाव से कहा। "लिली की नियति भी उसी का एक अंग है। रोमांस के खिलाड़ी यदि इस तरह के परिणामों से, स्वाभाविक खतरों से, कतरायेंगे तो निश्चय ही मैं उन्हें उसका अधिकारी नहीं मानूँगा!"

"किसी भी कतरे या विपत्ति के सम्बन्ध में तुम्हारी चेतना इस कदर पथरा चुकी है कि बड़े-से-बड़े संकट का भी कोई असर उस पर नहीं होता। पर सभी का कलेजा तो तुम्हारी तरह का नहीं होता! तुम्हारी इस लिली को मैंने आज पहली बार देखा है, पर उसकी

स्थिति को मैं जितना समझ पायी हूँ उससे मेरी घबराहट का अन्त नहीं है। मुझ तो लगता है कि वह, तुम्हारे उपदेशों के बावजूद, निश्चय ही आत्महत्या करेगी। और वह आत्महत्या बड़ी ही ट्रेजिक होगी!"

"हर आत्महत्या ट्रेजिक होती है, प्रतिमा! हमारा कर्त्तव्य इस समय केवल इतना ही हो सकता है कि हम हर सम्भव उपाय से उसकी चित्तवृत्ति की आत्महत्या की दिशा के विरुद्ध मोड़ने का प्रयत्न करें। बाकी परिणाम नियति के ही हाथों में छोड़ दें। इससे अधिक हम कुछ नहीं कर सकते। तुम देख ही रही थीं कि आत्महत्या के विरुद्ध जितने भी प्रकार के तर्क हो सकते हैं मैंने उसके आगे रख दिये हैं, यहाँ तक कि आत्महत्या के परिणाम के बारे में भी उसकी चेतना के भीतर भय उपजाने में मैंने कोई बात उठा नहीं रखी है। यदि इस पर भी–"

"पर जब आत्महत्या का ही भय न रहा," बीच में ही टोकती हुई प्रतिमा बोली, "तब आत्महत्या के परिणाम का भय दिखाना क्या माने रख सकता है? जब जीवन से ही कोई मोह नहीं रहा, तब जीवन के बाद का भय दिखाने की पुराणपन्थी परम्परा का क्या प्रभाव एक आधुनिक लड़की पर पड़ सकता है? तुम्हारी यह बात मेरी समझ में बिलकुल भी नहीं आयी।" प्रतिमा के स्वर में तनिक खीझ थी।

"तुम्हारी समझ में बिलकुल नहीं आयी, यह बात मैं मानता हूँ। पर जिसकी समझ में आना इस संकट की घड़ी में आवश्यक है, उसकी समझ में मेरी बात कुछ-कुछ आ रही है। तुमने देखा होगा कि मेरे तर्कों से वह किस कदर हताश हो उठी थी। कहती थी कि "जो एकमात्र पथ अपनी इस संकट की घड़ी में मैंने अपने लिये खोज निकाला था उसे आप अपने तर्क-जाल से एकदम मिटाये दे रहे हैं'।"

प्रतिमा को याद आया। बोली : "हाँ, यह बात तो तुम ठीक कह रहे हो। वह निश्चय ही तुम्हारे तर्कों से घबरा उठी थी। पर मैं फिर भी समझ नहीं पा रही हूँ कि इतना भी प्रभाव तुम्हारे तर्कों का उस पर कैसे पड़ा, जबकि मुझे तुम्हारी यह बात अभी तक असंगत और हास्यास्पद लग रही है कि दण्ड से भागने के उद्‌देश्य से की जानेवाली आत्महत्या के लिए नियति के पास कोई क्षमा नहीं है। जब कोई व्यक्ति जीवन का अन्त कर ही चुका तब किसी की–नियति की भी–क्षमा या आक्रोश से क्या बनता-बिगड़ता है?"

दादा के मुख पर एक मुरझायी-सी मुस्कान खेल गयी। तनिक दर्द-भरे-से स्वर में बोले : "तुम्हें मेरी यह बात असंगत और हास्यास्पद लगी, यह स्वाभाविक ही है। साधारण स्थिति में शायद स्वयं मुझे भी ऐसा ही लगता। पर जो व्यक्ति निश्चयात्मक रूप से जीवन की आसन्न समाप्ति की बात सोच बैठा हो, ध्यान दिलाये जाने पर जीवन के पार की भी बात उसे प्रभावित कर सकती है, फिर चाहे वह कैसा ही कट्टर आधुनिक क्यों न हो। मनुष्य की अवचेतना कभी आधुनिक नहीं होती। उसका सीधा सम्बन्ध युग-युग की मानवीय रहस्यानुभूति से होता है। और वह निगूढ़–और अधिकांश समय सुप्त–रहस्यानुभूति कभी मृत्यु को जीवन की परम्परा का अन्त मानने को तैयार नहीं हो सकती। लिली को आत्महत्या के 'आबसेशन' से मुक्त करने के लिए मैंने यही टेकनीक अपनाया

है। पर अभी यह देखना बाकी है कि मेरी यह युक्ति अन्ततः कहाँ तक सफल–या असफल–होती है।"

प्रतिमा ने एक लम्बी साँस खींची। कुछ क्षणों तक मौन रहने के बाद सहसा घबराहट के स्वर में बोली : "अब चलो, लौट चलें। लिली इसी बीच सचमुच में कोई काण्ड न कर बैठे!"

"तुम ठीक कहती हो," दादा ने कहा, "जिस परिस्थिति में वह है उसमें कुछ भी असम्भव नहीं है।"

और दोनों उठकर धीरे-धीरे डेरे की ओर रवाना हुए।

डेरे पर पहुँचकर, चढ़ाई के श्रम से तनिक हाँफती हुई जब प्रतिमा भीतर के कमरे में गयी तब उसने धीरे से किवाड़ खोलकर देखा कि लिली निश्चिन्त होकर सो रही थी। पर प्रतिमा की पाँवों की आहट सुनते ही वह हड़बड़ाती हुई उठ बैठी।

"समय क्या हो गया है?" उसने चिन्तित स्वर में पूछा।

"चार बजने को है," अपने हाथ की छोटी-सी घड़ी देखकर प्रतिमा ने बताया।

"ओह यह बहुत बुरा हुआ!" लिली हताश भाव से बोल उठी।

"क्यों, क्या बात हो गयी?" चिन्तित स्वर में प्रतिमा ने पूछा।

"तीन बजनेवाली बस से मुझे लौटना था–चाचा ने कहा था। अब कल सबेरे दस बजे के पहले दूसरी गाड़ी नहीं मिल सकेगी।"

"तो क्या हुआ? इतनी हड़बड़ी में तुम्हारा लौटना किसी भी तरह अच्छा नहीं है। आज इतमीनान से आराम करो। कल अगर जाना ही जरूरी समझो तो चली जाना। उठो! अभी पानी गरम करवाती हूँ, इतमीनान से नहा लो। कपड़े लायी हो तो बदल लो। कंघी-चोटी करो। तभी आराम से हम लोग चाय पीयेंगे। चलो, बिटिया, बिलकुल मत घबराओ!" प्रतिमा बड़े ही मीठे और दुलार-भरे स्वर में बोल रही थी।

लिली एकटक, मौन भाव से शून्य दृष्टि से उसकी ओर देख रही थी। उसके बिखरे हुए बालों ने उसके चेहरे की आधी से अधिक परिधि को ढक लिया था। उसकी आकृति उस क्षण प्रतिमा को उस समय से भी अधिक डरावनी लग रही थी जब चाचा के यहाँ से लौटने के बाद? उसे उसने बरामदे में पहली बार देखा था।

कुछ देर तक उसी शून्य दृष्टि से देखते रहने के बाद लिली बिना कुछ बोले, कम्बल लपेटकर फिर चुपचाप लेट गयी। उसके बाद फिर प्रतिमा कुछ नहीं बोली। धीरे से बाहर से किवाड़ फेरकर, दादा के पास लौट आयी।

दादा को जब प्रतिमा ने चिन्तित स्वर में सूचित किया तब उन्होंने इस शुभ लक्षण बताया। बोलेः "उसे इतमीनान से जी भरकर सो लेने दो। इससे उसकी शारीरिक थकावट भी दूर होगी और दिमाग का खुराफात भी धीरे-धीरे सिमटकर अपने उचित स्थान पर आ जायेगा। तुम निश्चिन्त होकर फिलहाल हम दोनों के लिए चाय का प्रबन्ध करो।"

दादा की किसी बात पर अविश्वास करने का अब शायद ही कोई कारण प्रतिमा के पास रह गया हो। वह शान्त भाव से चाय का प्रबन्ध करने चली गयी। देवसिंह से उसने कह दिया कि अभी पराठे व सब्जियाँ तैयार न करे–लिली जब जग जायेगी तभी बनावे।

प्रायः आधे घण्टे बाद देवसिंह, प्रतिमा के आदेश से, एक प्लेट में साबूदाने के पापड़ और दूसरे प्लेट में फल लेकर बरामदे में चला आया। दादा और प्रतिमा उसकी प्रतीक्षा कर रहे थे। उसके बाद वह एक ट्रे में चाय दे गया।

बहुत देर से दोनों मौन बैठे हुए थे और चाय आने पर भी उन्होंने आपस में कोई खास बात नहीं की। दादा ने केवल एक बार पापड़ की प्रशंसा की और प्रतिमा ने, चाय पी चुकने के बाद, एक छोटे किस्म की बहुत ही नरम और बहुत ही मीठी नाशपाती की। वह बिना कुछ बोले एक-एक करके चार-पाँच नाशपातियाँ खा गयी।

चाय के बाद दादा ने हुक्का मँगाया और बड़े इतमीनान से गुड़गुड़ाने लगे। प्रतिमा बरामदे के बाहर अँगनाई में चली गयी और कुछ देर तक बाहर ही खड़ी रही। उसके बाद लौटकर लिली के कमरे को गयी। धीरे से किवाड़ पर एक छोटी-सी दरार बनाकर उसने झाँका। लिली जैसे घोड़े बेचकर सोयी हो। वह फिर लौटकर बाहर चली आयी।

हुक्का पीते हुए दादा को जैसी शान्ति मिल रही थी, जैसा सन्तोष प्राप्त हो रहा था, वैसा अनुभव उन्हें अपने पूरे 'हुक्के युग' में बहुत ही कम अवसरों पर हुआ होगा। उन्हें लग रहा था कि हुक्के का जादू-भरा धुआँ अपने साथ जीवन के यथार्थ की भीड़ में से अनावश्यक और कम आवश्यक तथ्यों को फूँककर उड़ा देता है और केवल सारवान और केन्द्र-बिन्दुगत तथ्यों को ही, उनके तात्त्विक या भावात्मक रूप में, शेष रहने देता है। और तारीफ की बात यह कि उन बचे हुए केन्द्रगत तत्त्वों को भी उनके स्थूल रूप में नहीं, वरन् सूक्ष्म और अतिक्रमित रूप में भीतरी आँखों के आगे रख देता है।

लिली की सारी पीड़ा इस समय दादा को एक प्रेमिक पशु द्वारा प्रताड़ित किसी गर्भवती भोली कुमारी की सामाजिक और नैतिक पीड़ा के रूप में नहीं लग रही थी बल्कि जनम-जनम से, युग-युग से बन्धनग्रस्त वैयक्तिक आत्मा की मुक्ति की छटपटाहट के रूप में सामने आ रही थी। वह सोच रहे थे कि व्यक्ति पर सामाजिक, नैतिक, राष्ट्रीय और अन्तर्राष्ट्रीय नियमों या विधानों के अनुशासन का चाप, अलग-अलग और सम्मिलित दोनों रूपों में, जन्म से लेकर मृत्यु तक निरन्तर पूरे प्रवेग से पड़ा रहता है। यह यथार्थ की दुनिया के अन्धे कर्त्तव्यों की भीड़ में व्यक्ति की पूर्ण मुक्ति और अवकाश की अनुभूति को या तो बिलकुल लील लेता है या कुचल देता है। और आज की लक्ष्यहीन और अन्धी राजनीति के युग में तो व्यक्ति की चेतना पर पड़ा हुआ यह चाप अपनी पूरी दयनीय शक्ति से उसे महाशैतान के पंजे की तरह जकड़े है। जब व्यक्ति के जीने के लिए अनिवार्य रूप से आवश्यक मुक्ति-क्षण उसे सहज रूप से प्राप्त नहीं होते, तब वह उन्हें पाने के लिए विकृत, वक्र-पथ अपनाता है। बस वाम-पथ के भी अनेक चित्र-विचित्र उप-पथ होते हैं। अपनी-अपनी रुचि से मुक्तिकामी तरुण अलग-अलग उप-पथ अपनाते

हैं और उन पर चलने का ढंग भी व्यक्ति का अलग-अलग होता है। लिली के विद्रोह का कारण भी यही दमित मुक्ति-कामना थी, दादा के मन में अब यह बात पहले से अधिक निश्चित रूप से जमती चली जा रही थी। दादा प्रारम्भ ही में ताड़ चुके थे कि लिली अपने को जितना अनुभवहीन, अनभिज्ञ और भोली समझती है (और ईमानदारी से समझती है) उतना वह वास्तव में है नहीं। उसकी चेतना का एक भाग जानता था कि वह मुक्ति चाहती है और उसी के लिए विद्रोह कर रही है। वह बहुत सम्भव है कि ठीक 'विद्रोह' शब्द उसके सचेतन मन पर न रहा हो, पर उसका भावाभास वही था और अपनी उसी अनुभूति से वह परिचित थी। विद्रोह अपने-आप में गलत नहीं था, पर जिस व्यक्ति को उसने अपने उस विद्रोह का साझीदार बनाया उसके चुनाव में गलती थी। उसके अभिभावकों ने माणिकलाल के शिकंजे से उसे छुड़ाने में भले ही जबर्दस्ती न की हो, पर इतना निश्चित है कि उन्होंने कभी उसके साथ लिली का अविवाहित अवस्था में, स्वतन्त्र रूप से रहने का अनुमोदन नहीं किया होगा। पर अपनी नियति को टाल सकने की क्षमता लिली में नहीं थी।

इसी तरह सोचते हुए दादा धुएँ के लच्छे-के-लच्छे उड़ा रहे थे। प्रतिमा दस-पाँच मिनट के लिए बाहर जाती थी और फिर लौटकर एक झलक लिली को देख आती थी।

अन्त में छह बजे करीब लिली अपने-आप उठ बैठी। आँखें दोनों हाथों से मलती हुई प्रतिमा से बोली : "बहुत देर तक सोयी रह गयी मैं। क्या बजा है?"

"छह।"

"कल से मैंने अभी तक नहीं नहाया। दो-तीन रातों से सो भी नहीं पा रही थी। आज बहुत सो गयी। अभी जब जगी तो सोच रही थी कि सबेरा हो गया। जब आपको देखा तब याद आया कि मैं कहाँ हूँ।" ऐसा कहती हुई वह दर्द-भरी कोमल मुस्कान से, क्षमा-याचना के-से भाव के साथ प्रतिमा की ओर देख रही थी।

"अब उठो। पहले नहा-धो लो। गरम पानी करवा रखा है मैंने," कहकर प्रतिमा ने सहज स्नेह से उसका हाथ पकड़ा, जैसे किसी बच्चे को उठाती हुई उसे गोद में लेने जा रही हो।

लिली कम्बल हटाकर, सहज ही पलँग से नीचे उतर आयी। उसका सूटकेस प्रतिमा ने पहले ही उसी कमरे में रखवा दिया था। सूटकेस खोलकर लिली ने उसमें से कपड़े, तौलिये, साबुन, शैम्पू का बोतल, टूथपेस्ट, पाउडर आदि आवश्यक चीजें निकाली। प्रतिमा उसे गुसलखाने तक पहुँचा आयी। देवसिंह पहले ही गरम पानी रख आया था, अभी तक धुआँ दे रहा था।

प्रायः आधे घण्टे बाद जब लिली नहा-धोकर, कंघी-चोटी करके बाहर बरामदे में आयी तब उसके चेहरे पर ताजगी के साथ ही एक स्थिर, शान्त और अपेक्षाकृत स्निग्ध भाव झलक रहा था, जिसे देखकर दादा और प्रतिमा काफी आश्वस्त हो उठे।

"माफ कीजियेगा, मेरे कारण आप लोगों के नियमित कार्यक्रम में बाधा आ गयी," एक सहज, सलज्ज और संगत मुस्कान मुख पर बिखेरती हुई लिली ने दादा से कहा।

"हम लोगों का न कभी कोई नियमित कार्यक्रम रहता है, न उसमें कभी किसी भी कारण से कोई बाधा ही आ सकती है!" बोलते हुए दादा की आँखों में आन्तरिक स्नेह और प्रसन्नता झलक रही थी। वह लिली के चेहरे पर उसके स्वर में और उसकी प्रत्येक भंगिमा में इस समय एक आश्चर्यजनक और शुभ परिवर्तन देखकर पुलकित हो रहे थे। क्रीम-पाउडर के इस्तेमाल और कंघी-चोटी करने से जो स्निग्धता और ताजगी लिली के चेहरे पर आ गयी, उससे उसका व्यक्तित्व निखर उठा। पर दादा देख रहे थे कि जिस लिली को उन्होंने ढाई-तीन सप्ताह पूर्व देखा था वह अब नहीं रह गयी थी–वह प्रेतात्मा भी वह नहीं लगती थी जिसे दोपहर में उन्होंने देखा था। वह इस समय एक सौम्य, शान्त, सयानी महिला की तरह लग रही थी।

देवसिंह ने गरम-गरम पराठों, सब्जियों और अचारों का अम्बार मेज पर लगा दिया था। तीनों ने बड़े प्रेम और रुचि से उन चीजों का स्वागत और सत्कार किया।

बाहर बादल मन्द-मधुर घोष से गरजने लगे थे और चारों ओर कुहरा फैल जाने से असमय में ही अँधेरा छाने लगा था। बत्तियाँ जला दी गयीं। पराठों के सदुपयोग के समय मौसम की ही चर्चा चल पड़ी थी। लिली बता रही थी कि नीचे अभी तक आग बरस रही है और पसीना बुरी तरह आते रहने से शरीर में सब समय तेल की-सी चिपचिपाहट बनी रहती है। उसने यह भी बताया कि पहाड़ की ताजा ठण्डी हवा से और ठण्डे ही पानी से नहाने से उसके शरीर की सारी ग्लानि जैसे साफ होती जा रही है। नहाते समय उसने गरम पानी का इस्तेमाल तनिक भी नहीं किया था। दादा देख रहे थे कि केवल शरीर की ही नहीं, उसके मन की भी ग्लानि जैसे अपने-आप धुलती चली जा रही थी। स्पष्ट ही कोई तीव्र रासायनिक क्रिया-प्रतिक्रिया उसकी अन्तश्चेतना में चल रही थी।

चाय पी चुकने पर लिली ने स्वयं ही प्रस्ताव किया कि थोड़ी देर बाहर अँगनाई में टहला जाये। अभी पानी बरसना आरम्भ नहीं हुआ था। केवल कुहरा अपना जाल एक विशेष योजना के अनुसार बिछाने में व्यस्त दिखायी देता था। कभी कुछ पीछे हटता था, कभी आगे फैलता था। कभी दायीं ओर डोरे डालता था, कभी बायीं ओर भागता था। देख-देखकर तीनों इस तरह प्रसन्न हो रहे थे जैसे पहली बार वे लोग प्रकृति-कुमारी की उस विचित्र चोंचलेबाजी को देख रहे हों।

"काश सारा जीवन इस एक क्षण में सिमटकर, इसी माहौल में, कुहरे के इन्हीं पर्दों को लपेट के भीतर विलीन हो जाता!" सहसा लिली के मुँह से जैसे बरबस यह उद्‌गार निकल पड़ा।

"और फिर इन्हीं लपेटों के भीतर से पर्दा-दर-पर्दा उघड़कर एक नये, रंगीन सबेरे में बदल जाता!" दादा उसके उद्‌गार की चरणपूर्ति करते हुए दूसरे ही क्षण बोल उठे।

दादा की बात सुनकर प्रतिमा का चेहरा खिल उठा। लिली केवल एक लम्बी साँस खींचकर रह गयी।

"मैंने जो अभी कहा वह तनिक भी असम्भव नहीं है, लिली, तनिक भी नहीं। आवश्यकता है केवल साहस, धीरज और विवेक की!" दादा ने अपनी ही बात की पुष्टि करते हुए कहा।

पानी की हलकी-हलकी फुहार शुरू हो गयी थी। प्रतिमा ने कहा : "चलो, भीतर बैठें।"

"अच्छा लग रहा है, दीदी," लिली स्नेह से बोझिल मुस्कान के साथ बोल उठी। "कुछ देर पानी में ही खड़े रहने दो!"

पर कुछ ही क्षणों बाद पानी की बड़ी-बड़ी बूँदें हवा के झोंकों की सहायता से ऐसी तेजी के साथ सिर पर, मुँह पर और कपड़ों पर गिरने लगीं कि लगता था जैसे चारों ओर से गोलियों की बौछार हो रही हो।

"मैं तो भगी!" कहकर प्रतिमा दौड़कर भीतर बरामदे में घुस गयी।

"कहो लिली, क्या हाल है?" दादा ने पूछा। "कुछ देर और रुकने का विचार है क्या?"

"जी तो कहता है कि अभी और खड़ी रहूँ और खूब भीगूँ। पर आप भीग जायेंगे और बीमार पड़ सकते हैं।"

"मेरी तनिक भी चिन्ता मत करो," दादा ने कहा। "मैं तो कपड़े उतार कर इस पानी में घण्टों नहा सकता हूँ।"

"नहीं दादा, अब चलिये भीतर। हवा का बल पाकर पानी इतने जोरों से थपेड़े मार रहा कि मैं कुछ सोच ही नहीं पा रही हूँ। अभी तक जो-कुछ सोच रही थी, वह भी भूल गयी हूँ," कहती हुई लिली भी भीतर की ओर भाग गयी। उसके पीछे-पीछे दादा भी चले आये। तीनों बरामदे के शीशों की दीवार की ओट खड़े होकर बाहर का दृश्य देखने लगे।

पानी का वेग बढ़ता ही चला जा रहा था। टीन की छत पर निर्ममता से टपाटप गिरनेवाली पानी की बूँदें प्रतिमा को 'नर्वस' कर रहीं थीं। चारों ओर पेड़ों की जड़ से हिलानेवाली हवा की हाहाकार-भरी गुहार उसकी उस हौलदिली को और अधिक बढ़ा रही थी। बीच-बीच में हवा का वेग ऐसा प्रचण्ड रूप धारण कर लेता था कि लगता था जैसे छत की चादरें अब उखड़ीं तब उखड़ीं।

"यदि छत सचमुच उखड़ जायेगी तो हम लोग क्या करेंगे! कहाँ जायेंगे?" अपने शरीर को दादा के शरीर से सटाते हुए प्रतिमा ने घबराहट के स्वर में पूछा।

"तब प्रकृति के मुक्त प्रांगण में नृत्य करेंगे," कहते हुए दादा ने अपनी ही बात पर जोर का ठहाका लगाया।

और संयोग की बात कि उनके उस ठहाके के समाप्त होते-न-होते ऊपर से आकाश भी कड़-कड़-कड़ करता हुआ अट्टहास कर उठा। प्रतिमा ने डर कर दादा की कमर कसकर पकड़ ली।

"देखो, आकाश भी मेरी बात की दाद दे रहा है," दादा ने कहा, "और तुम हो कि–"

"जाओ, तुम और डरा रहे हो मुझे!" बच्चों की तरह मचलते हुए प्रतिमा ने कहा।

लिली एक किनारे चुपचाप खड़ी थी। अपनी बगल में खड़ी उस विचित्र जोड़ी के

विचित्र ही प्रेमालाप का क्या प्रभाव उसके मन पर पड़ रहा था, यह बता सकना कठिन है। अँधेरा धीरे-धीरे सघन-से-सघनतर होता जा रहा था। दादा ने बाहर आँगन की बत्ती जला दी। भीतर की बत्ती शायद जान-बूझकर नहीं जलायी। प्रतिमा के शरीर की गरमी उन्हें सुखद लग रही थी। प्रतिमा उनकी बायीं ओर खड़ी थी। उसके हृदय की उठती-गिरती धड़कन भी उनकी पसलियों से कुछ रहस्य-भरी बातें कर रही थी।

बाहर की बत्ती की रोशनी काफी तेज थी। उस रोशनी में टीन की ढलान से नीचे गिरती रहनेवाली बूँदें, छोटे-छोटे मणिदीपों की तरह, एक लम्बी कतार में जगमग-ज़गमग कर रही थीं। जिस समय हवा पूरे आवेग से बहती थी उन क्षणों में बूँदों की बौछार छोटे-छोटे, सूक्ष्म-से-सूक्ष्म कणों में टूटकर भाप का-सा रूप धारण कर लेती थी। शरत्-काल के नव-प्रभात में खेतों या बागों में मकड़ी के बहुत ही झीने दूधिया जालों पर ओस की नन्हीं-नन्हीं बूँदों के धूप में चमकने से जो इन्द्रधनुषी रंगीनी छा जाती है, उन वाष्प-कणों में दादा को इस समय वही मजा मिल रहा था। अँगनाई के ऊपर पानी की जो पतली-सी तह इकट्ठा हो रही थी उस पर जब ऊपर से सहस्र-धारायें गिरती थीं तब पानी के छोटे-छोटे चक्र अपने-आप में मग्न होकर चकइयों की तरह नाचने लगते थे।

काफी देर तक वे तीनों उसी तरह अँधेरे में खड़े, शीशों से पार बादल, पानी और प्रकाश का खेल देखते रहे। बादलों का कड़कना अब बन्द हो गया था। बीच-बीच में कभी केवल स्निग्ध, गम्भीर घोष सुनायी देता था। पर बिजली रह-रहकर एक ही कौंच में जमीन और आसमान को एक रूप कर जाती थी। बिजली चमकते ही प्रतिमा कड़क की आसन्न आशंका से दादा की कमर को कसकर जकड़ लेती थी, क्योंकि प्रारम्भ में जब दो-तीन बार बिजली कड़की थी तब उसकी चमक ही उसकी अग्रदूती बनकर आयी थी। दादा सारी परिस्थिति का पूरा आनन्द उठा रहे थे।

सहसा देवसिंह ने भीतर से आकर उस बन्द बरामदे की बत्ती पीछे से जला दी। प्रतिमा ने चौंककर अपना हाथ दादा की कमर से हटा लिया। रस भंग हो गया। लिली ने, न जाने किस संस्कारवश, भीतर की बत्ती जलते ही बल्ब की ओर दो हाथ जोड़ दिये, और फिर कुछ सकुचाकर, दादा की ओर देखकर, मन्द-मन्द मुस्कराने लगी।

"बहुत अच्छा किया तुमने," दादा ने उसके अज्ञात संस्कार को बढ़ावा देते हुए कहा। "प्रकाश के नव-आगमन का स्वागत करना, उसे प्रणाम करना सदा मंगलकारक होता है।"

देवसिंह ने प्रतिमा से पूछा : "बीबी जी, खाना क्या बनेगा?"

जब से प्रतिमा दादा के पास आकर रहने लगी थी, तब से वह बराबर घर की प्रत्येक व्यवस्था के बारे में उसी से पूछता था।

लिली 'बीबी जी' सुनकर तनिक चौंकी और कुतूहल से उसने एक बार प्रतिमा की ओर देखा। फिर तत्काल ही उसने आँखें दूसरी ओर फेर लीं।

"अभी-अभी तो पराठे खाये हैं," प्रतिमा ने कहा, "इसलिए खाना बनाने की जल्दी अभी मत करो। आज देर से खायेंगे और इतमीनान से खायेंगे, क्यों लिली?"

लिली ने केवल सिर हिलाकर हुँकारी भरी। दादा ने कहा : "देर ही से सही, पर खाना क्या बनेगा यह तो उसे बता दो!"

"सब्जी क्या-क्या बची है तुम्हारे पास?" प्रतिमा ने देवसिंह से पूछा।

"चाचा ने एक थैला भरकर नये खुदे आलू भेजे हैं और जरग का साग भेजा है।"

"जरग क्या चीज?" प्रतिमा ने दादा की ओर देखकर प्रश्न किया।

"एक पहाड़ी सब्जी होती है– बहुत ही मुलायम, और स्वादिष्ट" दादा ने कहा। "मक्खन की तरह मुँह में बिला जाती है। बड़ी दुर्लभ चीज है।"

"तब तो समस्या हल हो गयी," प्रतिमा बोली। "आलूदम बनेगा, जरग की सब्जी और कच्चे सेबों की चटनी।"

"चाचा ने एक हँड़िया में दही भी भेजा है," देवसिंह ने धीरे से कहा।

"वाह, तब तो क्या कहने हैं!" दादा बोल उठे।

" 'वाह' तो ठीक है," कुछ हलकी और मीठी-सी खीझ के साथ प्रतिमा ने कहा, "पर दही का बनेगा क्या, समस्या तो यह है!"

"जीवन में न जाने कितने प्रकार की समस्याएँ आती रहती हैं–उनका कहीं अनन्त नहीं दिखायी देता! अरे भाई, दही का और क्या बनेगा–सिवा रायते के?" दादा छद्म गम्भीरता से बोल रहे थे।

"पर रायता बनेगा किस चीज का–यह भी तो पहले सोच लो! गिरस्ती के मामलों में बीच ही में अपनी राय दे देना तो आसान होता है, पर वास्तविकता से आँख मूँद लेने से तो काम नहीं चलेगा!"

दादा को लगने लगा कि कहीं प्रतिमा अब सचमुच में बिगड़ न बैठे, इसलिए दूसरी बार कोई राय देने का साहस उन्हें नहीं हुआ। एक भले और भोले आदमी की तरह बोले : "हाँ, यह तुमने ठीक कहा। इस ओर तो मेरा ध्यान नहीं गया था!"

प्रतिमा उनकी कृत्रिम सिधाई पर हँस पड़ी।

"हाँ-हाँ, बात याद आ गयी," प्रतिमा का अच्छा-सा मूड देखकर दादा ने कहा। "जब और कुछ नहीं है, तब आलू का ही रायता क्यों न बनाया जाये!"

"फिर अपनी राय देने से तुम बाज नहीं आते!" कुछ डाँटती हुई-सी प्रतिमा बोली। "खैर, जब तुम कहते हो तो यही सही।"

देवसिंह धीरे से बहुत ही धीमी और उदासीन-सी आवाज में बोला : "कल बाजार से मैं एक 'बालमखीरा' खरीद लाया था। वह रखा है।"

"अरे, तब क्या बात है!" कहते हुए दादा सचमुच उछल पड़े। "तब बने उसी का रायता! एक नयी वेराइटी हो जायगी!" वास्तविकता यह थी कि वह खीरे के नाम से ही फड़क उठे थे। उस नाम के भीतर देवसिंह की भोली दुष्टता भी छिपी हो सकती है यह उन्होंने नहीं सोचा।

पर देवसिंह चुपचाप प्रतिमा की ओर देख रहा था–उसके अन्तिम आदेश की प्रतीक्षा में।

"तब ठीक है," देवसिंह से प्रतिमा ने कहा। "यही बने। पर जल्दी न करना, इतमीनान से बनाना!"

पानी और हवा– दोनों का जोर अब कम हो गया था। पर पानी बरस रहा था, खूब बरस रहा था, झमाझम बरस रहा था, पतली-पतली धाराओं में बरस रहा था। टीन की छत पर उसकी आवाज अब तानपूरे की झंकार की तरह बज रही थी–एक-स्वर और एक ताल में। पत्थर की-सी बूँदों की तरह टपाटप नहीं बरस रही थी।

"अब चलो," दादा ने लिली की पीठ पर हाथ रखते हुए कहा। "ड्राइंग-रूम में जाकर कुछ सुस्ताया जाये।"

तीनों बगलवाले कमरे में चले गये। "ड्राइंग-रूम छोटा था, पर था कायदे से सजा हुआ। दरवाजे और खिड़कियाँ हरे रंग के पर्दों से ढँके हुए; कुर्सियाँ, सोफा सेट और मेज करीने से लगे हुए; दो फूलदानों में बासी फूलों के गुलदस्ते सजे हुए और दीवारों पर कुछ देवी-देवताओं के और कुछ नेताओं के चित्र टँगे हुए।

एक आले पर दादा की नजर पड़ी, जिस पर एक गड्डी पुराने ताशों की रखी हुई थी। अलसाये हुए हाथों से दादा ने गड्डी उठा ली और उसकी धूल झाड़ते हुए बोला : "इस झड़ी में दो-एक बाजी रमी कुछ बुरी नहीं रहेगी। क्यों लिली, मूड-है-मूड?" और सोफा पर बैठकर उन्होंने ताशों को हरे रंग के शीशेवाली एक मेज पर फैला दिया।

लिली ने मौन सम्मति जता दी। प्रतिमा उदासीन बनी रही। दादा ने पत्ते फेंटकर बाँटना शुरू कर दिया। कुछ ही क्षणों बाद तीनों एक दूसरी ही दुनिया में खो गये, जहाँ न बाहर का आँधी-पानी था न भीतर का तूफान।

दादा और प्रतिमा तल्लीन होकर खेल रहे थे। लिली एकाग्रता का पूरा प्रयत्न करने पर भी बीच-बीच में कुछ उचक-सी उठती थी और भद्दी भूलें कर बैठती थी। दादा को इस बात पर तनिक भी सन्देह नहीं रह गया था कि वह खेलना जानती है और अच्छा खेल सकती है, फिर भी जो भूलें वह बीच-बीच में कर रही थी उनसे यह बात स्पष्ट हो रही थी कि उसका भीतरी तूफान अभी तक पूरी तरह शान्त नहीं हुआ था।

तीनों बाजियाँ खेली गयीं, जिनमें दो दादा जीते और एक प्रतिमा। लिली सप्रयास खिलखिलाती हुई बोली : "मैं तो तीनों बाजियाँ हार गयी! अब केवल हारना-ही-हारना है! जब तक जीऊँगी तब तक एक भी दाँव नहीं जीत सकूँगी जीवन में!" वह हँस रही थी या रो रही थी, यह जानना कठिन था।

"तुम्हें स्वयं पता नहीं हैं कि तुम एक बहुत बड़ी बाजी जीत चुकी हो," ताश के बिखरे पत्तों को बटोरते हुए दादा ने पत्तों की ही ओर देखते हुए कहा।

"कौन-सी बाजी?" अत्यन्त उत्सुक भाव से लिली ने पूछा।

"वह मैं बाद में बताऊँगा। पहले तुम यह बताओ कि तुम किस निर्णय पर पहुँची हो?" इस बार दादा सीधी दृष्टि से लिली की ओर देख रहे थे।

"किस विषय में?" शंकित-सी दृष्टि से लिली ने पूछा।

"अपने भविष्य के सम्बन्ध में।"

दादा ने जैसे जान-बूझकर फिर उसके कच्चे घाव को कुरेद दिया। लिली के चेहरे पर फिर एक अँधेरी छाया घिर आयी। गुलदस्ते से नीचे गिरे हुए बासी फूल की गली पंखुड़ियों को रेशा-दर-रेशा नोचती हुई, बोली : "भविष्य जब कुछ दिखायी दे तभी सोच सकती हूँ, दादा। अभी तो अपने भीतर और बाहर चारों ओर मुझे केवल धुआँ-ही-धुआँ, कुहरा-ही-कुहरा दिख रहा है।"

"धुआँ और कुहरा तो हमेशा के लिए जमकर ठहरनेवाली चीजें नहीं हैं। उन्हें तो हटना ही है–और जल्दी ही। इस बीच आगे के दो-चार निश्चित कदमों के बारे में तुम्हें सोच लेना हैं" कहकर दादा ने ताश की गड्डी एक किनारे रख दी।

"मैं कुछ भी तो नहीं सोच पा रही हूँ," नुची हुई पंखुड़ियों को उँगलियों से मसलते हुए लिली ने दादा की ओर बिना देखे ही कहा।

"तुमने बहुत सोचा है, पर क्या सोचा है यह याद नहीं कर पा रही हो।"

लिली ठीक से कुछ भी समझ नहीं पायी। केवल विस्मित, भ्रान्त और प्रश्न-भरी दृष्टि से दादा की ओर देखती रह गयी।

"नींद मे क्या सोच रही थीं तुम?" कौच पर पीठ को अच्छी तरह जमाकर दादा ने गम्भीर भाव से पूछा।

"नींद में?" अकृत्रिम आश्चर्य से लिली बोली। "मैं तो एकदम बेखबर सोयी हुई थी!"

"याद करो," अपनी रहस्य-भरी आँखों से एकटक उसकी ओर देखते हुए दादा बड़े ही धीर, गम्भीर और शान्त स्वर में बोले।

लिली फिर क्षण-भर के लिए उसी भ्रान्त दृष्टि से दादा की ओर देखती रही। फिर सहसा जैसे उसे कोई बात याद आयी। चिन्ता की सिकुड़नों को माथे पर उभारती हुई कुछ दबे हुए-से स्वर में बोली : "क्या सोचूँ, दादा! धूल और धुएँ के सारे बिखराव के बीच जो एक निश्चय मैं कर पायी थी उसे तो आपने उलट ही दिया है। अब दूसरे किसी भी निश्चित कदम की बात मैं सोच ही नहीं पा रही हूँ। सोचने के सारे रास्ते जैसे बन्द हो गये हैं।"

"मैंने यदि तुम्हारे किसी निश्चय को उलटा है तो उसका कोई दूसरा विकल्प भी बताया होगा।"

"दो विकल्प आपने बताये हैं और वे दोनों ही बड़े विकट और कष्ट-साध्य हैं।"

"पर उनके बारे में कुछ तो तुमने अवश्य ही सोचा होगा?"

"क्या सोचूँ, दादा? दवाएँ खाकर नियति के इस वज्र-बन्धन से मुक्ति का प्रयास एकदम अमानुषिक और घृणित लगता है मुझे। दूसरा विकल्प आपने यही तो बताया है कि नियति ने मेरी भूल के लिए जो दण्ड मुझे दिया है उसे साहस और धैर्य के साथ यथारूप स्वीकार करूँ? इसके लिए आपने मुझे विशेष रूप से प्रेरित करना चाहा है। जैसे ही मेरी नींद टूटी उसी क्षण इसी विकल्प ने मेरी चेतना को पूरी शक्ति से झकझोरा। आपने

ठीक ही कहा, शायद नींद ही में, अपने अज्ञात में, मैं इसी विकल्प को अपनाने का साहस अपने भीतर बटोर रही थी। पर दूसरे ही क्षण लगा कि कल्पना में यह चाहे कैसा ही सहज, मानवीय और स्वस्थ उपाय क्यों न लगे, पर यथार्थ में यह है एवरेस्ट की चोटी को लाँघन से भी अधिक दुर्गम और कष्ट-साध्य। इसके लिए मुझे प्रतिफल समाज से लोहा लेते रहना होगा, अपनी प्रारम्भिक जवानी के सारे रंगीन स्वप्नों को सदा के लिए तिलांजलि देनी होगी और जीवन-भर एक दुःसह व्रत का पालन अकेले ही, बड़े ही कड़े नियमों के साथ, करते रहना होगा। किसी कहानी या उपन्यास की नायिका के लिए इस व्रत की कल्पना सुखकर हो सकती है और वह उसे महिमान्वित भी कर सकती है, पर मेरे लिये तो यह केवल पहाड़ की चोटी लाँघने के बराबर ही नहीं, उस चोटी तक बहुत बड़े और भारी पत्थर को भी अपने साथ ढोते हुए ले जाने के बराबर कठिन सिद्ध होगा!" दादा देख रहे थे कि यह कहते हुए लिली की भावपूर्ण आँखों में एक जन्मजात कलाकार की-सी सूक्ष्म और मार्मिक वेदना उभर आयी थी।

दादा ने एक लम्बी साँस खींची। फिर बड़े ही मर्म-मधुर और भाव-भीने स्वर में धीरे–बहुत धीरे-से बोले : "देखो लिली, मुझे इस बात से बहुत बड़ी खुशी हो रही है कि तुम इस संकटपूर्ण स्थिति के सम्बन्ध में आवेग और उतावली से नहीं, बल्कि विवेक और धैर्य से विचार करने की दिशा में आगे बढ़ रही हो। निश्चय ही यह मार्ग बहुत ही कष्टसाध्य और दुष्कर है–क्षुरस्य धारा की तरह ही समझो इसे। पर–पर–लिली! (और दादा के चेहरे पर एक बड़ी ही मीठी और स्नेह-सरस मुस्कान आँख-मिचौनी खेलने लगी थी) मैं आज एक बात तुमसे कहना चाहता हूँ, जो मेरे एकदम भीतर से उठ रही है–"

प्रतिमा चौंकती हुई अत्यन्त उत्सुकता से दादा की ओर देखने लगी।

दादा को सहसा रुकते देखकर लिली सहज स्वर में बोल उठी : "कहिये!"

"वह यह कि तुम्हारे व्यक्तित्व में मुझे एक सच्चे और जन्मजात कलाकार की भरपूर चेतना का आभास मिला है। पहली दृष्टि से मुझे अवश्य लगा था कि तुम भी आज की उन फैशनेबुल 'आर्टिस्ट' लड़कियों में से एक होगी जो मन में चित्रकारी को कढ़ाई-बुनायी की कला से अधिक महत्त्व नहीं देतीं, पर जब मैंने तुम्हारे द्वारा अंकित प्रायः सभी चित्र देखे तब मेरी आँखें खुलीं–विशेष करके उस चित्र को देखकर जिसका शीर्षक तुमने "द ब्यूटी ऐण्ड द बीस्ट' रखा है। सच मानो, उस चित्र ने मुझे आश्यर्चजनक रूप से प्रभावित किया। मैं बड़ी बारीकी से काफी देर तक उसे देखता रहा और ज्यों-ज्यों देखता था त्यों-त्यों मुझे लग रहा था कि उसकी रेखाओं में आर्टिस्ट ने अपने अन्तर के भी अन्तर में छिपे एक भयावने दुःस्वप्न की संवेदना को जीवन्त रूप में संचारित कर दिया है। यह तो स्पष्ट है कि वह अनजाने ही निकला था और तुम्हें उसकी यथार्थता का बोध सचेत रूप में बहुत कम था। और निश्चय ही तब तुम्हें यह भी मालूम नहीं था कि वह 'बीस्ट' कौन है। पर, विश्वास मानो–या न मानो– मुझे उसी क्षण यह बोध हो गया था कि बाहरी आकृति न मिलने पर भी वह माणिकलाल को छोड़कर दूसरा कोई नहीं है–"

"ऐं-ऐ-ऐं! यह आप क्या कहते– क्या कह रहे हैं, दादा?" अपनी सहज विस्मित

आँखों को विस्मय की पूरी सीमा तक खींचती हुई लिली सहसा बोल उठी।

प्रतिमा का चौंकना तो स्वाभाविक ही था। "बाप-रे-बाप।" उसने कहा : "कितनी दूर की कौड़ी तुम न जाने कहाँ से उठा लाते हो!"

उसे दादा की बात पर तनिक अविश्वास हुआ हो ऐसा नहीं–क्योंकि उनकी एक भी बात आज तक उसके आगे कभी अप्रमाणित सिद्ध नहीं हो पायी थी–उसके चाहने पर भी नहीं। वह भीतर-ही-भीतर प्रसन्नता और गर्व का अनुभव कर रही थी कि कितनी गहराई में जाने की सहज आदत दादा की पड़ गयी है! पर ऐसे ही गर्व और प्रसन्नता के अवसर होते थे जब उसे दादा पर तीखी चोट करने की इच्छा होती थी।

पर दादा शान्त, धीर और गम्भीर ही बने रहे। उसी पहलेवाले लहजे में उन्होंने बोलना आरम्भ किया : "मैं ठीक कह रहा हूँ, लिली, और इसमें आश्चर्य की कोई बात है भी नहीं। क्योंकि चित्र देखने के ठीक पहले माणिकलाल से मेरी गहरी बातें हो चुकी थीं–तुम्हारे सम्बन्ध में नहीं, स्वयं उसी की 'व्यक्तिगत फिलासफी' के सम्बन्ध में। उन बातों के बीच और भी जो कुछ थोड़ी-सी बातें हुईं, उन्हें सुनकर माणिकलाल का पूरे-का-पूरा चरित्र जैसे मेरी मुट्ठी में आ गया। इण्ट्वीशन भी कोई चीज है, वह तुम्हें मानना पड़ेगा। उसी ने माणिकलाल के समूचे अन्तर्व्यक्तित्व को ही जैसे मेरे हवाले कर दिया। पर मैंने किसी से कहा कुछ भी नहीं। कहता भी किससे? जितना कुछ कहा जा सकता था उसे सीधे माणिकलाल से ही मैंने सांकेतिक भाषा में कह दिया था–"

"क्यों आपने यह कह दिया था कि मैंने "द ब्यूटी ऐण्ड द बीस्ट' उसको और अपने को ध्यान में रखकर अंकित किया है?" आशंकित भाव से लिली ने पूछा। उस क्षण वह जाने क्यों भूल गयी कि अब इस सम्बन्ध में उसकी किसी आशा या आशंका का कोई अर्थ नहीं रह गया है।

उसकी बात से दादा के चेहरे पर एक तीखी वेदना-भरी मुस्कान छा गयी। बोले : "यह मैं क्यों कहूँगा, पगली लड़की! अपने अनुमान को ऐसे निश्चित यथार्थ रूप में घोषित करने की भूल मैंने कभी की हो, ऐसा तो याद नहीं आता। पर मैं कह चुका हूँ कि इससे मिलती-जुलती बात उसे मैंने सांकेतिक रूप से बता दी थी–"

"तुम बातों का मजा लेने के लिए जाने कहाँ से कहाँ-कहाँ बहक गये थे।"

प्रतिमा तनिक डाँट-भरी मुस्कान मुख पर झलकाती हुई बोली। "बात चल रही थी यह कि लिली जिस मार्ग को अपनाने या न अपनाने की बात सोच रही है वह क्षुरस्य धारा के समान है, और तुम कहाँ-से-कहाँ पहुँच गये हो।"

"मैं अभी उसी बात पर आ रहा हूँ," दाद ने क्षण-भर के लिए प्रतिमा की ओर देखकर शान्त भाव से कहा। फिर तुरन्त ही लिली की ओर मुँह करके बोले : "मैं तो कह रहा था कि तुम्हारा सारा व्यक्तित्व ही कला पर आधारित है और तुम्हारी चेतना कलात्मक अनुभूति में ही साँस लेती है। इसलिए अपने सम्पूर्ण जीवन की कला के प्रति समर्पित कर देना ही तुम्हारा मूल धर्म या कर्म है। इसलिए नियति के इस कठोर दण्ड को अपनी साधना द्वारा एक कलात्मक अनुभूति में बदल देना तुम्हारा प्रधान कर्त्तव्य हो जाता है।

यह समझकर चलो कि तुम नियति का दण्ड नहीं भोग रही हो, बल्कि उसी रोमांस के पथ पर आगे बढ़ रही हो जिसकी सबल प्रेरणा से तुमने विवाह के पहले ही माणिकलाल के व्यक्तित्व की ओर आकर्षित होकर उसके प्रति पूर्ण विश्वास के साथ आत्म-समर्पण कर दिया था। साधारण लड़कियों की तरह अपनी उस रूमानी अनुभूति को एक क्षणिक अनुभव या अस्थायी आवेश मत मानो। जिस दायित्व का भार अब तुम्हारे ऊपर आ पड़ा है वह उस रोमांस से कोई अलग चीज नहीं है। वह उसी का एक अनिवार्य और परवर्ती अंग है। इसलिए उसे एक सच्चे कलाकार की साधना, त्याग और कौशल के साथ, उसकी अन्तिम परिणति तक बिना किसी शिकायत के, निभाती चलो। इसी में तुम्हारे भीतर के कलाकार का गौरव है। तुम्हारे 'कान्शेन्स' की ईमानदारी इस बीहड़ पथ में बराबर तुम्हारी सहायता करती रहेगी, इतना विश्वास मेरे कहने पर रखो।"

दादा जब अपनी बात पूरी कर चुके तब भी लिली काफी देर तक सन्नाटा खींचे रही। वह गम्भीर विचार में मग्न-सी लगती थी। उस चिन्ता से जब वह उबरी तब एक लम्बी साँस लेती हुई बोली : "दादा, आपकी गम्भीर बात का मर्म मैं अब कुछ-कुछ पकड़ पा रही हूँ, ऐसा मुझे लगता है। अब अपने आगे मैं केवल एक बाधा पा रही हूँ—वह है मेरे 'सेण्टीमेण्ट' की। मैं एक हत्यारे के बच्चे को अपने पेट में पाल रही हूँ यह भावना मुझे प्रतिपल कोंच रही है। हत्यारे का बच्चा भी हत्यारा निकल सकता है, मन की इस शंका के साथ एक लम्बे अर्से तक उसे पाल-पोसकर बड़ा करना बड़ा ही दुःखदायी, बड़ी ही साँसत का काम होगा, दादा!" कहते हुए विषाद की एक गाढ़ छाया उसके मुख पर घिर आयी।

"हत्यारे तो हम भी हैं, तुम भी हो, सभी हैं, लिली," दादा एक विचित्र दार्शनिक मनःस्थिति में बोले। "न जाने कब, किस क्षण, कौन अपने छोटे से स्वार्थ या क्षणिक खीझ की प्रतिक्रिया से किसकी हत्या कर बैठे, आज के वातावरण में यह कोई नहीं जानता। बौद्धिक प्राणियों के भीतर समय-समय पर विध्वंस और विनाश की प्रवृत्तियाँ जाने-अनजाने कुलबुलाती रहती हैं। पर वे सब समय सावधान रहकर उन्हें नियन्त्रण में रखने का प्रयास करते रहते हैं। यह एक संयोग ही था कि माणिकलाल ने गिडवानी की हत्या कर दी। यदि संयोग से ही वह उस क्षण अपने को नियन्त्रित कर पाता तो यह भी सम्भव था कि उसके बच्चे को पालना तुम अपना गौरव समझतीं। इसलिए 'सेण्टीमेण्ट' की इस बाधा को पथ के एक साधारण काँटे की तरह निकालकर दूर फेंक दो और अपने रोमाण्टिक विद्रोह को एक स्वस्थ दिशा की ओर नियोजित करके उसे पूर्ण सार्थकता प्रदान करने के कर्त्तव्य में पूरी लगन से जुट जाओ। इसी में तुम्हारा कल्याण है। नियति को यदि बदलना है तो नियति के ही साथ उसकी अनुकूल दिशा में चलना होगा, उसका विरोध करने से उससे त्राण नहीं पाया जा सकता!"

लिली ने एक लम्बी साँस खींची। एक हताश भाव उसकी आँखों की सहज दृष्टि में छा गया।

"तब क्या नियति ही सब-कुछ है?" प्रायः फुसफुसाते हुए उसने कहा, जैसे अपने-आपसे प्रश्न कर रही हो। "क्या मनुष्य जीवन के अन्त तक केवल उसी की

खामखयाली के अनुसार नाचते रहने को बाध्य है? व्यक्ति की अपनी कोई स्वतन्त्र सत्ता नहीं है?"

"शायद मैं अपनी बात ठीक से तुम्हें समझा नहीं पाया हूँ," दादा ने सहज कोमल स्वर में कहा। नियति है और उसकी अपनी रहस्यमयी योजनाएँ भी यथार्थ हैं। पर मनुष्य अपनी नियति से बहुत बड़ा है, लिली, बहुत बड़ा! इतना बड़ा कि उस बड़प्पन की कल्पना भी आसानी से नहीं की जा सकती। उसकी बुद्धि की सम्भावित पहुँच सृष्टि के आदिम रहस्य तक, जीवन की अन्तिम गहराई तक है। उसकी अनुभूति प्रकृति और जीवन के भीतर निहित आनन्द के मूल कोष को सहज ही छूने में समर्थ है। पर उसके साथ जो सबसे बड़ी ट्रैजिडी लगी हुई है वह यह है कि वह अपनी बुद्धि के बिखराव और अन्तर्भावना की उलझनों और विसंगतियों में ही जी पाने का आदी बन गया है; और अपनी बुद्धि और भावनाओं के उस भटकाव को ही वह जीवन की वास्तविकता समझने की भूल कर बैठता है। बाहर के प्रत्यक्ष जीवन की सुस्पष्ट भ्रान्तियों के अँधेरे पर्दों के भीतर विशुद्ध जीवन की जो अकलुष और अखण्ड धारा अनन्तकाल से निरन्तर प्रवाहित होती चली आ रही है उसकी ओर किसी छोटे से छिद्र से भी झाँकने की प्रवृत्ति आज की कुटिल और निरर्थक राजनीतिक चेतना के युग में नहीं पायी जाती। यही कारण है कि नियति की बागडोर आज मनुष्य के हाथों से छूटी हुई दिखती है और अनुकूल अवसर पाकर नियति उसे भरपूर नाच नचा रही है। पर यह स्थिति किसी भी हालत में अन्तिम नहीं हो सकती। जिस दिन मनुष्य अपने बड़प्पन का ठीक स्वरूप समझकर, उसकी प्रगति की सही दिशा को अपना लेगा उस दिन नियति भी पूर्णतः उसके अनुकूल हो जायेगी। इसलिए मैंने तुम्हें नियति को अपने अनुकूल बनाने और उससे आगे बढ़ने की ही बात बतायी है, आँख मूँदकर उसकी वश्यता को अन्त तक स्वीकार करते चले जाने को नहीं कहा है।"

"पर यह नियति है क्या चीज?" अत्यन्त व्याकुल और कातर जिज्ञासा के भाव से दादा की ओर देखते हुए लिली ने पूछा। "मनुष्य के स्वतन्त्र जीवन से उसका सम्बन्ध कैसे और कहाँ से जुड़ गया?"

दादा के चेहरे पर एक प्रशान्त और गम्भीर मुस्कान छा गयी। "नियति कोई बाहर से आरोपित चीज नहीं है, लिली," स्नेहपूर्ण आश्वासन के स्वर में दादा बोले। "अक्सर लोग नियति के नाम से या तो भड़क उठते हैं या घबरा जाते हैं, जैसे वह कोई हौवा हो और मनुष्य के अस्तित्व के बाहर की चीज हो। पर सच्चाई यह है कि प्रत्येक व्यक्ति अपनी नियति का निर्माता स्वयं है। केवल वर्तमान जीवन में ही वह अपनी भावी नियति का निर्माण कर रहा है, वरन् अपने जन्म के पूर्व से ही वह अपनी वर्तमान नियति की रूपरेखा स्वयं तैयार करके उसे अपने साथ लेता आया है। प्रत्येक व्यक्ति, अपने चिन्तन, अपनी भावनाओं और संस्कारों की कुछ विशिष्ट ही गति और दिशा को अपनाने के कारण, अपनी मानसिकता का एक विशिष्ट ही 'पैटर्न' या ढाँचा अपने अज्ञात में, बना लेता है। वही 'पैटर्न' प्राकृतिक नियम से, उसके भावी जीवन में कुछ विशिष्ट ही क्रिया-प्रतिक्रियाओं को जन्म देता है और उसकी नियति का भावी मानचित्र तैयार करता है। इस प्रकार मूलतः

मनुष्य स्वयं ही अपने भाग्य का निर्माता है और नियन्ता भी। जिस भ्रान्ति ने मनुष्य को सबसे अधिक भटका रखा है, लिली, वह यह है कि वह अपने वर्तमान जन्म की अवधि को ही जीवन का अथ और इति मानने लगता है। वह न इस जन्म की पिछड़ी कड़ी से ही कोई सम्पर्क रखना चाहता है, न भावी जन्म से। आज के सभ्य मनुष्य ने इतने अधिक ज्ञान-विज्ञान को आयत्त कर लिए है, फिर भी, अपनी बुद्धि के भटकाव के कारण, वह अभी तक अपने व्यक्तित्व की अटूट कड़ियों के नैरन्तर्य के सम्बन्ध में बर्बर मनुष्य से भी अधिक जड़ और अज्ञ बना हुआ है!"

"पर वर्तमान के प्रत्यक्ष जीवन के अतिरिक्त और भी कोई अप्रत्यक्ष जीवन है, और वह अप्रत्यक्ष जीवन वर्तमान जीवन की गति और दिशाओं का परिचालन करता है, यह मानना क्या एक निपट अन्ध संस्कार को बढ़ावा देना नहीं है?" लिली के स्वर में जिज्ञासा के साथ ही तनिक आक्रोश भी था।

दादा एक आधुनिका की पहले ही से जानी हुई शंका को सुनकर फिर मन्द-मन्द मुस्कराने लगे। बड़े इतमीनान के साथ बोले : "तब तुम क्या यह सोचती हो कि प्रत्यक्ष जीवन अपना 'डायनेमो' स्वयं तैयार करता है? एक छोटा-सा मासूम बच्चा अपनी गतिविधि की जिस एक विशिष्ट दिशा का अनुसरण करता है तुम क्या यह सोचती हो कि उसकी जाग्रत चेतना, या इसी जन्म में, पैदा होने के तुरन्त बाद से ही पायी हुई अवचेतना, उसका नियोजन करती है? नहीं, यह असम्भव है। अपनी अवचेतना के पूर्वार्जित संस्कारों की प्रेरणा से ही वह उस विशिष्ट दिशा की ओर आगे बढ़ता है। आधुनिक मनोवैज्ञानिकों से पायी हुई इस भ्रान्ति को सदा के लिए अपने अन्तर से दूर कर डालो कि बच्चे की मूल अवचेतना उसके जन्म के बाद से आरम्भ होती है। जन्म-जन्म के संस्कार, अनुभव और अनुभूतियाँ ही व्यक्ति की मूल अवचेतना का निर्माण करती है। प्रत्येक जन्म की नयी-नयी अनुभूतियाँ उस मूल अवचेतना से जुड़ती चली जाती हैं। और व्यक्ति की नियति भी उस मूल अवचेतना से ही जुड़ी है। अन्तर केवल इतना होता है कि अवचेतना कुछ विशिष्ट क्रियाओं को जन्म देती है और नियति उन क्रियाओं की प्रतिक्रिया या परिणाम को।"

"तब क्या व्यक्ति की अपनी कोई स्वतन्त्र इच्छा-शक्ति नहीं है?" एक बड़ी ही करुण आह-सी भरती हुई लिली बोली।

"है क्यों नहीं!" अत्यन्त उत्साहित होकर दादा ने कहा : "मैं पहले ही कह चुका हूँ कि मनुष्य स्वयं अपनी नियति का मूल नियन्ता है। जन्म-जन्म के अटूट क्रम से प्राप्त अपनी अवचेतना को अपनी इच्छा के अनुसार सँवारने, परिष्कृत करने, स्वस्थ और सुन्दर बनाने की पूरी छूट उसे है। आवश्यकता है केवल उस मूलगत इच्छा-शक्ति को जगाने की। और वह तभी जग सकती है जब मनुष्य अपने वैयक्तिक अस्तित्व के अनादिकालीन नैरन्तर्य पर अटूट आस्था रखे–केवल अपने प्रत्यक्ष वर्तमान जीवन की सीमित अवधि को ही जीवन का अथ और इति न माने तभी उसे वह धैर्य और वह बल प्राप्त हो सकता है जो किसी विशेष युग की विश्वव्यापी विकृतियों से भी नहीं डिगता। तभी मैं तुमसे कह

रहा था कि इस जन्म में नव-यौवन के प्रारम्भ से ही अपने रोमांस की अस्थायी प्रतिमा को प्लास्टर के खिलौने की तरह मेज पर से गिरते और दो टुकड़े होते देखकर मत घबराओ। अपने अन्तर के रोमांस के स्थायी भाव को और अधिक सुदृढ़, और अधिक सुन्दर, और अधिक मंगलमय बनाने के लिए किसी भी प्रायश्चित्त या त्याग से मत कतराओ। धैर्य और पुनीत कर्त्तव्य की भावना से प्रेरित होकर, आनेवाले युग या अगले जन्म की तैयारियों में अभी से पूरी लगन के साथ जुट जाओ।"

लिली के चेहरे की अभिव्यक्ति से दादा को लग रहा था कि उनकी बातें उसके अन्तर के किसी कोने को अवश्य छूने लगी हैं। तथापि अभी तक उसकी हताश दृष्टि में काफी शंका बनी हुई थी। वह मौन भाव से दादा की ओर देखती हुई भी जैसे अभी तक अपने ही अन्तर के महा-अरण्य में भटक रही थी।

"मेरी बात पर विश्वास करो, लिली," पुचकार-भरे स्वर में दादा ने कहा। "मैं तुम्हें किसी आध्यात्मिक जाल-जंजाल में भरमाने की बात नहीं कहा रहा हूँ। मेरी बात को एक वैज्ञानिक स्वयंसिद्धि मानकर गाँठ बाँधकर चलो। तभी तुम इस जीवन में आते रहनेवाले विकट संकटों के बीहड़ वन को हँसते-खेलते, राजमार्ग की तरह पार करती चली जाओगी।

शून्य में भटकती हुई-सी लिली की भ्रान्त दृष्टि बता रही थी कि वह अब भी शंका-ग्रस्त है।

"क्या सोच रही हो?" दादा ने सहज स्नेह-सने स्वर में पूछा।

"मैं सोच रही हूँ, दादा", मेज पर अभी तक पड़ी हुई फूल की दो पंखुड़ियों को उठाकर, अनमने भाव से उन्हें दोनों हाथों से नोचकर नीचे गिराती हुई लिली बोली, "कि क्या जीवन का चक्र-जाल ही निरर्थक नहीं है? ए टेल बाई ऐन ईडियट, फुल ऑफ साउण्ड ऐण्ड फ्यूरी सिग्निफाइंग नथिंग?"

अपने सारे जीवन के ऐकान्तिक चिन्तन के बाद दादा जीवन की जटिल उलझनों के सम्बन्ध में जिन अन्तिम रूप से निश्चित लगनेवाले निर्णयों पर पहुँच चुके थे, उनका कोई स्पष्ट प्रभाव लिली के मन पर न डाल पाने के कारण उन्हें इस बार कुछ निराशा-सी होने लगी थी। फिर भी उन्होंने हार नहीं मानी।

आश्चर्यजनक धैर्य के साथ वह शान्त, धीर और गम्भीर स्वर में बोले : "प्रकृति की सूक्ष्म और बड़ी-से-बड़ी योजनाओं के सम्बन्ध में तुमने किसी-न-किसी हद तक वैज्ञानिक अन्वेषकों की बातों की जानकारी अवश्य ही प्राप्त की होगी। फूलों की जिन पंखुड़ियों को तुमने अभी नोचा है उनसे लेकर विराट् से भी विराट् ग्रह-नक्षत्रों की बनावट में प्रकृति की जिस सूक्ष्म और सन्तुलित बुद्धि का चमत्कार अनास्थावादी वैज्ञानिक भी देखते चले आये हैं उससे तुम भी निपट अनभिज्ञ नहीं हो, ऐसी मेरी धारणा है। तब मनुष्य जैसे उन्नत चेतनाशील प्राणी के जीवन के सम्बन्ध में प्रकृति की बुद्धि कुण्ठित हो गयी है, ऐसा तुम क्यों मानती हो? जो प्राणी जीवन के अन्तरतम रहस्य को समझ सकने की सम्भावना रखता है, जिसके अन्तर में परिपूर्ण ज्ञान की अगाध पिपासा निहित है, जिसके भीतर असंख्य अरमान, अनगिनत महत्त्वाकांक्षाएँ और मन को तल से लेकर सतह तक

मथनेवाली भावनाएँ–पैदा होने के क्षण से लेकर मृत्युपर्यन्त–अतृप्त अवस्था में कुलबुलाती रहती हैं, उसके अन्तर में उस महान् अतृप्ति के बीज बोकर, उसकी उस अतृप्ति को प्रत्यक्ष जीवन के अन्तिम क्षण तक कायम रखकर, अन्त में उस पूर्ण अतृप्त अवस्था में ही उसे सदा के लिए शून्य में विलीन करने की दुर्बुद्धि की आशंका तुम प्रकृति से क्यों करती हो? प्रकृति की अनन्त और अनादि कालीन योजनाओं पर आस्था रखो, लिली। इतनी बड़ी, इतनी चित्र-विचित्र, इतनी आश्चर्य योजनाओं के पीछे किसी अन्ध और मूढ़-शक्ति का हाथ है, इस निराधार और हास्यास्पद कल्पना को अपने सम से सदा के लिए मिटा दो। भीतर के भी भीतर की आँखें पूरी तरह खोलकर देखो, तब तुम पाओगी कि मनुष्य का प्रत्यक्ष वर्तमान जीवन भूत और भविष्य से तनिक भी कटा हुआ नहीं है। उस चिर-विकासोन्मुख और चिर-गतिशील जीवन के आगे-पीछे अनन्त रंग-बिरंगी कड़ियाँ जुड़ी हुई हैं और एक भी कड़ी निष्प्रयोजन और निरर्थक नहीं है। प्रत्यक्ष विसंगतियों के बावजूद, उस अखण्ड जीवन-धारा के प्रत्येक खण्ड अंश के गर्भ में अनन्त आनन्द की अपार सम्भावनाएँ निहित हैं। उस विराट् जीवन के परिप्रेक्ष्य में देखते हुए व्यक्ति के प्रत्यक्ष जीवन की सीमित अवधि के एक-एक क्षण का सम्बन्ध अनन्त जीवन-क्षणों के साथ जोड़ने की योजना में पूरी लगन से जुट जाओ। तभी तुम जीवन की विसंगतियों में संगति, अपूर्णता में पूर्णता और प्रकट निरर्थकता में महान् अर्थ देख पाओगी।"

इस बार लिली एकान्त ध्यान से सुन रही थी, प्राणों के एक-एक अणु के सूक्ष्मतम कानों से सुन रही थी, दादा के एक-एक शब्द को कभी न बुझनेवाली प्यास की पूर्ण अतृप्ति से सुन रही थी।

देवसिंह ने आकर सूचित किया कि खाना तैयार है। प्रतिमा उठ खड़ी हुई। देवसिंह ने और उसने मिलकर बड़े कायद से मेज पर खाना लगा दिया। तीनों को अच्छी भूख लगी थी और सबने बड़ी रुचि से खाना खाया।

सवेरे दस बजे की बस से लिली को विदा करने दादा और प्रतिमा स्टेशन गये। जब लिली अपनी सीट पर बैठ गयी तब दादा ने देखा कि वह अपेक्षाकृत शान्त और स्थिर थी। आत्म-विश्वास की एक हलकी-सी आभा भी उसके चेहरे पर मन्द-मन्द चमक रही थी। बस के छूटने पर दोनों आश्वस्त होकर डेरे की ओर लौट चले।

रास्ते में प्रतिमा ने कहाः "इन जवानों के रोमांस से तो हम दोनों का रोमांस बहुत अच्छा चल रहा है, दादा!"

"अर्थात् गुड्डे-गुड्डी के रोमांस से बुड्ढे-बुड्ढी का रोमांस बेहतर है, यही कहना चाहती हो न तुम?" एक दुष्टता-भरी, बेमालूम-सी मुस्कान दादा की आँखों में खेल रही थी।

"हँसी की बात नहीं, दादा, मैं कल ही से इस बात पर बड़े गम्भीर रूप से विचार कर रही हूँ। और मुझे आश्यर्च भी कुछ कम नहीं हो रहा है। यहाँ आने के पहले मैं समझती

थी कि मैंने अपनी सारी जवानी व्यर्थ के चक्करों में पड़कर खो दी। जवानों का रोमांस देखकर मुझे उन पर ईर्ष्या होती थी। पर जब से यहाँ आयी हूँ तब से जो अनुभव मुझे होते चले जा रहे हैं उनसे मेरी धारणा ही मूलतः बदल गयी है।"

"पर तुम अभी से विश्वास क्यों किये बैठी हो कि हम दोनों का रोमांस अन्त तक इसी सुखद शान्ति से चलता रहेगा? क्या तुम्हारे मन में यह आशंका नहीं उठती कि अभी मेरी उम्र है और मैं किसी भी क्षण तुम्हें धोखा दे सकता हूँ?"

"दिन-पर-दिन तुम बड़े ही दुष्ट होते चले जा रहे हो!" बड़ी ही मीठी मुस्कान के साथ, बड़े ही स्नेह-कोमल स्वर में प्रतिमा बोली।

"नहीं, इस गम्भीर बात को तुम हँसी में नहीं उड़ा सकती हो," अपनी कृत्रिम गम्भीरता को कायम रखते हुए दादा ने कहा। "यही जीवन के यथार्थ पर आधारित सम्भावना है। इसकी अपेक्षा करने से तुम्हें बाद में कहीं पछताना न पड़े, इसलिए तुम्हें इस सम्बन्ध में पूरी सावधानी बरतनी होगी!"

"वह तो मैं बरतूँगी ही, क्योंकि तुम्हारे स्वभाव की दुष्टता के सभी पहलुओं से मैं परिचित हो चुकी हूँ। पर मैं दूसरी बात कह रही थी। मैं गम्भीर रूप से यह सोचने लगी हूँ कि सच्चे रोमांस की असली उम्र चालीस के बाद ही आती है। उसके पहले या तो आतिशबाजों की फुलझड़ियाँ और महताब की रंगीनी आँखों में चकाचौंध लगा देती हैं या फिर उन फुलझड़ियों की समाप्ति पर उनसे निकलनेवाले धुएँ से दृष्टि में धुंध छा जाती है।"

"पर यह तो बताओ कि वह कौन जादुई रंग है जो चालीस के बाद आँखों पर चढ़ता है?" सचमुच की दुष्टता से भरी थी दादा की दृष्टि इस बार।

"उसके बाद जो रंग चढ़ता है वह है सन्ध्या का सुनहला और स्निग्ध झिलमिलापन और वह गुलाबी चेतना, जो ऐसे स्थायी भाव से प्राणों में छा जाती है कि जीवन के अन्त तक हर बासी अनुभूति को प्रतिपल ताजा और रूमानी बनाती रहती है।" अपनी भावुकता के बहाव में प्रतिमा बोली।

"और फिर? उसके बाद?" मीठे व्यंग्य की एक हलकी-सी चिकोटी के साथ दादा ने कहा।

"उसके बाद नयी सुबह की नयी लाली–उसकी मन्द मधुर सपनों-भरी प्रतीक्षा!" कहती हुई प्रतिमा सारी गम्भीरता भूलकर, शायद दादा के छुतहा प्रभाव से, स्वयं भी हास्य और व्यंग्य के मूड में आ गयी।

दादा ने देखा, बड़ी ही प्यारी लग रही थी उसके मुख पर खिली हुई वह विनोद-भरी मुस्कान।

"मैं समझ रहा हूँ," दादा ने कहा, "तुम मेरे ही शब्दों से मुझी पर वार कर रही हो। पर एक बात–"

"क्या?" प्रतिमा ने अपने उसी विनोदवाले लहजे से पूछा।

अँधेरा हो जाने पर सुहाग के छोटे से एकान्त पहाड़ी कमरे में मधुर-मधुर दीपक जलानेवाली बात तुम भूल ही गयी!"

"वाह जनाव वाह!" विनोद के उसी लहजे से प्रतिमा बोली, "बलिहारी है आपकी समझ की! सुहाग के कमरे में बत्ती बुझायी जाती है कि जलायी जाती है?"

सुनकर दादा ने ऐसा पटाखेदार ठहाका लगाया कि बगलवाली पगडण्डी से ऊपर को जानेवाला एक मजदूर चौंक उठा और उसके सिर का मोट कुछ खिसक गया। गनीमत यह थी कि और कोई व्यक्ति उस समय अगल-बगल में नहीं था।

जब हास्य के वेग से दादा कुछ सँभले तब अपेक्षाकृत सहज स्वर में बोले : "मैं कुछ समय से इस बात पर गौर कर रहा हूँ कि हम लोग इधर रूमानी चेतना के पतले रबड़ को आवश्यकता से बहुत अधिक आगे तक खींचे चले जा रहे हैं–"

"यह बात आप क्यों भूले जा रहे हैं, हुजूर," अपने व्यंग्य को सहसा एक नया और तीखा मोड़ देती हुई प्रतिमा बोली, "कि आप ही ने एक दिन कहा था कि रूमानी चेतना के बासीपन को धोकर, उस पर नये अनुभवों की नयी चेतना की रंगीनी चढ़ाकर, नये सिरे से उसकी प्रतिष्ठा करने की आवश्यकता आ पड़ी है इस नीरस, शुष्क बुद्धि-विलासी, पागल युग में; क्योंकि तुमने कहा था, मूलतः वही एक ऐसी चेतना है जो जीवन की प्रकट व्यर्थता को हर युग को एक चिर-सुन्दर और चिर-मंगलकारी अर्थ देती है। तुमने यह भी कहा था कि उसका 'रिवाइवल' एक दिन ही रहेगा–नये रूप में।"

"मैं आज भी इस बात पर बल देता हूँ। मेरा इस समय केवल इतना ही कहना है कि इस घोर 'गाद्य' युग में नयी रूमानी चेतना की बहुत बड़ी आवश्यकता होने पर भी हमें सँभल-सँभलकर, संयम के साथ उसका उपभोग करना चाहिए, तभी हम 'असंगतियों' से बच सकेंगे।"

"यह तुम जा़नो," तनिक उदासीन स्वर में प्रतिमा ने कहा। "इस सम्बन्ध में कैसे चलना चाहिए और कैसे नहीं, यह मैं किसी से पूछकर तय नहीं करूँगा। मैं तो सीधे-सीधे अपनी भावनाओं और अनुभूतियों के अनुसार चलूँगी, फिर चाहे युग के साथ उसकी कैसी ही संगति या विसंगति क्यों न बैठे।"

"तुम्हारी इस स्वतन्त्र चेतना के लिए मैं तुम्हें हार्दिक बधाई देता हूँ," कहते हुए दादा ने चढ़ाई की और पहला कदम रखा। प्रतिमा उन्हीं का अनु-करती हुई चली।

"पर मुझे तो नकुल की बात याद आ रही है," अपनी बात को आगे बढ़ाते हुए दादा ने कहा। "मेरे मुँह से रोमाण्टिक चेतना की बात सुनकर एक दिन वह बुरी तरह से भड़क उठा था। जानती हो तब उसने मेरी बात के उत्तर में क्या कहा था? उस समय वह अपने कटुतम 'मूड' में थी। बोला : "युग के जिस महामसान के बीच से होकर हम नये लोग गुजर रहे हैं, जिन विश्वव्यापी भूतों-प्रेतों, अगिया बैतालों और रक्तशोषी डाकिनियों की प्रमाद-लीला और उन्मत्त कोलाहल के बीच हम जीने के लिए विवश हो रहे हैं, वहाँ केवल जलती चिताओं को गन्धाता हुआ धुँआ पीने, मरघट की धूल और राख फाँकने और फिर अपनी बेबसी पर झोखने और कुढ़ने के अतिरिक्त और किसी दूसरी चेतना में जीने की स्वतन्त्रता ही हमें कहाँ है? जीवन की ऐसी परिस्थितियों में रूमानी चेतना की बात उठाकर आप आज के जीवन की नियति के साथ इतना बड़ा परिहास किस

साहस से कर रहे हैं?' मैंने उस समय कोई उत्तर उसकी बात का नहीं दिया। दूसरे ही क्षण उसकी मनःस्थिति ने एक दूसरा ही रूप अपना लिया। विकट व्यंग्य की हताश मुस्कान मुख पर झलकाता हुआ वह बोला : 'आप भी, दादा, कभी-कभी एक घुटे हुए सिनिक की-सी बातें करने लगते हैं!' मैं हँसूँ, झीखूँ या उसे डाँटूँ– कुछ भी तय नहीं कर पा रहा था। मुझ लगा कि रूमानी चेतना के प्रति नयी पीढ़ी की निपट उपेक्षा और उपहास के भाव में कोई परिवर्तन ला पाना केवल कठिन ही नहीं, प्रायः असम्भव भी है, और जीवन के यथार्थ का जो रूप आज चल रहा है उसे देखते हुए मैं उन्हें तनिक भी दोष नहीं दे पाता। उन्होंने अपने जीवन के प्रारम्भ ही से अपने आकाश के चारों ओर केवल मसान का धुआँ उठता हुआ और धूल और राख ही उड़ती हुई देखी है। यदि रूमानी चेतना को फिर से जगाना है तो इस महा-मरघट की गहरी खुदायी करनी होगी, जिसकी राख के नीचे बहुत नीचे–यह चेतना दबी पड़ी कराह रही है। है साहस ऐसे बीहड़ श्रम का भार अपने कन्धों पर लेने का?"

चढ़ायी में चलते हुए प्रतिमा का दम फूलने लगा था, इसलिए उसने कोई उत्तर नहीं दिया चुपचाप धीरे-धीरे चलती रही।

जब दोनों थके-थकाये डेरे पर पहुँचे तब देवसिंह ने दादा के हाथ में दो दिन की डाक थमा दी।

"मैं होटल गया था कुछ जरूरी चीजें उठा लाने। वहीं यह डाक पड़ी हुई थी", देवसिंह ने कहा।

"कुछ पत्र-पत्रिकाएँ थीं और कुछ चिट्ठियाँ। दो चिट्ठियाँ प्रतिमा के नाम थीं।

प्रतिमा तुरन्त ही एक कुर्सी पर बैठ गयी और एक पत्र खोलकर पढ़ने लगी। कुछ लम्बी-सी चिट्ठी थी वह। वह बड़े ही मनोयोग से पढ़ रही थी।

दादा के नाम केवल एक कार्ड था। उसे पढ़कर उन्होंने आले पर रख दिया और एक संवाद-पत्र खोलकर पढ़ने बैठ गये।

एक पत्र पढ़ चुकने के बाद प्रतिमा दूसरा पत्र खोलकर पढ़ने लगी। वह भी काफी लम्बा दिखता था। उसे भी जब अच्छी तरह पढ़ चुकी तब दोनों को उसने मेज पर रख दिया और गाल पर हाथ रखकर किसी गम्भीर चिन्ता में मग्न हो गयी। दादा अखबार पढ़ते हुए भी बीच-बीच में कनखियों से उसकी ओर देख लेते थे। जब उन्होंने देखा कि वह किसी चिन्ता में डूब गयी है तब उनसे न रहा गया। बोले : 'क्या बात है? कुशल तो है?"

प्रतिमा कुछ देर तक उसी तरह गाल पर हाथ रखे, नीचे की ओर देखती हुई, मौन भाव से चिन्ता में खोयी-सी रही। दादा ने देखा कि मामला कुछ गम्भीर है। हाथ का अखबार नीचे फेंककर, कुछ चिन्तित भाव से बोले : "क्या बात है, प्रतिमा तुम अचानक चिन्तित हो उठी हो? किस-किस के पत्र हैं ये? क्या लिखा है?"

प्रतिमा ने एक लम्बी साँस खींची। फिर पूछा : "आज तारीख क्या है!"

"ग्यारह जुलाई, सन् उन्नीस सौ अड़सठ," दादा ने कहा।

प्रतिमा के अँधेरे चेहरे पर एक हलका-सा प्रकाश दिखायी दिया। "सन्-संवत् तुमसे कौन पूछ रहा है?" उसने हलकी-सी मुस्कान के साथ ही तनिक आँखें तरेरते हुए कहा। "पर गजब हो गया दादा!" और फिर चेहरे पर वही चिन्ता की रेखायें।

"बात क्या हो गयी, तुम कुछ बता ही नहीं रही हो?" एक मीठी-सी खीझ के साथ दादा बोले।

"इतने दिनों तक मैं यहाँ ऐसी बेखबर सोयी रही कि मुझे सचमुच न महीने की कोई खबर रही न तारीख की। और बाहर की दुनिया से तो मैं एकदम जैसे कट ही गयी थी। अभी जो चिट्ठियाँ मैं पढ़ रही थी वे मेरी दो शिष्याओं की हैं। दोनों एम.ए. प्रथम वर्ष में पास हो गयी हैं। दोनों ने सहज स्नेह से मुझे याद करते हुए, बहुत-सी दूसरी बातों के साथ लिखा है कि उन्हें रोज ही मेरी बहुत याद आती हैं और अब 15 जुलाई को मुझसे मिलने की प्रतीक्षा वे बड़ी उत्सुकता से कर रही हैं।"

"पन्द्रह जुलाई को क्या खास बात है?

पन्द्रह को कॉलेज खुलेगा–इससे खास बात इस समय और क्या हो सकती है?"

"ओह, ठीक है! मुझे इसकी याद ही नहीं थी।" तनिक उदास भाव से दादा ने कहा।

"तुम्हें क्या याद होगा जब मैं ही एकदम बेखबर बैठी हुई थी!" और फिर एक लम्बी-सी साँस।

"पर तुम चिन्तित क्यों हो रही हो? अभी तो काफी समय है वहाँ पहुँचने के लिए।"

"हुहुँ!" कहकर उसी चिन्ता-भरी, मुस्करायी मुस्कान से शून्य की ओर देखते हुए प्रतिमा ने आँखें घुमायीं।

उसकी उस विचित्र-सी मुद्रा ने बिजली की-सी झलक से दादा को सचेत कर दिया। अभी तक वह कुछ अनमने से हो रहे थ–यथार्थ से कुछ बिलगे-बिलगे हुए। अब सहसा प्रतिमा की 'हुँह!' ने उनके मन की उस क्षण की जड़ता की एक जोर के झटके से हिलाकर प्रतिमा की मनःस्थिति के समान अनुभूति-स्तर पर लाकर रख दिया। स्थिति की वास्तविक गम्भीरता अब इतनी देर बाद उनके आगे स्पष्ट हो पायी। वह अब समझे कि प्रतिमा के आगे जो एक विषम संकट की स्थिति उपस्थित हो गयी है उसके प्रति अनजाने ही वह इतनी देर तक उदासीन बने रहे। 'हुँह!' का मतलब उनकी उसी उदासीनता के प्रति उलाहना था।

अपनी उस भूल को सुधारने के लिए वह उतावले हो उठे। बोले : "पर क्या कालेज में पन्द्रह तारीख तक पहुँचना आवश्यक है, तार कर दो कि तुम अभी नहीं आ सकती हो!"

प्रतिमा ने उनकी बात का कोई उत्तर दिए बिना ही नीचे पड़ा हुआ अखबार उठा लिए और उसे पढ़ने का बहाना करने लगी।

"कोई उत्तर नहीं दिया तुमने मेरी बात का!" दादा ने खिसियाई हुई आवाज में शिकायत करते हुए कहा।

"तार देकर किसी की मुक्ति के मार्ग का काँटा क्यों बनूँ!" अखबार के पन्नों पर

झूठमूठ ही आँखें गड़ाये, दादा की ओर बिना देखे ही प्रतिमा बोली।

"किसके मार्ग का काँटा बनने की बात तुम कह रही हो, प्रतिमा? बात को तनिक सीधे ढंग से समझाओ।"

"तुम्हारे ही मार्ग की बात कर रही हूँ! इतने भोले क्यों बनते हो?" कहते हुए प्रतिमा ने अखबार सहसा नीचे डाल दिया। पर दादा की ओर उसने अब भी नहीं देखा। दोनों हाथों से कुर्सी की बाँहें पकड़े वह सामने शीशे की दीवार के पार देखती रही।

"मेरे पथ का काँटा? वाह, प्रतिमा रानी, वाह। यह तुमने खूब कहा। इतने दिनों बाद तुम मुझे सही रूप में समझ पायी हो, लगता है! ऐसे संकट के समय भी तुम ऐसा निर्मल व्यंग्य कस सकती हो, यह मैं नहीं जानता था!" दादा के स्वर में वेदना थी या परिहास था या व्यंग्य, यह जानना कठिन था।

"जो व्यक्ति मेरी संकट-भरी समस्या की बात सुनकर भी आराम से यह कह सकता है कि 'चिन्ता काहे की है? अभी काफी समय है वहाँ पहुँचने के लिए,' उसके सम्बन्ध में क्या सोचा जाये–सिवा इसके कि वह अपने पथ का काँटा दूर होते देखकर चैन की साँस ले रहा है?" और उसके बाद ही प्रतिमा ने दादा की ओर सीधी दृष्टि से देखना शुरू किया–सीधी किन्तु तीखी दृष्टि से। और फिर बोली। "करीब दो महीने हो चुके हैं मुझे यहाँ तुम्हारे साथ। एक मुक्त और निर्बंध स्वभाववाले व्यक्ति के लिए इतने दिनों का बन्धन दो बरस की कड़ी कैद की सजा से कुछ कम कष्टकर नहीं हो सकता, यह तो जानी हुई बात है!"

अब दादा की बारी थी 'हुँह!' कहने की। उन्होंने यही किया और फिर हताश स्वर में धीरे से बोले : "एक अनमने क्षण में की गयी एक छोटी-सी "भूल' के लिए मुझे इतना बड़ा दण्ड तुम दे रही हो, प्रतिमा! मैं क्या कहूँ! तुम स्वयं ही सोच लो कि यह कहाँ तक उचित है! मेरा कहना मान जाओ, अभी एक तार कालेज के अधिकारियों के पास भेज दो कि तुम अभी नही आ सकतीं।"

"तार तो, खैर, मैं नही भेजूँगी," अखबार को फिर अनमने मूड में नीचे से उठाती हुई प्रतिमा बोली। "जाना तो मुझे पड़ेगा ही!"

"बीबी जी, नहाने का पानी गरम हो गया है, रख दूँ?" देवसिंह ने आकर पूछा।

"रख दो," कहती हुई प्रतिमा कुछ तेजी के साथ उठ खड़ी हुई।

"अभी तनिक बैठो तो सही," दादा ने कहा। "अभी से नहाने की क्या जल्दी है!"

"बिना नहाये न तुम्हारा दिमाग ठण्डा होगा न मेरा, इसलिए नहाना जरूरी है।"

"पर गरम पानी से नहाने से दिमाग कहीं और गरम न हो जाये!" दादा ने प्रयोग के लिए परिहास की एक हलकी फुलझरी छोड़ी।

"दुत!" कहकर प्रतिमा ने एक शुगर-कोटेड कटाक्ष दादा की ओर फेंका और फिर नहाने चली गयी।

दादा ने चैन की साँस ली।

पर पूरा चैन दादा को मिल नहीं रहा था। बरामदे में अकेले बैठे-बैठे वह आकाश-पाताल की बातें सोचने लगे थे। जिस समस्या का संकट हर हालत में एक बार आनेवाला था वह ऐसे अनमने क्षण में आया जब उसके लिए वह बिलकुल ही तैयार नहीं थे। उन्हें अपने मन की उस गफलत के लिए जितना ही आश्चर्य हो रहा था उतना ही दुःख भी। इतने दिनों तक वह इस बात को कैसे भूले रहे कि प्रतिमा एक कालेज की प्रधानाध्यापिका है और छुट्टियाँ समाप्त होने पर उसे हर हालत में मेरठ जाना ही होगा–चाहे इस्तीफा देकर कार्यभार सौंपने के लिए जाना पड़े या कुछ समय तक वहीं रुके रहने के लिए। छुट्टियाँ समाप्त हो रही हैं, इस बात की भी चेतना आज तक न तो प्रतिमा के मन में जगी न स्वयं दादा के ही मन में! किस दुनिया में खोये रहे वे दोनों इतने दिनों तक? और आज एक अप्रत्याशित बाम्ब-शेल की तरह वह अनिवार्य यथार्थ, विचार के लिए कोई अवकाश दिये बिना ही, अकस्मात् फट पड़ा!

और वे सब घटनाएँ, पूरे विस्तार के साथ, एक-एक करके उनकी स्मृति में नाचने लगीं जिनको लेकर वह अनचाहे ही बुरी तरह व्यस्त रहे। वे व्यक्ति भी एक-एक करके अपने-अपने चरित्र और व्यक्तित्व की अलग-अलग विशेषताओं के साथ याद आने लगे, जिनके चक्रजालों के बीच उन्हें व्यस्त रहना पड़ा, पर जो अब एक-एक करके अदृश्य हो चुके थे। केवल दो महीने के भीतर जैसे पूरे तीन-तीन युग वह बिता चुके थे उन विचित्र चरित्रों के सम्पर्क में–प्रतिदिन की छोटी-छोटी घटनाओं से लेकर उनके जीवन-मरण तक की समस्याओं की उलझनों के बीच! एक ओर तो उन्हें लग रहा था कि उतनी अवधि में वह अनेक जन्मों के मार्मिक अनुभवों के बीच से होकर गुजर चुके हैं–काल का इतना लम्बा विस्तार उस छोटी-सी अवधि में समा गया था! दूसरी ओर, उसी अवधि में, प्रतिमा के साथ निकटतम और घनिष्ठतम सम्पर्क में जो समय उन्होंने बिताया वह जैसे कुछ ही पलों में बीत गया। इतने वर्षों बाद उसका जो नया रूप उन्होंने देखा था उससे प्रारम्भिक परिचय भी अभी तक जैसे ठीक से नहीं हो पाया था। पर कितना मधुर, कितना प्यारा, अन्तर के सुकुमारतम चेतना-बिन्दु को प्राणों के किस अछूते स्पर्श से गुदगुदानेवाला था वह प्रारम्भिक परिचय! जन्म-जन्म के पुराने-से-पुराने और नये-से-नये परिचयों के बाद फिर न जाने कितने लोकों और नक्षत्रों से भटककर वही एक नारी पहुँच गयी थी उनके पास जिसके लिए वे प्रारम्भिक जवानी के बाद पूरे चालीस वर्षों से प्रतीक्षा में बैठे हुए थे। ऐसा तो नहीं था कि उन्हें इतने वर्षों तक घर बसानेवाली कोई नारी प्राप्त ही न होती! नहीं, इस कदर खराब व्यक्तित्व उनका कभी नहीं रहा! इसलिए प्रतीक्षा थी केवल उसी की–हाँ, केवल ऐसी तेजवती नारी की, जो अपने जीवन की परिपक्व अवस्था में अपने सम्पूर्ण तेज को अन्तर्प्राणों के कोमलतम भाग में घुला सके–अपने उस सहज तेज के तीखेपन को पूरे-का-पूरा, साहस और धैर्य के साथ पी सके और पी चुकने के बाद भी जिसकी शेष बची आभा उसके सौम्य व्यक्तित्व को प्रतिपल प्रदीप्त करती रहे।

अन्त में मिल ही गयी ऐसी नारी (दादा सोचते हुए मन्द-मधुर मुस्कराने लगे थे)।

क्या यह संयोग था? केवल जाग्रत चेतना की दुनिया में रहनेवाले लोग इसे संयोग के सिवा और कुछ कह भी नहीं सकते। पर दादा को इस बात का पूरा विश्वास था–अपने पूरे विवेक और अनुभव के साथ–कि कुछ ऐसे संयोग भी होते हैं जो नियति और प्रकृति के कुछ निश्चित किन्तु रहस्यमय नियमों के अनुसार पहले ही से नियोजित रहते हैं। और व्यक्ति का अन्तर्मन यदि जागरूक हो, तो उसे कुछ विशेष क्षणों में उन 'संयोगों' का पूर्वाभास भी मिल जाता है।

ठीक प्रतिमा ही उन्हें मिलेगी, दादा को ऐसा आभास नहीं मिला था, और प्रतिमा की याद–बरसों के अदर्शन के कारण–उनके जाग्रत मन में शायद ही कभी आयी हो। पर उनका मन इतना निश्चित रूप से जानता था कि यदि कभी जीवन में उन्हें कोई नारी निकट से मिली तो वह निश्चित रूप से उसी नारी के समान होगी जिसका स्वरूप–बाहर से–ठीक वैसा ही होगा जिसे आज वह प्रतिमा में देख रहे थे। प्रतिमा की-सी नारी का एक बिम्ब उनकी भीतरी चेतना में जैसे बराबर तैरता रहता था, जो कभी सुस्पष्ट और कभी छायात्मक रूप में आता था। जिस रात प्रतिमा को उन्होंने होटल में पहली बार–तीस बरसों के अन्तर के बाद–एक अपरिचित नारी के रूप में देखा था। उसी रात और उसी क्षण उन्हें लगा कि यह तो वही नारी है, जिसकी मूर्ति उनके मन की आँखों में दीर्घ काल से नाचती रही है! उनकी वह मानस-मूर्ति स्वयं प्रतिमा ही है, इसकी कल्पना उन्हें कभी स्वप्न में भी नहीं थी। पर देखो मन की दुनिया के इस अगम रहस्य को (और सोचते हुए दादा की दो सुन्दर विस्मित आँखों में एक रहस्य-भरी पुलक-मुस्कान एक कोने से दूसरे कोने तक फैलती चली जा रही थी) कि वह प्रतिमा–उनके विश्वविद्यालय की वही नटखट शिष्या– जिसके प्रति वह सचेत रूप से बराबर उदासीन ही रहे (उसके नटखटपन और साहस को सराहने के बावजूद) वही अन्त में अपने बदले हुए रूप में उनकी सचमुच की मानस-प्रतिमा निकली! इस मनोविज्ञान से आप इस रहस्यमय प्रत्यक्ष यथार्थ को समझायेंगे? (दादा शायद किसी मनोवैज्ञानिक को ध्यान में रखकर उससे पूछ रहे थे!) पर इन मनोवैज्ञानिकों की कुछ न कहो! (अपने-आप से दादा कह रहे थे)। ये सब-कुछ सिद्ध कर सकते हैं। ऊँची-से-ऊँची रहस्यानुभूति को भी वे एक विशेष प्रकार का पागलपन बताकर 'फूः' करके उड़ा सकते हैं!"

"जो भी हो", दादा अब अपने दूसरे 'आप' से कह रहे थे, "प्रतिमा का मिलना मैं किसी सूरत में संयोग नहीं मानता। प्रतिमा को आना ही था–अगर किसी को आना ही था तो! आज यदि वह न आती तो कल आती, कल न आती तो परसों आती, परसों न आती तो सौ साल बाद आती। आती जरूर। और मैं बराबर उसकी प्रतीक्षा में बैठा रहता। आना था उसे!"

दादा के कानों में पिछवाड़े से प्रतिमा द्वारा गुसलखाने की सिटकिनी खोले जाने की-सी आवाज आयी। और तभी उनके मूक एकालाप की धारा खट से टूट गयी।

प्रतिमा जब नहा-धोकर, कंघी-चोटी करके लौटी, तब उसके मुख पर सहज प्रसन्न और स्निग्ध शान्त भाव छाया हुआ था।

"अब बताओ", दादा ने कहा, "दिमाग ठण्डा हुआ या और गरम?

"दोनों बातें हैं, दादा", प्रतिमा ने सहज भाव से कहा। "दिमाग इस समय कुछ गरम भी है और कुछ ठण्डा भी। मैं इस समय अपने को एक विचित्र असमंजस और दुविधा की स्थिति में पा रही हूँ।"

"कारण क्या है?"

"एक ओर तो मुझे अपनी शिष्याओं का मोह बुरी तरह से खींच रहा है। इतने वर्षों तक कॉलेज की चहारदीवारी के भीतर अध्ययन और अध्यापन के वातावरण में जीवन बिताते रहने से जो एक विशेष प्रकार का अभ्यास बन चुका है वह अभी तक पूरी शक्ति से मुझे पकड़े हुए है। दूसरी ओर पहाड़ी प्रकृति के इस एकान्त में आपके पास रहकर मुक्त जीवन बिताने की आकांक्षा भरपूर जोर मार रही है। इस वातावरण को एक दिन के लिए छोड़ने को जी नहीं करता। मैं कुछ भी निश्चय नहीं कर पा रही हूँ कि मुझे क्या करना चाहिए!"

"मैं अपनी राय पहले ही बता चुका हूँ-तार भेज दो कि तुम अभी नहीं आ सकोगी। इससे तुम्हें अपनी स्थिति को इतमीनान से समझने का अवकाश मिल जायेगा। उसके बाद तुम जैसा चाहोगी वैसा करना।"

"पर यह कैसे हो सकता है, दादा। अभी तो मुझे जाना ही पड़ेगा। वहाँ पहुँचने के बाद ही मैं अपना मन कुछ स्थिर कर पाऊँगी।"

"तब फिर मैं क्या कह सकता हूँ! तुम अपनी स्थिति को स्वभावतः मुझसे अधिक समझती हो!"

"तुम इस तरह उदासीन भाव से मेरी बातों का संक्षिप्त उत्तर देना शुरू कर दोगे तब तो मैं कुछ भी निश्चय नहीं कर पाऊँगी और रो दूँगी!" प्राय हताश भाव से प्रतिमा बोली।

"मैं क्या बता सकता हूँ, प्रतिमा, तुम्हीं कहो!" बहुत ही कोमल और भाव-भीने स्वर में दादा बोले। "तुम यदि बच्ची होती तो मैं तुम्हें कोई निश्चित राय देता, बल्कि अपनी राय के अनुसार चलने पर दबाव डालता। पर तुम इतने वर्षों के लम्बे अनुभवों से तपी और मँजी हुई नारी हो। इस बीच जो संस्कार और जो धारणाएँ तुम्हारी बन चुकी हैं उनसे मेरा कोई विशेष परिचय भी नहीं है। मैं केवल इतनी ही सलाह दे सकता हूँ कि हर स्थिति में अपने प्रति ईमानदार बनी रहो। अपने प्रति वह ईमानदारी ही तुम्हें अपने-आप सही पथ पर ले जायेगी।"

"देखो दादा, मेरी परिस्थिति पर तनिक ध्यान से विचार करने की कोशिश करो। जाना तो मुझे फिलहाल हर हालत में पड़ेगा ही। पर मैं यह डर रही हूँ-आज पहली बार-कि वहाँ जाने पर मैं कहीं, अपने पिछले संस्कारों के अभ्यासवश, फिर उसी वातावरण की कैद में स्थायी रूप से न फँस जाऊँ! उस कैदी की बात तुमने सुनी होगी जो तीस बरसों तक जेल की चहारदीवारी में बन्द रहने के बाद, कैद की अवधि बीत जाने पर भी, जेल से बाहर निकलने के लिए किसी प्रकार राजी ही नहीं हुआ। तीस बरस के बन्धन के अभ्यास को जीवन के अन्त तक दुहराते चले जाने के लिए हठ करने लगा! मेरा हाल

भी करीब उसी से मिलता-जुलता-सा समझ लो। अभी इस बात के लिए पूरा साहस नहीं जुटा पायी हूँ कि सब-कुछ छोड़कर सीधे यहाँ आकर जम जाऊँ!"

"यहाँ आने पर प्रारम्भ ही में तुमने यह तय किया था कि तुम एक ऑर्चर्ड खरीदोगी और यहीं अपने लिये एक अपनी पसन्द का बंगला बनवाओगी! वे सब विचार क्या कुहरे के धौरहरों की तरह मिटकर एकदम साफ हो गये!" दादा के स्वर में एक दबी हुई-सी शिकायत थी।

"वे अभी साफ तो नहीं हुए–कोल्ड स्टोरेज में सुरक्षित हैं!"

"और झरने के पास मुक्त और एकान्त प्राकृतिक वातावरण में विवाहोत्सव मनाने की जो बात तय हुई थी उसका क्या होगा?"

"वह होगा जरूर, पर सोचती हूँ कि अभी इसकी क्या जल्दी है?" एक रहस्य-भरी मुस्कान मुख पर झलकाते हुए प्रतिमा ने कहा। "वहाँ से जब लौटकर आऊँगी तब इतमीनान से होगा माला-बदल संस्कार!"

"हूँ–ऊँ–ऊँ! तो यह बात है!" आँखों के नीचे से प्रतिमा के अन्तर की बात को तोड़ने का प्रयत्न करते हुए दादा बोले। "इतनी जल्दी तुम रंग बदल सकती हो, इसका कोई अनुमान मुझे नहीं था!"

प्रतिमा ने कोई उत्तर नहीं दिया, केवल कनखियों से रहस्य-भरी मुस्कान की किरणें बिखेरती रही।

सचमुच दादा का मन खराब हो गया था। ऐसा नहीं कि उन्होंने प्रतिमा की बातों को शाब्दिक अर्थ में और आवश्यकता से अधिक गम्भीर रूप में लिया हो। पर सहसा जो इतने दिनों तक भूली हुई यथार्थता अपना आवरण हटाकर, अपने सही रूप में, मुँह बाये सामने खड़ी हो गयी थी, उसकी अवज्ञा किसी भी दार्शनिक मनोभाव से वह सहज ही नहीं कर पा रहे थे। खाना खाकर वह तनिक आराम करने के इरादे से लेट गये। प्रतिमा ड्राइंग-रूम में जाकर एक उपन्यास उठाकर, कोच पर लेटी हुई पढ़ने लगी। उस उपन्यास को वह होटल से अपने साथ लेती आयी थी।

पर दादा की आँखें तनिक भी नहीं झपक पा रही थीं। एक अजीब-सा–हलका किन्तु चुभनवाला–तनाव वह अपने मस्तिष्क की नसों में अनुभव कर रहे थे। आत्म-करुणा की-सी एक विचित्र अनुभूति आज बरसों बाद उनके मन में जगने लगी थी। न इस अनुभूति से वह बहुत डरते थे और वह किसी भी क्षण किसी भी अदृश्य छिद्र से उभरने न पाये, इसके लिए सतत् सचेष्ट रूप से प्रयत्नशील रहते थे। अपनी भरपूर जवानी के दिनों में वह अनुभव कर चुके थे कि जहाँ एक बार इस भावना ने उभरना शुरू किया नहीं कि फिर वह उस तरह फैलती और फूलती चली जाती है कि उसे सँभालना कठिन हो जाता है। मनोजगत् के महाविस्तार के चारों ओर वह आत्म-करुणा एक विश्वव्यापी हाहाकार का ऐसा काला जाल तान देती है कि जीवन के सारे रंगीन तत्त्व उसकी छाया

में अपना अस्तित्त्व खो बैठते हैं और सब-कुछ काला-ही-काला दिखायी देने लगता है। इसलिए वह अपने सम्पूर्ण विवेक और इच्छा-शक्ति से उसे निरन्तर दबाते या मिटाते चले जाने में कभी कोई बात उठा नहीं रखते थे।

पर आज–बहुत दिनों बाद–उन्हें लगने लगा था जैसे उनकी इच्छा-शक्ति ही दुर्बल पड़ती जा रही है और विवेक कोई काम नहीं दे रहा है। वह अपनी इस तरह की मानसिक स्थिति से घबरा उठे। कभी दायीं करवट लेटते थे और कभी बायीं। पर किसी भी स्थिति में चैन नहीं मिल रहा था।

रह-रहकर उनके मन में अपने बीते हुए जीवन की सारी बातें, सभी अनुभव, सभी घटनाएँ, सभी घात-प्रतिघातों की स्मृतियाँ एक-एक करके उभरती चली जा रही थीं। वह उन्हें किसी तरह बना ही नहीं पा रहे थे, वरन् ढील दिये जा रहे थे। प्रारम्भिक जीवन के जो पन्द्रह-सोलह वर्ष उन्होंने किसी पहाड़ी अंचल में हाईस्कूल पास करने तक बिताये थे, एकमात्र उन्हीं दिनों की स्मृतियाँ उनके जीवन में अपनी रंगीनी छोड़ गयी थीं। उसके बाद का शेष जीवन वर्तमान पहाड़ी क्षेत्र में बसने के पूर्व तक–केवल बाहरी और भीतरी संघर्ष और घात-प्रतिघातों में बीता था।

उनके हाईस्कूल पास करने में केवल दो-ही-तीन वर्ष बाद उनके पिता की मृत्यु हो गयी थी। घर का पूरा भार अब उनकी माँ और स्वयं उनके ऊपर आ गया था, क्योंकि तीन भाइयों में वही सबसे बड़े थे। ट्यूशन करके और पार्ट-टाइम नौकरी करके उन्होंने किसी तरह विश्वविद्यालय में नौकरी प्राप्त कर ली। दो भाइयों में से एक को उन्होंने इंजीनियरिंग का पूरा कोर्स पढ़ाया और दूसरे को डॉक्टरी का। स्वयं विवाह न करने का हठ करके, उन्होंने माँ की अनुमति से दोनों भाइयों की शादियाँ अच्छे सम्पन्न घरों की लड़कियों से कर दीं। जब दोनों भाई कोर्स पूरा कर चुकने के बाद अच्छी नौकरियों पर जम गये तब उन्होंने परिवार से अलग हो जाने का प्रस्ताव रखा। दादा को इसमें कोई आपत्ति नहीं थी, पर दुर्भाग्य से उनकी बीमार माँ की दोनों आँखें एकदम खराब हो गयी थीं और बिना किसी की सहायता के वे एक कदम भी चल फिर नहीं सकती थीं। इसलिए उन्होंने प्रस्ताव रखा कि दोनों बहुएँ तब तक घर ही पर रहें जब तक माँ अच्छी नहीं हो जातीं। पहले तो वे लोग इस बात पर किसी तरह राजी न हुए, पर बाद में माँ के बहुत दबाव डालने पर मरे मन से राजी हो गये। पर एक महीना भी बीतने नहीं पाया कि दोनों बहुओं ने हाय-हत्या मचाना शुरू किया और अपने-अपने पतियों को पत्र-द्धारा सूचित किया कि उन्हें बहुत परेशानियाँ उठानी पड़ रही हैं, खाना भी ठीक से नहीं मिल पाता, सास सब समय डाँटती और कोसती रहती हैं और स्वयं जेठ (दादा) का व्यवहार उनके साथ तनिक भी अच्छा नहीं रहता। यहाँ तक कि बड़ी बहू ने दादा पर कुत्सित लांछन भी लगा दिया! दादा को उन पत्रों की बात कुछ भी नहीं मालूम थी। पर जब एक दिन दोनों भाई बिगड़े हुए आये और पहले तो कुछ सांकेतिक भाषा में और बाद में स्पष्ट शब्दों में उन्हें बुरा-भला कहने लगे तब दादा का माथा ठनका। उन दोनों में जो भाई बड़ा था, जिसकी पत्नी ने अपने पत्र में दादा पर कुत्सित लांछन लगाया था, वह तो एक दिन किसी

साधारण-सी बात से बिगड़कर दादा को जान से मार डालने पर ही उतारू हो गया। दादा अपनी आँखों और कानों पर विश्वास ही नहीं कर पा रहे थे। जब स्थिति यहाँ तक पहुँच गयी तब दादा ने दोनों भाइयों से 'कष्ट देने' के लिए हार्दिक क्षमा माँगते हुए उनसे कह दिया कि वे अपनी बहुओं को साथ लेते चलें। वे लोग चले गये। माँ के लिए दादा ने एक दाई नियुक्त कर ली, जो उनकी अनुपस्थितियों में उनकी देख-रेख करती थी। बाकी सब समय वह स्वयं ही माँ की अटूट सेवा करते रहे।

दुर्भाग्य से, बहुओं और भाइयों के चले जाने के कुछ ही समय बाद, उनकी बहन, जो सभी भाइयों से छोटी थी, विधवा होकर, बीमार हालत में अपने भाग्य को रोती-कलपती उनके पास पहुँच गयी। इतनी ही गनीमत थी कि वह निःसन्तान थी। अब एक मरीज की जगह दो-दो मरीजों की सेवा का भार उनके ऊपर पड़ गया। नियति को तनिक भी दोष न देते हुए, किसी के प्रति कोई भी शिकायत मन में न पालते हुए, वह बड़े धैर्य और स्थिर बुद्धि से अपने कर्त्तव्य का पालन पूरी निष्ठा से करते रहे।

अन्धी माँ की सेवा तो कठिन थी ही, पर बहन की भी उससे कम कठिन सिद्ध न हुई। उसका रोग मानसिक और शारीरिक दोनों दृष्टियों से विकट सिद्ध हो रहा था। वह नियमित रूप से अच्छे-से-अच्छे डॉक्टरों द्वारा इलाज कराते रहे, पर कोई फल नहीं हुआ। प्रतिपल की साँसत सहते हुए इसी तरह जब पूरे पाँच वर्ष बीत चुके तब छठे वर्ष दोनों एक-एक करके चल बसीं।

माँ जब तक जीवित रहीं तब तक प्रायः प्रतिदिन वह दादा से विवाह कर लेने के लिए आग्रह करती रहीं। अपने दो-एक परिचित व्यक्तियों से कहकर उन्होंने तीन जगह भावी बहू की खोज भी कर ली और बेटे से आग्रह किया कि वह उन तीन में से किसी एक को चुन ले। तीनों के घरवाले, लड़की देने के लिए राजी थे। पर दादा ने माँ को समझाते हुए कहा : "दो बहुओं का हाल तुम प्रत्यक्ष देख चुकी हो, माँ, तब यह आशा क्यों करती हो कि तीसरी उनसे भिन्न आयेगी? तब तुम्हारी सेवा में और विघ्न होगा, क्योंकि बहू से सेवा की आशा करना तो दूर, वह स्वयं मुझे दूसरे ही चक्करों में उलझा देगी।"

और अन्त में वह दिन आया, जब वह सभी आत्मीय जनों के बन्धनों से मुक्त होकर, विपुल विश्व में एकाकी–निपट एकाकी–विचरने लगे। आश्चर्य उन्हें तब हुआ जब उन्होंने यह अनुभव किया कि उस निपट एकाकीपन की स्थिति में वह विश्व के मूल केन्द्र के निकट-से-निकटतर आते चले जा रहे हैं और उनकी यह आत्मीयता का क्षेत्र अत्यन्त विस्तृत और व्यापक होता चला जा रहा है।

यह मनःस्थिति कुछ वर्षों तक अविच्छिन्न बनी रही। उसके बाद विश्व-जीवन की परिस्थितियाँ और घटनाएँ ऐसी तेजी से बदलती चली गयीं कि ठीक से कुछ समझ ही में नही आ पा रहा था कि यह सब क्या हो रहा है! दुनिया एक पागलपन के बाद दूसरे बड़े पागलपन को और उसके बाद तीसरे को और उसके भी ऊपर चौथे को ताबड़तोड़ क्यों अपनाती चली जा रही है? कुछ समय और बीतने पर विश्वव्यापी पागलपन के उस

विचित्र दौर की दिशायें और व्यापक प्रतिक्रियाएँ स्पष्ट होने लगीं और उसके भावी परिणाम का स्पष्ट आभास भी मिला। सबसे स्पष्ट प्रतिक्रियाएँ जो सामने आयीं वे यह थीं कि एक राष्ट्र दूसरे राष्ट्र से, एक सम्प्रदाय दूसरे सम्प्रदाय से और एक व्यक्ति दूसरे व्यक्ति से एकदम छिन्न होता चला जा रहा है; सामूहिक, दलगत और वैयक्तिक राजनीति का कीड़ा सब के अन्तर को चाटता हुआ, उसे एकदम खोखला बनाने पर तुल गया है और निपट संकीर्ण और अविवेक की धुन्ध से सबकी भीतरी आँखों में चर्बी छाने लगी है।

और एक दिन उन्होंने देखा कि राजनीतिक प्लेग का वही महामारक कीड़ा उनके अपने ही विश्वविद्यालय के कमरे-कमरे और कुर्सी-कुर्सी पर पूरी ताकत से दखल कर चुका है। जिस एकमात्र संस्था से यह आशा की जा सकती थी कि वह उस सामूहिक पागलपन के उपचार की दिशा में आगे बढ़ते हुए उस उपचार के मूलगत साधनों की खोज में जुट जायेगी, वह स्वयं ही उस पागलपन में गले-गले तक गर्क हो गयी।

जब दादा ने यह हाल देखा तब पहली बार वह अपने अस्तित्त्व के सम्बन्ध में सचेत हुए। और तब उन्होंने पाया कि उस वातावरण के बीच जीने का अब न कोई अर्थ रह गया है न धर्म। अपनी अकेली जान को वह कहीं भी ढोकर ले जा सकते थे और किसी भी परिस्थिति में स्वतन्त्र रूप से जी सकते थे। और एक दिन उन्होंने अपने पद से इस्तीफा दे दिया और पहाड़ चले आये।

विश्वविद्यालय छोड़ने में उन्हें सुख मिला हो, ऐसी बात नहीं थी। छोड़ते समय जैसी पीड़ा उन्हें हुई वैसी शायद ही कभी हुई हो। विश्वविद्यालय उनके लिए जीने का साधन नहीं, वरन् एक आश्रम बन गया था। प्राचीन भारतीय गुरुकुल और पिछली शताब्दियों के पाश्चात्य विश्वविद्यालयों की सम्मिलित परिकल्पना उन्हें उसमें साकार दिखायी देती थी। वह आश्रम स्वयं अपनी ही भीतरी प्रकृति के सहज गुणों के फलस्वरूप, अपने ही अन्तरीण अधिकार से "आटोनामस' था–किसी बाहरी शासन-संस्था के आगे आटोनामी की माँग के लिए गिड़गिड़ाने या चिल्ल-पों मचाने की कोई आवश्यकता ही तब नहीं थी। उस आश्रम के भीतर प्रवेश करनेवाला प्रत्येक छात्र सच्ची मानवीय प्रगति की विभिन्न दिशाओं का अध्ययन पूरी लगन से करना अपना पहला महत्त्वपूर्ण कर्त्तव्य समझता था और यह सपना लेकर आता था कि विश्वविद्यालय छोड़ने पर वह उसी सामूहिक मानवीय प्रगति के लिए काम करेगा, केवल अपना और परिवारवालों का पेट पालने के लिए नहीं। प्रत्येक अध्यापक छात्रों और छात्राओं की अनुभूतियों के साथ अपने को एकप्राण बना देता था और भीतरी और बाहरी दोनों रूपों से शिक्षा देता हुआ उनकी उच्चाभिलाषाओं को महत् उद्देश्य की दिशा में प्रेरित करता रहता था। केवल अपना पुनीत कर्त्तव्य समझकर ही नहीं, आन्तरिक प्रेम और आत्मीयता की प्रेरणा से भी वह छात्रों के निकटतम सम्पर्क में रहता था। आश्रम का सारा वातावरण विशुद्ध बौद्धिक पुलक की सूक्ष्म तरंगों से सब समय उच्छ्वसित-सा रहता था। वहाँ का प्रत्येक निवासी अपने को किसी महत् भाव की प्रेरणा के प्रभामण्डल से घिरा हुआ पाता था।

दादा का तो प्रायः सारा समय ही उसी वातावरण में बीतता था। अध्यापन का समय

समाप्त होने पर भी वह बहुत देर तक घर वापस नहीं जाते थे। या तो किसी छात्र या छात्रा के अनुसन्धान-कार्य में उसकी सहायता करते थे, या वहाँ के पुस्तकालय में बैठकर अपनी मनचाही पुस्तकों का अध्ययन करते थे, या फिर कुछ नहीं तो सन्ध्या को विश्वविद्यालय की इमारत के चारों ओर चक्कर काटते रहते। चक्कर काटते हुए वह एक बिलकुल दूसरे ही धरातल में अपने को पहुँचा हुआ पाते। तब उन्हें लगता कि युग-युग से भटकती, सँभलती और ज्ञान के क्षेत्र में आगे बढ़ती हुई मानवता के लिए ये विश्वविद्यालय ही तो मील के पत्थर हैं! और तब अपनी यूनिवर्सिटी की मीनारों, ऊँची-ऊँची छतों, बड़े-स्तम्भों से घिरे विशाल कक्षों की ओर दृष्टि डालते हुए वह एक विचित्र रोमाण्टिक रसानुभूति में खो जाते। सोचते रहते कि उनके पहले न जाने कितने प्रतिभाशाली छात्र कैसे-कैसे सपने लेकर वहाँ आये होंगे और विविध विषयों का ज्ञान प्राप्त कर चुकने के बाद न जाने क्या-क्या सेवा-व्रत लेकर यहाँ से विदा हुए होंगे। और आगे भी न जाने कितने छात्र उसी लगन से आते रहेंगे और निःस्वार्थ सेवा-व्रत की वही भावना लेकर विदा होंगे! सोचते-सोचते दादा भाव-गद्गद हो जाते और उनकी आँखें अकारण नम हो आतीं–

"Tears! idle tears! I know not what they mean! Tears from the depth of some divine despair!"

और तब वह टेनीसन की पूरी कविता ही मन-ही-मन दुहराने लगते। भाव-मग्नता की उस स्थिति में यूनिवर्सिटी उनकी दृष्टि से सच्ची बौद्धिक आत्माओं की आदि-माता के रूप में सामने आती थी! और तभी दादा को यह अन्तर्बोध हुआ कि अपूर्व, रहस्य-मधुर भाव-संवेदन के विरले क्षणों में आँखों को नम करनेवाले वे आनन्द के आँसू कितने मूल्यवान् हैं! जीवन की अर्थहीन लगनेवाली सारी कुटिलता और जटिलता का संगति का बोध केवल वही आँसू–'डिवाइन डिस्पेयर' से निकले हुए वही अनिर्वचनीय वाष्प-कण ही करा सकते हैं! जिसे उन आँसुओं का अनुभव कभी हुआ ही न हो वह जीवन के जंजाल में केवल भटकता और सिर पीटता ही रह जायेगा।

और तब एक दिन किसी अदृश्य ईशान-कोण से सहसा, एकदम अप्रत्याशित रूप से, उठने लगीं पागल आँधियाँ। न जाने कहाँ के बर्बरों ने आकर यूनिवर्सिटी पर चारों ओर से कब्जा करके, तहस-नहस का काम शुरू कर दिया! ढह गये सारे सपने! बाढ़ में बह गया रोमांस का सारा रस! राष्ट्र-(बल्कि विश्व-) व्यापी राजनीतिज्ञों के कूट और कुटिल चिन्तन के विनाशक बीज पहले सभी विश्वविद्यालयों के अधिकारियों के अन्तर में उपयुक्त मिट्टी पाकर अंकुरित होने लगे। बाद में शताब्दियों के विशुद्ध मानवीय ज्ञान और विवेक के प्रतिनिधि अध्यापकों की चेतना में उन बीजों के कुफल फलने लगे। और फिर (जैसे प्रकृति की ही किसी निश्चित योजना के अनुसार) उन्हीं मूल विध्वंसक बीजों की नयी किस्में निरीह छात्रों की सामूहिक अवचेतना में व्यापक रूप से अँकुवाने, फूलने और फलने लगी। और निरर्थक विध्वंस के उन तत्त्वों का सामूहिक विस्फोट खुल खेलने लगा जो आधुनिक राजनीतिक सभ्यता की विकृतियों के कुप्रभाव से तरुणों की अवचेतना के अलक्षित रूप से इकट्ठा होते चले जा रहे थे। और तब दादा ने देखा कि अन्तरराष्ट्रीय

छात्रों के हिंसक संगठन के रूप में एक ऐसी दुर्निवार शक्ति सिर उठा रही है, जो संसार की सबसे बड़ी राजनीतिक शक्तियों से भी अधिक भयावह और खतरनाक है--इस कारण कि वह उनसे भी अन्धी और अपरिपक्व है!

दादा देख-देखकर चकित और स्तब्ध रह गये। फिर भी उन्होंने इतनी सावधानी बरती कि पूर्णतया नष्ट होते हुए रोमाण्टिक रस का एक बहुत बड़ा भाग अपने अन्तर की एक विशेष कोठरी में सुरक्षित रख लिए। और उसी सुरक्षित पूँजी को लेकर, सामूहिक पागलपन के अर्थहीन रण से विरत होकर, वह चुपचाप इस पहाड़ी एकान्त में चले आए। यहाँ पहाड़ी प्रकृति से सहज ही चूनेवाले रस और अपरिचित जन-जीवन के सम्पर्क से प्राप्त होनेवाले अपूर्व रागानुभूति को अपने भीतर के उसी सुरक्षित रस में घुला-मिलाकर, अपने बन्धन-मुक्त व्यक्तित्व के एकाकीपन की एक निराली ही अवकाशमयी अनुभूति में खोये-खोये रहने लगे।

उनके एकाकीपन की वह अनुभूति वास्तव में, हर अर्थ में, निराली ही थी। प्राकृतिक और मानवीय संवेदना के अपार-संगम की आनन्द-तरंगों के ऊपर अपनी छोटी-सी स्वनिर्मित पनसूइया को अकेले ही ढोते हुए, वह अक्सर उस रस-प्रवाह के ऊपर तैरते या उनके भीतर गोते लगाते रहते। फिर भी–उस एकाकीपन में भी, वह अपने और अपने से इतर अनेक इकाइयों के सम्मिलित एकत्व की अनुभूति में ही जी रहे थे।

और तब, एक दिन बिना सूचना के ही उनके जीवन में आयी प्रतिमा। दोनों के व्यक्तित्व के मीठे-मीठे भाव-भीने टकराव से एक बिलकुल ही नये रस में घुली हुई संवेदना उनके मन और प्राणों को गुदगुदाने लगी। पर उस रस की मूल धारा की दोनों ओर चट्टानी परिवेश की ऐसी बीहड़ बाधायें उपस्थित हो गयीं कि सारा समय उन बाधाओं को पार करने की व्यवस्था में ही बीत गया। उस रस को पूर्ण अवकाश के साथ एकान्त में चखने, परखने और समझने के लिए होटल का वातावरण छोड़कर वह अपेक्षाकृत निर्जन परिवेश में पहुँचे ही थे कि अचानक लिली अपने अन्तर का सारा तूफान लिए आ पहुँची। और जब वह भी चली गयी तब आज प्रतिमा ने यह सूचित किया कि वह दो दिन बाद ही चल देगी! नियति का यह उलटा-सीधा खेल देखकर दादा हैरान हो रहे थे।

बहुत देर में उनकी आँखें कुछ झपकीं। कुछ ही देर नींद आयी होगी कि प्रतिमा ने आकर धीरे से हिलाया और बोली : "कब तक सोये रहोगे? उठो, चाय का समय हो रहा है।"

दादा हड़बड़ाकर उठ बैठे।

जब दादा हाथ-मुँह धोकर इतमीनान से बैठ गये, तब प्रतिमा ने एक हलकी किन्तु चुभती हुई मुस्कान के साथ आँखें नचाते हुए, धीमे स्वर में कहा : "आज मैं स्वयं अपने हाथ से यहीं चाय बनाकर तुम्हें पिलाऊँगी–बल्कि चाय नहीं, कॉफी। कल जा रही हूँ, फिर न जाने कब भेंट होगी!" कहकर वह प्रश्न-भरी दृष्टि से दादा की ओर देखने लगी।

"भेंट तो होगी ही–" दादा शान्त भाव से बोले, "तुम्हारे हठ और व्यंग्य के बावजूद!"

"तुम्हारी नियति का "चक्र' ही कुछ विचित्र है, दादा, नहीं तो यह परिस्थिति शायद न भी आती!

"मैं नियति के किसी भी चक्र से कभी नहीं डरा, न हारा, प्रतिमा। मैं बड़ा ही धैर्यशाली आदमी हूँ, कम-से-कम इतना तो तुम मान ही जाओ!"

"मानती हूँ, दादा, और कसकर मानती हूँ!" कहते हुए प्रतिमा ने क्षण-भर के लिए अपनी पुतलिऐं को ऊपर इस तरह घुमाया जैसे वह अलक्ष्य में किसी अमूर्त छाया को लक्ष्य करके कह रही हो।

दादा को लगा कि वह एक गम्भीर भाव-वेदना के उबाल को दबाने का पूरा प्रयास कर रही है।

प्रतिमा स्टोव और चाय का सामान कमरे में ही लाने के लिए देवसिंह से कहने गयी। कुछ देर बाद देवसिंह दो बार में सभी चीजें ले आया। पर प्रतिमा अभी नहीं आयी थी। दादा ने सोचा, दूसरे कमरे में किसी काम से चली गयी होगी। वह चुपचाप प्रतीक्षा करने लगे। कुछ देर बाद उन्होंने देवसिंह को कहते सुना : "बीबी जी, सब सामान लगा दिया है कमरे में।"

"स्टोव जलाओ!" दादा ने प्रतिमा को कहते हुए सुना। उसका स्वर जैसे कुछ काँप रहा था।

दादा फिर भी चुपचाप बैठे ही रहे।

जब स्टोव जल चुका तब देवसिंह सूचित करने गया : "बीबी जी, चलिये!"

"अच्छा, आती हूँ," प्रतिमा ने जैसे कुछ हड़बड़ाते हुए कहा।

दादा ने वह भी सुना। सामने एक बहुत पुरानी दीवार घड़ी टँगी थी, जो शायद चाचा की जवानी के दिनों में खरीदी गयी होगी। दादा उसी ओर देख रहे थे। प्रायः दो मिनट हो गये, पर प्रतिमा फिर भी नहीं आयी। अब दादा का धैर्य कुछ अवश्य डिगने लगा था, पर अधिक नहीं।

तीसरा मिनट पूरा होते-न-होते– प्रतिमा को तेज पगों से आते हुए सुना गया।

प्रतिमा आयी–मुस्कराती हुई ही आयी। बार-बार आँख पोंछने से आँखों का रंग कुछ बदला हुआ था–सुर्खी की मात्रा कुछ अधिक-सी लग रही थी।

"क्या बात हो गयी?" दादा ने धीरे से पूछा।

"दादा, हुआ यह," चहकते हुए-से स्वर में प्रतिमा बोली, "कि बाहर तुम्हरी जो धोती रस्सी पर सूखने को डाल रखी थी वह हवा में उड़ी जा रही थी। उसी को दबाने के लिए मैं एक पेग खोज रही थी।"

"मिला?"

"नहीं।"

"तब?"

"मैंने देवसिंह से कहा। वह बोला, धोती सूख गयी है, अब उसे दबाने की कोई

जरूरत नहीं। और वह धोती को उठाकर भीतर ले गया।"'

"और आँखें शायद तुम्हारे धूप में खड़े रहने से लाल हो गयी होंगी?" बहुत ही धीरे-से, बड़ी ही रसीली, खटमिट्ठी चुटकी लेते हुए दादा ने कहा।

"जाओ!" कहकर प्रतिमा ने तत्काल मुँह फेर लिए और खिड़की के आले पर रखे हुए जलते और सिसकते स्टोव पर पानी भरी केतली रखने लगी। फिर दादा की ओर पीठ किये ही बोली : "दुष्टता में तुमसे पार पाना तुम्हारे साथ इतने दिन रहकर भी न सीख पायी और न तुम्हीं ने कभी सिखाने की कोशिश की, यह दुःख रह जायेगा।"

"बस? केवल यही!"

केतली पर ढक्कन चढ़ाकर प्रतिमा दादा की ओर मुँह कर चुकी थी। इस बार उसके चेहरे पर मुक्त भाव दिखायी दिया–शुद्ध चुहलपन का।

"बस क्या कहते हो!" खुली आवाज में वह बोली, "यह क्या कुछ कम दुःख की बात है!" और वह दादा के सामने ही एक स्टूल पर बैठ गयी। एक चुटीली मुस्कान धीरे-धीरे उसके चेहरे पर खुल खेलनी लगी थी।

"है तो दरअसल बहुत ही बड़े दुःख की बात," गम्भीर बनने का बहाना करते हुए दादा बोले। "पश्चिमी देशों में तो इसी बात पर तलाक तक मिल जाता है, ऐसा सुना है!" दादा उसी रंग में थे, जिसमें प्रतिमा आ गयी थी। पर वह डर रहे थे कि बरबस दबाया गया अन्तरावेग कहीं पूरे विस्फोट से फूट न पड़े!

"तभी तो मैं कह रही हूँ," साड़ी के पल्ले के छार पर गाँठ बाँधने का प्रयत्न करती हुई, आधी-आधी दृष्टि से एक बार दादा की ओर और एक बार गाँठ की ओर देखती हुई, आधी ही मुस्कान के साथ प्रतिमा ने कहा।

"क्या कह रही हो!" सारी बातचीत का पूरे-का-पूरा रस लेते हुए, फटती हुई मुस्कान को खैनी की तरह ओंठ के भीतर दबाये, दादा धीमे स्वर में बीच ही में बोल उठे।

"मैं कह रही हूँ कि यह अच्छा ही हुआ जो हमने अभी तक विवाह नहीं किया, वर्ना इन छोटी-छोटी बातों को लेकर या तो तुम मुझे तलाक दे बैठते या फिर मैं ही तुम्हें तलाक दे देती! कौन जाने, किस समय किसका क्या मूड जग जाता!"

"तुम बिलकुल ठीक कह रही हो। पर एक बात तुम भूल रही हो। जिस ढंग का रोमाण्टिक विवाह तुम चाहती हो उसे कानून नहीं मानेगा। और तब तलाक की भी कोई आवश्यकता नहीं रह जायेगी!"

"अर्थात् तब जो जब जिसे छोड़ना चाहे आसानी से छोड़ सकता है?"

"बिलकुल यही बात है!" दादा अकारण उत्साह के साथ, प्रत्येक शब्द पर बल देते हुए बोले।

"तब तो यह बड़ी अच्छी बात है!" तब तो हम लोग निश्चय ही, बिना किसी हिचक के, इसी ढंग की शादी करेंगे," पूरी दृष्टि से और भरपूर दुष्टता से दादा की ओर देखती हुई प्रतिमा बोली।

"पर कब?"

“जब मैं मेरठ से लौटकर आऊँगी तब।”

“पर मेरी समझ में यह बात नहीं आ रही है कि तुम कानून के बन्धन से बचने के लिए इस कदर उत्सुक क्यों हो?”

“तभी तो हम दोनों के सम्बन्ध के स्थायित्व की अग्नि-परीक्षा हो सकेगी!” प्रतिमा इस बार अपने सहज गम्भीर रूप में थी।

“कैसे?” दादा का कुतूहल बढ़ रहा था।

“इस रूप में कि जो सम्बन्ध केवल कानून के दबाव से टिका हो, उसकी कोई उपयोगिता आज–इस उम्र में–न तुम्हारे लिये है न मेरे लिये। यदि हम दोनों का एक-दूसरे के प्रति सहज विश्वास है, तब कानून की क्या आवश्यकता? और यदि नहीं है तब कानून ही उसकी क्या सुरक्षा कर लेगा!”

केतली में पानी सिसकने लगा था। प्रतिमा ने एक न-बहुत-छोटी-न-बहुत-बड़ी गोल मेज पर प्यालों और तश्तरियों को सजाना आरम्भ कर दिया। फिर कॉफी बनाने का पूरा सामान भी वहीं पर रख दिया। और फिर उसके पास ही एक छोटे-से पेग-टेबिल पर नाश्ते की चीजें सजाकर रखने लगी। पानी पूरा उबल जाने पर केतली को उठा लायी और कॉफी का डिब्बा खोलकर दो प्यालों में काफी बनाने लगी।

“तब तुम क्या चाहती हो कि हम दोनों शादी के बाद भी वैसे ही मुक्त और निर्धन बने रहें जैसे बराबर रहे हैं?” दादा ने बात को तह तक टोहने के उद्‌देश्य से पूछा।

“तुमने बिलकुल ठीक समझा है,” स्टूल पर बैठकर प्यालों में दूध और चीनी मिलाते हुए प्रतिमा ने कहा।

“तब इतना जाने रहो की हम और तुम जिस स्थिति तक पहुँच चुके हैं, उसमें अब पूरी तरह से बन्धन-मुक्त कोई भी नहीं हो सकेगा। कानून का न सही, प्रकृति का और कान्शेन्स का बन्धन तो रहेगा ही!”

“तुम्हारी बात मैं ठीक से समझी नहीं,” तनिक शंकित दृष्टि से दादा की ओर देखती हुई प्रतिमा बोली।

“देखो प्रतिमा, जब बात चल पड़ी है, तब इस विषय से सम्बन्धित हर बात पहले ही साफ हो जानी चाहिए। मैंने यद्यपि प्रारम्भ से ही भरपूर सावधानी बरती है, फिर भी यह असम्भव नहीं है कि एक-डेढ़ महीने में तुम अपने को लिली की ही स्थिति में पाओ!”

“क्या मतलब?” प्रतिमा की दृष्टि कुछ टेढ़ी और कड़ी हो उठी थी।

“मुझे भय है कि कहीं तुम सचमुच में माँ बनने के रास्ते पर न आ जाओ।”

“ओः! यह बात है! मैं समझी कि कहीं तुम माणिकलाल की भूमिका अदा करने की बात न सोचने लगे हो!” उसके चेहरे पर फिर एक गम्भीर मुस्कान झलकने लगी थी।

“तो इस बन्धन से तुम्हें कोई भय नहीं मालूम होता?” आश्चर्य से दादा ने पूछा।

“इसमें भय की क्या बात है!” सहज भाव से प्रतिमा बोली। “मैं कोई बच्ची तो हूँ नहीं कि इस सम्भावना से परिचित हुए बिना ही किसी पुरुष से सम्बन्ध स्थापित करना आरम्भ कर दूँ!”

"सचमुच बड़ी दिलेर औरत हो तुम!" बिस्कुट का एक टुकड़ा दाँतों से कुतरते हुए दादा ने कहा। "पर मैं तो बहुत भयभीत हो रहा हूँ!"

"क्यों? इसमें भय की क्या बात है," बड़े इतमीनान से कॉफी का प्याला मुँह से लगाते हुए प्रतिमा ने कहा।

"देखो प्रतिमा, सीधी-सी बात है!" दादा आवश्यकता से कुछ अधिक ही गम्भीर स्वर में बोले। "आज की नंगी परिस्थितियों में बच्चा पैदा करना केवल अपने और दुनिया के ऊपर एक अनावश्यक बोझ लादना ही नहीं है, यह अपने लिए व्यर्थ में जी का जंजाल मोल लेना भी है। इसके अलावा यह बच्चे के प्रति भी अन्याय और अधर्म है।"

"बच्चे के लिए अन्याय कैसे?"

"इसलिए कि बच्चा पैदा करके उसे जान-बूझकर ऐसी परिस्थिति में डालना है जिसमें जीने की कम-से-कम सुविधायें भी सुलभ नहीं है और आत्मोन्नति के लिए तो कोई वातावरण है ही नहीं। निकम्मों और हिंसक पागलों के जुलूस में पीछे-पीछे झण्डा लेकर, शून्य में 'हमारी माँगे पूरी हों' का नारा लगाने के अतिरिक्त नये बच्चे के लिए खेलने का भी कोई दूसरा साधन सुलभ नहीं हो पायेगा!"

"बड़ा ही आतंकजनक चित्र उपस्थिति कर रहे हो तुम भावी पीढ़ी का!" प्रतिमा की आँखों में सचमुच के आतंक का एक हलका-सा छायाचित्र उभर आया था।

"वास्तविकता यही है, प्रतिमा, फिर चाहे वाह आतंकजनक हो या आनन्ददायक," कॉफी का अन्तिम घूँट घूँटते हुए दादा बोले।

"पर तुमने ऐसे समय में यह सवाल उठाया है, जब काफी देर हो चुकी है।"

"तुम ठीक कह रही हो। तो भी मैंने अपनी ओर से काफी सावधानी बरती है, जब कि तुम इस मामले में बिलकुल निरपेक्ष बनी रही न जाने क्यों! फिर भी अभी मुझे काफी आशा है कि यह सम्भावना शायद उपस्थित ही न हो!"

"पर तुम्हारी यह सान्त्वना भी मेरे लिये निराशाजनक सिद्ध हो रही है," दादा के प्याले में और कॉफी ढालते हुए प्रतिमा ने कहा।

"निराशाजनक किस अर्थ में?"

"इस अर्थ में कि बहुत दिनों से एक बच्चा पालने की लालसा मेरे मन में बनी हुई है– अपने मन का एक आदर्श बच्चा! आज की परिस्थिति में भी यह लालसा अभी मिटी नहीं।"

तुम्हारी यह लालसा तनिक भी अस्वाभाविक नहीं है," बहुत ही हलकी मुस्कान मुख पर बिखेरते हुए दादा ने कहा। "पर इसकी कोई गारण्टी नहीं है कि वह बच्चा 'आदर्श' ही होगा। सारे जमाने ने 'आदर्श' के विरुद्ध जो एक हौवा खड़ा कर रखा है वह किसी भी बच्चे को अब किसी 'आदर्श की ओर नहीं बढ़ने देगा–माँ-बाप की पूरी सावधानी के बावजूद।"

"पर अब तो जो कुछ होना होगा वह तो हो ही चुका है। अब व्यर्थ में उसे एक 'समस्या' का रूप देकर उसके पीछे सिर खपाने से क्या लाभ! जैसी भी स्थिति आये उसका सामना डटकर किया जाय–यही तो आप बराबर बताते रहे हैं उपदेशक जी महाराज! क्यो?"

और प्रतिमा बड़ी ही लापरवाही की मनःस्थिति में, दुष्टतापूर्वक, खुलकर मुस्कराने लगी।

दादा मन-ही-मन हतप्रभ हो रहे थे–उस विकट संकट-भरे यथार्थ प्रश्न के सम्बन्ध में उसकी वह लापरवाही देखकर।

शाम को होटल तक टहल आने की बात तय हुई थी। दोनों तैयार होकर बरामदे तक पहुँचे ही थे कि सहसा पिछले दिन की ही तरह घने बादलों के ऊपर कुहरे की चादर तन गयी और टपाटप और पटापट की आवाज से लगा जोर-शोर का पानी बरसने। हवा के धक्कों से चारों ओर के पेड़ मस्ती में झूलने और झूमने लगे। छतों के टीन भी उसी मस्ती के माहौल में भाग लेने के लिए जैसे उचक-उचक उठते थे। बायें हाथवाली छोटी-सी कच्ची सड़क से होकर कुछ गायें अपने-अपने गोठों की ओर भागी-भागी जा रही थीं और 'हम्बा! हम्बा!' की आवाज में घण्टों से गोठों में अकेले पड़े हुए बछड़ों के प्रति अपनी चिन्ता प्रकट कर रही थीं।

ऊपर किसी एक मकान की खिड़कियों से कुछ बच्चे गायों को देखते हुए सम्मिलित स्वर में गा रहे थे :

द्यो लागो दण-दण
गुड़ी भाजी बण-बण।
ले गुड़ी, खाजा–
त्यारा गोरू भाजा!

"दण-दण के स्वर में पानी बरसने लगा है, बुढ़िया वन-वन भागी-भागी फिर रही है। अरी बुढ़िया, चिन्तित मत हो! ले, तनिक लैया ले जा और तेरी जो गायें भाग गयी हैं उन्हें खोज!

दादा ने जब प्रतिमा के आगे वह गीत दुहराया और उसका अर्थ भी बताया तब वह परम प्रसन्न होकर खिलखिलाने लगी।

काफी देर तक दोनों बरामदे में खड़े होकर बाहर की ओर शान्त-भाव से देखते रहे। पूर्व-निश्चित कार्यक्रम में विघ्न होने के बावजूद दोनों भावविभोर हो रहे थे।

जब वर्षा का वेग घटने के बजाय बढ़ता ही चला गया और यह लगा कि जमकर बरसनेवाला वह पानी जल्दी हटने के आसार नहीं दिखाता, तब दादा ने एक लम्बी साँस भरी और धीरे से बोले : "तब बोलो प्रतिमा रानी, अब क्या कार्यक्रम है?"

'अब घर-घुसना बनने के सिवा और कोई चारा नहीं है," एक चुटौली मुस्कान के साथ प्रतिमा ने कहा और फिर सहसा, पता नहीं क्यों, उसने अपने हाथ के अँगूठे और तर्जनी से हलके-हलके दादा की ठुड्डी पकड़ ली।

पकड़ते ही बोल उठी : "अरे, आज तो तुम दाढ़ी बनाना भी भूल गये! बड़ा खुरदरा लग रहा है तुम्हारा चमड़ा!"

"दादा एक लम्बी-सी साँस (कृत्रिम या स्वाभाविक, यह कह सकना कठिन था) खींचते हुए, तनिक आह भरे हुए-से स्वर में धीरे-से बोले : "अब किसके लिए दाढ़ी बनेगी, प्र–ति–मा, अब तो तुम जा रही रही हो।

"तो क्या अब सचमुच दाढ़ी नहीं बनाओगे?" बच्चे के-से चहकते हुए भोलेपन के साथ प्रतिमा ने, दादा के दोनों गालों पर धीरे से हाथ फेरते हुए, कहा।

"पहले तुम यह बताओ," दादा ने कहा, "कि तुम मुझे किस रूप में अधिक पसन्द करोगी? दाढ़ी के बिना या दाढ़ी के साथ?"

"दाढ़ी के बगैर," कबूतरी की तरह धीमे स्वर में कूकती हुई प्रतिमा बोली। उसकी वाणी में अतिरिक्त रस घुला हुआ था, जिसे वह स्वयं पी जाने की कोशिश कर रही थी।

"तब मैं तुम्हारी अनुपस्थिति में दाढ़ी नही बनाऊँगा!"

"यह उलटवाँसी क्यों?"

"इसलिए कि तुम्हारी अनुपस्थिति में मैं तुम्हारी पसन्द का कोई भी काम नहीं करूँगा, बल्कि उल्टा ही करूँगा।"

"क्यों?"

"मैं चाहूँगा कि तुम्हारी अनुपस्थिति में तुम्हारी याद आवे ही नहीं, और यदि आवे तो फिर भरपूर आवे।"

"तीन बार तुम 'अनुपस्थिति-अनुपस्थिति-अनुपस्थिति,' कह चुके हो। एक बार सीधे-सीधे "वियोग' ही कह देते तो कौन माथा झुका जा रहा था!" प्रतिमा ने उसी मुद्रा में, तनिक तीखेपन के साथ चहकते हुए और दादा की दायीं कनपटी के नीचे का भाग गुदगुदाते हुए कहा।

दादा अट्टहास को दबाने की चेष्टा में खिलखिला उठे।

"चलो, इसी बात पर भीतर चलें!" उसी प्रसन्न मुद्रा में दादा बोले और फिर बायें हाथ से प्रतिमा की कमर कसकर पकड़े हुए भीतर की ओर चल दिये।

बदली के कारण अँधेरा बड़ी जल्दी घिरता आ रहा था। सोने के कमरे की खिड़कियों में पर्दे पहले ही से खिंचे हुए थे। वहाँ अँधेरा और गहरा रंग ला रहा था। कमरा बिना बन्द किये ही दोनों के बीच कुछ देर तक प्रेमालाप का पर्व चलता रहा।

कुछ ही देर बाद देवसिंह ने कमरे के बाहर खड़े होकर अपनी पतली आवाज में पुकारा : "बीबी जी!"

तुरन्त दादा के निर्मम पंजे से अपने को छुड़ाकर प्रतिमा कुछ घबराई-सी बाहर चली आयी और अपने हाँफने की आवाज को दबाकर, सहज स्वर में बोलने का प्रयत्न करते हुए उसने पूछा : "क्या बात है, देवसिंह? क्या चाहिए तुम्हें?"

"कुछ नहीं, बीबी जी, मैं सोच रहा था कि अगर भीतर कोई न हो तो मैं बत्ती जला दूँ!" सहज भाव से देवसिंह ने कहा।

उसके भोलेपन के भीतर छिपी अज्ञात दुष्टता पर प्रतिमा के भीतर हँसी की फुरेरियाँ छूटने लगीं। पर उसने उन्हें दबा दिया। बात को टालने के उद्देश्य से सहज भाव से बोली : "खाना

क्या बनाने जा रहे हो, देखें" कहकर वह उसके साथ रसोई के कमरे में चली गयी।

वहाँ जाकर उसने देखा कि केतली में पानी खौल रहा है। "यह किसलिए?" उसने कहा।

"कुछ नहीं, बीबी जी थोड़े से आलू उबाल दिये हैं।"

"और क्या-क्या चीजें हैं तुम्हारे पास?"

"चाचा के यहाँ के कुछ बड़ियाँ, जरग का साग और दही आया है।"

"तब ठीक है," उत्साहित होकर प्रतिमा बोली। "आलू उबालकर तल दो, जरग के पत्तों की पकौड़ियाँ बना डालो–कल दादा कह रहे थे कि इन पत्तों की पकौड़ियाँ अच्छी बनती हैं– और बड़ी में दही डालकर कढ़ी बना दो।"

"रोटी बनेगी या पराठे!"

"पतले-पतले पराठे ही बना डालो!

"जो आज्ञा!"

'आज्ञा' शब्द पर मन-ही-मन मुस्कराती हुई प्रतिमा लौटने जा रही थी कि सहसा देवसिंह पिघलती हुई-सी आवाज में बोल उठा : "बीबी जी!"

प्रतिमा ने घूमकर देखा, उसकी उदास लजीली आँखों में एक दर्द-भरी मुस्कान मुरझा रही थी।

स्नेह-सने स्वर में धीरे से बोली : "क्या बात है, देवसिंह?"

"बीबी जी, आप क्या कल ही चली जावेंगी?" बड़ा ही मार्मिक था उसका वह प्रश्न और बड़ी ही करुण थी उसकी वह लजीली मुस्कान।

"हाँ भाई, कल जाना ही पड़ेगा, पन्द्रह तारीख को कॉलेज जो खुल रहा है!"

"बीबी जी, आपके चले जाने से बड़ी ही उदासी छा जायेगी। शाब फिर अकेले-के-अकेले रह जायेंगे। बड़े दुःखी हो जायेंगे वह!"

"क्या किया जाये, भाई, जाना जरूरी है–" प्रतिमा आह-भरे स्वर में बोली।

"फिर कब लौटेंगी?"

"देखो, शायद अक्टूबर में ही लौट आऊँ! पर कौन जाने! अच्छा, तुम खाना बनाओ। मेरी मदद की जरूरत पड़े तो बताना!" कहकर प्रतिमा चलने लगी। फिर दूसरे ही क्षण रुककर बोली : "पहले एक चिलम तम्बाकू भरकर देते जाओ, दादा को!" और तब तेज कदमों से दादा के पास वापस चली आयी।

बत्ती बिना जलाये ही वह दादा की बगल में पलँग पर ही बैठ गयी।

"बहुत घुल-घुलकर बातें हो रही थीं देवसिंह से तुम्हारी!" दादा ने कहा। "क्या कह रहा था?"

प्रतिमा ने दादा के गले में अपना दायाँ हाथ डाल दिया था और अपने गाल से उनका गाल रगड़ रही थी।

तनिक गद्गद स्वर में प्रायः फुसफुसाती हुई बोली : "तुमसे अधिक दर्दमन्द है तुम्हारा यह नौकर! क्या कहना था जानते हो? कहता था–बीबी जी, आपके चले जाने से

बड़ी ही उदासी छा जायेगी। शाब फिर अकेले रह जायेंगे!"

"तभी तो मैं कह रहा था उस दिन कि अभी यह बहुत पुरानी दुनिया मर नहीं गयी है! अभी सब-कुछ समाप्त नहीं हो गया है! अभी कुछ दर्दमन्द लोग बचे हुए हैं।"

फिर कुछ देर तक सन्नाटा छा गया। कोई झींगुर भी नहीं बोल रहा था कमरे में। सहसा बहुत ही धीमे, रस-भरे और भाव-गद्गद स्वर में प्रतिमा उसी स्थिति में और उसी मुद्रा में बहुत ही धीरे से बोली : "अच्छा दादा, अब कल तो जा ही रही हूँ (और एक आह-भरी-सी लम्बी साँस!) याद आ रही हैं आज कितनी ही छोटी-छोटी बातें। तुम्हारी दुष्टता की बातें, तुम्हारा हँसना, रहस्य-भरी बातें करना, हुक्का गुड़गुड़ाना–सब एक-एक करके याद आ रही हैं। तुम्हें बात-बात पर डाँटती रही हूँ, व्यंग्य कसती रही हूँ–लोगों के सामने भी। पर किस बूते पर? छी-छी! लोग क्या समझते होंगे! आज याद करके शरम भी मालूम हो रही है और पछतावा भी हो रहा है–"

"किस बात का पछतावा?" दादा ने शान्त भाव से पूछा।

"यही कि जब तक यहाँ रही तुम्हें डाँटती ही रही। स्नेह-सने दो बोल भी कभी मेरे मुँह से नहीं निकल पाये। अपने निष्ठुर व्यवहार की एक-एक बात याद आकर बड़े ही तीखे काँटों की चुभन पैदा कर रही है। इस उम्र में भी ऐसी टीस और ऐसी कसक किसी भी कारण से उठ सकती है, इसकी कोई कल्पना भी नहीं थी!"

"यही तो असली उम्र है टीस उठने की, पगली!" प्रतिमा की कमर को अपने बायें हाथ से अपनी ओर कसते हुए दादा दबी आवाज में, पुचकार के साथ बोले। "एक दिन था जब तुम्हारे आँसू ही चिनगारी बनकर दहकने लगते थे, और आज यह हाल है तुम्हारे भीतर का कि बची-खुची चिनगारियाँ ही आँसू बनकर पिघल जाती हैं। मनुष्य के जीवन में भी अलग-अलग उम्र की अलग-अलग ऋतुएँ होती हैं और हर ऋतु नया रंग लाती है! यह क्यों भूल जाती हो, प्रतिमा!"

"अच्छा दादा, तुम्हें भी क्या मेरी याद आयेगी, छोटी-छोटी बातों को लेकर?"

"हाँ, तुम्हारी डाँटों की याद निश्चय ही आती रहेगी!"

"दुत! तुमने फिर दुष्टता की बात शुरू कर दी!"

"असल बात यह है, प्रतिमा, कि हम दोनों प्यार और रोमांस के बारे में अभी नौसिखिया हैं–मँजे हुए, अनुभवी खिलाड़ी नहीं। सारा जीवन हम दोनों ने न जाने कहाँ, किन कल्पनाओं में बिता दिया, स्वयं ही ठीक से कुछ जान न पाये। अब जब अचानक प्यार के चंगुल में आ फँसे हैं तब समझ ही नहीं पा रहे हैं कि इस जंगली जानवर को कैसे वश में किया जाये और अपनी इच्छा के अनुसार उसके साथ और स्वयं एक-दूसरे के साथ कैसा व्यवहार किया जाये! अरे, तुमने तो आँसू गिराना शुरू कर दिया!" अपने हाथ में एक गरम बूँद गिरते देखकर दादा ने अन्तिम बात कही। और फिर केवल "पगली" कहकर चुमकारते हुए अपने रूमाल से उसके आँसू पोंछने लगे।

"बीबी जी!" बाहर से आवाज आयी। चटपट अपने आँचल से आँखें अच्छी तरह पोंछकर प्रतिमा उठ बैठी और कमरे की देहली के पास चली गयी।

बाहर बरामदे की बत्ती जल चुकी थी और देवसिंह दाँत काढ़े खड़ा था।

"क्या बात है, देवसिंह?" भर्राती हुई आवाज को दबाकर, बड़े ही कोमल स्वर में प्रतिमा ने पूछा।

"बीबी जी, मैंने आलू छील लिये हैं। अब यह बताइये कि उसे तलें कैसे?"

"कलछुल से और कैसे!" उमड़ते हुए हास और रुदन दोनों को दबाने का प्रयत्न करती हुई प्रतिमा बोली।

"अरे नहीं," अपनी फैलती हुई मुस्कान से दाँतों के अलावा लाल जबड़े भी निकालते हुए देवसिंह बोला। "मैं पूछ रहा था कि उसमें बघार किस चीज का दें?"

"मेथी, जीरा, धनिया जो भी तुम्हारे पास हो, वही डालकर तल लो। मुझसे क्या पूछते हो, भाई! हाँ मिर्चा बहुत ही कम डालना!"

"अच्छी बात है," कहकर देवसिंह तनिक निराश होकर चल दिया।

दादा के पूछने पर प्रतिमा ने बताया कि वह इस तरह पूछ रहा था जैसे किसी बड़ी विकट समस्या की उलझाव में फँस गया हो।

दादा हँसते-हँसते लोट-पोट होने को हो गये।

प्रतिमा फिर पलँग पर उसी तरह दादा की बगल में बैठ गयी।

"तुम्हारे आने के बाद से ही यह ढीठ हुआ है," दादा ने कहा। "नहीं तो यह बड़ा ही गुमसुम रहता था।"

"तुम भी तो मेरे आने के बाद से ही ढीठ हुए हो!" दादा के बायें गाल पर एक हलकी-सी चिकोटी काटते हुए प्रतिमा ने कहा।

"बीबी जी!" फिर बाहर से आवाज आयी। दोनों खिलखिलाकर हँस पड़े।

"हाँ!" उसी तरह पलँग पर बैठे ही प्रतिमा बोली।

"हुक्का तैयार है ले आऊँ?"

"ले आओ!"

"अब तो बत्ती जलानी ही पड़ेगी," दादा ने कहा।

"क्या जरूरत है? अँधेरे में ही पीते रहो न!" कुछ मचलती हुई-सी प्रतिमा बोली।

"वाह! यह कैसे हो सकता है! धुएँ की ऊर्ध्वमुखी कुण्डलियों की चक्र-गति देखे बिना हुक्का गुड़गुड़ाने का मजा ही क्या रह जायेगा!"

"तब अच्छी बात है, बाबा, यह लो, बत्ती जलाये देती हूँ!" कहकर प्रतिमा उठ खड़ी हुई।

"*चन्द्रबदनि मृगलोचनी बाबा कहि-कहि जाँहि!* रसिकप्रिय केशवदास जी का यक कथन तुम्हें याद ही होगा!"

"नहीं, मुझे कुछ पता नहीं है इसका," बत्ती का स्विच खटकाते हुए प्रतिमा बोली। "क्या प्रसंग है यह तनिक बताओ!" बत्ती के प्रकाश में उसकी कुछ-कुछ गोली आँखें उत्सुकता से चमकने लगी थीं।

देवसिंह हुक्का ताजा करके ले आया और एक आरामकुर्सी की बगल में उसे रखकर चला गया। दादा पलँग से उठकर आरामकुर्सी के पास चले आये।

जब उन्होंने हुक्के की नली मुँह से लगायी तब प्रतिमा पलँग के तकिये पर दायें हाथ की कोहनी जमाकर हथेली पर दायाँ गाल टिकाती हुई बोली : "हाँ, अब बताओं केशवदास जी वाली बात!"

"तब तो लगता है कि तुम्हें केशवदास जी के बारे में कुछ भी पता नहीं है!"

"नाम सुना है, पर उनकी रचनाएँ पढ़ने का कभी कोई सुयोग ही नहीं मिला।"

"मुझे ही कहाँ मिला सुयोग! पर मुझ प्रसिद्ध कवियों के जीवन से सम्बन्धित छोटी-छोटी चुटीली बातों की जानकारी का शौक है–चाहे वे अँगरेजी के कवि हों चाहे हिन्दी के, उर्दू के हों या बँगला के।"

"पर केशवदास जी वाली बात तो समझाओ! तुम कहाँ-से-कहाँ बहक जाते हो!"

"हाँ, तो हुआ यह," एक लम्बा कश खींचते हुए दादा बोले, "कि केशवदास जी जवानी के दिनों में बड़े ही रसिक और बाँके-छैले रहे होंगे–"

"तब?" अपने दायें पाँव के अँगूठे से बायें पाँव का तलवा हौले-हौले खुजलाते हुए, बड़ी उत्सुकता से (तनिक मुस्कराते हुए भी) प्रतिमा ने पूछा।

"उनके बाल उम्र के पहले ही पक गये होंगे–ऐसा लगता है। शायद एकदम दूधिया सफेदी छा गयी होगी उनके सिर पर–"

"तब!"

"तब हुआ यह कि जितनी भी नवेली अलबेली सुन्दरियाँ उनके यहाँ आती-जाती रही होंगी, वे सब उन्हें 'बाबा!' कहकर पुकारने लगीं–सहज भाव से।"

"तब?"

"तब केशवदास जी ने यह प्रसिद्ध दोहा रचा :

केसव केसन अस करी जस अरि हूँ करि नाहिं।
चन्द्रबदनि मृगलोचनी बाबा कहि-कहि जाहिं॥

आन्तरिक दुःख से उन्होंने यह दोहा रचा होगा।

"पर इस बात से मेरी बात का क्या सम्बन्ध?" मन्द-मन्द मुस्कराते और बात में पूरा रस लेते हुए प्रतिमा ने कहा।

"तुमने अभी-अभी मुझे सम्बोधित करते हुए जो यह कहा न कि, "लो बाबा बत्ती जलाये देती हूँ।" सुनकर मेरा माथा ठनका कि कहीं मैं केशवदास जी की स्थिति में तो नहीं पहुँच रहा हूँ!"

"बड़े ही दुष्ट हो तुम–विकट दुष्ट!" कहती हुई प्रतिमा दादा के सिर के काले, चिकने और कुछ-कुछ घुँघराले बालों की ओर गौर से देखने लगी।

फिर तुरन्त ही बोल उठी : "अच्छा दादा, एक बात है। मुझे लग रहा है कि तुम यदि दाढ़ी रख लो तो तुम्हें वह खूब फबेगी।"

"यह कैसे?" अपने भीतर फूलते हुए हास्य के विस्फोट को पूरा-का-पूरा दबाते हुए दादा बोले।

"यदि तुम दाढ़ी रखा लोगे तो तुम्हारे चेहरे के दोनों ओर काले घुँघराले गुच्छे भौंरों के छत्तों की तरह जम जायेंगे और ठुड्डी के नीचे काले अंगूरों का-सा एक गुच्छा अब-गिरा-तब-गिरा की-सी हालत में लटकता रहेगा! बहुत अच्छा लगेगा वह!"

दादा सटक को एक तरफ फेंककर 'फिक्क' करके जो हँसे तो फिर सँभलना ही दूभर हो गया। और प्रतिमा भी भरपूर उच्छ्वास से खिलखिलाती हुई पलँग पर बुरी तरह लोट-पोट होने लगी। कभी दायीं ओर तकिये पर मुँह दबाकर हँसती थी, कभी तकिये को बायीं ओर उठाकर रखती थी और उसी तरह उस पर मुँह गड़ाये हुँकर-हुँकर कर लहालोट हो जाती थी।

बहुत देर बाद जब दोनों कुछ सँभले तब प्रतिमा उठ बैठी। आँखें पोंछती हुई बोली : "बाप रे! मर गयी! यह हँसी भी बड़ी बुरी चीज होती है!"

बाहर और छत के टोनों पर लगातार टपाटप और झमाझम पानी बरसता चला जा रहा था। जबसे बरसना शुरू हुआ था तब से एक सेकण्ड के लिए भी उसका वेग कम नहीं हुआ था और न उसकी गति, लय और ताल में ही कोई अन्तर आया था।

ऊपर छत की टीनों पर पानी की पड़पड़ाहट और नीचे हुक्के की गड़गड़ाहट। दोनों के बीच एक अजीब-सा माहौल चल रहा था।

"बीबी जी!" कमरे के दरवाजे से देवसिंह ने पुकारा।

"क्या बात है, देवसिंह?" उसी प्रसन्न मुद्रा में प्रतिमा ने पूछा।

"बीबी जी, तनिक देख लीजिये, बड़ी की कढ़ी ठीक बनी है, या नहीं।"

"चलो!" कहकर हँसी की एक नयी लहर के साथ प्रतिमा बाहर चली गयी।

दादा ने इतमीनान से फिर हुक्का गुड़गुड़ाना शुरू कर दिया।

पानी रात-भर बरसता रहा और सबेरे जब दादा की आँखें खुलीं तब भी उसी एकतार में बरस रहा था।

दादा मन-ही-मन घबरा उठे। यदि इसी तरह पानी बरसता रहा तो प्रतिमा का जाना बहुत कठिन हो जायेगा, दादा ने सोचा। और प्रतिमा का आज ही जाना बहुत जरूरी था। या जरूर तय हुआ था कि प्रतिमा एक रात लखनऊ अपनी किसी सहेली के यहाँ ठहरेगी। पर वह भी आवश्यक ही काम था।

आठ बजे पानी का जोर कुछ कम होता दिखायी दिया। और दस बजे तो करीब-करीब बन्द हो गया– केवल कुछ छिटपुट और बहुत ही पतले छींटे हलकी-हलकी फुहार के रूप में बरस रहे थे। और ग्यारह बजे करीब बूँदाबाँदी भी एकदम बन्द हो गयी थी। पर बादल अभी घिरे हुए थे और कुहरा अपने उलझे हुए परदों की लपेटों को नये-नये रंगों और नये-नये ढंगों के बदलते चले जाने में व्यस्त दिखायी देते थे।

प्रतिमा सबेरे से ही सामान सजाने और बाँधने में व्यस्त थी। प्रायः बारह बजे देवसिंह दो कुलियों को बुलाकर ले आया था। तब दादा और प्रतिमा चाचा से मिलने चले

गये थे और चाचा के जिद करने पर वहीं खाना खा रहे थे। दादा ने तय किया था कि आज दिन का खाना भी होटल में ही खायेंगे। पर चाचा और चाची बहुत नाराज होने लगे।

अन्त में प्रायः साढ़े बारह बजे वे लोग पहुँचे और फिर तुरन्त होटल की ओर चल पड़े। होटल पहुँचकर दादा ने अपना बिस्तरा तो अपने कमरे में बिछवा लिया, पर प्रतिमा का सब सामान वैसे ही बँधा हुआ रहने दिया।

जब देवसिंह सामान लगा रहा था तब राम बाबू पहुँच गये। नमस्कार-पुरस्कार के बाद दादा ने उन्हें बताया कि प्रतिमा को आज ही जाना है चार बजे की 'बस' से। राम बाबू ने बताया कि धरमदास के छोटे भाई आये हुए हैं अपनी पत्नी के साथ, और वे लोग आज ही उसी कार से सीधे रेलवे स्टेशन तक जा रहे हैं। वहाँ से वे लोग ट्रेन से लखनऊ जायेंगे। राम बाबू ने कहा कि वह काफी बड़ी कार है और उसमें प्रतिमा जी और उनका सामान बड़े मजे में आ सकता है। "मैं अभी जाकर उनसे कहे देता हूँ; वे लोग भी करीब साढ़े तीन या चार बजे रवाना होंगे," राम बाबू बोले।

दादा धरमदास के छोटे भाई करमदास को अच्छी तरह जानते थे। धरमदास जितना ही चालाक, तेज-तर्रार और नटखट था, करमदास उतना ही सीधा, शान्त और भला आदमी था। पर वह मूर्ख तनिक भी नहीं था। दादा की बड़ी इज्जत करता था। उसके साथ कई बार साहित्य और दर्शन सम्बन्धी बातें दादा की हो चुकी थीं। उसकी पत्नी भी बहुत सुन्दर और सहृदय थी। इसलिए करमदास के साथ प्रतिमा को भेजने का प्रस्ताव दादा को बहुत जँचा। इससे सुन्दर और मनचाहा प्रस्ताव दूसरा हो ही नहीं सकता था।

"लोग कहते हैं कि संयोग नाम की कोई चीज नहीं होती", दादा रामबाबू से कह रहे थे, "पर यह देखो, इतना बड़ा संयोग बन रहा है कि मैं क्या कहूँ। मैं कल रात ही से चिन्तित हो रहा था कि 'बस' में प्रतिमा को तकलीफ होगी और यात्रियों की भीड़ में वह झंझट में फँस जायेगी। मैं नीचे से ही एक वापसी कार रिजर्व कराने की सोच रहा था, पर इसके लिए समय नहीं रह गया था। और आज देखो, तुम बिना बुलाये पहुँच गये! ऐसे मौके पर तुम्हारा यह प्रस्ताव आया है कि क्या कहने! लखनऊ तक प्रतिमा को जाना है, और ऐसे अच्छे साथ में वह जायेगी तो मैं भी यहाँ निश्चिन्त रहूँगा।"

राम बाबू चले गये और थोड़ी ही देर बाद करमदास और उसकी पत्नी के साथ वापस चले आये।

"हल्लो ददृदा, नमस्कार!" पहुँचते ही करमदास ने दादा की ओर हाथ बढ़ाते हुए कहा। वह सफेद कोट, सफेद पैण्ट और हरे रंग की टाई पहने था। आँखों में चश्मा। गेहुँआ रंग और प्रसन्न मूर्ति। "मैं यहाँ पहुँचते ही आप ही से मिलने आ रहा था, पर रामबाबू ने बताया कि आप यहाँ नहीं हैं। कहिये, सब कुशल तो है?" कहते हुए करमदास कनखियों से प्रतिमा की ओर देख रहा था।

इस बीच करमदास की पत्नी के साथ प्रतिमा का राम-रमौवल चल रहा था। दादा ने करमदास से प्रतिमा का परिचय कराते हुए कहा : "यह प्रतिमा है–और ये हैं श्री करमदास।"

करमदास प्रतिमा की ओर देखता हुआ बोला : "आप ही को चलना है लखनऊ तक?"

प्रतिमा बड़े प्रेम से सिर हिलाती हुई बोली : "जी हाँ!"

"बड़े शौक से चलिये जी, बेफिक्र होकर चलिये!"

"बस अब इसका सारा जिम्मा तुम्हीं पर है!" दादा बोले।

"अब आप एकदम बेफिक्र हो जाइये, दद्दा। लखनऊ में इन्हें इनके डेरे तक पहुँचाकर आपको तार कर दूँगा।"

श्रीमती करमदास से दो ही मिनट के भीतर प्रतिमा की ऐसी घनिष्ठता हो गयी थी जैसे बरसों से दोनों का परिचय रहा हो। दोनों आपस में घुल-घुलकर बातें कर रही थीं।

"आप तो प्रतिमा पर इस कदर लट्टू हो गयी हैं कि दूसरे लोगों को पहचान ही नही रही हैं!" श्रीमती करमदास को सम्बोधित करते हुए दादा बोले।

"नमस्कार दादा!" श्रीमती करमदास ने पुलकित मुस्कान के साथ कहा। "मैंने आते ही आपकी ओर हाथ जोड़े थे, पर आपने ध्यान ही नहीं दिया!"

"आराम से बैठिये, कुछ चाय-वाय हो जाये!"

"नहीं दादा, अभी माफ कीजिये," हाथ जोड़ता हुआ करमदास बोला : "अभी पीकर आ रहे हैं हम लोग। और अभी दो-एक आदमियों से मिलना बाकी है! आपके दर्शन हो गये, यह बहुत बड़ी बात हो गयी। फिर मिलेंगे", कहकर अपनी श्रीमती की ओर उसने चलने का संकेत दिया।

"तो फिर पक्का रहा, दद्दा", करमदास ने चलते-चलते कहा। "हमारी गाड़ी ठीक तीन बजे बस-स्टेशन पर खड़ी हो जायेगी। आप लोग साढ़े तीन या चार तक पहुँच जाइयेगा। अच्छा नमस्कार!"

उसकी श्रीमती ने भी दादा और प्रतिमा दोनों की ओर हाथ जोड़े और फिर दोनों चल दिये। राम बाबू भी उनके पीछे-पीछे हो लिये।

"मेरे सिर पर से एक बहुत बड़ी चिन्ता का बोझ उतर गया", दादा ने प्रतिमा से कहा। "लगता है कि यात्रा बहुत शुभ होगी। मौसम भी धीरे-धीरे साफ होता दिखता है।" कहकर वह आराम से एक कुर्सी पर बैठ गये। प्रतिमा भी उनकी बगल में बैठ गयी। फिर बोली :

"पर मेरा जी बहुत घबराने लगा है, दादा। जाने को अब बिलकुल मन नहीं हो रहा है। सोचती हूँ, तुम्हारी ही बात मान लूँ और तार दे दूँ कि मैं नहीं आ सकती।" उसकी आँखों में सावनी बादल घिर आये थे और स्वर काँप रहा था।

"एक बात निश्चित रूप से तय कर लो, प्रतिमा", दादा शान्त भाव से बोले, "एक ही समय दो नावों पर पाँव रखना समझदारी की बात नहीं होगी। अभी समय है कोई एक बात अन्तिम रूप से पक्की कर लो।"

"क्या बताऊँ, दादा, मैं बड़ी दुविधा में पड़ गयी हूँ!" कुछ अपने ही से खीझती हुई-सी प्रतिमा बोली। "वहाँ चन्द्र, सन्ध्या, नीति आदि बड़ी उत्सुकता से मेरी बाट जोहती

होंगी। एक दिन उनका साथ छोड़ना तो पड़ेगा ही, पर अचानक एक ही बार में बन्धन काटकर उनसे एकदम छिन्न हो जाने का साहस नहीं होता!" उसके चेहरे से लगता था कि उसे रोना आ रहा है, पर रो नहीं पा रही है।

कुछ क्षणों तक दादा चुप रहे। फिर कुछ गम्भीर किन्तु काँपती हुई-सी आवाज में धीरे-धीरे बोले : "तुम दुहरे मोह-जाल में फँस गयी हो, प्रतिमा। कहीं-न-कहीं मोह काटना ही होगा– *'दुई न होहिं एक संग भुआलू'*, तुलसीदास जी कह गये हैं।"

"तब क्या करूँ, तुम्हीं बताओ! मैं तो अब कुछ भी निश्चित रूप से तय करने की स्थिति में नहीं रह गयी हूँ!" उसी खीझ और रुलायी भरे स्वर में प्रतिमा ने कहा।

दादा कुछ देर तक सिर नीचा किये सोचते रहे। फिर धीरे-से बोले : "अब इस समय और इस स्थिति में मैं एक ही रास्ता देख रहा हूँ–

"क्या-ा?" बड़ी उत्सुकता से प्रतिमा ने पूछा।

"वह यह कि एक बार कुछ दिनों के लिए तुम मेरठ अवश्य हो आओ–बिना वहाँ एक बार गये तुम्हारा चित्त कभी स्थिर नहीं होगा, यह मैं, अब, निश्चित रूप से समझ गया हूँ। वहाँ पहुँचने पर जब तुम स्थिर हो जाओगी, तब शान्ति और धैर्य के साथ सोचना कि तुम्हें क्या करना है–और मुझे भी अपनी मनःस्थिति और अपने निश्चय से परिचित कराते रहना।"

प्रतिमा बायें हाथ के अँगूठे के नाखून से दायें हाथ की तर्जनी का नाखून खुरचने लगी। उसके बाद सहसा, तनिक उचकती हुई-सी, सँभलकर बैठ गयी और बोली : "तुम बिलकुल ठीक कहते हो। अन्तिम बात यही तय रही। मेरठ पहुँचने पर ही मैं कोई बात निश्चित कर पाऊँगी!" उसके स्वर में अब कुछ स्थिरता-सी आ रही थी।

"बस, इस समय केवल इसी एक लक्ष्य को अर्जुन के बाण की तरह पूरे मनोयोग से सन्धाने रहो। दुविधा का लेश भी अब मन में न आने दो। *एकहि साधे सब सधै!*"

"तुम तो अब बात-बात पर दृष्टान्त के दोहे सुनाने लगे हो!" उमड़ते आँसुओं को रोककर, पहले ही से नम आँखों को अच्छी तरह पोंछकर, परिहास के लहजे में प्रतिमा बोली।

"तुम्हें अभी पता नहीं है, प्रतिमा," सहज गम्भीर स्वर में दादा ने कहा, "कि नीति और दृष्टान्त के इसी तरह के दोहों, चौपाइयों और श्लोकों ने ही मुझे जीवन में पूरा पागल होने से बचाया है–अधूरा पागल तो मैं हूँ ही, जैसा कि तुम स्वयं अपनी आँखों से देख चुकी हो और देख रही हो। बात यह है कि इस तरह की उक्तियाँ–या कहावतें–जीवन के बड़े ही लम्बे, गहरे और मार्मिक अनुभवों के बाद बनती हैं।"

प्रतिमा चुप रही और अपने बायें हाथ में बँधी छोटी-सी घड़ी में समय देखने लगी।

"क्या समय हुआ है?' दादा ने पूछा।

"इसमें तो पौने दो बजे हैं।"

"तब ठीक ही समय होगा। तुमने मिलाया था इसे?"

"किससे मिलाती? तुम्हारे पास तो कोई घड़ी है नहीं और तीन-चार दिन से ट्रांजिस्टर मैंने खोला ही नहीं। अच्छा तुम एक अच्छी-सी हाथ-घड़ी खरीद क्यों नहीं लेते?

इस तरह कब तक दूसरों से समय पूछते रहोगे?"

"मुझे भय है कि वह हाथ-घड़ी कहीं मेरे लिये हथकड़ी न बन जाये–इसलिए मैं नहीं खरीदता। प्रकृति के साथ अनियमित रूप से चलते रहने से समय का पता अपने-आप लगता रहा है। वैसे मेरे पास एक घड़ी है–पता नहीं, तुमने कभी ध्यान दिया भी या नहीं–"

"कौन? वह जंग खायी हुई टाइम-पीस, जिसे देवसिंह अपने पास रसोईवाले कमरे में रखता है?"

"हाँ वही। उसे मैंने प्रायः बत्तीस साल पहले अलार्म के लिए खरीदा था–जब मैं यूनिवर्सिटी में पढ़ता था। तब इसके दाम चार या पाँच रुपये थे। अभी तक यह कभी एक दिन के लिए भी खराब नहीं हुई और सेकण्ड-दर-सेकण्ड ऐसा ठीक टाइम देती है कि रेडियोवाले चाहें तो इससे अपनी घड़ी मिला लें। देखो, मैं अभी मँगाता हूँ।" और दादा ने देवसिंह को बुलाकर घड़ी मँगायी।

दादा ने देखा, उसमें दो बजने को दस मिनट बाकी थे। "यह बिलकुल ठीक टाइम है, तुम भी मिला लो इससे अपनी घड़ी। और चाहे ट्रांजिस्टर खोलकर देख लो!"

प्रतिमा ने ट्रांजिस्टर खोला। एनाउन्सर कह रहा था : "आकाशवाणी से समाचार समाप्त हुए।"

"देखा!" विजय के उल्लास से दादा बोले। "ठीक एक-पचास पर खबरें समाप्त होती हैं!"

प्रतिमा ने अत्यन्त प्रसन्न होकर अपनी घड़ी मिलायी। फिर तनिक व्यंग्य के-से लहजे में बोली : "जीवन-भर तुम पुराने के ही पक्षपाती बने रहे और नय को भरसक टालते रहे–क्यों?"

"प्रत्यक्षे किं प्रमाणम्? तुम्हारी नये-से-नये फैशन की कीमती घड़ी पाँच मिनट पीछे पड़ी हुई थी, जबकि मेरी पुरानी-से-पुरानी और सस्ती-से-सस्ती घड़ी ने एकदम करेक्ट टाइम बता दिया–उस घड़ी ने, जिसे मैं कभी मिलाता भी नहीं, केवल ठीक समय पर चाभी दे दिया करता हूँ!"

"बड़े ही घिसे हुए बुड्ढे हो तुम!" अपनी व्यंग्य-भरी मुस्कान को विशुद्ध स्नेह-रस में घोलती हुई प्रतिमा बोली और फिर तुरन्त उठ खड़ी हुई।

"कहाँ जा रही हो?" कुछ चौंकते हुए दादा ने पूछा।

"बस, अब चलाचली की बेला आ गयी समझो!"

"नहीं, नहीं, अभी नहीं! तनिक ठहरो," गम्भीर भाव से दादा ने कहा। "तुमसे अभी दो-एक बहुत जरूरी बातें करनी हैं, फिर मैं भूल जाऊँगा! चलो कमरे के भीतर!" और प्रतिमा का हाथ पकड़कर वह उसे अपने कमरे में ले गये।

पूरबवाली खिड़की के एक कोने के पास खड़े होकर उन्होंने प्रतिमा के दोनों कन्धों पर धीरे से अपने दोनों हाथ रख दिये। उसके बाद बहुत धीमे और सहज-शान्त स्वर में बोले : "देखो प्रतिमा!"

उनका इतना कहना था कि प्रतिमा ने सहसा "दादा!" कहकर उन्हें अपनी दोनों बाँहों में कसकर भर लिया और उसके बहुत देर से उमड़ते हुए आँसुओं के बादल सहसा फूटकर बरस पड़े। दादा के कुर्ते में अपना मुँह छिपाकर वह बेइख्तियार फफकती हुई, उनके कुर्ते को भिगोती चली गयी–भिगोती चली गयी। कुछ क्षणों तक कभी दादा उसकी पीठ सहलाते और कभी थपथपाते रहे। उसके बाद भाव-गद्गद स्वर में बोले : "शान्त हो जाओ, प्रतिमा, शान्त हो जाओ! बड़े ही गलत समय में तुम यह आँसू गिरा रही हो। और सुनो, तनिक मेरी ओर देखो।"

प्रतिमा ने अपनी गीली आँखें बिना पोंछे ही एक बार उनकी ओर देखा। दादा ने आव देखा न ताव, उसके मुख पर चुम्बनों की बौछार-पर-बौछार शुरू कर दी। उन गरम-गरम चुम्बनों से जब प्रतिमा कुछ आश्वस्त हुई तब दादा धीरे से उसकी आँखें रूमाल से पोंछते हुए बोले : "जिस बात के लिए तुम्हें सावधान करने के उद्देश्य से मैं तुम्हें यहाँ बुला लाया, वही काण्ड तुमने मेरे कुछ कहने के पहल ही आरम्भ कर दिया।"

"काण्ड क्या?" हिचकी को बरबस दबाने का व्यर्थ प्रयास करते हुए प्रतिमा ने कहा।

"यही कि अपने कीमती आँसुओं को तुम व्यर्थ में बरबाद करती चली जा रही हो! प्रतिमा, मैं आज बड़ी ही गम्भीरता से एक बात तुम्हें बताने जा रहा हूँ। उस पर ठण्डे दिल से सोच और समझकर, सदा के लिए उसे गाँठ बाँध लो। मैं इधर देख रहा हूँ कि ज्यों-ज्यों तुम्हारी उम्र बढ़ती चली जा रही है, त्यों-त्यों तुम्हारी भावुकता भी जोर मारती जा रही है। यह लक्षण न तुम्हारे शारीरिक स्वास्थ्य के लिए हितकर है न मानसिक स्वास्थ्य के लिए। इस समय सबसे जरूरी बात तुम्हारे लिये यह है कि तुम्हारे भीतर चिनगारियों और आँसुओं के बीच का 'बैलेन्स' न बिगड़ने पावे। इसका ध्यान तुम्हें अपनी इस उम्र में सब समय, हर परिस्थिति में रखना होगा, नहीं तो आज की दुनिया तुम्हें बुरी तरह निगल जायेगी!"

"मेरे भीतर की सब चिनगारियाँ बुझ गयी हैं, दादा, सब बुझ गयी हैं–एकदम बुझ गयी हैं!" दादा के कुर्ते से उसी तरह मुँह छिपाये और भीतर से उठती हुई तीखी टीस को पूरी ढील देते हुए प्रतिमा ने कहा।

"बिलकुल गलत बात कह रही हो तुम, प्रतिमा! अभी तुमने अपने भीतर की परतों को एक-एक करके खोलकर देखने का प्रयत्न ही कहाँ किया है। मेरठ जाने पर यदि तुम कभी एकान्त शान्ति में इस बात का प्रयत्न करोगी तो देखोगी कि तुम्हारे भीतर राख में दबी हुई हजारों चिनगारियाँ अभी तक शेष हैं–इतनी चिनगारियाँ जिनसे यदि तुम चाहो तो अपने आँसुओं के सारे रिजर्वायर को ही पूरे का पूरा सुखा सकती हो। पर मैं तुम्हें उस रिजर्वायर को सुखाने की राय नहीं दे रहा हूँ। वह रहा आवे। पर उसे खोलने का पुर्जा अपने हाथ में सुरक्षित रखो और उन आँसुओं का दुरुपयोग मत करो। नहीं तो यह खतरा है कि एक दिन तुम स्वयं उनमें बूड़ जाओगी! इसलिए अपनी चिनगारियों का स्टाक घटाने के बजाय, इच्छाशक्ति से बढ़ाती चली जाओ–उनकी अभी जीवन में बहुत आवश्यकता

पड़ेगी। बस, बिदाई के पहले केवल इतना ही मुझे कहना है। जाने के पहले मुझे वचन देती जाओ कि तुम मेरी यह बात मानोगी। बोलो?"

पर प्रतिमा दादा के कुर्ते में उसी तरह मुँह छिपाये रही। दादा ने उसकी ठुड्डी पकड़कर उसका मुँह बरबस अपनी ओर किया और फिर एक गरम चुम्बन उसके ओठों पर अंकित करते हुए, पुचकार-भरे स्वर में बोले–"बोलो प्रतिमा-रानी, मानोगी मेरी बात? जल्दी बताओ, तभी मैं आश्वस्त हूँगा। अब समय कम है!"

प्रतिमा ने धीरे से सिर हिलाते हुए बताया कि वह मानेगी।

"शाबास! तुम बड़ी ही अच्छी और प्यारी लड़की हो!" और फिर कसकर एक चुम्बन, और!

'लड़की' शब्द से प्रतिमा की आँखों में फिर एक बार बड़ी सहज और प्यारी मुस्कान खिल उठी। एक मर्म-मधुर कटाक्ष से दादा की ओर देखकर सहज स्वर में बोल उठी : "सचमुच तुम वही हो जो तुम अपने लिये अभी कह रहे थे!'

'क्या-ा?" पूरे उल्लास के साथ दादा ने पूछा।

"यही कि तुम आधे पागल हो!"

"आधा नहीं, इस समय तो पूरा पागल हो रहा हूँ, रानी!" और फिर उसे कसकर, अपनी दोनों बाँहों में भींचकर, हवा में उन्होंने एक चटखार भरा चुम्बन छोड़ा!

"छोड़ो, अब देर हो रही है, मैं अभी तक तैयार भी नहीं हो पायी।" कहकर प्रतिमा ने धीरे से अपने को छुड़ाया।

गुसलखाने में जाकर, हाथ-मुँह धोकर, कपड़े बदलकर, तैयार होने में प्रतिमा को कुछ समय लग गया। जब बाहर निकली तब उसका सारा व्यक्तित्व ही एकदम निखरा और बदला हुआ था। वही सहज, स्वस्थ, प्रसन्न और नटखट रूप, जो दादा वर्षों पहले उसमें देखा करते थे। वह हरे रंग के ब्लाउज के ऊपर लखनौआ चिकन की एक चिट्टी-सी सफेद साड़ी पहने थी और हाथ में मगर के-से चमड़े का एक बड़ा-सा पर्स लिये थी। आँखों में सफेद फ्रेमवाला हरा चश्मा। देख-देखकर दादा पुलकित और गद्‌गद हो रहे थे।

"मैं तनिक अपनी पड़ोसिनों से मिलकर आती हूँ," प्रतिमा ने कहा।

"जल्दी करना, समय बहुत कम रह गया है," दादा ने कहा।

उसके बाद दादा स्वयं अपनी तैयारी में जुट गये और देवसिंह को कुली बुला लाने के लिए भेज दिया।

प्रायः आधे घण्टे बाद प्रतिमा लौट आयी। वही ताजा फूल की तरह खिला हुआ प्रसन्न चेहरा। स्पष्ट ही उसका मन इस समय बहुत ही हलका हो गया था।

कुली आ गया था और सामान बाँध रहा था। देवसिंह छिट-पुट चीजें बटोरकर कायदे से बन्द करके रख रहा था। थर्मस में गरम कॉफी; टिफिन केरियर में पूड़ियाँ, सब्जी, अदरक का अचार, मिठाई आदि; बैग में छिट-पुट कपड़े, गिलास वगैरह।

दादा भी तरोताजा होकर आ गये। दायें हाथ में शाश्वत छड़ी और बायें हाथ में सिगार। जब सामान सब बँध गया तव दादा ने कुली और देवसिंह से धीरे-धीरे स्टेशन

की ओर चलने के लिए कह दिया। बोले : "हम भी पीछे-पीछे आ रहे हैं।"

अच्छा दादा, अब तो चल ही रही हूँ," हलकी आह-सी भरती हुई, एक मीठे से कटाक्ष के साथ व्यंग्य के लहजे में प्रतिमा बोली। "हम लोगों का रोमांस तो अधूरा रह ही गया, पर कोई बात नहीं। मुझे तो तुम पर पूरा विश्वास है; मुझ पर तुम्हारा विश्वास पक्का है या नहीं, यह तुम जानो!" उसकी आँखों के कोनों में दुष्टतापूर्ण मुस्कान भरी हुई थी।

"देखो, फिर तुमने शरारत शुरू कर दी!" दादा बोले। "कान पकड़ूँगा, समझ लेना! तुम अभी मेरे लिये वही छात्रा हो! अच्छा अब चलें। धीरे-धीरे चलें। अजीब पहाड़ है यह! पक्की सड़क केवल एक ही है–वही मोटरवाली। बाकी या तो कच्ची सड़कें हैं, या पगडण्डियाँ। वर्ना हम लोग खट से पहुँच जाते स्टेशन। अब पैदल चलने में करीब बीस-पचीस मिनट लग जायेंगे। चलो!"

दोनों बाहर निकले। दादा ने बाहर ताला बन्द कर दिया। मौसम आश्यर्चजनक रूप से सुहाना लग रहा था। सिर के ऊपर से लेकर पूरे पश्चिमी क्षितिज तक का सारा आसमान नीले शीशे की तरह पुछ कर साफ हो गया था। हरे-भरे पहाड़ों पर बिखरी हुई सुनहरी धूप बड़ी ही प्यारी लग रही थी।

दोनों धीरे-धीरे उतराई और फिर चढ़ाई पार करने के बाद जब स्टेशन पहुँचे तब करमदास की गाड़ी उनकी प्रतीक्षा में खड़ी थी।

"आइये! आइये! दद्दा, आइये!" कहकर करमदास ने स्वागत किया। करमदास आगे ड्राइवर के साथ बैठा हुआ था। पीछे वाली सीट से श्रीमती करमदास ने प्रतिमा को अपने पास बुला लिये। सामान कुछ ऊपर लगवा दिया गया, कुछ गाड़ी के पीछे। कुली और देवसिंह के अलावा होटल के चार-पाँच नौकर पास ही खड़े थे। प्रतिमा अपने पर्स से रुपये निकालकर सबको कुछ-न-कुछ देती रही। देवसिंह एक कोने में बहुत ही उदास खड़ा था। जब उसे प्रतिमा एक बड़ा-सा नोट थमाने लगी तब उसने लेने से इनकार कर दिया। बड़ी मुश्किल से, दादा के बहुत समझाने पर उसने लिया। दादा के पीछे राम बाबू खड़े-खड़े प्रतिमा की ओर देखकर मुस्करा रहे थे। उसके कन्धे पर चमड़े का एक छोटा-सा बैग झूल रहा था।

जब सब-कुछ काम हो गया और ड्राइवर का हाथ गाड़ी को स्टार्ट करने के लिए खुजलाने लगे, तब सहसा प्रतिमा घबरायी हुई दादा से बोली : "अरे, मैं तो अभी तक होटल का हिसाब ही चुकता नहीं कर पायी। बार-बार याद करते रहने पर भी अन्त तक भूली की-भूली ही रह गयी। किसी ने याद भी नहीं दिलाया!"

दादा ठट्ठा मारकर हँस पड़े। बोले : "बड़ी ही भुलक्कड़ हो! पर कोई बात नहीं, राम बाबू यहाँ खड़े हैं, भले आदमी हैं, यों ही मान जायेंगे। कहकर दादा ने राम बाबू की ओर आँख से कुछ संकेत किया।

"कोई बात नहीं, बीबी जी," परम प्रेम से मुस्कराते हुए राम बाबू बोले, "आप चिन्ता न करें। आप तो चली जा रही हैं, पर दादा को तो हम लोग पकड़े हैं, वह कहाँ जायेंगे!"

दादा ने फिर ठहाका लगाया। इस बार करमदास ने भी उनका साथ दिया।

प्रतिमा ने असमंजस की स्थिति में दादा की ओर देखा। वह पर्स खोले हुए थी रुपये

निकालने जा रही थी। दादा ने हाथ से पर्स बन्द कर देने का इशारा किया। प्रतिमा ने वैसा ही किया।

इसी बीच एक डाकिया दादा के हाथ में एक चिट्ठी थमा गया। कुछ-कुछ परिचित-सी लिखावट देखकर दादा ने खोलकर सरसरी तौर से पढ़ना शुरू कर दिया। फिर पत्र को मोड़कर जेब में रखते हुए प्रतिमा से बोले : "नकुल की चिट्ठी दिल्ली से आयी है। मजे में है। जल्दी ही मेरठ में तुमसे मिलने को आयेगा लिखा है–अपना प्रणाम जताते हुए।"

जब गाड़ी स्टार्ट हुई तब सब ने दादा की ओर हाथ जोड़े। "अच्छा भाई करमदास," दादा बोले, "अब तो सारा सिरदर्द तुम्हारे ऊपर है। प्रतिमा, पहुँचते ही तार भेजना।" कहकर दादा ने फिर एक बार सबको लक्ष्य करके छड़ी सहित हाथ जोड़ दिये। गाड़ी चल पड़ी।

दादा और राम बाबू सड़क के उस छोर पर जाकर खड़े हो गये जिधर से गाड़ी को मुड़ना था। बायें मोड़ से घूमती हुई गाड़ी जब दायें मोड़ पर पहुँची तब प्रतिमा को देखकर दादा ने शुभ कामना के रूप में अपने दायें हाथ की पाँचों उँगलियों को ऊपर-नीचे हिलाना आरम्भ कर दिया।

प्रतिमा भी ऊपर की ओर देखकर अपना छोटा-सा रूमाल हिलाने लगी। पर रूमाल हिलाते-हिलाते उसने उसे चश्मे के भीतर डालकर आँखें पोंछना आरम्भ कर दिया।

गाड़ी चली जा रही थी। कुछ ही दूर आगे चलने पर वह फिर एक मोड़ के बाद गायब हो गयी। दादा उस मोड़ पर टकटकी लगाये रहे जहाँ से गाड़ी फिर दिखायी दे सकती थी। पर उसके पहले काफी लम्बा और चक्करदार रास्ता था। प्रायः आठ मिनट बाद गाड़ी फिर जैसे किसी अन्धगुहा से निकलकर आगे बढ़ी। पर अब केवल उसकी पीठ ही दिखायी दे रही थी। जिस सड़क पर वह चल रही थी उसकी दोनों ओर देवदारु, बाँज, बुरुँस, काफल, पाँगर आदि के पेड़ सिर ऊँचा किये खड़े थे।

गाड़ी चली जा रही थी और दादा एकटक देख रहे थे। सहसा पीछे से राम बाबू ने अपना दो अँखिया दूरबीन निकालकर उसे दादा की आँखों के आगे बढ़ा दिया। दादा ने पीछे की ओर बिना देखे ही, छड़ी राम बाबू के हाथ में दे दी और स्वयं दूरबीन का फोकस ठीक करने लगे।

गाड़ी चली जा रही थी–भागी भागी जा रही थी। जैसे दादा की असहाय आँखों के सामने से कोई उनकी जनम-जनम की परिचिता प्रिया को 'किडनैप' करके लिए चला जा रहा हो। अब गाड़ी उस नुक्कड़ पर पहुँच रही थी जहाँ से सड़क एक बिलकुल दूसरे ही पहाड़ में से कटकर एक बिलकुल दूसरी ही दिशा में, टेढ़े-मेढ़े और सर्पिल आकार में, दूर तक चली गयी थी। नुक्कड़ में गाड़ी घने झुरमुटों के बीच फिर खो गयी। एक बरसाती झरना दो पहाड़ों के संगम-स्थलवाली दरार से होकर तेज गति से, फेनिल धारा में, बहा चला आ रहा था।

सहसा गाड़ी नुक्कड़ पार करती हुई दिखायी दी। अब वह ऊपर सामनेवाले पहाड़ पर दादा की दृष्टि की बिलकुल सीध में भी। दूरबीन के सहारे के बिना वह साफ दिखायी दे रही थी। दूरबीन से दादा देख रहे थे कि प्रतिमा बायीं सीट पर बैठी हुई उन्हीं की दिशा

में एकटक नजर गड़ाये थी। दादा ने कोट की जेब से एक हरे रंग का और बड़े आकार का रूमाल निकाला, जिसे अभी तक शायद वह भूले हुए थे। बायें हाथ से दूरबीन पकड़े वह दायें हाथ से रूमाल को पूरे झटके के साथ ऊपर-नीचे और दायें-बायें हिलाने लगे। और उन्होंने पुलकित होकर देखा कि प्रतिमा ने उनका संकेत देख लिया था और वह भी आँखों से हरा चश्मा उतारकर, उसी उत्साह और उल्लास से अपना छोटा-सा सफेद रूमाल जोरों से हिलाने लगी।

शायद सड़क अब खराब थी, इसलिए गाड़ी की चाल धीमी पड़ गयी थी और दादा को प्रतिमा के साथ इतमीनान से सांकेतिक भाषा में बातचीत करने की छूट मिल गयी थी। दादा साफ देख थे कि अब प्रतिमा बहुत ही प्रसन्न थी। उसका उदास चेहरा उल्लास से तमतमा उठा था। वह इस समय दादा से प्रायः दो मील की दूरी पर थी, पर लगता था जैसे अभी सामने की ओर हाथ बढ़ाकर उससे हाथ मिलाया जा सकता है। तेज हवा के झकोरों से उसका रूमाल जोरों से फड़फड़ाता हुआ सीधी रेखा में खड़ा हो गया था।

प्रतिमा के चेहरे की मुद्रा से लगता था कि उसका उत्साह उत्तरोत्तर बढ़ता चला जा रहा है। पहाड़ी यात्रा में यह खेल भी खेला जा सकता है, इस बात की कोई सम्भावना स्पष्ट ही उसने पहले नहीं सोची थी।

गाड़ी फिर एक हरे-भरे मोड़ के भीतर गायब हो गयी। अब चढ़ाई शुरू हो गयी थी। दादा बड़े ही अधैर्य से अगले मोड़ पर गाड़ी के पुनराविर्भाव की प्रतीक्षा करने लगे। सहसा एक ऊँचे टीले की बगल में गाड़ी का फिर से आविर्भाव हुआ। अब वह दादा की दृष्टि से प्रायः पैंतीस डिग्री का कोण बना रही थी।

पीछे की पहाड़ियों की धूप एक काले बादल की छाया से तनिक ढँक सी-गयी थी, पर गाड़ी के आगे-आगे, ऊपर और नीचे की हरीतिमा में सुनहरी धूप की छटा पूर्ववत् बिखरी हुई थी। प्रतिमा को अब तनिक पीछे की ओर मुड़कर देखना पड़ रहा था। सहसा उसका रूमाल हवा के एक तेज झोंके से उसके हाथ से छिटककर नीचे गिर गया। दादा ने देखा कि प्रतिमा ने उसी क्षण अपनी सफेद साड़ी का अंचल खिड़की से बाहर निकालकर हिलाना शुरू कर दिया। पर दूसरे ही क्षण गाड़ी ने मोड़ बदल लिया। अब केवल उसकी पीठ-ही-पीठ दादा को दिख रही थी।

वहाँ से लेकर, क्षितिज के जिस अन्तिम छोर तक सड़क दिखायी दे सकती थी वहाँ तक, दोनों किनारों में, एक भी पेड़ कहीं नहीं दिखता था। रास्ता एकदम साफ था। तेज धूप में सड़क की पीली–भूरी मिट्टी ऐसी दिख रही थी जैसे किसी ने गाड़ी के स्वागत में बजरी के स्थान पर सोने का चूर्ण बिखेर दिया हो।

ऊबड़-खाबड़ चढ़ाई पर चलती हुई गाड़ी अब धीरे-धीरे उस अन्तिम दृश्य बिन्दु तक पहुँचने जा रही थी जहाँ के बाद दादा के लिए फिर कुछ भी देखना शेष नहीं रह जाता था। और पलक मारते-न-मारते गाड़ी उस बिन्दु को भी पार करके, भरपूर खिलती हुई धूप के बीच, अनन्त शून्य में विलीन हो गयी। उस पार पश्चिमाकाश एकदम निर्मल था, पर इस पारवाले पूरे दृश्य-विस्तार को एक काले बादल ने ढँक दिया था। लगता था

कि उस पार, जहाँ से प्रतिमा की गाड़ी अन्तर्धान हुई थी, केवल अनन्त-प्रसारित प्रकाश-ही-प्रकाश है–हर ऋतु में, हर युग में बादलों से चिर-मुक्त, मीठी हेमन्ती धूप से चिर-प्रफुल्ल माया-पथ का सुनहला प्रकाश! और इस पार थे केवल बादल! केवल छाया!

एक लम्बी साँस खींचकर दादा ने दूरबीन आँखों से हटाकर उसे राम बाबू के हवाले कर दिया और काफी देर तक उसी ओर उदास भाव से टकटकी लगाये रहे जहाँ से प्रतिमा की गाड़ी अन्तर्धान हुई थी। उनकी मुद्रा एकदम निश्चेष्ट और निश्चल थी।

पर ऋतु बदलेगी–दादा सोच रहे थे–ऋतु बदलेगी! प्रतिमा उस नयी ऋतु का स्वागत करने के लिए अवश्य लौटेगी! और तब इस ओरवाला छाया-पथ भी निश्चय ही माया-पथ में बदल जायेगा!

उपसंहार

प्रतिमा के चले जाने के बाद दादा तीन-चार दिन तक एक अजीब-सी मनःस्थिति में अपने को बिखरा-बिखरा-सा अनुभव करते रहे। लगता था जैसे इतने दिनों तक सुरक्षित उनके अन्तर की सारी पूँजी लुट गयी हो। एक भी ऐसा आधार-बिन्दु नहीं मिल रहा था जिस पर वह, कुछ ही क्षणों के लिए सही, अपने को टिकाये रहते। प्रतिमा की विदाई के समय–या उसके पहले–उन्हें अन्तर के उस रीतेपन को न तो तनिक आशंका ही हुई थी, न उसके पूर्वाभास का ही क्षीणतम अनुभव हुआ था। बरसों से वह अपने निपट अकेलेपन के सहज आदी हो चुके थे, इसलिए स्वभावतः उन्होंने सोचा था कि प्रतिमा की अनुपस्थिति की अविधि को, अपने चिर-अभ्यास के अनुसार, हँसते-खेलते बिता देंगे। उन्होंने यह नहीं सोचा था कि प्रतिमा के निकटतम सम्पर्क में कुछ ही दिन बिताने के फलस्वरूप उनके उस निपट एकाकीपन के अभ्यास में एक दरार पड़ जायेगी और स्वयं उनका अपना प्रिय और चिर-अविच्छिन्न अहम् द्विधा विभक्त हो जायेगा।

विदाई की पहली ही रात से उन्हें अनुभव होने लगा कि जो दरार उनके अन्तर में पड़ गयी है वह आकस्मिक और अप्रत्याशित होने के साथ ही अत्यन्त भयानक भी है। उसके भीतर झाँकता हुआ अनन्तव्यापी शून्य समग्र आकाश को, सारी पृथ्वी को अपनी दो विशाल बाँहों में समेटने के लिए ऊपर को उठा चला आ रहा था। अपने दो विकट और विराट् जबड़ों को खोलकर वह जैसे सम्पूर्ण सृष्टि-चक्र को ही लील जाना चाहता था।

उसे देख-देखकर दादा घबरा उठे–लीले जाने के भय से नहीं, खोये जाने के डर से। मौसम उसकी उस हताश मनःस्थिति को और अधिक निष्प्राण, और अधिक त्रस्त बनाता जा रहा था।

प्रतिमा की विदाई की पहली ही रात से घनघोर वर्षा का जो धुआँधार क्रम चला वह फिर चलता ही चला गया। तीन दिन और तीन रात के अविरल वर्षण के बीच एक क्षण के लिए भी बूँद नहीं टूटी। अपने मन की उस बिखरी हुई स्थिति में निरन्तर, रात-दिन, सुबह-शाम, दिन-दुपहरी उनको टीन की छत के ऊपर टपाटप और झमाझम का शब्द समस्वर और समताल मूं बजते रहने से, वह वातावरण की उस एकरसता में भी एकरस नहीं हो पा रहे थे, बल्कि अपने बिखराव को और अधिक बिखरा हुआ पा रहे थे। मकान के चारों ओर, पाइपों से होकर नीचे गिरता हुआ पानी तड़-तड़, दण-दण शब्द से

कानों के परदों और मन की परतों के भीतर अविराम गति से जैसे हथौड़े चला रहा था। न वह अन्तर की गहराइयों में डूब पा रहे थे, न अपनी तत्कालीन स्थिति पर एकान्त के कुछ चिन्तन ही कर पा रहे थे।

चौथे दिन सुबह दस बजे के करीब लगा कि मौसम शायद कुछ बदलेगा। पानी की बौछार सुई की-सी पतली धाराओं में अभी तक जारी थी। पर बादल अपना जामा कुछ बदलने का-सा ढंग दिखा रहे थे। क्षितिज के दो-तीन कोनों में बादलों की चादर कुछ-कुछ फटने का-सा आभास देने लगी थी। दादा एक छाता ताने होटल के दक्षिण-पश्चिम वाले छोर पर खड़े-खड़े चारों ओर के दृश्य का सर्वेक्षण कर रहे थे। कुहरे का पर्दा हट गया था। चारों ओर के पहाड़ों से कई नये झरने फूट निकले थे। उनकी पिघली चाँदी की-सी धाराएँ हरे-हरे पहाड़ों के बीच अपने शुभ्र हास से किलक रही थी और नवजात सफेद बछड़ों की तरह फुदक रही थीं। दादा के पाँवों के नीचे से होकर अनेक छोटी-मोटी मटमैली धाराएँ आकुल-व्याकुल होकर, बड़ी तेज गति से अपने अनजाने लक्ष्य की ओर भागी जा रही थीं। सामने बहुत दूर नदी का एक मोड़ शीशे के एक टूटे हुए, लम्बे और टेढ़े-मेढ़े टुकड़े तरह, बीच-बीच में चमक-चमक उठता था। होटल के अहाते से नदी का केवल उतना-सा ही भाग दिखायी दे रहा था। नदी यद्यपि काफी दूरी पर भी, और छोटी भी थी, तथापि आज वह इस कदर क्षुब्ध हो उठी थी कि सायँ-सायँ की-सी समतान किन्तु लम्बी धुन में उसका निरन्तर सिसकना–दूसरी सभी तरह की आवाजों के बीच भी–दादा के कानों से स्पष्ट टकरा रहा था। आसपास और नीचे पेड़ों और झाड़ियों की हरी-हरी पत्तियाँ, हवा के झकोरों के बीच, अभी-अभी नहाई हुई युवतियों के लम्बे-लम्बे गीले बालों की तरह? असंख्य बड़ी-बड़ी बूँदों में मोती और हीरे टपका रही थीं।

दादा ने देखा, सारी प्रकृति में इस बीच अकस्मात् एक नयी चहल-पहल मच उठी है–एक नयी सृष्टि की योजना पूरे जोरों से चल पड़ी है। उनका जो अन्तर पिछले तीन दिनों से जगद्दल पत्थर की तरह निश्चेष्ट और निश्चल पड़ा हुआ था, वह जैसे हिलने लगा। केवल अस्सी घण्टों की बदली-वर्षा, और आँधी-पानी के शोर और कुहरे के विश्व-विलोपी अँधेरे के बीच इतना सब काण्ड हो गया! जब कि वह इतने ही अर्से तक अपने अन्तर के अतलव्यापी निश्चेतन-लोक में बन्द पड़ रहे! शायद अन्तर और बाहर के ऐसे ही तूफानी अँधेरे के भीतर से नयी सृष्टि का अज्ञात और अप्रत्याशित उपक्रम चलता रहता है–दादा सोच रहे थे।

क्षितिज के नीचे का बादली चिथड़ा एक पतली-सी रेखा में धीरे-धीरे फटता चला जा रहा था और ऊपर से बादलों से ढके सूरज की किरनें क्षितिज के उस छोर को और उसके नीचे के पहाड़ी टुकड़ों को आनन्द के बाणों की तरह बेधती जा रही थीं। सामनेवाले पहाड़ में दो-चार जगह चट्टानी दीवारों की ऊपरी सतह पर जमी हुई मोटी परतें अपने ऊपर उगी हुई हरियाली सहित ढहकर नीचे फिसल गयी थीं। वे नंगे चट्टान ऐसे लग रहे थे जैसे वर्षा का भरपूर आनन्द उठाने के उद्देश्य से ऊपर से बरसनेवाले पानी में नहाने का निश्चय करके अपने सभी कपड़े उतारकर निर्मुक्त खड़े हो गये हों।

काफी देर तक दादा उसी स्थान पर, उसी स्थिति में मग्न भाव से खड़े-खड़े यह सब दृश्य देखते रहे। उनके बाद जब धीरे-धीरे अपने कमरे की ओर लौटें तब भी पानी की सुइयाँ उनके छाते पर तिरछी धाराओं से संगठित आक्रमण कर रही थीं। पर इस बार दादा के मन का कुहरा बहुत-कुछ फट चुका था।

उसी सन्ध्या को जब दादा बाहर निकलने की तैयारी कर रहे थे तब उनकी आशा पर फिर बादलों और कुहरे ने पानी फेरना शुरू कर दिया। हताश भाव से दादा उसी तैयार अवस्था में ही धम्म से एक कौंच पर बैठ गये और देवसिंह से उन्होंने हुक्का ताजा करने के लिए कह दिया।

"इस एकान्त स्थिति से कब तक कतराओगे, मिलनकुमार!" स्वयं अपने को सम्बोधित करते हुए दादा ने मन-ही-मन कहा। "यह एकान्त और उदास माहौल तो जाने कब से तुम्हारे जीवन का स्थायी राग बना हुआ है! इसके पहले तो तुम इस स्थिति से कभी नहीं कतराये! तब आज इस वातावरण से खीझकर, बच्चों की तरह विकल और चंचल, जवानों की तरह उदास और बेचैन और बूढ़ों की तरह खिन्न और भयभीत क्यों हो रहे हो? तुम तो अपने को इन तीनों उम्रों से परे बताया करते थे! क्या इसी कारण तीनों उम्रों ने तुम पर एक-साथ आक्रमण तो नहीं कर दिया?

पर उस आत्म-सम्बोधन का भी कोई फल नहीं हो रहा था। दादा ने आसन बदला और एक तिरछे कोण में बैठ गये। सोफा की बाँह पर अपनी दायीं कोहनी जमाकर हथेली पर तिरछा गाल टिकाये, अधमुँदी आँखों से फर्श के एक दूर स्थित बिन्दु पर दृष्टि गड़ाये, इस तरह निश्चल बैठे रहे जैसे फोटो खिचाने के लिये बैठे हों। आकाश-पाताल की न जाने कितनी ही बे-सिरपैर की बातें असंख्य अस्थिर लहरों की तरह एक-दूसरे से टकराती हुई तैर रही थीं। और उन लहरों की थपकियों से दादा का अन्तर्मन धीरे-धीरे ऊँघने लगा था।

सहसा बाहर के दरवाजे पर खट-खट की आवाज सुनकर वह चौंक-से पड़े सजग होकर बोले : "दरवाजा खुला है, अन्दर चले आओ!"

"राम-राम, दादा!" कहते हुए दूसरे ही क्षण राम बाबू अपनी चिर-परिचित, चिर-मधुर, चिर-स्नेह मुस्कान मुख पर झलकाते और गीला छाता बन्द करते हुए भीतर आ पहुँचे। दादा को लगा कि उनका जनम-जनम का संगी ऐसे क्षण आ पहुँचा है जब उसकी एकान्त आवश्यकता थी—हाँ, केवल उसी की!

"आओ, आओ, राम बाबू, बैठो! दादा ने खड़े होकर परम प्रेम से मुस्कराते हुए उनका स्वागत किया। इससे पहले वह कभी राम बाबू के आने पर इस तरह खड़े नहीं हुए थे।

"कहिये, दादा, क्या हो रहा है?" दादा के स्वागत से पुलकित होकर राम बाबू ने पूछा।

"बस, बैठे-बैठे झख मार रहा था। इस बदली-पानी ने तो अच्छा अड्डा मार दिया! बूँद टूटने ही नहीं पातीं। आओ, बैठो!" और दादा ने एक आरामकुर्सी राम बाबू के लिए

अपने वाले सोफा के सामने बढ़ा दी।

दोनों बैठ गये।

“सचमुच इसने तो ‘बोर’ कर दिया, दादा!” रामबाबू ने कहा। “इस पहाड़ में ऐसा लम्बा और कसकर जमा हुआ पानी पहले कभी देखा नहीं गया।”

“जाड़ों में जब सारा पानी जमकर तुम्हारे पूरे पहाड़ को चाँदी के पत्थरों से पाट देता है, तब भी नहीं?” दादा ने बात का मजा लेने के इरादे से मीठी चुटकी लेते हुए कहा।

दादा की बात सुनकर रामबाबू की आँखों में हास-रस समा नहीं पा रहा था–बरबस टपकने लगा था।

“मेरा मतलब ‘जमा हुआ पानी’ से बरफ की तरह जमा हुआ नहीं था, “सारे चेहरे में विशुद्ध मुस्कान बिखेरते हुए राम बाबू ने कहा। “मैं कह रहा था कि–”

“मैं मानता हूँ, राम बाबू, तुम क्या कहना चाहते थे। पर मैं कह रहा था कि जाड़ों में जम जानेवाले पानी का रंग कुछ और ही होता है। तुम क्या यह नहीं मानते?”

“मानता क्यों नहीं, दादा। पर उसकी याद से अभी से सारे बदन में कँपकँपी छूट रही है। सर्दी के आनन्द की बात आप क्यों भूले जा रहे हैं?”

“सर्दी के डर से यदि उस परिस्तानी माहौल की याद से कतराओगे, राम बाबू, तो इस उदासी में पूरी तरह से गर्क हो जाओगे, जो इस अंचल में पिछले चार दिनों से छायी हुई है।”

देवसिंह ने हुक्का लाकर दादा के आगे रख दिया।

“राम बाबू के लिए भी एक बढ़िया चिलम तैयार करके लाओ,” दादा ने देवसिंह से कहा।

देवसिंह चला गया।

“पिछले साल तो कड़ाके की सर्दी पड़ी थी, दादा, और बर्फ की बहार जैसी पिछले साल देखी गयी वैसी मैंने तो पहले कभी नहीं देखी!”

“मैंने देखी थी–बचपन में,” दादा पहले ही कश की खाँसी से सँभलते हुए बोले। “जो रंग इस वर्षा में तुम कभी न बन्द होनेवाले पानी का देख रहे हो, ठीक वैसा ही ढंग उस साल बरफ का रहा। चार-पाँच दिनों तक बरफ प्रायः लगातार गिरती ही रही। मकानों के ऊपर छतों पर, नीचे रास्तों पर, पेड़ों पर, टेलीफोन के तारों और खम्भों पर–हर कहीं चार-चार फीट मोटी बरफ की दीवारें खड़ी हो गयी थीं; पानी के नल जम गये थे; अँगीठियों पर बरफ गला-गलाकर पानी तैयार किया जाता था; तेल तक जमकर घी बनने लगा था। सर्दी के सबब चारों ओर हाहाकार मच गया था। पर हम बच्चे परम प्रसन्न हो रहे थे। आनन्द-विभोर होकर नंगे पाँव बरफ के ऊपर कूदते हुए किलकारियाँ मारते थे और बरफ के गोले बनाकर एक-दूसरे पर फेंकते थे। आकाश से सफेद हिम-फूल हमारे ऊपर निरन्तर बरसते रहते थे। हम लोग ऊपर की ओर मुँह करके, जीभ की नोक से उन फूलों को पकड़ने की कोशिश करते थे। उस साल बहुत दिनों तक बरफ पिघली नही नहीं–”

“और जब तलवार से भी तीखी धारवाली तेज हवा के झकोरों के बीच उसका

पिघलना शुरू हुआ होगा, तब तो सर्दी का भरपूर मजा मिला होगा!" कहते हुए राम बाबू अपने काँपते हुए कन्धों को इस तरह सिकोड़ने लगे, जैसे बाहर पानी न बरसकर बरफ की अनेक धाराओं में पिघल रही हो और वह सर्दी से ठिठुरे जा रहे हों।

देवसिंह एक नरियल में जलती हुई चिलम रखकर ले आया और राम बाबू के हाथ में उसे पकड़ाकर भीतर वापस चला गया।

"पर दादा, अभी से आप बरफ की बात क्यों सोचने लगे हैं?" नरियल की छोटी-सी नली से एक कश खींचते हुए राम बाबू ने कहा। "अभी तो कई महीने बाकी हैं-- सावन-भादों, क्वार-कार्तिक, अगहन-पूस–पूरे छह महीने।"

"सावन तो चुटकियों में उसी तरह बीत जायेगा जिस प्रकार असाढ़ बीत गया। "सदा न फूलै तोरई, सदा न सावन होय'–यह हमारे अनुभवी बुजुर्ग कह गये हैं। उसके बाद आयेगा भादों। उसका रंग भी सावन ही जैसा समझो। घनघोर बदली-पानी के वे दिन भी कुछ समय के लिए अपना तमाशा दिखाकर लौट जायेंगे। और तब आयेगा क्वार-- बिलकुल ही नया रहंग लेकर। नीलम से भी नीले आकाश से कभी चटकीली धूप छिटककर पहाड़ों की चोटियों से लेकर तलहटी तक बिखर जायगी और कभी पीली, सुनहली धूप उन्हें नहलायेगी। बीच-बीच में आनन्दमयी के आगमन की खुशी में दूधिया बादलों की नावें नीले आकाश के नील-विस्तार में धीरे-धीरे, इतमीनान से तैरने लगेंगी। उत्तर की ओर हिमालय की चोटियाँ धूल, कुहरा, और बादल से एकदम मुक्त होकर, तपायी चाँदी की तरह चमचमाती हुई निखर उठेंगी। नीचे धरती के जीव नये-नये रूपों में नयी ऋतु का स्वागत करेंगे–"

"गाँव-गाँव में मुहल्ले-मुहल्ले में रामलीला होगी", दादा के 'मूड' का सूत्र पकड़ते हुए राम बाबू बीच ही में बोल उठे।

"तुमने ठीक याद दिलायी" दादा ने कहा। "मैं भूल ही रहा था। पिछले साल तुम क्या बने थे रामलीला में?"

"अँगद!" परम प्रेम से मुस्कराते हुए राम बाबू बोले। "आपको बहुत पसन्द आया था मेरा पार्ट!" कहकर राम बाबू ने नरियल को जमकर गुड़गुड़ाया।

"ठीक! बहुत अच्छी अदाकारी थी तुम्हारी। केवल राम का सच्चा भक्त ही उस तरह का पार्ट अदा कर सकता है!"

"और रावण की भी तारीफ करनी ही पड़ेगी, दादा, आपको। वह भी पुराना अनुभवी ऐक्टर है!"

"बिलकुल ठीक! वह केवल रामलीला का रावण नहीं, एक अच्छे मंच का अभिनेता लगता था!"

"तभी तो आपने हम दोनों को पहला और दूसरा पुरस्कार दिलाया था पहला रावण को, दूसरा मुझे!"

"ठीक–ठीक! याद आ गया मुझे! इस वर्ष क्या बनोगे तुम? अबकी तुम परशुराम बनकर देखो। पिछले साल परशुराम ने बड़ी ही भोंड़ी ऐक्टिंग की थी।"

"अबके साल तो बड़े झगड़े चल रहे हैं रामलीला कमेटी में, दादा। हमारे इलाके में रामलीला होगी भी या नहीं, इसमें सन्देह है! एक ही कमेटी में दो दल खड़े हो गये हैं।"

"अरे, ये सब झगड़े तो हर साल तो लगे ही रहते हैं, राम बाबू! पर रामलीला होगी जरूर और बड़े ठाठ से होगी, तुम देख लेना! अबकी तुम परशुराम बनना, मेरे कहने से।" दादा का 'मूड' जैसे किसी भी विघ्न की बात से खण्डित नहीं होना चाहता था।

"जरूर बनूँगा, दादा! जब आप कहते हैं तब क्या बात है!" ओ फिर नरियल से एक लम्बा कश खींचते हुए राम बाबू खाँस पड़े।

बाहर फिर पिछले दिनों की ही तरह अन्धाधुन्ध पानी बरसने लगा था। अँधेरा समय से बहुत पहले ही घिर आया था। देवसिंह आकर बत्ती जला गया। दादा का जो मन इतनी देर तक बाहर और अन्तर की अँधेरी घाटियों से उबरने के पूरे प्रयत्न में था और अतीत की ऋतुओं की स्मृतियों में और भावी ऋतुओं की रंगीन कल्पना में जीने के लिए विकल हो रहा था, उसका कण-कण बत्ती के प्रकाश से जगर-मगर करने लगा।

अपने असली रंग में आते हुए दादा बोले : "और भी एक आनन्द की बात होगी, इस बार क्वार में–"

"क्या?" उत्सुकता से राम बाबू ने पूछा।

"देखो, राम बाबू," सटक को सोफा की बाँह पर टिकाकर और तनिक राम बाबू की ओर अपना ऊपरी शरीर बढ़ाते हुए दादा ने कहा। "बात यह है कि क्वार में प्रतिमा दशहरे के अवसर पर यहाँ आयेगी और तब एक उत्सव मेरे यहाँ भी मनाया जायगा!"

"वाह, दादा, यह तो बड़ी खुशी की बात आपने सुनायी। तब तो इस साल क्वार का महीना सचमुच बहुत ही अच्छा जायेगा!"

"और सुनो! प्रतिमा इस होटल में रहना अब अधिक पसन्द नहीं करेगी, ऐसा मुझे लगता है। हम दोनों ने मिलकर एक छोटी-सी किन्तु आरामदेह कुटिया अलग से बनाने की बात सोची है। तुम्हारी क्या राय है!"

"इससे अच्छी बात और क्या हो सकती है, दादा!" राम बाबू ने बड़े उत्साह के साथ कहा। प्रतिमा और दादा के सम्बन्धों का ठीक रूप क्या है, यह जानने की तीव्र उत्सुकता होने पर भी राम बाबू ने अपना धैर्य पूरी तरह से कायम रखा। दादा के 'मूड' के साथ वह चलने में जो सुख उन्हें मिल रहा था उसमें वह अपने किसी भी कुतूहल की बाधा स्वीकार नहीं करना चाहते थे।

"प्रतिमा अब अवकाश लेकर यहीं बस जाना चाहती है–मेरे ही साथ," अन्तिम बात पर कुछ विशेष बल देते हुए दादा ने कहा।

लगता था जैसे दादा हर सम्भव उपाय से राम बाबू को अपने और प्रतिमा के सम्बन्ध से परिचित कराने के लिए उत्सुक थे। राम बाबू वास्तविकता बिलकुल ही न समझ पा रहे हों, ऐसी बात नहीं थी, पर वह देख रहे थे कि बात अभी तक सुस्पष्ट नहीं

हा पायी है। अभी उसमें अनुमान की गुंजाइश थी। पर वह स्वयं अपनी ओर से किसी प्रश्न द्वारा अपनी कोई उत्सुकता प्रकट नहीं करना चाहते थे। और दादा केवल परोक्ष इंगितों द्वारा ही अपनी बात कर रहे थे–जैसे सब-कुछ कह चुकने पर भी किसी कारण साफ-साफ कुछ नहीं कहना चाहते हों।

"वह शुभ-दिन जल्दी ही आवे, दादा, मैं तो यही मनाऊँगा!" कहकर राम बाबू उठ खड़े हुए।

"क्या चल दिये!" चकित भाव से दादा ने पूछा।

"नहीं, दादा, इस आँधी-पानी में कहाँ जाऊँगा! और फिर आज आपकी बातों में जो रस मिल रहा है उसे तो अधूरे में छोड़ा ही नहीं जा सकता।" कहकर राम बाबू ने नरियल को एक कोने में दीवार से अड़ाकर रख दिया, और फिर अपनी जगह पर आकर बैठ गये। शायद चिलम की आग बुझ गयी थी या तमाखू ही जल चुका था।

"तुमने ठीक कहा, बातें अभी अधूरी ही रह गयी हैं। हाँ, तो हम लोग बात कर रहे थे क्वार के आनन्द की। कामदेव के बाणों की तरह लम्बे-लम्बे, रंग-बिरंगे जंगली फूलों के गुच्छे काँस की सफेदी के बीच से चटकते हुए छिटक उठेंगे। पांगर के फूलों की मस्त महक से मतवाले होकर काले-काले भौंरे मँडराने लगेंगे। अखरोट की डालें तैयार फली से झुकने लगेंगी–"

बच्चे पत्थर मारकर उन्हें गिरायेंगे और फिर फलों के बाहर का मोटा हरा छिलका निकालकर भीतर के ठोस छिलके को पत्थर से ही तोड़ेंगे। और फिर भीतर से सफेद और कच्चा गूदा निकालकर खायेंगे!"

दादा के भाव-विभोर, अन्तर से निकलनेवाली कविता को जब राम बाबू ने ठोस यथार्थ के गद्य में बदल दिया तब दादा जान गये कि राम बाबू, शायद अनजाने ही, परिहास के 'मूड' में आ गये हैं। तब भी उनका उत्साह तनिक भी कम न हुआ।

बोले :"जानते हो, राम बाबू, बचपन में मुझ पर बुरी मार पड़ी थी अखरोट के बाहर का हरा छिलका उतारने के कारण–"

"क्यों?"

"उस छिलके को उतारने से हाथ में जो मेंहदी का-सा पक्का रंग पड़ गया था उसे देखकर दूसरे दिन स्कूल में गणित के मास्टर साहब ने मेरी हथेलियों में कसकर बेंत मारे। उन्होंने सोचा कि मैं तमाखू पीने लगा हूँ, जिसकी धुमैली कायी से मेरे हाथ रंग गये हैं।"

"दाड़िम के कच्चे छिलकों से भी हाथ में हलका रंग खिल उठता है, दादा!" राम बाबू ने याद दिलाते हुए कहा।

"ठीक कहा तुमने। दाड़िम भी तब तैयार हो जायेंगे।"

"और पतझड़ भी तब शुरू हो जायगा, दादा। मीठी-मीठी ठण्डी हवा के झकोरे फलवाले बागों के सभी पेड़ों की आधी मुरझायी पत्तियों को उड़ा-उड़ाकर उन्हें एकदम नंगा करना शुरू कर देंगे।

'तो क्या हुआ! पतझड़ से क्यों कतराते हो, रामबाबू! पतझड़ नहीं होगा तो वसन्त

का क्या काम शेष रह जायेगा? प्रकृति के रोमांस में पतझड़ का बहुत बड़ा हाथ है!"

"और तब आयेगा कातिक!"

"तब दिन में ठण्ड से कुछ-कुछ सिकुड़ी-सिमटी हुई पीली-पीली धूप प्राणों में एक मीठे आनन्द की उदासी भर देगी और रात में घर-घर में लाख टूल से ढके हुए आकाश-दीप धरती का सन्देश आकाश तक पहुँचायेंगे!"

"और मगसिर में होनेवाले, विवाहोत्सव में सम्मिलित होने के लिए आप अभी से तैयार रहिये, दादा!"

"किसका विवाहोत्सव?" उत्सुक दृष्टि से दादा ने पूछा।

"सोनी से होनेवाले हमारे विवाह की बात आप क्या भूल गये?" खीसें निपोड़ते हुए राम बाबू ने कहा।

"ओह! हाँ! सचमुच, मैं तो भूल ही रहा था!" उल्लास से प्रायः उछलते हुए दादा ने कहा। "बात क्या सचमुच पक्की हो गयी है? दिन क्या रहेगा तब?"

"शुक्ल त्रयोदशी सोमवार!"

"तब तो विवाह की रात में चाँदनी का पूरा मजा रहेगा! उस रात में नदी के किनारे जरूर बाँसुरी बजाऊँगा! बचपन में बाँसुरी बजाने का अभ्यास बन गया था। बाद में वह अभ्यास एकदम छूट गया। अब मैं नये सिरे से सीखूँगा–तुम्हारी शादी की खुशी में! देखकर, सुनकर सोनी खूब हँसेगी!"

"पर तब नदी के किनारे ठण्ड का भी भरपूर आनन्द रहेगा, दादा! चाँदनी रात, भरपूर मगसिर का महीना और नदी का किनारा!"

"अरे, क्या बात करते हो, राम बाबू," परम पुलकित भाव से दादा बोले। "पहाड़ी आदमी होकर ठण्ड से कतराते हो! नदी के किनारे की निर्मल चाँदनी जब नदी की लहरों के साथ चमचमाती हुई बहेगी तब पारे की उन सहस्र धाराओं के ऊपर हम लोग तैरेंगे या ठण्ड के डर से भीतर अकड़े हुए बैठे रहेंगे? आनन्द का ऐसा शुभ संयोग जीवन में बार-बार नहीं आता है, राम बाबू! उसका भरपूर फायदा उठायेंगे!"

दादा की उत्साह-भरी बातें सुनकर राम बाबू के पुलक-हर्ष का ठिकाना नहीं था। आँखों से आनन्द टपकाते हुए बोले : "पर, दादा, सभी बराती तो आपकी तरह नहीं होंगे! ठण्ड से बचने का कोई प्रयत्न तो उनके लिए करना ही होगा!"

"तो ठीक है, बाँज का एक पूरा पेड़ कटवाकर अभी से रखवा लो! पूरे का पूरा पेड़ जलाया जायेगा उस दिन बाहर आँगन में! उस चिटखती हुई धूनी के चारों ओर गोल घेरे में परिक्रमा करते हुए चुने हुए गवैये मिलकर झोड़े गायेंगे!"

"यह आपने पक्की बात कही, दादा!" इस बार राम बाबू अपनी प्रसन्नता में भी सहज गम्भीर बने हुए थे। "इससे बढ़कर आनन्द की बात सब के लिए–और खास तौर से सोनी के लिए–दूसरी हो नहीं सकती!"

"तब यह पक्का रहा! अब आगे बढ़ो। सोनी जिस दिन विवाह के बाद इस होटल में पहली बार पाँव रखेगी, उस दिन एक पूरा डिनर–ठाठदार– मेरी ओर से रहा। अभी से

अपनी डायरी में दर्ज कर लो!" और फिर दूसरे ही क्षण सहसा दादा की दोनों आँखें रस से डबाडब भर आयीं। बड़े ही मीठे और प्यार-भरे स्वर में, गद्‌गद भाव से बोले : "बड़े ही भाग्यशाली हो राम बाबू! रास्तें में चलते-फिरते एक सुन्दर से रोमांस को तुम अपने जीवन का स्थायी राग बनाने में सफल हो रहे हो! ऐसा अनूठा सुयोग सबको सब समय नहीं मिलता!"

"यह सब केवल आप ही की कृपा से सम्भव हुआ, दादा," राम बाबू गम्भीर मुद्रा में दोनों हाथ दादा की ओर जोड़ते हुए बोले। "यह मैं सच्चे हृदय से आपसे कह रहा हूँ।"

राम बाबू की आँखें सचमुच की कृतज्ञता से छलक रही थीं।

"मेरे प्रति तुम्हारा यह अन्ध-स्नेह और अन्ध ही विश्वास है, राम बाबू!" दादा की भावुकता आज बहुत दिनों बाद उनके कण्ठ तक उमड़ उठी। "तुम्हें शायद पता नहीं है, राम बाबू, पर मैं जानता हूँ कि इस उम्र तक एक भी व्यक्ति का कोई उपकार मेरे हाथों नहीं हो पाया। उपकार तो बहुत दूर की चीज रही, मेरे संसर्ग मात्र से दूसरे का सहज ही हो सकनेवाला हित भी अनहित में बदल जाता रहा है। ऐसा अभिशप्त व्यक्तित्व पाया है मैंने राम बाबू! पर इस अभिशाप को भी मैंने वरदान ही माना है और उससे बहुत-कुछ सीखा है। पिछले कुछ वर्षों से मैं इस दृष्टि से अपने को भाग्यशाली भी पा रहा हूँ कि मुझे अक्सर लोगों का अकारण ही स्नेह मिल जाया करता है। जो भी हो, मैं तुमसे यह कहना चाहता था कि जो सौभाग्य तुम्हें प्राप्त होने जा रहा है उसकी पूरी कदर करते हुए, उसे अच्छी तरह सँजोये रहना!"

"आपका आशीर्वाद चाहिए, दादा!"

"अच्छा, अब आगे बढ़ो। मगसिर के बाद आयेगा पूस। बड़ा ही रूखा और धुँधला महीना होता है पूस का। फिर भी बर्फ का वह मजा इस महीने के अन्त से मिलना शुरू हो जाता है, जिसकी चर्चा हम कर चुके हैं। उसके बाद आयेगा माघ। सचमुच बड़ा ही पवित्र महीना होता है यह। बर्फ के पूरे जीवन का रोमांस इस महीने के भीतर देखा जा सकता है। आकाश से हिम-फूलों का गिरना, उनका पृथ्वी पर जमना, फिर रुई की तरह मुलायम बर्फ का पत्थर की तरह कड़ा हो जाना, फिर कुछ दिन बाद उसका पिघलना और तब उस पिघली बर्फ के बहते पानी के नीचे जगह-जगह चित्र-विचित्र हरियाली का फूट निकलना और फिर उस हरयाली से सरसों के पीले-पीले फूलों का चारों ओर छा जाना– इस रूमानी चक्कर का श्रेय माघ की बर्फ को ही है।"

इस बार वसन्त पंचमी को सोनी एक बढ़िया वसन्ती रूमाल आपको भेंट करेगी, दादा," राम बाबू स्नेह-भरी सहजता से बोले।

"वाह! यह तो तुमने सचमुच में बहुत बड़ी खुशखबरी सुनायी है! मैं भी उसे एक बढ़िया वसन्ती साड़ी भेंट करूँगा। और प्रतिमा तो करेगी ही। हाँ, तो बात चल रही थी माघ की। माघ की सिसकारियाँ भरती हुई ठण्डी हवाएँ पतझड़ को अन्तिम रूप दे देंगी–"

"और तब आयेगा वसन्त!" एक बीड़ी सुलगाते हुए राम बाबू ने कहा।

"वसन्त की याद तो, राम बाबू, वसन्त पंचमी से ही आने लगती है, पर असली

वसंत आता है फागुन के अन्त में। तब फागुन बीतते-न-बीतते फलों के ठूँठ पेड़ नयी हरियाली का नया जामा पहन लेते हैं। और चैत में फलों के बागों में सफेद और गुलाबी फूलों की जो बहार देखने को मिलेगी, प्रकृति का जो अपूर्व सिंगार चारों ओर बिखर और निखर उठेगा, उसकी तनिक कल्पना करो, राम बाबू! आनन्द की जो बाढ़ वे फूल सारी पहाड़ी जमीन पर अपने साथ लायेंगे उसे अन्तर में बाँध नहीं पाओगो!"

"जितने फूल उतने ही फल!" राम बाबू बीड़ी का लम्बा कश खींचने के बाद, तनिक खाँसते हुए बोले। "ठीकेदार उन्हीं फलों से फलों का अन्दाज लगाकर फसल के दाम कूतेगा।"

"इस बार फल देर से लगे थे। फिर भी वैशाख के अन्त में सभी पेड़ फलों से लद गये थे।"

"और जेठ में तो इस बार ऐसे रसीले फल खाये थे जैसे पहले कभी नहीं खाये थे।"

"जेठ लगते ही आ पहुँचेगा टूरिस्टों का सीजन। तब तुम्हारे होटल की उजड़ी हुई दुनिया फिर नये सिरे से बसने लगेगी। और तब शायद नकुल भी लौटकर आ जायेगा! जब अचाकन यहाँ से विदा हुआ था तब मुझसे बहुत ही रूठा हुआ था। अबकी जब लौटेगा तब मैं उसे अवश्य ही मना लूँगा, देख लेना! बच्चों का थोड़ा-बहुत रूठना तो प्यारा अवश्य लगता है, राम बाबू, पर नकुल तो बहुत ही रूठा हुआ था–बेहद! अपने पीछे वह मेरे मन में एक बड़ी ही तीखी टीस छोड़ गया है, राम बाबू! अबकी जब लौटकर आयेगा, तब नये अनुभवों का नया ही रंग उस पर चढ़ चुका होगा। और तब वह मेरे अन्तर की उस टीस का मर्म निश्चय ही समझ पायेगा ऐसा मेरा विश्वास है!"

राम बाबू अब बोर होने लगे थे। बाहर पानी का वेग कुछ कम अवश्य हुआ था, पर अधिक नहीं। राम बाबू सहसा उठ खड़े हुए। अत्यन्त विनीत भाव से हाथ जोड़ते और पूरे प्रेम से मुस्कराते हुए बोले : "अच्छा दादा, देर हो गयी है, अब चलता हूँ। बड़ा ही अच्छा समय कटा आज की बातों में।"

दादा दरवाजे तक उन्हें पहुँचा आये। और लौटकर फिर कौच पर अकेले के अकेले ही बैठे रह गये। जेब से धीरे से एक सिगार निकाल कर सुलगाने लगे। और फिर आराम से धुआँ उड़ाते हुए सामने खिड़की के शीशों पर जुगनुओं की तरह जगमगाती हुई पीली-पीली, तरल-चंचल बूँदों पर बहुत देर तक आँखें गड़ाये ही रहे।

●●●